Max-Planck-Institut für ausländisches öffentliches Recht und Völkerrecht

Beiträge zum ausländischen öffentlichen Recht und Völkerrecht

Begründet von Viktor Bruns

Herausgegeben von
Armin von Bogdandy · Anne Peters

Band 248

Jelena von Achenbach

Demokratische Gesetzgebung in der Europäischen Union

Theorie und Praxis der dualen Legitimationsstruktur europäischer Hoheitsgewalt

Democratic Legitimacy and the Legislative Procedures of the European Union

(English Summary)

Springer

ISSN 0172-4770 ISSN 2197-7135 (electronic)
ISBN 978-3-642-23916-8 ISBN 978-3-642-23917-5 (eBook)
DOI 10.1007/978-3-642-23917-5
Springer Heidelberg New York Dordrecht London

Die Deutsche Nationalbibliothek verzeichnet diese Publikation in der Deutschen Nationalbibliografie; detaillierte bibliografische Daten sind im Internet über http://dnb.d-nb.de abrufbar.

Gedruckt auf säurefreiem und chlorfrei gebleichtem Papier

Springer ist Teil der Fachverlagsgruppe Springer Science+Business Media (www.springer.com)

Vorwort

Die vorliegende Monographie ist die aktualisierte Fassung meiner Dissertation, die im Juli 2011 unter dem Titel „Das Mitentscheidungsverfahren des Art. 294 AEUV als demokratisches Gesetzgebungsverfahren der Europäischen Union, insbesondere im Bereich der Biomedizin und Humanbiotechnologie" von der Juristischen Fakultät der Universität Heidelberg angenommen wurde. Sie ist zugleich mein Beitrag zu dem Forschungsprojekt der Max-Planck-Forschungsgruppe „Demokratische Legitimation ethischer Entscheidungen – Ethik und Recht im Bereich der Biotechnologie und modernen Medizin" am Max-Planck-Institut für ausländisches öffentliches Recht und Völkerrecht in Heidelberg. Prof. Dr. Silja Vöneky, der Leiterin der Forschungsgruppe, gilt mein besonderer Dank für die engagierte Betreuung der Arbeit. Für die Erstellung des Zweitgutachtens danke ich Prof. Dr. Wolfgang Kahl.

Danken möchte ich auch den Heidelberger und Berliner Kolleginnen und Kollegen, die durch Gespräche und die kritische Lektüre von Textteilen inhaltlich zum Entstehen der Arbeit beigetragen haben. Herzlich gedankt sei vor allem Prof. Dr. Jürgen Bast für die kollegiale Begleitung der Arbeit und seine zahlreichen fachlichen Anregungen. Mein herzlicher Dank gilt daneben den Mitgliedern der Forschungsgruppe, Prof. Dr. Stéphanie Dagron, Dr. Miriam Große Rüschkamp und Dr. Cornelia Hagedorn.

Bei Prof. Dr. Armin von Bogdandy und Prof. Dr. Dr. h.c. Rüdiger Wolfrum möchte ich mich für die Aufnahme der Arbeit in die Reihe „Beiträge zum ausländischen öffentlichen Recht und Völkerrecht" bedanken. Der Redaktion der Reihe sei für ihre Geduld bis zur Fertigstellung des Manuskripts und für dessen redaktionelle Bearbeitung gedankt. Daneben hat mich bei der technischen Finalisierung des Manuskripts Matthias Holland unterstützt.

Dr. Günther Högl-von Achenbach hat die Mühe eines Lektorats auf sich genommen, wofür ich sehr dankbar bin. Alle verbleibenden Fehler liegen ausschließlich in meiner Verantwortung.

Die Studienstiftung des deutschen Volkes hat die Arbeit an der Dissertation von 2007 bis 2010 mit einem Promotionsstipendium gefördert. Sie hat auch meinen Aufenthalt am European University Institute in

Florenz unterstützt, der mir in interdisziplinärer Hinsicht wichtige Impulse vermittelt hat.

Prof. Dr. Christoph Möllers verdanke ich Anstöße für mein demokratietheoretisches Denken.

Dafür, mich während der Arbeit begleitet zu haben, möchte ich allen meinen Freundinnen und Freunden herzlich danken.

Mein innigster Dank für Rückhalt, Geduld und Unterstützung gilt schließlich Vera von Achenbach, Andreas von Achenbach, Dr. Günther Högl-von Achenbach und Ulf Buermeyer.

Berlin im Mai 2013 Jelena von Achenbach

Inhaltsverzeichnis

Leitfragen und Methodik, Gang und Thesen der Arbeit

Der Vertrag von Lissabon hat das Mitentscheidungsverfahren des Art. 294 AEUV zum *ordentlichen Gesetzgebungsverfahren* der Europäischen Union gemacht.[1] Vor dem Hintergrund der Verpflichtung der Union auf eine demokratische Arbeitsweise[2] ist die Co-Gesetzgeberschaft des Europäischen Parlaments und des Rates damit das primärrechtliche Standardmodell der demokratischen Legitimation europäischer Gesetzgebung.[3]

Die vorliegende Arbeit untersucht das Mitentscheidungsverfahren in Theorie und Praxis als demokratisches Gesetzgebungsverfahren der Union. Aus der theoretischen Perspektive gilt es, die duale Struktur demokratischer Legitimation europäischer Gesetzgebung über das Europäische Parlament und den Rat, die Art. 10 EUV verfassungsprinzipiell verankert,[4] normativ zu rekonstruieren. Eine Reihe von grundlegenden Fragen ist zu beantworten: Wie verhalten sich die beiden durch Art. 10 EUV benannten Legitimationssubjekte der Union, die Gesamtheit der Unionsbürgerinnen und -bürger und die mitgliedstaatlichen Staatsvölker, zu einander? Gehen die beiden über Europäisches Parlament und Rat verlaufenden Legitimationsstränge von zwei strukturell unterschiedlichen Legitimationssubjekten aus? Oder ist die Legitimations-

---

1 Art. 289 Abs. 1, 294 AEUV.

2 Die Demokratie zählt nach Art. 2 EUV zu den Werten, auf denen sich die EU gründet. Nach Art. 10 EUV beruht die Arbeitsweise der Union auf der repräsentativen Demokratie.

3 Dies ergibt sich aus Art. 10 EUV iVm Art. 289 Abs. 1, 294 AEUV.

4 Art. 10 Abs. 2 EUV besagt: Die Bürgerinnen und Bürger sind auf Unionsebene unmittelbar im Europäischen Parlament vertreten. Die Mitgliedstaaten werden im Europäischen Rat von ihrem jeweiligen Staats- oder Regierungschef und im Rat von ihrer jeweiligen Regierung vertreten, die ihrerseits in demokratischer Weise ihrem nationalen Parlament oder gegenüber ihren Bürgerinnen und Bürgern Rechenschaft ablegen müssen.

grundlage letztlich eine einzige?[5] Wie verhalten sich Parlament und Rat als demokratische Organe zueinander? Vermittelt eines der Organe europäischer Gesetzgebung ein höheres Maß demokratischer Legitimation als das andere? Können Parlament und Rat einander in ihrer demokratischen Funktion ersetzen? In welchem Verhältnis steht die duale Legitimationsstruktur der Union zu deren Gestalt und Struktur?

Entlang dieser Fragen wird in der Arbeit der Vorschlag einer Theorie der dualen demokratischen Legitimation der Union erarbeitet. Die Theoriebildung wird dabei als Vorgang einer Sinngebung für Konzeptionen, Begriffe und Institutionen des positiven Rechts unternommen: Die duale Legitimationsstruktur der Union und deren Gesetzgebungsverfahren werden auf ihren Freiheit und Gleichheit verbürgenden, demokratischen Sinn und Gehalt untersucht und auf diesen analytisch zurückgeführt.[6] Das ist kein affirmatives Unterfangen. In der demokratietheoretischen Rekonstruktion wird unter Bezugnahme auf ein normatives Demokratieverständnis ein kritischer Maßstab entfaltet. Kritisch rekonstruiert wird neben dem Prinzip degressiv-proportionaler „Gleichheit" im Europäischen Parlament auch die demokratische Leistungsfähigkeit des Rates und der besonderen Gesetzgebungsverfahren der Union. Kritisch beleuchtet wird mit der Arbeit auch die Praxis des Mitentscheidungsverfahrens.

Die legitimatorische Leistungsfähigkeit des Mitentscheidungsverfahrens hängt auch davon ab, wie es praktisch funktioniert. Dies wird hier auf der Grundlage politikwissenschaftlicher Studien und soziologischer Begriffe thematisiert, vor allem aber in der Form eigener Fallstudien zu Prozessen der Mitentscheidungsgesetzgebung im Bereich der Biomedizin und Humanbiotechnologie. Diese Fallstudien lassen erkennen, dass zunehmend informelles, nichtöffentliches Verhandeln von Vertretern der Verfahrensbeteiligten in sogenannten *Trilogen* die Abfolge organin-

---

[5] *A. von Bogdandy,* Grundprinzipien, in: Bogdandy/Bast (Hrsg.), Europäisches Verfassungsrecht, 2009, 13, 64, der dies mit Blick auf die demokratische Verfasstheit der EU als *verfassungstheoretische Schlüsselfrage* bezeichnet.

[6] Diese Beschreibung der Methode der normativen Rekonstruktion geht auf mündliche Anregungen von Jürgen Habermas zurück. Im Sinne einer Aufgabe der Konzeption von Demokratie, die „in der Lage ist, einem Begriff des positiven Rechts Bedeutung zu verleihen, nämlich der Demokratie im Sinne des Art. 2 EUV" *A. von Bogdandy,* Demokratische Legitimation jenseits des Staates, in: Lindemann/Malaviya/Hanebeck u. a. (Hrsg.), Erzählungen vom Konstitutionalismus, 2012, 122, 133.

terner Lesungen der Co-Gesetzgeber als Modus der Entwicklung von Gesetzgebungsvorhaben ersetzt. Eine verfassungsrechtliche und demokratietheoretische Diskussion des Phänomens legt offen, dass hier Mängel der Gewährleistung demokratischer Verfahrensstandards auf europäischer Ebene bestehen.

Zudem eröffnen die Fallstudien die Möglichkeit zu untersuchen, ob im Mitentscheidungsverfahren bestimmte politische Spannungslagen, die die europäische Integration strukturell prägen und/oder sich allgemein in pluralistisch geprägten Wissensgesellschaften ergeben, demokratisch bewältigt werden. Vor allem lässt sich am Beispiel der Gesetzgebungsprozesse im Bereich der Biomedizin und Humanbiotechnologie analysieren, ob das Mitentscheidungsverfahren als Verfahren der demokratischen Politisierung – und das heißt wesentlich: der pluralistisch verfassten Prozeduralisierung – von Dissensen über ethische Fragen funktioniert. Dies schließt die Auseinandersetzung mit der Frage ein, ob die Einbindung der *European Group on Ethics in Science and New Technologies,* eines Expertengremiums zur Beratung in ethischen Fragen, in den europäischen Gesetzgebungsprozess demokratisch legitim ausgestaltet ist.

Die Arbeit ist in drei Teile gegliedert. Der erste Teil enthält die verfassungstheoretische Grundlegung und die Einführung in das Referenzgebiet der Untersuchung des Mitentscheidungsverfahrens. Mit dem zweiten Teil werden mithilfe von Begriffen, Hypothesen und Leitfragen, die sich aus Teil 1 ergeben, Recht und Praxis des ordentlichen Gesetzgebungsverfahrens der Europäischen Union untersucht. Teil 3 schließlich ist der Entwicklung einer Demokratietheorie der dualen Struktur demokratischer Legitimation europäischer Gesetzgebung gewidmet, mit der die demokratische Leistungsfähigkeit des Mitentscheidungsverfahrens erfasst und bewertet werden kann.

Die Untersuchung beginnt in *Kapitel 1* mit einer verfassungstheoretischen Rekonstruktion europäischer Hoheitsgewalt in ihrer legislativen Funktion. Das reformierte Primärrecht kennt zwar keine Handlungsform des Gesetzes, aber Rechtsakte mit Gesetzescharakter, Art. 289 Abs. 3 AEUV. Diese Qualifikation der hoheitlichen Gewalt der EU als gesetzgebende Gewalt wird überprüft. Grundlage hierfür ist ein legitimationsbezogener Begriff der gesetzgebenden Gewalt.[7] Dieser geht von

---

[7] Grundlegend zu einem legitimationsbezogenen Begriff der gesetzgebenden Gewalt *C. Möllers,* Gewaltengliederung, 2005.

der demokratischer Funktion gesetzgebender Gewalt aus, die über die Rückbindung der Legislative an Wahlen hergestellt wird. Auf der Grundlage dieses Demokratiegriffs wird eingangs des Kapitels die demokratische Rückbindung der Unionsorgane und damit auch die duale Legitimationsstruktur der EU dargestellt. Daneben wird die legislative Qualität europäischer Hoheitsgewalt auf der Grundlage formeller und materieller Kriterien untersucht. Zudem werden Kriterien der Zurechnung von Gesetzgebung zur legislativen, gesetzgeberischen Verantwortung von Organen entwickelt. Abschließend wird der Zusammenhang von Verfahrensposition und Legitimationsleistung demokratischer Organe bei der Gesetzgebung aus verfassungstheoretischer Sicht rekonstruiert.

Kapitel 2 führt in das Referenzgebiet der Arbeit ein, die Gesetzgebung der Union zur Biomedizin und Humanbiotechnologie. Dies ist in *Kapitel 3* die Grundlage für die Darstellung der politischen Spannungslagen und Herausforderungen der Legislative in ihrer demokratischen Funktion, die das Rechtsgebiet prägen. Hieraus leiten sich wiederum die Fragen und Hypothesen ab, die die Untersuchung der Mitentscheidungspraxis in *Kapitel 5* strukturieren.

Bevor die Praxis des ordentlichen Gesetzgebungsverfahrens in *Kapitel 5* analysiert wird, wird mit *Kapitel 4* eingangs des zweiten Teils der Arbeit die Verfahrensordnung der Mitentscheidung zwischen primärrechtlichen Vorgaben und Selbstorganisation der Verfahrensbeteiligten untersucht. Das Handeln der Organe im ordentlichen Gesetzgebungsverfahren der EU wird nicht allein durch das Primärrecht geleitet: Unterhalb der Regelung des Mitentscheidungsverfahrens durch Art. 294 AEUV finden sich Bestimmungen zum Verfahrensablauf zum einen in internen Verfahrensordnungen und -leitlinien von Europäischem Parlament, Rat und Kommission, vor allem in den Geschäftsordnungen, zum anderen in interinstitutionellen Dokumenten. Bei der Untersuchung dieser Dokumente zeigt sich bereits, dass die primärrechtliche Funktionsweise des Verfahrens durch Formen des informellen Zusammenwirkens der Verfahrensbeteiligten (Stichwort: Triloge) überlagert wird. Gehalt, Gründe und Funktionen der Selbstorganisation der Verfahrensbeteiligten, sowie das Verhältnis des interinstitutionellen Rechts zur primärrechtlichen Verfahrensordnung, werden erschlossen. Und es wird auf der Grundlage des in *Kapitel 1* entwickelten Begriffs der gesetzgeberischen Verantwortung die Co-Gesetzgeberschaft von Europäischem Parlament und Rat – also ihre gleichberechtigte Gesetzgeberschaft – als Struktur des Mitentscheidungsverfahrens erschlossen.

Mit *Kapitel 5* wird anhand von Fallstudien zu Gesetzgebungsprozessen im Bereich der Biomedizin und Humanbiotechnologie die Praxis des Mitentscheidungsverfahrens untersucht. Strukturiert werden die Fallstudien durch eine Reihe von Leitfragen und Hypothesen zur Behandlung der politischen Spannungslagen, die in *Kapitel 3* als prägend für das Rechtsgebiet der Biomedizin und Humanbiotechnologie ausgewiesen wurden. Untersucht wird insbesondere, wie Dissense in der Frage der ethischen Bewertung biomedizinischer und humanbiotechnologischer Wissenschaft und Praxis bewältigt werden. Offenbar wird, dass der Rat in dieser Hinsicht nicht mehr konkordanzpolitisch agiert. Es zeigt sich auch, dass die Beratung zu ethischen Fragen durch die *European Group on Ethics in Science and New Technologies* von einiger Bedeutung ist. Dies eröffnet die Frage, wie die Einbindung der *EGE* unter dem Gesichtspunkt der demokratischen Legitimation der Gesetzgebung zu bewerten ist. Weiterhin vermitteln die Fallstudien mit Blick auf die Behandlung ethischer Fragen der Biomedizin und Humanbiotechnologie durch den europäischen Gesetzgeber die Einsicht, dass es wesentlich das Europäische Parlament ist, welches die Selbstbindung der Europäischen Union an die Menschenwürde und Grundrechte geltend macht und ihre Umsetzung betreibt.

Kapitel 6 leitet den dritten Teil der Arbeit ein. In dem Kapitel wird der Erkenntnisstand dazu erschlossen, welche Bedeutung den beiden über Europäisches Parlament und Rat verlaufenden Legitimationssträngen für die demokratische Legitimation der europäischen Legislativgewalt zukommt. Eingangs wird untersucht, welchen konzeptuellen Gehalt das europäische Demokratieprinzip, wie es einerseits vertraglich verankert ist und andererseits davon unabhängig vom EuGH judiziert wird, mit Blick auf die duale Legitimationsstruktur der Union entfaltet. Daneben werden Linien der Rechtsprechung des Bundesverfassungsgerichts und des Europäischen Gerichtshofs für Menschenrechte sowie der Stand der Forschung zu den Legitimationsstrukturen der Union aufgearbeitet. Dabei zeigt sich deutlich, dass Bedarf an einer demokratietheoretischen Fundierung der Auseinandersetzung mit der dualen Legitimationsstruktur der Union besteht. Ergebnis des Kapitels ist die Formulierung von offenen Fragen an eine Demokratietheorie der dualen Legitimationsstruktur der Union, welche den Gegenstand der folgenden *Kapitel 7 und 8* bilden.

Mit *Kapitel 7* erhält die demokratietheoretische Erfassung und Bewertung der dualen Legitimationsstruktur der Union ihre Grundlegung. Dabei wird im ersten Teil von *Kapitel 7* eine normative Theorie des Subjekts der demokratischen Legitimation hoheitlicher Gewalt entwickelt, mit der das primärrechtliche Modell zweier demokratischer Subjekte der Europäischen Union demokratietheoretisch reflektiert werden kann. Ausgangspunkt hierfür ist eine Auseinandersetzung mit zwei Theorieangeboten zum Legitimationssubjekt hoheitlicher Gewalt, deren Widerstreit für den demokratietheoretischen Diskurs über diesen Begriff in gewisser Weise paradigmatisch ist: In den Blick genommen werden die analytischen Erkenntnisse und die normativen Theorien zur demokratischen Gleichheit und zum Subjekt demokratischer Legitimation von Carl Schmitt und Hans Kelsen. Vor allem von Carl Schmitts Theorie führen Traditionslinien bis in die gegenwärtige Diskussion um Demokratie auf europäischer Ebene. Der Bezug auf Kelsen ist für die Arbeit fruchtbar, weil in seinem Demokratieverständnis Möglichkeiten angelegt sind, die Demokratietheorie an die Strukturen der Europäischen Union anzuschließen, ohne den Anspruch der Rückbindung hoheitlicher Gewalt an eine gleichheitsgerechte und freiheitliche Willensbildung der Rechtssubjekte aufzugeben. Ausgehend von Gehalten der Demokratietheorie Kelsens kann ein normatives Demokratiemodell der EU *reflexiv* entwickelt werden.

Mit der Co-Gesetzgeberschaft des Europäischen Parlaments und des Rates im ordentlichen Gesetzgebungsverfahren sieht das Primärrecht eine zweifache Rückkoppelung der Gesetzgebung an Wahlen als Standardmodus der demokratischen Legitimation vor. Die Frage, in welchem Maß die beiden Organe europäischer Gesetzgebung jeweils demokratische Legitimation vermitteln, ist für die Untersuchung des Mitentscheidungsverfahrens als demokratisches Gesetzgebungsverfahren zentral. Im zweiten Teil von *Kapitel 7* wird deshalb eine normative Theorie dazu erarbeitet, wie die elektorale Rückkoppelung der Legislative der Gesetzgebung demokratische Legitimation vermittelt. Untersucht wird neben der legitimatorischen Bedeutung des Versammlungscharakters der Legislative die demokratische Leistungsfähigkeit von Organen, die über eine sogenannte Legitimationskette demokratisch legitimiert sind. Es zeigt sich, dass ausgehend von gleichheitsgerechten Wahlen vor allem die pluralistische Kapazität der Legislative, das Vermögen des Gesetzgebungsverfahrens, die politische Artikulation gesellschaftlicher Heterogenität zu ermöglichen und aus einer Vielzahl politischer Positionen freiheitlich und gleichheitsgerecht Entscheidungen zu generieren, die demokratische Legitimation der Gesetzgebung bedingt.

Auf dieser Basis wird mit *Kapitel 8* eine Demokratietheorie der dualen Legitimationsstruktur der EU entwickelt. Bestandteil dessen ist eine kritische Lektüre der Argumentation des Bundesverfassungsgerichts zur Legitimationsstruktur der Europäischen Union. Den Ausgangspunkt bildet der Vorschlag einer normativen Theorie des Subjekts der demokratischen Legitimation europäischer Hoheitsgewalt, die in dem in *Kapitel 7* entwickelten normativen Demokratieverständnis fundiert ist.

Die beiden primärrechtlich eingesetzten Legitimationssubjekte europäischer Hoheitsgewalt – die mitgliedstaatlichen Staatsvölker und die Gesamtheit der Unionsbürgerinnen und -bürger – werden als zwei verschiedene rechtliche Verfasstheiten der Menge von Individuen rekonstruiert, die das Subjekt der demokratischen Legitimation der EU bilden, die Rechtssubjekte ihrer Hoheitsgewalt: Der Unionsbürgerstatus verfasst – wenn auch nicht vollständig – die Rechtssubjekte der EU zu einem demokratischen Subjekt. In der Form der mitgliedstaatlichen Staatsvölker ist das Legitimationssubjekt der EU ein völkervertraglich begründetes Kompositum demokratischer Subjekte. Dementsprechend ist der Rat ein Kompositum der demokratischen Vertretungen föderativ verbundener politischer Subjekte, die wiederum – wenn auch nicht vollständig – die Rechtssubjekte der EU politisch verfassen. Beide primärrechtlich eingesetzten politischen Subjekte der EU sind daher auf eine Legitimationsgrundlage bezogen, nämlich auf das Rechtssubjekt, das Individuum, das durch hoheitliche Gewalt rechtlich gebunden ist und dieser Bindung durch seine Berechtigung zur gleichen politischen Teilhabe demokratische Legitimation vermittelt.

Das Europäische Parlament vermag europäischer Gesetzgebung jedoch ein höheres Maß demokratischer Legitimation zu vermitteln als der Rat, der in seiner Willensbildung nicht effektiv sachlich-inhaltlich demokratisch rückgebunden ist. Nicht nur der zur Mehrheitsentscheidung fähige, sondern auch der einstimmig entscheidende Rat kann europäischer Gesetzgebung kein hinreichendes Maß demokratischer Legitimation vermitteln.[8] Die Legitimationsleistung des Rates ist vorrangig die des *outputs*, des gemeinsamen Handelns und Problemlösens der Mitglied-

---

[8] Im Gegensatz dazu steht die Auffassung des Bundesverfassungsgerichts, das keine duale Legitimationsstruktur der EU, die einerseits auf die Gesamtheit der Unionsbürgerinnen und -bürger, andererseits auf die Staatsvölker der Mitgliedstaaten bezogen ist, sieht. Die Mitgliedstaaten allein vermitteln, so das Gericht, über die nationalen Parlamente und Regierungen der europäischen Hoheitsgewalt hinreichend demokratische Legitimation. Das Europäische Parlament, das auch nach den Lissabonner Reformen die miteinander vertraglich verbundenen Völker vertrete, leiste demokratische Legitimation lediglich ergänzend und abstützend; s. BVerfGE 123, 267.

staaten. Daher kann der Rat einen Mangel oder Ausfall der Legitimationsvermittlung durch das Europäische Parlament, wie etwa im Anhörungsverfahren, nicht ausgleichen – auch dann nicht, wenn er einstimmig entscheidet.

Unter dem Gesichtspunkt der föderalen Gestalt der EU ist die Beteiligung des Rates an der Gesetzgebung geboten. Sie muss allerdings nicht die Form der Co-Gesetzgeberschaft annehmen. Auch eine Verfahrensposition des Rates von geringerem Gewicht im Rahmen der legislativen Willensbildung würde demokratischen wie föderalen Erwägungen genügen.

Kapitel 9 schließlich bewertet die Praxis des Mitentscheidungsverfahrens auf der Grundlage eines verfassungsrechtlichen und eines demokratietheoretischen Maßstabs. Zunächst wird rekonstruiert, welchen Bewertungsmaßstab das Primärrecht gegenüber der „Trilogisierung" des Mitentscheidungsverfahrens entfaltet. Dieser Maßstab wird vor allem aus der Rechtsprechung des EuGH zu den Kompetenzen des – mit den Trilogen funktional vergleichbaren – Vermittlungsausschusses zwischen Europäischem Parlament und Rat gewonnen. Der EuGH bewertet gegenüber der Gewährleistung der Zurechenbarkeit von Gesetzgebung zur inhaltlich offenen und öffentlichen Willensbildung der Co-Gesetzgeber die Effizienz des Gesetzgebungsverfahrens und insbesondere die Konfliktlösung zwischen Parlament und Rat höher. Aus demokratietheoretischer Perspektive aber gefährdet die Trilogisierung der Mitentscheidung deren demokratische Funktion. Daher werden auch Handlungsoptionen zur Gewährleistung der demokratischen Legitimation von Mitentscheidungsgesetzgebung angesichts der Trilogpraxis aufgezeigt.

Abschließend wird eine Bewertung des Mitentscheidungsverfahrens als demokratisches Verfahren der Bewältigung von Dissensen über die ethische Bewertung von biomedizinischer und humanbiotechnologischer Wissenschaft und Praxis vorgeschlagen. Dabei gilt besondere Aufmerksamkeit der Bedeutung der pluralistischen Kapazität der legislativen Willensbildung. Daneben wird argumentiert, dass die Beratung durch die *European Group on Ethics in Science and New Technologies* gegenüber der legislativen Willensbildung des Europäischen Parlaments und des Rates im Mitentscheidungsverfahren keine faktische Bindungswirkung entfaltet, welche die Zurechenbarkeit der Inhalte von Gesetzgebung zur offenen Willensbildung des demokratischen Gesetzgebers hindern würde.

A. Grundlegung und Einführung in das Referenzgebiet

Kapitel 1. Das Mitentscheidungsverfahren als Gesetzgebungsverfahren

I. Einleitung

Die vorliegende Arbeit untersucht das ordentliche Gesetzgebungsverfahren der Europäischen Union, das allgemein so bezeichnete Mitentscheidungsverfahren (Art. 289 Abs. 1 iVm Art. 294 AEUV), als demokratisches Gesetzgebungsverfahren. Sie identifiziert damit bestimmte Teile der Hoheitsgewalt der Union als Gesetzgebung im Sinne des verfassungstheoretischen Typus hoheitlicher Gewalt. Das Primärrecht kennt auch nach den Reformen durch den Vertrag von Lissabon keine Handlungsform des Gesetzes. Die Union verfügt aber nach Art. 289 AEUV nunmehr über Gesetzgebungsverfahren (neben dem ordentlichen nach Art. 289 Abs. 1 AEUV mehrere besondere, Art. 289 Abs. 2 AEUV). Die Rechtsakte, die gemäß einem Gesetzgebungsverfahren angenommen werden, sind nach Art. 289 Abs. 3 AEUV Gesetzgebungsakte. Diese Qualifikation der hoheitlichen Gewalt der Union als Gesetzgebung wird im Folgenden verfassungstheoretisch rekonstruiert, denn sie ist nicht selbstverständlich. Das zeigt das Scheitern des mit dem Verfassungsvertrag unternommenen Versuchs, eine Handlungsform des Gesetzes einzuführen.[9]

---

[9] Der Vertrag über eine Verfassung für Europa ersetzte die Verordnung und die Richtlinie durch das Europäische Gesetz und das Europäische Rahmengesetz, die die exklusive Handlungsform der ausdrücklich gekennzeichneten gesetzgebenden Gewalt der Union sein sollten, Vertrag über eine Verfassung für Europa, Abl. 2004 C 310, Art. I-33. Die Funktion des Gesetzgebers wies der Verfassungsvertrag in Art. I-20 und Art. I-23 ausdrücklich dem Europäischen Parlament und dem Rat zu. Nach dem Scheitern des Verfassungsvertrags kehrte die europäische Verfassungspolitik mit dem Vertrag von Lissabon wieder zu den Handlungsformen der Verordnung und der Richtlinie zurück, Vertrag von Lissabon zur Änderung des Vertrags über die Europäische Union und des Ver-

Ausgangspunkt der Untersuchung bildet die hingegen selbstverständliche Feststellung, dass die Union sich bei der Betätigung ihrer Rechtsetzungsbefugnisse vom Modus der völkervertraglichen Rechtserzeugung emanzipiert hat und eigene Hoheitsgewalt ausübt (II.). Das Primärrecht strukturiert diese Hoheitsgewalt mit einer eigentümlichen Mischung eigener Konzepte (Handlungsformen nach Art. 288 AEUV, Begriff des institutionellen Gleichgewichts[10]) und dem staatlichen Kontext entlehnter Kategorien (Begriff des Gesetzgebungsverfahrens). Die in den vom Primärrecht bezeichneten Gesetzgebungsverfahren ausgeübte Hoheitsgewalt lässt sich jedoch, wie im folgenden Abschnitt (III.) gezeigt wird, auf der Grundlage eines verfassungstheoretischen Begriffs der Gesetzgebung als solche qualifizieren.

---

trags zur Gründung der Europäischen Gemeinschaft, unterzeichnet in Lissabon am 13. Dezember 2007, Abl. 2007, C 306. Dies hat erklärtermaßen den Zweck, alle Begriffe zu vermeiden, die einen Verfassungscharakter des Primärrechts im Sinne staatlicher Verfasstheit andeuten könnten; Europäischer Rat, Tagung vom 21.–22. Juni 2007, Mandat für die Regierungskonferenz, Brüssel, den 26. Juni 2007, (OR. en), 11218/07, POLGEN 74, Anlage, I. 3, „Der EUV und der Vertrag über die Arbeitsweise der Union werden keinen Verfassungscharakter haben. Die in den Verträgen insgesamt verwendete Begrifflichkeit wird diese Änderung widerspiegeln: der Ausdruck „Verfassung“ wird nicht verwendet, [...] die Bezeichnungen „Gesetz“ und „Rahmengesetz“ werden aufgegeben, wobei die bestehenden Bezeichnungen „Verordnung“, „Richtlinie“ und „Entscheidung“ (bzw. „Beschluss“) beibehalten werden.“ Hierzu *J. Wuermeling,* Der Reformvertrag – das Ende der Verfassungsrevision?, in: Pernice (Hrsg.), Der Vertrag von Lissabon Reform der EU ohne Verfassung?, 2008, 25, 27. Zu den Ansätzen der Reform des Handlungsformensystems im Verfassungsvertrag und im Lissabonner Vertrag *J. Bast,* Handlungsformen und Rechtsschutz, in: Bogdandy/Bast (Hrsg.), Europäisches Verfassungsrecht, 2009, 544 ff.; zur symbolischen Aufladung der Gesetzessemantik in der europäischen Verfassungspolitik dort 546; s. auch *C. Calliess,* Mitverantwortung der Rechtswissenschaft für die Verwendung des Verfassungstopos – Die europäische Verfassung als Opfer der symbolischen Tragweite des Begriffs, in: Pernice (Hrsg.), Der Vertrag von Lissabon Reform der EU ohne Verfassung?, 2008, 54.

10 Art. 13 Abs. 2 EUV und ständige Rechtsprechung, Urteile des Gerichtshofes vom 29. Oktober 1980 in den Rs. 138/79, Roquettes Frères/Rat und 139/79 Maizena/Rat, Slg. 1980, 3333 bzw. 3393; Urteile des Gerichthofes vom 11. Juni 1991 in der Rs. C-300/89, Kommission/Rat (Titandioxid), Rn. 20, vom 30. März 1995 in der Rs. C-65/93 (Parlament/Rat), Slg. 1995 I-643, Rn. 21, vom 5. Juli 1995 in der Rs. C-21/94 (Parlament/Rat), Slg. 1995 I-1827, Rn. 17, vom 10. Juni 1997 in der Rs. C-392/95, Parlament/Rat, Slg. 1997 I-3213, Rn. 14.

Zur genaueren Verortung der gesetzgebenden Gewalt im Gefüge der Unionsorgane stellt der anschließende Abschnitt des Kapitels (IV.) Kriterien zur Verfügung, anhand derer die legislative Gewalt in den unterschiedlichen Gesetzgebungsverfahren der Union der gesetzgeberischen Verantwortung eines oder mehrerer der Organe zugeordnet werden kann. Das Kapitel schließt mit einer Untersuchung zum Verhältnis von Verfahrensposition und Legitimationsleistung demokratischer Organe bei der Gesetzgebung (V.).

II. Die supranationale und föderale Gestalt der Union

Dass die Gründungsverträge der Europäischen Wirtschaftsgemeinschaft eine eigene Rechtsordnung geschaffen haben, die im Unterschied zu völkerrechtlichen Verträgen nicht allein wechselseitige Verpflichtungen zwischen den vertragsschließenden Staaten, sondern ebenso unmittelbar wirksame Rechte und Pflichten auch für deren Staatsbürger begründet, ist seit den Entscheidungen des EuGH in *van Gend en Loos* (1963) und *Costa v. E.N.E.L.* (1964) geklärt. Die Gemeinschaft übt auf Grund der Zuständigkeitsbeschränkung der Mitgliedstaaten in der Form der Übertragung von Kompetenzen „echte"[11] eigene Hoheitsrechte aus.[12] Rechtssubjekte der Gemeinschaftsrechtsordnung sind „nicht nur die Mitgliedstaaten, sondern auch die Einzelnen"[13]. Dies erstreckt sich nicht allein auf das Primärrecht, sondern auch auf das Sekundärrecht.[14] Um die Effektivität der Gemeinschaftsrechtsordnung zu gewährleisten, hat das Gemeinschaftsrecht in allen seinen Teilen unabhängig von der Rangregelung im mitgliedstaatlichen Verfassungsrecht Vorrang vor der mitgliedstaatlichen Rechtsordnung.[15]

Im Kontext einer Untersuchung der demokratischen Strukturen der EU ist bemerkenswert, dass der EuGH als Argument für die Unterscheidung der vertraglichen Grundlagen der Europäischen Wirtschaftsgemeinschaft von völkervertraglichen Rechtsordnungen anführt, dass „die

---

11 *Europäischer Gerichtshof*, 15. Juli 1964, Rs. 6/64, Slg. 1964, 1253, 1269.

12 Ebd.

13 *Europäischer Gerichtshof*, 5. Februar 1963, Rs. 26/62, Slg. 1963, 1, 24.

14 Dazu unter III. 3. a.

15 *Europäischer Gerichtshof*, 15. Juli 1964, Rs. 6/64, Slg. 1964, 1253, 1269 f.

Staatsangehörigen der in der Gemeinschaft zusammengeschlossenen Staaten dazu berufen sind, durch das Europäische Parlament und den Wirtschafts- und Sozialausschuss zum Funktionieren dieser Gemeinschaft beizutragen."[16] Er stellt so der Rechtssubjektivität des Einzelnen in der Gemeinschaftsrechtsordnung die institutionalisierte Beteiligung der Bürger der Mitgliedstaaten an der Ausübung der hoheitlichen Gewalt der Union gegenüber.[17] Auch die institutionelle Ausstattung unterscheidet die EU von klassischen (mit den Worten des EuGH: *gewöhnlichen*) Völkerrechtsordnungen.[18] Die Gemeinschaft hat sich, wie der EuGH feststellt, mit der Schaffung eigener Organe, die – wie Kommission, Europäisches Parlament und Europäischer Gerichtshof – vom Willen der Mitgliedstaaten verselbständigt sind, institutionell über die Struktur klassischer völkerrechtlicher Rechtserzeugung hinaus entwickelt, die auf der Souveränität der Staaten und der gouvernementalen Vertretung des Staates basiert.[19]

Für die Merkmale der unmittelbaren Anwendbarkeit und des Vorrangs des Unionsrechts und eine gewisse Verselbständigung der Union vom Willen der Mitgliedstaaten hat sich der Begriff der Supranationalität weitgehend durchgesetzt; er wird auch hier in diesem Sinn verwendet.[20] Dabei ist das Merkmal der unmittelbaren Anwendbarkeit relevant für die demokratietheoretische Untersuchung des Mitentscheidungsverfahrens: Der direkte rechtliche Zugriff auf das Individuum ist als legitimationsbedürftiges Moment gesetzgebender Gewalt eine zentrale Erwä-

---

[16] *Europäischer Gerichtshof*, 5. Februar 1963, Rs. 26/62, Slg. 1963, 1, 24.

[17] Ebd.

[18] Die Position des EuGH zu den Strukturen der Union, die ihre Hoheitsgewalt an die politische Willensbildung des demokratischen Subjekts der Union zurückbinden, wird in Kap. 6 I. 2. vor allem mit Blick auf den Gehalt des Demokratieprinzips in der Rechtsprechung des Gerichtshofes eingehend aufgearbeitet.

[19] *Europäischer Gerichtshof*, 5. Februar 1963, Rs. 26/62, Slg. 1963, 1, 24; danach bestätigt die Schaffung von Organen, welchen Hoheitsrechte übertragen sind, deren Ausübung in gleicher Weise die Mitgliedstaaten wie die Staatsbürger berührt, „dass dieser Vertrag [der EWG-Vertrag] *mehr ist* als ein Abkommen, das nur wechselseitige Verpflichtungen zwischen vertragsschließenden Staaten begründet." (Hervorhebung der Verf.).

[20] Mit Nachweisen und einer Rekonstruktion des konstruktiven Gehalts des Konzepts der Supranationalität *S. Oeter*, Föderalismus und Demokratie, in: Bogdandy/Bast (Hrsg.), Europäisches Verfassungsrecht, 2009, 83 f.

gung der Untersuchung des Legitimationsmodells, das das Primärrecht in der Form des Mitentscheidungsverfahrens für die gesetzgebende Gewalt der EU einsetzt.

Neben der Beschreibung der Union als supranational bezieht sich die Arbeit auf ihre Charakterisierung als föderale Ordnung. Die Untersuchung der Union und ihres politischen Systems aus der Perspektive der Föderalismustheorie ist der wichtigste Ansatz der Analyse des Zusammenhangs zwischen Europäischer Union und Mitgliedstaaten.[21] Mit der Beschreibung der Union als föderal wird hier – minimalistisch – eine vertraglich konstituierte Verbindung von Staaten bezeichnet, in der diese als politische Einheiten fortbestehen, zugleich aber gemeinsam eine neue politische Ordnung begründen.[22] Die neue politische Ordnung hat im Fall der Union supranationalen Charakter im ausgeführten Sinne, was eben auch eine Beschränkung oder Teilaufgabe der Souveränität der Mitglieder bedeutet. Es geht um eine Verbundstruktur; (Bundes-)Staatlichkeit ist mit dem Begriff nicht unterstellt.[23]

III. Die gesetzgebende Gewalt der Union

In diesem Abschnitt wird die primärrechtliche Qualifikation des Mitentscheidungsverfahren als (eines der) Gesetzgebungsverfahren der Union verfassungstheoretisch überprüft. Im ersten Abschnitt des Kapitels wird ein legitimationsbezogener Begriff gesetzgebender Gewalt eingeführt und seine generelle Anwendbarkeit auf die Union dargelegt

---

21 Zur verfassungspolitischen und zur rechtswissenschaftlichen Dimension des Föderalismusdiskurses zur EU *S. Oeter*, Föderalismus und Demokratie, in: Bogdandy/Bast (Hrsg.), Europäisches Verfassungsrecht, 2009; mit föderalismustheoretischen Ansätzen der Beschreibung und normativen Modellbildung zur EU und ihrem politischen System u.a. *M. Burgess*, Federalism and European Union, 2000; *P. Dann*, Parlamente im Exekutivföderalismus, 2004; *C. Schönberger*, Archiv des öffentlichen Rechts 129 (2004), 81; *O. Beaud*, Die Europäische Union als Föderation, 2010.

22 Dahingehend *O. Beaud*, Die Europäische Union als Föderation; s. auch *C. Schönberger*, Archiv des öffentlichen Rechts 129 (2004), 81; *C. Franzius/U. K. Preuß*, Die Zukunft der europäischen Demokratie, 2012, 47 ff. mwN.

23 Im Sinne einer Tugend des Dazwischen zwischen Staatenbund und Bundesstaat *C. Franzius/U. K. Preuß*, Die Zukunft der europäischen Demokratie, 2012, 47 ff.

(1.). Anschließend werden die sich aus ihrer demokratischen Funktion ergebenden Kriterien der Erzeugung von Gesetzgebung (2.), typischen materiellen Merkmale von Gesetzgebung (3.) und Strukturen des Verhältnisses der Legislative zu Exekutive und Judikative (4.) auf die Rechtsetzung im ordentlichen Gesetzgebungsverfahren angewandt.

1. Einleitung

Im Folgenden wird ein Begriff der Gesetzgebung zugrunde gelegt, der von der legitimatorischen Bedeutung der legislativen Gewalt in einer demokratischen Verfassungsordnung ausgeht. In demokratischen Verfassungen geht die Legitimation der Rechtsordnung wesentlich von der Ausgestaltung der Legislative aus.[24] Die Legislative ist als gewählte Versammlung, als Parlament verfasst; vermittels der Form des Gesetzes ist der im legislativen Verfahren gebildete Wille die demokratische Quelle der Rechtsordnung. Aus der demokratischen Funktion gesetzgebender Gewalt werden im Folgenden ihre formalen und materiellen Merkmale begründet.[25]

---

[24] Siehe die Darstellungen des Gehalts der verfassungsrechtlichen Verpflichtung auf die Demokratie in ausgewählten europäischen Verfassungen in den einzelnen Länderstudien in *A. von Bogdandy u. a.* (Hrsg.), Grundlagen und Grundzüge staatlichen Verfassungsrechts, 2007 und übersichtsweise rechtsvergleichend *P. Cruz Villalón,* Grundlagen und Grundzüge staatlichen Verfassungsrechts: Vergleich, in: Bogdandy/Cruz Villalón/Huber (Hrsg.), Grundlagen und Grundzüge staatlichen Verfassungsrechts, 2007, 729, Rn. 106 ff. Nach dem Grundgesetz ist gesetzgebende Gewalt die Rechtsetzung der gewählten Volksvertretung im vorgesehenen Gesetzgebungsverfahren und in der Form des Gesetzes, *F. Ossenbühl,* § 100, Gesetz und Recht – Die Rechtsquellen im demokratischen Rechtsstaat, in: Isensee/Kirchhof (Hrsg.), Handbuch des Staatsrechts der Bundesrepublik Deutschland, 135, Rn. 19; *B. Grzeszick,* Art. 20, in: Maunz/Dürig (Hrsg.), Grundgesetz, Rn. 60 ff., wonach der Gesetzesbegriff im formellen Sinne die vom Parlament in einem entsprechenden Verfahren als solche verabschiedeten Gesetze bezeichnet.

[25] Einen solchen Begriff entwickelt *C. Möllers,* Gewaltengliederung, 2005. Die demokratische Funktion der gesetzgebenden Gewalt ist auch in der Verfassungslehre vielfach der zentrale Bezugspunkt des Gesetzesbegriffs. So ist nach *M. Brenner,* § 44, Das Prinzip Parlamentarismus, in: Isensee/Kirchhof (Hrsg.), Handbuch des Staatsrechts der Bundesrepublik Deutschland, 477 einer der zentralen Gehalte des „Prinzips Parlamentarismus“ die Gesetzgebungsfunktion der demokratisch gewählten Volksvertretung (Rn. 47-50); nach *F. Ossenbühl,*

Der hier verwendete Begriff der Gesetzgebung ist daher mit einem Demokratiemodell verbunden, nämlich dem der elektoralen Verfassung der Legislative. Ein solche Verfassung der gesetzgebenden Gewalt ist in Europa völkerrechtliches Gebot: Nach Art. 3 des Zusatzprotokolls zur Europäischen Menschenrechtskonvention sind von den Vertragsparteien in angemessenen Zeitabständen freie und geheime Wahlen abzuhalten, welche die freie Äußerung der Meinung des Volkes bei der Wahl der gesetzgebenden Körperschaften gewährleisten.[26] Die demokratische

---

§ 100, Gesetz und Recht – Die Rechtsquellen im demokratischen Rechtsstaat, in: Isensee/Kirchhof (Hrsg.), Handbuch des Staatsrechts der Bundesrepublik Deutschland, 135, Rn. 19, ist „der demokratische Rechtsstaat Gesetzesstaat und Gesetzgebungsstaat", womit die demokratische Legitimation von Hoheitsgewalt wesentlich von der Gesetzgebung durch die gewählte Volksvertretung ausgeht. Dieses Demokratiemodell verfolgt auch Art. 3 des Zusatzprotokolls zur EMRK. Nach dem Grundgesetz stellt die elektorale Verfassung der Legislative, d.h. der Mechanismus der Wahlen des Bundestags, nach Art. 20 Abs. 2 den demokratischen Legitimationszusammenhang zwischen der Staatsgewalt und dem Volk als Legitimationssubjekt her, dazu *E.-W. Böckenförde,* § 24, Demokratie als Verfassungsprinzip, in: Isensee/Kirchhof (Hrsg.), Handbuch des Staatsrechts der Bundesrepublik Deutschland, 429, 16 ff. (§ 24) und *E.-W. Böckenförde,* § 34, Demokratische Willensbildung und Repräsentation, in: Isensee/Kirchhof (Hrsg.), Handbuch des Staatsrechts der Bundesrepublik Deutschland, 31, Rn. 13-15 zur Bezogenheit der Demokratie als Staatsformbegriff auf die repräsentative Demokratie. S. auch *C. Starck,* Der Gesetzesbegriff des Grundgesetzes, 1970, §§ 35, 37 (177 ff., 186 ff.). Danach besteht *„die äußere Form des Gesetzes [...] in einem besonderen durch Öffentlichkeit und Diskussion ausgezeichneten Verfahren, in dem der unmittelbar demokratisch legitimierte Bundestag und der föderative, mittelbar demokratisch legitimierte Bundesrat zusammenwirken"*, 313. Zum Gesetzesbegriff des Grundgesetzes *B. Grzeszick,* Art. 20, in: Maunz/Dürig (Hrsg.), Grundgesetz, Rn. 60 ff.; *F. Ossenbühl,* § 100, Gesetz und Recht – Die Rechtsquellen im demokratischen Rechtsstaat, in: Isensee/Kirchhof (Hrsg.), Handbuch des Staatsrechts der Bundesrepublik Deutschland, 135, Rn. 5 ff.; *H. Dreier,* Art. 20 (Demokratie), in: Dreier/Masing/Bauer u.a. (Hrsg.), Grundgesetz / Kommentar, Artikel 20 - 82, 2006, 20, *H. Schulze-Fielitz,* Art. 20 (Rechtsstaat), in: Dreier/Masing/Bauer u. a. (Hrsg.), Grundgesetz / Kommentar, Artikel 20 - 82, 2006, 128, 50 ff., 51 („Gesetze sind begrifflich durch ihre Entstehung im dafür vorgesehenen parlamentarischen Verfahren bestimmt"), 83 ff.; *C. Starck,* Der Gesetzesbegriff des Grundgesetzes, 1970; die Entwicklungslinien des Gesetzesbegriffs in der deutschen Staatsrechtslehre zeichnet *E.-W. Böckenförde,* Gesetz und gesetzgebende Gewalt, 1981 nach.

[26] Siehe hierzu im Einzelnen *J. Meyer-Ladewig,* Art. 3 ZP-EMRK, in: Meyer-Ladewig (Hrsg.), Europäische Menschenrechtskonvention, 2006, Rn. 1 ff.

Legitimation der Gesetzgebung ergibt sich damit daraus, dass die gesetzgebende Gewalt in Rückbindung an Wahlen des verfassungsrechtlich eingesetzten Legitimationssubjektes des Hoheitsträgers („das Volk“) ausgeübt wird. Mit dem Beitritt zur Europäischen Menschenrechtskonvention wird dieses Modell auch für die Union verbindlich werden – der Europäische Gerichtshof für Menschenrechte hat aber schon zuvor die Rechtsetzungstätigkeit der Union an diesem Maßstab gemessen.[27] Ein entsprechendes Modell der demokratischen Verfassung und Funktion der Legislative ist daher im Folgenden die Grundlage des Gesetzgebungsbegriffs.

Dieser dem Recht entnommene Demokratiebegriff ist zugleich der erste Ansatz der Entwicklung eines Demokratiebegriffs dieser Arbeit. In einem späteren Abschnitt wird auf einer demokratietheoretischen Ebene ein anspruchsvolleres normatives Demokratiemodell entwickelt, mit dem das Mitentscheidungsverfahren weiter als demokratisches Gesetzgebungsverfahren rekonstruiert wird. Die beiden Ansätze stehen dabei nicht zusammenhangslos nebeneinander. Es handelt sich um zwei Ebenen eines Demokratiebegriffs, zwischen denen Anschlüsse bestehen. So ist die Frage nach dem Legitimationssubjekt hoheitlicher Gewalt auf beiden Ebenen relevant: Der legitimationsbezogene Begriff der Gesetzgebung verweist auf einen Rechtsbegriff des Legitimationssubjekts, der deskriptiv die durch die Verfassung bestimmte Menge von Individuen kennzeichnet, die durch ihre politische Berechtigung an der Gesetzgebung teilhaben und dadurch verfassungsrechtlich deren Träger/Zurechnungssubjekt sind.[28] Demgegenüber wird der Begriff des Legitima-

---

Art. 3 formuliert danach eine Verpflichtung der Vertragsparteien auf eine bestimmte legitimatorische Struktur der politischen Verfasstheit; die Einzelheiten der Regelung demokratischer Wahlen, insbesondere der aktiven und passiven Wahlberechtigung bleiben aber den Vertragsparteien überlassen.

[27] Der Europäische Gerichtshof für Menschenrechte hat in einem Urteil gegen einen Mitgliedstaat der Europäischen Union das Europäische Parlament als gesetzgebende Körperschaft im Sinne des Art. 3 qualifiziert und in diesem Rahmen die demokratische Funktion der legislativen Befugnisse des Parlaments anerkannt; *Europäischer Gerichtshof für Menschenrechte*, 18. Februar 1999, Appl. 24833/94. Zu dem Urteil noch unten Kap. 6 I. 2., 3.

[28] Dass der Begriff des Legitimationssubjekts so das rechtlich als Träger der Hoheitsgewalt verfasste Volk bezeichnet, zeigt die Begriffsverwendung etwa von *H. Dreier*, Art. 20 (Demokratie), in: Dreier/Masing/Bauer u. a. (Hrsg.), Grundgesetz / Kommentar, Artikel 20 - 82, 2006, 20, Rn. 83 ff. der das (deut-

tionssubjekts auf der demokratietheoretischen Ebene normativ verwendet. Er bezeichnet die Menge von Individuen, gegenüber denen hoheitliche Gewalt in einer Demokratie legitimationsbedürftig ist, die also zur demokratischen Teilhabe berechtigt sein *sollen*.

Das Demokratiemodell, das der legitimationsbezogene Gesetzgebungsbegriff transportiert, ist von begrenztem normativem Gehalt. Es enthält nur die Rückbindung der gesetzgebenden Körperschaft an Wahlen. Gleichwohl bietet der legitimationsbezogene Gesetzgebungsbegriff eine erste kritische Perspektive auf das primärrechtliche Legitimationsmodell.[29] Dass die legislative Qualität der Rechtsetzung der Union in den im Primärrecht bezeichneten Gesetzgebungsverfahren vorliegend auf der Grundlage des legitimationsbezogenen Begriffs der Gesetzgebung bejaht wird, bedeutet dabei nicht, dass die Union abschließend als demokratische Rechtsordnung bewertet wird. Vielmehr wird im Rahmen der Untersuchung der legislativen Qualität der Rechtsetzung in den ausgewiesenen Gesetzgebungsverfahren zunächst lediglich eine – duale – Struktur der Rückbindung europäischer Hoheitsgewalt an Wahlen identifiziert, die als Demokratiemodell für die europäische Gesetzgebung weiterer Untersuchung und Bewertung bedarf. Dies wird in einem späteren Abschnitt auf der Grundlage eines normativen Demokratieverständnisses unternommen, das einen anspruchsvolleren Maßstab der demokratischen Qualität des Mitentscheidungsverfahrens und der in ihm erlassenen Gesetzgebung bildet.[30]

Dass die Demokratiefähigkeit der Union weiterhin Gegenstand der Auseinandersetzung ist, steht der Anwendung eines legitimationsbezogenen Begriffs der gesetzgebenden Gewalt auf sie nicht entgegen. Die Demokratie ist ausweislich Art. 2 EUV gründender Wert der Union; nach Art. 10 EUV beruht die Arbeitsweise der Union auf der repräsentativen Demokratie. Die Union ist aus Art. 10 EUV verpflichtet, demokratisch zu arbeiten, also ihre Kompetenzen demokratisch legitim auszuüben. Dies erlaubt es, das ordentliche Gesetzgebungsverfahren als

---

sche) Volk als *Legitimationssubjekt* untersucht; komplementär dazu verwendet er den Begriff des Legitimationsobjekts für die Staatsgewalt.

[29] Zur kritischen Ausrichtung der Arbeit mit Blick auf die demokratietheoretische Untersuchung des Mitentscheidungsverfahrens als demokratisches Gesetzgebungsverfahren der Union die Einleitung. Sein kritisches Potential entfaltet der legitimationsbezogene Gesetzgebungsbegriff etwa unter b., c.

[30] Dazu Kap. 7 und 8.

primärrechtliches Demokratiemodell für die Legislativgewalt der Union zu begreifen und es an einem legitimationsbezogenen Gesetzgebungsbegriff zu messen.

2. *Formale Kriterien gesetzgebender Gewalt*

In ihrer demokratischen Funktion ist gesetzgebende Gewalt dadurch bedingt, dass sie von Organen ausgeübt wird, die an Wahlen des verfassungsrechtlich eingesetzten Legitimationssubjekts der Rechtsordnung (üblicherweise das Staatsvolk) rückgebunden sind.[31] Aus der demokratischen Funktion der gesetzgebenden Gewalt ergibt sich eine Reihe von Merkmalen gesetzgebender Gewalt, die das Verfahren legislativer Rechtsetzung kennzeichnen. Im Folgenden wird zunächst begründet,

---

[31] Das folgt auch aus der Verfassungslehre zur parlamentarischen Form der Legislative und zur Rolle des Gesetzes bzw. der Gesetzgebung im demokratischen Rechtsstaat. So ist nach *M. Brenner*, § 44, Das Prinzip Parlamentarismus, in: Isensee/Kirchhof (Hrsg.), Handbuch des Staatsrechts der Bundesrepublik Deutschland, 477 einer der zentralen Gehalte des „Prinzips Parlamentarismus" die Gesetzgebungsfunktion der demokratisch gewählten Volksvertretung (Rn. 47-50); nach *F. Ossenbühl*, § 100, Gesetz und Recht – Die Rechtsquellen im demokratischen Rechtsstaat, in: Isensee/Kirchhof (Hrsg.), Handbuch des Staatsrechts der Bundesrepublik Deutschland, 135, der Gesetzgebung im Kern als Rechtsetzung durch die parlamentarische Volksvertretung definiert (Rn. 19), ist „der demokratische Rechtsstaat Gesetzesstaat und Gesetzgebungsstaat" – womit – funktional über den Gesetzes- bzw. Parlamentsvorbehalt bzw. den Vorrang des Gesetzes – die demokratische Legitimation von Hoheitsgewalt von der Gesetzgebung durch die gewählte Volksvertretung ausgeht, s. auch *B. Grzeszick*, Art. 20, in: Maunz/Dürig (Hrsg.), Grundgesetz, Rn. 82, wonach Begriff und Institution des formellen Parlamentsgesetzes unmittelbarer Bestand des demokratischen Prinzips des Grundgesetzes sind. Nach dem Grundgesetz stellt die elektorale Verfassung der Legislative, d.h. der Mechanismus der Wahlen des Bundestags, gem. Art. 20 Abs. 2 den demokratischen Legitimationszusammenhang zwischen der Staatsgewalt und dem Volk als Legitimationssubjekt her, dazu *E.-W. Böckenförde*, § 24, Demokratie als Verfassungsprinzip, in: Isensee/Kirchhof (Hrsg.), Handbuch des Staatsrechts der Bundesrepublik Deutschland, 429 und *E.-W. Böckenförde*, § 34, Demokratische Willensbildung und Repräsentation, in: Isensee/Kirchhof (Hrsg.), Handbuch des Staatsrechts der Bundesrepublik Deutschland, 31, Rn. 13-15 zur Bezogenheit der Demokratie als Staatsformbegriff auf die repräsentative Demokratie. Ein Demokratiemodell demokratischer Gesetzgebung erfolgt wie bereits angeführt auch Art. 3 des Zusatzprotokolls zur EMRK.

dass sich von den an der Rechtsetzung beteiligten Organen – Europäisches Parlament, Rat und Kommission – die beiden erstgenannten als an Wahlen des verfassungsrechtlich eingesetzten Legitimationssubjekts rückgebunden verstehen lassen. Anschließend wird untersucht, inwiefern die Rechtsetzung durch Rat und Europäisches Parlament in den primärrechtlich bezeichneten Gesetzgebungsverfahren dem Typus demokratischer Gesetzgebung entspricht (b. und c.).

a. Die demokratische Rückbindung der Legislative

Kennzeichen der gesetzgebenden Gewalt ist auf der Grundlage eines legitimationsbezogenen Begriffs die elektorale Rückbindung der Legislative an das verfassungsrechtlich konstituierte Legitimationssubjekt der Rechtsordnung. Nach Art. 10 EUV verfügt die Union über eine zweifache Rückbindung an Wahlen und über zwei Repräsentationsorgane: Nach Art. 10 Abs. 2 EUV sind die Bürgerinnen und Bürger auf Unionsebene unmittelbar im Europäischen Parlament vertreten. Die Mitgliedstaaten werden im Europäischen Rat von ihrem jeweiligen Staats- oder Regierungschef und im Rat von ihrer jeweiligen Regierung vertreten, die ihrerseits in demokratischer Weise gegenüber ihrem nationalen Parlament oder gegenüber ihren Bürgerinnen und Bürgern Rechenschaft ablegen müssen.

Beide Organe verfügen über eine elektorale Rückbindung, die mit dem legitimationsbezogenen Begriff der gesetzgebenden Gewalt Merkmal von Legislativorganen ist.[32] Dabei verfügen Parlament und Rat aber nach Art. 10 Abs. 2 EUV über unterschiedliche Legitimationssubjekte: die Menge der Staatsvölker der Mitgliedstaaten einerseits, die Menge der Unionsbürgerinnen und -bürger andererseits.[33] Die Union ist daher nach dem Primärrecht von einer dualen Struktur demokratischer Legitimation gekennzeichnet, die eine direkte und eine vermittelte Rück-

---

[32] Eine demokratietheoretische Untersuchung und Bewertung der elektoralen Rückbindung beider Organe erfolgt in Kap. 8.

[33] Art. 10 Abs. 2 EUV meint mit den Bürgerinnen und Bürgern, die auf Unionsebene unmittelbar im Europäischen Parlament vertreten sind, die Unionsbürgerinnen und -bürger. Dies ergibt sich aus Art. 14 Abs. 2 EUV, wonach das Europäische Parlament sich aus Vertretern der Unionsbürgerinnen und -bürgern zusammensetzt.

bindung an Wahlen und zwei verschiedene Legitimationssubjekte kombiniert.

b. Zurechnung der Gesetzgebung zur Willensbildung der Legislative

Nach dem legitimationsbezogenen Begriff ist Merkmal der gesetzgebenden Gewalt ihre Rückbindung an die Wahlen des verfassungsrechtlich eingesetzten Legitimationssubjekts: Das gesetzgebende Organ ist elektoral konstituiert und die Setzung legislativen Rechts ist das Ergebnis seiner Willensbildung, ihm also zurechenbar. Demokratische Legitimation als ein Zurechnungszusammenhang zwischen der gesetzgebenden Gewalt und dem Legitimationssubjekt wird verfassungsrechtlich durch die selbstverantwortliche legislative Entscheidung des demokratisch gewählten Organs hergestellt.[34] Die Selbstverantwortlichkeit der Entscheidung des demokratischen Organs – die Freiheit seiner Willensbildung und seine inhaltliche Gestaltungsfreiheit – ist Voraussetzung der demokratischen Bindung der gesetzgebenden Gewalt.[35] Denn die inhaltliche Zurechnung zur Willensbildung des gewählten Organs vermittelt dem legislativen Recht die demokratische Legitimation der Wahl. Eine inhaltliche Bindung des Gesetzgebers, die seine Willensbildung beschränkt, beschränkt damit zugleich die demokratische Legitimation der Gesetzgebung. In demokratischen Rechtsstaaten ist der Gesetzgeber zwar regelmäßig an (konkretisierungsbedürftige) Grundrechte und grundlegende Verfassungsprinzipien gebunden[36], auf konkrete

---

[34] *M. Brenner,* § 44, Das Prinzip Parlamentarismus, in: Isensee/Kirchhof (Hrsg.), Handbuch des Staatsrechts der Bundesrepublik Deutschland, 477, Rn. 45, in der Rekonstruktion des Legitimationskonzepts des Grundgesetzes. Danach wird in der Demokratie des Grundgesetzes die politische Willensbildung des Volkes durch die vom Volk gewählte und *„zur selbstverantwortlichen Entscheidung berufene Volksvertretung vermittelt."*, dazu auch *P. Badura,* § 24, Die parlamentarische Demokratie, in: Isensee/Kirchhof (Hrsg.), Handbuch des Staatsrechts der Bundesrepublik Deutschland, 497, Rn. 34 f.

[35] *M. Brenner,* § 44, Das Prinzip Parlamentarismus, in: Isensee/Kirchhof (Hrsg.), Handbuch des Staatsrechts der Bundesrepublik Deutschland, 477, Rn. 45; *P. Badura,* § 24, Die parlamentarische Demokratie, in: Isensee/Kirchhof (Hrsg.), Handbuch des Staatsrechts der Bundesrepublik Deutschland, 497, Rn. 34 f.

[36] So Art. 1 Abs. 3 GG, zur Bindung des Gesetzgebers an die Grundrechte und die Offenheit der demokratischen Willensbildung *M. Kriele,* § 110, Grund-

inhaltliche Vorgaben zu einzelnen Materien der Gesetzgebung, die den Inhalt der Gesetzgebung von der Willensbildung der demokratischen Legislative entkoppeln, wird jedoch verzichtet.

Um Gesetzgebung im Sinne der legitimationsbezogenen Begriffsbestimmung zu sein, muss daher die Rechtsetzung der Europäischen Union im Mitentscheidungsverfahren so verfasst sein, dass sie sich der legislativen Verantwortung der beiden elektoral rückgebundenen Organe, Europäisches Parlament und Rat, zurechnen lässt. Die Verfahrensordnung des Mitentscheidungsverfahrens selbst vermittelt keine materiellen Vorgaben. Europäisches Parlament und Rat beschließen im Rahmen dieses Verfahrens Gesetzgebungsvorschläge auf der Grundlage der vorhergehenden organinternen Willensbildung (Art. 294 Abs. 2 - 14 AEUV). Der Bindung des Inhalts von Mitentscheidungsgesetzgebung an die Willensbildung von Rat und Europäischem Parlament sind jedoch dadurch Grenzen gesetzt, dass das Primärrecht vielfach konkret und spezifisch auf einzelne Zuständigkeitsbereiche bezogen mit inhaltlichen Vorgaben macht.[37] Die primärrechtlichen Kompetenznormen geben bestimmte politische Entscheidungen vor und begrenzen so die Willensbildung von Europäischem Parlament und Rat.[38] Die Rechtsetzung im Mitentscheidungsverfahren ist, soweit die zum Tragen kommenden Kompetenzen inhaltliche Vorgaben enthalten, von der Willensbildung von Europäischem Parlament und Rat entkoppelt.

---

rechte und demokratischer Gestaltungsspielraum, in: Isensee/Kirchhof (Hrsg.), Handbuch des Staatsrechts der Bundesrepublik Deutschland, 101; Nachweise der Bindung des Gesetzgebers an Grundrechte und Verfassungsprinzipien in ausgewählten europäischen Rechtsordnungen in den einzelnen Beiträgen in *A. von Bogdandy u. a.* (Hrsg.), Grundlagen und Grundzüge staatlichen Verfassungsrechts, 2007, und einen gemeineuropäischen Bestand des Prinzips der Bindung aller Gewalten einschließlich des Gesetzgebers an die Grundrechte feststellend *P. Cruz Villalón,* Grundlagen und Grundzüge staatlichen Verfassungsrechts: Vergleich, in: Bogdandy/Cruz Villalón/Huber (Hrsg.), Grundlagen und Grundzüge staatlichen Verfassungsrechts, 2007, 729, Rn. 95 ff. Zur Überprüfung europäischer Gesetzgebung an den Unionsgrundrechten durch den EuGH noch unten 4. a.

37 Hierzu schon *C. Möllers,* Gewaltengliederung, 2005, 265; *M. Nettesheim,* Jahrbuch für Neue Politische Ökonomie 19 (2000), 145, 59.

38 S. etwa Art. 40 AEUV, Art. 48 AEUV, Art. 53 AEUV, Art. 59 AEUV, Art. 78 Abs. 2 AEUV, Art. 79 Abs. 2 AEUV, Art. 81 Abs. 2 AEUV, Art. 91 AEUV, Art. 149 AEUV.

c. Selbstaktivierung des Gesetzgebers und Allgemeinheit der gesetzgeberischen Zuständigkeit

Ein weiterer Aspekt der Bindung der gesetzgebenden Gewalt an die Willensbildung der demokratischen Legislative ist die Möglichkeit des Gesetzgebers, seine Befassung mit einem Gesetzgebungsvorhaben selbst zu veranlassen, sich also als Gesetzgeber selbst zu aktivieren.[39] Europäisches Parlament und Rat müssten also das Mitentscheidungsverfahren selbst einleiten können (1). Zudem gehört zur Bindung der Gesetzgebung an die demokratische Willensbildung auch die prinzipielle Unbegrenztheit der legislativen Zuständigkeit (2).

(1) Initiativrecht

Das eigene Initiativrecht stellt der gewählten Legislative die Möglichkeit des legislativen Handelns zur Verfügung: Es befähigt den gewählten Gesetzgeber, gesetzgeberisch zu handeln, wenn er gesetzgeberisch handeln will. Auf der Ebene der Europäischen Union kann grundsätzlich nur die Kommission das Gesetzgebungsverfahren einleiten. Nach Art. 17 Abs. 2 EUV darf ein Gesetzgebungsakt der Union nur auf Vorschlag der Kommission erlassen werden. Als Ausfluss ihres Initiativrechts kann die Kommission ein Verfahren jederzeit durch den Rückzug ihres Vorschlags beenden.[40] Europäisches Parlament und Rat kön-

---

[39] Zur Bedingtheit der demokratischen Bindung der gesetzgebenden Gewalt durch die Möglichkeit der Legislative, sich selbst zu aktivieren, d.h. selbst das Gesetzgebungsverfahren initiieren zu können, *C. Möllers,* Europarecht 37 (2002), 483, 106; zum Initiativrecht des Bundestages nach dem Grundgesetz *M. Brenner,* § 44, Das Prinzip Parlamentarismus, in: Isensee/Kirchhof (Hrsg.), Handbuch des Staatsrechts der Bundesrepublik Deutschland, 477, Rn. 30. Danach korrespondiert mit der Zuweisung der Gesetzgebungsfunktion an das Parlament dessen eigenständige Initiativfunktion, mit deren Hilfe das Parlament kraft eigenen Rechts ein Gesetz auf den Weg bringen kann, wenn es dies für angezeigt erachtet, so dass es nicht darauf angewiesen ist, dass die Regierung die Initiative für ein Gesetzesvorhaben ergreift. Der legitimatorischen Funktion der Gesetzgebung steht es aber nicht entgegen, dass die Gesetzgebung auch extern, etwa von der Exekutive initiiert werden kann, insoweit damit keine Pflicht zur Gesetzgebung, sondern lediglich eine Pflicht zur Befassung mit dem Vorschlag verbunden ist.

[40] *B. Martenczuk,* Art. 17 EUV, in: Grabitz/Hilf/Nettesheim (Hrsg.), Das Recht der Europäischen Union, Rn. 64 ff.; s. zur Vorgängervorschrift *J. Schoo,*

nen die Kommission jeweils auffordern, einen Vorschlag zu unterbreiten, Art. 225, 241 AEUV.[41] Ob es einklagbar ist, dass die Kommission nach Aufforderung einen Vorschlag vorlegt, ist umstritten.[42] Auch wenn die Initiative durch die Kommission beziehungsweise die Fortsetzung eines bereits eingeleiteten Verfahrens einklagbar sein sollte, können Europäisches Parlament und Rat ihren Willen, gesetzgeberisch zu handeln, nicht selbständig – nicht ohne das Tätigwerden eines anderen Organs – betätigen. Dies ist ein weiterer Aspekt, in dem demokratische Willensbildung und legislative Funktion auf europäischer Ebene nicht effektiv gekoppelt sind.

(2) Beschränkungen der Zuständigkeit der gesetzgebenden Gewalt

Beschränkungen der thematischen, materiellen Zuständigkeit der gesetzgebenden Gewalt schränken mit der Offenheit der Willensbildung der demokratischen Legislative deren Gestaltungsfreiheit ein. Sie bedeuten ebenfalls ein Defizit der Bindung der gesetzgebenden Gewalt an die demokratische Willensbildung. Um demokratische Willensbildung und gesetzgebende Funktion effektiv zu koppeln, muss nicht nur der Inhalt der Gesetzgebung Ergebnis der Willensbildung des demokratischen Gesetzgebers sein. Auch die Auswahl der Gegenstände gesetzlicher Regelung ist an die Willensbildung der demokratischen Legislative zu binden und ihr selbst zu überlassen.[43]

Art. 250 EGV, in: Groeben/Schwarze (Hrsg.), Kommentar zum Vertrag über die Europäische Union und zur Gründung der Europäischen Gemeinschaft, 2003, Rn. 19 ff.

[41] Zur interinstitutionellen Ausgestaltung des Aufforderungsrechts seitens des Parlaments nach den Lissabonner Reformen s. noch unten Kap. 4 II. 2.

[42] Differenziert *W. Kluth,* Art. 225 AEUV, in: Calliess/Ruffert (Hrsg.), EUV, AEUV, 2011, Rn. 4 (klageweise Durchsetzung nur des Begründungsanspruches); für eine Durchsetzbarkeit des Aufforderungsrechts des Rates *M. Ruffert,* Art. 241 AEUV, in: Calliess/Ruffert (Hrsg.), EUV, AEUV, 2011, Rn.; für ein Klagerecht des Parlaments *S. Hölscheidt,* Art. 225 AEUV, in: Grabitz/Hilf/Nettesheim (Hrsg.), Das Recht der Europäischen Union, Rn. 14, nach dem es rechtlich möglich ist sein müsse, dass das Parlament die Umsetzung seiner Initiativen im Wege seines Klagerechts verfolgt.

[43] Zur Konstellation nach dem Grundgesetz s. *B. Grzeszick,* Art. 20, in: Maunz/Dürig (Hrsg.), Grundgesetz, Rn. 78, 84, nach dem die „prinzipielle Allzuständigkeit" des Gesetzgebers nach dem Grundgesetz verfassungsrechtlich

An einer effektiven Bindung der gesetzgebenden Gewalt an die demokratische Willensbildung fehlt es zunächst, wenn die gesetzgebende Gewalt nicht in einer einheitlichen organisationellen Struktur, also von einem legislativ allzuständigen Organ (respektive einer Organkombination) ausgeübt wird, sondern sektoralisiert[44] verfasst ist.[45] Sektoralisiert verfasst ist die gesetzgebende Gewalt eines Hoheitsträgers, wenn sie auf unterschiedliche Organe oder Organkombinationen verteilt ist, so dass für unterschiedliche Materien unterschiedliche Gesetzgeber zuständig sind. In dieser Konstellation liegen für jede der Formationen der Legislative bestimmte Materien außerhalb der Zuständigkeit. In der Folge können unter Umständen nicht alle vom handelnden Gesetzgeber für relevant befundenen Aspekte in die Gesetzgebung einbezogen werden. Die in einer Sachfrage relevanten Freiheitssphären können in diesem Fall nicht umfänglich in Entsprechung zur Willensbildung des handelnden Organs gegeneinander austariert werden.[46] Im Rahmen der sekto-

---

die eigentliche Quelle der parlamentarischen Präponderanz im politischen System der Bundesrepublik ist, s. auch *C. Möllers,* Gewaltengliederung, 2005, 51. Der Zuweisung der Entscheidung über die Auswahl der Gegenstände gesetzlicher Regelung steht es dabei nicht entgegen, dass die Gesetzgebung auch von der Exekutive initiiert werden kann, insoweit damit keine Pflicht zur Gesetzgebung, sondern lediglich zur Befassung mit dem Vorschlag verbunden ist.

[44] Begriff bei *C. Möllers,* Gewaltengliederung, 2005, 52.

[45] Beispiel für die einheitliche Strukturierung der legislativen Gewalt ist die exklusive Zuweisung der legislativen Funktion zu einem Organ nach dem Grundgesetz (Art. 77 Abs. 1 S. 1 GG: „Die Bundesgesetze werden vom Bundestage beschlossen"), dazu mit weiteren Nachweisen *M. Brenner,* § 44, Das Prinzip Parlamentarismus, in: Isensee/Kirchhof (Hrsg.), Handbuch des Staatsrechts der Bundesrepublik Deutschland, 477, 47 ff.; *T. Maunz,* Art. 77, in: Maunz/Dürig (Hrsg.), Grundgesetz, Rn. 1 ff. Zur sektoralisierten Verfasstheit der legislativen Gewalt der Union *C. Möllers,* Gewaltengliederung, 2005, 264 ff., 268; *A. von Bogdandy/J. Bast/F. Arndt,* Zeitschrift für ausländisches öffentliches Recht und Völkerrecht 62 (2002), 78, 131 ff.

[46] *C. Möllers,* Gewaltengliederung, 2005, 51, der zudem anführt, die Sektoralisierung gesetzgebender Gewalt könne kommunikative Auseinandersetzungen vereinseitigen und radikalisieren und darin die demokratische Funktion gesetzgebender Gewalt gefährden. Diese Argumentation basiert auf einer Deutung der demokratischen Funktion der Gesetzgebung im Sinne eines Modells der Legitimation durch rational-argumentativen Diskurs, dessen Gefährdung durch die Sektoralisierung der gesetzgebenden Gewalt soziologisch-empirisch begründet wird. Sie überschreitet damit den juristischen Legitimationsbegriff,

ralisierten Verfassung der gesetzgebenden Gewalt fehlt die Allzuständigkeit der Legislative für den Rechtsträger, die eine inhaltlich offene legislative Willensbildung bedingt. Auch dies beschränkt die Koppelung von demokratischer Willensbildung und legislativer Funktion.

Die Basisrechtsetzung der Europäischen Union ist in mehrfacher Hinsicht sektoral strukturiert. Nach den Lissabonner Reformen kommen auf europäischer Ebene vier so bezeichnete Gesetzgebungsverfahren[47] zur Anwendung. Zum einen nehmen im ordentlichen Gesetzgebungsverfahren Europäisches Parlament und Rat gemeinsam eine Verordnung, eine Richtlinie oder einen Beschluss an, Art. 289 Abs. 1 AEUV.[48] Daneben nimmt in den besonderen Gesetzgebungsverfahren der Rat nach Anhörung[49] oder nach Zustimmung des Europäischen Parlaments[50], respektive das Europäische Parlament nach Zustimmung des

der hier dem legitimationsbezogenen Gesetzgebungsbegriff zugrundegelegt wird, und verweist auf ein anspruchsvolleres Demokratiemodell.

[47] Zum Begriff des Gesetzgebungsverfahrens s. Art. 289 Abs. 1-3 AEUV. Abs. 1: Das ordentliche Gesetzgebungsverfahren besteht in der gemeinsamen Annahme einer Verordnung, einer Richtlinie oder eines Beschlusses durch das Europäische Parlament und den Rat auf Vorschlag der Kommission. Dieses Verfahren ist in Artikel 294 festgelegt. Abs. 2: In bestimmten, in den Verträgen vorgesehenen Fällen erfolgt als besonderes Gesetzgebungsverfahren die Annahme einer Verordnung, einer Richtlinie oder eines Beschlusses durch das Europäische Parlament mit Beteiligung des Rates oder durch den Rat mit Beteiligung des Europäischen Parlaments. Abs. 3: Rechtsakte, die gemäß einem Gesetzgebungsverfahren angenommen werden, sind Gesetzgebungsakte.

[48] Das ordentliche Gesetzgebungsverfahren kommt für 83 Kompetenzen und ausschließlich als Gesetzgebungsverfahren zur Anwendung. Demgegenüber gibt es 24 Fälle der Gesetzgebung durch den Rat nach Anhörung und sieben nach Zustimmung des EP, sowie drei Fälle der Gesetzgebung im besonderen Verfahren durch EP nach Zustimmung des Rates (hier ausschließliches Initiativrecht des EP).

[49] 24 Anwendungsfälle; legislatives Verfahren (vgl. Art. 289 Abs. 3 AEUV) etwa im Rahmen von Art. 21 Abs. 3 AEUV, Art. 22 Abs. 1 AEUV, Art. 89 AEUV. Daneben im Bereich des Wettbewerbsrechts, Art. 103 AEUV – wie auch an anderen Stellen – nicht-legislatives Verfahren der vertragsunmittelbaren Rechtsetzung.

[50] Sieben Anwendungsfälle; das *Verfahren der Zustimmung* ist legislatives Verfahren z.B. für Art. 86 AEUV, Art. 223 AEUV, Art. 312 AEUV; für die ergänzende Rechtsetzungsbefugnis nach ex-Art. 308 EG Art. 352 AEUV kommt

Rates[51] eine Verordnung, eine Richtlinie oder einen Beschluss an. Es besteht nach dem Primärrecht eine Pluralität der Gesetzgeber.[52] Die Gestaltungsfreiheit des jeweils handelnden Organs oder der Organkombination ist daher begrenzt. Keiner der bezeichneten Rechtsetzer ist zur Betätigung aller Zuständigkeiten der Union berufen, die Organe sind nicht umfassend zum Erlass von Regelungen nach ihrer Willensbildung befähigt.

Eine weitere Dimension der Sektoralisierung der Rechtsetzung der Union stellen bestimmte Strukturen der organinternen Willensbildung dar. Der Rat handelt nach seiner Geschäftsordnung in seiner Funktion als Basisrechtsetzer in neun unterschiedlichen Formationen („Rat Wirtschaft und Finanzen", „Rat Beschäftigung, Sozialpolitik, Gesundheit und Verbraucherschutz" usw.).[53] Entsprechend fällt der Rat seine legislativen Entscheidungen sektoral verfasst. Die Willensbildung des Rates verläuft daher nicht in Generaldebatten, sondern in sektoralen Verhandlungen.[54] Auch die interne Aufgliederung eines Legislativorgans begrenzt die Willensbildung der legislativ handelnden Formation. Es fehlt so organintern an einem Träger legislativer Allzuständigkeit, die eine freie, materiell nicht beschränkte Willensbildung ermöglicht.

Nicht nur die Zuordnung von Gesetzgebungszuständigkeiten zu verschiedenen Gesetzgebern innerhalb einer Rechtsordnung und die or-

---

es sowohl in legislativer wie in nicht-legislativer Funktion zur Anwendung. Nicht-legislatives Verfahren etwa für Art. 311 AEUV.

51 Drei Anwendungsfälle: Art. 223 Abs. 3, Art. 226 AEUV – Parlamentsrecht (Regelungen und allgemeinen Bedingungen für die Wahrnehmung der Aufgaben seiner Mitglieder, Ausübung des Untersuchungsrechts) – und Art. 228 Abs. 4 AEUV – Regelungen und allgemeinen Bedingungen für die Ausübung der Aufgaben des Bürgerbeauftragten.

52 *A. von Bogdandy/J. Bast/F. Arndt,* Zeitschrift für ausländisches öffentliches Recht und Völkerrecht 62 (2002), 78, 131 ff.; zur Mehrzahl der gesetzgebenden Organe im Primärrecht auch *H. Rieckhoff,* Der Vorbehalt des Gesetzes im Europarecht, 2007, 76 f.

53 Die derzeit neun Ratsformationen sind aufgeführt in Anhang I der Geschäftsordnung des Rates, s. auch Art. 2 der GO-Rat. 2006/683/EG, Euratom: Beschluss des Rates vom 15. September 2006 zur Festlegung seiner Geschäftsordnung, ABl. L 285 vom 16.10.2006, 47–71.

54 *P. Dann,* Die politischen Organe, in: Bogdandy/Bast (Hrsg.), Europäisches Verfassungsrecht, 2009, 335, 348; zur sachlichen Differenzierung der ratsinternen Organisationsstruktur dort 61 ff.

ganinterne Sektoralisierung legislativer Willenbildungsprozesse begrenzen die Gestaltungsfreiheit des jeweils handelnden Gesetzgebers. Auch die Verteilung von Gesetzgebungskompetenzen zwischen der europäischen und der mitgliedstaatlichen Ebene kann eine solche inhaltliche Beschränkung darstellen, die Willensbildung des legislativ handelnden Organs begrenzt: Die Europäische Union, die in umfassender Zuständigkeit die Wirtschaft rechtlich integriert (Art. 26, 114 AEUV), verfügt über sozialpolitische Kompetenzen in ungleich geringerem Maße (vgl. Art. 151 ff. AEUV).[55] Auch in dem Fall, dass die elektoral rückgebundenen Unionsorgane den Willen bilden, die Wirtschaftintegration mit einer europäischen Sozialpolitik zu begleiten, können sie nur in sehr beschränktem Umfang legislativ betätigen – es fehlt der Union die Zuständigkeit. Zur umfassenden Umsetzung seiner Willensbildung in legislatives Handeln ist der europäische Gesetzgeber damit auch unabhängig von seiner horizontalen Sektoralisierung wegen der Verteilung der Kompetenzen zwischen europäischer und mitgliedstaatlicher Ebene nicht umfassend in der Lage.

d. Fazit

Das auf der Grundlage des legitimationsbezogenen Begriffs zentrale formale Merkmal gesetzgebender Gewalt, die durch die Zurechnung der Gesetzgebung zur Willensbildung eines gewählten Organs vermittelte Rückbindung an die Wahl des verfassungsrechtlich eingesetzten Legitimationssubjekts der Rechtsordnung, trifft jedenfalls dem Grunde nach auf die von der Kommission initiierte Rechtsetzung durch Rat und Europäisches Parlament zu. Der Rat ist über die mitgliedstaatlichen Regierungen an die nationalen Parlamente rückgebunden, die von den Staatsvölkern gewählt werden. Das Europäische Parlament ist nach den Lissabonner Reformen die Vertretung der Unionsbürgerinnen und -bürger, Art. 10 EUV. Rat und Europäisches Parlament erlassen auf Vorschlag der Kommission das vertragsunmittelbare Recht auf der Grundlage ihrer organinternen Willensbildung. Damit üben sie die legislative Funktion der Union aus; die von Art. 289 AEUV benannten Gesetzgebungsverfahren – das Anhörungs-, das Zustimmungs-, und das

---

[55] Zur Entkoppelung von Wirtschaftsintegration und Sozialpolitik *F. W. Scharpf*, Journal of Common Market Studies 40 (2002), 645, der auch auf die eingeschränkte Effektivität nationalstaatlicher Sozialpolitik beim Ausgleich der Folgen einer europaweit integrierten Wirtschaft hinweist.

Mitentscheidungsverfahren – lassen sich verfassungstheoretisch als Gesetzgebungsverfahren qualifizieren. Bestimmte primärrechtliche Strukturen und Strukturen der Europäischen Union erweisen sich aber mit Blick auf die demokratische Funktion der Gesetzgebung als dysfunktional: So wird die Inhaltsoffenheit der legislativen Willensbildung teilweise durch inhaltliche Vorgaben beschränkt, die in den Kompetenznormen enthalten sind. Zudem verfügen Rat und Parlament lediglich über das Recht, die Kommission zur Einleitung eines Gesetzgebungsverfahrens aufzufordern, nicht aber über ein eigenes Initiativrecht. Dies bedeutet einen Mangel der Koppelung der gesetzgebenden Gewalt an die Willensbildung der gewählten Legislative. Daneben beschränkt die Sektoralisierung der gesetzgebenden Gewalt der Europäischen Union erstens durch die Zuordnung der Gesetzgebungskompetenzen zu verschiedenen Gesetzgebungsverfahren, zweitens durch sektoralisierte Strukturen der legislativen Willensbildung im Rat und drittens durch die Kompetenzaufteilung zwischen Union und Mitgliedstaaten die Möglichkeit des jeweils handelnden Gesetzgebers, den Inhalt der Gesetzgebung entsprechend seiner Willensbildung zu gestalten.

3. Materielle Merkmale legislativen Rechts

Gesetzgebung ist durch eine Reihe von Merkmalen der Reichweite ihrer Geltung und ihres Inhalts charakterisiert, die ihre demokratische Funktion widerspiegeln.[56] Eine verfassungsrechtliche Definition gesetzgebender Gewalt, die bei Kriterien des Inhalts von Rechtsätzen ansetzt, steht jedoch mit der demokratischen Funktion der Legislative in einem Spannungsverhältnis. Eine Verfassung der gesetzgebenden Gewalt, die materielle Vorgaben für legislatives Handelns transportiert, begrenzt die Gestaltungsfreiheit des Gesetzgebers. Dies beschränkt, wie bereits erörtert, zugleich die Bindung der Gesetzgebung an die demokratische Willensbildung.[57] Dementsprechend ist gesetzgebende Gewalt verfassungsrechtlich in der Regel nicht über materielle, sondern über

[56] Zu materiellen Begriffen gesetzgebender Gewalt *F. Ossenbühl,* § 100, Gesetz und Recht – Die Rechtsquellen im demokratischen Rechtsstaat, in: Isensee/Kirchhof (Hrsg.), Handbuch des Staatsrechts der Bundesrepublik Deutschland, 135, Rn. 6 ff., 9 ff.; *K.-P. Sommermann,* Art. 20 Abs. 3, in: Mangoldt/Klein/Starck (Hrsg.), Kommentar zum Grundgesetz, 2005, Rn. 263.

[57] Dazu oben b.

formale Kriterien definiert, vor allem in dem Sinne, dass Gesetz das ist, was in dem vorgesehenen, inhaltsoffenen Gesetzgebungsverfahren gesetzt wird.[58] Bestimmte Merkmale der Geltung und des Inhalts von Rechtsnormen sind gleichwohl typisch für legislatives Recht.[59] Sie ergeben sich überwiegend aus der Funktion der Gesetzgebung, die demokratische Willensbildung zur Quelle der Rechtsordnung zu machen.

a. Allgemeine Geltung und abstrakt-generelle Fassung

Demokratische Gesetzgebungsverfahren erzeugen typischerweise Recht mit allgemeiner Geltung, also Recht, das für alle Rechtssubjekte im Hoheitsgebiet gilt, auch wenn es konkret nur einige oder einzelne Individuen betrifft.[60] Die Allgemeinheit des Gesetzes ist rechtsgeschichtlich tradierter Gehalt des Gesetzesbegriffs[61]. Es ist aber kein notwendiges Merkmal von Gesetzgebung, dass sie bei Inkrafttreten eine Vielzahl von Fällen regelt und in ihrem Adressatenkreis nicht individualisiert bestimmbar ist.[62] Gegenüber einem solchen Erfordernis tritt das Merkmal der abstrakt-generellen Fassung legislativen Rechts in den Vordergrund. Die abstrakt-generelle sprachliche Fassung hält auch bei Gesetzgebung für eine konkret individualisierbare Konstellation die Möglichkeit of-

---

58 In diesem Sinne wird nach dem Grundgesetz das Gesetz bzw. die gesetzgebende Gewalt definiert, Art. 77 GG.

59 *C. Möllers,* Gewaltengliederung, 2005, 105 f.

60 Zum Grundsatz der Allgemeinheit des Gesetzes nach Art. 19 Abs. 1 S. 1 des Grundgesetzes, der Einzelfallgesetze, d.h. konkret-individuelle Regelungen in Gesetzesform grundsätzlich ausschließt, *B. Remmert,* Art. 19 Abs. 1, in: Maunz/Dürig (Hrsg.), Grundgesetz, Rn. 35 ff.; *F. Ossenbühl,* § 100, Gesetz und Recht – Die Rechtsquellen im demokratischen Rechtsstaat, in: Isensee/Kirchhof (Hrsg.), Handbuch des Staatsrechts der Bundesrepublik Deutschland, 135, Rn. 11 f.; allgemein verfassungstheoretisch *C. Möllers,* Gewaltengliederung, 2005, 56 ff., 88 ff.

61 Dazu *H. Hofmann,* Das Postulat der Allgemeinheit des Gesetzes, in: Starck (Hrsg.), Die Allgemeinheit des Gesetzes, 1987, 9 ff.

62 *F. Ossenbühl,* § 100, Gesetz und Recht – Die Rechtsquellen im demokratischen Rechtsstaat, in: Isensee/Kirchhof (Hrsg.), Handbuch des Staatsrechts der Bundesrepublik Deutschland, 135, Rn. 9 ff.; *B. Remmert,* Art. 19 Abs. 1, in: Maunz/Dürig (Hrsg.), Grundgesetz, Rn. 35 ff.; s. auch *K. Stern,* Staatsorgane, Staatsfunktionen, Finanz- und Haushaltsverfassung, Notstandsverfassung, 1980, 826.

fen, dass künftig weitere Fälle unter die Regelung fallen und durch sie betroffen sein können.[63] In dem Vermögen legislativen Rechts, alle Personen zu binden, die in seinen Geltungsbereich kommen (das ist regelmäßig das Hoheitsgebiet des Hoheitsträgers), ist die allgemeine Geltung typisches Merkmal von Gesetzgebung. Dabei bedingen sich die allgemeine Reichweite der Gesetzgebung und die verallgemeinernde, abstrakt-generelle Beschreibung der Voraussetzungen des Eintritts von Rechtsfolgen[64] wechselseitig.

Die allgemeine Geltung der Gesetzgebung und die „Teilhabe der Allgemeinheit" an der Ausübung der gesetzgebenden Gewalt stehen in einem Legitimationszusammenhang: Die allgemeine Geltung von Gesetzgebung ist durch die Rückbindung der gesetzgebenden Gewalt an die Willensbildung der adressierten Allgemeinheit gerechtfertigt.[65] Dies ist die zentrale Erwägung des mit dem juristischen Legitimationsbegriff erhobenen Anspruchs der Rückbindung der Gesetzgebung an die politische Willensbildung des verfassungsrechtlich eingesetzten Legitimationssubjekts, das – wenn auch regelmäßig nicht vollständig – die Menge der Rechtssubjekte der Gesetzgebung zur politischen Teilhabe verfasst.

---

63 BVerfGE 13, 225 (228 f.); dazu *F. Ossenbühl*, § 100, Gesetz und Recht – Die Rechtsquellen im demokratischen Rechtsstaat, in: Isensee/Kirchhof (Hrsg.), Handbuch des Staatsrechts der Bundesrepublik Deutschland, 135, Rn. 9; *B. Remmert,* Art. 19 Abs. 1, in: Maunz/Dürig (Hrsg.), Grundgesetz, Rn. 36.

64 Zu diesem Begriff *F. Ossenbühl*, § 100, Gesetz und Recht – Die Rechtsquellen im demokratischen Rechtsstaat, in: Isensee/Kirchhof (Hrsg.), Handbuch des Staatsrechts der Bundesrepublik Deutschland, 135, Rn. 9 ff.

65 Zum legitimatorischen Zusammenhang zwischen der Reichweite des Rechts und der Reichweite der Entscheidungsteilhabe *C. Möllers,* Gewaltengliederung, 2005, 89 f. Als Entsprechung *„der alten Regel des* quod omnes tangit ab omnibus adhibetur" rekonstruiert die demokratische Rückbindung der Erzeugung allgemein geltenden Rechts *C. Möllers,* Gewaltengliederung, 2005, 90 (Hervorhebung im Original); mit weiteren Nachweisen zur Rechtsgeschichte dieser Formel (in der Fassung des *quod omnes tangit, debet ab omnibus approbari*) *H. Dreier*, Art. 20 (Demokratie), in: Dreier/Masing/Bauer u. a. (Hrsg.), Grundgesetz / Kommentar, Artikel 20-82, 2006, 20, Rn. 5, nach dem sie aber bereits in ihrem historischen Kontext nicht als Einforderung umfassender (Betroffenen-)Demokratie missverstanden werden darf. Demokratietheoretisch zum Legitimationssubjekt hoheitlicher Gewalt unten Kap. 7 I. auch mit einer Auseinandersetzung mit dem Konzept der „Betroffenendemokratie".

Einen materiellen Begriff der Gesetzgebung, der auf deren allgemeine Geltung und abstrakt-generelle Fassung bezogen ist, verwendet auch der EuGH, wenn er die Geltung der Verordnung (nunmehr Art. 288 AEUV) damit beschreibt, dass die Verordnung „nicht auf eine begrenzte Zahl namentlich bezeichneter oder doch bestimmbarer Adressaten anwendbar [ist], sondern auf objektiv bestimmte Tatbestände. Die Verordnung erzeugt in allen Mitgliedstaaten unmittelbare Rechtsfolgen für Personenkreise, die sie in allgemeiner und abstrakter Form ins Auge fasst“ [66]. Nach dem Vertrag von Lissabon kann eine unmittelbar auf den Vertrag gestützte Verordnung trotz dieses Geltungsmodus', der einem materiellen Begriff der Gesetzgebung entspricht, auch als nichtlegislatives Recht ergehen – so erlässt der Rat im Anhörungsverfahren das Wettbewerbsrecht vertragsunmittelbar, aber ohne Gesetzescharakter.[67] Die unmittelbar auf der Grundlage der Verträge ergehende Rechtsetzung wird vom Primärrecht nicht durchgängig als legislatives Recht qualifiziert.[68] Damit entsteht eine bemerkenswerte Situation. Der Rat setzt unmittelbar auf die Verträge gestützte Rechtsakte in der gleichen Handlungsform und im gleichen Verfahren teils in legislativer, teils in exekutiver Funktion. Das für die unterschiedliche funktionale Zuordnung herangezogene Kriterium scheint erkennbar: Im Fall des Wettbewerbsrechts, wie auch im Beihilferecht, sind wesentliche politische Ent-

---

[66] *Europäischer Gerichtshof*, 23.11.1995, Rs. C-10/95 P, Slg. 1995, S. I-04149, 3. Leitsatz; zum Geltungsmodus der Verordnung s. auch *M. Nettesheim*, Art. 249 EGV, in: Grabitz/Hilf/Nettesheim (Hrsg.), Das Recht der Europäischen Union, Rn. 110 ff.; *G. Schmidt*, Art. 249 EGV, in: Groeben/Schwarze (Hrsg.), Kommentar zum Vertrag über die Europäische Union und zur Gründung der Europäischen Gemeinschaft, 2003, Rn. 28 ff.; *M. Ruffert*, Art. 249 EGV, in: Calliess/Ruffert (Hrsg.), EUV, EGV, 2007, Rn. 39 ff.; für die allgemeine Geltung der Verordnung genügt es – wie für die Allgemeinheit des Gesetzes in der Verfassungsdogmatik zum Grundgesetz auch – wenn der adressierte Personenkreis abstrakt-generell definiert ist, auch wenn sich bei Inkraft-Treten der Verordnung der Adressat individualisieren lässt.

[67] Dazu kritisch auch *J. Bast*, Handlungsformen und Rechtsschutz, in: Bogdandy/Bast (Hrsg.), Europäisches Verfassungsrecht, 2009, 551 ff., insb. 552; das Verfahren ist in der Kompetenznorm nicht als Gesetzgebungsverfahren gekennzeichnet, vgl. Art. 103 Abs. 1 iVm Art. 289 Abs. 3 AEUV.

[68] Dies zeigt auch die Basisrechtsetzung der Kommission nach Art. 106 Abs. 3 AEUV).

scheidungen schon durch das Primärrecht vorgegeben.[69] Demnach handelt es sich materiell eher um Durchführungsrechtsetzung (so auch die Bezeichnung in Art. 109 AEUV), bei der das rechtsetzende Organ in seiner Gestaltungsfreiheit weitgehend beschränkt ist. Da die Organe an das vertragliche System der Zuständigkeitsverteilung gebunden sind,[70] wird durch die Zuweisung bestimmter Politikbereiche zur vertragsunmittelbaren Rechtsetzung in nicht-legislativen Verfahren zugleich die legislative Gewalt der EU in ihrer inhaltlichen Zuständigkeit beschränkt.[71]

Im Hinblick auf den typischen Geltungsmodus legislativen Rechts zeigt die vertragsunmittelbare Rechtsetzung weitere Besonderheiten. Richtlinien entfalten als Recht, das an bestimmte oder alle Mitgliedstaaten adressiert ist, grundsätzlich keine unmittelbare, allgemeine Geltung gegenüber Individuen. Sie definieren vielmehr den Rechtszustand, der von den Mitgliedstaaten herzustellen und beizubehalten ist.[72] Die Handlungsform der Richtlinie entspricht damit in materieller Hinsicht dem Typus der Gesetzgebung nicht. Gleichwohl wird sie vom EuGH als „mittelbare Gesetzgebung" und als „allgemeingültiger Rechtsakt" be-

---

[69] Im Wettbewerbsrecht gibt das Primärrecht die Grundsätze eines Verbots der Wettbewerbsbehinderung, Art. 101 AEUV und ein Verbot des Missbrauchs eines Monopols, Art. 102 AEUV vor, im Beihilfenrecht sind die Grundsätze der Vereinbarkeit von Beihilfen und Gemeinsamem Markt primärrechtlich festgelegt, Art. 107 AEUV.

[70] Dies besagt der Grundsatz des institutionellen Gleichgewichts, den der EuGH entwickelt hat; er ist nunmehr auch in den Verträgen verankert, s. Art. 13 Abs. 2 EUV; auch Kap. 6 I. 2.

[71] Zu der Beschränkung der Gestaltungsfreiheit des Gesetzgebers als Beschränkung der demokratischen Bindung der Rechtserzeugung bereits oben 2. c. (2).

[72] Zur Handlungsform der Richtlinie mit weiterführenden Hinweisen die Kommentarliteratur zu Art. 288 AEUV *M. Nettesheim,* Art. 288 AEUV, in: Grabitz/Hilf/Nettesheim (Hrsg.), Das Recht der Europäischen Union; *M. Ruffert,* Art. 288 AEUV, in: Calliess/Ruffert (Hrsg.), EUV, AEUV, 2011; zur Vorgängervorschrift im EGV *M. Nettesheim,* Art. 249 EGV, in: Grabitz/Hilf/Nettesheim (Hrsg.), Das Recht der Europäischen Union, Rn. 124 ff.; *M. Ruffert,* Art. 249 EGV, in: Calliess/Ruffert (Hrsg.), EUV, EGV, 2007, 45 ff.; *G. Schmidt,* Art. 249 EGV, in: Groeben/Schwarze (Hrsg.), Kommentar zum Vertrag über die Europäische Union und zur Gründung der Europäischen Gemeinschaft, 2003, 36 ff.

schrieben, der nach Ablauf der Umsetzungsfrist alle Individuen in ihrer Freiheit betrifft, welche die in der Richtlinie abstrakt und allgemein festgelegten Bedingungen erfüllen.[73] Der europäische Gesetzgeber ist durch die Handlungsform der Richtlinie nicht in der Regelungsintensität seines Handelns determiniert. Richtlinien können den herzustellenden Zustand der mitgliedstaatlichen Rechtsordnung absolut bestimmt bezeichnen.[74] Im Fall der Nichtumsetzung können Richtlinien mit direkter Wirkung die Rechtsposition von Individuen betreffen.[75] Nach den Lissabonner Reformen wird die Richtlinie formell als legislatives

---

[73] *Europäischer Gerichtshof*, 23.11.1995, Rs. C-10/95 P, Slg. 1995, S. I-04149, 1. Leitsatz und Rn. 29 ff.; zur „Entdeckung der Richtlinie als Form der Gesetzgebung" *J. Bast,* Grundbegriffe der Handlungsformen der EU, 2006, II. 3. a. Legitimationstheoretisch zur Relevanz der Richtlinie für die Rechtsposition des Individuums unten Kap. 8 I. 3. Zu den Bedingungen der unmittelbaren Geltung von Richtlinien *M. Nettesheim,* Art. 288 AEUV, in: Grabitz/Hilf/Nettesheim (Hrsg.), Das Recht der Europäischen Union, Rn. 142 ff.; *M. Ruffert,* Art. 288 AEUV, in: Calliess/Ruffert (Hrsg.), EUV, AEUV, 2011, Rn. 47 ff.; zur Vorgängervorschrift im EGV *M. Nettesheim,* Art. 249 EGV, in: Grabitz/Hilf/Nettesheim (Hrsg.), Das Recht der Europäischen Union, Rn. 154 ff.; *M. Ruffert,* Art. 249 EGV, in: Calliess/Ruffert (Hrsg.), EUV, EGV, 2007, Rn. 73 ff.; *G. Schmidt,* Art. 249 EGV, in: Groeben/Schwarze (Hrsg.), Kommentar zum Vertrag über die Europäische Union und zur Gründung der Europäischen Gemeinschaft, 2003, Rn. 42 ff.

[74] Dazu mit Nachweisen *M. Nettesheim,* Art. 288 AEUV, in: Grabitz/Hilf/Nettesheim (Hrsg.), Das Recht der Europäischen Union, Rn. 119 ff.; *M. Ruffert,* Art. 288 AEUV, in: Calliess/Ruffert (Hrsg.), EUV, AEUV, 2011, Rn. 25; zur Vorgängervorschrift im EGV *M. Nettesheim,* Art. 249 EGV, in: Grabitz/Hilf/Nettesheim (Hrsg.), Das Recht der Europäischen Union, Rn. 133 ff.; *M. Ruffert,* Art. 249 EGV, in: Calliess/Ruffert (Hrsg.), EUV, EGV, 2007, Rn. 45 ff.; *G. Schmidt,* Art. 249 EGV, in: Groeben/Schwarze (Hrsg.), Kommentar zum Vertrag über die Europäische Union und zur Gründung der Europäischen Gemeinschaft, 2003, Rn. 38 ff.

[75] Mit Nachweisen der Rechtsprechung des EuGH hierzu *M. Nettesheim,* Art. 288 AEUV, in: Grabitz/Hilf/Nettesheim (Hrsg.), Das Recht der Europäischen Union, Rn. 142 ff.; *M. Ruffert,* Art. 288 AEUV, in: Calliess/Ruffert (Hrsg.), EUV, AEUV, 2011, Rn. 47 ff.; zur Vorgängervorschrift im EGV *M. Nettesheim,* Art. 249 EGV, in: Grabitz/Hilf/Nettesheim (Hrsg.), Das Recht der Europäischen Union, Rn. 124 ff.; *M. Ruffert,* Art. 249 EGV, in: Calliess/Ruffert (Hrsg.), EUV, EGV, 2007, 45 ff.; *G. Schmidt,* Art. 249 EGV, in: Groeben/Schwarze (Hrsg.), Kommentar zum Vertrag über die Europäische Union und zur Gründung der Europäischen Gemeinschaft, 2003, 36 ff.

Recht identifiziert, sofern sie in einem der Gesetzgebungsverfahren ergeht (Art. 289 Abs. 3 AEUV). Ähnliches gilt für den Beschluss, der nach Art. 288 S. 4 AEUV spezifisch adressiert werden kann und gleichwohl durch das Verfahren als legislativer Akt qualifiziert wird. Der formale Begriff der Gesetzgebung, den Art. 289 Abs. 3 AEUV einsetzt, überlagert hier also eine materielle Bestimmung gesetzgebender Gewalt.

Indes ergeben sich aus dem primärrechtlichen Handlungsformenregime wiederum materielle Vorgaben für die Gesetzgebung. Soweit die gesetzgebenden Organe die Handlungsform frei wählen können, können sie über den Geltungsmodus des erzeugten Rechts verfügen. Ist das Formwahlermessen jedoch beschränkt, bedeutet dies eine inhaltliche Vorgabe: Der zur Wahl der Richtlinie verpflichtete europäische Gesetzgeber[76] kann nur die Mitgliedstaaten adressieren und ist dadurch in seiner Gestaltungsfreiheit begrenzt.[77] Auch aus dem Handlungsformenregime des Primärrechts ergeben sich damit materielle Begrenzungen des Gesetzgebers.

b. Geltung für die Zukunft

Als weiteres Merkmal der Geltungsweise legislativen Rechts gilt seine Zukunftsbezogenheit: Es erzeugt Rechtswirkungen grundsätzlich für Sachverhalte, die seinem Inkrafttreten zeitlich nachfolgen.[78] Diese prospektive zeitliche Orientierung von Gesetzgebung hängt zum einen damit zusammen, dass gegen eine Rückwirkung von Gesetzgebung rechtsstaatliche Erwägungen sprechen.[79] Sie ist unter dem Gesichts-

[76] So etwa im Fall des Art. 82 Abs. 2 AEUV, nach dem Mindestvorschriften für das Strafprozessrecht im ordentlichen Gesetzgebungsverfahren in der Form von Richtlinien erlassen werden können. Vgl. auch Art. 83 AEUV. Vielerorts ist dem ordentlichen Gesetzgeber auch die Handlungsform der Verordnung vorgegeben.

[77] Dies ist über das Gültigkeitsregime der Handlungsform sanktioniert, vgl. hierzu am Beispiel der Handlungsform des Beschlusses *J. Bast*, Grundbegriffe der Handlungsformen der EU, 2006, 329 ff., insb. 372 ff.

[78] Zum Grundsatz der prospektiv rechtsgestaltenden Wirkung des Gesetzes im Rahmen des Grundgesetzes als Gehalt der Rechtstaatlichkeit *B. Grzeszick*, Art. 20, in: Maunz/Dürig (Hrsg.), Grundgesetz, Rn. 50 ff., 70 ff.

[79] Die Begrenzung der Zulässigkeit rückwirkender Rechtsetzung ist unbestrittener Gehalt von Rechtstaatlichkeit. Zur Verankerung des Rückwirkungs-

punkt der Rechtssicherheit und des Vertrauensschutzes bedenklich.[80] Dies gilt auch in der Unionsrechtsordnung. Nach dem EuGH verbietet der Grundsatz der Rechtssicherheit im Allgemeinen, den Beginn der Geltungsdauer eines Rechtsakts der Gemeinschaft auf einen Zeitpunkt vor dessen Veröffentlichung zu legen. Dies kann nur ausnahmsweise anders gehandhabt werden, wenn das angestrebte Ziel es verlangt und das berechtigte Vertrauen der Betroffenen gebührend beachtet ist.[81] Das Merkmal der Geltung für die Zukunft hängt aber auch mit der demokratischen Funktion von Gesetzgebung zusammen. Gesetzgebung ist das demokratische Instrument der politischen Gestaltung und Steuerung der Gesellschaft.[82] Da Steuerung und Gestaltung nur für zukünftige Sachverhalte ausgeübt werden können, ist legislatives Recht typischerweise auf diese gerichtet. Dies trifft auch auf die vertragsunmittelbare Rechtsetzung der Union zu. Sie gilt grundsätzlich für die Zukunft, das ergibt sich regelmäßig auch schon aus den im Rechtsakt enthaltenen Regelungen für das Inkrafttreten. Die vertragsunmittelbare Rechtsetzung ist zudem – dies weisen regelmäßig schon die Kompetenznormen in den Verträgen aus[83] – Instrument der politischen Gestaltung und Steuerung und entspricht auch in dieser materiellen Hinsicht dem Typus gesetzgebender Gewalt.

---

verbots in ausgewählten europäischen Verfassungsordnungen vgl. die Beiträge in *A. von Bogdandy u. a.* (Hrsg.), Grundlagen und Grundzüge staatlichen Verfassungsrechts, 2007, zum Rückwirkungsverbot nach dem Grundgesetz mit weiteren Nachweisen *E. Schmidt-Aßmann,* § 26, Der Rechtsstaat, in: Isensee/Kirchhof (Hrsg.), Handbuch des Staatsrechts der Bundesrepublik Deutschland, 541, Rn. 81 ff., 86 ff.

80 Zum Vertrauensschutz mit weiteren Nachweisen *E. Schmidt-Aßmann,* § 26, Der Rechtsstaat, in: Isensee/Kirchhof (Hrsg.), Handbuch des Staatsrechts der Bundesrepublik Deutschland, 541, Rn. 86 ff.

81 *Europäischer Gerichtshof,* 15. 7. 2004, Rs. C-459/02, Slg. 2004, S. I-7315, Rn. 23; mit Nachweisen als ständige Rechtsprechung.

82 Dazu mit weiteren Nachweisen *F. Ossenbühl,* § 100, Gesetz und Recht – Die Rechtsquellen im demokratischen Rechtsstaat, in: Isensee/Kirchhof (Hrsg.), Handbuch des Staatsrechts der Bundesrepublik Deutschland, 135, Rn. 21 ff.

83 Vgl. nur Art. 114 AEUV, wonach zur Verwirklichung des politischen Ziels der Errichtung eines Binnenmarktes Europäisches Parlament und Rat die erforderliche Gesetzgebung erlassen.

c. Fazit

Die von Rat und Europäischem Parlament im Mitentscheidungsverfahren erlassenen vertragsunmittelbaren Rechtsakte entsprechen materiell dem verfassungsrechtlichen Typus der gesetzgebenden Gewalt. Sie sind grundsätzlich auf die Erzeugung von Rechtswirkung für die Zukunft gerichtet. Dies entspricht sowohl rechtstaatlichen Erwägungen, die die Rückwirkung von Gesetzgebung beschränken, als auch der politischen Gestaltungs- und Steuerungsfunktion von Gesetzgebung. Die vertragsunmittelbare Rechtsetzung der Union in der Form der Verordnung ist nach der Rechtsprechung des EuGH grundsätzlich abstrakt-generell gefasst und gilt allgemein, also für alle Rechtssubjekte im Hoheitsbereich der Europäischen Union. Die vertragsunmittelbare Rechtsetzung der Union ist daher Gesetzgebung im Sinne des verfassungstheoretischen Typus hoheitlicher Gewalt. Die Europäische Union übt in den Verfahren der vertragsunmittelbaren Rechtsetzung durch Europäisches Parlament und Rat gesetzgebende Gewalt aus. Damit ist das Mitentscheidungsverfahren *Gesetzgebungsverfahren* der Europäischen Union.

4. Strukturen des demokratischen Gewaltengefüges

Nach Art. 10 Abs. 1 EUV beruht die Arbeitsweise der Union auf der repräsentativen Demokratie. Der Anspruch der demokratischen Legitimation wird damit nicht nur auf das legislative, sondern auf alles hoheitliche Handeln der Union erstreckt. Mit diesem umfassenden demokratischen Anspruch ist auf der Grundlage des legitimationsbezogenen Begriffs der Gesetzgebung auch eine bestimmte Konzeption der Rolle der Gesetzgebung im Gefüge der Gewalten verbunden, die vor allem in einer Hierarchisierung der Rechtsordnung besteht, mit der Exekutive und Judikative an das Gesetz als demokratische Entscheidung gebunden werden. Art. 10 Abs. 1 EUV sieht eine repräsentativ-demokratische Verfassung der Union vor. Daraus ergibt sich das Erfordernis der Verantwortlichkeit der Regierung gegenüber Europäischem Parlament und Rat als repräsentativ verfasster Organe der Union (Art. 10 Abs. 2 EUV).[84] Diese ist organisationsrechtlich zu gewährleisten.[85]

---

[84] Zu Europäischem Parlament und Rat als Repräsentationsorgane der EU oben unter 2. a.

[85] Zur institutionellen, organisationellen Vermittlung demokratischer Legitimation an die Exekutive als Gehalt der umfänglichen demokratischen Ver-

Im folgenden Abschnitt wird zunächst das Verhältnis von gesetzgebender und rechtsprechender Gewalt nach dem Primärrecht untersucht. Bezüglich der Bindung der Judikative an das legislative Recht steht dabei die Kompetenz der Verwerfung von Gesetzgebung durch die Gerichtsbarkeit im Mittelpunkt (a.). Im zweiten Schritt wird das Verhältnis von legislativer und exekutiver Gewalt nach dem Primärrecht untersucht (b.). Einleitend wird dabei untersucht, inwieweit auf europäischer Ebene die demokratische Legitimation der Ausübung der Regierungsfunktion durch Mechanismen der politischen Verantwortlichkeit der Regierung gegenüber der Legislative gewährleistet ist. Zudem wird die Bindung der Exekutive an das legislative Recht untersucht. Daneben wird ein weiterer Aspekt der Funktionszuweisung zwischen Exekutive und Legislative diskutiert, der für die Wahrung der demokratischen Funktion der gesetzgebenden Gewalt relevant ist: die verfassungsrechtliche Zulässigkeit der Übertragung von Rechtsetzbefugnissen der Legislative an die Exekutive.

a. Verhältnis zur Judikative

Eine Hierarchie der Rechtsquellen, die dem Gesetz Geltungsvorrang gegenüber exekutivem und im Grundsatz gegenüber judikativem Recht einräumt, gewährleistet die Geltung der demokratischen Entscheidung des Gesetzgebers. Exekutive und judikative Gewalt sind durch ihre Gesetzmäßigkeit demokratisch legitimiert.[86] Im Fokus steht daher bezüg-

---

pflichtung hoheitlicher Gewalt nach Art. 20 Abs. 2 1 GG *E.-W. Böckenförde,* § 24, Demokratie als Verfassungsprinzip, in: Isensee/Kirchhof (Hrsg.), Handbuch des Staatsrechts der Bundesrepublik Deutschland, 429, Rn. 16 ff.; *B. Grzeszick,* Art. 20, in: Maunz/Dürig (Hrsg.), Grundgesetz, Rn. 79 ff., 83 ff.; aus verfassungstheoretischer Sicht *H. Kelsen,* Allgemeine Staatslehre (1925), in: Jestaedt/Lepsius (Hrsg.), Verteidigung der Demokratie, 2006, § 49, Demokratie und Vollziehung, der sich eingehend mit den Möglichkeiten der institutionellen demokratischen Rückbindung v.a. der Exekutive befasst.

[86] Zur Gesetzmäßigkeit, d.h. Gesetzesbindung der vollziehenden und der rechtsprechenden Gewalt nach dem Grundgesetz *E. Schmidt-Aßmann,* § 26, Der Rechtsstaat, in: Isensee/Kirchhof (Hrsg.), Handbuch des Staatsrechts der Bundesrepublik Deutschland, 541, Rn. 58-66; danach ist „Angelpunkt der Gewaltenteilung das demokratische Gesetz" (Rn. 58); zur Gesetzesbindung als Mittel der demokratischen Legitimation der exekutiven und judikativen Gewalt *B. Grzeszick,* Art. 20, in: Maunz/Dürig (Hrsg.), Grundgesetz, Rn. 72; zur demokratischen Rückbindung der Exekutive über eine Rechtsquellenhierarchie,

lich der Bindung der judikativen Gewalt der Union an die europäische Gesetzgebung die Frage, inwieweit der EuGH das legislative Unionsrecht überprüfen und verwerfen kann.[87]

Im Rahmen der Bindung an das Gesetz ist die Judikative zu dessen Anwendung und Auslegung berufen, sie kann es aber grundsätzlich nicht verwerfen.[88] Der EuGH wendet das Unionsrecht an und legt es aus (s. Art. 267 AEUV).[89] Er überwacht aber auch die Rechtmäßigkeit der Gesetzgebungsakte Art. 263 AEUV.[90] Er ist für Klagen zuständig,

---

die Judikative und Exekutive als vollziehende Gewalten an die demokratische Gesetzgebung bindet, *H. Kelsen,* Vom Wesen und Wert der Demokratie (2. Auflage 1929), in: Jestaedt/Lepsius (Hrsg.), Verteidigung der Demokratie, 2006, 149, 69 ff. und 366 f., nach dem die Gesetzmäßigkeit der Verwaltung, d.h. ihre Bindung an die Gesetzgebung „die Demokratie der Gesetzgebung", den demokratischen Volkswillen bewahrt.

[87] Nicht adressiert wird im Folgenden der Bereich der Primärrechtsfortbildung durch den EuGH, die vielfach Gegenstand von Untersuchung und Kritik ist, aber nicht das Verhältnis der judikativen zur legislativen Gewalt der Union betrifft, sondern die Frage der Hoheit der Mitgliedstaaten über die verfassungsrechtlichen Grundlagen der EU. Zur Rechtsfortbildung durch den EuGH und seiner politischen Rolle im Rahmen der europäischen Integration *K. J. Alter,* The European court's political power, 2009, darin zur Frage nach der „Herrschaft über die Verträge" und das Verhältnis des EuGH zu den mitgliedstaatlichen Regierungen als Primärrechtssetzer 109 ff.; zum EuGH als Verfassungsgericht der Union und zu seinem Verhältnis zu den mitgliedstaatlichen Verfassungs-/Obergerichten einführend *F. C. Mayer,* Verfassungsgerichtsbarkeit, in: Bogdandy/Bast (Hrsg.), Europäisches Verfassungsrecht, 2009.

[88] Zur Gesetzesbindung der Judikative *F. Ossenbühl,* § 101, Vorrang und Vorbehalt des Gesetzes, in: Isensee/Kirchhof (Hrsg.), Handbuch des Staatsrechts der Bundesrepublik Deutschland, 183, Rn. 4 ff.

[89] Zum Problem der Letztentscheidungskompetenz im Verhältnis der nationalen obersten Gerichte und des EuGH und zum Anspruch einer Verwerfungskompetenz der mitgliedstaatlichen Verfassungs-/Obergerichte hinsichtlich europäischer Rechtsetzung, sowie zur Vorlagepflicht der mitgliedstaatlichen Gerichte gem. Art. 234 EG *F. C. Mayer,* Verfassungsgerichtsbarkeit, in: Bogdandy/Bast (Hrsg.), Europäisches Verfassungsrecht, 2009, insb. 562 ff., 569 ff., 585 ff.

[90] Übersichtsweise dazu *D. Booß,* Art. 230 EGV, in: Grabitz/Hilf/Nettesheim (Hrsg.), Das Recht der Europäischen Union; *D. Booß,* Art. 231 EGV, in: Grabitz/Hilf/Nettesheim (Hrsg.), Das Recht der Europäischen Union, Rn. 1 ff., 9 ff., insb. Rn. 90 ff.; *U. Karpenstein,* Art. 234 EGV, in: Grabitz/Hilf/Nettesheim (Hrsg.), Das Recht der Europäischen Union.

die ein Mitgliedstaat, das Europäische Parlament, der Rat oder die Kommission wegen Unzuständigkeit, Verletzung wesentlicher Formvorschriften, Verletzung der Verträge oder einer bei seiner Durchführung anzuwendenden Rechtsnorm oder wegen Ermessensmissbrauchs erhebt. Ist die Klage begründet, so erklärt der Gerichtshof die angefochtene Handlung für nichtig, Art. 264 AEUV.

Vermittels dieser Verwerfungskompetenz sanktioniert der EuGH neben der föderalen Kompetenzordnung vor allem die Einhaltung der primärrechtlichen Verfahrensregeln und Zuständigkeiten der Organe. Die Prüfung durch den EuGH betrifft insoweit formelle Aspekte und nicht den Inhalt der Gesetzgebung. Sie dient auch dazu, die Geltung des primärrechtlichen Demokratiekonzepts zu gewährleisten. Dies zeigt sich, wenn der Gerichtshof Verfahrensrechte des Europäischen Parlaments als wesentliche Formvorschriften deutet und ihre Einhaltung sanktioniert.[91] Indem der EuGH die primärrechtliche Ordnung des Gesetzgebungsverfahrens und der legislativen Kompetenzen der Organe durchsetzt, sichert er zugleich die primärrechtlich vorgesehene demokratische Funktion der Gesetzgebung. Darin kommt dem EuGH eine Funktion zu, die üblicherweise von der Verfassungsgerichtsbarkeit ausgefüllt wird.[92]

---

91 Urteile des Gerichtshofes vom 29. Oktober 1980 in den Rs. 138/79, Roquettes Frères/Rat und 139/79 Maizena/Rat, Slg. 1980, 3333 bzw. 3393; Urteile des Gerichthofes vom 11. Juni 1991 in der Rs. C-300/89, Kommission/Rat (Titandioxid), Rn. 20, vom 30. März 1995 in der Rs. C-65/93 (Parlament/Rat), Slg. 1995 I-643, Rn. 21, vom 5. Juli 1995 in der Rs. C-21/94 (Parlament/Rat), Slg. 1995 I-1827, Rn. 17, vom 10. Juni 1997 in der Rs. C-392/95, Parlament/Rat, Slg. 1997 I-3213, Rn. 14, Urteile des Gerichts erster Instanz vom 17. Juni 1998 in der Rs. T-135/96 UAEPME/Rat (Sozialpartner), Rn. 88, vom 2. Oktober 2001 in den verbundenen Rs. T-222/99, T-327/99, T-329/99, de Gaulle u.a./Parlament, Rn. 200. Zur Rechtsprechung des EuGH zum Demokratieprinzip und zu dessen Gehalt noch unten Kap. 6 I. 2.

92 Die Funktion der Wahrung der demokratischen Verfasstheit macht das Bundesverfassungsgericht mit seinem Urteil zur Zustimmungs- und Begleitgesetzgebung zum Vertrag von Lissabon geltend, BVerfGE 123, 267, wenn es das Gesetz über die Ausweitung und Stärkung der Rechte des Bundestages und des Bundesrates in Angelegenheiten der europäischen Union deswegen für verfassungswidrig erklärt, weil es die Beteiligungsrechte des Deutschen Bundestages und des Bundesrates nicht entsprechend Artikel 38 Absatz 1 in Verbindung mit Artikel 23 Absatz 1 des Grundgesetzes ausgestaltet (Rn. 406 ff.); wenn es geltend macht, das grundgesetzliche Demokratieprinzip gebiete, dass den Mit-

Auch die verfassungsgerichtliche Funktion,[93] die Bindung der gesetzgebenden Gewalt an die Grundrechte durch die Überprüfung legislativen Rechts an diesen zu gewährleisten,[94] findet sich auch in der Rechtsprechung des EuGH wieder: Der EuGH überprüft das Handeln der Unionsorgane und dabei auch Gesetzgebungsakte an den Unionsgrundrechten.[95] Die Kompetenz des EuGH, Gesetzgebung an den Unionsgrundrechten zu überprüfen, beschränkt zwar den Gesetzgeber in seiner Gestaltungsfreiheit und entkoppelt demokratische Willensbildung und legislative Funktion.[96] Sie gewährleistet aber die grundrechtliche Bindung der Union, die nunmehr Ausdruck in der Charta der Grundrechte findet. In der Beschränkung des Gesetzgebers durch

gliedstaaten ein ausreichender kompetentieller Bestand zur politischen Gestaltung der wirtschaftlichen, kulturellen und sozialen Lebensverhältnisse bleiben müsse, in dem sich die demokratische Selbstbestimmung des Mitgliedsvolkes verwirklichen könne (Rn. 210 ff., 249 ff.); und wenn es die Kompetenz zur Überprüfung der Wahrung der Verfassungsidentität der Bundesrepublik iSv Art. 23 Abs. 1 3 iVm Art. 79 Abs. 3 GG (der u.a. das Demokratieprinzip schützt) bei sich selbst verortet (4. Leitsatz, Rn. 331 ff.). Zu der Aufgabe der Verfassungsgerichtsbarkeit, die demokratischen Strukturen der Verfassungsordnung zu sichern, auch *C. Möllers,* Gewaltengliederung, 2005, 136 ff., 262 f.

93 Zur Verpflichtung des Gesetzgebers durch die Grundrechte, die im Wege einer richterlichen Normenkontrolle gewährleistet wird, in ausgewählten europäischen Verfassungsordnungen s. die einzelnen Beiträge in *A. von Bogdandy u.a.* (Hrsg.), Grundlagen und Grundzüge staatlichen Verfassungsrechts, 2007 und den vergleichenden Beitrag *P. Cruz Villalón,* Grundlagen und Grundzüge staatlichen Verfassungsrechts: Vergleich, in: Bogdandy/Cruz Villalón/Huber (Hrsg.), Grundlagen und Grundzüge staatlichen Verfassungsrechts, 2007, 729, Rn. 95 ff.

94 Zu dieser Aufgabe der Verfassungsgerichtsbarkeit im Rahmen des Grundgesetzes *G. Roellecke,* § 67, Aufgaben und Stellung des Bundesverfassungsgerichts im Verfassungsgefüge, in: Isensee/Kirchhof (Hrsg.), Handbuch des Staatsrechts der Bundesrepublik Deutschland, 1201.

95 Grundlegend die Urteile des EuGH Rs. 11/70, Internationale Handelsgesellschaft, Slg. 1970, 1125, Rn. 4; Rs. 44/79, Hauer, Slg. 1979, 3727, Rn. 13 ff.; dazu *D. Ehlers,* § 14, Die Grundrechte der Europäischen Union, Allgemeine Lehren, in: Ehlers (Hrsg.), Europäische Grundrechte und Grundfreiheiten, 2009, 383, 398 f.; *J. Kühling,* Grundrechte, in: Bogdandy/Bast (Hrsg.), Europäisches Verfassungsrecht, 2009, 657, 679 f.

96 Zur Gestaltungsfreiheit des Gesetzgebers als Bedingung der demokratischen Bindung der gesetzgebenden Gewalt oben 2. a., b., c.

Grundrechte und die gerichtliche Überprüfung legislativen Rechts entspricht die Union jedenfalls in der verfassungsrechtlichen Konstruktion demokratischen Rechtsstaaten[97]. Insoweit entspricht das Verhältnis zwischen europäischer Judikative und europäischer Legislative dem verfassungstheoretischen Typus.

b. Verhältnis zur Exekutive

(1) Die Kommission als Regierung der Union

Dem Typus einer demokratisch verantwortlichen Regierung entspricht die Kommission nicht. Der Präsident der Kommission wird durch das Europäische Parlament mit der Mehrheit seiner Mitglieder gewählt. Er wird vom Europäischen Rat nach entsprechenden Konsultationen des Parlaments vorgeschlagen. Dabei berücksichtigt der Europäische Rat das Ergebnis der Wahlen zum Europäischen Parlament. Der Europäische Rat ernennt nach Zustimmung des Europäischen Parlaments das Kommissionskollegium, Art. 17 Abs. 7 EUV. Dieses ist nach Art. 17 Abs. 8 EUV dem Europäischen Parlament verantwortlich. Der hierfür vorgesehene Mechanismus ist ein Misstrauensvotum, dass mit zwei Dritteln der abgegebenen Stimmen und mit der Mehrheit der Mitglieder des Europäischen Parlaments verabschiedet wird (Art. 234 AEUV). Dieses Misstrauensvotum aber kann kaum als Instrument der Koppelung der Kommission an die politisch handlungsfähige Mehrheit des Europäischen Parlaments wirksam werden. Da zur Amtsenthebung über das Misstrauensvotum eine Zwei-Drittel-Mehrheit erforderlich ist, steht das Mittel nicht zur Verfügung einer politischen Fraktion oder Koalition, die über ihre absolute Mehrheit im Parlament politisch, d.h. vor allem legislativ[98] handlungsfähig ist. Das Misstrauensvotum des Art. 234 AEUV ist als ultimative parlamentarische Sanktion gegenüber einem Handeln der Kommission konstruiert, das – politische Richtungen übergreifend – den Widerspruch des *ganzen* Parlaments nachhaltig erregt. Es ist nicht wie das Misstrauensvotum des Art. 67 Grundge-

---

[97] Nachweise dazu in Fn. 93 oben.

[98] Im Rahmen der Rechtsetzung im Mitentscheidungsverfahren bedarf es für legislative Entschließungen des Europäischen Parlaments grundsätzlich der absoluten Mehrheit, Art. 289 AEUV. Dies bedeutet, dass eine parlamentarische Fraktion oder Koalition, die über die absolute Mehrheit verfügt, legislativ handlungsfähig ist.

setz[99] ein Instrument, das den Bestand der Kommission an den Rückhalt derjenigen parlamentarischen Fraktion oder Koalition bindet, die politisch handlungsfähig ist, weil sie über die gesetzgebende Mehrheit verfügt. Interinstitutionell wird voraussichtlich dem Parlament das Recht eingeräumt werden, den Präsidenten der Kommission aufzufordern, einem Kommissionsmitglied das Vertrauen zu entziehen.[100] Ergeht eine entsprechende Aufforderung, prüft der Kommissionspräsident sorgfältig, ob er das Mitglied gemäß Art. 17 Abs. 6 EUV zum Rücktritt auffordern soll. Entweder fordert der Präsident dieses Mitglied zum Rücktritt auf, oder er erklärt in der nächsten Plenartagung vor dem Parlament, warum er dies ablehnt. Durch dieses neue parlamentarische Recht im Verhältnis zur Kommission will das Parlament die Rechenschaftspflicht der Exekutive verbessern.[101] Da die parlamentarische Aufforderung voraussichtlich aber auch an das erhöhte Mehrheitserfordernis gebunden sein wird, das für das Misstrauensvotum des Art. 234 AEUV gilt, etabliert auch dies nur ein bedingt effektives Instrument der Einwirkung der legislativ handlungsfähigen parlamentarischen Mehrheit auf die politische Ausrichtung der Kommission.

Das Misstrauensvotum des Art. 234 AEUV bleibt in seiner quasikonsensualen Ausgestaltung eine parlamentarische Sanktion gegenüber vergangenem fehlerhaften Verhalten und – wegen des erhöhten Mehrheitserfordernisses – entpolitisiertes Instrument in der Nähe einer Legalitätskontrolle.[102] Es ist kein Mechanismus, vermittels dessen die Kom-

---

[99] Für das konstruktive Misstrauensvotum nach Art. 67 ist diese Funktion der parlamentarischen Verantwortlichkeit der Regierung konsentiert; sie ist ein – allerdings wegen des Erfordernis der Konstruktivität qualifiziertes – Mittel der Bindung der Regierung an die politisch handlungsfähige Mehrheit des Parlaments, *M. Schröder*, § 65, Bildung, Bestand und parlamentarische Verantwortung der Bundesregierung, in: Isensee/Kirchhof (Hrsg.), Handbuch des Staatsrechts der Bundesrepublik Deutschland, 1133, Rn. 36 ff.; *R. Herzog*, Art. 67, in: Maunz/Dürig (Hrsg.), Grundgesetz, Rn. 2 ff. zur Funktion des Misstrauensvotums im politischen System, Rn. 18 ff. zur Funktionsweise des Votums.

[100] S. die Entschließung des Europäischen Parlaments vom 9. Februar 2010 zu einer revidierten Rahmenvereinbarung zwischen dem Europäischen Parlament und der Kommission für die nächste Wahlperiode, A. 3. f.

[101] A. 3. f. der Entschließung.

[102] *P. Magnette*, European Law Journal 7 (2001), 292, 303 zur quasigerichtlichen Funktion der Amtsenthebung. *Politische* Wirkung entfalte sie in der Praxis als strategisches Instrument des Parlaments zur Durchsetzung insti-

mission dem Parlament politisch verantwortlich ist, wie es dem verfassungstheoretischen Typus der Regierung in einem parlamentarischen System entspräche.[103] Gegenüber dem Rat besteht keine politische Verantwortlichkeit der Kommission.[104] Letztere verfügt damit zwar über das Verfahren ihrer Wahl und Einsetzung über eine vom Europäischen Parlament abgeleitete demokratische Legitimation. Es fehlt aber an der effektiven politischen Verantwortlichkeit gegenüber dem Parlament.[105]

---

tutioneller Anliegen, aber nicht als Instrument der politischen Bindung an die Mehrheit im Europäischen Parlament. S. auch *H. Abromeit/S. Wolf*, European Integration online Papers 9 (2005), 1, 14: „[...] a motion of censure against the Commission as before requires a great coalition (and more resembles the impeachment, anyway).“; dahingehend ebenfalls *P. Dann*, Die politischen Organe, in: Bogdandy/Bast (Hrsg.), Europäisches Verfassungsrecht, 2009, 335, 366.

[103] Dazu kommt, dass Regierungsfunktionen im politischen System der EU nicht allein von der Kommission wahrgenommen werden; in Regierungsfunktion handelt auch der Europäische Rat; dazu *P. Dann*, Die politischen Organe, in: Bogdandy/Bast (Hrsg.), Europäisches Verfassungsrecht, 2009, 335, 363 ff.; 370 ff.

[104] *P. Dann*, Die politischen Organe, in: Bogdandy/Bast (Hrsg.), Europäisches Verfassungsrecht, 2009, 335, 366.

[105] Die Kommission wird vor dem Hintergrund der Mängel ihrer demokratischen Verantwortlichkeit vorrangig als Organ supranationaler, unionsspezifischer Legitimation qualifiziert, die darauf beruhe, dass sie das allgemeine Wohl der Gemeinschaft befördere, Art. 17 Abs. 1 EUV, Art. 245 AEUV. Zur Gemeinwohlbeförderung als Legitimationsleistung s. *F. W. Scharpf*, Legitimationskonzepte jenseits des Nationalstaats, in: Schuppert/Pernice/Haltern (Hrsg.), Europawissenschaft, 2005, 705, 727 ff. unter dem Stichwort der „output-Legitimation“. Über Legitimation verfüge die Kommission zudem aufgrund ihrer Funktion als „Hüterin der Verträge“ und durch effektive Problemlösung auf Grund von Expertise – dahingehend das Weißbuch der Europäischen Kommission „Europäisches Regieren“, Brüssel, den 25.7.2001 KOM(2001) 428 endg., nach dem die Kommission die Qualität und Effizienz ihrer Tätigkeit als Hüterin der Verträge insbesondere durch Nutzung von Expertenwissen verbessert (39). Dies soll das „Vertrauen der Öffentlichkeit“ in europäisches Regieren steigern. Zum Ziel der Generierung eines Vertrauens der Öffentlichkeit in die europäische Politik durch die Einbindung von Expertise für den Bereich der Biomedizin kritisch *S. Schielke*, Vertrauensbildende Maßnahmen – Partizipatorische und advokatorische Beratungsformen in bioethischen Streitfragen auf der Ebene der EU, in: Vöneky/Hagedorn/Clados u. a. (Hrsg.), Legitimation ethischer Entscheidungen im Recht, 2009, 209.

(2) Bindung an das legislative Recht

Das Primärrecht enthält sich der typischen formalen Mittel, um das Verhältnis zwischen Legislative und Exekutive zu strukturieren[106]: Es setzt keine funktionsexklusive legislative Handlungsform ein, die gegenüber exekutiven Rechtsakten Geltungsvorrang hat. Verordnung, Richtlinie und Beschluss stehen nach Art. 288 AEUV den Organen ohne Beschränkung mit Blick auf die Funktion – und damit auch nicht allein zur Gesetzgebung – zur Verfügung.[107] Die organschaftliche Zurechnung des als Verordnung, Richtlinie, Beschluss ergehenden Rechts, die aus den verschiedenen Verfahrensformen[108] resultiert, ist im Primärrecht nicht mit einer Rangregelungen zwischen den Rechtsakten verknüpft.[109] Nach den Verträgen hat das vom Europäischen Parlament

---

[106] Zur Strukturierungsleistung der Handlungsformenlehre in Hinblick auf die Ordnung der Gewalt im nationalen Verfassungsrecht *J. Bast,* Handlungsformen und Rechtsschutz, in: Bogdandy/Bast (Hrsg.), Europäisches Verfassungsrecht, 2009, 529 f.; *C. Bumke,* Rechtsetzung in der Europäischen Gemeinschaft, in: Schuppert/Pernice/Haltern (Hrsg.), Europawissenschaft, 2005, 643, 661; *R. Schütze,* Sharpening the Separation of Powers Through a Hierarchy of Norms?, EIPA Working Paper 2005, 6.

[107] Dazu bereits oben III.; s. eingehend *J. Bast,* Handlungsformen und Rechtsschutz, in: Bogdandy/Bast (Hrsg.), Europäisches Verfassungsrecht, 2009, 529 ff., 532 ff.; *C. Bumke,* Rechtsetzung in der Europäischen Gemeinschaft, in: Schuppert/Pernice/Haltern (Hrsg.), Europawissenschaft, 2005, 643, 662 f., *H. Rieckhoff,* Der Vorbehalt des Gesetzes im Europarecht, 2007, 75 f.; *R. Schütze,* Sharpening the Separation of Powers Through a Hierarchy of Norms?, EIPA Working Paper 2005, 7. Zur praxisgenerierten Handlungsform des Beschlusses, ihrer Verwendung sowohl zur vertragsunmittelbaren wie zur Durchführungsrechtsetzung und zu ihren Rechtmäßigkeits- und Gültigkeitsvoraussetzungen eingehend *J. Bast,* Grundbegriffe der Handlungsformen der EU, 2006, zur Rechtswirkung von Beschlüssen insb. 179 ff.

[108] Zur organschaftlichen Zurechnung von Basisrechtsakten *J. Bast,* Grundbegriffe der Handlungsformen der EU, 2006, 12 f.; *A. von Bogdandy/J. Bast/F. Arndt,* Zeitschrift für ausländisches öffentliches Recht und Völkerrecht 62 (2002), 78, 131 ff.; ein legitimationsbezogenes Konzept der Zurechnung von Rechtsetzung zur gesetzgeberischen/legislativen Verantwortung eines Organs entwickelt die Arbeit unten IV. 2.

[109] *J. Bast,* Handlungsformen und Rechtsschutz, in: Bogdandy/Bast (Hrsg.), Europäisches Verfassungsrecht, 2009, 529 ff.; *R. Schütze,* Sharpening the Separation of Powers Through a Hierarchy of Norms?, EIPA Working Paper 2005, 7 f.

(mit-)beschlossene Recht – also etwa Mitentscheidungsrechtsakte – keinen Vorrang gegenüber Rechtsetzung des Rates oder der Kommission.[110] Europäisches Parlament, Rat und Kommission sind als rechtsetzende Organe gleichrangig; im Rang ihrer Rechtsetzung besteht kein Unterschied.[111] Zudem besteht zwischen den Organen „institutionelles Gleichgewicht", das jedem Organ die unabhängige Ausübung seiner primärrechtlichen Befugnisse garantiert und die Zuständigkeiten der Organe deren Verfügung entzieht.[112]

Das Primärrecht sieht zwei Formen sogenannter habilitierter[113] oder abgeleiteter Rechtsetzung vor: Zum einen gibt es die delegierte Rechtsetzung durch die Kommission (Art. 290 AEUV), zum anderen die Durchführungsrechtsetzung durch die Kommission, ausnahmsweise den Rat (Art. 291 AEUV).[114] Abgeleitete Rechtsetzung steht in der

---

[110] Zum Geltungsgleichrang von Rats- und Kommissionsrichtlinie *Europäischer Gerichtshof,* 6.7.1982, verb. Rs. 188/80 bis 190/80, Slg. 1982, 2545, Rn. 6 über einen Basisrechtsakt der Kommission gem. dem jetzigen Art. 86 Abs. 3 EG. Zum Gleichrang von parlamentarisch (mit-)beschlossenen und allein von der Kommission oder vom Rat erlassenen Rechtsakten *M. Nettesheim,* Europarecht 41 (2006), 737, 763; *R. Schütze,* Sharpening the Separation of Powers Through a Hierarchy of Norms?, EIPA Working Paper 2005, 7 f.

[111] *M. Nettesheim,* Europarecht 41 (2006), 737, 763; *R. Schütze,* Sharpening the Separation of Powers Through a Hierarchy of Norms?, EIPA Working Paper 2005.

[112] Hierzu *J. Bast,* Handlungsformen und Rechtsschutz, in: Bogdandy/Bast (Hrsg.), Europäisches Verfassungsrecht, 2009, 530. Die Figur des institutionellen Gleichgewichts, die in Art. 13 Abs. 2 EUV verankert ist, judiziert der EuGH in ständiger Rechtsprechung. Wenngleich sich das institutionelle Gleichgewicht darin vor allem als Instrument des Schutzes parlamentarischer Befugnisse zeigt, mit dem der Gerichtshof explizit die demokratische Rückbindung der Unionsrechtsordnung absichert, bleibt es doch lediglich ein affirmatives Instrument gegenüber der geltenden Zuständigkeitsordnung und dient nicht der Konstruktion eines Vorrangs und Vorbehalts parlamentarisch (mit-)erlassener Gesetzgebung; dazu auch noch unten Kap. 6 I. 2.

[113] Begriff bei *J. Bast,* Handlungsformen und Rechtsschutz, in: Bogdandy/Bast (Hrsg.), Europäisches Verfassungsrecht, 2009, 534, im Anschluss an die Terminologie des romanischen Sprach- und Rechtsraums.

[114] Die Abgrenzung der beiden Formen der abgeleiteten Rechtsetzung ist in der Praxis problematisch; der EuGH wird mit den ersten Fällen hierzu befasst. Ob es sich bei der Übertragung von Durchführungsbefugnissen um Delegation

Rechtsquellensystematik in ihrer Geltung grundsätzlich auf der gleichen Rangstufe wie Gesetzgebungsakte, sie bildet keine tertiäre Rechtsschicht.[115] Das galt vor den Lissabonner Reformen und hat sich durch diese nicht verändert.[116]

Nach Art. 290 Abs. 1 AEUV kann der Gesetzgeber die Befugnis übertragen, Rechtsakte ohne Gesetzescharakter mit allgemeiner Geltung zur Ergänzung oder Änderung bestimmter nicht wesentlicher Vorschriften des betreffenden Gesetzgebungsaktes zu erlassen. Der Delegation von Rechtsetzungsbefugnissen kommt dabei, wie politikwissenschaftliche Studien mit Blick auf die abgeleitete Rechtsetzung der Kommission in der Komitologie zeigen, eine Reihe unterschiedlicher Funktionen zu.[117] Zentrale Funktion der Delegation von Rechtsetzungsbefugnissen an die Kommission ist die Gewährleistung der Handlungs- und Steuerungsfähigkeit der EU. Die Delegation von Gesetzgebungsbefugnissen ermöglicht schnelles, flexibles Handeln, das in den Verfahren der Gesetzgebung, die wegen ihrer demokratischen Funktion komplex und langwie-

---

im Sinne der Übertragung von Befugnissen des gesetzgebenden Organs oder hingegen um die Begründung eigener Kompetenz des durchführenden Organs handelt, ist umstritten; *J. Bast,* Common market law review, 49 (2012), 885, unter 4.3.1.; für delegationsähnliche Strukturen im Verhältnis von Basis- und Durchführungsrechtsetzung *C. Möllers*, Gewaltengliederung, 2005, 282 ff. (anders noch *C. Möllers*, Europarecht 37 (2002), 483, 492 ff.); für die Zuweisung eigener Kompetenz zur alten Rechtslage *O. Harnier/J. P. Jacqué*, Art. 203 EGV, in: Groeben/Schwarze (Hrsg.), Kommentar zum Vertrag über die Europäische Union und zur Gründung der Europäischen Gemeinschaft, Rn. 78 f. Dies kann hier offenbleiben, da die Frage der Grenzen der Übertragbarkeit legislativer Funktion an die Exekutive („Gesetzesvorbehalt“) davon unberührt bleibt.

[115] *J. Bast,* Handlungsformen und Rechtsschutz, in: Bogdandy/Bast (Hrsg.), Europäisches Verfassungsrecht, 2009, 536; *C. Bumke*, Rechtsetzung in der Europäischen Gemeinschaft, in: Schuppert/Pernice/Haltern (Hrsg.), Europawissenschaft, 2005, 643, der von einer partiellen Hierarchie im sekundären Gemeinschaftsrecht spricht. Letzterer macht allerdings neben dem Habilitationszusammenhang weitere Dimensionen einer partiellen Hierarchisierung im Sekundärrecht aus, für die allerdings keine prinzipielle Verankerung im geltenden Primärrecht vorgewiesen werden kann.

[116] *J. Bast,* Handlungsformen und Rechtsschutz, in: Bogdandy/Bast (Hrsg.), Europäisches Verfassungsrecht, 2009, 545 ff.

[117] *P. C. Schmitter,* How to democratize the European Union … and why bother?, 2000, 192 ff.; *A. von Bogdandy,* Europäisches Verfassungsrecht, 2003b.

rig sind, vielfach nicht möglich ist.[118] Die Leistungsfähigkeit des Verfahrens delegierter Rechtsetzung liegt darin, dass in ihm, anders als in der inhaltlich offenen legislativen Willensbildung, der Inhalt von Rechtsetzungsvorhaben weitgehend der politischen Problematisierung entzogen ist. Delegierter Rechtsetzung kommt die Funktion zu, gesetzgeberische Entscheidungen zu konkretisieren oder durch Anpassung des Rechts an sich ändernde Umstände zur Geltung zu bringen, ohne dass die wesentlichen politischen Entscheidungen selbst zur Verfügung stehen. Funktional erbringt delegierte Rechtsetzung damit eine Implementations-, Konkretisierungs- und Flexibilisierungsleistung gegenüber der Gesetzgebung:[119] Sie entlastet die Erzeugung allgemein geltenden Rechts von dem aufwändigen Verfahren, in dem der Gesetzgebungsakt in demokratischer Willensbildung ergangen ist und von der Möglichkeit der Problematisierung bereits getroffener politischer Grundsatzentscheidungen.[120]

Die Delegation von Gesetzgebungsbefugnissen an die Kommission im Rahmen des Art. 290 AEUV muss sich im Rahmen der primärrechtlichen Ermächtigung des Gesetzgebers bewegen (*nemo plus iuris trans-*

---

118 Dieser Zweck der Gewährleistung der Steuerungsfähigkeit der Politik gegenüber gesellschaftlichen Entwicklungen wird deutlich artikuliert, wo Rechtsetzung zur „Anpassung an den technischen und wissenschaftlichen Fortschritt" delegiert wird; ansonsten soll die größere Flexibilität der abgeleiteten Rechtsetzung auch für die Reaktion auf Krisen wie im Fall von BSE zur Verfügung stehen; s. hierzu *M. Jachtenfuchs,* Die Konstruktion Europas, 2002.

119 Zur Funktion der effektiven Implementation von Politik durch abgeleitete Rechtsetzung *A. E. Töller,* Komitologie, 2002, 103 ff., 133 ff.

120 Zu Konfliktpotential und Schwerfälligkeit demokratischer Gesetzgebungsverfahren als Herausforderung für die Handlungsfähigkeit des Gesetzgebers unten Kap. 3 II. 2. und 3. Die Entlastungsfunktion der Durchführungsrechtsetzung beschreiben auch *J. C. Wichard,* Art. 202 EGV, in: Calliess/Ruffert (Hrsg.), EUV, EGV, 2007, Rn. 5; *J. Bast,* Handlungsformen und Rechtsschutz, in: Bogdandy/Bast (Hrsg.), Europäisches Verfassungsrecht, 2009, 52. Zu den Durchführungsverfahren („Komitologie") nach dem Beschluss des Rates 1999/468/EG vom 28. Juni 1999 zur Festlegung der Modalitäten für die Ausübung der der Kommission übertragenen Durchführungsbefugnisse, geändert durch Beschluss des Rates 2006/512/EG vom 17. Juli 2006 *G. Schusterschitz/ S. Kotz,* European constitutional law review 3 (2007), 68.

ferre potest quam ipse habet[121]). Sie begründet eine *begrenzte* Ermächtigung zur Ergänzung oder Änderung des betreffenden Gesetzgebungsaktes, die jenseits davon das vertragsunmittelbare Recht *nicht* zur Verfügung der Kommission stellt. Außerhalb der Ermächtigung ist jede Änderung oder Ergänzung eines Gesetzgebungsaktes durch einen abgeleiteten Rechtsakt unbefugtes Handeln, das gegen die primärrechtliche Verteilung der Zuständigkeiten zwischen den Organen verstößt, nach der es einer Übertragung der Befugnis bedarf (Art. 290 AEUV). Handeln *ultra vires* verstößt gegen das institutionelle Gleichgewicht.[122] Dies kann im Rahmen des Verfahrens nach Art. 264 AEUV geltend gemacht werden und führt gemäß Art. 265 AEUV zur Nichtigkeit.

Dadurch, dass die Kommission jenseits der Übertragung von Gesetzgebungsbefugnissen nach Art. 290 AEUV nicht dazu befugt ist, über das legislative Unionsrecht zu verfügen, ist sie an dieses bei ihrer Rechtsetzung trotz Abwesenheit einer generellen Rechtsquellenhierarchie gebunden.[123] Inwieweit die Exekutive an das legislative Recht gebunden ist, kann damit – im Rahmen der primärrechtlichen Zuständigkeit des Gesetzgebers[124] – über den Umfang der Befugnisübertragung bestimmt

---

[121] Dieser Rechtsgrundsatz stammt aus dem Corpus Iuris Civilis, Digesten 50, 17, 54, im Original: *Nemo plus iuris ad alium transferre potest, quam ipse haberet,* zit. nach *P. Krueger/T. Mommsen,* Institutiones. Digesta, 1993.

[122] Ständige Rechtsprechung: *Europäischer Gerichtshof,* 27.09.1979, Rs. 230/78, Slg. 1979, 2748, Rn. 8, 13; *Europäischer Gerichtshof,* 29.6.1989, Rs. 22/88, Slg. 1989, 2049Rn. 19, 24; *Europäischer Gerichtshof,* 24.2.1988, Rs. 264/86, Slg. 1988, 973, Rn. 20 f.; *Europäischer Gerichtshof,* 18.6.1996, Rs. C-303/94, Slg. 1996, S. I-2943, Rn. 23; *Europäischer Gerichtshof,* 04.02.1997, verb. Rs. C-9/95, C-23/95 und C-156/95, Slg. 1997, S. I-645, Rn. 36; *Europäischer Gerichtshof,* 19. November 1998, Rs. C-159/96, Slg. 1998, S. I-7379, Rn. 41; *Europäischer Gerichtshof,* 16.12.1998, Rs. C-374/96, Slg. 1998, S. I-8385, Rn. 36.

[123] In diesem Sinne auch; *C. Bumke,* Rechtsetzung in der Europäischen Gemeinschaft, in: Schuppert/Pernice/Haltern (Hrsg.), Europawissenschaft, 2005, 643, 655 f.; im übrigen findet das Bestehen dieser Bindung in der Auseinandersetzung mit der Rechtsquellenlehre des Primärrechts kaum Aufmerksamkeit, was unter Umständen auch die Bemühungen um die Konstruktion eines Geltungsvorrangs von Basisrechtsakten gegenüber Durchführungsrechtsakten erklärt, mit der in diesem Verhältnis eine Bindungswirkung begründet werden soll.

[124] Zur Durchwirkung des Prinzips der begrenzten Einzelermächtigung auf die Übertragung von Durchführungsbefugnissen *O. Harnier/J. P. Jacqué,* Art. 203 EGV, in: Groeben/Schwarze (Hrsg.), Kommentar zum Vertrag über

werden. Dies rückt die Frage nach den Grenzen der Übertragung legislativer Befugnisse an die Exekutive in den Blick.

(3) Vorbehalt der (parlamentarischen) Gesetzgebung auf europäischer Ebene?

Staatliche Verfassungsordnungen gebieten üblicherweise, dass sich freiheitsrelevante Hoheitsgewalt auf eine substanzielle Entscheidung des demokratischen Gesetzgebers zurückführen lässt.[125] Vorbehalte der Gesetzgebung dienen dazu, die demokratische Legitimation hoheitlichen Handelns dadurch zu gewährleisten, dass es sachlich-inhaltlich auf die Willensbildung der demokratischen Legislative zurückführbar ist.[126] Das Primärrecht bekennt sich zur demokratischen Funktion europäischer Gesetzgebung: Es verankert ein Modell der dualen demokratischen Legitimation europäischer Hoheitsgewalt verfassungsprinzipiell, Art. 10 AEUV und setzt das Mitentscheidungsverfahrens als ordentliches Gesetzgebungsverfahren ein, Art. 289 Abs. 1, Art. 294 AEUV. Die

---

die Europäische Union und zur Gründung der Europäischen Gemeinschaft, 2003, Rn. 75 ff.

125 Zum Vorbehalt des Gesetzes, bzw. zum Parlamentsvorbehalt nach dem Grundgesetz *F. Ossenbühl*, § 101, Vorrang und Vorbehalt des Gesetzes, in: Isensee/Kirchhof (Hrsg.), Handbuch des Staatsrechts der Bundesrepublik Deutschland, 183, Rn. 11-80; *B. Grzeszick*, Art. 20, in: Maunz/Dürig (Hrsg.), Grundgesetz, Rn. 26 ff., 59 -148, insb. 75; *J. Staupe*, Parlamentsvorbehalt und Delegationsbefugnis, 1986, 248 ff., für den Gesetzesvorbehalt in ausgewählten europäischen Verfassungsordnungen s. die einzelnen Beiträge in *A. von Bogdandy u. a.* (Hrsg.), Grundlagen und Grundzüge staatlichen Verfassungsrechts, 2007; verfassungstheoretisch *C. Möllers*, Gewaltengliederung, 2005, 180 ff.

126 Hierzu *E.-W. Böckenförde*, § 24, Demokratie als Verfassungsprinzip, in: Isensee/Kirchhof (Hrsg.), Handbuch des Staatsrechts der Bundesrepublik Deutschland, 429, Rn. 21 ff.; daneben stellen die Bindung an das Gesetz und politische Kontroll- und Steuerungsmöglichkeiten der demokratischen Legislative eine sachlich-inhaltliche demokratische Legitimation hoheitlicher Gewalt her. Auf diese Aspekte wird noch einzugehen sein. Zur demokratischen Funktion des Gesetzesvorbehalts, der Rechtsetzung die spezifische demokratische Legitimation parlamentarischer Entscheidungen zu vermitteln, nach dem Grundgesetz *B. Grzeszick*, Art. 20, in: Maunz/Dürig (Hrsg.), Grundgesetz, Rn. 85; *F. Ossenbühl*, § 101, Vorrang und Vorbehalt des Gesetzes, in: Isensee/Kirchhof (Hrsg.), Handbuch des Staatsrechts der Bundesrepublik Deutschland, 183, Rn. 46 ff.

Delegation von Rechtsetzungsbefugnissen an die Kommission bedeutet aus dieser Perspektive grundsätzlich einen Verzicht auf die demokratische Leistung des Gesetzgebungsverfahrens. Auch das Primärrecht installiert vor diesem Hintergrund Delegationsgrenzen. Nach Art. 290 Abs. 1 AEUV kann in Gesetzgebungsakten der Kommission nur die Befugnis übertragen werden, Rechtsakte ohne Gesetzescharakter mit allgemeiner Geltung zur Ergänzung oder Änderung bestimmter *nicht wesentlicher* Vorschriften des betreffenden Gesetzgebungsaktes zu erlassen.[127] In den betreffenden Gesetzgebungsakten müssen nach der Vorschrift Ziele, Inhalt, Geltungsbereich und Dauer der Befugnisübertragung ausdrücklich festgelegt sein. Die wesentlichen Aspekte eines Bereichs sind nach Art. 290 Abs. 1 AEUV der Regelung durch den Gesetzgebungsakt vorbehalten; für sie kann nach der Vorschrift die Rechtsetzungsbefugnis nicht delegiert werden. Die einzelnen Gehalte dieser Regelung von Delegationsgrenzen erschließen sich aus der entsprechenden Rechtsprechung des EuGH, die mit Art. 290 Abs. 1 AEUV in die Verträge inkorporiert wird.[128] Der EuGH belässt der Übertragung legislativer Funktionen an die Exekutive einen weiten Spielraum.[129] Der Rat (und entsprechend Rat und Europäisches Parlament gemeinsam im Mitentscheidungsverfahren) muss nach dem EuGH bei der Ausübung der primärrechtlichen Kompetenzen im Basisrechtsakt „die wesentlichen Grundzüge der zu regelnden Materie nach diesem Verfahren [dem primärrechtlich eingesetzten Basisrechtsetzungsverfahren]" festlegen.[130] Der Gesetzgeber ist dabei aber frei, der Exekutive eine „weitgehende

---

[127] Hierzu s. auch *C. Möllers/J. von Achenbach,* Europarecht 46 (2011), 39.

[128] *F. von Alemann,* Die Handlungsform der interinstitutionellen Vereinbarung, 2006, 195 zur wortgleichen Vorschrift des Verfassungsvertrags; Rieckhoff verweist auch zutreffend darauf, dass es vor dem Hintergrund der „Wesentlichkeitsrechtsprechung" des EuGH fernliegt, dass die Vorschrift die Wesentlichkeitstheorie aus der deutschen Verfassungslehre in das Primärrecht übernehmen soll.

[129] Übersicht bei *H. Rieckhoff,* Der Vorbehalt des Gesetzes im Europarecht, 2007, 177 ff.

[130] *Europäischer Gerichtshof,* 17.12.1970, Rs. 25/70, Slg. 1970, 1161, Rn. 6, zu den Grundsätzen der „Wesentlichkeitsrechtsprechung" des EuGH s. auch *H. Rieckhoff,* Der Vorbehalt des Gesetzes im Europarecht, 2007, 177 ff.; *G. Roller,* Kritische Vierteljahresschrift für Gesetzgebung und Rechtswissenschaft 86 (2003), 249, 260 ff.

Beurteilungs- und Handlungsbefugnis" einräumen.[131] Der Rat kann, sobald er im Basisrechtsakt die wesentlichen Vorschriften für die zu regelnde Materie festgelegt hat, der Kommission auch „die allgemeine Befugnis übertragen [..], die Modalitäten von deren Anwendung zu regeln, ohne dass er die Hauptbestandteile der übertragenen Befugnisse genau festlegen müsste [...][;] zu diesem Zweck [gibt] eine allgemein gefasste Bestimmung eine hinreichende Ermächtigungsgrundlage ab"[132]. Nach dem EuGH genügt es, dass der Basisrechtsakt „grundsätzliche Ausrichtungen" der umzusetzenden Gemeinschaftspolitik durch eine „allgemein gefasste Bestimmung" niederlegt, ohne dass der Basisrechtsetzer (d.h. nach den Lissabonner Reformen der Gesetzgeber) „die Hauptbestandteile der übertragenen Befugnis genau festlegen müsste". Die Wesentlichkeit einer Regelungsmaterie ist daher nach der Rechtsprechung und entsprechend nach Art. 290 Abs. 1 AEUV in erster Linie danach zu beurteilen, wie bedeutsam diese für die jeweilige Gemeinschaftspolitik ist.[133] Es handelt sich nicht um einen Wesentlichkeitsvorbehalt im Sinne der Lehre des Bundesverfassungsgerichts.[134] Der EuGH lockert zudem die Bindung des ermächtigten Organs an die Befugnisübertragung im Gesetzgebungsakt. Hat der Rat der Kommission eine umfassende Durchführungsbefugnis übertragen, so sind die Grenzen der Befugnis „mehr nach den allgemeinen Hauptzielen der Marktorganisation [d.h.

---

[131] *Europäischer Gerichtshof,* 30.11.1975, Rs. 23-75, Slg. 1975, 1279, Rn. 10/14.

[132] *Europäischer Gerichtshof,* 27.10.1992, Rs. C-240/90, Slg. 1992, S. I-05383, Rn. 41. Ständige Rechtsprechung. EuGH v. 17.12.1970, Rs. 25/70, Rn. 6 sowie EuGH v. 11.3.1987, verb. Rs. 279, 280, 285 u. 286/84 - Rau, Slg. 1987, 1069, Rn. 14; EuGH v. 16.7.1987, Rs. 46/86 - Romkes, Slg. 1987, 2671, Rn. 16; EuGH v. 5.7.1988, Rs. 291/86 - Central-Import Münster, Slg. 1988, 3679, Rn. 13; EuGH v. 8.6.1989, Rs. 167/88 - Assodation générale, Slg. 1989, 153, Rn. 13; EuGH v. 27.10.1992. Rs. C-240/90 - Deutschland ./. Kommission, Slg. 1992, I-5383, Rn. 41 f.; EuGH v. 16.12.1998, Rs. C-374/96 - Vorderbrüggen, Slg. 1998, I-8385, Rn. 36; EuGH v. 6.7.2000, Rs. C-356/97 - Molkengenossenschaft Wiedergeltingen, Slg. 2000, I-5461, Rn. 36 f.; EuGH v. 11.11.1999 Rs. C-48/98, Rn. 36; EuGH v. 19.11.1998, Rs. 159/96, Rn. 40 f.; aus neuerer Zeit EuGH Rs. C-66/04, Großbritannien, Nordirland / Parlament und Rat, Slg. 2005, I-10553.

[133] *U. Haltern,* Europarecht und das Politische, 2005, 260.

[134] Ebd.

der primärrechtlichen Kompetenz], als nach dem Buchstaben der Ermächtigung zu beurteilen."[135]

Der Gerichtshof hat bislang noch keinen Basisrechtsakt wegen einer zu weitreichenden Übertragung von Befugnissen aufgehoben und das Kriterium der wesentlichen Vorschriften für die zu regelnde Materie kaum operationalisiert.[136] Er enthält sich weitgehend einer inhaltlichen Kontrolle der Entscheidung des Gesetzgebers.[137] Nach dem EuGH muss auch die allgemein geltende Regelung und Belastung individueller Freiheit nicht in ihren Bedingungen durch den Gesetzgeber festgelegt werden.[138] Zwar stellt die Charta der Grundrechte die Einschränkung der in ihr anerkannten Rechte unter den Vorbehalt einer *gesetzlichen* Regelung (Art. 52 Abs. 1).[139] Schon nach der Ordnung der vertragsunmittel-

---

[135] *Europäischer Gerichtshof,* 30.11.1975, Rs. 23-75, Slg. 1975, 1279, Rn. 10/14.

[136] *H. Rieckhoff,* Der Vorbehalt des Gesetzes im Europarecht, 2007, 184 ff., der aber darauf hinweist, dass der EuGH in seinem Urteil in der Rs. C-66/04 die Delegationsbestimmung der streitigen Verordnung eingehend prüft, bevor er schlussfolgert, dass diese die für einen Harmonisierungsmaßnahme wesentlichen Elemente enthält.

[137] Hierzu *H. Rieckhoff,* Der Vorbehalt des Gesetzes im Europarecht, 2007, 184 ff., s. auch *C. Möllers,* Gewaltengliederung, 2005, 180 ff.

[138] *H. Rieckhoff,* Der Vorbehalt des Gesetzes im Europarecht, 2007, 189 f.; *C. Möllers,* Europarecht 37 (2002), 483, 489 f.; *J. Bast,* Handlungsformen und Rechtsschutz, in: Bogdandy/Bast (Hrsg.), Europäisches Verfassungsrecht, 2009, 546 ff., 549. Ansätze der Konstruktion eines Delegationsverbots für grundrechtsrelevante Rechtsetzung zeigen aber die Schlussanträge der Generalanwältin Kokott in der Rs. C-66/04, Rn. 54 ff., dazu *H. Rieckhoff,* Der Vorbehalt des Gesetzes im Europarecht, 2007, 183 f.

[139] Zur Rechtfertigung der Beeinträchtigung von Unionsgrundrechten *D. Ehlers,* § 14, Die Grundrechte der Europäischen Union, Allgemeine Lehren, in: Ehlers (Hrsg.), Europäische Grundrechte und Grundfreiheiten, 2009, 383, 403 ff.; *J. Kühling,* Grundrechte, in: Bogdandy/Bast (Hrsg.), Europäisches Verfassungsrecht, 2009, 657, 691 mit Nachweis der Rechtsprechung des EuGH zum Erfordernis einer gesetzlichen Grundlage für Eingriffe in die Unionsgrundrechte (EuGH, verb. Rs. 46/87 und 227/88), wonach als Eingriffsgrundlagen neben dem Primärrecht Verordnungen oder Richtlinien in Verbindung mit den nationalen Umsetzungsakten in Betracht kommen; ein Erfordernis, dass es sich um Basisrechtsetzung des Rates bzw. des Rates und des Parlaments handeln muss, folgt daraus jedoch nicht. Zum Gesetzesvorbehalt nach der Grund-

baren Kompetenzen gibt es aber keinen Vorbehalt der Gesetzgebung für grundrechtsrelevante Rechtsetzung. Das Primärrecht ordnet vertragsunmittelbare Rechtsetzung, die grundrechtlich relevant ist, zum Teil nicht-legislativen Verfahren zu.[140]

Wo die Exekutive im Rahmen beim Erlass von delegierten Rechtsakten mit allgemeiner Geltung einen weitreichender Beurteilungs- und Handlungsspielraum hat, ist die Setzung allgemein geltenden Rechts von der demokratischen Willensbildung der Legislative entkoppelt.[141] In einer Konstellation, in der der Exekutive keine substantielle gesetzgeberische Entscheidung vorgegeben ist, fehlt der Zusammenhang, der verfassungsrechtlich die Vermittlung der demokratischen Legitimation der Legislative an die Exekutive begründet.[142] Dies rückt in den Blick, inwiefern die Exekutive auf Grund ihrer institutionellen Ausgestaltung und ihrer Verfahren im Rahmen abgeleiteter Rechtsetzung selbständig demokratische oder andersartige Legitimation vermittelt.[143] Die Kom-

---

rechtecharta *H. Rieckhoff,* Der Vorbehalt des Gesetzes im Europarecht, 2007, 155 ff.

[140] Dazu weiter *J. Bast,* Handlungsformen und Rechtsschutz, in: Bogdandy/Bast (Hrsg.), Europäisches Verfassungsrecht, 2009, 550.

[141] Die Durchführungsrechtsetzung der Kommission kann wie bereits gesehen vertragsunmittelbar erlassene Vorschriften durch den Erlass individueller Rechtsakte auf den Einzelfall anwenden, das vertragsunmittelbare Recht durch Regelungen von allgemeiner Reichweite ergänzen und Regelungen des Basisrechtsakts ändern. In den letzten beiden Fällen erzeugt die Kommission allgemein geltendes, materiell legislatives Recht (dazu bereits oben (2)).

[142] Zur Vermittlung demokratischer Legitimation über die Bindung der Exekutive an die Gesetzgebung oben unter 4.

[143] Die demokratische Legitimationsleistung der Exekutive gegenüber einer materiellen Bindung durch eine Entscheidung des demokratischen Gesetzgebers in den Vordergrund rückend *B. Grzeszick,* Art. 20, in: Maunz/Dürig (Hrsg.), Grundgesetz, Rn. 85. Zur Anwendung kommt das Verfahren der Komitologie nach dem Beschluss des Rates 1999/468/EG vom 28. Juni 1999 zur Festlegung der Modalitäten für die Ausübung der der Kommission übertragenen Durchführungsbefugnisse, geändert durch Beschluss des Rates 2006/512/EG vom 17. Juli 2006. Zur demokratischen Rückbindung der Rechtsetzung in diesem Verfahren kritisch *B. Scheel,* Zeitschrift für europarechtliche Studien 9 (2006), 521; zur älteren Rechtslage *G. Roller,* Kritische Vierteljahresschrift für Gesetzgebung und Rechtswissenschaft 86 (2003), 249; politikwissenschaftlich zum Problem der Intransparenz der Komitologieverfahren als Gefährdung der demokratischen Verantwortlichkeit des Durchführungsrechtsset-

mission ist nicht effektiv politisch verantwortlich.[144] Auch wenn die Exekutive effektiv demokratisch verantwortlich ist, bleibt fraglich, ob das Fehlen einer substanziellen Entscheidung des demokratischen Gesetzgebers durch prozedurale Standards eines exekutiven Verfahrens ausgeglichen werden kann.[145] Eine Ausgestaltung der Verfahren abgeleiteter Rechtsetzung, die sich vorrangig an einer demokratischen Funktion des Verfahrens orientiert, widerspräche gerade der Funktion der Befugnisübertragung, schnelles, flexibles und sachverständiges Handeln zu ermöglichen.[146]

Auf europäischer Ebene bestehen weitreichende Möglichkeiten der Delegation legislativer Rechtsetzungsbefugnisse an die Kommission. Die Rechtsprechung des EuGH zeigt Tendenzen, die Bindungswirkung der Befugnisübertragung durch den Gesetzgeber zu lockern. Dies stellt die demokratische Bindung der Rechtsetzung auf europäischer Ebene grundsätzlich in Frage.

Zwei Mechanismen vermögen abgeleitete Rechtsetzung demokratisch zu binden.[147] Der erste Mechanismus funktioniert materiell: Ist die Kommission effektiv an Ziele, Inhalt, Geltungsbereich und Dauer der Befugnisübertragung gebunden, und wird das Delegationsverbot für die „wesentlichen Aspekte eines Bereichs" tatsächlich wirksam, ist die Willensbildung der Kommission inhaltlich durch eine demokratische Ent-

---

zers *G. J. Brandsma/D. M. Curtin/A. J. Meijer,* European Law Journal 14 (2008), 819.

[144] Zur demokratischen Verantwortlichkeit der Kommission oben (1).

[145] *C. Möllers,* Gewaltengliederung, 2005, 190 f.

[146] Im Sinne einer Gefährdung der Flexibilisierungsleistung der Exekutive durch Verrechtlichung ihrer Verfahrensweise *C. Möllers,* Gewaltengliederung, 2005, 190. Die Gewährleistung der politischen Steuerungsfähigkeit der EU, die eine Reihe von Dimensionen hat, begründet aus der legitimationstheoretischen Perspektive großer Teile der Politikwissenschaft eine sog. output-Legitimation abgeleiteter Rechtsetzung *C. Möllers,* Gewaltengliederung, 2005, 293 ff. Zur output-Legitimation konzeptuell und mit Anwendung auf die Europäische Union *F. W. Scharpf,* Regieren in Europa, 1999.

[147] Zur Gesetzesbindung und Mechanismen der politischen Kontrolle/Verantwortlichkeit gegenüber dem demokratischen Gesetzgeber als Mittel der sachlich-inhaltlichen demokratischen Rückbindung hoheitlichen Handelns *E.-W. Böckenförde,* § 24, Demokratie als Verfassungsprinzip, in: Isensee/Kirchhof (Hrsg.), Handbuch des Staatsrechts der Bundesrepublik Deutschland, 429, Rn. 21 ff.

scheidung des Gesetzgebers gebunden. Der zweite Mechanismus funktioniert prozedural, darüber, dass der demokratische Gesetzgeber die abgeleitete Rechtsetzung kontrolliert. Hierfür und für den abgeleiteten Charakter der Rechtsetzungsermächtigung der Kommission im Rahmen des Art. 290 AEUV ist es wesentlich, dass der Gesetzgeber die Befugnisübertragung widerrufen kann.[148] Aus dem abgeleiteten Charakter der Rechtsetzungsermächtigung der Kommission folgt auch, dass der Gesetzgeber abgeleitete Rechtsetzung darauf hin kontrollieren können muss, ob sie von der übertragenen Ermächtigung gedeckt ist.[149] Einen effektiven Mechanismus in dieser Hinsicht stellt es dar, wenn das Inkrafttreten abgeleiteter Rechtsetzung durch das Fehlen von Einwänden seitens des Gesetzgebers bedingt ist. Beides sieht Art. 290 Abs. 2 AEUV als mögliche, durch den Gesetzgebungsakt festzulegende Bedingungen für die abgeleitete Rechtsetzung durch die Kommission vor. Sowohl die materielle Bindung der Kommission im Rahmen abgeleiteter Rechtsetzung als auch die prozedurale Kontrolle durch den Gesetzgeber bedürfen der effektiven praktischen Operationalisierung als Mittel der demokratischen Bindung der Exekutive.

c. Fazit

Die Untersuchung des Verhältnisses der Legislative der Union zu den übrigen Gewalten hat sich auf zwei Aspekte konzentriert: Einerseits auf die primärrechtliche Konstruktion einer Bindungswirkung legislativen Rechts gegenüber Judikative und Exekutive. In dieser Hinsicht lässt sich zwischen Gerichtssystem und Gesetzgebung auf Unionsebene eine Konstellation ausmachen, die der demokratischen Funktion der Gesetzgebung gerecht wird und dem verfassungstheoretischen Typus des Verhältnisses von Judikative und Legislative entspricht. Der EuGH

---

[148] Hierzu *C. Möllers,* Gewaltengliederung, 2005, 180; *P. C. Schmitter,* How to democratize the European Union ... and why bother?, 2000, 218 ff., 223 f., zur Kontrolle delegierter Rechtsetzung durch den delegierenden Gesetzgeber als erforderlicher Mechanismus demokratischer Legitimation 224 ff.

[149] In diesem Sinne gestaltet der Komitologiebeschluss die Gründe aus, wegen derer das Parlament den Erlass des Entwurfes eines Durchführungsaktes ablehnen kann: Die Ablehnung kann danach darin begründet sein, dass der von der Kommission vorgelegte Entwurf von Maßnahmen über die im Basisrechtsakt vorgesehenen Durchführungsbefugnisse hinausgeht oder dass dieser Entwurf mit dem Ziel oder dem Inhalt des Basisrechtsakts unvereinbar ist.

greift durch die Verwerfung von Gesetzgebung in die legislative Gewalt im wesentlichen mit dem Zweck ein, die Grundrechte und Strukturen der Gesetzgebung – vor allem die Verfahrensweisen – zu sichern, die Bedingung ihrer demokratischen Funktion sind. Dies entspricht der Funktion einer Verfassungsgerichtsbarkeit, die der Gewährleistung der demokratischen Struktur und grundrechtlichen Bindung hoheitlicher Gewalt dient. Mit Bezug auf die Exekutive ist zutage getreten, dass die Abwesenheit einer Rechtsquellenhierarchie, nach der Gesetzgebung exekutivem Recht in seiner Geltung vorrangig wäre, nicht bedeutet, dass die Exekutive an legislatives Recht nicht gebunden ist. Diese Bindung funktioniert über die Ordnung der Zuständigkeiten. Erst die Ermächtigung durch die Legislative stellt der Exekutive legislatives Recht zur rechtmäßigen Verfügung. Dabei hat die Betrachtung der primärrechtlichen Konstruktion der Durchführung legislativen Rechts durch die Exekutive gezeigt, dass im Primärrecht der Verlagerung der legislativen Rechtserzeugung von der Legislative auf die Exekutive operativ kaum Grenzen gezogen sind. Ein Vorbehalt der Gesetzgebung ist auf europäischer Ebene mit der von Gerichtshof kaum operationalisierten Verpflichtung, im Basisrechtsakt die „wesentlichen Grundzüge der zu regelnden Materie" zu verankern, nur schwach, und jedenfalls nicht zu einem Gesetzgebungsvorbehalt für freiheitsrelevante Rechtsetzung mit allgemeiner Geltung ausgeprägt. Insoweit als der EuGH die Reichweite einer Durchführungsermächtigung vorrangig nach den allgemeinen Hauptzielen der primärrechtlichen Gesetzgebungskompetenz als nach dem Wortlaut der Ermächtigungsklausel auslegt, sind zudem die Grenzen der Durchführungsbefugnis nicht effektiv durch den Gesetzgeber bestimmt.

Im bisherigen Verlauf der Untersuchung ist hinsichtlich der Strukturierung der legislativen Gewalt der EU eine wichtige Frage offen geblieben. Die Legislative der Union wurde allgemein in den Verfahren der Gesetzgebung durch Rat und Europäisches Parlament verortet; der jeweilige Anteil des Rates und des Europäischen Parlaments an der legislativen Gewalt hingegen ist noch nicht bestimmt. Unter dem Stichwort der *Sektoralisierung* ist aber schon angeführt worden, dass die unterschiedlichen Verfahren unterschiedliche Gesetzgeber konstituieren.[150] Kriterien der Zurechnung von Gesetzgebung zur Gesetzgeberschaft eines oder mehrerer Organe in Abhängigkeit von der Verfahrensposition

---

[150] Zum Befund der Sektoralisierung der gesetzgebenden Gewalt der Union oben 2. c. (2).

in dem zur Anwendung kommenden Gesetzgebungsverfahren sind jedoch erst einzuführen. Dem widmet sich der folgende Abschnitt.

IV. Qualitäten der Beteiligung von Organen am Gesetzgebungsverfahren und Zurechnung von Gesetzgebung

Der Zurechnung von Gesetzgebung zur Urheberschaft oder Autorenschaft[151] eines oder mehrerer der Unionsorgane kommt in der Auseinandersetzung mit den Gesetzgebungsverfahren der Union ein zentraler Stellenwert zu: Sowohl als Erwägung der Einführung des Mitentscheidungsverfahrens[152], wie in der judikativen[153] und akademischen[154] Auseinandersetzung und in der Selbstwahrnehmung des Europäischen Parlaments[155] spielt unter dem Schlagwort der Co-Gesetzgeberschaft

---

[151] Begriff bei *J. Bast,* Grundbegriffe der Handlungsformen der EU, 2006, 12 f.

[152] Dass die Einführung des Mitentscheidungsverfahrens durch den EU-Vertrag Ausdruck des Willens einer Mehrheit der Mitgliedstaaten war, den demokratischen Charakter der Organe und ihrer Funktionsweise dadurch zu festigen, dass dem Europäischem Parlament eine Mitgesetzgeberrolle eingeräumt wird, zeigt die Präambel des Vertrages, nach dem die Mitgliedstaaten diesen *in dem Wunsch* abschließen, *Demokratie und Effizienz in der Arbeit der Organe weiter zu stärken, damit diese in die Lage versetzt werden, die ihnen übertragenen Aufgaben in einem einheitlichen institutionellen Rahmen besser wahrzunehmen.* Zu diesem Ziel der Einführung des Mitentscheidungsverfahrens durch den Vertrag von Maastricht, seiner Reform durch den Vertrag von Amsterdam und der Ausdehnung seines Anwendungsbereiches *R. Giebenrath,* Das Mitentscheidungsverfahren des Artikels 251 (ex-189b) EG-Vertrag zwischen Maastricht und Amsterdam, 2000, 33 ff.

[153] Etwa *Europäischer Gerichtshof für Menschenrechte,* 18. Februar 1999, Appl. 24833/94.

[154] In der Wissenschaft wird das Mitentscheidungsverfahren vielfach als Verfahren der dualen demokratischen Legitimation europäischer Hoheitsgewalt wahrgenommen, Nachweise dazu unten Kap. 6 I. 3.

[155] Dies dokumentiert früh die Entschließung des Parlaments vom 7.4.1992 zu den Ergebnissen der Regierungskonferenz (Maastricht) (ABl. C 125 vom 18.5.1992, Berichterstatter: David Martin, Fernand Herman; A3-0123/1992), mit der das Parlament seinen Standpunkt zu den Ergebnissen der Regierungskonferenz 1991 in Maastricht geltend machte, im Rahmen derer der politische Konsens über den Vertrag über die Europäische Union zustande kam. Das Par-

die legislative Gleichberechtigung des Europäischen Parlaments gegenüber dem Rat eine zentrale Rolle. Es wird als Eigenart des Mitentscheidungsverfahrens wahrgenommen, dass es das Europäische Parlament zum gleichberechtigten Co-Gesetzgeber des Rates mache.

Im Folgenden werden Kriterien erarbeitet, anhand derer systematisch rekonstruiert werden kann, welche der Organe in den unterschiedlichen Gesetzgebungsverfahren der Union die Gesetzgeberschaft ausüben. Die erarbeiteten Kriterien der Gesetzgeberschaft und der gesetzgeberischen Verantwortung ermöglichen es zudem, systematisch die Verfahrenspositionen unterhalb der Qualität der Gesetzgeberschaft zu erfassen, die Einfluss auf das Zustandekommen und/oder den Inhalt von Gesetzgebung vermitteln. Damit zielt das Kapitel auch darauf, Kriterien zur Überprüfung der Annahme der Co-Gesetzgeberschaft von Rat und Europäischem Parlament im Mitentscheidungsverfahren zu erhalten. Diese Annahme wird in der Politikwissenschaft mit Blick auf die Praxis teilweise bezweifelt.[156] Mit der systematischen Untersuchung von Verfahrenspositionen im Rahmen der Gesetzgebung werden zudem die unterschiedlichen Gewichtungen der über Europäisches Parlament und Rat verlaufenden Stränge demokratischer Legitimation im Verhältnis zueinander und im Verhältnis zur Kommission in den verschiedenen Gesetzgebungsverfahren erfasst. Dies bereitet den Grund für die Untersuchung des Mitentscheidungsverfahrens und der übrigen Gesetzgebungsverfahren unter dem Gesichtspunkt ihrer demokratischen Leistungsfähigkeit.

Im folgenden Abschnitt wird zunächst geprüft, inwieweit die organschaftliche Zurechnung von Rechtsetzung als Kriterium der Erfassung von Verfahrenspositionen bei der Gesetzgebung leistungsfähig ist (1.). Da diese jedoch unterhalb der Qualität der Organschaft bleibende Verfahrenspositionen nicht erfassen kann, erarbeitet der zweite Teil des

---

lament kritisiert , dass der Vertrag „*kein wirkliches Verfahren der Mitentscheidung einführe*“, in dem „*das EP und der Rat bei der Entscheidung über Rechtsakte gleiche Befugnisse hätten*“ (81 f., Ziff 2. lit. c.). Dies bezog sich vor allem auf die Möglichkeit des Rates, nach einem gescheiterten Vermittlungsverfahren seinen gemeinsamen Standpunkt wieder einzuführen, die in der Tat durch den Vertrag von Amsterdam abgeschafft wurde.

[156] Zur politikwissenschaftlichen Modellbildung zur Verteilung der Macht zwischen Rat und Europäischen Parlament im Mitentscheidungsverfahren unten Kap. 5 III. 1. b.

Abschnitts auf der Grundlage des legitimationsbezogenen Begriffs der Gesetzgebung Kriterien der gesetzgeberischen (legislativen) Verantwortung, die nicht nur die Zurechnung von Rechtsakten zur Gesetzgeberschaft eines oder mehrerer der Unionsorgane (2.a.), sondern auch die systematische Erfassung von Verfahrenspositionen unterhalb der Qualität der Gesetzgeberschaft eines Organs erlauben (2.b.).

1. Organschaftliche Zurechnung

Während Mitentscheidungsrechtsakte ausweislich des Titels, der Präambel und der Signatur Rechtsakte des Europäischen Parlaments und des Rates sind, ist Gesetzgebung im Anhörungs- und im Zustimmungsverfahren an diesen Stellen als Handlung des Rates ausgewiesen.[157] Auf diese organschaftliche Zurechnung von Rechtsakten bezieht sich das Rechtsschutzsystem der Europäischen Union.[158] Die Zurechnung zur Verantwortung eines der Unionsorgane dient der Identifikation der Handlungen, die vom EuGH für nichtig erklärt werden können (Art. 263 AEUV).[159] Sie begründet die Beklagteneigenschaft und die

---

[157] Zur Unterzeichnung von Mitentscheidungsgesetzgebung Art. 297 Abs. 1 AEUV.

[158] *A. von Bogdandy/J. Bast/F. Arndt,* Zeitschrift für ausländisches öffentliches Recht und Völkerrecht 62 (2002), 78, 132; s. auch *D. Booß,* Art. 230 EGV, in: Grabitz/Hilf/Nettesheim (Hrsg.), Das Recht der Europäischen Union; *D. Booß,* Art. 233 EGV, in: Grabitz/Hilf/Nettesheim (Hrsg.), Das Recht der Europäischen Union; *W. Cremer,* Art. 230 EGV, in: Calliess/Ruffert (Hrsg.), EUV, EGV, 2007; *W. Cremer,* Art. 233 EGV, in: Calliess/Ruffert (Hrsg.), EUV, EGV, 2007; *C. Gaitanides,* Art. 230 EGV, in: Groeben/Schwarze (Hrsg.), Kommentar zum Vertrag über die Europäische Union und zur Gründung der Europäischen Gemeinschaft, 2003; *C. Gaitanides,* Art. 233 EGV, in: Groeben/Schwarze (Hrsg.), Kommentar zum Vertrag über die Europäische Union und zur Gründung der Europäischen Gemeinschaft, 2003.

[159] Zu den Handlungen der EU-Organe als Klagegegenstand im Rahmen des Art. 230 EG *D. Booß,* Art. 230 EGV, in: Grabitz/Hilf/Nettesheim (Hrsg.), Das Recht der Europäischen Union, Rn. 12 ff.; *W. Cremer,* Art. 230 EGV, in: Calliess/Ruffert (Hrsg.), EUV, EGV, 2007, 7 ff.; *C. Gaitanides,* Art. 230 EGV, in: Groeben/Schwarze (Hrsg.), Kommentar zum Vertrag über die Europäische Union und zur Gründung der Europäischen Gemeinschaft, 2003, 14 ff.

Prozessführungsbefugnis im Verfahren vor dem EuGH,[160] sowie die Verpflichtung aus der Entscheidung des Gerichtshofes (Art. 266 AEUV)[161]. Als Kriterium der organschaftlichen Zurechnung eines Rechtsakts dient dabei die Verfügungsgewalt über seinen Inhalt und seine Geltung.[162] Diese Verfügungsgewalt wird anhand der *inhaltsdeterminierenden Beschlusshandlung*[163] identifiziert, also darüber, welches Organ durch seinen Beschluss den Text eines Rechtsakts festlegen und in Rechtsgeltung setzen kann. Mit diesem Kriterium, nach dem die Organschaft anhand der letzten Handlung zugeordnet wird, die zum Abschluss eines Gesetzgebungsverfahrens erforderlich ist, wird Mitentscheidungsgesetzgebung, deren Inhalt in letzter Instanz im Vermittlungsausschuss von Rat und Parlament gemeinsam bestimmt wird und deren Inkrafttreten in jedem Fall ihres beiderseitigen Beschlusses bedarf, der gemeinsamen Organschaft von Rat und Parlament zugerech-

---

160 Dazu mit Nachweisen der Rechtsprechung *A. von Bogdandy/J. Bast/F. Arndt,* Zeitschrift für ausländisches öffentliches Recht und Völkerrecht 62 (2002), 78, 132 f.; *D. Booß,* Art. 230 EGV, in: Grabitz/Hilf/Nettesheim (Hrsg.), Das Recht der Europäischen Union, Rn. 7 ff.; *W. Cremer,* Art. 230 EGV, in: Calliess/Ruffert (Hrsg.), EUV, EGV, 2007, Rn. 5; *C. Gaitanides,* Art. 230 EGV, in: Groeben/Schwarze (Hrsg.), Kommentar zum Vertrag über die Europäische Union und zur Gründung der Europäischen Gemeinschaft, 2003, 14 ff.

161 Dazu *D. Booß,* Art. 233 EGV, in: Grabitz/Hilf/Nettesheim (Hrsg.), Das Recht der Europäischen Union; *W. Cremer,* Art. 233 EGV, in: Calliess/Ruffert (Hrsg.), EUV, EGV, 2007; *C. Gaitanides,* Art. 233 EGV, in: Groeben/Schwarze (Hrsg.), Kommentar zum Vertrag über die Europäische Union und zur Gründung der Europäischen Gemeinschaft, 2003.

162 *A. von Bogdandy/J. Bast/F. Arndt,* Zeitschrift für ausländisches öffentliches Recht und Völkerrecht 62 (2002), 78, 133 ff. Die Kriterien der Organschaft werden ansonsten weder in der Kommentarliteratur noch im Übrigen thematisiert; sie ergeben sich aus der Rekonstruktion der Rechtsprechung des EuGH, die Bogdandy et al. vornehmen. Die rekonstruierten Kriterien der Organschaft beziehen sich zwar auf das Europarecht, die Argumentation ist aber verallgemeinerungsfähig; in diesem Sinne auch *C. Möllers,* Gewaltengliederung, 2005, 49 (Fn. 36). Im Folgenden wird daher der Begriff der Organschaft nach Bogdandy et al. verwandt.

163 *A. von Bogdandy/J. Bast/F. Arndt,* Zeitschrift für ausländisches öffentliches Recht und Völkerrecht 62 (2002), 78, 134.

net.[164] Anhörungs- und Zustimmungsgesetzgebung wird der alleinigen organschaftlichen Verantwortlichkeit des Rates zugeordnet.

Verfahrenspositionen, in denen das Erfordernis der Annahme eines Gesetzgebungsvorhabens respektive die Vetoposition seitens eines Organs und dessen Befähigung, den Inhalt von Gesetzgebung im Verfahren aktiv nach seinen Präferenzen gestalten, nicht zusammentreffen, bildet die organschaftliche Zurechnung nicht ab. Im Anhörungs- und im Zustimmungsverfahren eröffnen jedoch differenzierte prozedurale Konstruktionen dem Parlament unterschiedliche Wege, über die es die Inhalte eines Gesetzgebungsvorhabens oder sein Inkrafttreten beeinflussen kann.[165] Dies bildet die juristische Zurechnung der Organschaft nicht ab. Dies gilt auch für die Verfahrensposition der Kommission im Gesetzgebungsverfahren.[166] Eine abgestufte juristische Organschaft wäre für die Zwecke der Strukturierung des Rechtsschutzsystems kaum handhabbar; zudem unterläge sie rechtsstaatlichen Bedenken[167]. Jenseits des Erfordernisses, dass das Rechtsschutzsystems an klar erkennbare Verantwortlichkeiten anknüpfen kann, ist es aber wünschenswert, die Verfahrenspositionen, die im Rahmen der Gesetzgebung Einfluss vermitteln, präziser systematisch zu erfassen. Dies soll hier entlang des Be-

[164] Zur Funktionsweise des Mitentscheidungsverfahrens im Einzelnen unten Kap. 4, 5.

[165] Während im Zustimmungsverfahren das Zustandekommen eines Rechtsakts von der Zustimmung des Parlaments abhängt, das damit zwar eine Vetoposition, nicht aber die Möglichkeit, Änderungen des Vorhabens in das Verfahren einzubringen, hat, verfügt es im Zusammenarbeitsverfahren zwar über die Möglichkeit, Änderungen einzubringen, aber das Zustandekommen von Gesetzgebung hängt nicht von seiner Zustimmung ab. Die Annahme eines Rechtsaktes durch den Rat gegen die Position des Parlaments ist durch die Auslösung eines Einstimmigkeitserfordernisses lediglich erschwert.

[166] Die Kommission übt gestalterischen Einfluss auf die Inhalte eines Gesetzgebungsvorhabens über ihr Initiativrecht aus, Art. 17 Abs. 2 EUV; im Grundsatz ist der Kommissionsvorschlag gem. Art. 293 Abs. 1 AEUV durch den Rat nur einstimmig, d.h. erschwert möglich. Zu den Beschlusserfordernissen im Mitentscheidungsverfahren s. im Einzelnen unter Kap. 4.

[167] In diesem Sinne *A. von Bogdandy/J. Bast/F. Arndt*, Zeitschrift für ausländisches öffentliches Recht und Völkerrecht 62 (2002), 78, 136, nach dem die schematische Zuordnung von Organschaft eine sichere Zuordnung der rechtlichen Verantwortlichkeit erlaubt und ein in rechtstaatlicher Hinsicht kaum tragbares Spiegelkabinett potentieller Klagegegner verhindert.

griffs der gesetzgeberischen Verantwortung unternommen werden, der sich wiederum an den legitimationsbezogenen Begriff der Gesetzgebung anlehnt.

2. *Gesetzgeberschaft*

Im Folgenden werden in Anlehnung an den legitimationsbezogenen Begriff der Gesetzgebung Kriterien der Zurechnung legislativer Rechtsakte zur Gesetzgeberschaft eines oder mehrerer der Unionsorgane entwickelt. Der Begriff der legislativen Verantwortung fällt dabei mit dem der Organschaft zusammen; es wäre abwegig, wenn Gesetzgeberschaft und juristische Verantwortung für einen legislativen Rechtsakt nicht zusammenträfen. Der Begriff der Gesetzgeberschaft und der legislativen Verantwortung geht aber über die Zurechnung von Rechtssetzung zur juristischen Verantwortung von Organen, wie sie mit dem Konzept der Organschaft geschieht, hinaus. Er reflektiert die demokratische Funktion der gesetzgebenden Gewalt und leistet eine Beschreibung des Zusammenhangs zwischen der Verfahrensposition eines Organs und der Vermittlung seiner demokratischen Legitimation an die Gesetzgebung (a.). Die Kriterien der Gesetzgeberschaft ermöglichen es zudem, Verfahrenspositionen unterhalb der Qualität der Gesetzgeberschaft zu erfassen (b.).

a. Legislative Verantwortung

Demokratisch legitimiert ist Gesetzgebung nach dem juristischen Demokratiebegriff, wenn sie an Wahlen des verfassungsrechtlich eingesetzten Legitimationssubjekts einer Rechtsordnung rückgebunden ist.[168] Die demokratische Bindung der Gesetzgebung erfordert daher, dass Inhalt und Geltung des legislativen Rechts der Willensbildung elektoral rückgebundenen Organs zurechenbar sind.[169]

---

[168] Zu diesem juristischen Begriff demokratischer Legitimation oben III. 1., zu organisationellen Bedingungen der demokratischen Legitimation legislativer Rechts-erzeugung, insbesondere zur formale Verfassung und Freiheit des Gesetzgebers von inhaltlicher Prädeterminierung III. 2.

[169] Dazu, dass von den an der Rechtsetzung der EU beteiligten Organen Europäisches Parlament, Rat und Kommission institutionell die beiden erstgenannten dem Typ der an Wahlen des verfassungsrechtlich eingesetzten Legiti-

Eine Kombination zweier prozeduraler Mechanismen bindet zugleich den Inhalt und die Geltung eines legislativen Rechtsakts an die Willensbildung eines Organs: Die Geltung von Gesetzgebung ist der Willensbildung eines Organs zurechenbar, wenn ihr Zustandekommen von der Annahme seitens des Organs mittels eines formellen Beschlusses oder eines anderen formal erfassten Annahmetatbestands[170] abhängt. Dies ist Bedingung legislativer Verantwortung insbesondere deshalb, weil die formalisierte Annahme den rechtstaatlich notwendigen eindeutig identifizierbaren Anknüpfungspunkt der juristischen Verantwortung für den Rechtsakt darstellt.[171] Zum zweiten ist für die gesetzgeberische Verantwortung eines Organs erforderlich, dass dieses fähig ist, den Inhalt von Gesetzgebung in Entsprechung zu seiner Willensbildung zu bestimmen.[172] Treffen beide Positionen zusammen, begründet das die gesetzgeberische Verantwortung, die Gesetzgeberschaft eines Organs.

Aus diesen Kriterien der legislativen Verantwortung ergeben sich die Bedingungen der Co-Gesetzgeberschaft zweier Organe. Für diese ist es notwendig, dass Gesetzgebung in Geltung und Inhalt im gleichen Maß an ihre jeweilige Willensbildung gebunden ist. Dies erfordert nicht nur, dass in allen Verfahrensphasen das Zustandekommen eines Rechtsakts von seiner formalisierten Annahme durch beide Organe abhängt. Zusätzlich ist die beiderseits gleiche Berechtigung erforderlich, ein Gesetzgebungsvorhaben inhaltlich zu gestalten. Besteht für eines der Organe nur die Alternative, die Position seines Gegenübers anzunehmen

---

mationssubjekts rückgebundenen Legislative entsprechen, während die Kommission exekutiv verfasst ist, ohne aber dem Typus der demokratisch verantwortlichen Exekutive zu genügen, oben III. 2. a. Zur Funktion der Legislative, die Rechtsordnung an die Willensbildung des verfassungsrechtlich eingesetzten demokratischen Legitimationssubjekts zurückzubinden, oben III. 1. und 2.

170 Einen solchen formalisierten Annahmetatbestand beinhaltet die Fiktion der parlamentarischen Annahme eines Mitentscheidungsrechtsakts im Rahmen des Art. 251 Abs. 2 Sps. 3 lit. a EGV, nach dem der Rechtsakt zwar ohne formellen parlamentarischen Beschluss, aber auf Grund des formalisierten Tatbestands des Ablaufs der Frist zur parlamentarischen Beschlussfassung zustande kommt, der die Fiktion auslöst.

171 Im Sinne eines Erfordernisses, die organschaftliche Zuordnung mit Kriterien zu begründen, die dem rechtstaatlichen Prinzip der Erkennbarkeit und Bestimmtheit genügen *A. von Bogdandy/J. Bast/F. Arndt,* Zeitschrift für ausländisches öffentliches Recht und Völkerrecht 62 (2002), 78, 136.

172 Hierzu schon oben III. 2. b.

oder abzulehnen, ist es daran gehindert, seine Willensbildung außerhalb des vorgegebenen Inhalts zu betätigen. Es ist auf eine Ratifikationsentscheidung reduziert. Eine solche Konstellation begrenzt die Willensbildung des betreffenden Organs inhaltlich und unterbricht die Zurechnung des Rechtsakts zu seiner legislativen Verantwortung.[173] Die Ordnung des Gesetzgebungsverfahrens muss daher, um die Co-Gesetzgeberschaft zweier Organe zu begründen, sowohl beide dazu befähigen, ihre Willensbildung hinsichtlich des Inhalts eines Gesetzgebungsvorhabens im Verfahren zu betätigen, als auch den Eintritt der Geltung des Gesetzgebungsaktes von der Zustimmung beider Organe abhängig machen.

Dass ein legislativer Rechtsakt, der auf Grund seiner formalisierten Annahme durch den Rat und das Europäische Parlament, durch den Rat oder durch das Parlament zustande kommt, von der Kommission initiiert wurde, unterbricht die Zurechnung seines Inhalts zur Willensbildung des erlassenden Organs (bzw. der erlassenden Organkombination) nicht, soweit dieses im Verfahren über die Möglichkeit der Änderung des Vorschlags im Sinne seiner Willensbildung verfügt.[174] Wenn der Kommissionsvorschlag im Verfahren abänderbar ist, kann das erlassende Organ (bzw. die erlassende Organkombination) seine politischen Präferenzen auch außerhalb der Vorgaben des Kommissionsvorschlags betätigen, so dass es durch diesen nicht inhaltlich prädeterminiert und nicht auf eine bloße Ratifikationsfunktion reduziert ist, was seine legislative Verantwortung unterlaufen würde.

b. Verfahrenspositionen ohne die Qualität der Gesetzgeberschaft

Für Organe, die im Gesetzgebungsverfahren mit keinem der beiden Merkmale legislativer Verantwortung ausgestattet sind, wie etwa das Parlament im Anhörungsverfahren, besteht kein Verantwortungszusammenhang zwischen Inhalt und Geltung von Gesetzgebung und der Willensbildung des betreffenden Organs. Verfahrenspositionen, die mit

[173] Zur inhaltlichen Prädeterminierung der Gesetzgebung als Beschränkung ihrer demokratischen Funktion bereits oben III. 2. b., c.

[174] Das Initiativmonopol stellt aber ein strukturelles Defizit der Ordnung der legislativen Gewalt der Union hinsichtlich ihrer Bindung an die demokratische Willensbildung dar; dazu oben III. 2. c. Zur Konstruktion des Mitentscheidungsverfahrens unter diesem Gesichtspunkt unten Kap. 4. VI. 1.

nur einem der beiden Merkmale legislativer Verantwortung ausgestattet sind, können hingegen als Ermächtigungen erfasst werden, Einfluss auf Zustandekommen und Inhalt von Gesetzgebung auszuüben, ohne gesetzgeberisch verantwortlich zu sein.

Im *Zustimmungsverfahren*, das mit dem Vertrag von Lissabon als Verfahren der ergänzenden Gesetzgebung nach ex-Art. 308 EGV Art. 352 AEUV zur Anwendung kommt, beschließt der Rat einstimmig auf Vorschlag der Kommission und nach Zustimmung des Parlaments. Der Rat kann den Vorschlag der Kommission einstimmig ändern (Art. 293 AEUV). Das Europäische Parlament kann das Gesetzgebungsvorhaben nur in Gänze annehmen oder ablehnen. Es ist im Zustimmungsverfahren nicht dazu ermächtigt, seine inhaltliche Position einzubringen. Der Inhalt von Gesetzgebung ist damit der Willensbildung des Rates zurechenbar. Auch wenn Zustimmungsgesetzgebung nicht der legislativen Verantwortung des Parlaments zurechenbar ist, bedeutet die parlamentarische Vetoposition aber, dass der Rat das Ergebnis seiner Willensbildung nur mit dem Parlament zu allgemeiner Rechtsgeltung verhelfen kann. Die Androhung eines Vetos kann das Parlament in der Praxis auch ohne, dass es formal zur Änderung eines Vorhabens befugt ist, dazu befähigen, seine inhaltliche Position durchzusetzen.

Im *Zusammenarbeitsverfahren* (ex-Art. 252 EG), das mit den Lissabonner Reformen entfallen ist, konnte die parlamentarische Änderung oder Ablehnung eines Gesetzgebungsvorhabens vom Rat überstimmt werden. Es fehlt in diesem Verfahren daher dem Parlament an der Möglichkeit, das Zustandekommen von Gesetzgebung zu verhindern. In diesem Fall ist die inhaltliche Position des Parlaments nicht effektiv bewehrt. Das parlamentarische Recht, Änderungen vorzuschlagen, verdichtet sich aber im Zusammenarbeitsverfahren gleichwohl zu einer gewissen Gestaltungsmacht. Erstens erschwert die gänzliche parlamentarische Ablehnung eines Vorhabens dessen Annahme durch den Rat, weil sie dessen Einstimmigkeit erforderlich macht. Zweitens wird der Beschluss des Rates auch durch das Einstimmigkeitserfordernis erschwert, wenn er parlamentarische Änderungen zurückweisen will, die von der Kommission unterstützt werden.

Die Verschärfung des Beschlussmodus' für die Überwindung der Position eines Verfahrensbeteiligten sanktioniert diese, wenngleich nicht genauso effektiv wie ein Veto. Dieser Mechanismus findet vor allem auf die Kommission Anwendung: Im Grundsatz kann der Rat von ihrem Vorschlag nur einstimmig abweichen (Art. 293 Abs. 1 AEUV). Zugleich kommt der Kommission über das Initiativmonopol, das sie nicht nur jederzeit zur Änderung, sondern auch zum Rückzug ihres Vorschlags und damit zum Abbruch eines Gesetzgebungsprozesses berechtigt, auch ein verstecktes – soweit ersichtlich aber nie betätigtes – Veto zu. Da dieses Veto der Kommission aber *nicht* dadurch ergänzt wird, dass das Zustandekommen eines legislativen Rechtsakts davon abhängt, dass er formal von der Kommission angenommen wird,[175] begründet es auch in seiner Kombination mit dem inhaltlichen Einfluss der Kommission über das Initiativrecht nicht deren Gesetzgeberschaft.

V. Fazit und Synthese

1. Verfahrensposition und Legitimationsleistung demokratischer Organe bei der Gesetzgebung

Zur demokratischen Legitimation von Gesetzgebung ist es erforderlich, dass Inhalt und Geltung des legislativen Rechts über das Gesetzgebungsverfahren der Willensbildung eines gewählten oder jedenfalls an Wahlen rückgebundenen Organs zurechenbar sind.[176] Die verschiedenen Gesetzgebungsverfahren der Union eröffnen Europäischem Parlament, Rat und Kommission differenzierte Möglichkeiten, auf Inhalt und Zustandkommen von Gesetzgebung Einfluss zu nehmen. Die unterschiedlichen Konstruktionen des Gesetzgebungsverfahrens bestimmen, inwiefern Gesetzgebung inhaltlich und in ihrem Zustandekommen an die jeweilige Willensbildung von Europäischem Parlament, Rat und Kommission gebunden ist. Dadurch legen sie zugleich fest, inwieweit Europäisches Parlament und Rat Gesetzgebungsakten die demokratische Legitimation ihrer Rückbindung an die Wahlen des primärrechtlich eingesetzten Legitimationssubjekts vermitteln.

Gesetzgebung im *Anhörungsverfahren*, in dem das Europäische Parlament nicht über rechtlich sanktionierte Möglichkeiten verfügt, Gesetzgebungsvorhaben nach seinen Präferenzen zu gestalten, ist an die parlamentarische Willensbildung nicht gebunden. Damit vermittelt das Eu-

---

[175] Eine formalisierte Annahme läge in einem Annahme-/Billigungsbeschluss, der Bedingung des Erlasses des Rechtsakts ist; auch die Fiktion der Annahme eines Rechtsaktes auf Grund des Ablaufs einer Frist zur Beschlussfassung würde gegebenenfalls einen formalisierten Annahmetatbestand darstellen. Hierzu anhand des Beispiels des Art. 251 Abs. 2 Sps. 3 lit. a EGV bereits oben Fn. 170.

[176] Hierzu oben IV. 2. a.

ropäische Parlament Anhörungsgesetzgebung nicht die Legitimation, über die es auf Grund seiner Wahl verfügt.[177] Im Anhörungsverfahren kann Gesetzgebung demokratische Legitimation nur über den Rat beziehen. Diese Erkenntnis widerspricht der Position des EuGH; danach ist schon die bloße Anhörung des Europäischen Parlaments Ausdruck des Demokratieprinzips auf europäischer Ebene. Hierauf wird noch einzugehen sein; diese Position ist jedenfalls mit Blick auf die Vermittlung demokratischer Legitimation nicht haltbar.[178]

Ist Gesetzgebung hinsichtlich ihres Zustandekommens und ihres Inhalts an die Willensbildung des Europäischen Parlaments und des Rates gebunden, vermitteln ihr beide im Rahmen ihrer demokratischen Verfasstheit demokratische Legitimation. Kann der Rat – wie im mit Lissabon entfallenen *Zusammenarbeitsverfahren* – ein Gesetzgebungsvorhaben gegen die parlamentarische Ablehnung nur einstimmig erlassen, räumt dies dem parlamentarischen Standpunkt ein gewisses Gewicht ein. Es stellt sich die Frage, ob und inwiefern die prozedurale Position des Parlaments im Zusammenarbeitsverfahren und andere Verfahrenspositionen, die nicht die Qualität gesetzgeberischer Verantwortung erreichen, der Gesetzgebung demokratische Legitimation vermitteln. Man könnte die Legitimationsleistung der parlamentarischen Verfahrensposition im Zusammenarbeitsverfahren relativ in dem Sinne quantifizieren, dass sie der Gesetzgebung weniger parlamentarische Legitimation vermittelt als die parlamentarische (Co-)Gesetzgeberschaft, aber mehr als eine bloße Anhörung ohne die prozedurale Sanktion der erschwerten Überwindbarkeit des parlamentarischen Ablehnung eines Vorhabens.

Gesetzgebung ist jedoch auch in einer Konstellation, in der es dem legislativ verantwortlichen Organ nur erschwert möglich ist, die Position eines Verfahrensbeteiligten zu überwinden, letztlich nicht an die Willensbildung des überstimmbaren Organs gebunden. Damit ist Gesetzgebung in dieser Konstellation nicht der Willensbildung des überstimmbaren Organs zurechenbar. Die Zurechenbarkeit des Inhalts und der Geltung von Gesetzgebung zur Willensbildung eines Organs aber ist Voraussetzung dafür, dass es der Gesetzgebung die demokratische

---

177 Zur demokratischen Rückbindung des Europäischen Parlaments oben III. 2. a.

178 Zur Rechtsprechung des EuGH zum Demokratieprinzip unten Kap. 6 I. 2.

Legitimation seiner Rückkoppelung an Wahlen des Legitimationssubjekts der Rechtsordnung vermittelt.[179] Ist die Überstimmung der parlamentarischen Position durch eine Verschärfung des Beschlussmodus' des Rates erschwert, bedeutet das danach *nicht* die Vermittlung demokratischer Legitimation durch das Parlament. Geht man von der teils vertretenen Annahme aus, dass ein einstimmiger Beschluss des Rates mehr demokratische Legitimation vermittelt als eine Mehrheitsentscheidung, erhöht sie aber die Legitimationsleistung des gesetzgeberisch verantwortlichen Rates.[180] Entsprechendes gälte auf der Basis dieser Annahme auch im Verhältnis zwischen Rat und Kommission, wenn der Rat den Kommissionsvorschlag nur einstimmig abändern kann. Auf die Frage der demokratischen Legitimationsleistung eines mit Mehrheit beschließenden Rates wird noch einzugehen sein.[181]

Auch die Verfahrensposition des Parlaments im *Zustimmungsverfahren* ist unter dem Gesichtspunkt ihrer Legitimationsleistung nicht einfach zu bewerten. Im Zustimmungsverfahren, in dem Gesetzgebung durch den Rat der parlamentarischen Zustimmung bedarf, ist anders als im Anhörungs- und im Zusammenarbeitsverfahren das Zustandekommen von Gesetzgebung unüberwindbar an die Willensbildung des Parlaments gebunden. Zwar ist dabei das Parlament nicht zur Gestaltung des

---

179 Anders sieht das der EuGH, der schon das Anhörungsverfahren als – zwar *beschränkten* – Ausdruck des Demokratieprinzips sieht. Angesichts der Einführung des Zusammenarbeitsverfahrens fällt in der Formel des EuGH, die Beteiligung des EP am Gesetzgebungsverfahren spiegele ein grundlegendes demokratisches Prinzip wider, der Vorbehalt „in beschränktem Umfang" weg; vgl. *Europäischer Gerichtshof,* 29. Oktober 1980, Rs. 138/79 und Rs. 139/79, Slg. 1980, 3333 bzw. 3393 und *Europäischer Gerichtshof,* 11. Juni 1991, Rs. C-300/89, Slg. 1991, S. I-2867, Rn. 20; dazu auch noch unten Kap. 6 I. 2.

180 Dass ein einstimmiger Ratsbeschluss mehr demokratische Legitimation vermittelt als ein Mehrheitsbeschluss des Rates, wird vertreten unter anderem von *M. Kaufmann,* Europäische Integration und Demokratieprinzip, 1997, 389; *S. Kadelbach,* Demokratische Legitimation zwischenstaatlichen Handelns, in: Vöneky/Hagedorn/Clados u. a. (Hrsg.), Legitimation ethischer Entscheidungen im Recht, 2009, 147, 154 ff. 156. Dies ist nicht unstrittig, da z.T. das Mehrheitsprinzip als wesentliches Merkmal und Bedingung von Demokratie angesehen wird. Matthias Ruffert argumentiert in *M. Ruffert,* Europarecht 39 (2004), 165, 184, das Mehrheitsprinzip im Rat mindere unter der Bedingung der Transparenz und Öffentlichkeit von Ratsentscheidungen die Legitimationsleistung des Rates nicht.

181 Unten Kap. 8 II. 2.

Gesetzgebungsvorhabens nach seinen Präferenzen ermächtigt; es ist damit in seiner Willensbildung auf die Ratifikationsentscheidung zur Position des Rates beschränkt.[182] Wegen des Erfordernisses der parlamentarischen Zustimmung zu einem Gesetzgebungsvorhaben ist jedoch mit dem formalen Zustandekommen von Gesetzgebungsakten zugleich auch deren Inhalt der Willensbildung des Parlaments zurechenbar. Zustimmungsgesetzgebung ist zwar nicht Ausdruck der *konstruktiven Gestaltungsmacht*[183] des Parlaments, aber sie muss inhaltlich mit der parlamentarischen Willensbildung übereinstimmen. Da das Parlament diese Übereinstimmung nicht dadurch herbeiführen kann, dass es Änderungen an dem Gesetzgebungsvorhaben einbringt, begründet seine Verhinderungsmacht nicht seine legislative Verantwortung. Gleichwohl bindet die parlamentarische Vetoposition Zustimmungsgesetzgebung aber an ihre inhaltliche Übereinstimmung mit der Willensbildung des Parlaments. Darüber vermittelt das Parlament der Gesetzgebung im Zustimmungsverfahren demokratische Legitimation. Da die inhaltliche Begrenzung der parlamentarischen Willensbildung auf die Alternative der gänzlichen Annahme oder Ablehnung des vom Rat vorgegebenen Inhalts die demokratische Funktion des Europäischen Parlaments jedoch beschränkt, bleibt dessen Legitimationsleistung im Zustimmungsverfahren hinter der eines gesetzgeberisch verantwortlichen Parlaments zurück.

2. *Richtlinien als Gesetzgebung*

Schließlich ergibt sich noch eine weitere Erkenntnis als Synthese der Abschnitte III. und IV. Mit Richtlinien definiert der europäische Gesetzgeber einen herzustellenden oder beizubehaltenden Zustand der mitgliedstaatlichen Rechtsordnung. Insoweit der mitgliedstaatliche Gesetzgeber durch den europäischen Rechtsakt in seiner Willensbildung gebunden ist, ist der Inhalt der Gesetzgebung der Verantwortung des europäischen Gesetzgebers zurechenbar. Hierfür sprechen die Kriterien der Zurechnung von Gesetzgebung zur legislativen Verantwortung von Organen. Danach setzt die gesetzgebende Verantwortung eines Organs voraus, dass der Inhalt eines Rechtsaktes von seiner Willensbildung ab-

---

[182] Hierzu bereits oben 2. b.

[183] Begriff bei *A. von Bogdandy/J. Bast/F. Arndt,* Zeitschrift für ausländisches öffentliches Recht und Völkerrecht 62 (2002), 78, 135

hängt. Ist der mitgliedstaatliche Gesetzgeber in seiner Willensbildung durch eine Richtlinie determiniert, ist er zwar formal, nicht aber inhaltlich für die Umsetzungsgesetzgebung verantwortlich. Denn der Inhalt der mitgliedstaatlichen Gesetzgebung folgt insoweit inhaltlich nicht einer offenen Willensbildung des mitgliedstaatlichen Gesetzgebers. Dies bedeutet zugleich, dass die Umsetzungsgesetzgebung ihrem Inhalt nach nicht über die Willensbildung des gewählten Organs an das mitgliedstaatliche Legitimationssubjekt rückgebunden ist. Daher vermittelt der mitgliedstaatliche Gesetzgeber, soweit er gebunden ist, der Umsetzungsgesetzgebung inhaltlich keine demokratische Legitimation.

Kapitel 2. Gesetzgebung im Mitentscheidungsverfahren: Das Referenzgebiet der Untersuchung

I. Einleitung

1. Funktionen des Rechts der Biomedizin und Humanbiotechnologie als Referenzgebiet

Dieses Kapitel führt ausgehend von einer Bestimmung der Begriffe der Biomedizin und Humanbiotechnologie ein in das Referenzgebiet der demokratietheoretischen Untersuchung des Mitentscheidungsverfahrens, die Gesetzgebung der Union zur Biomedizin und Humanbiotechnologie. Regelungen zur Biomedizin und Humanbiotechnologie finden sich in der sogenannten Biopatentrichtlinie[184], in der Richtlinie über klinische Prüfungen[185], in den Rechtsakten der Union zur Arzneimittelzulassung und -überwachung[186], in den Richtlinien über den Umgang mit menschlichem Blut und Blutbestandteilen[187] und über den Umgang mit menschlichen Zellen und Geweben[188] sowie in den Rahmenprogrammen für Forschung, technologische Entwicklung und Demonstration[189].[190] Die Europäische Union regelt von der Patentierbarkeit menschlichen Genmaterials über die Sicherheit und Qualität biotechnologisch bearbeiteter Gewebeprodukte bis zur Zulassung von Zelltherapeutika eine Vielzahl von Fragen biomedizinischer und hu-

184 Dazu unten II. 1.

185 Dazu unten II. 2.

186 Dazu unten II. 3-5.

187 Dazu unten III. 1.

188 Dazu unten III. 2.

189 Dazu unten IV.

190 Nicht zum Recht der Biomedizin und Humanbiotechnologie zählen die Verordnung (EG) Nr. 1901/2006 des Europäischen Parlaments und des Rates vom 12. Dezember 2006 über Kinderarzneimittel und zur Änderung der Verordnung (EWG) Nr. 1768/92, der Richtlinien 2001/20/EG und 2001/83/EG sowie der Verordnung (EG) Nr. 726/2004 und die Verordnung (EG) Nr. 141/2000 des Europäischen Parlaments und des Rates vom 16. Dezember 1999 über Arzneimittel für seltene Leiden, weil sie keine spezifischen Regelungen zu biomedizinischen oder humanbiotechnologischen Fragen treffen.

manbiotechnologischer Wissenschaft und Praxis. Mit ihrer Forschungsförderung steuert sie biomedizinische und humanbiotechnologische Wissenschaft, etwa im Bereich der Forschung an humanen Stammzellen.[191] Über Kompetenztitel spezifisch zur Biomedizin oder Humanbiotechnologie verfügt die Union aber nicht. Zur Begründung von Regelungen in diesem Bereich werden verschiedene Rechtsgrundlagen herangezogen. Der größte Teil der einschlägigen Gesetzgebung ist auf die Kompetenz zur Angleichung der Rechts- und Verwaltungsvorschriften der Mitgliedstaaten gestützt, die die Errichtung und das Funktionieren des Binnenmarktes zum Gegenstand haben (Art. 95 EGV, nunmehr Art. 114 AEUV).[192] Die übrigen Rechtsakte beruhen bis auf den Beschluss zur Forschungsförderung auf Art. 152 Abs. 4 lit. a EGV (nunmehr Art. 168 Abs. 4 lit. a AEUV). Danach setzt die Union zum Zweck eines hohen Gesundheitsschutzniveaus Mindeststandards für den Umgang mit extrakorporaler menschlicher Materie. Die Ausweisung von Forschungsmitteln der Union wird auf der Grundlage des Art. 182 AEUV (vormals Art. 166 EGV) in einem Rahmenprogramm beschlossen.

Eine Reihe von Merkmalen und Strukturen qualifiziert das Recht der Biomedizin und Humanbiotechnologie als Referenzgebiet der demokratietheoretischen Untersuchung des Mitentscheidungsverfahrens. Es ist zum einen durch politische Spannungslagen geprägt, die durch Strukturen der europäischen Rechtsordnung bedingt sind, und im Prozess der Gesetzgebung auf europäischer Ebene behandelt werden müssen. Im Rahmen ihrer Gesetzgebungstätigkeit auf dem Gebiet der Biomedizin und Humanbiotechnologie steht der europäische Gesetzgeber zum anderen vor bestimmten Herausforderungen, die sich generell in pluralistisch geprägten Wissensgesellschaften für die Demokratie ergeben. Die Untersuchung der Praxis des Mitentscheidungsverfahrens in Kapitel 5 wird entlang dieser Aspekte, die in Kapitel 3 eingehend aufgearbeitet werden, strukturiert. Sie richten den Blick auf wesentliche Fragen im Hinblick auf die Qualität des Mitentscheidungsverfahrens als demokratisches Gesetzgebungsverfahren der EU und auf die demokratische Legitimation von Mitentscheidungsgesetzgebung.

---

[191] Dazu sogleich unten IV.

[192] Dazu unten II.

2. *Begriffsbestimmung*

a. Biomedizin

Der Begriff der Biomedizin ist weit verbreitet, ohne einheitlich verwendet zu werden.[193] Vor diesem Hintergrund wird es als bemerkenswert betrachtet, „dass die Wortschöpfung „Bio-Medizin" bei kaum jemandem mehr Anstoß erregt, wiewohl sie ganz offensichtlich der Verlegenheit des Mangels einer zutreffenden Umschreibung des relevanten Gegenstandes entsprungen ist"[194]. Der Begriff der Biomedizin wird zum Teil als Selbstbeschreibung einer neu entstehenden theoretischen und angewandten Disziplin verwendet. In diesem Sinne wird Biomedizin verstanden als breit angelegte Symbiose zwischen Fachbereichen der

---

[193] Er findet sich in der juristischen Literatur: *U. H. J. Körtner,* Embryonenschutz – Hemmschuh für die Biomedizin?, 2003; *R. Müller-Terpitz,* Das Recht der Biomedizin, 2006; *I. Schneider,* Jahrbuch Menschenrechte 2001 (2000), 339. S. aus der Perspektive der ethischen Bewertung *R. E. Bulger,* Society's choices, 1995, *S. Merrill Squier,* Liminal lives, 2004. Der Begriff wird auch als Rechtsbegriff verwendet. So in der „Biomedizinkonvention" des Europarats – Convention for the Protection of Human Rights and Dignity of the Human Being with regard to the Application of Biology an Medicine. Aus der originär medizinischen oder naturwissenschaftlichen Literatur etwa das Journal of Biomedicine and Biotechnology; *T. G. Smolinski,* Computational intelligence in biomedicine and bioinformatics, 2008; s. auch die jährliche Konferenzreihe IEEE International Conference on Bioinformatics & Biomedicine in den USA. Der Begriff der Biomedizin findet sich in der Bezeichnung unterschiedlich konzipierter Studiengänge. Grundständige und/oder Aufbaustudiengänge zur Biomedizin werden in Deutschland von verschiedenen Universitäten angeboten. Der grundständige Studiengang der Biomedizin der Universität Würzburg wird interdisziplinär von den Fakultäten Biologie, Medizin, Physik, Chemie und Mathematik veranstaltet und verbindet Inhalte des Biologiestudiums mit den vorklinischen und theoretisch-klinischen Fächern der Medizin, s. die Studienordnung für den Studiengang Biomedizin mit dem Abschluss Bachelor of Science an der Bayerischen Julius-Maximilians-Universität Würzburg vom 11. September 2002 (KWMBl II 2003 1124). Die Universität Bonn hat einen Aufbaustudiengang zur Molekularen Biomedizin eingerichtet, in dem *„Methoden und das molekulare Verständnis der Naturwissenschaften mit aktuellen Inhalten der Medizin"* verknüpft werden sollen.

[194] *C. Tannert,* Die Biomedizin als Gegenstand des interkulturellen Diskurses, in: Schicktanz (Hrsg.), Kulturelle Aspekte der Biomedizin, 2003, 7.

Biologie und der Medizin, die sich in vielfältiger fachübergreifender Wissenschaft manifestieren soll.[195]

Der Begriff der Biomedizin wird daneben als Rechtsbegriff verwendet. Das erste Beispiel dafür ist die Convention for the Protection of Human Rights and Dignity of the Human Being with regard to the Application of Biology and Medicine: Convention on Human Rights and Biomedicine des Europarates vom 4. April 1997.[196] Unter dem Begriff der Biomedizin werden hier die Disziplinen Biologie und Medizin zusammengezogen. Die Konvention betrifft eine Vielzahl von Themen.[197] Unter der Überschrift Biomedizin wird nicht nur die Anwendung molekularer und zellbiologischer Methoden auf den Menschen zu medizinischen Zwecken geregelt. Es werden etwa auch ein allgemeiner Einwilligungsvorbehalt für jeglichen medizinischen Eingriff und Pflichten der Vertragsparteien zum Zugang zur Gesundheitsversorgung, sowie zur

---

[195] In diese Richtung weisen die Begriffsbestimmungen für den Studiengang der Biomedizin. Ein solcher wurde in Deutschland zuerst an der Universität Würzburg eingerichtet. Dort wird Biomedizin definiert als „die Wissenschaft im Grenzbereich von Medizin und Biologie. Sie ist ein neues, interdisziplinäres Fachgebiet, das die Inhalte und Fragestellungen der experimentellen Medizin mit den Methoden der Molekularbiologie und der Zellbiologie verbindet. Im Mittelpunkt stehen die molekularen und zellbiologischen Grundlagen des Lebens und seiner krankhaften Veränderungen.", http://www.uni-wuerzburg.de/?id=86204; s. auch http://www.mh-hannover.de/4488.html; http://www.molbiomed.uni-bonn.de/Seiten/Studium/studium.html, alle zuletzt besucht am 4. März 2013.

[196] Übereinkommen zum Schutz der Menschenrechte und der Menschenwürde im Hinblick auf die Anwendung von Biologie und Medizin: Übereinkommen über Menschenrechte und Biomedizin vom 4. April 1997.

[197] Die Konvention trifft Regelungen zum Einwilligungserfordernis bei jeglichem Eingriff am Menschen im Gesundheitsbereich (Art. 5 – 9), zur Privatsphäre und Recht auf Information (Art. 10), begründet ein Verbot der Diskriminierung aufgrund genetischer Eigenschaften, die Beschränkung prädikativer genetische Tests, ein Verbot des Eingriffs in das menschliche Genom (Keimbahnintervention) und ein Verbot der Auswahl des Geschlechts der Embryonen in der Fortpflanzungsmedizin (Art. 11 – 14), trifft Regelung zum Schutz von Personen bei Forschungsvorhaben und zur Forschung an Embryonen in vitro (Art. 15 – 18), zur Entnahme von Organen und Gewebe von Lebendspendern für Transplantationszwecke (Art. 19 – 20), und verbietet die Erzielung eines finanziellen Gewinns im Rahmen von Transplantationen und regelt Weiterverwendung eines entnommenen Körperteils (Art. 21 – 22).

Privatsphäre und zum Recht auf Auskunft begründet. Die Gegenstandsbestimmung der Biomedizin, wie sie sich daraus ergibt, ist weiter als die Selbstbeschreibungen des entstehenden Faches der Biomedizin, in welchen die Interdisziplinarität das zentrale Charakteristikum ist und die Biomedizin als Symbiose von Teilbereichen der Medizin und Biologie definiert wird. Nach dem Erläuternden Bericht zur Konvention umfasst das Übereinkommen „jede Anwendung von Medizin und Biologie auf menschliche Lebewesen, einschließlich der Anwendung für präventive, diagnostische, therapeutische und Forschungs-Zwecke"[198]. Diese weite Deutung des Begriffes erklärt sich vor dem Hintergrund des Zwecks der Konvention, den Schutz der Menschenwürde und Menschenrechte für den Bereich der Medizin und Biologie zu konkretisieren und umfassend zu regeln.[199] Erfasst sind daher alle medizinischen und biologischen Methoden, die Menschenwürde und Menschenrechte gefährden können.

Neuerdings wird der Begriff der Biomedizin auch auf der Ebene der Europäischen Union in Rechtsakten verwendet, so zum Beispiel in den Erwägungsgründen zur EG-Verordnung über Arzneimittel für neuartige Therapien von 2007.[200] Dort werden Gentherapie, somatische Zelltherapie und biotechnologische Gewebebearbeitung, die auf der Basis wissenschaftlicher Erkenntnisse in der Zell- und Molekularbiotechnologie zu medizinischen Zwecken eingesetzt werden, als Teil der Biomedizin verstanden.[201] Anders als nach der Biomedizin-Konvention kennzeichnet hier wiederum der medizinische Einsatz biotechnologischer

---

[198] Abgedruckt in *R. Müller-Terpitz,* Das Recht der Biomedizin, 2006.

[199] Dies zeigt die Präambel, nach der die unterzeichnenden Staaten ihre Entschlossenheit kundtun, „im Hinblick auf die Anwendung von Biologie und Medizin die notwendigen Maßnahmen zu ergreifen, um den Schutz der Menschenwürde sowie der Grundrechte und Grundfreiheiten des Menschen zu gewährleisten." In Art. 1 wird als Zweck der Konvention genannt, die gleiche Würde und Identität aller menschlichen Lebewesen zu schützen und jedermann ohne Diskriminierung die Wahrung seiner Integrität sowie seiner sonstigen Grundrechte und Grundfreiheiten im Hinblick auf die Anwendung von Biologie und Medizin zu gewährleisten.

[200] Verordnung (EG) Nr. 1394/2007 des Europäischen Parlaments und des Rates vom 13. November 2007 über Arzneimittel für neuartige Therapien und zur Änderung der Richtlinie 2001/83/EG und der Verordnung (EG) Nr. 726/2004. Hierzu unten Kap. 2 II. 5.

[201] 1. Erwägungsgrund.

Methoden als angewandte Zell- und Molekularbiologie die Biomedizin. Dieses Begriffsverständnis stimmt mit dem Selbstverständnis der Biomedizin als theoretischer und angewandter Disziplin überein.

Nach einem anderen, kritisch aufgeladenen Verständnis ist die Biomedizin nicht allein durch ein bestimmtes Set von medizinisch-biologischen Techniken gekennzeichnet, sondern darüber hinaus durch eine bestimmte Art und Weise des Umgangs mit Menschen:[202] „Wenn die einzelnen Menschen zu einem 'Fall von Leben' werden, zu einem Knotenpunkt der Verteilung und/oder Optimierung 'lebender Ressourcen', spreche ich von Biomedizin".[203] Diese Definition, mit der als Biomedizin eine Medizin bezeichnetet wird, die nicht das Leben von Subjekten um ihrer selbst willen, sondern Leben als Objekt behandelt, nuanciert den Befund, das Wort Biomedizin enthalte, rein begrifflich, eine Redundanz. Medizin befasse sich „immer mit bios, dem Leben".[204] Hinzugefügt wird die Unterscheidung subjektorientierter gegenüber objektivierender Befassung der Medizin mit dem Leben. Ähnlich wie in der Biomedizin-Konvention wird hier die Gefährdung bestimmter Werte durch die Anwendung von Medizin und Biologie auf den Menschen reflektiert.

Die aufgeführten Definitionen haben Überschneidungsgebiete: Alle erfassen beispielsweise Keimbahninterventionen und genetische Präimplantationsdiagnostik. Es bestehen aber auch Unterschiede.[205] In der fachinternen Perspektive ist die Interdisziplinarität von Medizin und

---

[202] So soll nach *K. Braun*, Grenzen des Diskurses: Biomedizin, Bioethik und demokratischer Diskurs, in: Barben/Abels (Hrsg.), Biotechnologie – Globalisierung – Demokratie, 2000, 409, 410, Biomedizin "[...] eine Medizin bezeichnen, die nicht auf die Heilung des einzelnen abzielt, sondern auf die Förderung oder Verbesserung 'des Lebens'."

[203] *K. Braun*, Grenzen des Diskurses: Biomedizin, Bioethik und demokratischer Diskurs, in: Barben/Abels (Hrsg.), Biotechnologie – Globalisierung – Demokratie, 2000, 409, 410.

[204] *C. Tannert*, Die Biomedizin als Gegenstand des interkulturellen Diskurses, in: Schicktanz (Hrsg.), Kulturelle Aspekte der Biomedizin, 2003, 7.

[205] Über diese wird aber keine eigene wissenschaftliche Auseinandersetzung geführt; *C. Tannert*, Die Biomedizin als Gegenstand des interkulturellen Diskurses, in: Schicktanz (Hrsg.), Kulturelle Aspekte der Biomedizin, 2003, 7: „[...] im großen und ganzen ist man sich einig, dass die unscharfe Formulierung eine ausreichende, dem Wesen des zeitgenössischen Diskurses gemäße Eingrenzung leistet."

Biologie entscheidend, so dass ein Einsatz biologischer Erkenntnisse und Methoden in der Medizin – also zu medizinischen Zwecken – erforderlich ist. Die Interdisziplinarität zwischen Biologie und Medizin kennzeichnet auch in der unionsrechtlichen Begriffsverwendung die Biomedizin. Fehlt dieses Kriterium, wie im Rahmen der Biomedizin-Konvention, ist die Anwendung von Biologie auf menschliche Lebewesen unabhängig von einer medizinischen Zwecksetzung Biomedizin. Dies bedeutet eine begriffliche Unschärfe. Die bloße Intervention am Menschen ist noch nicht Medizin, dafür ist die präventive, diagnostische oder therapeutische Zielrichtung erforderlich. Der Verzicht auf das Kriterium der Interdisziplinarität führt zudem dazu, dass Humanmedizin immer *Bio*medizin ist. Der Entstehung einer wissenschaftlichen Disziplin, die an den Schnittstellen von Medizin und Biologie arbeitet, entspricht dies nicht. Vorzuziehen ist daher ein begriffliches Verständnis der Biomedizin, das die Interdisziplinarität zwischen Biologie und Medizin als ihre Eigenart aufgreift. Insbesondere die unionsrechtliche Verwendung des Begriffes reflektiert das Selbstverständnis der entstehenden Disziplin. Deswegen wird Biomedizin hier wie folgt verstanden: Biomedizin ist ein interdisziplinäres Fachgebiet, das die Methoden der Biologie, insbesondere der Molekular- und Zellbiologie, für medizinische Zwecke (Prävention, Diagnose und Therapie von Krankheiten) am Menschen einsetzt.

b. Humanbiotechnologie

Der Begriff der Biomedizin erfasst einen Teil des Einsatzes biologischer Methoden beim Menschen, den zu medizinischen Zwecken. Methoden der Biologie können am Menschen oder an menschlicher Materie jedoch auch zu anderen Zwecken eingesetzt werden, etwa zur Erlangung von Wissen, wie in der Grundlagenforschung, oder zur Herstellung von Produkten. Für die Bezeichnung dessen bietet sich der Begriff der Humanbiotechnologie an, weil er anders als der der Biomedizin nicht schon die Begrenzung auf präventive, diagnostische und therapeutische Zwecke enthält.

Der Begriff der Biotechnologie bezeichnet nach einer allgemeinen Definition die Anwendung der Biologie für menschliche Zwecke.[206] Mo-

[206] *M. Reiss,* Biotechnology, in: Chadwick (Hrsg.), Encyclopedia of applied ethics, 319, 319.

derne Biotechnologie erfasst die Nutzung biologischer Technologie zum Zweck der Kultivierung von Zellen, des Transfers von Embryonen und des *genetic engineering*, also den Einsatz von Methoden der Zell- und Molekularbiologie. Ähnlich wird die Biotechnologie (oder Biotechnik) auch definiert als „anwendungsorientierter Wissenschaftszweig, der mit mikrobiologischen, biochemischen und genetischen Methoden Enzyme, Zellen und Mikroorganismen zur Produktion von nützlichen Substanzen einsetzt".[207]

Die im Rahmen der *Organisation for Economic Co-operation and Development* (OECD) für ihre Mitglieder als gemeinsamer Referenzpunkt für Statistiken im Bereich der Biotechnologie Geltung beanspruchende Definition kombiniert eine allgemeine Definitionsformel mit einer Liste von Biotechnologien. Nach der allgemeinen Definition ist Biotechnologie „the application of science and technology to living organisms, as well as parts, products and models thereof, to alter living or non-living materials for the production of knowledge, goods and services"[208]. Die Liste von Biotechnologien nennt einzelne unter die allgemeine Definition subsumierbare Methoden, darunter solche in folgenden Bereichen: DNA/RNA (z.B. Genomik, DNA-Sequenzierung), Proteine und andere Moleküle, Zell- und Gewebekulturen sowie *tissue-engineering*, biologische Verfahrensprozesse, subzelluläre Organismen, Bioinformatik und Nanotechnologien.

Die Definitionen beschreiben sämtlich den nutzenorientierten Einsatz organischer Materie.[209] Nur wenn die Biotechnologie lediglich den Einsatz biologischer Methoden zur Herstellung von Substanzen erfasst, werden Technologien wie die Gensequenzierung und -markierung, die keinen gegenständlichen Ertrag haben, nicht einbezogen. Diese Beschränkung des Begriffes erscheint gerade für den Bereich moderner

---

[207] *M. Gutmann,* Biotechnik, in: Korff (Hrsg.), Lexikon der Bioethik, 2000, 390.

[208] OECD, A Framework for Biotechnology Statistics, 2005.

[209] Die aufgeführten Definitionen weisen jedoch auch gewisse Unterschiede auf. Die beiden erstgenannten definieren Biotechnologie über die wissenschaftliche Disziplin, die zur Anwendung kommt, die Biologie. Die Definition der OECD hingegen bestimmt den Begriff nicht über das angewandte Fach, sondern über den Gegenstand, nämlich *„living organisms"*. Dies führt aber nur zu geringen Bedeutungsunterschieden.

Technologien, die zur Wissensgewinnung oder Erbringung von Dienstleistungen eingesetzt werden können, nicht als zweckmäßig.

Biotechnologien, die menschliche Materie verwenden oder beim Menschen zum Einsatz kommen, wie die Humangenetik (Bereich DNA/RNA) oder die Kultivierung humaner und tierischer Zellen oder Gewebe, ergeben eine Nähe der Biotechnologie zur Biomedizin. Abgrenzen lassen sie sich anhand des Zwecks ihres Einsatzes. Biomedizin bezeichnet, wie bereits gesehen, die Anwendung biologischer Methoden und Verfahren an Menschen zu präventiven, diagnostischen und therapeutischen Zwecken. Die Biotechnologie erfasst hingegen nach den dargestellten Definitionen auch den Einsatz biologischer Methoden am Menschen oder an menschlicher Materie zu anderen Zwecken, wie der Erweiterung des Wissensstandes, der Herstellung von Gütern und der Bereitstellung von Dienstleistungen (vgl. Definitionsformel der OECD). Zwar lassen sich unter diese Definition grundsätzlich auch medizinische Anwendungen biologischer Methoden subsumieren, aber zur begrifflichen Abgrenzung von medizinischen und nichtmedizinischer Anwendung biologischer Methoden wird im Folgenden der Begriff der Biotechnologie nur herangezogen, um den Einsatz biologischer Methoden an menschlicher Materie oder am Menschen zu nichtmedizinischen Zwecken zu bezeichnen.

Biotechnologie wird folglich in Anlehnung an die OECD-Definition definiert als Anwendung von Wissenschaft und Technik auf organische Materie oder Lebewesen zum Zwecke der Erlangung von Wissen (wie etwa in der Grundlagenforschung), der Herstellung von Gütern oder der Bereitstellung von Dienstleistungen. Soweit biotechnologische Methoden und Verfahren (insbesondere solche der Zell- und Molekularbiologie) menschliche Substanz zum Gegenstand haben oder am Menschen angewandt werden, ohne präventive, diagnostische oder therapeutische Zielen zu dienen, werden sie im Folgenden als Humanbiotechnologie bezeichnet.[210]

---

[210] Trotz dem Unterschied in ihrer Zwecksetzung hängen Biomedizin und Biotechnologie vielfältig zusammen. So werden biotechnologische Verfahren in der Medizin eingesetzt, etwa die Gensequenzierung und -markierung zu diagnostischen Zwecken. Gezüchtetes Gewebe dient der Therapie von Hautverletzungen. Die Biotechnologie entwickelt verbesserte Darreichungsformen für Wirkstoffe in Medikamenten. Medizinische Bedürfnisse regen biotechnologische Entwicklungen an, denn die Biomedizin bietet ein weites Anwendungsfeld der Biotechnologie.

II. Gesetzgebung zur Biomedizin und Humanbiotechnologie auf der Grundlage des Art. 95 EGV, nunmehr Art. 114 AEUV

Das Europäische Parlament und der Rat erlassen nach Art. 114 AEUV (ex-Art. 95 EGV) gemäß dem ordentlichen Gesetzgebungsverfahren und nach Anhörung des Wirtschafts- und Sozialausschusses die Maßnahmen zur Angleichung der Rechts- und Verwaltungsvorschriften der Mitgliedstaaten, welche die Errichtung und das Funktionieren des Binnenmarktes zum Gegenstand haben. Diese Rechtsgrundlage ermächtigt zu einem Teil der Maßnahmen, mit denen die Union schrittweise den Binnenmarkt verwirklicht, Art. 26 AEUV (ex-Art. 14 Abs. 1 EGV). Der Binnenmarkt umfasst einen Raum ohne Binnengrenzen, in dem der freie Verkehr von Waren, Personen, Dienstleistungen und Kapital gewährleistet ist, Art. 26 Abs. 2 AEUV. Seine Herstellung bedarf der Verwirklichung der vertraglich verbürgten Grundfreiheiten und der Beseitigung der innergemeinschaftlichen Grenzen, also der Grenzkontrollen und sonstigen Grenzhindernisse.[211] Seit der Einheitlichen Europäischen Akte aus dem Jahr 1986 ist die Kompetenz zur Rechtsangleichung im Gebiet des Binnenmarktes dahingehend ergänzt, dass in ihrem Rahmen ein hohes Schutzniveau in den Bereichen Gesundheit, Sicherheit, Umweltschutz und Verbraucherschutz zu gewährleisten ist.[212]

---

[211] *J. Bast,* Art. 26 AEUV, in: Grabitz/Hilf/Nettesheim (Hrsg.), Das Recht der Europäischen Union, Rn. 12 ff.; *W. Kahl,* Art. 26 AEUV, in: Calliess/Ruffert (Hrsg.), EUV, AEUV, 2011b, Rn. 21 ff.; zur Vorgängervorschrift im EGV *A. von Bogdandy,* Art. 14 EGV, in: Grabitz/Hilf/Nettesheim (Hrsg.), Das Recht der Europäischen Union, Rn. 6 ff.; *W. Kahl,* Art. 14 EGV, in: Calliess/Ruffert (Hrsg.), EUV, EGV, 2007, Rn. 18 ff.; *J. Pipkorn/A. Bardenhewer-Rating/H. C. Taschner,* Art. 14 EGV, in: Groeben/Schwarze (Hrsg.), Kommentar zum Vertrag über die Europäische Union und zur Gründung der Europäischen Gemeinschaft, 2003, Rn. 30 ff.

[212] Zur Einführung der Schutzniveauklausel und ihren Gründen *W. Kahl,* Umweltprinzip und Gemeinschaftsrecht, 1993, 37 ff.; zum Gehalt der Verpflichtung durch die Schutzniveauklausel *W. Kahl,* Art. 114 AEUV, in: Calliess/Ruffert (Hrsg.), EUV, AEUV, 2011, Rn. 33 ff., *C. Tietje,* Art. 114 AEUV, in: Grabitz/Hilf/Nettesheim (Hrsg.), Das Recht der Europäischen Union, Rn. 141 ff., 146; zur Vorgängervorschrift des EGV *J. Pipkorn/A. Bardenhewer-Rating/H. C. Taschner,* Art. 95 EGV, in: Groeben/Schwarze (Hrsg.), Kommentar zum Vertrag über die Europäische Union und zur Gründung der Europäischen Gemeinschaft, 2003, Rn. 70 ff.; *C. Tietje,* Art. 95 EGV, in: Grabitz/Hilf/Nettesheim (Hrsg.), Das Recht der Europäischen Union, Rn. 65 ff.;

Dies legt die Kommission nach Art. 114 Abs. 3 AEUV (ex-Art. 95 Abs. 3 EGV) in ihren Vorschlägen zugrunde; auch Rat und Europäisches Parlament streben dieses Ziel im Rahmen ihrer Befugnisse an. Diese Verpflichtung auf das Ziel des Gesundheitsschutzes ist – wie sich im Rahmen der folgenden Darstellung zeigt – für das binnenmarktgestützte Biomedizin- und Humanbiotechnologierecht von wesentlicher rechtspolitischer Bedeutung. In welchem Umfang auf der Basis der Rechtsangleichungskompetenz im Bereich des Binnenmarktes generell Rechtsangleichung zum Schutz der Gesundheit betrieben werden kann, ist allerdings nicht evident. Zu Maßnahmen, die dem Gesundheitsschutz dienen, ist die Gemeinschaft grundsätzlich nur nach Maßgabe des Art. 168 AEUV (ex-Art. 152 EGV) ermächtigt. Dieser schließt jegliche Harmonisierung der Rechts- und Verwaltungsvorschriften der Mitgliedstaaten zum Schutz und der Verbesserung der menschlichen Gesundheit aus.

Der Gerichtshof hat mit seinem Urteil in Sachen Richtlinie zur Tabakwerbung[213] entschieden, dass gleichwohl Harmonisierungsmaßnahmen in anderen Politikbereichen Auswirkungen auf den Schutz der menschlichen Gesundheit haben dürfen.[214] Andere Rechtsgrundlagen dürfen nach dem EuGH aber nicht herangezogen werden, um das ausdrückliche Harmonisierungsverbot zu umgehen.[215] Ein auf Grund der Rechtsangleichungskompetenz im Bereich des Binnenmarktes erlassener Rechtsakt muss – und dies ist vollumfänglich gerichtlich nachprüfbar – tatsächlich den Zweck haben, die Voraussetzungen für die Errichtung und das Funktionieren des Binnenmarktes zu verbessern.[216] Ist dies erfüllt, steht es der Heranziehung dieser Rechtsgrundlage nicht entgegen, dass dem Gesundheitsschutz bei den zu treffenden Entscheidungen

---

speziell zum Gesundheitsschutz als Querschnittsaufgabe europäischer Politik *M. Kment,* Europarecht 42 (2007), 275; *G. G. Sander,* Zeitschrift für europarechtliche Studien 8 (2005), 253.

213 Urteil des Gerichtshofes vom 5. Oktober 2000 in der Rs. C-376/98 (Bundesrepublik Deutschland / Europäisches Parlament und Rat). Zu dem Urteil im Einzelnen u.a. *M. Alegre,* Boston College international and comparative law review 26 (2003), 157; *T. K. Hervey,* European Law Review 26 (2001), 101; *K. Stiess/J. Hellert,* Zeitschrift für Urheber- und Medienrecht 44 (2000), 1038.

214 Rn. 78 des Urteils.

215 Rn. 79 des Urteils.

216 Rn. 84 des Urteils.

maßgebende Bedeutung zukommt.[217] Dass die sich daraus ergebende Koinzidenz von wirtschaftspolitischer Zielsetzung und sozialpolitischer Orientierung an der öffentlichen Gesundheit eine rechtspolitische Spannung zwischen Binnenmarkt und Gesundheitsschutz erzeugen kann, zeigt ein Blick auf die Diskussionen über die auf die Binnenmarktkompetenz gestützten Rechtsakte der EU zur Biomedizin.[218]

1. Richtlinie 98/44/EG vom 6. Juli 1998 über den rechtlichen Schutz biotechnologischer Erfindungen[219]

Die sogenannte Biopatentrichtlinie regelt den rechtlichen Schutz biotechnologischer Erfindungen und insbesondere die Patentierung menschlicher, tierischer und pflanzlicher Materie.[220] Sie betrifft deren industrielle und gewerbliche Nutzung und ist damit dem Bereich der Biotechnologie zuzuordnen. Insoweit Regelungen zum Patentschutz von Bestandteilen des menschlichen Körpers getroffen werden, regelt die Richtlinie den Rechtsschutz wissenschaftlicher und technologischer Erfindungen in Bezug auf menschliche Substanz und damit Fragen der Humanbiotechnologie.

Das Patentrecht ist das erste Gebiet, auf dem sich die Europäische Union gesetzgeberisch mit dem Thema der Humanbiotechnologie befasst hat.[221] Die Biopatentgesetzgebung ist damit auch der erste Fall, in dem

---

[217] Rn. 88 des Urteils.

[218] Dazu 1. - 6.

[219] ABl. EG L 213 v. 30.7.1998.

[220] 14. Erwägungsgrund. Im Einzelnen zur Richtlinie *T. Barton,* Der „Ordre public" als Grenze der Biopatentierung, 2004; *C. Godt,* Streit um den Biopatentschutz Stoffschutz, Patente auf Leben und Ordre Public, 2003; *E. R. Gold/A. Gallochat,* European Law Journal 7 (2001), 331; *T. Kienle,* Europäisches Wirtschafts- & Steuerrecht 9 (1998), 156; *L. Nenow,* Houston journal of international law 23 (2001), 569.

[221] *H. Busby/T. K. Hervey/A. Mohr,* European Law Review 33 (2008), 803, 810; *A. Plomer,* European Law Journal 14 (2008), 839, 841. Zuvor hatte die EU bereits eine Reihe von Rechtsakten zur grünen Biotechnologie erlassen, vor allem zu genetisch veränderten Organismen (GMOs). Zum Politikbereich der grünen Biotechnologie *M. A. Pollack/G. C. Shaffer,* Biotechnology Policy, in: Wallace (Hrsg.), Policy-making in the European Union, 2005, 329, zur Politik der EU in diesem Gebiet auch *M. Paola Ferretti,* Participation, democratic defi-

auf europäischer Ebene ethische Grundsätze für den Bereich der Biomedizin und Humanbiotechnologie verhandelt wurden.[222] Die Biopatentrichtlinie kam erst im zweiten Anlauf zustande, ein erstes gesetzgeberisches Vorhaben scheiterte im Mitentscheidungsverfahren auf Grund nachhaltiger Uneinigkeit zwischen den Co-Gesetzgebern über die Frage, ob Erfindungen im Zusammenhang mit menschlicher Materie vom Patentschutz umfasst oder aber ausgeschlossen sein sollten.[223]

Zentrale Erwägung der Richtlinie ist, dass Biotechnologie und Gentechnik für die Industrie eine zunehmende Rolle spielen, und dass deswegen dem Schutz biotechnologischer Erfindungen eine grundlegende Bedeutung für die industrielle Entwicklung der Gemeinschaft zukommt. Mittels des Patentrechts sollen hohe und risikoreiche Investitionen in Forschung und Entwicklung insbesondere im Bereich Gentechnik gefördert werden.[224]

Das nationale Patentrecht bleibt die wesentliche Grundlage für den Rechtsschutz biotechnologischer Erfindungen; es wird durch die Richtlinie jedoch in bestimmten Punkten angepasst oder ergänzt, um der Entwicklung der Technologie, die biologisches Material benutzt, aber gleichwohl die Voraussetzungen für die Patentierbarkeit erfüllt, angemessen Rechnung zu tragen.[225] Nach Art. 1 Abs. 1 schützen die Mitgliedstaaten biotechnologische Erfindungen durch das nationale Patentrecht. Durch Richtlinie divergierende Formulierungen in den einzelstaatlichen Rechtsvorschriften, die sich auf internationale Übereinkommen zum Patent- und Sortenschutz stützen, zum Zweck der

---

cit and good regulation, 2006; *A. Plomer,* European Law Journal 14 (2008), 839, 841.

[222] Zu den ethischen Fragen im Zusammenhang mit der Biopatentrichtlinie etwa *E. R. Gold/A. Gallochat,* European Law Journal 7 (2001), 331; *T. Kienle,* Europäisches Wirtschafts- & Steuerrecht 9 (1998), 156; *L. Nenow,* Houston journal of international law 23 (2001), 569; *S. Sterckx,* European Intellectual Property Review 20 (1998), 123.

[223] Zur Verfahrensgeschichte der Biopatentrichtlinie eingehend unten Kap. 5, s. auch *E. R. Gold/A. Gallochat,* European Law Journal 7 (2001), 331.

[224] Zweiter und dritter Erwägungsgrund. Zur wirtschaftspolitischen Bedeutung des Biopatentrechts *L. Nenow,* Houston journal of international law 23 (2001), 569, 580 ff., wonach die Patentierbarkeit von Erfindung technologische Innovation anregt und dadurch die Wirtschaft fördert.

[225] Achter Erwägungsgrund.

Rechtssicherheit und -klarheit vereinheitlicht werden.[226] Dies verweist darauf, dass die Richtlinie Teil eines komplexen Rechtskörpers zu Fragen des rechtlichen Schutzes von Erfindungen ist, durch den die Europäische Union teilweise in ihrer Gestaltung des Biopatentrechts determiniert ist.[227]

Die Richtlinie stellt die Patentierung biotechnologischer Erfindungen unter den Vorbehalt der Würde und Unversehrtheit des Menschen. Sie bekräftigt, dass der menschliche Körper in allen Phasen seiner Entstehung und Entwicklung, einschließlich der Keimzellen, sowie die bloße Entdeckung eines seiner Bestandteile oder seiner Produkte, einschließlich der Sequenz oder Teilsequenz eines menschlichen Gens, nicht patentierbar sind.[228] Gleichzeitig wird betont, dass die Gewinnung und Herstellung von Arzneimittel aus isolierten Bestandteilen des menschlichen Körpers bereits entscheidende Fortschritte bei der Behandlung von Krankheiten ermöglicht haben. Diese Arzneimittel sind das Ergebnis technischer Verfahren zu Herstellung von Bestandteilen mit einem ähnlichen Aufbau wie Bestandteile des menschlichen Körpers. Das Patentrecht soll die Forschung mit dem Ziel der Gewinnung und Isolierung solcher für die Arzneimittelherstellung wertvoller Bestandteile fördern.[229] Deshalb ist eine Erfindung, die einen isolierten Bestandteil des menschlichen Körpers oder einen auf eine andere Weise durch ein technisches Verfahren erzeugten Bestandteil betrifft und gewerblich anwendbar ist, nicht von der Patentierbarkeit ausgeschlossen, wobei

---

226 Neunter Erwägungsgrund.

227 In den Erwägungen der Richtlinie wird verwiesen auf das TRIPS Agreement (Agreement on Trade-Related Aspects of Intellectual Property Rights, Übereinkommen über handelsbezogene Aspekte der Rechte des geistigen Eigentums; Annex 1C des Marrakesh Agreement Establishing the World Trade Organization, unterzeichnet in Marrakesh, Marokko, 15. April 1994), vgl. 12. Erwägungsgrund und Art. 1 Abs. 2. Die Europäische Gemeinschaft hat dieses Übereinkommen mit ihren Mitgliedstaaten unterzeichnet und ist dadurch bei der Gestaltung des Patentrechts für biotechnologische Erfindungen begrenzt; *E. R. Gold/A. Gallochat*, European Law Journal 7 (2001), 331, 359 f., 362 f. In der 15. Erwägung wird außerdem auf das sog. Münchener Übereinkommen (Übereinkommen über die Erteilung europäischer Patente vom 5. Oktober 1973) verwiesen, das ein Patentsystem auf regional-internationaler Ebene schafft.

228 16. Erwägungsgrund.

229 17. Erwägungsgrund.

sich die Rechte aus dem Patent nicht auf den menschlichen Körper selbst erstrecken können.[230] Isolierte Bestandteile des menschlichen Körpers oder ein auf andere Weise durch ein technisches Verfahren gewonnener Bestandteil, einschließlich der Sequenz oder Teilsequenz eines Gens, können patentiert werden, selbst wenn der Aufbau des Bestandteils mit dem Aufbau eines natürlichen Bestandteils identisch ist, Art. 5 Abs. 2. Ausgeschlossen von der Patentierung ist der menschliche Körper in den einzelnen Phasen seiner Entstehung und Entwicklung sowie der bloßen Entdeckung eines seiner Bestandteile, einschließlich der Sequenz oder Teilsequenz eines Gens, Art. 5 Abs. 1. Neben den in der Richtlinie benannten speziellen Patentierungsverboten gibt es eine Generalklausel („ordre-public-Klausel"), nach der Erfindungen, deren gewerbliche Verwertung gegen die öffentliche Ordnung oder die guten Sitten verstoßen würde, von der Patentierbarkeit ausgenommen sind (Art. 6 Abs. 1).[231] Als Erfindungen in diesem Sinne gelten gem. Art. 6 Abs. 2 Verfahren zum Klonen menschlicher Lebewesen, Verfahren zur Veränderung der genetischen Identität der Keimbahn des menschlichen Lebewesens, die Verwendung menschlicher Embryonen zu industriellen oder kommerziellen Zwecken, sowie Verfahren zur Veränderung der genetischen Identität von Tieren, die unnötige Leiden für die Tiere verursachen. Neben den Grundsätzen der Patentierbarkeit regelt die Richtlinie den Umfang des Patentschutzes, Zwangslizenzen sowie die Hinterlegung von und der Zugang zu biologischem Material.

Die Richtlinie setzt das Patentrecht ausdrücklich als Anreizstruktur[232] für Forschung und Entwicklung in der Biotechnologie ein.[233] Der Inhaber eines Patents kann Dritten die gewerbliche und industrielle Verwertung einer Erfindung untersagen. Dem Patenthalter ist damit der Wert der wirtschaftlichen Nutzbarkeit der patentierten Erfindung zu-

---

[230] 20. Erwägungsgrund.

[231] Dazu *T. Barton,* Der „Ordre public" als Grenze der Biopatentierung, 2004, *R. J. Schweizer/T. J. Calame,* Recht der internationalen Wirtschaft 43 (1997), 34.

[232] Zur sog. *incentive rationale* des Patentrechts allgemein *H. P. Hestermeyer,* Human rights and the WTO, 2007, 31; *L. Nenow,* Houston journal of international law 23 (2001), 569; 580 ff.; s. auch *European Group on Ethics in Science and New Technologies to the European Commission,* Opinion 16 on the ethical aspects of patenting inventions involving human stem cells, 7. Mai 2002, 6 ff.

[233] Siehe zweiter, dritter, zehnter und 46. Erwägungsgrund; dazu schon oben.

gewiesen.[234] Die Patentierbarkeit biotechnologischer Erfindungen macht damit die innovative Betätigung auf dem Gebiet der Biotechnologie ökonomisch rational. Patentierungsverbote wie in Art. 5 führen hingegen zur ökonomischen Ineffizienz von Investitionen, weil die Verwertung einer Erfindung durch Dritte nicht unterbunden werden kann. Sie sind ein unter dem Gesichtspunkt wirtschaftlicher Rationalität ein Argument gegen die innovative Betätigung in diesem Bereich.

Die Patentrichtlinie spricht keine Verbote bestimmter Forschung aus. Die nach ihr erteilten Patente enthalten nicht die Erlaubnis, eine bestimmte Erfindung auch anzuwenden.[235] Sie lässt die Festlegung von Beschränkungen oder Verboten und die Kontrolle der Forschung und der Anwendung oder Vermarktung ihrer Ergebnisse auf nationaler, europäischer oder internationaler Ebene unberührt und macht sie auch nicht überflüssig, insbesondere was die Erfordernisse der öffentlichen Gesundheit, der Sicherheit, des Umweltschutzes, des Tierschutzes, der Erhaltung der genetischen Vielfalt und die Beachtung ethischer Normen betrifft.[236] Die bezweckte Anreizwirkung der Patentrichtlinie gegenüber humanbiotechnologischer Innovationstätigkeiten ist also vor allem durch die mitgliedstaatliche Entscheidung, bestimmte Bereiche der Forschung und der Anwendung und Vermarktung ihrer Ergebnisse rechtlich zu beschränken oder ganz zu verbieten, begrenzt. Ihre Steuerungswirkung[237] gegenüber der Biotechnologie kann die Richtlinie nur

---

[234] Siehe auch Stellungnahme Nr. 8 der European Group on Ethics in Science and New Technologies, "Die ethischen Aspekte der Patentierbarkeit von Erfindungen, die sich auf Elemente menschlichen Ursprungs erstrecken", Grund 1.5. Auf die Stellungnahme nimmt der 19. Erwägungsgrund der Richtlinie Bezug. Zur Bedeutung der Stellungnahmen der EGE bei der Gesetzgebung zur Biomedizin und Humanbiotechnologie.

[235] 14. Erwägungsgrund: „Ein Patent berechtigt seinen Inhaber nicht, die Erfindung anzuwenden, sondern verleiht ihm lediglich das Recht, Dritten deren Verwertung zu industriellen und gewerblichen Zwecken zu untersagen."

[236] 14. Erwägungsgrund.

[237] Der hier verwandte Begriff der Steuerung baut auf einer soziologischen Perspektive der Funktion von Recht auf. Nach systemtheoretischem Verständnis kann das Rechtssystem nicht ein anderes System (wie etwa die Wirtschaft oder die Wissenschaft) steuern, sondern nur einen Anlass für dessen Selbststeuerung setzen. Dies funktioniert dadurch, dass es bestimmte Erwartungen eines Verhaltens kontrafaktisch, d.h. normativ aufrechterhält, in dem es sie gegen die Enttäuschung durchsetzt; *N. Luhmann*, Das Recht der Gesellschaft, 157 ff;

innerhalb des mitgliedstaatlich gesetzten Rahmens ausüben. Sie ist in ihrer Steuerungswirkung teilweise durch das Recht der Mitgliedstaaten prädeterminiert und steuert damit biotechnologische Forschung und Entwicklung ergänzend zu den auf mitgliedstaatlicher Ebene bestehenden Geboten und Verboten in diesem Bereich.[238]

2. *Richtlinie 2001/20/EG vom 4. April 2001 zur Angleichung der Rechts- und Verwaltungsvorschriften der Mitgliedsstaaten über die Anwendung der guten klinischen Praxis bei der Durchführung von klinischen Prüfungen mit Humanarzneimitteln*[239]

Die Richtlinie regelt Anforderungen an die Durchführung klinischer Versuche mit Arzneimitteln[240] am Menschen.[241] Sie enthält Vorschriften

---

ders., Die Funktion des Rechts: Erwartungssicherung oder Verhaltensstabilisierung, in: ders. Ausdifferenzierung des Rechts, 73 ff. Die Sanktionierung der Enttäuschung von Erwartungen stellt einen Anlass für erwartetes Verhalten, weil es „Erwartung mit Reaktion zur Geltung bringt". Wird hier von der Steuerung von Verhalten durch Recht gesprochen, ist die Setzung von Anlässen für Verhalten durch rechtliche Mechanismen gemeint. Durch die Gewährung von Patenten für biotechnologische Erfindungen wird die Erwartung des Erfinders sanktioniert, dass nicht andere den wirtschaftlichen Nutzen aus seiner Erfindung ziehen. Das Patent stellt damit einen kontrafaktisch bewehrten Anreiz für das Unterlassen unerlaubter Nutzung fremder Erfindungen dar. Die rechtliche Stabilisierung der Erwartung des Erfinders, dass der wirtschaftliche Wert der Erfindung ihm zugewiesen ist, setzt einen wirtschaftlichen Anreiz für innovative Tätigkeit.

238 *T. K. Hervey/H. Black,* Maastricht journal of European and comparative law 12 (2005), 11, 32 ff.; s. auch die Aufarbeitung des rechtlichen Rahmens des Patentrechts in *European Group on Ethics in Science and New Technologies to the European Commission,* Opinion 16 on the ethical aspects of patenting inventions involving human stem cells, 7. Mai 2002, 6 ff.; danach ist ein Patent "not an authorisation for the use of the invention. Whether or not research, commercial use or marketing is permitted, may be dealt with by other kinds of regulation than the patent regulation." Die Stellungnahme verweist insbesondere darauf, dass "there is a diversity of approaches between member states concerning cloning for stem cells" (17), also auf die unterschiedliche Rechtslage in den Mitgliedstaaten.

239 ABl. EG Nr. L 121/34 vom 1.5.2001.

240 Für die Definition des Begriffes des Arzneimittels verweist Art. 1 Abs. 1 der Richtlinie auf Art. 1 der Richtlinie 65/65/EWG des Rates vom 26. Januar

zum Schutz der Prüfungsteilnehmer, zur Beteiligung von Ethikkommissionen am Verfahren der Genehmigung klinischer Prüfungen, zum Verfahren ihres Beginns und ihrer Durchführung einschließlich Inspektionen und Berichtspflichten, zum Informationsaustausch sowie zur Herstellung, Etikettierung und Einfuhr von Prüfpräparaten.[242] Die zentrale Anforderung an klinische Versuche ist nach der Richtlinie die Einhaltung der guten klinischen Praxis. Diese umfasst einen Katalog international anerkannter ethischer und wissenschaftlicher Qualitätsanforderungen für die Planung, Durchführung und Aufzeichnung klinischer Prüfungen an Menschen sowie für die Berichterstattung über diese Prüfungen, Art. 1 Abs. 2 der Richtlinie. Die Einhaltung der guten klinischen Praxis gewährleistet danach, dass die Rechte, die Sicherheit und das Wohlergehen der Teilnehmer an klinischen Prüfungen geschützt werden und dass die Ergebnisse der klinischen Prüfungen glaubwürdig sind.[243] Klinische Versuche im Sinne der Richtlinie dienen

---

1965 zur Angleichung der Rechts- und Verwaltungsvorschriften über Arzneispezialitäten. Danach sind Arzneimittel alle Stoffe oder Stoffzusammensetzungen, die als Mittel zur Heilung oder zur Verhütung menschlicher Krankheiten bezeichnet werden, sowie alle Stoffe oder Stoffzusammensetzungen, die dazu bestimmt sind, im oder am menschlichen Körper zur Erstellung einer ärztlichen Diagnose oder zur Wiederherstellung, Besserung oder Beeinflussung der menschlichen Körperfunktionen angewandt zu werden.

[241] Die Notwendigkeit einer Harmonisierung des mitgliedstaatlichen Rechts im Bereich klinischer Prüfungen wird damit begründet, dass die bestehende Unterschiede im Hinblick auf die Modalitäten des Beginns und der Durchführung und vor allem bezüglich der Anforderungen an klinische Prüfungen eine wirkungsvolle Durchführung besonders grenzübergreifender multizentrischer Prüfungen (definiert durch Art. 2 lit. b) in der Gemeinschaft behindern. Um günstige Voraussetzungen für eine effiziente Koordinierung klinischer Prüfungen durch die betreffenden Stellen in der Gemeinschaft zu schaffen, sollen deshalb die Verwaltungsvorschriften über diese Prüfungen im Sinne eines eindeutigen, transparenten Verfahrens vereinfacht und harmonisiert werden, s. zehnter Erwägungsgrund.

[242] Darstellung im Einzelnen bei *A. J. Baeyens,* European Journal of Health Law 9 (2002), 31 ff; *E. Deutsch,* NJW 54 (2001), 3361; *T. K. Hervey/J. V. McHale,* Health law and the European Union, 2004, 248 ff.

[243] Der Begriff der klinischen Prüfung wird in Art. 2 definiert als jede am Menschen durchgeführte Untersuchung, um die Wirkung von Prüfpräparaten zu erforschen oder nachzuweisen und/oder jede Nebenwirkung von Prüfpräparaten festzustellen und/oder die Resorption, die Verteilung, den Stoffwechsel

Forschungszwecken, die auf Prävention, Diagnostik und Therapie von Krankheiten und damit auf medizinischen Nutzen zielen. Umfasst sind auch Prüfungen von Präparaten, die biologische (etwa zell- und molekularbiologische) Wirkweisen einsetzen; daher regelt die Richtlinie auch klinische Versuche im Bereich der Biomedizin.[244] Für Gentherapien, somatischer Zelltherapien, einschließlich der xenogenen Zelltherapie gelten im Verfahren der Genehmigung klinischer Prüfungen teilweise besondere Regelungen, Art. 9 Abs. 6 iVm Abs. 4 und 5. Gentherapieprüfungen, die zu einer Veränderung der genetischen Keimbahn der Prüfungsteilnehmer führen, sind nach Art. 9 Abs. 6 verboten.

Dem Schutz von Prüfungsteilnehmern[245], der in den Erwägungsgründen als zentrales Ziel der Richtlinie ausgewiesen ist, dienen die im operativen Teil der Richtlinie niedergelegten Vorschriften über Einwilligungs- und Nutzenerfordernisse bei klinischen Prüfungen. Jedoch begründen diese gemäß Art. 3 Abs. 1 lediglich Mindestschutzstandards – sie lassen weiterreichende Vorschriften der Mitgliedstaaten unberührt. Die sich im Rahmen der Binnenmarktkompetenz bietende Möglichkeit der Rechtsharmonisierung ohne Abweichungsmöglichkeit der Mitgliedstaaten wird nicht ausgenutzt. Die daraus resultierenden Unterschiede im Hinblick auf die Einwilligungsverfahren werden teilweise als potentielles Hindernis der Durchführung grenzübergreifender multizentrischer Prüfungen gesehen.[246]

Obwohl die Richtlinie auf die Binnenmarktkompetenz gestützt ist, erfasst sie gleichermaßen kommerzielle wie nichtkommerzielle, also von Wissenschaftlern ohne Beteiligung der pharmazeutischen Industrie durchgeführte Prüfungen.[247] Nichtkommerzielle Prüfungen dienen regelmäßig nicht der Entwicklung neuer Arzneimittel, sondern zielen zumeist auf nichtkommerzialisierbare Behandlungsstrategien und Kombinationstherapien mit bereits zugelassenen Arzneimitteln.[248]

---

und die Ausscheidung von Prüfpräparaten zu untersuchen, mit dem Ziel, sich von deren Unbedenklichkeit und/oder Wirksamkeit zu überzeugen.

[244] Vgl. schon siebter Erwägungsgrund.

[245] Dritter Erwägungsgrund.

[246] *T. K. Hervey/J. V. McHale,* Health law and the European Union, 2004, 252.

[247] Vgl. 14. Erwägungsgrund.

[248] *A. J. Baeyens,* European Journal of Health Law 9 (2002), 31 ff., 32.

Obwohl in der Richtlinie eingangs erwogen wird, dass die Besonderheiten nichtkommerzieller Prüfungen wegen ihres potentiell hohen Nutzens sowohl für die Prüfungsteilnehmer als auch für die öffentliche Gesundheit allgemein berücksichtigt werden sollte, wird ein Unterschied in den Regelungen der Richtlinie letztlich nicht getroffen.[249] Dies wird überwiegend kritisch gesehen. Die Wahl der Rechtsgrundlage bestimme die Ausrichtung der Richtlinie an kommerziellen klinischen Prüfungen.[250] Die Gleichbehandlung kommerzieller und nichtkommerzieller Prüfungen werde dem besonderen Potential letzterer zur Förderung der öffentlichen Gesundheit möglicherweise nicht gerecht.[251]

Eine klinische Prüfung darf nach Art. 3 Abs. 2 nur durchgeführt werden, wenn die vorhersehbaren Risiken und Nachteile gegenüber dem Nutzen für den Prüfungsteilnehmer und für andere gegenwärtige und zukünftige Patienten abgewogen worden sind. Diese Abwägung trifft im Verfahren der Genehmigung einer klinischen Prüfung eine Ethikkommission. Sie erteilt die Genehmigung nur dann, wenn der erwartete therapeutische Nutzen und der Nutzen für die öffentliche Gesundheit die Risiken überwiegen (Art. 3 Abs. 2 lit. a iVm Art. 6 Abs. 3 lit. b). Die Regelungen zu den Ethikkommissionen haben Kritik auf sich gezogen. Trotz ihrer zunehmenden Verantwortung im Genehmigungsprozess fehlten Bestimmungen zu ihrer Besetzung.[252] Die Möglichkeit, in Fällen von klinischen Prüfungen mit Arzneimitteln für Gentherapie, somatische Zelltherapie und mit Arzneimitteln, die genetisch veränderte Organismen enthalten, die Frist für die Stellungnahme der Ethikkommission zu verlängern, könne nicht die Verpflichtung ersetzen, in diesen Fällen spezifische Expertise personell in die Ethikkommission einzubinden.[253] In der Tat fällt auf, dass im Verfahren der Zulassung des Inverkehrbringens von Arzneimitteln für die genannten Therapien die Einbindung besonderer Expertise obligatorisch ist.[254] Dass im Versuchsstadium in dieser Hinsicht die Anforderungen weniger streng sein

---

249 *E. Deutsch,* NJW 54 (2001), 3361, 3361.

250 *A. J. Baeyens,* European Journal of Health Law 9 (2002), 31 ff., 31.

251 *E. Deutsch,* NJW 54 (2001), 3361, 3361.

252 *A. J. Baeyens,* European Journal of Health Law 9 (2002), 31 ff., 36.

253 Ebd., 35.

254 Hierzu unten 5.

sollten, ist vor allem vor dem Hintergrund des Schutzes der Teilnehmer an klinischen Prüfungen wenig plausibel.

Neben der Stellungnahme der Ethikkommission ist gemäß Art. 3 Voraussetzung der Zulässigkeit einer klinischen Prüfung, dass der Prüfungsteilnehmer – oder im Falle der Einwilligungsunfähigkeit sein gesetzlicher Vertreter – sich durch ein Gespräch mit dem Prüfer ein Bild von den Zielen der Prüfung, ihren Risiken und Nachteilen und den Bedingungen ihrer Durchführung machen konnte, sowie über das Recht informiert wurde, jederzeit die Teilnahme an der Prüfung zu beenden. Ist der Prüfungsteilnehmer minderjährig, gelten nach Art. 4 zusätzliche Voraussetzungen: Es muss eine nach Aufklärung erteilte Einwilligung der Eltern oder des gesetzlichen Vertreters vorliegen, die dem mutmaßlichen Willen des Minderjährigen entspricht. Zusätzlich muss der Minderjährige eine auf seine Verständnisfähigkeit abgestimmte Aufklärung durch pädagogisch erfahrenes Personal erhalten. Äußert ein Minderjähriger, der sich eine eigene Meinung bilden kann und die erhaltenen Informationen zu beurteilen weiß, ausdrücklich den Wunsch, nicht an der klinischen Prüfung teilzunehmen oder seine Teilnahme zu beenden, ist dies zu berücksichtigen. Die klinische Prüfung muss für die Patientengruppe mit einem direkten Nutzen verbunden und unbedingt zur Validierung von Daten, die bei Prüfung an zu aufgeklärter Einwilligung fähigen Personen oder mittels anderer Methoden gewonnen wurden, erforderlich sein. Die Forschung muss sich unmittelbar auf einen klinischen Zustand beziehen, unter dem der betroffene Minderjährige leidet, oder ihrem Wesen nach nur an Minderjährigen durchgeführt werden können. Die klinische Prüfung muss so geplant sein, dass sie mit möglichst wenig Schmerzen, Beschwerden, Angst und anderen voraussehehbaren Risiken verbunden ist. Art. 5 trifft Regelungen für die klinische Forschung mit nichteinwilligungsfähigen Erwachsenen, die zu den in Art. 3 genannten Erfordernissen hinzutreten. Sie entsprechen weitgehend den Regelungen für Minderjährige. Strenger als bei diesen ist jedoch das Nutzenerfordernis. Es muss nach Art. 5 lit. i die begründete Erwartung bestehen, dass die Verabreichung des Prüfpräparats einen Nutzen für den betroffenen Patienten hat, der die Risiken überwiegt oder keinerlei Risiken mit sich bringt. Die klinische Prüfung muss sich nach Art. 5 lit. e unmittelbar auf einen lebensbedrohlichen oder sehr geschwächten klinischen Zustand beziehen, in dem sich der Prüfungsteilnehmer befindet. Zudem muss sie unbedingt erforderlich sein, um Daten zu bestätigen, die bei klinischen Prüfungen an einwilligungsfähigen Teilnehmern gewonnen wurden. Die Vorschriften der Richtlinie, die klinische Untersuchung erlauben, die dem Teilnehmer nicht unmittelbar nutzen, sondern lediglich zum Nutzen der öffentlichen Gesundheit oder – wie es auch bei einem minderjährigen Teilnehmer nach Einwilligung des gesetzlichen Vertreters zulässig ist – der Patientengruppe des Prüfungsteilnehmers sind, werden kritisch diskutiert.[255] Klinische Prüfungen seien am therapeutischen Nutzen für den Teilnehmer auszurichten. Die Regelungen der Richtlinie widersprächen der Deklaration von Helsinki der *World Medical Association*, auf die, in ihrer Fassung von 1996, in den Erwägungsgründen der Richtlinie als normativer Standard für die Durchführung klinischer Prüfungen verwiesen wird. In der Tat verpflichtet die Deklaration von Helsinki in der Fassung von 1996 den Arzt auf die therapeutische Ausrichtung klinischer Forschung: „The physician can combine medical research with professional care, the objective being the acquisition of new medical knowledge, only to the extent that medical research is justified by its potential diagnostic or therapeutic value for the patient."[256] Den Grundsätzen der Deklaration, die als Grundlage der Richtlinie angeführt werden, entsprechen deren Regelungen damit nicht.

3. Richtlinie 2001/83/EG vom 6. November 2001 zur Schaffung eines Gemeinschaftskodexes für Humanarzneimittel[257]

Die Richtlinie regelt Herstellung, Inverkehrbringen, Import, Etikettierung und Verbraucherinformationen von Humanarzneimitteln, die Einstufung der Arzneimittel, den Arzneimittelgroßhandel, die Arzneimittelwerbung und die Arzneimittelüberwachung nach Inverkehrbringen (Pharmakovigilanz), sowie Überwachung und Sanktionen der gewerblichen Herstellung von Arzneimitteln. Sie kodifiziert das vorher ver-

---

[255] Mit weiteren Nachweisen *S. Joffe/F. G. Miller,* Hastings Center Report 38 (2008), 30.

[256] World Medical Association Declaration of Helsinki, Recommendations guiding physicians in biomedical research involving human subjects, Adopted by the 18th World Medical Assembly, Helsinki, Finland, June 1964 and amended by the 29th World Medical Assembly, Tokyo, Japan, October 1975, 35th World Medical Assembly, Venice, Italy, October 1983 41st World Medical Assembly, Hong Kong, September 1989 and the 48th General Assembly, Somerset West, Republic of South Africa, October 1996, II. 6.

[257] Abl. EG L 311/67 v. 28.11.2001, zuletzt geändert durch Verordnung (EG) Nr. 1394/2007. Zu den vorangehenden Änderungen vgl. konsolidierte Version vom 26. Januar 2007.

streut normierte Arzneimittelrecht der Europäischen Union ohne inhaltliche Änderungen.[258] Kernbestandteil ist das dezentralisierte Zulassungsverfahren der mitgliedstaatlichen Behörden, das für die meisten[259] Humanarzneimittel zur Anwendung kommt. Es legt das Verfahren der Anerkennung fest, nach der eine bereits durch die Behörde eines Mitgliedstaates erteilte Genehmigung in weiteren Mitgliedstaaten Geltung erlangt (Art. 27 ff).[260] Die Anerkennung einer bereits erteilten Genehmigung kann nur aus Gründen der öffentlichen der Gefährdung der öffentlichen Gesundheit (Gefahr bezogen auf die Qualität, Sicherheit und Wirksamkeit des Arzneimittels, Art. 1 Nr. 28) verweigert werden (Art. 29). Kann in einem Verweigerungsfall keine Einigung herbeigeführt werden, entscheidet der Ausschuss für Arzneispezialitäten der Europäischen Agentur für die Beurteilung von Arzneimitteln (Art. 32).[261] Die gegenseitige Anerkennung von Zulassungen ist daher durch die Möglichkeit ihrer supranationalen Durchsetzung sanktioniert. Die Richtlinie dient der Herstellung eines Binnenmarktes für Arzneimittel.[262]

Bedarf das Inverkehrbringen eines Arzneimittels auf dem Gebiet eines Mitgliedstaats dessen Zulassung, obwohl das Arzneimittel schon in einem anderen Mitglied zugelassen ist, stellt dies eine Maßnahme gleicher Wirkung wie eine mengenmäßige Beschränkung im Sinne des Art. 28

---

[258] Erster Erwägungsgrund; mit Aufführung des nunmehr kodifizierten Rechtskörpers, der durchgängig vom Rat im Anhörungsverfahren, also nach bloßer Stellungnahme des Europäischen Parlaments, erlassen wurde.

[259] Für einige Typen von Arzneimitteln gilt nach der Verordnung (EG) Nr. 726/2004 ein zentralisiertes Zulassungsverfahren.

[260] Nach Art. 28 Abs. 4 erkennt der Mitgliedstaat die durch einen anderen Mitgliedstaat erteilte Genehmigung innerhalb von 90 Tagen an.

[261] Einzelheiten zum dezentralisierten Zulassungsverfahren bei *T. K. Hervey/J. V. McHale,* Health law and the European Union, 2004, 283 ff.; *W. H. Roth,* Europarecht Beiheft 2007 (2), 9 ff., 14 und *B. Winter,* Die Verwirklichung des Binnenmarktes für Arzneimittel, 2004, 81 ff.

[262] Zur Begründung der vollumfänglichen Harmonisierung der mitgliedstaatlichen Rechts- und Verwaltungsvorschriften auf dem Gebiet der Herstellung, des Vertriebs und der Verwendung von Arzneimitteln wird argumentiert, dass die Unterschiede zwischen einigen einzelstaatlichen Vorschriften in diesem Bereich den Handel mit Arzneimitteln innerhalb der Gemeinschaft behindern und sich somit unmittelbar auf das Funktionieren des Binnenmarktes auswirken, vierter Erwägungsgrund.

EGV dar, die geeignet ist, den innergemeinschaftlichen Handel zu behindern.[263] Als Hindernis des freien Warenverkehrs sind solche Maßnahmen nach Art. 28 EGV grundsätzlich verboten. Nach Art. 30 EGV steht dies aber mitgliedstaatlichen Beschränkungen des freien Warenverkehrs zum Schutze bestimmter Rechtsgüter, wie u.a. der Gesundheit und das Leben von Menschen, nicht entgegen. Die Mitgliedstaaten können daher die Beschränkung des Binnenhandels mit Arzneimitteln durch Zulassungserfordernisse mit Gründen des Gesundheitsschutzes rechtfertigen.[264] Es ist ihnen nicht grundsätzlich verwehrt, auch dann eine Zulassung zu verlangen, wenn das Arzneimittel schon in einem anderen Mitgliedstaat zugelassen ist. Der Hintergrund mangelnder gegenseitiger Anerkennung von Arzneimittelzulassungen sind unterschiedliche Anforderungen an die Zulassungsfähigkeit. Um als ersten Schritt der Erleichterung des gemeinschaftsweiten Handels mit Arzneimitteln die gegenseitige Anerkennung von Arzneimittelzulassungen zu erreichen, so dass ein Arzneimittel nicht jeweils erneut ein grundständiges Zulassungsverfahren durchlaufen muss, sind also die Anforderungen an die Zulassungsfähigkeit von Arzneimitteln in den Mitgliedstaaten anzugleichen. Dem dient die Richtlinie, in dem sie die einschlägigen mitgliedstaatlichen Rechtsvorschriften harmonisiert. Der nächste Schritt der Verwirklichung eines Binnenmarktes ist die Arzneimittelzulassung auf unionaler Ebene, die in allen Mitgliedstaaten Geltung entfaltet; sie wird im Anwendungsbereich der Verordnung (EG) Nr. 726/2004 eingeführt.

Von der Richtlinie erfasst sind sämtliche Arzneimittel, also auch solche, die molekularbiologische oder zellbiologische Wirkungsweisen beim Menschen zu präventiven, diagnostischen oder therapeutischen Zwecken einsetzen; sie trifft damit auch Regelungen im Bereich der Biomedizin. Im Anhang der Richtlinie werden besondere Anforderungen an die Zulassungsanträge für Arzneimittel biologischer Arzneimittel und solcher für neuartige Therapien niedergelegt (Anhang I Teil 1. C. 2., E. 2., G. 2., Teil 3. I. 3. für biologische Arzneimittel und Teil IV zu den neuartigen Therapien).[265] Biologische Arzneimittel sind etwa immuno-

---

[263] *W. H. Roth,* Europarecht Beiheft 2007 (2), 9 ff., 13.

[264] Urteil des EuGH vom 11. November 2003 in der Rs. C-322/01, Slg. 2003, I-14887, Rz 102 ff; *W. H. Roth,* Europarecht Beiheft 2007 (2), 9 ff., 13.

[265] Diese gelten nicht nur für das dezentralisierte, sondern auch für das zentralisierte Zulassungsverfahren nach der Verordnung (EG) Nr. 726/2004.

logische und aus menschlichem Blut oder Blutplasma hergestellte Arzneimittel (Anhang I Teil 1. C. 2.). Neuartige Therapien sind solche Therapien, die auf Herstellungsverfahren beruhen, in deren Mittelpunkt verschiedene durch Gentransfer erzeugte Biomoleküle stehen, und/oder auf biologischen, zu therapeutischen Zwecken veränderten Zellen als Wirkstoffe oder Wirkstoffbestandteile. Darunter fallen insbesondere Gentherapeutika (definiert in Teil IV. 1.) und somatische Zelltherapeutika (definiert in Teil IV. 2.). Zulassungsanträge für die genannten Therapeutika müssen danach spezifische Informationen und Dokumentationen zu Herkunft, Verarbeitung, Herstellung und Merkmalen der Ausgangsstoffe, Wirkstoffe und des Fertigarzneimittels enthalten. Für Gentherapeutika, die menschliche Zellen verarbeiten, müssen etwa die Merkmale des menschlichen Spenders, wie Alter, Geschlecht, Ergebnisse mikrobiologischer und viraler Tests, Ausschlusskriterien und Herkunftsland, sowie die Zellentnahmemethode (Entnahmeort, Gewebetyp, Operationsverfahren, Transport, Lagerung, Rückverfolgbarkeit und durchgeführte Kontrollen) nachgewiesen werden. Entsprechende umfangreiche Dokumentationspflichten gelten für Zelltherapeutika. Weitere spezifische Anforderungen gelten für präklinische Berichte und Berichte über klinische Studien zu Arzneimitteln für neuartige Therapien.

Das Recht der Herstellung, des Vertriebs oder der Verwendung von Arzneimitteln muss nach der einleitenden Erwägung der Richtlinie in erster Linie einen wirksamen Schutz der öffentlichen Gesundheit gewährleisten.[266] Dieses Ziel wird jedoch mit wirtschaftlichen Erwägungen abgeglichen. Der wirksame Schutz der öffentlichen Gesundheit müsse mit Mitteln erreicht werden, die die Entwicklung der pharmazeutischen Industrie und den Handel mit Arzneimitteln innerhalb der Gemeinschaft nicht hemmen können.[267] Wie sich die Richtlinie auf den Schutz der öffentlichen Gesundheit gegenüber wirtschaftlichen Interessen tatsächlich im Einzelnen auswirkt, hat – insbesondere mit Blick auf das dezentralisierte Genehmigungsverfahren – einige Aufmerksamkeit erfahren.[268] Kritisiert wird unter anderem, dass Arzneimittelhersteller

---

[266] Zweiter Erwägungsgrund.

[267] Dritter Erwägungsgrund.

[268] *J. Abraham,* British Medical Journal 325 (2002), 1164 mit empirischer Untersuchung; *J. Abraham/G. Lewis,* Regulating medicines in Europe, 2000, 88 ff. ebenfalls mit empirischer Untersuchung; *S. Garattini/V. Bertele,* The

durch das dezentralisierte Verfahren die Möglichkeit erhalten, sich für das Erstgenehmigungsverfahren einen „liberalen“ Staat auszusuchen, dessen Dossier dann die Grundlage der Beurteilung des Arzneimittels in allen weiteren, in ihrem Ermessen stark begrenzten Mitgliedstaaten bildet.[269] Ein im Auftrag der Kommission von einer externen Beratungsfirma vorgenommene Audit hat in der Tat ergeben, dass nach Einschätzung der Pharmaindustrie die Flexibilität des dezentralisierten Systems ihren wirtschaftlichen Interessen entgegenkommt.[270]

Ein weiterer Kritikpunkt ist, dass mitgliedstaatliche Behörden um die für ihre Finanzierung bedeutenden Genehmigungsgebühren konkurrierten, wodurch Druck im Sinne marktfreundlicher Begutachtung entstehe.[271] Zudem verkürzten die Fristen im Zulassungsverfahren, z. B. die 90-Tage-Frist für die Anerkennung einer Zulassung nach Art. 28 Abs. 4, die Möglichkeit einer eingehenden, ergebnisoffenen Prüfung des Antrags unter dem Gesichtspunkt des Schutzes der öffentlichen Gesundheit zu Gunsten des Interesses des Antragstellers auf prompte Ermöglichung des Marktzugangs.[272] Das System der dezentralisierten Zulassung vernachlässige die dem Schutz der öffentlichen Gesundheit dienende wissenschaftliche Beurteilung von Risiken und Nutzen neuer Medikamente zum Zwecke größerer Zeit- und Kosteneffizienz.[273]

Lancet 358 (2001), 64, *T. K. Hervey/J. V. McHale,* Health law and the European Union, 2004, 296 ff.; *Anonymous,* The Lancet 337 (1991), 1571.

[269] *J. Abraham/G. Lewis,* Regulating medicines in Europe, 2000, 90 ff.

[270] *CMS Cameron McKeena/Andersen Consulting,* Evaluation of the operation of Community procedures for the authorisation of medicinal products, carried out on behalf of the European Commission, 2000, Abs. 2.1.2.3: „While companies have significant concerns about the extent of adherence to the principle of mutual recognition, they report a high level of satisfaction with the performance of the Reference Member States they choose for first applications. For many companies the centres of excellence in national agencies continue to be a decisive attraction when considering which system will best ensure prompt access to the major European markets. […] The flexibility of the system meets the commercial needs of many companies”.

[271] *J. Abraham,* British Medical Journal 325 (2002), 1164, 1165.

[272] *J. Abraham/G. Lewis,* Regulating medicines in Europe, 2000, 89.

[273] Ebd., 96.

4. Verordnung (EG) Nr. 726/2004 vom 31. März 2004 zur Festlegung von Gemeinschaftsverfahren für die Genehmigung und Überwachung von Human- und Tierarzneimitteln und zur Errichtung einer Europäischen Arzneimittel-Agentur[274]

Die Verordnung regelt das zentralisierte Zulassungs- und Überwachungsverfahren für bestimmte Human- und Tierarzneimittel durch die Europäische Arzneimittel-Agentur. Sie ersetzt die Verordnung (EWG) Nr. 2309/93 des Rates vom 22. Juli 1993.[275] Auf der Grundlage eines Kommissionsberichts über die Erfahrungen mit der Funktionsweise des Verfahrens seit seiner Einführung wird dabei in einigen Aspekten dessen Funktionieren reformiert.[276] Als Teil des Rechts zur Biomedizin werden im Folgenden die Regelungen zu Humanarzneimitteln dargestellt.[277]

Auf welche Humanarzneimittel das zentralisierte Genehmigungsverfahren angewandt wird, bestimmt Art. 3 Abs. 1 in Verbindung mit dem Anhang der Verordnung. Danach dürfen Humanarzneimitteln, die mit Hilfe bestimmter biotechnologischer Verfahren[278] hergestellt werden, oder die einen in der Gemeinschaft bisher nicht genehmigten Wirkstoff

---

[274] ABl. EG L 136/1 v. 30.4.2004.

[275] Verordnung (EWG) Nr. 2309/93 des Rates vom 22. Juli 1993 zur Festlegung von Gemeinschaftsverfahren für die Genehmigung und Überwachung von Human- und Tierarzneimitteln und zur Schaffung einer Europäischen Agentur für die Beurteilung von Arzneimitteln, gestützt Art. 235 EWG-Vertrag (entspricht Art. 308 EG) und demgemäß im Anhörungsverfahren erlassen.

[276] Vgl. erster und zweiter Erwägungsgrund.

[277] Die Regelungen der Verordnung zu Tierarzneimitteln fallen nicht in den Bereich der Biomedizin und Humanbiotechnologie, vgl. Definitionen Einleitung I. 1. und 2. Die Richtlinie ist in Hinsicht auf Tierarzneimittel auf Art. 152 Abs. 4 lit. b EG gestützt, nach dem die Gemeinschaft durch Maßnahmen in den Bereichen Veterinärwesen und Pflanzenschutz, die unmittelbar den Schutz der Gesundheit der Bevölkerung zum Ziel haben, zu einem hohen Gesundheitsschutzniveau in der Gemeinschaft beiträgt.

[278] Erfasst sind davon Technologie der Rekombination von DNS, die kontrollierte Expression von Genen, die für biologisch aktive Proteine kodieren, mittels prokaryotischer und eukaryotischer Organismen, sowie Verfahren auf der Basis von Hybridomen und monoklonalen Antikörpern zur Herstellung von Antikörpern und deren Bestandteilen.

enthalten und der Behandlung bestimmter Krankheiten[279] dienen, und Arzneimittel für seltene Leiden gemäß der Verordnung (EG) Nr. 141/2000[280] sowie Arzneimittel für neuartige Therapien gemäß der Verordnung (EG) Nr. 1394/2007[281] innerhalb der Gemeinschaft nur in Verkehr gebracht werden, wenn sie im gemeinschaftlichen Genehmigungsverfahren zugelassen wurden. Auf weitere Arzneimittel kommt das Verfahren gem. Art. 3 Abs. 2 fakultativ zur Anwendung.[282] Das zentralisierte Genehmigungsverfahren findet insbesondere auf zell- und molekularbiologisch wirksame Arzneimittel Anwendung; die Verordnung zählt damit zum Recht der Biomedizin.

Im zentralisierten Zulassungsverfahren entscheidet die Kommission über die Zulassung des Arzneimittels für die Gemeinschaft, Art. 10 Abs. 2.[283] Entscheidungskriterium ist dabei die Qualität, Sicherheit und Wirksamkeit des Arzneimittels, Art. 12 Abs. 1. Eine erteilte Genehmigung ist für die gesamte Gemeinschaft gültig (Art. 13 Abs. 1). Die Versagung der Genehmigung stellt ein Verbot für das Inverkehrbringen des betreffenden Arzneimittels in der gesamten Gemeinschaft dar (Art. 12 Abs. 2). Nach den Erwägungen der Verordnung sollen die Mitgliedstaaten lediglich in Ausnahmefällen die Möglichkeit haben, in ihrem Hoheitsgebiet die Verwendung von Humanarzneimitteln zu untersagen, die objektiv definierte Grundsätze der öffentlichen Ordnung und Moral verletzen.[284]

---

[279] Erworbenes Immundefizienz-Syndrom, Krebs, neurodegenerative Erkrankungen, Diabetes; und mit Wirkung vom 20. Mai 2008 Autoimmunerkrankungen und andere Immunschwächen, sowie Viruserkrankungen.

[280] Verordnung (EG) Nr. 141/2000 des Europäischen Parlaments und des Rates vom 16. Dezember 1999 über Arzneimittel für seltene Leiden.

[281] Verordnung (EG) Nr. 1394/2007 des Europäischen Parlaments und des Rates vom 13. November 2007 über Arzneimittel für neuartige Therapien. Dazu unten 5.

[282] Für die Erstzulassung von Wirkstoffen in der Gemeinschaft und für therapeutisch, wissenschaftlich oder technisch innovative Arzneimittel, sowie wenn die gemeinschaftliche Zulassung nachweislich im Interesse der Patienten ist.

[283] Eingehend zum zentralisierten Zulassungsverfahren *M. Lorenz,* Das gemeinschaftliche Arzneimittelzulassungsrecht, 2006.

[284] 13. Erwägungsgrund.

Die Erfordernisse an die Angaben und Unterlagen zu einem Zulassungsantrag richten sich nach Art. 6 Abs. 1 der Verordnung nach der Richtlinie 2001/83/EG[285]. Für die Begutachtung von Zulassungsanträgen ist der Ausschuss für Humanarzneimittel in der Europäischen Arzneimittelagentur zuständig, Art. 5 Abs. 1, 2. Er gibt gegenüber der Kommission ein Gutachten ab, Art. 9 Abs. 3. Der Ausschuss besteht nach Art. 61 Abs. 1 aus je einem Mitglied pro Mitgliedstaat und dessen Stellvertreter. Die Mitglieder werden aufgrund ihrer Rolle und Erfahrung bei der Beurteilung von Humanarzneimitteln ausgewählt, Art. 61 Abs. 1. Zusätzlich können maximal fünf zusätzliche Mitglieder mit spezifischer wissenschaftlichen Kompetenz benannt werden (Art. 61 Abs. 2). Darüber hinaus können die Mitglieder des Ausschusses von Sachverständigen aus speziellen Bereichen der Wissenschaft oder Technik begleitet werden (Art. 61 Abs. 3). Die an der Begutachtung von Zulassungsanträgen Beteiligten dürfen keine Interessen in der pharmazeutischen Industrie haben (Art. 63 Abs. 2).

Der Ausschuss hat für die Begutachtung eines Antrages 210 Tage, im beschleunigten Verfahren im Interesse der öffentlichen Gesundheit 150 Tage Zeit (Art. 6 Abs. 1 bzw. Art. 14 Abs. 9). Die Dauer der Analyse der wissenschaftliche Daten in dem Antrag darf grundsätzlich nicht unter 80 Tagen liegen (Art. 6 Abs. 3). Nach der Verabschiedung des Gutachtens über die Genehmigungsfähigkeit des Antrags durch den Humanarzneimittelausschuss wird dieses binnen 15 Tagen an die Kommission übermittelt (Art. 9 Abs. 3). Die Kommission entscheidet im Verwaltungsverfahren nach dem Komitologiebeschluss[286] (Art. 10 Abs. 2 iVm Art. 87 Abs. 3 iVm Art. 4 und 7 des Beschlusses 1999/468/EG unter Beachtung von dessen Art. 8) und erlässt die endgültige Entscheidung innert 15 Tagen nach dem Abschluss des Verfahrens, Art. 10 Abs. 2. Sie ist an das Gutachten des Ausschusses nicht gebunden, vgl. Art. 10 Abs. 1.[287]

Neben dem gemeinschaftlichen Genehmigungsverfahren regelt die Verordnung auch die Überwachung der nach diesem Verfahren auf den

---

[285] Dazu oben 3.

[286] Beschluss des Rates vom 28. Juni 1999 zur Festlegung der Modalitäten für die Ausübung der der Kommission übertragenen Durchführungsbefugnisse, 1999/468/EG.

[287] Diskussion der rechtlichen Bindungswirkung bei *M. Lorenz,* Das gemeinschaftliche Arzneimittelzulassungsrecht, 2006, 274 f.

Markt gebrachten Arzneimittel (Pharmakovigilanz, Titel II, Kapitel 3). Außerdem stellt sie die Rechtsgrundlage für die Europäische Arzneimittel-Agentur dar und regelt deren Zuständigkeit und Verwaltungsstruktur (Titel IV).

Das gemeinschaftliche Zulassungsverfahren soll dem reibungslosen Funktionieren des Binnenmarktes im Bereich „neuer" Humanarzneimittel dienen.[288] Es soll ein hohes Niveau wissenschaftlicher Begutachtung im Verfahren der Marktzulassung technologisch hochwertiger Arzneimittel, insbesondere aus der Biotechnologie, gewährleisten und das Vertrauen der Patienten und der medizinischen Fachkräfte in die Arzneimittel fördern.[289] Im Interesse der öffentlichen Gesundheit sollen der Arzneimittelbegutachtung im Zulassungsverfahren unter Ausschluss wirtschaftlicher und sonstiger Erwägungen objektive wissenschaftliche Kriterien der Qualität, Sicherheit und Wirksamkeit des Arzneimittels zugrunde gelegt werden.[290]

Vor diesem Hintergrund ist das zentralisierte Zulassungsverfahren – wie das dezentralisierte Verfahren[291] – daraufhin untersucht worden, wie es das Verhältnis von wirtschaftlichen Interessen und dem Schutz der öffentlichen Gesundheit gestaltet. Begrüßt wird, dass es gleichermaßen der Industrie den Zugang zum Markt wie den Patienten gemeinschaftsweit den Zugang zum Medikament schneller, effektiver und wirtschaftlicher ermöglicht.[292] Ebenso wie hinsichtlich des dezentralisierten Verfahrens sind aber auch Befürchtungen hinsichtlich eines Vorzugs wirtschaftlicher Interessen geäußert worden. Die Kritik bezieht sich allerdings zum Teil noch auf das ursprüngliche Zulassungsverfahren nach der Verordnung (EWG) Nr. 2309/93. Die im Rahmen des alten Verfahrens durch die Europäischen Arzneimittel-Agentur betriebene Politik, die benötigte Zeit für die Marktzulassung von Arzneimitteln möglichst zu reduzieren, sei zu Lasten eingehender wissenschaftlicher Begutachtung der Arzneimittelqualität, -sicherheit und -wirksamkeit

---

[288] Siebter und achter Erwägungsgrund.

[289] Siebter, achter und 13. Erwägungsgrund.

[290] 13. Erwägungsgrund.

[291] Dazu oben 3.

[292] *T. K. Hervey/J. V. McHale,* Health law and the European Union, 2004, 295.

zum Schutz der öffentlichen Gesundheit gegangen.[293] Die nach der Reform im Verfahren geltende Mindestzeit der Begutachtung gem. Art. 6 Abs. 3 wirkt dieser Befürchtung entgegen. Weniger gegen das Funktionieren des Verfahrens als gegen die Idee eines zentralisierten Verfahrens als solche richtet sich die Kritik am Wegfall originär mitgliedstaatlicher Risikoabschätzung im Anwendungsbereich der Verordnung.[294] Die Verlagerung des Zulassungsverfahrens auf die Gemeinschaftsebene schwäche die öffentliche Wahrnehmung des Zulassungsprozesses und der Zulassungsentscheidung. Zum Nachteil der Patienten und der nationalen Gesundheitssysteme fehle ein Gegengewicht zum institutionalisierten und engen Dialog zwischen der Arzneimittel-Agentur und der Pharmaindustrie.[295] Ein solches Gegengewicht könnte vor allem in der institutionalisierten Einbindung von Konsumenten- und Patientenvertretern in den Zulassungsprozess bestehen. Zwar hat die Öffentlichkeit gem. Art. 73 der Verordnung iVm der Verordnung (EG) Nr. 1049/2001[296] Zugang zu den Dokumenten der Agentur. Intransparent bleiben aber die nach empirischen Studien umfangreichen informellen Kontakte zwischen Agentur und Pharmaindustrie.[297] Ihnen steht kein Recht des Zugangs und der Beteiligung der Öffentlichkeit zum Zulassungsprozess selbst entgegen. Die Sitzungen der befassten Ausschüsse finden nichtöffentlich statt.[298] Es wird vorgebracht, dass die fehlende

---

293 *E. Mossialos/M. McKee,* EU law and the social character of health care, 2002, 113 ff.

294 *T. K. Hervey/J. V. McHale,* Health law and the European Union, 2004, 295.

295 *J. Abraham/G. Lewis,* Regulating medicines in Europe, 2000, 101 ff., 172 ff., 179.

296 Verordnung (EG) Nr. 1049/2001 des Europäischen Parlaments und des Rates vom 30. Mai 2001 über den Zugang der Öffentlichkeit zu Dokumenten des Europäischen Parlaments, des Rates und der Kommission.

297 *J. Abraham/G. Lewis,* Regulating medicines in Europe, 2000, 104.

298 Dies ändern auch die seit neuerem von der Arzneimittel-Agentur entwickelten Mechanismen zum Austausch mit Patienten und Konsumenten nicht, vgl. Framework for the Interaction between the EMEA and Patients' and Consumers' Organisations, Doc. Ref. EMEA/354515/2005-Final vom 14. Februar 2006. Darin ist zwar die Möglichkeit der Konsultationen von Patienten- und Konsumentenvertretern vorgesehen, jedoch weiterhin nicht die Öffentlichkeit des wissenschaftlichen Begutachtungsprozesses.

Transparenz der wissenschaftlichen Begutachtung diese anfälliger macht für die Einflussnahme der Industrie.

5. Verordnung (EG) Nr. 1394/2007 vom 13. November 2007 über Arzneimittel für neuartige Therapien und zur Änderung der Richtlinie 2001/83/EG und der Verordnung (EG) Nr. 726/2004[299]

Die Verordnung legt spezielle Vorschriften für die Zulassung, Überwachung und Pharmakovigilanz von Arzneimitteln für neuartige Therapien fest, Art. 1. Sie ist *lex specialis* zur Humanarzneimittel-Richtlinie.[300] Welche Arzneimittel im Sinne der Verordnung neuartig sind, legt Art. 2 der Verordnung fest. Unter den Begriff fallen danach Gentherapeutika und somatische Zelltherapeutika gemäß Anhang I Teil IV der Richtlinie 2001/83/EG sowie biotechnologisch bearbeitete Gewebeprodukte. Diese definiert Art. 2 Abs. 1 lit. b als Produkte, die biotechnologisch bearbeitete Zellen oder Gewebe enthalten oder aus ihnen bestehen und denen Eigenschaften zur Regeneration, Wiederherstellung oder zum Ersatz menschlichen Gewebes zugeschrieben werden oder die zu diesem Zweck verabreicht werden. Die genannten Therapien setzen Methoden der Molekularbiologie und Zellbiologie für medizinische Zwecke ein. Damit zählt die Verordnung zum Recht der Biomedizin.

Die Verordnung begrüßt neuartige biomedizinische Therapien, die auf dem wissenschaftlichen Fortschritte im Bereich der Zell- und Molekularbiotechnologie beruhen, als neue Möglichkeiten für die Behandlung von Krankheiten und Funktionsstörungen des menschlichen Körpers.[301] Die Erforderlichkeit spezieller Regelungen in diesem Bereich wird mit dessen Neuheit, Komplexität und technischer Besonderheit begründet.[302] Harmonisierte und spezifische Vorschriften sollen den freien Verkehr von Arzneimitteln für neuartige Therapien und das wirksame Funktionieren des Binnenmarktes im Biotechnologiesektor gewährleisten.[303] Die Beschaffung menschlicher Gewebe und Zellen soll jedoch marktwirtschaftlichen Mechanismen entzogen und nicht

---

[299] Abl. EG L 324/121 v. 10.12.2007.

[300] Sechster Erwägungsgrund der Verordnung.

[301] Erster Erwägungsgrund.

[302] Fünfter Erwägungsgrund.

[303] Fünfter Erwägungsgrund.

kommerzialisiert werden. Die Mitgliedstaaten werden aufgefordert, die freiwillige und unentgeltliche Spende von Zellen und Gewebe zu fördern.[304] Bei der Spende von menschlichen Zellen oder Gewebe sollen unter anderem die Grundsätze des Altruismus des Spenders und der Solidarität zwischen Spender und Empfänger gewahrt werden.[305] Freiwillige und unentgeltliche Gewebe- und Zellspenden werden als Beitrag zu einem hohen Sicherheitsstandard für Gewebe und Zellen und deshalb zum Schutz der menschlichen Gesundheit gesehen. Die Mitgliedstaaten sollen deshalb dringend aufgefordert werden, alle erforderlichen Maßnahmen zu ergreifen, um den öffentlichen und gemeinnützigen Sektor dazu anzuregen, sich intensiv an der Beschaffung von menschlichen Zellen und Geweben zu beteiligen.[306]

Die Verordnung unterstellt neuartige Arzneimittel dem zentralisierten Zulassungsverfahren, so dass die Kommission nach der Verordnung (EG) Nr. 726/2004 die Zulassungsbehörde ist und die von ihr erteilte Genehmigung gemeinschaftsweit gilt.[307] Sie lässt allerdings die mitgliedstaatliche Entscheidung, ob die Verwendung spezifischer Arten menschlicher Zellen, etwa embryonaler Stammzellen, oder tierischer Zellen für die Herstellung von Arzneimitteln zulässig ist, unberührt.[308]

Die Verordnung errichtet innerhalb der Arzneimittel-Agentur den Ausschuss für neuartige Therapien, der vom Humanarzneimittelausschuss im Verfahren der Begutachtung eines Zulassungsantrags konsultiert wird, Art. 8 Abs. 1. Er erarbeitet einen Entwurf für das Gutachten zur Annahme durch den Humanarzneimittelausschuss im Sinne des Art. 5 Abs. 2 der Verordnung (EG) Nr. 726/2004[309].

Die Mitglieder des Ausschusses für neuartige Therapien werden vom Humanarzneimittelausschuss (fünf von dessen eigenen Mitgliedern), von den Mitgliedstaaten (ein Mitglied), von der Kommission nach An-

---

[304] 15. Erwägungsgrund.

[305] Ebd. Zum Prinzip des Altruismus im Rahmen von Gewebespenden *M. Oberman*, DePaul law review 55 (2006), 903.

[306] Ebd.

[307] Ihr Art. 27 fügt neuartige Arzneimittel in den Anhang der Verordnung (EG) Nr. 726/2004 ein, der die Arzneimittel auflistet, die im zentralisierten Genehmigungsverfahren zuzulassen sind. Dazu schon oben 4.

[308] Achter Erwägungsgrund.

[309] Dazu oben 4.

hörung des Europäischen Parlaments (zwei Mitglieder als Vertreter der klinisch tätigen Ärzte) und von der Kommission auf der Grundlage eines öffentlichen Aufrufes zur Interessenbekundung und nach Konsultation des Europäischen Parlaments (zwei Mitglieder) benannt, Art. 21 Abs. 1. Kriterium der Benennung ist die wissenschaftliche Qualifikation oder Erfahrung in Bezug auf Arzneimittel für neuartige Therapien. Die endgültige Zusammensetzung des Ausschusses soll nach Art. 21 Abs. 2 gewährleisten, dass in geeigneter und ausgewogener Weise die Wissenschaftsbereiche abdeckt sind, die für neuartige Therapien von Bedeutung sind. Dazu gehören nach der Vorschrift die Bereiche Medizinprodukte, biotechnologische Gewebebearbeitung, Gentherapie, Zelltherapie, Biotechnologie, Chirurgie, Pharmakovigilanz, Risikomanagement und Ethik.

Neben den Besonderheiten des Genehmigungsverfahrens regelt die Verordnung spezifische Anforderungen an die Zusammenfassung der Merkmale neuartiger Arzneimittel, an ihre Kennzeichnung und Packungsbeilage (Kapitel 4). Weiter werden die Pharmakovigilanz neuartiger Arzneimittel, ein Risikomanagementsystem und Anforderungen an die Rückverfolgbarkeit zugelassener neuartiger Arzneimittel begründet (Kapitel 5). Zudem setzt die Verordnung Anreize für die Entwicklung neuartiger Arzneimittel (Kapitel 6). Unter anderem kann danach die Arzneimittel-Agentur um Beratung zur Entwicklung und Durchführung der Pharmakovigilanz und des Risikomanagements ersucht werden; die regulären Gebühren der wissenschaftlichen Beratung werden dafür um bis zu 90 % reduziert (Art. 16). Außerdem werden die Gebühren des Genehmigungsverfahrens um die Hälfte reduziert, wenn ein Krankenhaus oder ein kleines oder mittleres Unternehmen den Antrag stellt und nachweist, dass an dem neuartigen Arzneimittel ein besonderes Interesse der öffentlichen Gesundheit besteht (Art. 18).

Indem sie das Inverkehrbringen von Arzneimitteln für neuartige Therapien auf diese Weise finanziell privilegiert, steuert die Verordnung die den Bereich neuartiger Arzneimittel nicht nur direkt (durch die Gestaltung von Zulassungsvoraussetzungen), sondern auch über Anreize. Als allgemeine *ratio* der Setzung von Anreizen lässt sich insbesondere aus Art. 18 das schon in den Erwägungen angeführte Potential neuartiger Therapien, die öffentliche Gesundheit zu fördern, erschließen. Ausgerichtet ist das System von Anreizen vor diesem Hintergrund dabei besonders an klein- bis mittelständischen Unternehmen.[310] Die Verord-

[310] Vgl. 23. und 25. Erwägung, Art. 16 Abs. 2, Art. 18.

nung verbindet dadurch die Förderung der öffentlichen Gesundheit mit einem bestimmten wirtschaftspolitischen Ziel.[311] Die Unterwerfung neuartiger Arzneimittel unter das zentralisierte Genehmigungsverfahren gewährleistet deren einheitliche wissenschaftliche Beurteilung und Überwachung, sieht sich aber mit Blick auf den Ausgleich zwischen wirtschaftlichen Zielen und öffentlichen Gesundheitsinteressen wiederum der schon angeführten Kritik am zentralisierten Verfahren ausgesetzt.[312]

6. *Fazit*

Die Binnenmarktkompetenz dient als Grundlage des größten Teils des Rechts zur Biomedizin und Humanbiotechnologie. Sämtliche auf Art. 95 EGV (nunmehr Art. 114 AEUV) gestützten Regelungen zur Biomedizin und Humanbiotechnologie gehören zum Arzneimittelrecht oder dienen als wirtschaftspolitische Instrumente im Arzneimittelsektor (insbesondere im Bereich neuer, zell- oder molekularbiologisch wirksamer Arzneimittel): Die Richtlinie zur Schaffung eines Gemeinschaftskodexes für Humanarzneimittel[313], die Verordnung zur Festlegung von Gemeinschaftsverfahren für die Genehmigung und Überwachung von Human- und Tierarzneimitteln und zur Errichtung einer Europäischen Arzneimittel-Agentur[314] (im Folgenden: Verordnung zur zentralisierten Arzneimittelzulassung) und die Verordnung über Arzneimittel für neuartige Therapien[315] regeln besondere die Voraussetzungen für die Zulassung biomedizinischer Arzneimittel wie Gen- und Zelltherapeutika.[316] Diese werden in einem zentralisierten Genehmigungsverfahren von der

[311] Zur Politik der Förderung kleiner und mittlerer Unternehmen vgl. Mitteilung der Kommission an den Rat, das Europäische Parlament, den Europäischen Wirtschafts- und Sozialausschuss und den Ausschuss der Regionen – Umsetzung des Lissabon-Programms der Gemeinschaft – Eine zeitgemässe KMU-Politik für Wachstum und Beschäftigung, KOM/2005/0551 endg. vom 10. November 2005.

[312] Dazu oben 4.

[313] Dazu oben 3.

[314] Dazu oben 4.

[315] Dazu oben 5.

[316] Für bestimmte biomedizinische Arzneimittel gelten spezifische Anforderungen an die Unterlagen und Angaben für Zulassungsanträge. Dazu oben 3.

Kommission zugelassen, wobei für die Begutachtung ein speziell eingerichteter Ausschuss in der Arzneimittel-Agentur zuständig ist.[317] Auch die Richtlinie zu klinischen Prüfungen[318] zählt im weiteren Sinne zum Arzneimittelrecht. Sie regelt die Anforderungen an die klinische Prüfung von Arzneimitteln, die Voraussetzung für deren Marktzulassung ist. Klinische Prüfungen mit biomedizinischen Arzneimitteln unterliegen dabei bestimmten Vorschriften zum Schutz der Prüfungsteilnehmer, wie etwa Einwilligungs- und Nutzenerfordernissen oder dem Verbot der Veränderung der Keimbahn des Prüfungsteilnehmers.

Die Richtlinie über den rechtlichen Schutz biotechnologischer Erfindungen, die zum Recht der Humanbiotechnologie zählt, regelt unter anderem die Patentierbarkeit menschlicher Materie. Isolierte Bestandteile des menschlichen Körpers oder ein auf andere Weise durch ein technisches Verfahren gewonnener Bestandteil, einschließlich der (Teil-)Sequenz eines Gens, können danach patentiert werden. Das Biopatentrecht zählt zwar nicht zum Arzneimittelrecht, aber es ist das zentrale Steuerungsinstrument zur Anregung biotechnologischer Innovation als Motor der Entwicklung neuer Arzneimittel. Die Biopatentrichtlinie ist damit wichtiger Teil der Wirtschaftspolitik im Arzneimittelsektor, insbesondere in Bezug auf zell- und molekularbiologisch wirksame Arzneimittel.

Im Recht der Biomedizin und Humanbiotechnologie der Europäischen Union auf der Grundlage des Art. 95 EGV (nunmehr Art. 114 AEUV) werden sowohl wirtschafts- wie auch gesundheitspolitische Erwägungen wirksam. Der Wirtschaft kommt nach der Konzeption der Union zentrale Bedeutung für den medizinischen Fortschritt und damit für den Gesundheitsschutz zu; sie soll daher möglichst nicht behindert, sondern gefördert werden.[319] Zugleich erfordern aber gesundheitspolitische Erwägungen im Bereich der Biomedizin und Humanbiotechnologie Begrenzungen des freien Funktionierens der Marktwirtschaft, insbesondere im Rahmen der Arzneimittelzulassung: Dem Interesse am möglichst effektiven gemeinschaftsweiten Marktzugang seitens der Pharmaindustrie steht die Notwendigkeit gegenüber, das Inverkehrbringen von Arzneimitteln unter dem Gesichtspunkt der Sicherheit und Qualität von Arzneimitteln zu kontrollieren und zu beschränken, weil

[317] Dazu oben 4. und 5.

[318] Dazu oben 2.

[319] Vgl. dazu oben etwa unter 1., 3., 5.

der Markt allein dies nicht gewährleistet. In Teilen werden dabei gesundheitspolitische Erwägungen über Maßnahmen des Verbraucherschutzes wirksam, etwa wenn dem Patienten als Arzneimittelkonsumenten informierte Entscheidungen über die Wahl von Arzneimitteln anhand von Informationen über ihre Nebenwirkungen ermöglicht wird.

Nach der Rechtsprechung des EuGH kann zwar dem Gesundheitsschutz bei der Rechtsetzung auf Grund der Binnenmarktkompetenz maßgebende Bedeutung zukommen, doch müssen Maßnahmen nach dieser Vorschrift stets objektiv den Zweck haben, die Voraussetzungen für die Errichtung und das Funktionieren des Binnenmarktes zu verbessern.[320] Gesundheitspolitische Erwägungen sind im Bereich der Binnenmarktkompetenz daher stets normativ eingerahmt von der wirtschaftspolitischen Logik des Binnenmarktes, der freiheitlichen ('liberalen') Marktwirtschaft.[321] Auf Grund der begrenzten eigenständigen Kompetenzen der Union im Bereich der Gesundheit[322] ist die Binnenmarktkompetenz zugleich das bedeutendste gesundheitspolitische Instrument der Union. Die liberale wirtschaftspolitische Logik entfaltet ihre Wirkung im Bereich des Rechts der Biomedizin und Humanbiotechnologie zum Teil in Konkurrenz zu Gesundheitsschutzerwägungen: So begrenzen in den Arzneimittelzulassungsverfahren Fristen, die im Interesse der pharmazeutischen Industrie der schnellen und effizienten Marktzulassung von Arzneimitteln dienen[323] die Möglichkeiten der

---

[320] Dazu oben II. vor 1.

[321] Vgl. Art. 119 Abs. 1 AEUV: „Die Tätigkeit der Mitgliedstaaten und der Union im Sinne des Artikels 3 des Vertrags über die Europäische Union umfasst nach Maßgabe der Verträge die Einführung einer Wirtschaftspolitik, die auf einer engen Koordinierung der Wirtschaftspolitik der Mitgliedstaaten, dem Binnenmarkt und der Festlegung gemeinsamer Ziele beruht und dem Grundsatz einer offenen Marktwirtschaft mit freiem Wettbewerb verpflichtet ist.." Damit ist nicht gesagt, dass Interventionen der Union und der Mitgliedstaaten in die Freiheit der Wirtschaft per se unzulässig sind. Hierzu *U. Everling*, Wirtschaftsfreiheit im europäischen Binnenmarkt – Anspruch und Realität, in: J. Schwarze (Hrsg.) Wirtschaftsverfassungsrechtliche Garantien für Unternehmen im europäischen Binnenmarkt, 11, 14 ff.

[322] Dazu sogleich unten III.

[323] Im dezentralisierten Zulassungsverfahren gilt eine Frist von 90 Tagen für die Anerkennung einer in einem anderen Mitgliedstaat erteilten Arzneimittelzu-

wissenschaftlichen Begutachtung des Antrags unter dem Gesichtspunkt des Schutzes der öffentlichen Gesundheit.[324] Wirtschaftspolitische Erwägungen konkurrieren indirekt auch in der Frage der Öffentlichkeit der Verfahren der Arzneimittelbegutachtung im Zulassungsverfahren mit Erwägungen des Gesundheitsschutzes. Dass insbesondere die Arzneimittelbegutachtung im zentralisierten Zulassungsverfahren nichtöffentlich stattfindet, kommt den Vertraulichkeitsinteressen der Antragsteller entgegen und belässt Raum für informelle Kontakte zwischen Pharmaindustrie und den befassten Ausschüssen. Studien bezweifeln, dass die Risikobeurteilung im Rahmen des europäisierten Arzneimittelrechts effektiv Patienten- als Konsumentenschutz gewährleistet.[325] Die im Rahmen der Reform des zentralisierten Verfahrens[326] erwogene Öffnung des Begutachtungsprozesses gegenüber der Öffentlichkeit wurde vor allem von der Industrie kritisch gesehen und hat sich, zumindest hinsichtlich der Öffentlichkeit der Sitzungen des verantwortlichen Ausschusses, nicht durchgesetzt.[327] Der wissenschaftliche Beurteilungsprozess bleibt damit intransparent. Die Öffentlichkeit der Beurteilung könnte ein Gegengewicht zu den umfangreichen, auch informellen Kontakten zwischen Industrie und Arzneimittel-Agentur schaffen, das der Gefahr unangemessener Einflussnahme der Industrie auf die Begutachtung von Zulassungsanträgen im Rahmen dieser Kontakte entgegenwirkt.[328] Studien kommen zu dem Schluss, „*that the independence of this Agency* [die Europäische Arzneimittel-Agentur] *is not entirely*

---

lassung, dazu oben 3.; im zentralisierten Zulassungsverfahren gilt die Begutachtungsfrist von 210 Tagen, dazu oben 4.

[324] Dazu oben 3., 4.

[325] *B. Dorbeck-Jung/M. Oude Vrielink-van Heffen*, EU Ways of Governing the Marketing of Pharmaceuticals – a Shift towards more Integration, Better Consumer Protection and Better Regulation?, in: Gessner/Nelken (Hrsg.), European ways of law, 2007, 279, 299 ff.

[326] Vgl. dazu oben 4.

[327] Nach dem im Auftrag der Kommission vorgenommenen Audit, vgl. Fn 270 oben, Abs. 4.2.6 (44) bestehen mit Hinsicht auf die Herstellung von Öffentlichkeit im Begutachtungsverfahren "significant concerns on the part of companies and regulatory authorities about issues ranging from confidentiality to the pollution of the process of objective assessment through unwanted lobbying from media and other quarters."

[328] Vgl. hierzu oben 4.

ensured«[329], und zwar vor allem wegen ihrer Abhängigkeit von den Gebühren der Arzneimittelindustrie.[330]

Eine größere Transparenz des Begutachtungsprozesses würde in dieser Hinsicht die Objektivität der wissenschaftlichen Beurteilung von Zulassungsanträgen unterstützen. Im Rahmen des Zulassungsverfahrens anderer Arzneimittelzulassungsbehörden, wie der *U.S. Food and Drug Administration* (FDA), ist der Begutachtungsprozess grundsätzlich öffentlich. Von den Diskussionen der Advisory Committees der FDA, die Anträge auf die Arzneimittelzulassung unter dem Gesichtspunkt der Sicherheit und Qualität des Arzneimittels wissenschaftlich begutachten,[331] darf nur in begrenzten Ausnahmen die Öffentlichkeit ausgeschlossen werden.[332] Prinzipiell wird jede vor einem FDA Advisory Committee anhängige Frage öffentlich diskutiert; keine Sitzung darf in Gänze nichtöffentlich stattfinden.[333] Jede Sitzung von FDA Advisory Committees umfasst zudem ein sog. Open Public Hearing, in dem interessierte Personen relevante Informationen oder Ansichten vortragen dürfen.[334] In den FDA Advisory Committees ist stets ein Konsumentenvertreter Mitglied.[335] Im Rahmen des europäischen Arzneimittelrechts auf überwiegen bislang die Vertraulichkeitsinteressen der Wirtschaft Erwägungen der größeren Transparenz des Begutachtungsprozesses, die die Objektivität der wissenschaftlichen Beurteilung im Sinne des Gesundheitsschutzes absichern und stärken würde. Die Voraussetzungen des hohen Gesundheitsschutzniveaus bei der Verwirklichung des Binnenmarktes könnten daher im Bereich der Biomedizin und

---

329 *B. Dorbeck-Jung/M. Oude Vrielink-van Heffen,* EU Ways of Governing the Marketing of Pharmaceuticals – a Shift towards more Integration, Better Consumer Protection and Better Regulation?, in: Gessner/Nelken (Hrsg.), European ways of law, 2007, 279, 301.

330 Ebd., 300 f.

331 Die Advisory Committees sind nach Sec. 505. n. Federal Food, Drug, and Cosmetic Act für die wissenschaftliche Beurteilung von Arzneimittelzulassungsanträgen zuständig.

332 Code of Federal Regulations, Title 21 - Food and Drugs, § 14.25 (b), § 14.27.

333 Code of Federal Regulations, Title 21 - Food and Drugs, § 14.27 (a).

334 Code of Federal Regulations, Title 21 - Food and Drugs, § 14.25 (a), § 14.29.

335 Federal Food, Drug, and Cosmetic Act, Sec. 505. n.

Humanbiotechnologie verbessert und gegenüber Interessen der Wirtschaft gestärkt werden. Öffentliche Anhörungen ließen sich im zentralisierten Verfahren nach einer Änderung der Verordnung (EG) Nr. 726/2004 einführen; eine solche Reform ist bislang jedoch nicht vorgesehen.[336]

III. Gesetzgebung zur Biomedizin und Humanbiotechnologie auf der Grundlage des Art. 152 EGV, nunmehr Art. 168 AEUV

Art. 168 AEUV (ex-Art. 152 EGV) enthält Ermächtigungen im Zusammenhang mit Art. 6 lit. a AEUV (ex-Art. 3 Abs. 1 lit. p EGV), nach dem die Tätigkeit der Gemeinschaft einen Beitrag zur Erreichung eines hohen Gesundheitsschutzniveaus leistet.[337] Nach Art. 168 Abs. 1 AEUV (ex-Art. 152 Abs. 1 EGV) wird bei der Festlegung und Durchführung aller Gemeinschaftspolitiken und -maßnahmen ein hohes Gesundheitsschutzniveau sichergestellt.[338] Die Tätigkeit der Gemeinschaft im Gesundheitsbereich ergänzt die Politik der Mitgliedstaaten und ist auf die Verbesserung der Gesundheit der Bevölkerung, die Verhütung

---

[336] Vgl. hierzu schon Fn 327 oben und EMEA/CHMP Working Group with Patients Organisations Outcome of Discussions: Recommendations and Proposals for Action Doc. Ref: EMEA/149479/2004 Final vom 17. März 2005, 24: "Recommendations requiring amendments to the current legal framework: In order to further increase the transparency of EMEA/CHMP activities it is proposed to have public hearings in the context of the scientific evaluation process, in line with the FDA. It needs to be emphasised that this is not foreseen in current or future Community legislation."

[337] *B. Schmidt-am Busch,* Art. 168 AEUV, in: Grabitz/Hilf/Nettesheim (Hrsg.), Das Recht der Europäischen Union; *T. Kingreen,* Art. 168 AEUV, in: Calliess/Ruffert (Hrsg.), EUV, AEUV, 2011; zur Vorgängervorschrift des EGV *T. K. Hervey/J. V. McHale,* Health law and the European Union, 2004, 72 ff.; *A. Bardenhewer-Rating/F. Niggemeier,* Art. 152 EGV, in: Groeben/Schwarze (Hrsg.), Kommentar zum Vertrag über die Europäische Union und zur Gründung der Europäischen Gemeinschaft; *B. Schmidt-am Busch,* Art. 152 EGV, in: Grabitz/Hilf/Nettesheim (Hrsg.), Das Recht der Europäischen Union; *J. C. Wichard,* Art. 152 EGV, in: Calliess/Ruffert (Hrsg.), EUV, EGV, 2007.

[338] Zur Anwendung dieser sog. Querschnittsklausel im Bereich der Binnenmarktspolitik oben II. Allgemein zur Gesundheitspolitik als Aufgabe der EU *M. Kment,* Europarecht 42 (2007), 275; *G. G. Sander,* Zeitschrift für europarechtliche Studien 8 (2005), 253.

von Humankrankheiten und die Beseitigung von Ursachen für die Gefährdung der menschlichen Gesundheit gerichtet.[339] Die Gemeinschaft fördert die Zusammenarbeit zwischen den Mitgliedstaaten und unterstützt erforderlichenfalls deren Tätigkeit. Außerdem fördert sie die internationale Zusammenarbeit auf dem Gebiet des Gesundheitsschutzes. Art. 168 Abs. 4 AEUV (ex-Art. 152 Abs. 4 EGV) befugt den Rat, im ordentlichen Gesetzgebungsverfahren und nach Anhörung des Wirtschafts- und Sozialausschusses sowie des Ausschusses der Regionen Maßnahmen zur Festlegung hoher Qualitäts- und Sicherheitsstandards für Organe und Substanzen menschlichen Ursprungs sowie für Blut und Blutderivate zu treffen. Diese hindern die Mitgliedstaaten nicht, strengere Schutzmaßnahmen beizubehalten oder einzuführen, Art. 168 Abs. 4 lit. a AEUV (ex-Art. 152 Abs. 4 lit. a EGV). Der europäische Gesetzgeber ist unter Ausschluss jeglicher Harmonisierung der Rechts- und Verwaltungsvorschriften der Mitgliedstaaten zum Erlass von Fördermaßnahmen ermächtigt, die den Schutz und die Verbesserung der menschlichen Gesundheit zum Ziel haben, Art. 168 Abs. 4 lit. c AEUV (ex-Art. 152 Abs. 4 lit. c EGV).[340] Lediglich Maßnahmen ohne Regelungscharakter können Fördermaßnahmen zum Schutz und zur Verbesserung der menschlichen Gesundheit in diesem Sinne sein.[341] Nach Art. 168 Abs. 7 AEUV (ex-Art. 152 Abs. 5 EGV) wird bei den Aktivitäten der Gemeinschaft im Bereich der Gesundheit der Bevölkerung die Verantwortung der Mitgliedstaaten für die Organisation des Gesundheitswesens und die medizinische Versorgung in vollem Umfang ge-

---

339 *B. Schmidt-am Busch,* Art. 168 AEUV, in: Grabitz/Hilf/Nettesheim (Hrsg.), Das Recht der Europäischen Union, Rn. 1 ff.; *T. Kingreen,* Art. 168 AEUV, in: Calliess/Ruffert (Hrsg.), EUV, AEUV, 2011, Rn. 1 ff.; zur Vorgängervorschrift des EGV *A. Bardenhewer-Rating/F. Niggemeier,* Art. 152 EGV, in: Groeben/Schwarze (Hrsg.), Kommentar zum Vertrag über die Europäische Union und zur Gründung der Europäischen Gemeinschaft, 2003, Rn. 1 ff.; *B. Schmidt-am Busch,* Art. 152 EGV, in: Grabitz/Hilf/Nettesheim (Hrsg.), Das Recht der Europäischen Union, Rn. 1 ff.; *J. C. Wichard,* Art. 152 EGV, in: Calliess/Ruffert (Hrsg.), EUV, EGV, 2007, Rn. 1 ff.

340 Zur Möglichkeit der Harmonisierung im Bereich der Gesundheit auf Grund anderer Kompetenztitel nach dem *Tobacco Advertising* Urteil des EuGH oben 2.

341 *T. K. Hervey/J. V. McHale,* Health law and the European Union, 2004, 81.

wahrt. Art. 168 Abs. 6 AEUV sieht außerdem vor, dass die Kommission auf dem Gebiet des Gesundheitsschutzes Empfehlungen abgeben kann.

1. Richtlinie 2002/98/EG vom 27. Januar 2003 zur Festlegung von Qualitäts- und Sicherheitsstandards für die Gewinnung, Testung, Verarbeitung, Lagerung und Verteilung von menschlichem Blut und Blutbestandteilen und zur Änderung der Richtlinie 2001/83/EG[342]

Die sog. Blutrichtlinie setzt Qualitäts- und Sicherheitsstandards für den Umgang mit menschlichem Blut und Blutbestandteilen.[343] Die Richtlinie zielt unter anderem darauf, die qualitative Eignung und Sicherheit von Blut und Blutderivaten im Rahmen von Transfusionen zu gewährleisten.[344] In dieser Hinsicht erfasst sie auch den medizinischen Einsatz der genannten Substanzen unter Anwendung zell- und molekularbiologischer Methoden. Zudem fällt auch der Einsatz von Blut in der Forschung, zur Herstellung von Gütern oder zur Bereitstellung von Dienstleistungen unter die Richtlinie. Sie betrifft daher sowohl den Bereich der Biomedizin als auch den der Humanbiotechnologie.

Ziel der Richtlinie ist es, einen Beitrag zum wechselseitigen Vertrauen in die Qualität von gespendetem Blut und gespendeten Blutbestandteilen und zum Gesundheitsschutz der Spender zu leisten, die Selbstversorgung der Gemeinschaft mit Blut zu verwirklichen und das Vertrauen in die Sicherheit der Transfusionskette in allen Mitgliedstaaten zu stärken.[345] Die Richtlinie hindert gemäß Art. 4 Abs. 2 die Mitgliedstaaten nicht, in ihrem Hoheitsgebiet strengere Schutzmaßnahmen beizubehalten oder einzuführen. Die Richtlinie setzt damit entsprechend den Vorgaben der Rechtsgrundlage Mindeststandards.

Die Richtlinie regelt die Aufsicht der Mitgliedstaaten über die Blutspendeeinrichtungen (Kapitel II), insbesondere Erlaubnisvorbehalte (Art. 5) sowie Inspektionen und Kontrollmaßnahmen (Art. 8). Kapitel III regelt in seinen Bestimmungen über Blutspendeeinrichtungen personelle Erfordernisse an Verantwortlichkeit und Qualifikation (Art. 9, 10). In Kapitel IV werden Maßnahmen des Qualitätsmanagements vor-

---

[342] Abl. EG L 33/30 v. 8.2.2003.

[343] Fünfter Erwägungsgrund und Art. 2 Abs. 1.

[344] So der dritte Erwägungsgrund.

[345] 32. Erwägungsgrund.

geschrieben, insbesondere Qualitätssicherungssysteme für Blutspendeeinrichtungen (Art. 11) sowie Dokumentation der Betriebsverfahren, Leitlinien, Ausbildungs- und Referenzhandbücher sowie Berichtsformulare (Art. 12, 13). In dem Kapitel über Hämovigilanz (Kapitel V) werden Regelungen zur Rückverfolgbarkeit (Art. 14), zur Meldungspflicht bei ernsten Zwischenfällen und ernsten unerwünschten Reaktionen (Art. 15) getroffen. In Kapitel VI werden mittels Anforderungen an die Spende von Blut Bestimmungen über die Qualität und Sicherheit von Blut und Blutbestandteilen getroffen. Dies betrifft die Bereitstellung von Informationen für potentielle Spender (Art. 16), die Informationen, die von den Spendern zu verlangen sind (Art. 17), die Spendereignung (Art. 18), die Untersuchung von Spendern (Art. 19) und die Förderung von freiwilligen und unbezahlten Blutspenden (Art. 20). Durch Maßnahmen der Mitgliedstaaten soll erreicht werden, dass Blut und Blutbestandteile so weit wie möglich aus solchen Spenden stammen.

Weiterhin wird die Testung von Spenden vorgeschrieben (Art. 21) und werden Anforderungen an Lagerung, Transport und Verteilung sowie an Qualität und Sicherheit formuliert (Art. 22). Kapitel VII regelt den Schutz und die Vertraulichkeit von Daten im Umgang mit Blut und Blutprodukten insbesondere mit Blick auf die Spenderdaten. Kapitel VIII regelt die Pflichten zum Informationsaustausch, zur Berichterstattung und zu Sanktionen im Zusammenhang mit dem Umgang mit Blut.

2. Richtlinie 2004/23/EG vom 31. März 2004 zur Festlegung von Qualitäts- und Sicherheitsstandards für die Spende, Beschaffung, Testung, Verarbeitung, Konservierung, Lagerung und Verteilung von menschlichen Geweben und Zellen[346]

Die sog. Geweberichtlinie setzt Qualitäts- und Sicherheitsstandards für jegliche Aktivitäten mit menschlichen Geweben und Zellen, die zu einer Verwendung am Menschen bestimmt sind.[347] Die Regelungen der

---

[346] Abl. L 102/48 v. 7.4.2004.

[347] Hinsichtlich der Verwendung menschlicher Zellen und Gewebe für Arzneimittel für neuartige Therapien im Sinne der Verordnung (EG) Nr. 1394/2007 („neuartige Therapien"; dazu oben II. 5.) ist diese hinsichtlich Verarbeitung, Konservierung, Lagerung und Verteilung *lex specialis*, 14. Erwägungsgrund der Verordnung. Einführend zur Geweberichtlinie *W. Pühler/M. Hübner/C.-D. Middel*, Medizinrecht 25 (2007), 16.

Richtlinie sind auf die Verwendung menschlicher Substanz zu humanmedizinischen Zwecken ausgerichtet. Von der Anwendung der Richtlinie ausgenommen ist die Nutzung menschlicher Gewebe und Zellen in der Forschung.[348] Da also die Richtlinie biologische Methoden (insbesondere der Zellbiologie und des *tissue-engineering*) in der Anwendung für die Humanmedizin betrifft, zählt sie zur Unionsgesetzgebung im Bereich der Biomedizin.

Vor dem Hintergrund, dass die Transplantation von menschlichen Geweben und Zellen ein dynamischer und stark wachsender Sektor der Medizin sind, dient die Richtlinie der Schaffung einheitlicher Rahmenbedingungen für die Gewährleistung von Sicherheit und Qualität menschlicher Gewebe und Zellen. Dadurch soll in der Gemeinschaft ein hohes Gesundheitsschutzniveau gesichert werden.[349] Insbesondere soll zugunsten der Patienten der gemeinschaftsweite Austausch menschlicher Gewebe und Zellen erleichtert werden. Zell- und Gewebetherapien werden als große Chancen für die Behandlung bislang unheilbarer Erkrankungen betrachtet.[350] Die Festlegung gemeinschaftsweiter Standards bezweckt, dass die Bevölkerung sicher sein kann, dass für menschliche Gewebe und Zellen, die in anderen Mitgliedstaaten beschafft werden, die gleichen Garantien gegeben werden wie für einheimische.[351]

Die Richtlinie gilt für Gewebe und Zellen, einschließlich hämatopoietischer Stammzellen aus peripherem Blut, Nabelschnur(-blut) und Knochenmark, Geschlechtszellen (Eizellen und Samenzellen), fötale Gewebe und Zellen sowie adulte und embryonale Stammzellen. Sie belässt die Entscheidung, die Verwendung bestimmter Arten menschlicher Zellen, etwa Keimzellen und embryonale Stammzellen, zu verbieten oder zuzulassen, jedoch bei den Mitgliedstaaten; auch deren Definition der Rechtsbegriffe „Individuum" oder „Person" bleibt nach den Erwägungsgründen unberührt.[352] Die Richtlinie setzt dabei in Entsprechung zur Rechtsgrundlage Art. 152 Abs. 4 lit. a EGV Mindeststandards.

---

[348] Zehnter Erwägungsgrund.

[349] Erster Erwägungsgrund und Art. 1.

[350] Erster Erwägungsgrund.

[351] Vierter Erwägungsgrund.

[352] Zwölfter Erwägungsgrund.

Die Richtlinie trifft Regelungen zu den Pflichten der mitgliedstaatlichen Behörden bei der Überwachung der Beschaffung menschlicher Gewebe und Zellen, der Zulassung, Benennung, Genehmigung und Lizenzierung von Gewebeeinrichtungen und von Aufbereitungsverfahren für Gewebe und Zellen, sowie deren Kontrolle. Die Richtlinie schreibt Maßnahmen zur Rückverfolgbarkeit menschlicher Substanz vor (Art.8). Geregelt sind darüber hinaus auch Einfuhr und Ausfuhr menschlicher Zellen und Gewebe (Kapitel II). In Kapitel III werden die Auswahl und die Beurteilung der Spender geregelt. Die Richtlinie legt den Mitgliedstaaten auf, darauf hinzuwirken, dass Gewebe und Zellen freiwillig und unentgeltlich gespendet werden, und dass die Beschaffung von Geweben und Zellen als solche auf nichtkommerzieller Grundlage erfolgt, Art. 12. Damit wird das erklärte Ziel der Europäischen Union aufgenommen, dass die Beschaffung menschlicher Materie insgesamt nichtkommerziell und von Spenderseite altruistisch und solidarisch erfolgen soll.[353] Darüber hinaus sind bei der Spende die Einwilligungsregelungen der Mitgliedstaaten und der Schutz vertraulicher Daten zu beachten, Art. 12-14. Zudem wird in Kapitel VI ein System der Qualitätssicherung für menschliche Gewebe und Zellen vorgesehen.

3. Fazit

Auf der Grundlage des Art. 152 Abs. 4 lit. a EGV (nunmehr Art. 168 AEUV) vereinheitlicht die Union mit den Richtlinien zur Blut- und zur Gewebesicherheit die mitgliedstaatlichen Anforderungen in dieser Hinsicht auf der Ebene von Mindeststandards. Beide Richtlinien fordern von den Mitgliedstaaten, dass Spenden von Blut, Zellen und Geweben unentgeltlich und auf den Grundsätzen von Altruismus und Solidarität erfolgen. Dies soll einen Beitrag zur Sicherheit und Qualität menschlicher Materie leisten. Diese Politik führt die EU auch in der Verordnung zu neuartigen Therapien fort.[354]

---

353 Zur Forderung der nichtkommerziellen und altruistischen Spende menschlicher Gewebe und Zellen schon oben II. 5. zur Verordnung (EG) Nr. 1394/2007 („neuartige Therapien). Der Grundsatz der nichtkommerziellen Beschaffung ist auch in der Richtlinie 2002/98/EG („Blutrichtlinie“, dazu oben 1.) niedergelegt.

354 Dazu oben II. 5.

Obgleich die Bereitstellung menschlicher Materie also nicht kommerzialisiert werden soll, sind menschliches Blut, menschliche Zellen und Gewebe selbst durchaus Gegenstand von Kommerzialisierung. Blutkonserven werden kommerziell gehandelt. Werden menschliche Substanzen weiterverarbeitet, können die Produkte dieser Verarbeitung gehandelt werden, z. B. als Arzneimittel, die Zellen enthalten oder aus menschlichem Blut oder Blutplasma hergestellt werden oder als Blut- oder Gewebeprodukte.[355] Auch die Forschung an ihnen kann zu finanziellem Profit führen. Dass die Spende von menschlichen Substanzen selbstlos geschehen soll, wird vor diesem Hintergrund teilweise kritisch bewertet. Die Wertschöpfung aus menschlicher Materie solle nicht allein dem Arzt, Forscher, der pharmazeutischen Industrie oder der Gewebe- oder Blutbank zukommen. Teile des Gewinns sollten zwar nicht individuell an einzelne Spender, aber an die Solidargemeinschaft zurückfließen und der Allgemeinheit zugute kommen, die die Grundlage für die Gewinnerzielung bereitstellt.[356] Das Argument, dass die Entgeltlichkeit der Spende die Qualität und Sicherheit von gespendeten Substanzen gefährdet, greift hier nicht.

Für die Unentgeltlichkeit der Spende kann dort, wo menschliche Materie unmittelbar bei Bedürftigen eingesetzt wird, Solidarität plausibel als Wert geltend gemacht werden, auch wenn sich Gegenansichten ebenso begründen lassen mögen.[357] Dass aber ein Spender zum Altruismus angehalten werden soll gegenüber Forschern, Ärzten, Gewebebanken und Pharmaindustrie, die seine Zellen und Gewebe oder sein Blut kommerziell, also gerade nicht altruistisch und solidarisch einsetzen, ist demgegenüber von geringerer Plausibilität. Unter der Bedingung, dass der Gewinn zum Teil an die Allgemeinheit und nicht an das spendende Individuum zurückfließt, kann für die Forderung der Unentgeltlichkeit der Spende auch nicht das Argument der Sicherheit gespendeter Substanzen geltend gemacht werden.

---

[355] Vgl. hierzu Art. 2 ff. Verordnung (EG) Nr. 1394/2007 („neuartige Therapien"), dazu oben II. 5., und soeben III. 1. und 2.

[356] Dies vertritt etwa der katholische Moraltheologe Konrad Hilpert, zitiert von *C. Berndt,* Süddeutsche Zeitung (18. Juni 2008), 20.

[357] Etwa *G. Marckmann,* Menschliches Blut – altruistische Spende für kommerzielle Zwecke?, in: Taupitz (Hrsg.), Kommerzialisierung des menschlichen Körpers, 2007, 69.

IV. Beschluss Nr. 1982/2006/EG vom 18. Dezember 2006 über das Siebte Rahmenprogramm der Europäischen Gemeinschaft für Forschung, technologische Entwicklung und Demonstration (2007 bis 2013) auf der Grundlage des Art. 166 EGV, nunmehr Art. 182 Abs. 1 AEUV, als Gesetzgebung zur Humanbiotechnologie[358]

Gemäß Art. 182 Abs. 1 AEUV (ex Art. 166 Abs. 1 EGV) stellen das Europäische Parlament und der Rat im Mitentscheidungsverfahren und nach Anhörung des Wirtschafts- und Sozialausschusses ein mehrjähriges Rahmenprogramm auf, in dem alle Aktionen der Gemeinschaft im Bereich Forschung und technologische Entwicklung zusammengefasst werden.[359] Diese Kompetenz bezieht sich auf das in Art. 179 Abs. 1 AEUV (Art. 163 Abs. 1 EGV) verankerten Ziel der Union, die wissenschaftlichen und technologischen Grundlagen der Industrie in der Union zu stärken und die Entwicklung ihrer Wettbewerbsfähigkeit zu fördern sowie alle Forschungsmaßnahmen zu unterstützen, die auf Grund der Verträge für erforderlich gehalten werden. Nach Art. 180 lit. a AEUV (ex-Art. 164 lit. a EGV) führt die Union zur Erreichung der genannten Ziele Programme für Forschung, technologische Entwicklung und Demonstration durch, fördert die internationale Zusammenarbeit im Bereich der gemeinschaftlichen Forschung, technologischen Entwicklung und Demonstration (lit. b) sowie die Verbreitung und Auswertung der Ergebnisse der Tätigkeiten auf diesem Gebiet (lit. c). Zudem fördert sie die Ausbildung und Mobilität der Forscher aus der Gemeinschaft (lit. d). Dabei ergänzt sie die Aktionen der Mitgliedstaaten. Die Union und die Mitgliedstaaten koordinieren zudem ihre Tätigkeiten auf dem Gebiet der Forschung und technologischen Entwick-

---

358 Abl. EG L 412/1 v. 30.12.2006.

359 Dazu *M. Ruffert*, Art. 182 AEUV, in: Calliess/Ruffert (Hrsg.), EUV, AEUV, 2011, Rn. 1 ff.; *H. Eikenberg*, Art. 182 AEUV, in: Grabitz/Hilf/Nettesheim (Hrsg.), Das Recht der Europäischen Union, Rn. 1 ff. Zur Forschungsförderung als Aufgabe der Gemeinschaft *J. Hilf*, Vorbemerkung zu den Artikeln 163 bis 173 EGV, in: Groeben/Schwarze (Hrsg.), Kommentar zum Vertrag über die Europäische Union und zur Gründung der Europäischen Gemeinschaft, 2003, Rn. 1 ff.; s. auch *H. Eikenberg*, Vorbemerkung Art. 163–173 EGV, in: Grabitz/Hilf/Nettesheim (Hrsg.), Das Recht der Europäischen Union, Rn. 1 ff.; *A. Kallmayer*, Art. 163 EGV, in: Calliess/Ruffert (Hrsg.), EUV, EGV, 2007, Rn. 1 ff.

lung, um Kohärenz zwischen ihren forschungspolitischen Ansätzen zu erreichen, Art. 181 AEUV (Art. 165 EGV).

Nach Art. 182 Abs. 1 AEUV (ex-Art. 166 Abs. 1 EGV) werden im Rahmenprogramm die wissenschaftlichen und technologischen Ziele, die mit den Maßnahmen nach Art. 180 AEUV (ex-Art. 164 EGV) erreicht werden sollen, sowie die jeweiligen Prioritäten festgelegt (1. Sps), es werden die Grundzüge dieser Maßnahmen angegeben (2. Sps.) und der Gesamthöchstbetrag und die Einzelheiten der finanziellen Beteiligung der Gemeinschaft am Rahmenprogramm sowie die jeweiligen Anteile der vorgesehenen Maßnahmen festgelegt (3. Sps.).[360] Gemäß Art. 182 Abs. 2 AEUV (ex-Art. 166 Abs. 2 EGV) wird das Rahmenprogramm je nach Entwicklung der Lage angepasst oder ergänzt. Die Durchführung des Rahmenprogramms erfolgt durch spezifische Programme (Abs. 3), die vom Rat mit qualifizierter Mehrheit auf Vorschlag der Kommission und nach Anhörung des Europäischen Parlaments und des Wirtschafts- und Sozialausschusses beschlossen (Abs. 4). Die Rahmenprogramme enthalten die Entscheidung über die Ausrichtung der Forschungs- und Technologieentwicklungspolitik der Gemeinschaft. Sie sind politisch und rechtlich das wichtigste Instrument der Planung und Steuerung der europäischen Forschung und technologischen Entwicklung.[361]

---

[360] Zu den Inhalten von Rahmenprogrammen *H. Eikenberg,* Art. 182 AEUV, in: Grabitz/Hilf/Nettesheim (Hrsg.), Das Recht der Europäischen Union, Rn. 14 ff.; *M. Ruffert,* Art. 182 AEUV, in: Calliess/Ruffert (Hrsg.), EUV, AEUV, 2011, Rn. 2 f. Zu den Inhalten von Rahmenprogrammen nach der Vorgängervorschrift im EGV *H. Eikenberg,* Art. 166 EGV, in: Grabitz/Hilf/Nettesheim (Hrsg.), Das Recht der Europäischen Union, Rn. 43 ff.; *J. Hilf,* Art. 166 EGV, in: Groeben/Schwarze (Hrsg.), Kommentar zum Vertrag über die Europäische Union und zur Gründung der Europäischen Gemeinschaft, 2003, Rn. 5 ff.; *A. Kallmayer,* Art. 166 EGV, in: Calliess/Ruffert (Hrsg.), EUV, EGV, 2007, Rn. 3 ff.

[361] *H. Eikenberg,* Art. 182 AEUV, in: Grabitz/Hilf/Nettesheim (Hrsg.), Das Recht der Europäischen Union, Rn. 14 ff.; *M. Ruffert,* Art. 182 AEUV, in: Calliess/Ruffert (Hrsg.), EUV, AEUV, 2011, Rn. 2 f.; zur Vorgängervorschrift des EGV *H. Eikenberg,* Art. 166 EGV, in: Grabitz/Hilf/Nettesheim (Hrsg.), Das Recht der Europäischen Union, Rn. 1; s. auch *J. Hilf,* Art. 166 EGV, in: Groeben/Schwarze (Hrsg.), Kommentar zum Vertrag über die Europäische Union und zur Gründung der Europäischen Gemeinschaft, Rn. 1 ff. und *A. Kallmayer,* Art. 166 EGV, in: Calliess/Ruffert (Hrsg.), EUV, EGV, 2007, Rn. 1 ff.

Der Beschluss über das Siebte Rahmenprogramm der Europäischen Gemeinschaft für Forschung, technologische Entwicklung und Demonstration für den Zeitraum von 2007 bis 2013 (im Folgenden abgekürzt: Rahmenprogramm) weist das Budget der Forschungsförderung der Europäischen Union aus.[362] Das Rahmenprogramm soll durch die Stärkung von Wissenschaft und Technologieentwicklung als Grundlage der Wirtschaft die internationale Wettbewerbsfähigkeit der Industrie des Binnenmarktes fördern.[363] Es dient damit der Verwirklichung des in der der so genannten Lissabon-Strategie[364] niedergelegten Ziels der Europäischen Union, der wettbewerbsfähigste und dynamischste wissensbasierte Wirtschaftsraum der Welt zu werden. Zu diesem Zweck sollen die erforderlichen Forschungs- und Innovationskapazitäten gefördert und der Europäische Forschungsraum zum weltweit führenden Forschungsraum gemacht werden. Vor diesem Hintergrund soll die Förderung nach dem Rahmenprogramm an wissenschaftlicher Exzellenz ausgerichtet sein.[365]

Nach Art. 2 stellt das Rahmenprogramm Mittel in vier Bereichen zur Verfügung: "Zusammenarbeit"[366], „Ideen"[367], „Menschen"[368] und

---

362 Angesichts der unmittelbaren Außenwirkung, die Rahmenprogramme entfalten, wird befunden, dass die Verordnung die passendere Rechtsform wäre; *A. Kallmayer,* Art. 166 EGV, in: Calliess/Ruffert (Hrsg.), EUV, EGV, 2007, Rn. 1.

363 Erster Erwägungsgrund.

364 S. die Schlussfolgerungen des Vorsitzes, Europäischer Rat (Lissabon), 23. und 24. März 2000; zu der europäischen Zielsetzung einer wissensbasierten Wirtschaft *D. Archibugi/A. Coco,* Journal of Common Market Studies 43 (2005), 433; *M. João Rodrigues,* European policies for a knowledge economy, 2003.

365 Vierter Erwägungsgrund.

366 Dies erfasst die Förderung der grenzübergreifenden Zusammenarbeit von Forschungsmaßnahmen in den Bereichen Gesundheit, Lebensmittel, Landwirtschaft und Biotechnologie, Informations- und Kommunikationstechnologien, Nanowissenschaften, Nanotechnologien, Werkstoffe und neue Produktionstechnologien, Energie, Umwelt einschließlich Klimawandel, Verkehr einschließlich Luftfahrt, Sozial-, Wirtschaft- und Geisteswissenschaften, Weltraum und Sicherheit.

367 Darunter sind wissenschaftlich angeregte Forschungsarbeiten in allen Bereichen gefasst, die von einzelnen nationalen oder internationalen, auf europäischer Ebene miteinander konkurrierenden Teams durchgeführt werden.

„Kapazitäten"[369]. In Art. 4 wird der Gesamthöchstbetrag der Förderung, 50,521 Milliarden Euro, auf die einzelnen die Bereiche verteilt, wobei der größte Anteil dem Bereich „Zusammenarbeit" zukommt. Die Förderung in den einzelnen Bereichen wird gem. Art. 3 mittels spezifischer Programme durchgeführt.

Nach Art. 6 Abs. 1 werden bei allen Forschungsmaßnahmen, die nach dem Rahmenprogramm gefördert werden, die ethischen Grundprinzipien beachtet.[370] Nach Abs. 2 sind bestimmte Forschungsbereiche von der Förderung ausgeschlossen. Dazu zählen Forschungstätigkeiten mit dem Ziel des Klonens von Menschen zu Reproduktionszwecken, zur Veränderung des Erbguts des Menschen, durch die solche Änderung vererbbar werden können (Keimbahnintervention) und zur Züchtung menschlicher Embryonen ausschließlich zu Forschungszwecken oder zur Gewinnung von Stammzellen, auch durch Kerntransfer somatischer Zellen. Nach Abs. 3 werden diese Forschungsbereiche für die zweite Phase der Förderung gemäß dem Rahmenprogramm (2010 bis 2013) unter Berücksichtigung des wissenschaftlichen Fortschritts überprüft. Im Übrigen darf Forschung an adulten und an embryonalen menschlichen Stammzellen nach Maßgabe sowohl des Inhalts des wissenschaftlichen Vorschlags als auch der rechtlichen Rahmenbedingungen des betreffenden Mitgliedstaates gefördert werden. Auf die geförderte Forschung an Stammzellen finden die jeweiligen rechtlichen Rahmenbedingungen des Mitgliedstaates zu Genehmigungs- und Kontrollmaßnahmen uneingeschränkt Anwendung, Abs. 3. Die mitgliedstaatliche

---

[368] Unter dieser Überschrift soll das Humanpotenzial in der Forschung und technologischen Entwicklung in Europa sowie die Mobilität von Forschern quantitativ und qualitativ gefördert werden.

[369] In diesem Bereich sollen zentrale Aspekte der europäischen Forschungs- und Innovationskapazitäten strukturell gefördert werden. Dazu zählen z. B. Infrastruktur, regionale Clusterbildung und die Entwicklung politischer Konzepte.

[370] Vgl. auch 30. Erwägungsgrund: „Bei den im Rahmen des Siebten Rahmenprogramms unterstützten Forschungstätigkeiten sollten ethische Grundprinzipien beachtet werden, einschließlich derjenigen, die in der Charta der Grundrechte der Europäischen Union ihren Niederschlag gefunden haben." Zur ethischen Relevanz der Rahmenprogramme *A. Plomer*, European Law Journal 14 (2008), 839; zur Steuerungswirkung der Rahmenprogramme im Bereich der Stammzellforschung *T. K. Hervey/H. Black*, Maastricht journal of European and comparative law 12 (2005), 11, 38 ff.

Entscheidung, bestimmte Formen der Stammzellforschung zu verbieten oder einzuschränken, bleibt damit unberührt. In der Bundesrepublik dürfen Forschungsprojekte im Anwendungsbereich des Stammzellgesetzes[371] und des Embryonenschutzgesetzes[372] damit nur in deren engen Grenzen gefördert werden. Zur Frage der Förderung von Forschung mit embryonalen Stammzellen existiert außerdem auf Bestreben der Bundesrepublik eine Protokollerklärung der Kommission, nach der keine Projekte gefördert werden, in deren Rahmen die Zerstörung menschlicher Embryonen intendiert ist.[373] Diese Protokollerklärung wird, obgleich sie nicht Textbestandteil des Rahmenprogramms ist, als für das Handeln der Kommission im Rahmen der Förderungsvergabe verbindlich betrachtet.[374]

Das Forschungsrahmenprogramm enthält weder Gebote noch Verbote für Forschung und Entwicklung. Die Förderung bestimmter Bereiche und der Ausschluss anderer Gebiete von der europäischen Forschungsförderung nach dem Rahmenprogramm betreffen nicht die rechtlichen Handlungsmöglichkeiten von Forschern und Forschungseinrichtungen. Es ist kein Instrument direkter rechtlicher Steuerung, sondern es schafft ökonomische Anreize für bestimmtes, gewünschtes Verhalten der relevanten Akteure.[375] Durch die Finanzierung von Forschungsbereichen sollen Forscher und Forschungseinrichtungen motiviert werden, ihre Tätigkeit in diesem Gebiet zu verstärken. In Bereichen, die von der Förderung ausgeschlossen sind, soll keine Motivation zur Betätigung geschaffen werden. Da Forschung nach dem Rahmenprogramm jedoch

---

[371] Gesetz zur Sicherstellung des Embryonenschutzes im Zusammenhang mit Einfuhr und Verwendung menschlicher embryonaler Stammzellen (Stammzellgesetz – StZG), vom 28. Juni 2002 (BGBl. I 2277), zuletzt geändert durch Artikel 1 des Gesetzes vom 14. August 2008 (BGBl. I 1708).

[372] Gesetz zum Schutz von Embryonen (Embryonenschutzgesetz – ESchG), vom 13. Dezember 1990 (BGBl. I 2746), geändert durch Artikel 22 des Gesetzes vom 23. Oktober 2001 (BGBl. I 2702).

[373] Zu dieser Erklärung der Kommission noch unten Kap. 5 II. 4. b., Fn. 842 mit der Wiedergabe des Volltexts.

[374] So Bundesministerin Annette Schavan in Pressemitteilung 135/2006 des BMBF vom 25. Juli 2006. Zur Bedeutung der Protokollerklärung noch unten Kap. 5 III. 2. b.

[375] *T. K. Hervey/H. Black,* Maastricht journal of European and comparative law 12 (2005), 11, 38.

nur nach Maßgabe der rechtlichen Rahmenbedingungen der Mitgliedstaaten gefördert werden darf, ist die Steuerungswirkung des Rahmenprogramms wiederum durch diese prädeterminiert.

Wie sich insbesondere aus den Vorschriften zur Vereinbarkeit der Forschung mit ethischen Grundsätzen ergibt, ist in der Förderung nach dem Rahmenprogramm auch die Forschung an menschlicher Materie eingeschlossen. Die Nutzung humaner Stammzellen zu Erkenntniszwecken (in der Grundlagenforschung) oder zur Entwicklung von Anwendungen (in der Technologieforschung) zählt zum Bereich der Humanbiotechnologie. Insofern übt das Rahmenprogramm Steuerung in diesem Bereich aus und kann es damit als Rechtsakt zur Humanbiotechnologie betrachtet werden.

Kapitel 3. Die Gesetzgebung der Union zur Biomedizin und Humanbiotechnologie: Politische Spannungslagen und Herausforderungen der Legislative in ihrer demokratischen Funktion

Mit diesem Kapitel wird die Unionsgesetzgebung zur Biomedizin und Humanbiotechnologie auf politische Spannungslagen und Herausforderungen der Legislative in ihrer legitimatorischen Funktion hin untersucht, die das Rechtsgebiet strukturell kennzeichnen, teilweise aber auch über dieses hinaus verweisen. Die Aspekte, die hier herausgearbeitet werden, begründen zugleich die Auswahl der Gesetzgebung zur Biomedizin und Humanbiotechnologie als Referenzgebiet der demokratietheoretischen Untersuchung des Mitentscheidungsverfahrens. Sie bilden im Weiteren die Grundlage für die Formulierung von Fragestellungen und Hypothesen, die die Untersuchung der Praxis des Mitentscheidungsverfahrens anhand des Referenzgebiets strukturieren.

I. Ebenenspezifische Strukturen des Rechtsgebiets

Die Unionsgesetzgebung zur Biomedizin und Humanbiotechnologie ist Beispiel für eine Reihe von Aspekten der Funktionsweise, Komplexität und politischen Offenheit des Kompetenzgefüges zwischen Europäischer Union und Mitgliedstaaten einerseits und für die Spannung zwischen Zielen europäischer Integration andererseits. Es ist zu erwarten, dass diese Aspekte in Mitentscheidungsprozessen als Fragen der Kompetenzabgrenzung und -behauptung sowie der Abwägung konkurrierender Integrationsziele relevant werden, die politische Uneinigkeit innerhalb der Organe und zwischen ihnen hervorrufen. Da diese politischen Spannungslagen durch die Verfasstheit der Union strukturell bedingt sind, lässt die Untersuchung der Praxis des Mitentscheidungsverfahrens anhand von Gesetzgebungsprozessen im Bereich der Biomedizin und Humanbiotechnologie mit Blick auf ihre Behandlung im Verfahren Erkenntnisse erwarten, die auch für andere Integrationsbereiche Geltung beanspruchen können.

1. Kompetenzabgrenzung zwischen Europäischer Union und Mitgliedstaaten

Das Recht der Biomedizin und Humanbiotechnologie der Europäischen Union beruht auf verschiedenen Rechtsgrundlagen, die in der von ihnen erfassten Materie die Zuständigkeit auf unterschiedliche Weise zwischen der supranationalen und der mitgliedstaatlichen Ebene verteilen.[376] Es ist unter dem Gesichtspunkt der Kompetenzverteilung nicht einheitlich strukturiert. Die Kompetenzvorschriften, die im Bereich der Gesetzgebung zur Biomedizin und Humanbiotechnologie zur Anwendung kommen,[377] unterscheiden sich vor allem in Hinblick auf die Regelungsdichte, zu der der europäische Gesetzgeber ermächtigt ist: Der Bereich des Verkehrs von Waren, Personen, Dienstleistungen und Kapital zwischen den Mitgliedstaaten ist im Rahmen der Binnenmarktkompetenz der supranationalen Ebene umfassend zur De- und Reregulierung zugewiesen.[378] Insoweit sich die Gesetzgebung zur Biomedizin und Humanbiotechnologie auf die Kompetenz zur Rechtsangleichung im Bereich des Binnenmarktes stützt, ist der Gesetzgeber zur umfassenden Harmonisierung der mitgliedstaatlichen Vorschriften ermächtigt.[379] Des Weiteren finden sich im Rechtsgebiet der Biomedizin und

---

[376] Zu den einzelnen Kompetenzen oben Kap. 2 II., III., IV.

[377] Siehe dazu oben Kap. 2 I., II., III., IV.

[378] Zur Binnenmarktkompetenz bereits oben Kap. 2 II.

[379] Auf dieser Grundlage vereinheitlicht EU-Gesetzgebung durch die Arzneimittelrichtlinien die mitgliedstaatlichen Regelungen zur Herstellung, zum Vertrieb und zur Verwendung von Arzneimitteln, dazu oben II. 4. und 5., sowie durch die Biopatentrichtlinie mit der Ausnahme des Bereichs der ordre-public-Klausel das mitgliedstaatliche Patentrecht im Bereich biotechnologischer Erfindungen. Hierzu oben II. 1. Dabei liegt der Vollzug des Gemeinschaftsrechts, d.h. die Exekutivfunktion zur Gesetzgebung der EU grundsätzlich bei den Mitgliedstaaten. Diese Struktur der vertikalen Verteilung legislativer und exekutiver Funktion zwischen der supranationalen und der mitgliedstaatlichen Ebene (hierzu *I. Pernice,* Common Market Law Review 36 (1999), 703, 725) bildet das zentrale Vollzugskonzept supranationaler Gesetzgebung, vgl. Art. 10 EG; zum Vollzugskonzept *E. Schmidt-Aßmann,* Der Europäische Verwaltungsverbund und die Rolle des Europäischen Verwaltungsrechts, in: Schmidt-Aßmann (Hrsg.), Der europäische Verwaltungsverbund, 2005, 1, 2. Um im Rahmen dieses Vollzugskonzepts eine effektive Implementierung der vom Gesetzgeber vorgesehenen Rechte und Pflichten zu gewährleisten, müssen die mitgliedstaatlichen Pflichten, d.h. die Pflichten der zuständigen mitgliedstaatlichen Behör-

Humanbiotechnologie aber auch Kompetenzkonstellationen, in denen der Handlungsspielraum des europäischen Gesetzgebers durch Subsidiaritätserwägungen begrenzt wird. Art. 168 Abs. 4 lit. a AEUV (ex-Art. 152 Abs. 4 lit. a. EGV) ermächtigt die Europäische Union im Bereich der Qualität und Sicherheit extrakorporaler menschlicher Materie lediglich dazu, Mindeststandards zu setzen. Dementsprechend schließen die Blut- und die Geweberichtlinie strengere mitgliedstaatliche Qualitäts- und Sicherheitsstandards nicht aus.[380] Das Kompetenzgefüge zwischen Europäischer Union und Mitgliedstaaten begrenzt den Handlungsraum des supranationalen Gesetzgebers weiterhin dort, wo die Rechtslage in den Mitgliedstaaten die Steuerungswirkung europäischer Gesetzgebung prädeterminiert: Forschungsmittel nach dem Rahmenprogramm werden vergeben, soweit die Forschung nach der mitglied-

---

den, mit den Mitgliedstaaten abgestimmt werden. Dies erfordert Koordination und Kooperation zwischen den Funktionsträgern, d.h. zwischen dem supranationalen Gesetzgeber und der mitgliedstaatlichen Exekutive, und zwar nicht erst im Vollzugsstadium, sondern auch schon im Rahmen der legislativen Rechtserzeugung, durch die die exekutiven Aufgaben der Mitgliedstaaten bzw. ihrer Behörden festgelegt werden; dazu *P. Dann,* Die politischen Organe, in: Bogdandy/Bast (Hrsg.), Europäisches Verfassungsrecht, 2009, 335, 343 ff.; *E. Schmidt-Aßmann,* Der Europäische Verwaltungsverbund und die Rolle des Europäischen Verwaltungsrechts, in: Schmidt-Aßmann (Hrsg.), Der europäische Verwaltungsverbund, 2005, 1, 2. Dadurch wird das Gesetzgebungsverfahren zum Ort der Abstimmung zwischen supranationaler und mitgliedstaatlicher Ebene im Rahmen des genannten Vollzugskonzepts. Im Bereich der Biomedizin und Humanbiotechnologie gibt es jedoch auch eine der seltenen Ausnahmen von diesem: Mit der zentralisierten Arzneimittelzulassung durch die Kommission unter Beteiligung der Europäischen Arzneimittel-Agentur nach der Verordnung zur Festlegung von Gemeinschaftsverfahren für die Genehmigung und Überwachung von Human- und Tierarzneimitteln und zur Errichtung einer Europäischen Arzneimittel-Agentur wird auch die Exekutivfunktion zu supranationaler Gesetzgebung auf der supranationalen Ebene ausgeübt; dazu oben Kap. 2 II. 4., 5. Weiterhin liegt aber die Zulassung bestimmter Arzneimittel bei den Mitgliedstaaten (dezentralisiertes Verfahren), dazu oben Kap. 2 II. 3. Es existieren damit im Bereich der Arzneimittelzulassung zwei Konzepte der Verteilung legislativer und exekutiver Funktionen zwischen der Union und den Mitgliedstaaten.

[380] Hierzu oben Kap. 2 III. 1. und 2. Auch für den Schutz der Teilnehmer an klinischen Versuchen auf europäischer Ebene setzt europäische Gesetzgebung lediglich Mindestanforderungen fest, obgleich Art. 95 EGV als Rechtsgrundlage zu vollumfänglicher Harmonisierung ermächtigt. Hierzu oben Kap. 2 II. 2.

staatlichen Gesetzgebung zulässig ist.[381] Die Anreizwirkung der Biopatentrichtlinie gegenüber innovativer Betätigung im Bereich der Biotechnologie wird ebenfalls durch mitgliedstaatliche Einschränkungen der Forschung begrenzt.[382]

Begreift man die Verteilung legislativer Kompetenzen zwischen der europäischen und der mitgliedstaatlichen Ebene als Abwägung „zwischen dem Ziel einer einheitlichen Gestaltung der Rechts- und Lebensverhältnisse in der Union und dem Ziel der Wahrung der mitgliedstaatlichen Freiheit zur Bewahrung von Diversität und Vielfalt“[383], stehen die verschiedenen dargestellten Kompetenzkonstellationen für unterschiedliche Gewichtungen zweier Erwägungen, die in einem Spannungsverhältnis zueinander stehen. Dass dabei die Wahrung der Vielfalt mitgliedstaatlicher Rechtsordnungen eine Grenze der europäischen Integration darstellen kann, erkennt das Primärrecht mit Art. 4 Abs. 2 EUV an. Demnach achtet die Europäische Union die nationale Identität ihrer Mitgliedstaaten.[384]

Auch wenn die Abwägung zwischen Einheit und Vielfalt jenseits dieses Vorbehalts allgemein durch die differenzierte Kompetenzordnung der Verträge vorgegeben ist, grenzt diese doch die Handlungsräume der supranationalen Union und der Mitgliedstaaten nicht abschließend ab.[385] Die Kompetenzbestimmungen der EU sind vielfach so offen und vage formuliert, dass sie die Handlungsräume von Europäischer Union

---

[381] Hierzu oben Kap. 2 IV.

[382] Hierzu oben Kap. 2 II. 1.

[383] *M. Nettesheim,* Kompetenzen, in: Bogdandy (Hrsg.), Europäisches Verfassungsrecht, 2003, 415, 459.

[384] Zum Gehalt der Vorgängervorschrift Art. 6 Abs. 3 EUV mit Nachweisen der umfangreichen Literatur zur Bedeutung der nationalen Identität im Rahmen europäischer Integration *B. Beutler,* Art. 6 EUV, in: Groeben/Schwarze (Hrsg.), Kommentar zum Vertrag über die Europäische Union und zur Gründung der Europäischen Gemeinschaft, 2003, Rn. 195 ff.; *M. Hilf/F. Schorkopf,* Art. 6 EUV, in: Grabitz/Hilf/Nettesheim (Hrsg.), Das Recht der Europäischen Union, Rn. 72 ff.; *A. Puttler,* Art. 6 EUV, in: Calliess/Ruffert (Hrsg.), EUV, EGV, 2007, Rn. 42 ff.

[385] Aus politikwissenschaftlicher Sicht *H. Farrell/A. Windhoff-Héritier,* West European Politics 30 (2007), 227, 228; aus den Rechtswissenschaften *M. Nettesheim,* Kompetenzen, in: Bogdandy/Bast (Hrsg.), Europäisches Verfassungsrecht, 2009, 389, 400; *I. Pernice,* European Law Review 27 (2002), 511, 525.

und Mitgliedstaaten nicht klar und effektiv abgrenzen.[386] Dass die Kompetenztitel der Interpretation bedürfen, zeigen die vielfältigen Auseinandersetzungen um die Auslegung von Kompetenznormen, die final vom EuGH entschieden werden.[387] Die Umstrittenheit der Zuständigkeiten auch im Bereich der Gesetzgebung zur Biomedizin und Humanbiotechnologie zeigt das Verfahren, das die Niederlande gegen die Biopatentrichtlinie angestrengt haben. Sie beantragten vor dem EuGH die Nichtigerklärung der Richtlinie unter anderem aus dem Grund, dass sie das Subsidiaritätsprinzip verletze.[388]

Die Handlungsräume von Mitgliedstaaten und Europäischer Union werden vielfach erst ausgehandelt, wenn die Kompetenzordnung der Verträge angewandt wird. Dies gilt auch und gerade im Rahmen der Gesetzgebung. Das aber macht das Gesetzgebungsverfahren zum Ort der Verhandlung von Handlungsräumen zwischen europäischer und mitgliedstaatlicher Ebene.[389] In der Frage der Kompetenzabgrenzung besteht dabei eine politische Spannungslage zwischen Einheit und Vielfalt. Die Frage der Kompetenzabgrenzung stellt damit im Rahmen des Prozesses europäischer Gesetzgebung und somit auch im Mitentscheidungsverfahren potentiell einen Aspekt dar, in dem es zwischen den am Verfahren beteiligten Akteuren zu Uneinigkeiten kommen kann, die im Verfahren aufgelöst werden müssen, damit Gesetzgebung möglich ist.

Das Rechtsgebiet der Biomedizin und Humanbiotechnologie steht für eine Mehrzahl allgemein im Rahmen der supranationalen Integration wirksamer Konstellationen der gegenseitigen Kompetenzbegrenzung der Europäischen Union und der Mitgliedstaaten. Es eröffnet die Mög-

---

[386] *M. Nettesheim,* Kompetenzen, in: Bogdandy/Bast (Hrsg.), Europäisches Verfassungsrecht, 2009, 389, 400.

[387] Beispiele sind das schon genannte *Tobacco Advertising* Urteil, vgl. Fn 213 oben, und oben I. 2. vor a.; und im Referenzgebiet das Urteil des Gerichtshofes vom 9. Oktober 2001 in der Rs. C-377/98 (Niederlande / Europäisches Parlament und Rat).

[388] Die Niederlande scheiterten damit aber; Urteil des EuGH vom 9. Oktober 2001 in der Rs. C-377/98 (Niederlande / Europäisches Parlament und Rat), Slg. 2001 I-7079. Dazu *K. Frahm/J. Gebauer,* Europarecht 37 (2002), 78; *C. Calliess/C. Meiser,* Juristische Schulung 42 (2002), 426.

[389] *H. Farrell/A. Windhoff-Héritier,* West European Politics 30 (2007), 227, 228. Dies zeigt auch die Praxis des Mitentscheidungsverfahrens im Bereich der Gesetzgebung zur Biomedizin und Humanbiotechnologie, dazu unten Kap. 5 III. 2. a.

lichkeit, das Mitentscheidungsverfahren als Mechanismus der politischen Aushandlung von Handlungsräumen zwischen der supranationalen und der mitgliedstaatlichen Ebene zu analysieren.

2. *Konkurrenz von Integrationszielen*

Ein weiterer Gesichtspunkt, unter dem das Recht der Biomedizin und Humanbiotechnologie ebenenspezifische Strukturen aufweist, ist das Verhältnis unterschiedlicher politischer Ziele europäischer Integration. Dies ist nicht vorwiegend eine Frage der Zuständigkeiten der Union. Von Bedeutung ist vielmehr, auf welche Weise die Union im Rahmen der Betätigung ihrer Kompetenzen eine bestimmte wirtschaftspolitische Programmatik, die einer grundsätzlich auf freiem Wettbewerb basierenden Marktwirtschaft,[390] mit Zielen abgleicht, die ein Eingreifen in den Markt erfordern. Die Strukturen, die im Bereich der Gesetzgebung zur Biomedizin und Humanbiotechnologie das Verhältnis des sozialen Ziels des Gesundheitsschutzes[391] oder den Schutz der Menschenwürde und von Individualrechtsgütern mit wirtschaftspolitischen Zielen kennzeichnen, prägen ähnlich auch andere Bereiche europäischer Integration, in denen wirtschaftspolitische Ziele etwa mit dem Umwelt- und Verbraucherschutz konkurrieren.[392] Die wirtschaftliche Integration, die

---

[390] Dazu schon oben Kap. 2 II. 6., und im Einzelnen *U. R. Haltern,* Europarecht, 2007, 535 ff., der das Konzept der freien Wettbewerbswirtschaft als ratio der Politiken des Gemeinsamen Marktes, der Zoll- und Währungsunion rekonstruiert. Es umfasst insbesondere die Unterwerfung aller Produktionsfaktoren unter das Wettbewerbsprinzip. Freie Wettbewerbswirtschaft als Leitbild der Wirtschaftsintegration *A. von Bogdandy,* Art. 2 EGV, in: Grabitz/Hilf/Nettesheim (Hrsg.), Das Recht der Europäischen Union, Rn. 61 ff.

[391] Zur Verpflichtung auf ein hohes Niveau des Gesundheitsschutzes im Rahmen der Binnenmarktpolitik bereits oben Kap. 2 II.

[392] Zur Verpflichtung des europäischen Gesetzgebers auf ein hohes Schutzniveau in diesen Bereichen im Rahmen der Binnenmarktkompetenz *W. Kahl,* Art. 114 AEUV, in: Calliess/Ruffert (Hrsg.), EUV, AEUV, 2011, Rn. 33 ff., *C. Tietje,* Art. 114 AEUV, in: Grabitz/Hilf/Nettesheim (Hrsg.), Das Recht der Europäischen Union, Rn. 141 ff., 146; *J. Pipkorn/A. Bardenhewer-Rating/H. Claudius Taschner,* Art. 95 EGV, in: Groeben/Schwarze (Hrsg.), Kommentar zum Vertrag über die Europäische Union und zur Gründung der Europäischen Gemeinschaft, 2003, Rn. 70 ff.; *C. Tietje,* Art. 95 EGV, in: Grabitz/Hilf/Nettesheim (Hrsg.), Das Recht der Europäischen Union, Rn. 65 ff.; speziell zum Gesundheitsschutz als Querschnittsaufgabe europäischer Politik *M.*

nach Art. 3 EUV eines der zentralen Ziele der Europäischen Union ist, ist nicht mehr von sozial- und umweltpolitischen Zielsetzungen entkoppelt, wie es sie über weite Strecken hinweg gekennzeichnet hat.[393] Nach Art. 3 Abs. 3 EUV ist das wirtschaftspolitische Leitbild der EU die „wettbewerbsfähige soziale Marktwirtschaft".

Ob gegenüber den wirtschaftspolitischen Erwägungen des freien Wettbewerb, der Vollbeschäftigung und der internationalen Wettbewerbsfähigkeit der EU (Art. 3 Abs. 3 EUV) soziale und ökologische Erwägungen aber volle Gleichwertigkeit haben, wird weiterhin diskutiert. Teilweise wird dabei die freie Wettbewerbswirtschaft als Ziel gegenüber anderen Integrationszielen prinzipiell für vorrangig gehalten.[394]

Im Bereich der Biomedizin und Humanbiotechnologie verfolgt die Union das Ziel des Gesundheitsschutzes weitgehend auf der Basis der Harmonisierungskompetenz im Bereich des Binnenmarktes (114 AEUV; ex-Art. 95 EGV). Nach Art. 114 Abs. 3 AEUV (ex-Art. 95 Abs. 3 EGV) ist der Gesundheitsschutz Bestandteil der Verwirklichung des Binnenmarktes. Der Erwägung der integrierten, freien Wettbewerbswirtschaft steht daher in diesem Bereich das sozialpolitische Ziel eines hohen Gesundheitsschutzniveaus zur Seite. Zwar kann diesem nach der Interpretation des EuGH bei der Rechtsetzung maßgebende Bedeutung zukommen. Eine Maßnahme auf der Grundlage der Binnenmarktkompetenz muss gleichwohl objektiv im Kern dazu dienen, den Binnenmarkt zu errichten oder sein Funktionieren zu gewährleis-

---

Kment, Europarecht 42 (2007), 275; *G. G. Sander,* Zeitschrift für europarechtliche Studien 8 (2005), 253.

393 Hierzu *F. W. Scharpf,* Journal of Common Market Studies 40 (2002), 645, 646; s. auch *M. Zuleeg,* Art. 2 EGV, in: Groeben/Schwarze (Hrsg.), Kommentar zum Vertrag über die Europäische Union und zur Gründung der Europäischen Gemeinschaft, 2003, Rn. 1. Speziell für die Entwicklung der „ökologischen Dimension" des Binnenmarktes *W. Kahl,* Umweltprinzip und Gemeinschaftsrecht, 1993, 1 ff.

394 *J. Basedow,* Zielkonflikte und Zielhierarchien im Vertrag über die EG, in: Due/Everling (Hrsg.), Festschrift für Ulrich Everling, 1995, 49, der vertritt, dass die freie Wettbewerbswirtschaft als Ziel gegenüber anderen Integrationszielen prinzipiell vorrangig ist. Anderer Ansicht aber *A. von Bogdandy,* Art. 2 EGV, in: Grabitz/Hilf/Nettesheim (Hrsg.), Das Recht der Europäischen Union, Rn. 61 ff.; s. zur Diskussion auch *M. Zuleeg,* Art. 2 EGV, in: Groeben/Schwarze (Hrsg.), Kommentar zum Vertrag über die Europäische Union und zur Gründung der Europäischen Gemeinschaft, 2003, 1 ff.

ten. Es muss Zweck der Maßnahme sein, Handelsschranken abzubauen oder ihre Entwicklung zu verhindern.[395]

Insgesamt steht die Gesundheitspolitik in einem engen Zusammenhang mit der wirtschaftspolitischen Zielsetzung des Binnenmarktes:[396] Der Binnenmarkt ist das zentrale gesundheitspolitische Instrument der Union, die über spezielle Kompetenzen in diesem Bereich nur sehr eingeschränkt verfügt.[397] Diese Konstellation bildet den Hintergrund des Ausgleichs zwischen wirtschafts- und gesundheitspolitischen Erwägungen im Bereich der Gesetzgebung zur Biomedizin und Humanbiotechnologie. Die in dieser Hinsicht getroffenen Entscheidungen sind insbesondere im Bereich des Arzneimittelrechts zum Teil als nachteilig für das Ziel des hohen Gesundheitsschutzes kritisiert worden.[398] Gesundheitspolitische Erwägungen seien hinter der Orientierung auf das effiziente und freie Funktionieren des Marktes zurückgeblieben. Konflikte zwischen marktschaffender/marktfördernder und marktbegrenzender Zielsetzung finden sich auch im Bereich des Ausgleichs zwischen Wirtschaftspolitik und Umweltschutz oder Verbraucherschutz. Umweltschutz und Verbraucherschutz auf die gleiche Weise wie der Gesundheitsschutz in die Binnenmarktpolitik integriert, so dass für diese Ziele eine vergleichbare Konstellation wie im Bereich des Gesundheitsschutzes besteht.[399]

Eine weitere Konstellation, in der verschiedene Integrationsziele konkurrieren, besteht zwischen der Ausrichtung der europäischen Integration an der freien Wettbewerbswirtschaft und am Wirtschaftswachstum und der Zielsetzung, Menschenwürde und Individualrechtsgütern zu

---

[395] So der EuGH im *Tobacco Advertising* Urteil, vgl. Fn 213 oben und II. vor 1.

[396] Zur instrumentellen Bedeutung des Binnenmarktes für andere Integrationsziele *A. von Bogdandy,* Art. 2 EGV, in: Grabitz/Hilf/Nettesheim (Hrsg.), Das Recht der Europäischen Union, Rn. 37.

[397] Dazu bereits oben Kap 2. III.

[398] Dazu oben unter Kap 2 II. 1.-5.

[399] Der Umweltschutz ist ähnlich wie der Gesundheitsschutz mit einer sog. Querschnittsklausel im Primärrecht verankert, nach der die Erfordernisse des Umweltschutzes bei der Festlegung und Durchführung aller Unionspolitiken einbezogen werden müssen, Art. 11 AEUV.

gewährleisten.[400] Zum Schutz und zur Wahrung von Menschenwürde und Individualrechtsgütern ist die Europäische Union nach der Rechtsprechung des EuGH verpflichtet.[401] Zudem macht die Charta der Grundrechte der Europäischen Union[402] den Schutz und die Wahrung von Menschenwürde und Grundrechten zum Ziel der Europäischen Union. Die Biopatentrichtlinie ist ein Beispiel dafür, wie eine wirtschaftspolitische Erwägung mit dem Ziel der Wahrung der Menschenwürde und dem Schutz von Individualrechtsgütern in Spannung tritt.[403] Nach dieser ist die Patentierbarkeit menschlicher Materie aus Gründen des Schutzes der Menschenwürde, aus der insbesondere das Verbot der Kommerzialisierung des menschlichen Körpers abgeleitet wird, ausgeschlossen.[404] Dem wirtschaftspolitischen Ziel, die Wirtschaft zu fördern, steht damit das Ziel der Wahrung der Menschenwürde und der Grundrechte, auf das die Europäische Union sich verpflichtet hat, begrenzend gegenüber. Hierin konkurrieren marktfördernde und marktbegrenzende Zielsetzungen.

Die Abwägung zwischen verschiedenen Integrationszielen, die auf der einen Seite die Freisetzung und Förderung von Marktkräften und auf der anderen Seite den Eingriff in den Markt fordern,[405] ist nicht ab-

---

[400] Siehe hierzu für die Politik der EU im Bereich des rechtlichen Schutzes biotechnologischer Erfindungen *E. R. Gold/A. Gallochat,* European Law Journal 7 (2001), 331; *L. Nenow,* Houston journal of international law 23 (2001), 569, 580 ff.; auch *H. Busby/T. K. Hervey/A. Mohr,* European Law Review 33 (2008), 803, 809 ff.

[401] Zur „Erfindung der europäischen Grundrechte" durch den EuGH *S. Buckel,* Subjektivierung und Kohäsion, 2007, 250 ff.

[402] Charta der Grundrechte der Europäischen Union, vom Europäischen Rat am 7. Dezember 2000 feierlich proklamiert, Abl. C 364/1.

[403] *E. R. Gold/A. Gallochat,* European Law Journal 7 (2001), 331; *L. Nenow,* Houston journal of international law 23 (2001), 569, 580 ff.; auch *H. Busby/T. K. Hervey/A. Mohr,* European Law Review 33 (2008), 803, 809 ff.

[404] Hierzu oben Kap. 2 II. 1. S. auch Art. 1, 3 Abs. 2 der Grundrechtecharta.

[405] Eingriffe in den Markt dienen auch dort dem Ziel des Gesundheitsschutzes, wo die Wirtschaft als Motor und Mittel der Erreichung eines hohen Gesundheitsschutzniveaus betrachtet wird: Dies ist besonders deutlich im Fall der auf Art. 95 basierenden Verordnung (EG) Nr. 141/2000 des Europäischen Parlaments und des Rates vom 16. Dezember 1999 über Arzneimittel für seltene Leiden, mit der Anreize für die Entwicklung von Arzneimitteln für seltene Lei-

schließend primärrechtlich vorgegeben. Hierüber muss im politischen Prozess entschieden werden. Auch die Bedeutung der Menschenwürde für konkrete biomedizinische und humanbiotechnologische Wissenschaft und Praxis muss im politischen Prozess bestimmt werden.[406] Die Menschenwürde ist nach der Charta der Grundrechte der EU unantastbar (Art. 1). Die Menschenwürdegarantie bedarf aber der Konkretisierung mit Blick darauf, was sie gewährleistet und wodurch sie verletzt wird. Hierüber besteht im Bereich der Biomedizin und Humanbiotechnologie – dies zeigt die Verfahrensgeschichte der Biopatentrichtlinie[407] – politisch häufig nachhaltige Uneinigkeit. Die Offenheit des ethisch-rechtlichen Konzepts der Menschenwürde und die tiefgreifende Uneinigkeit über seine Bedeutung für konkrete Anwendungsfragen im Bereich der Biomedizin und Humanbiotechnologie fordern demokratische Institutionen und Verfahren heraus. Darauf wird im Folgenden noch einzugehen sein.[408] Hier genügt zunächst die Feststellung, dass die Menschenwürde und der Schutz von Individualrechtsgütern in Konkurrenz zu wirtschaftspolitischen Erwägungen stehen können. Wegen der Konkretisierungsbedürftigkeit des Konzepts der Menschenwürde für konkrete Anwendungsfälle im Bereich der Biomedizin und Humanbiotechnologie wird im Rahmen der Gesetzgebung politisch verhandelt und entschieden, welche Bedeutung ihr gegenüber wirtschaftspolitischen Erwägungen, wie der der Förderung biotechnologischer Innovationen durch das Patentrecht, zukommt. Dies zeigt die Praxis des Mitentscheidungsverfahrens, die im Folgenden noch dargestellt wird.[409] Das Recht der Biomedizin und Humanbiotechnologie lenkt damit den Blick auf das Mitentscheidungsverfahren als Verfahren, in dem Zielkonflikten politisch zu behandeln und zu lösen sind, und in dem marktbe-

---

den durch die pharmazeutische Industrie gesetzt werden, v.a. ein Marktexklusivitätsrecht (Art. 8).

[406] Die Menschenwürde der europäischen Grundrechtscharta wird vor dem Hintergrund der Pluralität der Annahmen der Mitgliedstaaten in die Nähe eines „formelhaften Scheinkonsenses" gerückt, *S. Rixen,* § 9, Würde des Menschen als Fundament der Grundrechte, in: Heselhaus (Hrsg.), Handbuch der europäischen Grundrechte, 2006, 335, Rn. 1 und ff.; auf der Ebene konkreter Probleme komme die Pluralität der Begründungsoptionen der Menschenwürde zum Vorschein.

[407] Dazu noch unten Kap. 5.

[408] Unten II. 1.

[409] Unten Kap. 5.

grenzende Erwägungen wie der Gesundheitsschutz, die Menschenwürde und Grundrechte in ihrer Bedeutung konkretisiert und in ein Verhältnis zu wirtschaftspolitischen Zielen gesetzt werden müssen.

II. Herausforderung demokratischer Verfahren in pluralistisch geprägten Wissensgesellschaften: Gesetzgebung zur Biomedizin und Humanbiotechnologie als Beispiel

Im Bereich der Gesetzgebung der Union zur Biomedizin und Humanbiotechnologie zeigen sich unter einer Reihe von Gesichtspunkten Herausforderungen, die sich in pluralistisch geprägten Wissensgesellschaften an demokratische Institutionen und Verfahren richten. Die Herausforderungen, die sich aus dieser Prägung mit Blick auf demokratische Institutionen und Verfahren auf europäischer Ebene ergeben, bestehen in vergleichbarer Weise auf staatlicher Ebene.

Die pluralistische Prägung der Union zeigt sich am Beispiel der Umstrittenheit biomedizinischer und humanbiotechnologischer Regelungen: Über viele Fragen des richtigen Umgangs mit den Möglichkeiten der Biomedizin und Humanbiotechnologie besteht nachhaltig Uneinigkeit, und zwar sowohl zwischen den Mitgliedstaaten selbst als auch innerhalb von ihnen.[410] Ein in seiner konkreten Bedeutung unbestrittener Katalog von Werten besteht hierzu nicht. Auch die autoritative Vorgabe eines Wertekonzepts ist in der freiheitlich-demokratisch verfassten politischen Ordnung, als die sich die Union mit Art. 2 und Art. 10 EUV versteht,[411] verwehrt. Die Herausforderungen, die sich hieraus für demokratische Institutionen und Verfahren ergeben, werden unter 1. untersucht.

Die Prägung einer Gesellschaft durch Wissen, die sie zu einer *Wissensgesellschaft* macht, besteht vor allem darin, dass in ihr Wissenschaft und wissenschaftlicher Fortschritt als wesentliche Produktivkräfte der wirtschaftlichen und der sozialen Entwicklung der Gesellschaft betrachtet werden.[412] Zugleich wird der Zuwachs des Wissens und der Möglich-

---

[410] Dazu unten 1.

[411] Zur Verpflichtung der EU auf Demokratie und den Schutz von Menschenwürde und Individualrechtsgütern bereits oben Kap. 1 III. 2. b., 4. a.

[412] Die Prägung von Gesellschaften durch Wissen behandeln allgemein *N. Stehr*, Knowledge societies, 1994, insb. 5 ff.; *N. Stehr*, The fragility of mod-

keiten seiner Anwendung als Ursache von Risiken wahrgenommen.[413] Um diese Risiken zu definieren, zu bewerten und zu bewältigen, wird wiederum auf das Wissen der Wissenschaft, auf wissenschaftliche Expertise zurückgegriffen.[414] Die Annahme, dass wissenschaftlich generiertes Wissen die zentrale soziale und wirtschaftliche Produktivkraft und Motor der gesellschaftlichen Entwicklung ist, ist auch Teil des Selbstverständnisses der Union. Sie beschreibt sich selbst als (zukünftige) Wissensgesellschaft.[415] Der Europäische Rat formuliert das Ziel, „die Union zum wettbewerbsfähigsten und dynamischsten wissensbasierten Wirtschaftsraum der Welt zu machen – einem Wirtschaftsraum, der fähig ist, ein dauerhaftes Wirtschaftswachstum mit mehr und besseren Arbeitsplätzen und einem größeren sozialen Zusammenhalt zu erzielen“[416].[417]

Die europäische Politik fokussiert damit Wissen als wirtschaftliche Produktivkraft und als Motor der Beförderung des Gemeinwohls. Die Gesetzgebung der Union zur Biomedizin und Humanbiotechnologie

---

ern societies, 2001; *U. Beck,* Risikogesellschaft, 2007, insb. 254 ff; mit Wissen als Produktivkraft gesellschaftlicher und sozialer Entwicklung setzt sich auf einer politischen Ebene die UNESCO auseinander, s. *UNESCO,* Towards Knowledge Societies, 27 f.

413 Den Fortschritt des Wissens als Risikofaktor in der Gesellschaft und Wissen als Mittel der Bewältigung von Risiken analysieren u.a. *U. Beck,* Risikogesellschaft, 2007, 254 ff.; *N. Stehr,* The fragility of modern societies, 2001 und *UNESCO,* Towards Knowledge Societies, 133 ff.

414 Zur Abhängigkeit des Staates von sachverständiger Beratung, weil Wissen Voraussetzung rationaler staatlicher Aufgabenwahrnehmung sei, *A. Voßkuhle,* 43, Sachverständige Beratung des Staates, in: Isensee/Kirchhof (Hrsg.), Handbuch des Staatsrechts der Bundesrepublik Deutschland, 425, Rn. 1-16. Zum Rückgriff auf Wissen bei der Einschätzung und Begrenzung von Risiken, die aus der Fortentwicklung des Wissens und seiner Anwendungsmöglichkeiten resultieren, unten 2.

415 Europäischer Rat, 3. und 24. März 2000, Lissabon, Schlussfolgerungen des Vorsitzes, I. 5.

416 Europäischer Rat, 3. und 24. März 2000, Lissabon, Schlussfolgerungen des Vorsitzes, I. 5.

417 Zu den Bedingungen und Perspektiven der Entwicklung der Europäischen Union zu einer wissensbasierten Wirtschaft *D. Archibugi/A. Coco,* Journal of Common Market Studies 43 (2005), 433; *M. João Rodrigues,* European policies for a knowledge economy, 2003.

ist wesentlich von der Zielsetzung geprägt, wissenschaftliche Fortschritte in einen Zuwachs an Gemeinwohl umzusetzen. Dies zeigt sich deutlich dort, wo die Begründungen von Gesetzgebungsakten Wissenschaft und Technik als Motor von Wirtschafts- und Wohlstandswachstum und des Fortschritts in sozialer Hinsicht, vor allem mit Blick auf die Gesundheit, beschreiben, wie im Patentrecht[418], im Recht der neuartigen Therapien[419] und in der Forschungsförderung[420]. Die Wissenschaft wird dabei gleichzeitig als Ursache von Gefährdungen des Gemeinwohls wahrgenommen. Gemeinwohlgefährdungen durch den Fortschritt von Wissenschaft und Technik zu minimieren, ist Ziel europäische Gesetzgebung zur Biomedizin und Humanbiotechnologie. Dies gilt vor allem im Bereich des Schutzes der Würde und Integrität menschlichen Lebens, wie im Patentrecht[421], im Recht der klinischen Prüfungen an Menschen[422] und im Rahmen der Forschungsförderung[423]. Zur Einschätzung und Bewertung der von der biomedizinischen und humanbiotechnologischen Wissenschaft ausgehenden Risiken greift die Politik dabei wiederum auf die Wissenschaft zurück. Wissenschaftlich generiertem Wissen kommt eine zentrale Funktion bei der Bewertung von Wissenschaft und Technologie auf europäischer Ebene zu: Dies zeigt sich insbesondere im Bereich der Biomedizin und Humanbiotechnologie, für den bei der Kommission ein Gremium zur wissenschaftlichen Beratung institutionalisiert wurde.[424] Die sich durch die Einbindung von Expertise in den politischen Prozess ergebenden Herausforderungen demokratischer Institutionen und Verfahren werden im Folgenden unter 2. und 3. in den Blick genommen.

---

418 Dazu oben Kap. 2 II. 1.

419 Dazu oben Kap. 2 II. 5.

420 Dazu oben Kap. 2 IV.

421 Dazu oben oben Kap. 2 II. 1.

422 Dazu oben Kap. 2 II. 2.

423 Dazu oben Kap. 2 IV.

424 Zur European Group on Ethics in Science and New Technologies sogleich unten 2.

1. Pluralismus und Politik: Ethische Relevanz und Umstrittenheit biomedizinischer und humanbiotechnologischer Gesetzgebung

Die Gesetzgebung der Union im Bereich der Biomedizin und Humanbiotechnologie wirft ethische Fragen auf und wird mit ethischen Argumenten begründet. Ausgehend von dem Befund, dass zur Beantwortung ethischer Fragen eine Vielzahl konkurrierender und teils unvereinbarer Standpunkte existiert, verweist die Umstrittenheit biomedizinischer und humanbiotechnologischer Gesetzgebung der Union auf das allgemeine Phänomen der pluralistischen Prägung freiheitlich-demokratisch verfasster Gesellschaften. Zugleich aber haben Auseinandersetzungen um die Zulässigkeit der Patentierung menschlicher Materie, um die Forschung an embryonalen Stammzellen, die klinische Forschung mit molekularbiologischen Arzneimitteln oder andere biomedizinische oder humanbiotechnologische Praktiken eine besondere Dimension, wie sich im Folgenden zeigen wird. Menschenwürde und Individualrechtsgüter wie das Recht auf Leben und Gesundheit, deren Bedeutung in diesen Auseinandersetzungen zentraler Gegenstand ist, sind nicht nur als Erwägungen für die Entscheidung konkreter Sachfragen der Biomedizin und Humanbiotechnologie relevant, sondern zählen zu den Grundprinzipien und den wesentlichen legitimatorischen Bezügen freiheitlich-demokratischer politischer Ordnung selbst. Der Pluralismus der ethischen Überzeugungen hat damit im Bereich der Biomedizin und Humanbiotechnologie die besondere Qualität, zugleich fundamentale Erwägungen der politischen Ordnung zu betreffen.

Argumente der Ethik sind solche, die für die Gesolltheit von Handlungen Gründe des Guten, Gerechten und Richtigen vorbringen.[425] Mit Argumenten der Ethik wird damit entlang der Unterscheidung gut/schlecht, gerecht/ungerecht, richtig/falsch argumentiert. Argumentieren auf der Basis dieser Unterscheidungen wird im Folgenden als ethisches Argumentieren bezeichnet. Ethischem Argumentieren kommt eine Begründungs- und Rechtfertigungsfunktion für Verhaltensnormen insbesondere der Moral und des Rechts zu, die auf Wertsetzungen ba-

---

[425] *R. Abelson/ K. Nielsen,* Ethics, History of, in: Borchert/Edwards (Hrsg.), The encyclopedia of philosophy, 1996; *A. Nassehi,* Zeitschrift für medizinische Ethik 52 (2006), 367, 368 f.; *J. Nida-Rümelin,* Theoretische und angewandte Ethik: Paradigmen, Begründungen, Bereiche, in: Nida-Rümelin (Hrsg.), Angewandte Ethik, 2005, 3.

siert.[426] Von der Moral unterscheidet sich die Ethik dadurch, dass die Moral ein empirisch geltender Körper von Normen ist, die Verhalten regulieren.[427] Die Ethik ist hingegen eine Reflexions- und Begründungsebene gegenüber der Moral, wie auch gegenüber dem Recht.[428] Im praktischen Diskurs über Fragen der Biomedizin und Humanbiotechnologie wird dementsprechend dort ethisch argumentiert, wo Gründe dafür angeführt werden, welches Verhalten in diesem Bereich als gut, gerecht und richtig gesollt ist und wo moralische und rechtliche Normen als gut, gerecht und richtig gerechtfertigt werden.

Die Kommission hat mit Blick auf ihre Politik im Bereich der Biomedizin und Humanbiotechnologie wiederholt betont, dass die Union für ethisch relevante Gesetzgebung nicht kompetent ist: „Für ethische Fragen sind die Mitgliedstaaten selbst zuständig".[429] Nach der Ansicht der Kommission haben die „Achtung der nationalen Identität und die Wahrung des Subsidiaritätsprinzips [...] bewirkt, dass [...] die Gesetzgebung in ethischen Fragen Vorrecht der Mitgliedstaaten bleibt."[430]. Es trifft auch in der Tat zu, dass die Union etwa die ethisch relevante Frage der Zulässigkeit der Verwendung embryonaler Stammzellen zu Forschungs- und Technologiezwecken nicht regelt.[431] Im Folgenden zeigt sich, dass die dargestellten europäischen Regelungen zur der Biomedizin und Humanbiotechnologie gleichwohl von ethischer Relevanz

---

[426] *A. Nassehi,* Zeitschrift für medizinische Ethik 52 (2006), 367, 368 f.

[427] *A. Nassehi,* Zeitschrift für medizinische Ethik 52 (2006), 367, 368 f.; *K. Nielsen,* Ethics, Problems of, in: Borchert/Edwards (Hrsg.), The encyclopedia of philosophy, 1996, 131: "Morality is constituted by certain social rules and the actions and attitudes appropriate to those rules."

[428] *A. Nassehi,* Zeitschrift für medizinische Ethik 52 (2006), 367, 368 f.

[429] So das für Forschung zuständige Kommissionsmitglied Philippe Busquin, Pressebericht IP/03/506 vom 7. April 2003.

[430] Gemeinsame Antwort von Herrn Busquin im Namen der Kommission auf die Schriftlichen Anfragen P-2852/00 und P-2931/00 vom 3. Oktober 2000, Abl. C 136 E/111.

[431] Vgl. 12. Erwägungsgrund der Geweberichtlinie, siehe oben Kap. 2 III. 2; auch die Biopatentrichtlinie und das Rahmenprogramm lassen die Frage der Zulässigkeit wissenschaftlicher oder technologischer Verwendung embryonaler Stammzellen unberührt, dazu oben Kap. 2 II. 1. und IV.

sind.[432] Teilweise sind Regelungen zur Biomedizin und Humanbiotechnologie der EU auch ausdrücklich ethisch begründet: Die Biopatentrichtlinie[433] etwa rekurriert für die Frage, inwieweit menschliche Materie patentierbar sein soll, auf „die Grundprinzipien [...], die die Würde und die Unversehrtheit des Menschen gewährleisten"[434]. Diese Prinzipien dienen als Maßstäbe des Guten/Richtigen/Gerechten zur Begründung dafür, dass der menschliche Körper selbst und humanbiotechnologische Verfahren zum Klonen von Menschen oder zur Keimbahnintervention nicht patentierbar sind.[435]

Auch die Regelungen zum Schutz der Teilnehmer an klinischen Prüfungen werden ethisch gerechtfertigt, indem die Menschenwürde als ihr normativer Hintergrund angeführt wird.[436] Das Rahmenprogramm der Union stellt Forschungsmaßnahmen innerhalb seiner Förderung unter den Vorbehalt der „ethischen Grundprinzipien" und schließt vor diesem Hintergrund bestimmte humanbiotechnologische Forschungstätigkeiten von der Förderung aus (Art. 6).[437] Welche die zu berücksichtigenden ethischen Grundsätze sind, wird dadurch näher bestimmt, dass auf die ethischen Grundsätze verwiesen wird, „die in der Charta der Grundrechte der Europäischen Union ihren Niederschlag gefunden haben"[438]. Damit bildet insbesondere das Gut der Menschenwürde (Art. 1 der Charta) den normativen Grund der genannten Regelung. Im Rahmen ihrer an die Mitgliedstaaten gerichtete Forderung, dass menschliche Materie zur biotechnologischen Verarbeitung und biomedizinischen Verwendung aus freiwilliger und unentgeltlicher Spende stammen

---

[432] Überhaupt ist ethisch irrelevante Gesetzgebung kaum vorstellbar. Nach Gustav Radbruch gibt es überhaupt nur eine Sorte von Normen, die keine Fragen der Gerechtigkeit aufwerfen, sondern durch ihr bloßes Dasein, nicht durch ihr Sosein ihren Zweck erfüllen, die nur eine „einheitliche, gleichviel welche, Regelung bezwecken": etwa das Rechtsfahrgebot, dessen Zweck der Verkehrordnung ebenso gut durch ein Linksfahrgebot erfüllt werden könnte, *G. Radbruch,* Rechtsphilosophie, hrsg. v. Ralf Dreier, 2003, § 9 *[73/74]*, 76.

[433] Dazu oben Kap. 2 II. 1.

[434] 16. Erwägungsgrund.

[435] Dazu oben Kap. 2 II. 1.

[436] Vgl. zweiter Erwägungsgrund der Richtlinie.

[437] Dazu oben Kap. 2 IV.

[438] 30. Erwägungsgrund.

soll,[439] führt die Union die „Grundsätze des Altruismus des Spenders und der Solidarität zwischen Spender und Empfänger“ an.[440] Altruismus und Solidarität werden also als Kriterien des Guten, Gerechten, Richtigen für diese Politik in Anspruch genommen, die damit ebenfalls mit ethischen Argumenten begründet wird.[441]

Die ethische Relevanz biomedizinischer und humanbiotechnologischer Regelungen der Union zeigt sich auch dort, wo in biomedizinischen und humanbiotechnologischen Rechtsakten Bezug genommen wird auf das Beratungsgremium für ethischen Fragen auf der Ebene der Union, die Europäische Gruppe für Ethik in Naturwissenschaften und neuen Technologien bei der Europäischen Kommission (*European Group on Ethics in Science and New Technologies*, EGE).[442] Die Biopatentrichtlinie[443] verweist auf die Stellungnahme über die ethischen Aspekte der Patentierbarkeit von Erfindungen, die sich auf Elemente menschlichen Ursprungs erstrecken[444], die die Vorläuferin der EGE, die Beratergruppe für Fragen der Ethik in der Biotechnologie der Europäischen Kommission abgegeben hat.[445] In Art. 7 der Biopatentrichtlinie ist niedergelegt, dass die EGE alle ethischen Aspekte im Zusammenhang mit der Biotechnologie bewertet. Die Geweberichtlinie[446] und die Verordnung zu neuartigen Therapien[447] nehmen Bezug auf „die Stellungnahmen der Europäische Gruppe für Ethik in Naturwissenschaften und neuen

---

439 Dazu oben, Kap. 2 II. 5., III. 1. und 2.

440 15. Erwägungsgrund der Verordnung (EG) Nr. 1394/2007 („neuartige Therapien“), dazu oben Kap. 2 II. 5., s. auch *A. Héritier*, Explaining institutional change in Europe, 2007.

441 Zum ethischen Prinzip des Altruismus der Gewebespende und zum Markt für Gewebe *M. Oberman*, DePaul law review 55 (2006), 903.

442 Hierzu noch unten 2.

443 Dazu oben Kap. 2 II. 1.

444 *Beratergruppe für Fragen der Ethik in der Biotechnologie der Europäischen Kommission*, Stellungnahme 8 über die ethischen Aspekte der Patentierbarkeit von Erfindungen, die sich auf Elemente menschlichen Ursprungs erstrecken, 25.09.1996.

445 19. Erwägungsgrund der Richtlinie; zur Nachfolgerinstitution, der EGE, noch unten 2.

446 Dazu oben Kap. 2 III. 2.

447 Dazu oben Kap. 2 II. 5.

Technologien […] auf diesem Gebiet […]".[448] Das Siebte Forschungsrahmenprogramm[449] bezieht sich ebenfalls in seinen Erwägungsgründen auf die Stellungnahmen der EGE.[450] Auf die Bedeutung der Stellungnahmen der EGE im Rahmen der Gesetzgebung wird im Rahmen der Aufarbeitung der Gesetzgebungsprozesse im Bereich der Biomedizin und Humanbiotechnologie noch eingegangen.[451]

Im Rahmen der Gesetzgebung zur Biomedizin und Humanbiotechnologie der Union besteht in vielen Fragen weder zwischen den Mitgliedstaaten, noch innerhalb von ihnen ein Konsens darüber, was gut, gerecht und richtig ist: Zum Inhalt der von der Union als zentraler ethischer Standard herangezogenen Menschenwürde bestehen zwischen den Mitgliedstaaten unterschiedliche und unvereinbare Positionen. Über die Bedeutung der Menschenwürde als Zentralnorm der Grundrechtsordnung der Europäischen Union herrscht Uneinigkeit.[452] Zugleich betrachten die Mitgliedstaaten die Gewährleistung und den Schutz von Menschenwürde und Individualrechtsgütern teilweise im Sinne des Art. 4 Abs. 2 EUV als identitätsbestimmenden Bestandteil ihrer Verfassung.

Das prominenteste Beispiel der ethischen Umstrittenheit biomedizinischer und humanbiotechnologischer Wissenschaft und Praxis ist die Forschung mit embryonalen Stammzellen, die die Union nach dem Rahmenprogramm grundsätzlich fördern kann.[453] Die unterschiedli-

---

[448] 33. Erwägungsgrund der Richtlinie und 28. Erwägungsgrund der Verordnung.

[449] Dazu oben Kap. 2 IV.

[450] 30. Erwägungsgrund des Beschlusses.

[451] Unten Kap. 5 III. 2. a.

[452] Zum „Streit der Vorverständnisse" über die Menschenwürde als Zentralnorm der EU-Grundrechte *S. Rixen,* § 9, Würde des Menschen als Fundament der Grundrechte, in: Heselhaus (Hrsg.), Handbuch der europäischen Grundrechte, 2006, 335, Rn. 1 ff.; zur Unklarheit des Gehalts dieser Norm auch *F. Schorkopf,* § 15, Würde des Menschen, Persönlichkeits- und Kommunikationsgrundrechte, in: Ehlers (Hrsg.), Europäische Grundrechte und Grundfreiheiten, 2009, 411 ff.

[453] So ausdrücklich Art. 6 Abs. 3 des Rahmenprogramms, dazu schon oben IV. Diese Forschung ist vor allem deswegen umstritten, weil zur Gewinnung embryonaler Stammzellen Embryonen zerstört werden. Einen Überblick über die verschiedenen ethischen Positionen zur Gewinnung embryonaler Stamm-

chen Regelungen zur Zulässigkeit der Forschung mit embryonalen Stammzellen in den Mitgliedstaaten[454] verweisen auch auf das Bestehen unterschiedliche Positionen der Mitgliedstaaten zur Bedeutungen der Menschenwürde.[455] Insgesamt stehen im politischen Prozess der Gesetzgebung der Union zur Biomedizin und Humanbiotechnologie Mitgliedstaaten wie Deutschland, die zum Schutz der Menschenwürde diesen Bereich restriktiv regeln, in dieser Hinsicht liberale Staaten wie Großbritannien gegenüber.[456] Ebenso herrscht innerhalb der Mitgliedstaaten und zwischen den Unionsbürgern[457] diesbezüglich keine Einigkeit.

Auch die Patentierbarkeit menschlicher Materie nach der Biopatentrichtlinie hatte und hat einerseits Gegner, die sie als Verletzung der Menschenwürde betrachten. Andererseits hat sie Befürworter, die in dieser Frage keinen Konflikt mit der Menschenwürde sehen.[458] Auch

---

zellen gibt die Stellungnahme des Nationalen Ethikrates „Zum Import menschlicher embryonaler Stammzellen", 14 – 40.

[454] Übersicht der unterschiedlichen Regelungen bei *T. K. Hervey/H. Black*, Maastricht journal of European and comparative law 12 (2005), 11, 16 f.

[455] Vor dem Hintergrund der Pluralität der Annahmen der Mitgliedstaaten über die Menschenwürde rückt *S. Rixen*, § 9, Würde des Menschen als Fundament der Grundrechte, in: Heselhaus (Hrsg.), Handbuch der europäischen Grundrechte, 2006, 335, Rn. 1 ff., die Menschenwürde der europäischen Grundrechtscharta in die Nähe eines „formelhaften Scheinkonsenses", auf der Ebene konkreter Probleme komme die Pluralität der Begründungsoptionen der Menschenwürde zum Vorschein.

[456] Zentrale Regelungen zur Biomedizin und Humanbiotechnologie regeln in Deutschland das Stammzell- und das Embryonenschutzgesetz (Fn. 372 oben); zur zentralen britischen Gesetzgebung zählen der Human Fertilisation and Embryology Act und der Human Reproductive Cloning Act; dazu *D. Birk*, Human fertilisation and embryology, 2009; *K. Horsey*, Human fertilisation and embryology, 2007; *R. G. Lee/D. Morgan*, Human fertilisation & embryology, 2006, 306 ff.

[457] Dies zeigen die Ergebnisse des Eurobarometer 64.3 „Europeans and Biotechnology in 2005: Patterns and Trends", 29 ff., 31; zugänglich unter http://ec.europa.eu/research/press/2006/pdf/pr1906_eb_64_3_final_report-may 2006_en.pdf.

[458] S. hierzu das Urteil des EuGH vom 9. Oktober 2001 in der Rs. C-377/98 (Königreich der Niederlande/Europäisches Parlament u. Rat der EU), dazu *C. Calliess/C. Meiser*, Juristische Schulung 42 (2002), 426. Die Niederlande hatten unter anderem geltend gemacht, die Patentierbarkeit humangenetischer Er-

Altruismus und Solidarität, die die Union als Grundsätze für die Bereitstellung menschlicher Substanzen wie Zellen, Gewebe und Blut geltend macht, und die auch den Hintergrund der Erlaubnis klinischer Prüfungen ohne therapeutischen Nutzen für den Prüfungsteilnehmer bilden, werden auf der Basis anderer Konzeptionen des Guten kritisiert.[459]

Zur Beantwortung ethischer Fragen existiert grundsätzlich eine Vielzahl von Paradigmen.[460] Diese mögen zwar je absolute Geltung für sich beanspruchen, stehen faktisch aber stets nur für eines von vielen konkurrierenden und einander widersprechenden Wertesystemen, die rationale Begründbarkeit für sich beanspruchen können. Dass Rationalität – entgegen weitverbreiteter Ansicht[461] – ein Maßstab ethischen Argumentierens sein kann und ist, steht damit in Zusammenhang, dass ethische Argumente eine Begründungsfunktion inne haben.[462] Ethische Argumente beanspruchen, Sollenssätze zu rechtfertigen, sie fungieren als Gründe. In seiner Begründungs- und Rechtfertigungsfunktion nimmt ethisches Argumentieren intersubjektive Akzeptabilität und zwanglose Überzeugungskraft für sich in Anspruch, daher muss es zumindest im Sinne von

---

findungen verstoße gegen die Menschenwürde; der EuGH urteilte hingegen, sie sei mit der Menschenwürde vereinbar.

[459] Oben Kap. 2 II. 2. und III. zu den Grundsätzen des Altruismus und der Solidarität bei der Spende menschlicher Substanzen. Außerdem sind auch die in der Richtlinie 2001/20/EG („klinische Versuche") niedergelegten Erfordernisse an den Nutzen der klinischen Prüfung für den Teilnehmer insoweit durch Erwägungen des Altruismus und der Solidarität geprägt, als ein direkter Nutzen für den Teilnehmer nicht bestehen muss, sondern der Nutzen für die öffentliche Gesundheit (Art. 3 Abs. 2 lit. a) oder die Patientengruppe (Art. 4 Abs. 2 lit. e) ausreicht; dazu oben I. 2. b. Zu den ethischen Fragen im Zusammenhang mit klinischen Versuchen *S. Joffe/F. Miller*, vgl. Fn 255 oben.

[460] Überblick über ethische Paradigmen bei *J. Nida-Rümelin* (Hrsg.), Angewandte Ethik, 2005, 7 ff., der Utilitarismus, kantische/deontologische Ethik, Kontraktualismus, Libertarismus und Tugendethik benennt; zur fehlenden rationalen Entscheidbarkeit zwischen ethischen Paradigmen, die rational begründet sind; s. auch *S. Vöneky*, Ethische Experten und moralischer Autoritarismus, in: Vöneky/Hagedorn/Clados u. a. (Hrsg.), Legitimation ethischer Entscheidungen im Recht, 2009, 85, 92 ff.

[461] Nachweise ebd., 85.

[462] Zur Begründungsfunktion der Ethik gegenüber Normen der Moral und des Rechts eingangs des vorliegenden Abschnitts.

Widerspruchsfreiheit und funktioneller Leistungsfähigkeit[463] hin auf Rationalität überprüfbar sein.[464] Es gibt jedoch in ethischen Fragen keinen unhintergehbaren Maßstab des Rationalen, der unter verschiedenen rational begründbaren Ansätzen einen als den einzig richtigen kennzeichnet.[465] Wegen des Pluralismus der ethischen Paradigmen, die Vernünftigkeit für sich beanspruchen können, werden ethisch relevante biomedizinische oder humanbiotechnologische Regelungen der Union kaum jemals die ungeteilte Zustimmung besitzen. In der ethischen Auseinandersetzung mit Biomedizin und Humanbiotechnologie kommt damit zum Ausdruck, dass über die Maßstäbe des Guten, Richtigen, Gerechten keine Einigkeit besteht und auch nicht vernünftigerweise bestehen muss. Daraus ergibt sich eine besondere Herausforderung des Gesetzgebers, die im Mitentscheidungsverfahren auf demokratische Weise bewältigt werden muss.

John Rawls beschreibt „die Verschiedenheit allgemeiner umfassender Lehren und [die] Vielzahl einander widerstreitender und inkommensurabler Vorstellung von der Bedeutung, dem Wert und dem Zweck des Lebens (kurz: von dem was ich *Konzeptionen des Guten* nenne) […]“[466] als „Faktum des Pluralismus“[467]. Unter „den durch die Grundrechte und Grundfreiheiten […] gesicherten politischen und gesellschaftlichen Bedingungen wird eine Vielfalt widerstreitender umfassender Lehren entstehen […]“[468], die ein dauerhaftes Merkmal freiheitlich-

---

463 Die funktionelle Leistungsfähigkeit ethischer Konzeptionen ergibt sich daraus, ob sie im Fall ihrer Anwendung auf konkrete Fragen des richtigen, gerechten, guten Handelns Antworten ergeben, d.h. ob sie in konkreten Handlungskonstellationen handlungsorientierend wirksam werden können.

464 Zum Kriterium der rationalen Begründbarkeit ethischer Konzeptionen und zur fehlenden rationalen Entscheidbarkeit ihnen *S. Vöneky*, Ethische Experten und moralischer Autoritarismus, in: Vöneky/Hagedorn/Clados u. a. (Hrsg.), Legitimation ethischer Entscheidungen im Recht, 2009, 85, 92 ff., 95.

465 Hierzu *S. Vöneky*, Ethische Experten und moralischer Autoritarismus, in: Vöneky/Hagedorn/Clados u. a. (Hrsg.), Legitimation ethischer Entscheidungen im Recht, 2009, 85, 92 ff.

466 *J. Rawls*, Der Gedanke eines übergreifenden Konsenses, in: Hinsch (Hrsg.), Zur Idee des politischen Liberalismus, 1997, 293, 298.

467 Ebd.

468 *J. Rawls*, Der Bereich des Politischen und der Gedanke eines übergreifenden Konsenses, in: Hinsch (Hrsg.), Zur Idee des politischen Liberalismus, 1997, 333, 334.

demokratischer Gesellschaften ist.[469] Die Vielfalt von Wertüberzeugungen prägt und ist ein kennzeichnendes Merkmal von Gesellschaften, in denen Rechte individueller Freiheit und Gleichheit gelten. Gleichwohl konstruiert Rawls mit dem Konzept des übergreifenden Konsenses einen Bereich der Fragen des Guten, Richtigen, Gerechten, der nicht durch den Pluralismus der Konzeptionen ergriffen und problematisiert wird: Dies seien die freiheitlich-demokratischen Institutionen und politischen Gerechtigkeitsgrundsätze, weil zwischen vernünftigen Gerechtigkeitskonzeptionen über diese Einigkeit bestehe und bestehen müsse.

Dass das Faktum des Pluralismus durch eine rational unhintergehbare Übereinstimmung über die Bedeutung der Prinzipien freiheitlich-demokratischer Ordnung überwunden werden kann, trifft aber nach hier vertretener Ansicht nicht zu. In einer an individueller Freiheit orientierten Gesellschaft mag zwar Konsens über einen bestimmten allgemeinen Katalog von Werten bestehen. In vielen Bereichen herrscht jedoch nachhaltig Uneinigkeit darüber, welchen Maßstab er entfaltet – und zwar nicht nur als Bezugspunkt für politische Entscheidungen in konkreten Sachfragen, sondern auch als Kriterium der Gerechtigkeit der politischen Ordnung selbst.[470] Auch die Institutionen und Grundsätze freiheitlich-demokratischer Ordnung sind von einem Pluralismus der Interpretationen betroffen, der nicht als irrational und deswegen unbeachtlich qualifiziert werden kann.[471] Die fehlende Übereinstimmung in diesen Fragen durch Rekurs auf einen nicht rational kritisierbaren Maßstab der öffentlichen Vernunft überwinden zu wollen, verkennt, dass verschiedene rational begründete Konzeptionen nebeneinander existieren können, und zwar auch in Bezug auf die Ausgestaltung freiheitlich-demokratischer Institutionen und mit Blick auf politi-

---

[469] Ebd., 333.

[470] Beispiel hierfür ist die Diskussion um die Wahlberechtigung von Ausländern, in der teilweise die politische Inklusion gefordert wird, weil sonst demokratische Ordnung ihren Gleichheitsanspruch nicht verwirkliche und Individuen zum Herrschaftsobjekt mache, s. etwa *R. Celikates/H. Sezgin,* Die Zeit 2009 (18.06.2009); *M. Walzer,* Sphären der Gerechtigkeit, 1992, 104; s. auch die Urteile des Bundesverfassungsgerichts zum Ausländerwahlrecht, etwa BVerfGE 83, 37 (52); zu der Diskussion um das Ausländerwahlrecht *R. Keil,* Kants Demokratieverständnis und Ausländerwahlrechte heute, 2006 und noch unten Kap. 7 II. 4. c.

[471] *C. Mouffe,* Das demokratische Paradox, 2008, 41 ff. in Kritik an J. Rawls.

sche Gerechtigkeitsgrundsätze. Die Entscheidung zwischen ihnen ist keine rational determinierte, sondern eine politische.[472]

Auseinandersetzungen über die Interpretation politischer Institutionen und Gerechtigkeitsgrundsätze werden dabei nicht nur explizit geführt. Die Grundlagen politischer Ordnung können auch vom Dissens der Gerechtigkeitskonzeptionen in der politischen Entscheidung über konkrete Sachfragen erfasst werden. Dies wird im Bereich der Gesetzgebung zur Biomedizin und Humanbiotechnologie deutlich, wenn bei der Auseinandersetzung um die Bedeutung von Rechtsbegriffen wie Menschenwürde, Individuum oder Person (explizit oder implizit) auf Auffassungen davon rekurriert wird, was den Menschen in seinem Wesen ausmacht, wann menschliches Leben beginnt, welches sein Wert ist, und in welchem Verhältnis der Mensch zu anderen Menschen steht.[473] In den Debatten um die Zulässigkeit der Forschung am Menschen oder an embryonalen Stammzellen oder darum, ob menschliche Materie patentierbar sein soll, werden damit zugleich die differierenden Menschenbilder[474] geltend gemacht, von denen unterschiedliche Gerechtigkeitskonzeptionen, konkret: unterschiedliche politische Präferenzen mit Blick auf die genannten Fragen, ausgehen.[475]

Ein bestimmtes Menschenbild ist aber zugleich zentraler normativer Bezugspunkt politischer Ordnung.[476] Besonders deutlich wird das bei

---

[472] *C. Mouffe,* Das demokratische Paradox, 2008, 41 ff.; ähnlich auch *S. Vöneky,* Ethische Experten und moralischer Autoritarismus, in: Vöneky/Hagedorn/Clados u. a. (Hrsg.), Legitimation ethischer Entscheidungen im Recht, 2009, 85.

[473] Zum Bezug des Rechtsbegriffs der Menschenwürde auf ein vorrechtliches Menschenbild *C. Enders,* Die Menschenwürde in der Verfassungsordnung, 1997, 17.

[474] Jürgen Habermas umschreibt den Begriff des Menschenbilds mit der „Identität des Menschen als Gattungswesen", *J. Habermas* (Hrsg.), Die Zukunft der menschlichen Natur, 2007. Das Menschenbild ist regelmäßig ein normatives, kontrafaktisches (nichtempirisches), deindividualisiertes Konzept vom Menschen.

[475] Hierzu *S. Vöneky,* Ethische Experten und moralischer Autoritarismus, in: Vöneky/Hagedorn/Clados u. a. (Hrsg.), Legitimation ethischer Entscheidungen im Recht, 2009, 85, 95 f.

[476] Der Bezug auf ein (partikulares) Menschenbild lässt sich bei der theoretischen Konzeption politischer Herrschaft durchgehend ausmachen, wenn er auch nicht überall explizit ist. S. beispielsweise Aristoteles' *physei politikon zo-*

der Rechtfertigung und Konzeption freiheitlich-demokratischer Ordnung, die regelmäßig Auffassungen vom Menschen (vor allem die des freien, gleichen, zur Selbstbestimmung fähigen Menschen) als normativen Ausgangspunkt hat, sowohl in der Demokratietheorie[477], wie auch im Diskurs um konkrete freiheitlich-demokratische Verfassungen[478].

---

on, „Der Mensch ist von Natur aus ein staatliches Wesen", *Aristoteles,* Politik, hrsg. v. Eugen Rolfes, 1990, I 2, 1253 a 2 f., hierzu *O. Höffe,* Aristoteles' Politische Anthropologie, in: Höffe (Hrsg.), Aristoteles, 1996, 21. Thomas Hobbes konzipiert politische Ordnung ausgehend vom Naturzustand, in der „der Mensch dem Menschen Wolf" ist, *T. Hobbes,* Lehre vom Menschen. Lehre vom Bürger, hrsg. v. Max Frischeisen-Köhler, 1949, (*De Cive*), Widmung an Se. Exz. den Grafen Wilhelm von Devonshire. John Locke geht in seiner politischen Theorie davon aus, dass sich der Mensch von Natur aus in einem Zustand vollkommener Freiheit und Gleichheit befindet; *J. Locke,* Zwei Abhandlungen über die Regierung, hrsg. v. Hans Jörn Hoffmann/Walter Euchner, 2007, § 4. Aus neuerer Zeit befasst sich mit dem Menschenbild als Bezugspunkt der Konzeption politischer Ordnung *K. Günther,* Welchen Personenbegriff braucht die Diskurstheorie des Rechts? Überlegungen zum internen Zusammenhang zwischen deliberativer Person, Staatsbürger und Rechtsperson, in: Brunkhorst (Hrsg.), Das Recht der Republik, 1999, 83. Schon bei diesem kursorischen Blick wird auch die Pluralität der Menschenbilder deutlich.

[477] Beispiele sind etwa *J. Rawls,* Kantischer Konstruktivismus in der Moraltheorie: Rationale und vollständige Autonomie., in: Hinsch (Hrsg.), Zur Idee des politischen Liberalismus, 1997c, 80, 93, 97 ff. bei dem das Menschenbild eines freien, gleichen, moralisch befähigten Menschen im Bürger-/Personenbegriff verankert ist. Der Bürger-/Personenbegriff ist der übliche Ansatzpunkt der Anknüpfung an ein normatives, kontrafaktisches Menschenbild für die Konzeption und Begründung demokratischer Ordnung; auch bei Jürgen Habermas, der die Diskurstheorie des demokratischen Rechtsstaates die Rationalität intersubjektiver Kommunikation bzw. kommunikativen Handelns voraussetzt, *J. Habermas* (Hrsg.), Faktizität und Geltung, 2006, 36 f., hierzu *K. Günther,* Welchen Personenbegriff braucht die Diskurstheorie des Rechts? Überlegungen zum internen Zusammenhang zwischen deliberativer Person, Staatsbürger und Rechtsperson, in: Brunkhorst (Hrsg.), Das Recht der Republik, 1999, 83, 84 ff.

[478] Besonders viel Aufmerksamkeit findet dies mit Bezug auf das deutsche Verfassungsrecht, s. BVerfGE 27, 1 (6); 45, 187 (227), dem Grundgesetz liegt danach „die Vorstellung vom Menschen [...] zugrunde, das darauf angelegt ist, in Freiheit sich selbst zu bestimmen [...]"; BVerfG EuGRZ 1996, 583, 548 spricht von der „vom Grundgesetz vorausgesetzten und in Art. 1 Abs. 1 und Art. 2 Abs. 1 GG verfassungskräftig geschützten Würde und Eigenverantwortlichkeit des Menschen". S. auch mit weiteren Nachweisen *P. Häberle,* § 22, Die

Ein Menschenbild ist deswegen Referenz sowohl für die Deutung von Rechtsbegriffen wie Menschenwürde oder Person in Diskursen um die politische Entscheidung konkreter Fragen im Bereich der Biomedizin und Humanbiotechnologie in Rahmen einer politischen Ordnung, wie auch für Konzeption und Legitimation der politischen Ordnung selbst.

Mit dem Dissens über die Bedeutung der Begriffe der Menschenwürde, der Person oder des Individuums für die Regelung biomedizinischer und humanbiotechnologischer Wissenschaft und Praxis wird etwa der politischen Auseinandersetzung um Fragen des Einwilligungserfordernisses für klinische Versuche das Menschenbild problematisiert, das zugleich Bezugspunkt der Konzeption und Legitimation politischer Ordnung ist. Dies gilt auch für die Europäische Union, die nach Art. 2 EUV unter anderem auf den Werten der Achtung der Menschenwürde, Freiheit[479], Gleichheit, und der Wahrung der Menschenrechte gründet. Hiermit ist die politische Ordnung der Europäischen Union explizit auf ein – allerdings abstrakt und allgemein bleibendes – Bild vom Menschen und seinem Verhältnis zu anderen Menschen bezogen.

Diskussionen um die Bedeutung der Menschenwürde, des Begriffes der Person und des Individuums für die Gesetzgebung der Union zur Biomedizin und Humanbiotechnologie problematisieren damit zugleich

---

Menschenwürde als Grundlage der staatlichen Gemeinschaft, in: Isensee/Kirchhof (Hrsg.), Handbuch des Staatsrechts der Bundesrepublik Deutschland, 317, insb. Rn. 67 ff.

[479] Bislang ist umstritten, ob Freiheit ein eigenständiges Rechtsprinzip der Union ist. Eher ablehnend *I. Ward,* King's Law Journal 11 (2000), 105. Es besteht aber jedenfalls Einigkeit darüber, dass Freiheit individuelle Freiheit meint. Darüber hinaus ist der Begriff der Freiheit in seiner Bedeutung auf europäischer Ebene nicht abschließend gedeutet; es wird diskutiert, ob er eher im öffentlich-politischen, im privaten oder im wirtschaftlichen Sinn zu verstehen ist. *M. Hilf,* Art. 6 EUV, in: Grabitz/Hilf/Nettesheim (Hrsg.), Das Recht der Europäischen Union, Rn. 19 f. für u.a. die Selbstbestimmung des Einzelnen und die Achtung der Menschenwürde als Kernbestand des Freiheitsbegriffs; *C. Stumpf,* Art. 6, in: Schwarze (Hrsg.), EU-Kommentar, 2009, Rn. 7 f., für die Freiheit von Zwang und die Möglichkeit individueller Selbstbestimmung als Freiheitsbegriff., der sich öffentlichrechtlich und privatrechtlich ausprägt; dahingehend auch *B. Beutler,* Art. 6 EUV, in: Groeben/Schwarze (Hrsg.), Kommentar zum Vertrag über die Europäische Union und zur Gründung der Europäischen Gemeinschaft, 2003, Rn. 26; s. auch *C. Calliess,* Art. 6 EUV, in: Calliess/Ruffert (Hrsg.), EUV, EGV, 2007, Rn. 10 ff., nach dem die Idee der Freiheit die Wirtschaftsverfassung der EU und deren politische Ordnung trägt.

das Menschenbild als normativen Bezugspunkt der politischen Ordnung der Union. Mit konkreten Sachfragen werden damit im Bereich der Biomedizin und Humanbiotechnologie normative Grundlagen der politischen Ordnung verhandelt, ohne dass ein rational unhintergehbarer Konsens erreichbar ist. Dies stellt eine besondere Herausforderung des Gesetzgebers dar.[480] Im Gesetzgebungsprozess wird mit der Bedeutung der Menschenwürde ein ethisch-rechtliches Prinzip verhandelt, das zum legitimatorischen Fundament der politischen Ordnung selbst zählt. Das Recht der Biomedizin und Humanbiotechnologie lenkt damit den Blick darauf, das Mitentscheidungsverfahren daraufhin zu untersuchen, ob und wie es unter der Bedingung eines politischen Pluralismus als demokratisches Verfahren der Gesetzgebung funktioniert. Eine erste normative Vorgabe in dieser Hinsicht lässt sich nach den Lisabonner Reformen Art. 2 EUV entnehmen, nach dem die Union Pluralismus als eines der zentralen Kennzeichen einer freiheitlich-demokratischen Gesellschaft betrachtet.[481] Daraus lässt sich auch die Forderung ableiten, dass das Gesetzgebungsverfahren die Möglichkeit bereitstellen muss, eine gesellschaftliche Vielfalt politisch zu artikulieren. Die demokratietheoretische Grundlegung der Arbeit wird zeigen, dass das Gesetzgebungsverfahren entlang des demokratischen Formprinzips gleicher Freiheit so verfasst sein muss, dass es Kapazitäten zur Artikulation einer Vielheit politischer Positionen bereitstellt und einen egalitär-freiheitlichen Modus der Generierung kollektiv verbindlicher Entscheidungen unter der Bedingung politischer Uneinigkeit bildet[482].

---

[480] In Sinne einer dauernden demokratischen Auseinandersetzung über die Grundgehalte der demokratischen Ordnung *C. Möllers,* Demokratie – Zumutungen und Versprechen, 2008, 19 f.

[481] Art. 2 EUV ist komplex formuliert und der normative Gehalt insb. des zweiten Satzes, sowie sein Verhältnis zum ersten Satz nicht leicht zu entnehmen: „Die Werte, auf die sich die Union gründet, sind die Achtung der Menschenwürde, Freiheit, Demokratie, Gleichheit, Rechtsstaatlichkeit und die Wahrung der Menschenrechte einschließlich der Rechte der Personen, die Minderheiten angehören. Diese Werte sind allen Mitgliedstaaten in einer Gesellschaft gemeinsam, die sich durch Pluralismus, Nichtdiskriminierung, Toleranz, Gerechtigkeit, Solidarität und die Gleichheit von Frauen und Männern auszeichnet."

[482] Unten Kap. 7 II und III.

2. *Einbindung von Experten in den Gesetzgebungsprozess*

Wie bereits gesehen, rekurrieren eine Reihe von Gesetzgebungsakten der Union zur Biomedizin und Humanbiotechnologie auf Stellungnahmen der *European Group on Ethics in Science and New Technologies*[483] (EGE), respektive ihrer Vorläuferin. Die EGE löste 1997 die *Group of Advisers on the Ethical Implications of Biotechnology to the European Commission*[484] (GAEIB) ab, die seit 1991 die Kommission vor allem in der Forschungs- und Entwicklungspolitik ethisch beriet.[485] Die EGE ist bei der Kommission eingerichtet und wird von dieser mandatiert.[486] Sie berät die Kommission als Expertengruppe mit Blick auf die ethische Dimension naturwissenschaftlicher und technologischer Entwicklungen.[487] Die Stellungnahmen der EGE enthalten üblicherweise einleitend eine Darstellung des wissenschaftlichen und/oder technologischen Hintergrunds des behandelten Themas. Darauf folgt die Darstellung der rechtlichen Situation sowohl auf internationaler,

---

[483] Europäische Gruppe für Ethik der Naturwissenschaften und der Neuen Technologien. Zur Bezugnahme auf die EGE oben 1.

[484] Zur Beratergruppe für ethische Fragen der Biotechnologie *H. Busby/T. K. Hervey/A. Mohr*, European Law Review 33 (2008), 803, 806 ff.; *A. Plomer*, European Law Journal 14 (2008), 839, 841.

[485] Darstellung der institutionellen Struktur der EGE (und der GAEIB) bei *H. Busby/T. K. Hervey/A. Mohr*, European Law Review 33 (2008), 803; *A. Plomer*, European Law Journal 14 (2008), 839; *S. Vöneky*, Das Verhältnis von Recht, Moral und Ethik – Fragen demokratischer Legitimation am Beispiel von Ethikgremien in der Bundesrepublik Deutschland in rechtsvergleichender, europarechtlicher, völkerrechtlicher und interdisziplinärer Perspektive, 2009, 329 ff.; s. auch *S. Schielke*, Vertrauensbildende Maßnahmen – Partizipatorische und advokatorische Beratungsformen in bioethischen Streitfragen auf der Ebene der EU, in: Vöneky/Hagedorn/Clados u. a. (Hrsg.), Legitimation ethischer Entscheidungen im Recht, 2009, 209, 224 ff.

[486] Beschluss 2005/383/EG der Kommission vom 11. Mai 2005 zur Erneuerung des Mandats der Europäischen Gruppe für Ethik der Naturwissenschaften und der neuen Technologien, Abl. 2005 L 127/17. Zum Mandat der EGE auch *A. Plomer*, European Law Journal 14 (2008), 839, 840 ff.; *S. Vöneky*, Das Verhältnis von Recht, Moral und Ethik – Fragen demokratischer Legitimation am Beispiel von Ethikgremien in der Bundesrepublik Deutschland in rechtsvergleichender, europarechtlicher, völkerrechtlicher und interdisziplinärer Perspektive, 2009, 333.

[487] Zweiter Erwägungsgrund des Beschlusses, vgl. Fn 486 oben.

wie auf supranationaler und nationaler Ebene. Im Anschluss werden die ethischen Fragen auf der Grundlage der nach Ansicht der EGE relevanten ethischen Prinzipien diskutiert. Im abschließenden Teil spricht die EGE Empfehlungen aus, die sie aus den ethischen Prinzipien entwickelt, und die auch konkrete Regelungsvorschläge enthalten.[488] Die Stellungnahmen der EGE werden, wie die Bezugnahmen auf sie in den einschlägigen Rechtsakten besagen, bei der Gesetzgebung berücksichtigt.[489] Dies eröffnet die Frage ihres Einflusses im Rahmen der Gesetzgebung zur Biomedizin und Humanbiotechnologie[490], die in neuerer Zeit in den Fokus politikwissenschaftlicher und verfassungsrechtswissenschaftlicher Aufmerksamkeit gerückt ist.[491]

Mit der EGE bindet die Kommission bei der Gesetzgebung im Bereich der Wissenschaft und Technologie in zweierlei Hinsicht besonderen

---

[488] Vgl. auch etwa Stellungnahmen der EGE Nr. 16, Ethical aspects of patenting inventions involving human stem cells vom 7. Mai 2005; Nr. 17, Ethical aspects of clinical research in developing countries vom 4. Februar 2002; Nr. 19, Ethical aspects of umbilical cord blood banking vom 16. März 2004.

[489] Dazu vgl. schon oben 1.

[490] Zur Frage des Einflusses der EGE bei der Gesetzgebung auf der Grundlage der Untersuchung der Praxis des Mitentscheidungsverfahren im Bereich der Gesetzgebung zur Biomedizin und Humanbiotechnologie unten Kap. 5 III. 2. a.

[491] Aus verfassungsrechtlicher Perspektive *H. Busby/T. K. Hervey/A. Mohr,* European Law Review 33 (2008), 803; *A. Plomer,* European Law Journal 14 (2008), 839; *S. Vöneky,* Das Verhältnis von Recht, Moral und Ethik – Fragen demokratischer Legitimation am Beispiel von Ethikgremien in der Bundesrepublik Deutschland in rechtsvergleichender, europarechtlicher, völkerrechtlicher und interdisziplinärer Perspektive, 2009, 357 ff.; politikwissenschaftlich *S. Schielke,* Vertrauensbildende Maßnahmen – Partizipatorische und advokatorische Beratungsformen in bioethischen Streitfragen auf der Ebene der EU, in: Vöneky/Hagedorn/Clados u. a. (Hrsg.), Legitimation ethischer Entscheidungen im Recht, 2009, 209. *S. Vöneky,* Das Verhältnis von Recht, Moral und Ethik – Fragen demokratischer Legitimation am Beispiel von Ethikgremien in der Bundesrepublik Deutschland in rechtsvergleichender, europarechtlicher, völkerrechtlicher und interdisziplinärer Perspektive, 2009, 357 weist jedoch darauf hin, dass der formelhafte Verweis auf die Stellungnahmen der EGE in den Erwägungsgründen von Gesetzgebungsakten allein noch keinen Rückschluss auf die „Wirkungsmacht" der EGE zulässt.

Sachverstand ein.[492] Zum einen mit Blick auf die wissenschaftlichen und praktischen Disziplinen, die von der EGE ethisch bewertet werden sollen.[493] Durch sie stellt die EGE spezialisiertes Wissen in den jeweiligen Fächern und allgemein Sachverstand in wissenschaftlich-technologischer Methodik zur Beobachtung von Wissenschaft und Technologie zur Verfügung, wie ihre Stellungnahmen zeigen: Diese stellen den wissenschaftlich-technologischen Hintergrund im Themenbereich der Stellungnahme übersichtsweise und ohne spezifisches Vorwissen vorauszusetzen dar, so dass er auch Nichtexperten zugänglich ist. Die EGE steht damit für das allgemein in modernen Wissensgesellschaften vorzufindende Phänomen, dass zur Beobachtung und Bewertung funktional ausdifferenzierter Teilsysteme der Gesellschaft, wie beispielsweise die Wissenschaft oder die Wirtschaft, im politischen Prozess auf externen wissenschaftlichen Sachverstand zurückgegriffen wird.[494] Zwar kann

---

[492] Zur Expertise der Mitglieder der EGE *A. Plomer,* European Law Journal 14 (2008), 839, 843 ff.; *S. Vöneky,* Das Verhältnis von Recht, Moral und Ethik – Fragen demokratischer Legitimation am Beispiel von Ethikgremien in der Bundesrepublik Deutschland in rechtsvergleichender, europarechtlicher, völkerrechtlicher und interdisziplinärer Perspektive, 2009, 331 f.

[493] In der EGE waren in dieser Hinsicht im Rahmen des Mandats 2005-2009 etwa eine Humanimmungenetikerin, eine Lebensmittelingenieurin, ein Pharmakologe und ein Nephrologe vertreten, s. http://ec.europa.eu/european_group_ethics/mandate/composition_en.htm. Zu den formalen Grundsätzen der Besetzung der EGE allgemein *A. Plomer,* European Law Journal 14 (2008), 839, 843 ff.; *S. Vöneky,* Das Verhältnis von Recht, Moral und Ethik – Fragen demokratischer Legitimation am Beispiel von Ethikgremien in der Bundesrepublik Deutschland in rechtsvergleichender, europarechtlicher, völkerrechtlicher und interdisziplinärer Perspektive, 2009 , 331 ff.

[494] Die Einbindung von Experten, die die Wissenschaft im Bereich der Biomedizin und Humanbiotechnologie für den Gesetzgeber beobachten und (ethisch) bewerten, ist ein nahezu weltweites Phänomen, hierzu *M. Fuchs,* Nationale Ethikräte. Hintergründe, Funktionen und Arbeitsweisen im Vergleich, 2005. Für den Bereich der Beobachtung und Bewertung der biomedizinischer und humanbiotechnologischer Entwicklung ist in Deutschland der Deutsche Ethikrat (zuvor: Nationaler Ethikrat) eingesetzt, zu diesem *S. Vöneky,* Das Verhältnis von Recht, Moral und Ethik – Fragen demokratischer Legitimation am Beispiel von Ethikgremien in der Bundesrepublik Deutschland in rechtsvergleichender, europarechtlicher, völkerrechtlicher und interdisziplinärer Perspektive, 2009 , 305 ff., dort auch rechtsvergleichende Darstellung der Ethikräte auf supranationaler und internationaler Ebene sowie in Frankreich und den USA. Für den Bereich der Wirtschaft ist in Deutschland der Sachverständigen-

dies auch *ad hoc* geschehen, etwa indem im Gesetzgebungsprozess auf eine konkrete Frage hin ausgewählte Experten einmalig konsultiert werden. Vermehrt wird die Einbindung von Experten in politische Prozesse aber durch die Einsetzung von Gremien, die nicht nur einmalig konsultiert werden, sondern mit länger andauerndem Mandat, Verfahrensordnung und fester Mitgliedschaft ausgestattet sind, institutionalisiert.[495] Zum anderen ist die EGE mit Mitgliedern besetzt, die sich systematisch mit der Ethik[496] auseinandersetzen, sei es als Moraltheologin, (Moral-)Philosoph, Sozial- und Pflegeethikerin oder Medizinethiker. Die Einbindung von Experten zur Ethik in den Gesetzgebungsprozess im Bereich der Biomedizin und Humanbiotechnologie lässt sich mittlerweile in fast allen demokratischen Staaten der Welt ausmachen.[497] Die EGE steht damit beispielhaft für das Phänomen der Beteiligung von Ethikern an Gesetzgebungsprozessen, das für den Bereich der Biomedizin und Humanbiotechnologie spezifisch ist.

---

rat zur Begutachtung der gesamtwirtschaftlichen Entwicklung („Die Wirtschaftsweisen") eingesetzt; zu den Aufgaben und der Rechtsstellung der Wirtschaftsweisen *N. Kämper,* Der Sachverständigenrat zur Begutachtung der gesamtwirtschaftlichen Entwicklung, 1989.

495 Die institutionalisierte Einbindung von Experten, die biomedizinische und humanbiotechnologische Wissenschaft für den Gesetzgeber beobachten und (ethisch) bewerten, findet sich in der Form von Ethikräten in fast allen rechtsstaatlichen Staaten, s. die Übersicht *M. Fuchs,* Nationale Ethikräte. Hintergründe, Funktionen und Arbeitsweisen im Vergleich, 2005; rechtsvergleichend für eine ausgewählte Reihe von internationalen, supranationalen und nationalen Ethikräte *S. Vöneky,* Das Verhältnis von Recht, Moral und Ethik – Fragen demokratischer Legitimation am Beispiel von Ethikgremien in der Bundesrepublik Deutschland in rechtsvergleichender, europarechtlicher, völkerrechtlicher und interdisziplinärer Perspektive, 2009; s. auch *S. Vöneky/C. Hagedorn/M. Clados u. a.,* Einleitung, in: Vöneky/Hagedorn/Clados u. a. (Hrsg.), Legitimation ethischer Entscheidungen im Recht, 2009, 2 f.

496 Zum Begriff der Ethik oben 1.

497 *M. Fuchs,* Nationale Ethikräte. Hintergründe, Funktionen und Arbeitsweisen im Vergleich, 2005, 11; rechtsvergleichend für eine ausgewählte Reihe von internationalen, supranationalen und nationalen Ethikräte *S. Vöneky,* Das Verhältnis von Recht, Moral und Ethik – Fragen demokratischer Legitimation am Beispiel von Ethikgremien in der Bundesrepublik Deutschland in rechtsvergleichender, europarechtlicher, völkerrechtlicher und interdisziplinärer Perspektive, 2009 .

Bei der Gesetzgebung zur Biomedizin und Humanbiotechnologie wird damit auf der Ebene der EU auf Experten einerseits der Naturwissenschaften, Medizin und Technologie, andererseits auf solche der Ethik zurückgegriffen, um die Entwicklung in diesen Bereichen zu beobachten und von ihr ausgehende Gefährdungen in ethischer Hinsicht zu erkennen, zu bewerten und zu begrenzen. Zur Definition und Minimierung von potentiell vom Forschritt des Wissens und seiner Anwendungsmöglichkeiten ausgehenden Risiken in diesem Gebiet wird in der Form der EGE auf das Wissen der Wissenschaft zurückgegriffen. Die EGE ist damit Beispiel für die institutionalisierte Einbindung von wissenschaftlicher Expertise im politischen Prozess im Bereich der Biomedizin und Humanbiotechnologie[498], die in demokratisch orientierten politischen Ordnungen ein nahezu durchgängiges Phänomen ist. Die Gesetzgebung der EU zur Biomedizin und Humanbiotechnologie ist damit von einer doppelten Bedeutung der Wissenschaft geprägt. Einerseits wird der Fortschritt des Wissens und seiner Anwendungsmöglichkeiten in diesem Bereich als wesentliche Produktivkraft hinsichtlich der wirtschaftlichen und sozialen Entwicklung betrachtet. Andererseits wird er als Ursache von Risiken wahrgenommen, für deren Definition, Bewertung und Bewältigung in institutionalisierter Weise auf wissenschaftliche Expertise zurückgegriffen wird.[499] Diese mehrfache Bedeutung der Wissenschaft zugleich als Motor gesellschaftlichen Fortschritts, als potentielle Gefährdung des Gemeinwohls und als Ressource für die Einschätzung und Begrenzung von Risiken von Wissenschaft und Technologie kennzeichnet Wissensgesellschaften.[500]

Nimmt man an, dass es kaum ethisch irrelevante Gesetzgebung gibt,[501] stellt sich die Frage, warum sich nur für den Bereich der Biomedizin und Humanbiotechnologie die institutionalisierte Einbindung ethischer Expertise durchgesetzt hat. Das Argument des fehlenden Konsenses über die ethische Bewertung biomedizinischer und humanbiotechnologischer Wissenschaft und Praxis allein erklärt nicht, warum in anderen

---

[498] Zu diesen Begriffen oben Kap. 2 I. 2.

[499] Dazu bereits oben Kap. 2 I. 2.

[500] Zum Begriff der Wissensgesellschaft oben Kap. 2 I. 2.

[501] S. hierzu nach Gustav Radbruch bereits oben Fn. 432. Danach werfen nur die Normen keine Fragen der Gerechtigkeit auf, die durch ihr bloßes Dasein, nicht durch ihr Sosein ihren Zweck erfüllen, die nur eine einheitliche, gleichviel welche, Regelung bezwecken.

Bereichen keine Ethik-Experten herangezogen werden. Schließlich gibt es kaum eine politische Entscheidung, die nicht vom Pluralismus der Gerechtigkeitskonzeptionen erfasst und problematisiert werden kann.[502] Es wird vermutet, dass die Beratung durch ethische Experten deswegen für den Bereich der Biomedizin und Humanbiotechnologie spezifisch ist, weil hier anders als in anderen Bereichen bereits über die Grundlagen der ethischen Bewertung Uneinigkeit besteht.[503] Grundsätzlich konsentierte ethische beziehungsweise ethisch-rechtliche Prinzipien wie die Menschenwürde sind nicht nur in ihrer Bedeutung für konkrete Fragen der Bewertung biomedizinischer und humanbiotechnologischer Wissenschaft und Praxis, sondern schon in ihrer Anwendbarkeit – etwa im Fall der Forschung mit humanen embryonalen Stammzellen – umstritten.[504] Es kann nicht auf ausdifferenzierte Standards zurückgegriffen werden; dies scheint zu einer besonderen Verunsicherung zu führen, wenn Normen in diesem Bereich gesetzt werden.[505]

Die Beratung durch Ethikexperten lässt sich als Strategie deuten, mit der im politischen Prozess die Konfliktträchtigkeit und Umstrittenheit ethischer relevanter Gesetzgebung bewältigt werden sollen, die aus dem nachhaltigen Pluralismus in ethischen Fragen resultieren: Die Beteiligung von Ethikern am Gesetzgebungsprozess kann zunächst zur Systematisierung des ethischen Diskurses in konkreten Fragen der Regelung biomedizinischer und humanbiotechnologischer Wissenschaft und Praxis eingesetzt werden, indem Ethiker von einem möglichst neutralen Standpunkt aus den normativen Diskurs zu einem Problemfeld bündeln und aufbereiten, also unterschiedliche Positionen und Argumente zu einer Thematik zusammentragen und strukturiert darstellen.[506] Dar-

---

[502] Dazu schon 1. oben.

[503] *S. Vöneky/C. Hagedorn/M. Clados u. a.*, Einleitung, in: Vöneky/Hagedorn/Clados u. a. (Hrsg.), Legitimation ethischer Entscheidungen im Recht, 2009, 4. Zum Pluralismus der ethischen Paradigmen bereits oben 1.

[504] Hierzu schon oben 1.

[505] *S. Vöneky/C. Hagedorn/M. Clados u. a.*, Einleitung, in: Vöneky/Hagedorn/Clados u. a. (Hrsg.), Legitimation ethischer Entscheidungen im Recht, 2009, 4.

[506] Zu dieser Funktion der Einbindung von Ethikexperten in politische Entscheidungsprozesse *B.Heinrichs,* Angewandte Ethik im demokratischen Rechtsstaat, in: Vöneky/Hagedorn/Clados u. a. (Hrsg.), Legitimation ethischer Entscheidungen im Recht, 2009, 53, 77 ff.

über hinaus aber kann die Einbindung von Beratungsgremien im Bereich der Ethik auch ein Versuch sein, Konflikte in ethisch relevanten Fragen dadurch zu bewältigen, dass der Vielfalt ethischer Positionen der Sachverstand von Ethik-Experten als Autorität entgegensetzt wird: Teile der politikwissenschaftlichen Literatur deuten dahingehend die European Group on Ethics als Taktik der Kommission, im Verhältnis zu den anderen Organen und zu den Bürgern Vertrauen in ihre Politik und Politikvorschläge herzustellen: Der Verweis auf die Stellungnahmen der EGE in Vorschlägen von Gesetzgebungsakten und in sonstigen Handlungen der Kommission[507] diene dazu, diese wohlbegründet und zustimmungsfähig erscheinen zu lassen.[508]

Ist die Entscheidung zwischen konkurrierenden Konzeptionen des Guten, Richtigen, Gerechten keine rational determinierte, sondern eine politische[509], sollte Ethik-Experten bei der Gesetzgebung jedoch nicht die Kompetenz der Entscheidung zwischen verschiedenen rational begründeten Gerechtigkeitskonzeptionen zukommen.[510] Der Sachverstand von Ethikern besteht bei der systematischen Aufarbeitung eines Dis-

---

[507] S. etwa die Empfehlung der Kommission für einen Verhaltenskodex für verantwortungsvolle Forschung im Bereich der Nanowissenschaften und -technologien, KOM(2008) 424 endg. vom 07.02.2008, die im sechsten Erwägungsgrund auf die Stellungnahme der EGE Stellungnahme Nr. 21 vom 17. Januar 2007 zu den ethischen Aspekten der Nanomedizin verweist. Zu der Empfehlung *S. Vöneky/J. von Achenbach*, Erste Stellungnahme zu der „Empfehlung der Kommission für einen Verhaltenskodex für verantwortungsvolle Forschung im Bereich der Nanowissenschaften und -technologien", 6. Juni 2008.

[508] *S. Schielke*, Vertrauensbildende Maßnahmen – Partizipatorische und advokatorische Beratungsformen in bioethischen Streitfragen auf der Ebene der EU, in: Vöneky/Hagedorn/Clados u. a. (Hrsg.), Legitimation ethischer Entscheidungen im Recht, 2009, 209, 224 ff., 228 f.

[509] Dazu oben 1.

[510] In diesem Sinne *B. Heinrichs*, Angewandte Ethik im demokratischen Rechtsstaat, in: Vöneky/Hagedorn/Clados u. a. (Hrsg.), Legitimation ethischer Entscheidungen im Recht, 2009, 53, 81, nach dem das „Ziel einer Konsensfindung [in ethischen Fragen, die Verf.] als genuin politisches Ziel" zu begreifen ist; *S. Vöneky*, Ethische Experten und moralischer Autoritarismus, in: Vöneky/Hagedorn/Clados u. a. (Hrsg.), Legitimation ethischer Entscheidungen im Recht, 2009, 85 auf der Grundlage der Position, dass „trotz der rationalen Begründbarkeit ethischer Positionen Ethikern keine besondere Autorität" (93) zuzugestehen ist, die vom größten Teil der Stimmen im philosophischen Diskurs geteilt wird, wie dort nachgewiesen ist.

kurses auf ethische Argumentationen hin und deren Überprüfung auf Widerspruchsfreiheit und funktionale Leistungsfähigkeit.[511] Die Entscheidung zwischen mehreren rational begründbaren Lösungen für ein ethisches Problem ist aber keine, in der Sachverstand bestehen kann.[512] Sie ist eine originär politische Entscheidung, die in demokratisch verfassten Gesellschaften demokratisch legitim getroffen werden muss.[513] Die Einbindung von Experten in Gesetzgebungsprozesse muss deshalb so konzipiert werden, dass sie nicht zur Aushöhlung der verfassungsrechtlich eingesetzten Mechanismen demokratischer Legitimation, wie vor allem die Entscheidungsbefugnisse der gewählten Legislative, führt.[514] In dieser Hinsicht kann vor allem die Abgabe von Empfehlungen durch professionelle Ethiker bei der ethischen Bewertung von Wissenschaft und Technologie problematisch sein, wenn solchen Empfehlungen faktisch oder durch das Recht eine besondere Autorität beigemessen wird, die die Entscheidung des verfassungsrechtlich vorgesehenen demokratischen Entscheidungsträgers begrenzt.[515]

---

[511] Hierzu oben 1.

[512] Dazu *S. Vöneky,* Das Verhältnis von Recht, Moral und Ethik – Fragen demokratischer Legitimation am Beispiel von Ethikgremien in der Bundesrepublik Deutschland in rechtsvergleichender, europarechtlicher, völkerrechtlicher und interdisziplinärer Perspektive, 2009, 89 ff. im Anschluss an die überwiegende Position des philosophischen Diskurses, die die rationale Begründbarkeit ethischer Positionen bejaht, aber die Entscheidung zwischen mehreren wohlbegründeten Positionen nicht für eine hält, in der wissenschaftliche Expertise bestehen kann.

[513] In diesem Sinne *B. Heinrichs,* Angewandte Ethik im demokratischen Rechtsstaat, in: Vöneky/Hagedorn/Clados u. a. (Hrsg.), Legitimation ethischer Entscheidungen im Recht, 2009, 53; *S. Vöneky,* Das Verhältnis von Recht, Moral und Ethik – Fragen demokratischer Legitimation am Beispiel von Ethikgremien in der Bundesrepublik Deutschland in rechtsvergleichender, europarechtlicher, völkerrechtlicher und interdisziplinärer Perspektive, 2009, 89 ff. mit weiteren Nachweisen.

[514] So im Ergebnis auch *B. Heinrichs,* Angewandte Ethik im demokratischen Rechtsstaat, in: Vöneky/Hagedorn/Clados u. a. (Hrsg.), Legitimation ethischer Entscheidungen im Recht, 2009, 53.

[515] Hierzu *S. Vöneky,* Ethische Experten und moralischer Autoritarismus, in: Vöneky/Hagedorn/Clados u. a. (Hrsg.), Legitimation ethischer Entscheidungen im Recht, 2009, 85. Kritisch in dieser Hinsicht zum Nationalen Ethikrat in Deutschland *H.-J. Papier,* FAZ (31.1.2003), 8.

Das Recht der Biomedizin und Humanbiotechnologie der Union steht damit für die allgemein in pluralistisch geprägten Wissensgesellschaften bestehende Herausforderung, die Einbeziehung von Experten, insbesondere mit dem Auftrag ethischer Bewertung, in Gesetzgebungsprozesse auf demokratisch legitime Weise zu gestalten. Auf der Grundlage des Rechts der Biomedizin und Humanbiotechnologie kann damit untersucht werden, ob in dieser Hinsicht im Rahmen des Gesetzgebungsprozesses der Mitentscheidung eine demokratische Lösung gewählt wurde.

3. Dynamik der Regelungsmaterie und Handlungsfähigkeit des Gesetzgebers

Biomedizin und Humanbiotechnologie sind dadurch geprägt, dass die Grundlagen- und Anwendungsforschung ständig und schnell fortschreitet und dass die praktischen Möglichkeiten ständig zunehmen. Der Bereich des Machbaren wird stetig erweitert.[516] Biomedizin und Humanbiotechnologie verweisen damit auf das allgemeine Phänomen der Dynamik des Wissens und seiner Anwendungsmöglichkeiten. Dieses Phänomen prägt Gesellschaften, in denen das Wissen als Motor wirtschaftlicher und gesellschaftlicher Entwicklung betrachtet wird.[517] Um den wissenschaftlichen und technologischen Fortschritt sowohl in einen Zuwachs an Gemeinwohl umzusetzen, als auch von ihm ausgehende Gemeinwohlgefährdungen zu minimieren, muss das Recht als Instrument der Steuerung[518] mit der Dynamik der Wissenschaft und Technologie Schritt halten. Die Umsetzung von Fortschritten in einen Zuwachs an Gemeinwohl bezweckt die Gesetzgebung der Union zur Biomedizin und Humanbiotechnologie dort, wo Wissenschaft und Technik als Motor von Wirtschafts- und Wohlstandswachstum und des Fortschritts in sozialen Fragen wie Gesundheit gesehen werden, wie im Patentrecht[519], im Recht der neuartigen Therapien[520] und in der For-

---

[516] Hierzu *S. Vöneky/C. Hagedorn/M. Clados u. a.*, Einleitung, in: Vöneky/Hagedorn/Clados u. a. (Hrsg.), Legitimation ethischer Entscheidungen im Recht, 2009.

[517] Zum Begriff der Wissensgesellschaft oben II.

[518] Zum Begriff der Steuerung Fn 237 oben.

[519] Dazu oben Kap. 2 II. 1.

[520] Dazu oben Kap. 2 II. 5.

schungsförderung[521]. Die Minimierung von Gemeinwohlgefährdungen durch den Fortschritt von Wissenschaft und Technik ist Ziel europäische Gesetzgebung zur Biomedizin und Humanbiotechnologie vor allem im Bereich des Schutzes der Würde und Integrität menschlichen Lebens, wie wiederum im Patentrecht[522], im Recht der klinischen Prüfungen an Menschen[523] und im Rahmen der Forschungsförderung[524].

Der schnellen Entwicklung des Wissens und seiner Anwendungsmöglichkeiten steht in demokratisch verfassten Gesellschaften zumeist ein an aufwändige Verfahren gebundener Gesetzgeber gegenüber: Im Rahmen demokratischer Gesetzgebungsverfahren ist die Erwägung der Effizienz durch die legitimatorische *ratio* des Verfahrens begrenzt. Dies gilt auch für das Mitentscheidungsverfahren, das im Hinblick auf seine demokratische Funktion außerordentlich komplex strukturiert ist.[525] Das Mitentscheidungsverfahren dauert im Bereich der Biomedizin und Humanbiotechnologie im Durchschnitt bis zum Zustandekommen von Gesetzgebung über zwei Jahre.[526] Dies kann den Gesetzgeber in seiner Handlungsfähigkeit und damit in seiner Steuerungsfähigkeit beeinträchtigen. Eine Reihe von Reaktionsweisen des Gesetzgebers ist denkbar und üblich: Zum einen kann er Rechtsetzungsaufgaben an Stellen delegieren, die in weniger aufwändigen, weniger komplexen Verfahren entscheiden.[527] Diese Reaktion findet sich auch auf europäischer Ebene: Rechtsetzung wird an die Kommission delegiert. Der Vertrag über die Arbeitsweise der Europäischen Union sieht mit Art. 290 vor, dass die Kommission zur Ergänzung, Änderung oder Durchführung von Gesetzgebungsakten oder anderen verbindlichen Rechtsakten der EU er-

---

[521] Dazu oben Kap. 2 IV.

[522] Dazu oben Kap. 2 II. 1.

[523] Dazu oben Kap. 2 II. 2.

[524] Dazu oben Kap. 2 IV.

[525] Zur Verfahrensordnung der Mitentscheidung eingehend unten Kap. 4.

[526] Zum Mitentscheidungsverfahren sogleich Kap. 4 und 5. Ein empirisches Modell zur zunehmenden Dauer der Gesetzgebungsverfahren der Europäischen Union entwickelt *T. König*, European Journal of Political Research 46 (2007), 417.

[527] Zur abgeleiteten Rechtsetzung verfassungstheoretisch bereits oben Kap. 1 III. 4.

mächtigt werden kann.[528] Die Kommission ist dabei im Rahmen von abgeleiteter Rechtsetzug im Vergleich zum Gesetzgeber prozedural und politisch entlastet; sie kann schneller und flexibler handeln. Im Bereich der Biomedizin und Humanbiotechnologie der Union werden Rechtsetzungsaufgaben häufig an die Kommission delegiert.[529] Dies dient regelmäßig ausdrücklich der „Anpassung an den technischen und wissenschaftlichen Fortschritt". Innerhalb welcher Grenzen es demokratisch legitim ist, Rechtsetzungsaufgaben zu delegieren, wird an späterer Stelle diskutiert.[530] Die primärrechtliche Konstruktion von Delegationsgrenzen und die Probleme ihrer Operationalisierung sind hier bereits erörtert worden.[531] Unabhängig davon ist es aber Praxis, dass die zentralen Regelungen der EU zur Biomedizin und Humanbiotechnologie vom Mitentscheidungsgesetzgeber getroffen werden. Das Verfahren der Gesetzgebung muss daher ein Maß an Verfahrenseffizienz bereitstellen, welches die Steuerungsfähigkeit des Rechts gegenüber dem Fortschritt des Wissens und seiner Anwendungsmöglichkeiten erhält. Um die Handlungsfähigkeit des Gesetzgebers zu gewährleisten, kommen dabei informelle Mechanismen der Vereinfachung und Verkürzung des Gesetzgebungsverfahrens in Betracht.[532] Als Entwicklung in diese Richtung lässt sich auf europäischer Ebene die Informalisierung der Verhandlung von Gesetzgebungsvorhaben in der Mitentscheidung („Triloge") ausmachen, mit der eine möglichst kurze Dauer des Gesetzgebungsprozesses erreicht werden soll.[533] Dieser Verhandlungsmechanis-

---

528 Hierzu schon oben Kap. 1 III. 4. b. (3).

529 Vgl. etwa Art. 4 Abs. 2 der Verordnung (EG) Nr. 1394/2007 („neuartige Therapien"), Art. 29 Richtlinie 2002/98/EG („Blut"), Art. 120 Richtlinie 2001/83/EG („Arzneimittel"), Art. 20 Richtlinie 2001/83/EG („gute klinische Praxis"), Art. 28 Richtlinie 2004/23/EG („Gewebe").

530 Kap. 8 und 9.

531 Dazu oben Kap. 1 III. 4. b.

532 Die Kompensationsfunktion informeller Verfahrensweisen gegenüber formal verfassten politischen Prozessen beschreibt auch *C. Reh*, The Informal Politics of Co-Decision: Towards a normative Assessment, 2008, 5 gerade mit Blick auf die informelle Verhandlungspraxis im Mitentscheidungsverfahren: „[I]*nformal politics compensates for specific deficiencies of the formal process – increasing efficiency, easing decision-making, or facilitating negotiation* [...]."

533 Dazu *A. Rasmussen*, Early conclusion in the co-decision legislative procedure, 2007.

mus und der Trend der Informalisierung der Mitentscheidung werden in Kapitel 4 und 5 eingehend untersucht und bewertet.

Das Recht der Biomedizin und Humanbiotechnologie eröffnet damit die Frage, ob das Instrumentarium, mit dem im Mitentscheidungsverfahren die Handlungsfähigkeit des Gesetzgebers gegenüber der Dynamik des Wissens und seiner Anwendungsmöglichkeiten gewährleistet werden soll, demokratisch legitim ist.

III. Fazit

Die Unionsgesetzgebung zur Biomedizin und Humanbiotechnologie lenkt den Blick auf bestimmte politische Spannungslagen und ihre Behandlung im Rahmen des europäischen Gesetzgebungsverfahrens. Diese Spannungslagen sind durch die Struktur der Union bedingt und prägen daher europäische Gesetzgebungstätigkeit allgemein. Das Rechtsgebiet ermöglicht zunächst, das Mitentscheidungsverfahren als Mechanismus der Aushandlung von Handlungsräumen zwischen der supranationalen und der mitgliedstaatlichen Ebene zu untersuchen. Es ist zudem geprägt durch ein spannungsreiches Verhältnis zwischen verschiedenen Integrationszielen, das auch andere Betätigungsfelder der Europäischen Union kennzeichnet.[534] Es lenkt damit den Blick auf das Mitentscheidungsverfahren als Verfahren der politischen Lösung von Zielkonflikten im Rahmen europäischer Gesetzgebung.

Zweitens verweist die Gesetzgebung der Union zur Biomedizin und Humanbiotechnologie auf eine Reihe von Herausforderungen, vor die der Gesetzgeber in pluralistisch geprägten Wissensgesellschaften allgemein gestellt ist. Sie lenkt den Blick auf die Frage, ob das Gesetzgebungsverfahren vor dem Hintergrund eines gesellschaftlichen Pluralismus als demokratischer Mechanismus der politischen Verhandlung ethisch relevanter Entscheidungen funktioniert.[535] Daneben verweist das Rechtsgebiet auf die Herausforderung, die Einbeziehung von Experten, insbesondere mit dem Auftrag ethischer Bewertung, in Gesetzgebungsprozesse auf demokratische Weise zu gestalten.[536] Auf Grund

---

[534] Dazu oben I.

[535] Zusammenfassend dazu unten Kap. 5 I. 2.

[536] Dazu oben Kap. 3 II. 2.

der Dynamik biomedizinischer und humanbiotechnologischer Wissenschaft und Praxis eröffnet die einschlägige Gesetzgebung der Union schließlich die Frage, ob der Unionsgesetzgeber im Mitentscheidungsverfahren gegenüber dem ständigen Fortschritt des Wissens und seiner Anwendungsmöglichkeiten in hinreichendem Maße handlungsfähig ist, und ob die Mittel, die zur Wahrung der Handlungsfähigkeit des Gesetzgebers eingesetzt werden, demokratisch sind.[537]

---

[537] Dazu oben Kap. 3 II. 3.

B. Recht und Praxis des Mitentscheidungsverfahrens

Kapitel 4. Recht: Die Verfahrensordnung der Mitentscheidung

I. Die Verfahrensordnung der Mitentscheidung zwischen Primärrecht und Selbstorganisation der Verfahrensbeteiligten

Das Mitentscheidungsverfahren ist durch eine bestimmte Form des Zusammenwirkens von Kommission, Europäischem Parlament und Rat im Mitentscheidungsverfahren gekennzeichnet. Es bezieht seine demokratische Funktion als ordentliches Gesetzgebungsverfahren der Union, deren Arbeitsweise nach Art. 10 Abs. 1 EUV auf der repräsentativen Demokratie beruht, aus der legislativen Kooperation von Europäischem Parlament und Rat, die nach Art. 10 Abs. 2 EUV die Organe demokratischer Repräsentation auf europäischer Ebene sind. Die Ordnung des legislativen Zusammenwirkens der Organe steht im Mittelpunkt der folgenden Aufarbeitung der Verfahrensordnung der Mitentscheidung. Auf Regelungen zu organinternen Verfahrensweisen wird punktuell eingegangen – von Interesse sind dabei grundsätzliche Fragen der organinternen Willensbildung, die von Bedeutung für die demokratische Legitimationsleistung der einzelnen Organe sind, wie etwa die Form der Beratung, Regelungen zum organinternen Vorschlag von Änderungen an einem Gesetzgebungsvorhaben oder zum Modus legislativer Beschlussfassung.

Das Handeln der Organe im Mitentscheidungsverfahren wird nicht allein durch Art. 294 AEUV geleitet: Bestimmungen zum interinstitutionellen Ablauf des Mitentscheidungsverfahrens finden sich zum einen auch in internen Verfahrensordnungen und -leitlinien von Europäischem Parlament, Rat und Kommission, vor allem – aber nicht nur – in den Geschäftsordnungen. Zum anderen verankern die Verfahrensbeteiligten bestimmte Formen und Methoden ihres legislativen Zusammenwirkens in interinstitutionellen Dokumenten[538]: Das Interinstitutionelle Übereinkommen über bessere Rechtsetzung von Europäischem Parlament, Rat und Kommission vom 6. Dezember 2003 (im Folgenden: Interinstitutionelles Übereinkommen)[539], die Rahmenvereinbarung über das Verhältnis zwischen Europäischem Parlament und Kommission vom 20. Oktober 2010 (im Folgenden: Rahmenvereinbarung)[540] und die Gemeinsame Erklärung des Europäischen Parlaments, des Rates und der Kommission zu den praktischen Modalitäten des Mitentscheidungsverfahrens vom 13. Juni 2007 (im Folgenden: Gemeinsame Erklärung)[541] sehen bestimmte Formen der Koordination und Kooperation vor, die das Primärrecht nicht regelt.

Mit Blick auf die verfahrensordnende Funktion dieser Dokumente stellt sich die Frage ihrer rechtlichen Qualität. Bei den aufgeführten Dokumenten handelt es sich um interinstitutionelle Vereinbarungen (*interinstitutional agreements*); sie sind schriftlich fixierte gemeinsame Akte, denen die beteiligten Organe in ihrer Gesamtheit zugestimmt haben und die ausschließlich an sie selbst adressiert sind.[542] Die interinstitutionelle Vereinbarungen ist als Handlungsform des Unionsrechts aner-

---

[538] Zu dieser Handlungsform eingehend *F. von Alemann*, Die Handlungsform der interinstitutionellen Vereinbarung, 2006; *B. Driessen*, European Law Review 33 (2008), 550; *D. Kietz/P. Slominski/A. Maurer u. a.*, Interinstitutionelle Vereinbarungen in der Europäischen Union, 2010.

[539] Abl. 2003, C 321/1.

[540] Abl. 2010, L 304/47; zuvor galt die Rahmenvereinbarung vom 26. Mai 2005, Abl. C 117 E/125.

[541] Abl. 2007, C 145/ 5.

[542] Zur Handlungsform der interinstitutionellen Vereinbarung *F. von Alemann*, Die Handlungsform der interinstitutionellen Vereinbarung, 2006. Interinstitutionelle Vereinbarungen sind danach „schriftlich fixierte gemeinsame Akte unter Beteiligung der drei im legislativ-exekutiven Bereich tätigen Hauptorgane, denen die Organe in ihrer Gesamtheit zugestimmt haben und die ausschließlich an sie selbst adressiert sind." (53). Der formalen Bezeichnung einer Handlung als interinstitutionelle Vereinbarung kommt (nur) Indizwirkung zu; interinstitutionelle Vereinbarungen im genannten Sinne finden sich in der Praxis auch unter der Bezeichnung „Rahmenvereinbarung", „Gemeinsame Erklärung", „Interinstitutionelles Übereinkommen" oder „modus vivendi" (113 ff.). S. auch *B. Driessen*, European Law Review 33 (2008), 550.

kannt; interinstitutionelle Vereinbarungen sind Rechtsakte:[543] Sie begründen Bindungen in einem Gegenseitigkeitsverhältnis, ohne ein Überordnungsverhältnis zwischen Normsetzer und Normadressat.[544] Interinstitutionelle Vereinbarungen sind Ausdruck des organübergreifenden Selbstorganisationsrechts.[545] Dieses berechtigt die Organe grundsätzlich zum Abschluss bindender Akte.[546]

Mit den Lissabonner Reformen hat die Selbstorganisation der Verfahrensbeteiligten der Mitentscheidung durch interinstitutionelle Vereinbarungen in Art. 295 AEUV eine ausdrückliche primärrechtliche Grundlage erhalten: Danach beraten und regeln das Europäische Parlament, der Rat und die Kommission einvernehmlich die Einzelheiten ihrer Zusammenarbeit. Dazu können sie unter Wahrung der Verträge interinstitutionelle Vereinbarungen schließen, die auch bindenden Charakter haben können. Hiermit anerkennt das Primärrecht explizit das organübergreifende Selbstorganisationsrecht und die Möglichkeit der kontraktualistischen Erzeugung von Verpflichtungen im Interorganverhältnis auf seiner Grundlage.

Die Selbstorganisation der Organe im Mitentscheidungsverfahren durch Geschäftsordnungen und interinstitutionelle Vereinbarungen verankert vielfach praxisgenerierte Koordinations- und Kooperationsmodi, die neben die primärrechtlich vorgesehenen Formen des Zusammenwirkens der Organe treten.[547] So verrechtlicht die Gemeinsame Er-

---

543 Siehe die eingehende Studie von *F. von Alemann,* Die Handlungsform der interinstitutionellen Vereinbarung, 2006, weiterhin *B. Driessen,* European Law Review 33 (2008), 550.

544 *F. von Alemann,* Die Handlungsform der interinstitutionellen Vereinbarung, 2006, 235 ff., 260 f.

545 Ebd., 213 ff., 258 ff.

546 Ebd., 213 ff., 258 ff.

547 Zur Verfassungsentwicklung durch interinstitutionelle Vereinbarungen *F. von Alemann,* Die Handlungsform der interinstitutionellen Vereinbarung, 2006, 321 ff.; politikwissenschaftlich zum *institutional change* in Folge der Selbstorganisation der Organe eingehend *A. Héritier,* Explaining institutional change in Europe, 2007; *H. Farrell/A. Héritier,* Governance: An International Journal of Policy, Administration, and Institutions 16 (2003), 577. Zur Komplementär- oder Ersatzfunktion informaler Verfahrensweisen gegenüber formal verfassten Prozessen politischen Handelns aus politikwissenschaftlicher Sicht *C. Reh,* The Informal Politics of Co-Decision: Towards a normative Assessment, 2008, 5.

klärung eine Praxis, in der der Inhalt von Mitentscheidungsgesetzgebung nicht im primärrechtlich vorgesehenen Prozess aufeinander folgender Beratungen im Parlament und Rat entwickelt, sondern von Vertretern der drei Organe in informellen Treffen am „Runden Tisch" ausgehandelt wird (sog. Triloge, oder Trialoge, engl. *trilogues, trialogues*).[548] Angesichts dessen befindet die Kommission: „Owing to the increasingly permanent contacts between the three institutions [...], the procedure is more of a continuous process than a series of discrete stages"[549] – was sie nach der primärrechtlichen Verfahrensordnung eigentlich ist.

Als Instrument der Selbstorganisation eines Verfahrensbeteiligten, das die Praxis informeller Verhandlungen rechtlich verfestigt, werden in der folgenden Untersuchung der Verfahrensordnung der Mitentscheidung auch die internen Verfahrensleitlinien der Kommission[550] berücksichtigt. Diese Leitlinien geben unterhalb der Ebene der Geschäftsordnung, aber unabhängig von einem konkreten Mitentscheidungsprozess und damit generalisiert die Vorgehensweise der Kommission und ihrer internen organisatorischen Einheiten vor, insbesondere für informelle Verhandlungen. Im Zuge dessen dokumentieren sie auch verstetigte Verhaltensweisen der anderen Beteiligten. Den Leitlinien der Kommission kommt eine intern verfahrensordnende Funktion zu.

Ähnliches gilt für die parlamentarischen Leitlinien für das ordentliche Gesetzgebungsverfahren.[551] Sie beschreiben übliche Verhaltensweisen der Verfahrensbeteiligten und identifizieren Fälle verfestigter Übung, aus denen jeweils generalisierte Verhaltenserwartungen der Beteiligten folgen und die möglicherweise in Richtung eines Gewohnheitsrechts

---

[548] Zu der informellen Praxis der Kompromissbildung der Verfahrensbeteiligten noch eingehend im Folgenden, insb. VI. 2., Kap. 5 III. 1. S. zu dem Phänomen auch *R. Corbett/F. Jacobs/M. Shackleton*, The European Parliament, 2007, 221 ff.; *A. Rasmussen*, Early conclusion in the co-decision legislative procedure, 2007; *H. Farrell/A. Héritier*, Comparative Political Studies 37 (2004), 1184.

[549] Kommission SPI(2007) 73 vom 8. Januar 2008, *Guide to internal procedures*, 8.

[550] Vgl. Fn 549 oben.

[551] *Europäisches Parlament* (Hrsg.), Conciliations and Codecision. A Guide to how the Parliament co-legislates, Leitfaden zur Arbeit des Parlaments als Mitgesetzgeber nach dem Vertrag von Lissabon, Januar 2012.

weisen. Indem sie als Informationsdokument unverbindlich Handlungsorientierung bereitstellen, üben damit auch die parlamentarischen Leitlinien auf einer generalisierten Ebene verfahrensordnende Wirkung aus.[552] Eine gewisse Bindungswirkung hat der Verhaltenskodex für interinstitutionelle Verhandlungen im Rahmen von Mitentscheidungsverfahren, der die informelle Einigung in erster und zweiter Lesung betrifft und von der Konferenz der Präsidenten des Parlaments beschlossen wurde.[553] Auf ihn wird in der Geschäftsordnung des Parlaments verwiesen. Auch der Rat verfügt über einen Leitfaden für das ordentliche Gesetzgebungsverfahren.[554]

Die Verfahrensordnung der Mitentscheidung, die sich aus der Gesamtschau des Primärrechts und der rechtsnormativen Selbstorganisation der Verfahrensbeteiligten ergibt, wird im Folgenden, nach den Phasen des Verfahrens strukturiert, erschlossen. In analytischer Hinsicht ist der zentrale Gesichtspunkt dabei die Überprüfung der These der Co-Gesetzgeberschaft von Europäischem Parlament und Rat im Mitentscheidungsverfahren. Grundlage hierfür ist der Begriff der legislativen Verantwortung.[555] Im Rahmen der Darstellung der Verfahrensordnung

---

552 Als Dokument von *informal and semi-formal rules* bzw. *institutions* behandelt *C. Reh,* The Informal Politics of Co-Decision: Towards a normative Assessment, 2008, 11 die parlamentarischen Leitlinien. Aus politikwissenschaftlicher Sicht ist die Frage der rechtlichen Qualifikation des *Guide* und ähnlicher Dokumente für die Frage der verfahrensordnenden Funktion der in ihnen beschriebenen Verhaltensweisen irrelevant, „sets of rules of behaviour" or „sets of rules that structure social interaction" (Institutionen) können formal (*written and enforced by a third party)* und informell (*enforced by the actors themselves)* bestehen, *H. Farrell/A. Héritier,* Governance: An International Journal of Policy, Administration, and Institutions 16 (2003), 577, 580 f., und auch in letzterem Fall durch die effektive Leitung von Verhalten verfahrensordnende Funktion haben. Auch eine bloße verfestigte Übung, die zu einer generalisierten Verhaltenserwartung führt, kann damit als informelle Institution zur Verfahrensordnung gezählt werden, *H. Farrell/A. Héritier,* Governance: An International Journal of Policy, Administration, and Institutions 16 (2003), 577, 580 f. Ebenso geht von der handlungsorientierenden Funktion von Informationsdokumenten wie dem parlamentarischen *Guide* verfahrensordnende Wirkung aus.

553 Anlage XXI der Geschäftsordnung des Europäischen Parlaments.

554 Generalsekretariat des Rates, Leitfaden für das ordentliche Gesetzgebungsverfahren, Oktober 2010.

555 Oben Kap. 1 IV.

wird dementsprechend untersucht, ob sich in allen Verfahrensphasen der Mitentscheidung eine durchgehende Struktur der legislativen Gleichberechtigung von Rat und Europäischem Parlament nachweisen lässt, die den in Kapitel 1 erarbeiteten Kriterien der Co-Gesetzgeberschaft entspricht.[556]

Daneben stellt sich die Frage, wie die neben der primärrechtlichen Ordnung des Mitentscheidungsverfahrens interinstitutionell eingesetzten Koordinations- und Kooperationsformen unter dem Gesichtspunkt der demokratischen Legitimation von Mitentscheidungsgesetzgebung zu bewerten sind. Die verfassungsrechtliche und demokratietheoretische Untersuchung und Bewertung der Informalisierung des Gesetzgebungsprozesses, die notwendiger Teil der kritischen Analyse des Mitentscheidungsverfahrens als demokratisches Gesetzgebungsverfahren ist, bedarf weiterer Grundlegung und ist daher einem späteren Teil der Arbeit vorbehalten. Einen ersten Beitrag zu der erforderlichen Grundlegung leistet das vorliegende Kapitel, indem es Gründe und Funktionen der Überformung der primärrechtlichen Verfahrensordnung durch abweichende Verfahrensweisen der Organe beleuchtet.[557]

II. Initiation des Verfahrens

1. Primärrechtliche Ordnung

Nach Art. 294 Abs. 2 AEUV beginnt das Mitentscheidungsverfahren damit, dass die Kommission dem Europäischen Parlament und dem Rat einen Vorschlag unterbreitet. Das Initiativrecht liegt allein bei der Kommission, Art. 17 Abs. 2 EUV.[558] Sowohl das Europäische Parlament als auch der Rat können aber die Kommission auffordern, ihnen Vorschläge zu unterbreiten. Für das Europäische Parlament ist das in Art. 225 AEUV niedergelegt. Es kann danach mit der Mehrheit seiner Mitglieder die Kommission auffordern, geeignete Vorschläge zu Fragen zu unterbreiten, die nach seiner Auffassung die Ausarbeitung eines Unionsakts zur Durchführung der Verträge erfordern. Vor den Lissabonner Reformen konnte das Europäische Parlament das Tätigwerden

---

556 Oben Kap. 1 IV.

557 Unten VI. 2.

558 S. hierzu bereits Kap. 1 III. 2. c.

der Kommission wohl nicht einklagen.[559] Das Recht des Rates, die Kommission zu einem Vorschlag aufzufordern (Art. 241 AEUV), gilt als vor dem EuGH durchsetzbar.[560] Die Lissabonner Reformen haben die Aufforderungsermächtigung des Parlaments der des Rates angeglichen; möglicherweise folgt daraus, dass nunmehr das Parlament auch über ein klagbares Recht verfügt.[561] Die Begründungspflicht, die für die Kommission gilt, wenn sie einer Initiativaufforderung der Co-Gesetzgeber nicht nachkommen will, legt jedenfalls die Grundlage für eine gerichtliche Überprüfung.[562] Gegen eine durchsetzbare Verpflichtung der Kommission, auf Aufforderung eine Gesetzesinitiative vorzulegen, spricht aber, dass Art. 225 AEUV ausdrücklich von der Möglichkeit ausgeht, dass die Kommission die Aufforderung nicht befolgt. Unabhängig von der Durchsetzbarkeit der Aufforderung bleibt es aber bei dem Befund, dass das Parlament nicht selbsttätig das Mitentscheidungsverfahren initiieren kann.[563]

Aus Art. 17 Abs. 2 EUV und 293 Abs. 2 AEUV ergibt sich, dass die Kommission ihren Vorschlag im Verfahren bis zum endgültigen Be-

---

[559] Im Sinne der fehlenden Durchsetzbarkeit *M. Haag*, Art. 192 EGV, in: Groeben/Schwarze (Hrsg.), Kommentar zum Vertrag über die Europäische Union und zur Gründung der Europäischen Gemeinschaft, Rn. 15 ff.; *W. Kluth*, Art. 192 EGV, in: Calliess/Ruffert (Hrsg.), EUV, EGV, 2007, Rn. 11; *W. Kluth*, Art. 208 EGV, in: Calliess/Ruffert (Hrsg.), EUV, EGV, 2007, Rn. 4; anders aber *S. Hölscheidt*, Art. 192 EGV, in: Grabitz/Hilf/Nettesheim (Hrsg.), Das Recht der Europäischen Union, Rn. 28, nach dem es „rechtlich möglich ist [...], dass das EP die Umsetzung seiner Initiativen im Wege seines Klagerechts aus Art. 230 Abs. 3 [richtig wohl: Abs. 2] bzw. Art. 232 Abs. 1 [EGV] verfolgt."

[560] *M. Ruffert*, Art. 241 AEUV, in: Calliess/Ruffert (Hrsg.), EUV, AEUV, 2011b; *C. Ziegenhorn*, Art. 241 AEUV, in: Grabitz/Hilf/Nettesheim (Hrsg.), Das Recht der Europäischen Union, Rn. 15; für die Rechtslage vor den Lissabonner Reformen *W. Kluth*, Art. 208 EGV, in: Calliess/Ruffert (Hrsg.), EUV, EGV, 2007, Rn. 4; *M. Schweitzer*, Art. 208 EGV, in: Grabitz/Hilf/Nettesheim (Hrsg.), Das Recht der Europäischen Union, Rn. 1 ff.

[561] Weiterhin ablehnend *W. Kluth*, Art. 225 AEUV, in: Calliess/Ruffert (Hrsg.), EUV, AEUV, 2011.

[562] Diese Begründungspflicht inkorporiert das interinstitutionelle Recht, in dem sich die Kommission gegenüber dem Parlament zur Angabe von Gründen verpflichtet hat.

[563] Dazu oben Kap. 1 III. 2. c. (1).

schluss des Rates abändern kann.[564] Dies löst erneute Beratungen der Gesetzgeber aus.[565] Die Kommission kann das Verfahren auch jederzeit durch den Rückzug ihres Vorschlags beenden. Dies ist eine Konsequenz ihres Initiativmonopols.[566]

Der das Mitentscheidungsverfahren initiierende Vorschlag wird gem. Art. 294 Abs. 2 AEUV dem Europäischen Parlament und dem Rat unterbreitet. Dass die Kommission ihren Vorschlag dem Parlament und dem Rat gleichzeitig vorlegt, wird als Ausdruck der Gleichbehandlung der beiden Organe im Mitentscheidungsverfahren gedeutet.[567]

---

[564] Dies wurde auch im Rahmen der Vorgängervorschrift so gesehen; *W. Kluth,* Art. 250 EGV, in: Calliess/Ruffert (Hrsg.), EUV, EGV, 2007, Rn. 4, 7; *M. Krajewski/U. Rösslein,* Art. 250 EGV, in: Grabitz/Hilf/Nettesheim (Hrsg.), Das Recht der Europäischen Union, Rn. 13 ff.; *J. Schoo,* Art. 250 EGV, in: Groeben/Schwarze (Hrsg.), Kommentar zum Vertrag über die Europäische Union und zur Gründung der Europäischen Gemeinschaft, 2003, Rn. 19 ff.

[565] *B. Martenczuk,* Art. 17 EUV, in: Grabitz/Hilf/Nettesheim (Hrsg.), Das Recht der Europäischen Union, Rn. 63; *M. Krajewski/U. Rösslein,* Art. 293 AEUV, in: Grabitz/Hilf/Nettesheim (Hrsg.), Das Recht der Europäischen Union; *W. Kluth,* Art. 293 AEUV, in: Calliess/Ruffert (Hrsg.), EUV, AEUV, 2011, Rn. 11 f.; zur Rechtslage vor den Lissabonner Reformen *W. Kluth,* Art. 250 EGV, in: Calliess/Ruffert (Hrsg.), EUV, EGV, 2007, Rn. 4, 7; *M. Krajewski/U. Rösslein,* Art. 250 EGV, in: Grabitz/Hilf/Nettesheim (Hrsg.), Das Recht der Europäischen Union, Rn. 13 ff.; *J. Schoo,* Art. 250 EGV, in: Groeben/Schwarze (Hrsg.), Kommentar zum Vertrag über die Europäische Union und zur Gründung der Europäischen Gemeinschaft, 2003, Rn. 19 ff.

[566] *B. Martenczuk,* Art. 17 EUV, in: Grabitz/Hilf/Nettesheim (Hrsg.), Das Recht der Europäischen Union, Rn. 64 ff.; zur Vorgängervorschrift *J. Schoo,* Art. 250 EGV, in: Groeben/Schwarze (Hrsg.), Kommentar zum Vertrag über die Europäische Union und zur Gründung der Europäischen Gemeinschaft, 2003, Rn. 19 ff.

[567] So bereits zur Vorgängervorschrift im EGV *W. Kluth,* Art. 251 EGV, in: Calliess/Ruffert (Hrsg.), EUV, EGV, 2007, Rn. 10; *M. Krajewski/U. Rösslein,* Art. 251 EGV, in: Grabitz/Hilf/Nettesheim (Hrsg.), Das Recht der Europäischen Union, Rn. 14 ff.; *J. Schoo,* Art. 251 EGV, in: Groeben/Schwarze (Hrsg.), Kommentar zum Vertrag über die Europäische Union und zur Gründung der Europäischen Gemeinschaft, 2003, Rn. 14 f.

2. *Selbstorganisation der Verfahrensbeteiligten*

Durch die 2010 erfolgte Revision der Rahmenvereinbarung zwischen dem Europäischen Parlament und der Kommission wird die Effektivität des parlamentarischen Initiativaufforderungsrechts im Vergleich zum bislang geltenden interinstitutionellen Recht gesteigert. Zuvor verpflichtete sich die Kommission in interinstitutionellen Vereinbarungen dazu, die Aufforderung zu berücksichtigen und zu begründen, falls sie ihr nicht folgt.[568] Nunmehr wird die Kommission verpflichtet, binnen drei Monaten nach der Annahme eines legislativen Initiativberichts des Parlaments gemäß Art. 225 AEUV über die konkrete Weiterbehandlung der Aufforderungen zur Vorlage von Gesetzgebungsinitiativen zu berichten; die Kommission legt spätestens nach einem Jahr einen Gesetzesvorschlag vor oder nimmt den Vorschlag in das jährliche Arbeitsprogramm des Folgejahres auf. Legt die Kommission keinen Vorschlag vor, so erläutert sie gegenüber dem Europäischen Parlament die Gründe dafür (Ziff. 16). Dies stärkt die Position des Parlaments mit Blick auf die Initiierung von Gesetzgebung.[569]

Zu ihrem Vorschlag nimmt die Kommission gegenüber den zuständigen Parlamentsausschüssen und den Vorbereitungsgremien des Rates rasch und in geeigneter Weise Stellung.[570] Sie setzt die Möglichkeit, ihren Vorschlag bis zum endgültigen Beschluss des Rates zu ändern, vor allem dazu ein, parlamentarische Abänderungen zu integrieren. Unter Umständen berücksichtigt sie auch Änderungen, die von Gremien des Rates eingebracht werden.[571]

---

[568] Ziff. 9 Interinstitutionelle Vereinbarung „Bessere Rechtsetzung", vgl. Fn 539 oben und zu Aufforderungen des Parlaments Ziff. 14 Abs. 3 der Rahmenvereinbarung in der alten Fassung, vgl. Fn 540 oben.

[569] Zur demokratischen Bedeutung eines Initiativrechts der Legislative bereits oben Kap. 1 III. 2. c.

[570] Ziff. 9 Interinstitutionelle Vereinbarung „Bessere Rechtsetzung", vgl. Fn 539 oben.

[571] SPI(2007) 73, 14 f.; mit Bezug auf parlamentarische Änderungen auch Ziff. 37 Rahmenvereinbarung EP-Kommission.

III. Erste Beratungsphase

1. Primärrechtliche Ordnung

Zu dem Vorschlag der Kommission legt nach Art. 294 Abs. 3 AEUV das Europäische Parlament seinen Standpunkt fest, wobei es mit der einfachen Mehrheit der abgegebenen Stimmen beschließt, Art. 231 AEUV.[572] Art. 294 AEUV sieht nicht vor, dass das Europäische Parlament in dieser Verfahrensphase ein Vorhaben verfahrensbeendend ablehnt.[573] Art. 294 AEUV liest sich in Abs. 3 - 5 so, dass das Parlament lediglich die Abänderung des Vorhabens beschließen oder den Vorschlag billigen kann. Ein ablehnender Beschluss des Parlaments kann damit wohl in dieser Phase das Verfahren formell nicht beenden. Dies ist der Kommission vorbehalten, in dem sie den Vorschlag zurückzieht.

---

[572] Dazu *M. Krajewski/U. Rösslein,* Art. 294 AEUV, in: Grabitz/Hilf/Nettesheim (Hrsg.), Das Recht der Europäischen Union, Rn. 27; zur Vorgängervorschrift im EGV *M. Krajewski/U. Rösslein,* Art. 251 EGV, in: Grabitz/Hilf/Nettesheim (Hrsg.), Das Recht der Europäischen Union, Rn. 20, *W. Kluth,* Art. 251 EGV, in: Calliess/Ruffert (Hrsg.), EUV, EGV, 2007, Rn. 11 ff.

[573] Dies wird gleichwohl für möglich gehalten; *W. Kluth,* Art. 294 AEUV, in: Calliess/Ruffert (Hrsg.), EUV, AEUV, 2011, Rn. 11b; unentschieden *M. Krajewski/U. Rösslein,* Art. 294 AEUV, in: Grabitz/Hilf/Nettesheim (Hrsg.), Das Recht der Europäischen Union, Rn. 26. Zur Vorgängervorschrift im EGV: *M. Krajewski/U. Rösslein,* Art. 251 EGV, in: Grabitz/Hilf/Nettesheim (Hrsg.), Das Recht der Europäischen Union, Rn. 22, lehnten ein formelles verfahrensbeendendes Ablehnungsrecht des Parlaments in erster Lesung ab; das Parlament könne lediglich vor dem Beschluss seiner legislativen Entschließung die Kommission auffordern, den Vorschlag zurückzuziehen. Im Ergebnis genauso *W. Kluth,* Art. 251 EGV, in: Calliess/Ruffert (Hrsg.), EUV, EGV, 2007, Rn. 11, nach dem das Parlament auch formell die Ablehnung beschließen kann und dann die Kommission auffordert, den Vorschlag zurückzuziehen. Diese kann davon jedoch absehen und ihren Vorschlag aufrechterhalten. Siehe auch *Europäisches Parlament* (Hrsg.), Conciliations and Codecision. A Guide to how the Parliament co-legislates, 6, nach dem „[a]s far as outright rejection at first reading is concerned, it should be noted […] that the Treaty does not explicitly prohibit this, nor does it explicitly provide for it." Das Parlament hat sich nicht willig gezeigt, sich dadurch in seiner Willensbildung beschränken zu lassen und lehnt von Zeit zu Zeit Kommissionsvorschläge in erster Lesung ab; Nachweise bei *Europäisches Parlament* (Hrsg.), Conciliations and Codecision. A Guide to how the Parliament co-legislates, 6 Fn. 1.

Der Rat hat im Anschluss an die erste Lesung des Parlaments mehrere Optionen, Art. 294 Abs. 4 - 5 AEUV. Zum einen kann er den parlamentarischen Standpunkt billigen. Damit ist der Rechtsakt in der Fassung des parlamentarischen Standpunktes erlassen (Art. 294 Abs. 4 AEUV). Die Annahme von Gesetzgebung in erster Lesung („fast-track-legislation/procedure/agree-ment“ [574]) spielt in der Praxis zunehmend eine Rolle.[575]

Billigt der Rat schon den ursprünglichen Vorschlag oder aber dessen Abänderungen durch das Europäische Parlament nicht, beschließt er seinen Standpunkt. Er übermittelt diesen dem Parlament[576] und legt in

---

[574] Diesen Begriff verwenden Teile der politikwissenschaftlichen Forschung zum Mitentscheidungsverfahren, s. *H. Farrell/A. Windhoff-Héritier,* Interorganizational cooperation and intraorganizational power, 2002; *C. Reh,* The Informal Politics of Co-Decision: Towards a normative Assessment 2008.

[575] Dazu noch unten Kap. 5.

[576] *M. Krajewski/U. Rösslein,* Art. 294 AEUV, in: Grabitz/Hilf/Nettesheim (Hrsg.), Das Recht der Europäischen Union, Rn. 32 ff.; *W. Kluth,* Art. 294 AEUV, in: Calliess/Ruffert (Hrsg.), EUV, AEUV, 2011, Rn. 12. Für den Fall, dass der Rat mit seinem Standpunkt wesentlich vom Vorschlag der Kommission abweicht, wurde die Frage nach der erneuten Befassung des Parlaments diskutiert, *J. Schoo,* Art. 251 EGV, in: Groeben/Schwarze (Hrsg.), Kommentar zum Vertrag über die Europäische Union und zur Gründung der Europäischen Gemeinschaft, Rn. 27. Teilweise wurde dazu argumentiert, dass die für das Anhörungsverfahren vom EuGH entwickelten Grundsätze der erneuten Anhörung des Parlaments auf die Mitentscheidung nicht übertragbar seien. Das Parlament könne in seiner zweiten Lesung seinen Standpunkt durch Ablehnung oder Änderung einbringen, *R. Boest,* Europarecht 27 (1992), 182, 186. Dagegen argumentierte *J. Schoo,* Art. 251 EGV, in: Groeben/Schwarze (Hrsg.), Kommentar zum Vertrag über die Europäische Union und zur Gründung der Europäischen Gemeinschaft, Rn. 27, dass bei wesentlicher Änderung durch den Rat die Pflicht zur loyalen Zusammenarbeit zwischen Rat und Parlament verletzt würde, wenn das Parlament seine erste Lesung zu einem Text abgegeben hat, der vom Rat in seiner Substanz verändert wurde. Zudem bedürfe das Parlament zur Ablehnung oder Änderung des Gemeinsamen Standpunkts in zweiter Lesung der Mehrheit seiner Mitglieder, während es in erster Lesung Änderungen mit einfacher Mehrheit der abgegebenen Stimmen annehmen kann. Der Forderung nach einer erneuten Befassung wird zutreffend entgegengehalten, dass die Pflicht zur Zusammenarbeit der Gemeinschaftsorgane nicht dergestalt konkretisierbar sei, dass sie über den Wortlaut des Primärrechts hinaus eine erneute Befassung des Parlaments erforderlich macht, wenn der Rat den Vorschlag der Kommission wesentlich ändert, *M. Krajewski/U. Rösslein,* Art. 251 EGV, in:

diesem Zuge auch die Gründe dar, aus welchen sein Standpunkt hervorgeht. Die Kommission informiert das Parlament „in vollem Umfang" über ihren Standpunkt (Art. 294 Abs. 5, 6 AEUV).

Wo Art. 251 Abs. 2 EGV ausdrücklich die qualifizierte Mehrheit als Beschlussmodus des Rates einsetzte, fehlt in Art. 294 Abs. 4, 5 AEUV die Benennung des Beschlussmodus des Rates. Auf den ersten Blick scheint es nicht ausgeschlossen, dass deshalb der Grundsatz des Art. 293 Abs. 1 AEUV zur Anwendung kommt. Danach könnte der Rat im Rahmen des Art. 294 Abs. 4, 5 AEUV ein nach dem parlamentarischen Standpunkt vom Kommissionsvorschlag abweichendes Vorhaben nur einstimmig annehmen. Zwar ist die allgemeine Funktion des Art. 293 Abs. 1 AEUV, die Erschwerung des Erlasses von Rechtsakten in Abweichung vom Kommissionsvorschlag durch den Rat dem Grunde nach auf die Konstellation des Art. 294 Abs. 4, 5 AEUV übertragbar; schließlich kommt danach der Rechtsakt mit dem Ratsbeschluss zustande. Es greift jedoch die Regelung des Art. 16 Abs. 3 EUV: Soweit in den Verträgen nichts anderes festgelegt ist, beschließt der Rat mit qualifizierter Mehrheit.

Vor den Lissabonner Reformen wurde in der ersten Phase des Verfahrens der Rechtsakt vom Rat erlassen (Art. 251 Abs. 2 Sps. 1, 2 EGV). Zudem deutete Art. 251 Abs. 2 EGV, in dem er den Beschluss des Parlaments in erster Lesung als *Stellungnahme* bezeichnete, in die Richtung einer bloß konsultativen Funktion des Parlaments. Auch dies hinderte nicht die gesetzgeberische Verantwortlichkeit des Europäischen Parlaments entsprechend den Kriterien der Co-Gesetzgeberschaft. Diese erfordert, dass das Zustandekommen von Gesetzgebung vom Vorliegen inhaltlich kongruenter formeller Beschlüsse beider Organe abhängt, ohne dass eines der Organe lediglich vor die Alternative der gänzlichen Annahme oder Ablehnung des Vorhabens gestellt ist.[577] In der ersten Beratungsphase der Mitentscheidung kommt Gesetzgebung zustande, wenn der Vorschlag der Kommission vom Parlament – gegebenenfalls mit Abänderungen – formell angenommen ist, und der Rat formell ei-

---

Grabitz/Hilf/Nettesheim (Hrsg.), Das Recht der Europäischen Union, Rn. 38 f. Diese Ansicht entspricht der Geschäftsordnung des Parlaments, in der das Parlament kein allgemeines Prinzip der Erforderlichkeit einer erneuten Befassung verankert, sondern eine solche nur fordert, wenn der Rat beabsichtigt, die Rechtsgrundlage des Vorschlags zu ändern mit der Folge, dass das Mitentscheidungsverfahren nicht mehr anwendbar wäre (Art. 59 Abs. 2 GO-EP).

[577] Hierzu oben Kap. 1 IV. 2.

nen Beschluss fasst, der sich inhaltlich mit dem des Europäischen Parlaments deckt. Das Zustandekommen des Rechtsakts basiert damit auf der formell bezeugten billigenden Übereinstimmung der Positionen von Parlament und Rat, die beide über die Möglichkeiten verfügen, das Gesetzgebungsvorhaben nach ihren Positionen zu ändern. Mit Art. 294 AEUV wird die gemeinsame legislative Verantwortung der beiden Organe deutlicher gekennzeichnet; danach legt das Parlament in erster Lesung seinen *Standpunkt* fest; wenn der Rat diesen billigt, „so ist der betreffende Rechtsakt in der Fassung des Standpunkts des Europäischen Parlaments erlassen".

Ob die Kommission mit etwaigen Änderungen an ihrem Vorschlag einverstanden ist, hat in diesem Verfahrensstadium keinen Einfluss auf die Beschlussfassung der als Co-Gesetzgeber handelnden Organe Rat und Europäischem Parlament.

2. Selbstorganisation der Verfahrensbeteiligten. Zum informellen Verhandlungsmodus der Triloge

Die parlamentarische Beratung des Vorschlags findet in Ausschüssen und im Plenum statt. Der Vorschlag wird im Parlament einem der parlamentarischen Ausschüsse zugewiesen, und zwar nach seinem Gegenstand.[578] Für beide Arten der Beratung gelten die allgemeinen Bestimmungen der Art. 35 ff. der Geschäftsordnung des Parlaments[579] (GO-EP), wonach das Parlament den vorgelegten Vorschlag insbesondere auf seine Vereinbarkeit mit den Grundrechten der Charta der Grundrechte der Europäischen Union, mit den Grundsätzen der Subsidiarität und der Verhältnismäßigkeit, mit der Rechtstaatlichkeit und auf seine finanziellen Auswirkungen überprüft. Außerdem wird die Rechtsgrundlage geprüft, die die Kommission dem vorgeschlagenen Rechtsakt zugrunde legt, Art. 37 GO-EP.

Beschließt der Ausschuss Änderungsvorschläge zum Kommissionsvorschlag, holt er dazu den Standpunkt der Kommission ein und fügt ihn seinem Bericht an das Plenum bei, Art. 54 GO-EP. Er ersucht hiernach

---

[578] Darstellung in *Europäisches Parlament* (Hrsg.), Conciliations and Codecision. A Guide to how the Parliament co-legislates, 4 ff.; zu den parlamentarischen Ausschüssen, ihrer Zusammensetzung und ihren Verfahren s. auch *R. Corbett/F. Jacobs/M. Shackleton*, The European Parliament, 2007, Ch. 7.

[579] ABl. L 116/1.

auch um eine Erklärung des Rates. Nach Art. 26 der Geschäftsordnung des Rates kann dieser vor dem Parlament und in dessen Ausschüssen vertreten werden. Die Gemeinsame Erklärung sieht vor, dass der Vorsitz des Rates möglichst an den Ausschusssitzungen teilnimmt und Ersuchen um Informationen über den Standpunkt des Rates sorgfältig berücksichtigt.[580] Die Kommission stellt – während des gesamten Verfahrensablaufes – sicher, dass ihre Mitglieder in der Regel an den Aussprachen in den Parlamentsausschüssen und an den Plenardebatten über Rechtsetzungsvorschläge teilnehmen.[581]

Findet in der ersten Plenarberatung im Parlament der Kommissionsvorschlag im Ganzen keine Mehrheit, fordert nach Art. 56 Abs. 1 GO-EP der Präsident des Parlaments die Kommission auf, den Vorschlag zurückzuziehen, bevor es zu einer legislativen Entschließung kommt. Entspricht die Kommission dem nicht, wird erst nach einem erneuten Bericht des Ausschusses eine legislative Entschließung verabschiedet, Art. 56 Abs. 3 GO-EP. Die in der GO-EP angelegte Option des Parlaments, ein Rechtsetzungsvorhaben schon in erster Lesung scheitern zu lassen, ist primärrechtlich nicht explizit vorgesehen.[582] Beschließt das Parlament Änderungen am Vorschlag, lässt es vor seiner legislativen Entschließung die Kommission dazu Stellung nehmen, Art. 57 Abs. 1 GO-EP.

Das Parlament fordert die Kommission nach Art. 59 GO-EP auf, es erneut mit dem Vorschlag zu befassen, wenn sie ihren ursprünglichen Vorschlag abändert, nachdem das Parlament seinen Standpunkt festgelegt hat, es sei denn die Kommission übernimmt damit die parlamentarischen Änderungen.[583] Das Parlament fordert seine erneute Befassung auch, wenn im Laufe der Zeit oder durch eine Änderung der Umstände sich die Art des Problems, mit dem sich der Vorschlag befasst, entscheidend ändert, oder wenn nach Festlegung des Standpunkts des Parlaments Wahlen zum Parlament stattgefunden haben und die Konferenz der Präsidenten des Parlaments dies für wünschenswert hält. Nach der Rahmenvereinbarung zwischen Europäischem Parlament und Kommis-

---

[580] Ziff. 10 der Gemeinsamen Erklärung.

[581] Ziff. 8 Abs. 4 Interinstitutionelle Vereinbarung; zur Teilnahme der Kommission an parlamentarischen Beratungen auch Titel V Rahmenvereinbarung.

[582] Zur Uneinigkeit über die formelle Möglichkeit des Parlaments, ein Gesetzgebungsvorhaben in erster Lesung abzulehnen oben 1.

[583] Dazu oben II. 1.

sion bemüht sich das Parlament, dem Art. 294 AEUV in der ersten Lesung keine Fristen setzt, in einem angemessenen Zeitrahmen zu handeln, soweit es nützlich für das Verfahren ist.[584]

Wie im gesamten Verfahrensablauf ist in der ersten Beratungsphase im Rat der Ausschuss der Ständigen Vertreter der Mitgliedstaaten im Rat (*Coreper*, nach Art. 240 Abs. 1 AEUV zuständig für die Vorbereitung der Arbeiten des Rates[585]) der zentrale Akteur mit Blick auf die ratsinterne Verhandlung des Inhaltes eines Gesetzgebungsvorhabens, Art. 19 ff. GO-Rat.[586] Dem Coreper obliegt es, die Arbeiten des Rates vorzubereiten. Er bemüht sich, auf seiner Ebene Einvernehmen zu erzielen, so dass der betreffende Text auf einer Ratstagung dem Rat zur Annahme unterbreitet werden kann, Art. 19 Abs. 2 GO-Rat.[587]

Nach der Gemeinsamen Erklärung über praktische Modalitäten der Mitentscheidung wird jeder Abschnitt des Mitentscheidungsverfahrens und so auch die erste parlamentarische Lesung durch loyale Zusammenarbeit der Organe, insbesondere durch Koordination von Zeitplä-

---

584 Ziff. 41 (ii) Rahmenvereinbarung.

585 Der Coreper ist gegliedert in zwei Teile, wobei sich Teil 2 aus den Ständigen Vertretern der Mitgliedstaaten im Rang von Botschaftern zusammensetzt, während Teil 1 durch Stellvertreter der Ständigen Vertreter gebildet wird. Teil 1 ist für die Bearbeitung der Fragen der Außen-, Finanz- und Wirtschaftsräte zuständig; den ganz überwiegenden Teils der Rechtssetzungstätigkeit des Rates bearbeitet damit Teil 1; dazu *D. Bostock,* Journal of Common Market Studies 40 (2002), 215, 216 f.; der Beitrag beschäftigt sich auch mit der Rolle des Coreper im Rahmen des Mitentscheidungsverfahrens. S. auch *H. C. Röhl,* Europarecht 29 (1994), 409, 420 ff.

586 Übersichtsweise zur Rolle von Coreper im Mitentscheidungsverfahren *D. Bostock,* Journal of Common Market Studies 40 (2002), 215.

587 Wenn auf der Ebene des Coreper Einvernehmen hergestellt ist, entscheidet der Rat diesen Tagesordnungspunkt als A-Punkt ohne Aussprache, im Übrigen wird der Gegenstand als B-Punkt behandelt und eine Aussprache abgehalten und erst danach, regelmäßig in einer späteren Ratssitzung abgestimmt; hierzu Art. 3 Abs. 6 GO-Rat: „Die vorläufige Tagesordnung besteht aus einem Teil A und einem Teil B. In Teil A werden die Punkte aufgenommen, die der Rat ohne Aussprache annehmen kann; dies schließt nicht aus, dass ein Ratsmitglied oder die Kommission bei der Annahme dieser Punkte Meinungen äußert und Erklärungen in das Ratsprotokoll aufnehmen lässt.“ Zur A-/B-Punkt-Struktur unter dem Gesichtspunkt, ob die Ministerebene im Rat der Ort der Willensbildung ist, mit weiteren Nachweisen *M. P. C. M. van Schendelen,* Journal of Common Market Studies 34 (1996), 531.

nen und Informationsaustausch[588], begleitet. In interinstitutionellen Kontakten überwachen die Organe den Fortgang der Arbeiten und überprüfen den Grad ihrer Übereinstimmung mit dem Ziel, ihre Standpunkte möglichst weitgehend anzunähern und die Verabschiedung des Rechtsaktes in einem möglichst frühen Verfahrensstadium zu ermöglichen.[589] Die Organe stimmen ihre Zeitpläne ab und erstellen für den Vorschlag einen indikativen Zeitplan für die verschiedenen Phasen bis zu seiner endgültigen Annahme.[590] Die Gemeinsame Erklärung betont, dass dabei der *„politische Charakter der Entscheidungsprozesse ohne Einschränkung beachtet wird“*[591].

Nach der Gemeinsamen Erklärung unterstützt die Kommission in der Phase der ersten Beratung die Kontakte zwischen Rat und Europäischem Parlament und macht in konstruktiver Weise von ihrem Initiativrecht Gebrauch, um eine Annäherung der Standpunkte des Europäischen Parlaments und des Rates unter Wahrung des interinstitutionellen Gleichgewichts und der ihr durch den Vertrag übertragenen Rolle zu fördern.[592] Zwar ist dies nicht durch die Verträge gefordert, aber nach den kommissionsinternen Leitlinien sieht es die Kommission als Konsequenz ihrer Rolle im interinstitutionellen Gefüge, dass sie nach dem Beschluss des Parlaments diejenigen parlamentarischen Änderungen in ihren ursprünglichen Vorschlag zu integrieren sucht, die sie akzeptieren kann.[593]

Vor dem Hintergrund ihres Zweckes, die möglichst frühzeitige politische Einigung zwischen den drei Akteuren des Mitentscheidungsverfahrens zu befördern, bestätigt die Gemeinsame Erklärung schließlich eine informelle Verhandlungs- und Einigungspraxis der Organe in so-

---

588 Verpflichtungen zum Informationsaustausch während des gesamten Verfahrensablaufes finden sich auch in Ziff. 6 Abs. 4 Interinstitutionelle Vereinbarung; Ziff. 6 Gemeinsame Erklärung. Im Allgemeinen zum Informationsfluss zwischen Europäischem Parlament und Kommission auch Titel III Rahmenvereinbarung. Ein Annex zu dieser Vereinbarung regelt die Weiterleitung vertraulicher Informationen an das Europäische Parlament durch die Kommission.

589 Ziff. 4-6 der Gemeinsamen Erklärung.

590 Ziff. 6 der Gemeinsamen Erklärung und Ziff. 4 Interinstitutionelle Vereinbarung.

591 Ziff. 6 der Gemeinsamen Erklärung.

592 Ziff. 13 der Gemeinsamen Erklärung.

593 SPI(2007) 73, 14.

genannten Trilogen (auch Trialoge genannt, engl. *trilogues, trialogues*).[594] Die Erklärung beschreibt Triloge als Dreiertreffen zwischen Kommission, Rat und Europäischem Parlament, die *„gewöhnlich in informellem Rahmen"*[595] stattfinden. Die kommissionsinternen Leitlinien beschreiben demgegenüber Triloge als *„completely informal"*[596]. Der Begriff der Einigung, den sowohl die Gemeinsame Erklärung als auch die kommissionsinternen Leitlinien verwenden, steht für die erfolgreiche politische Verhandlung der Inhalte eines Rechtsetzungsvorhabens außerhalb des formalen Verfahrensablaufes gemäß Art. 294 AEUV. Triloge sind dabei *„not only informal but secluded areas: documentation of the process is not available, and the meetings can neither be attended nor followed by non-members."*[597]

In Trilogen verhandeln Verhandlungsführer der drei Organe in unmittelbarem Austausch und beraten Kompromisstexte.[598] Basis der Verhandlung sind Vorlagen, die den Initiativtext der Kommission mit den vorgeschlagenen Änderungen von Rat und Europäischem Parlament synoptisch darstellen.[599] Abhängig von der wahrscheinlichen Natur der Diskussion sind die Organe in Trilogen auf unterschiedlichem Repräsentationslevel vertreten.[600] Das Europäische Parlament wird zumeist

---

[594] Zur informellen Praxis der Kompromissbildung der Verfahrensbeteiligten noch eingehend unten VI. 2., Kap. 5 III. 1. S. auch *R. Corbett/F. Jacobs/M. Shackleton,* The European Parliament, 2007, 221 ff.; *A. Rasmussen,* Early conclusion in the co-decision legislative procedure, 2007; *H. Farrell/A. Héritier,* Comparative Political Studies 37 (2004), 1184.

[595] Ziff. 8 der Gemeinsamen Erklärung.

[596] SPI(2007) 73, 9.

[597] *C. Reh,* The Informal Politics of Co-Decision: Towards a normative Assessment, 2008, 10 f. Der Verhaltenskodex des Parlaments (Anhang XXI zur GO-EP) sieht in Ziff. 6 vor, dass das in Trilogen für das Parlament auftretende Verhandlungsteam dem Ausschuss über den Stand der Verhandlungen regelmäßig berichten soll.

[598] Ziff. 9 der Gemeinsamen Erklärung. Zu der Verhandlungsfunktion von Trilogen eingehend unten VI. 2., s. auch *C. Reh,* The Informal Politics of Co-Decision: Towards a normative Assessment, 2008, 10 f.

[599] SPI(2007) 73, 11. Zum Ablauf von Trilogen auch *R. Corbett/F. Jacobs/M. Shackleton,* The European Parliament, 2007, 221.

[600] Ziff. 8 der Gemeinsamen Erklärung und SPI(2007) 73, 9; s. dazu *C. Reh,* The Informal Politics of Co-Decision: Towards a normative Assessment, 2008, 8 ff., 10 f.

von dem Berichterstatter des zuständigen Ausschusses vertreten; der Rat durch den Präsidenten des Coreper und die Kommission durch den Direktor, der für den legislativen Vorschlag zuständig ist.[601]

Die Gemeinsame Erklärung spricht davon, dass die verhandelnden Vertreter nach Maßgabe der jeweiligen Geschäftsordnung mandatiert werden.[602] Nach den kommissionsinternen Leitlinien handeln die Teilnehmer der Triloge auf Grund informeller Verhandlungsmandate.[603] Nach der Geschäftsordnung des Parlaments gilt, dass vor der Aufnahme von Verhandlungen mit den anderen Organen, die auf eine Einigung im Verlauf eines Gesetzgebungsverfahrens abzielen, der zuständige Ausschuss grundsätzlich einen Beschluss mit der Mehrheit seiner Mitglieder fassen und ein Mandat, Leitlinien oder Prioritäten festlegen sollte (Art. 70 GO-EP).

Der Verhaltenskodex des Europäischen Parlaments für Verhandlungen im Rahmen des Mitentscheidungsverfahrens sieht vor, dass in der Regel die im Ausschuss oder im Plenum angenommenen Abänderungen die Grundlage für das Mandat des EP-Verhandlungsteams bilden. Der Ausschuss kann auch Prioritäten und eine zeitliche Frist für die Verhandlungen festlegen. Im Ausnahmefall von Verhandlungen über eine Einigung in erster Lesung vor der Abstimmung im Ausschuss berät der Ausschuss das Verhandlungsteam des Parlaments (Ziff. 4.). Dieses wird nach dem Verhaltenskodex unter Wahrung des politischen Gleichgewichts besetzt; alle Fraktionen müssen zumindest über ihr Personal bei den Verhandlungen vertreten sein (Ziff. 3). Die Position des zuständigen Ausschusses soll den parlamentarischen Verhandlungsführer inhalt-

---

601 *A. Rasmussen/M. Shackleton,* The scope for action of European Parliament negotiators in the legislative process: lessons of the past and for the future, 2005, 10 ff.; *C. Reh,* The Informal Politics of Co-Decision: Towards a normative Assessment, 2008, 10. Der parlamentarische Berichterstatter wird danach teilweise von sog. Schatten-Berichterstattern (*shadow rapporteurs*) anderer politischer Gruppen und/oder des Vorsitzenden des zuständigen Ausschusses begleitet; der Rat entsendet zum Teil den Leiter der zuständigen Arbeitsgruppe und für die Kommission verhandelt in Trilogen über zentrale politische Konfliktfragen das zuständige Kommissionsmitglied. Zur innerinstitutionellen Machtverschiebung durch die Trilog-Praxis unten Kap. 5 III. 1. c.

602 Ziff. 8 der Gemeinsamen Erklärung.

603 SPI(2007) 73, 11.

lich mandatieren.[604] Der Verhaltenskodex fordert weiterhin dazu auf, dass das Verhandlungsteam dem Ausschuss über den Stand der Verhandlungen regelmäßig berichtet (Ziff. 6.).

Nach den kommissionsinternen Leitlinien können Triloge in der Phase der ersten Beratung zu zwei Zeitpunkten stattfinden:[605] Vor der Abstimmung im parlamentarischen Ausschuss, um die Positionen von Rat und Parlament anzunähern und in die Änderungsvorschlag des Ausschusses möglichst viele der von den Arbeitsgruppen des Rates diskutierten Elemente zu integrieren. Oder aber die Organe treffen nach der Verabschiedung des Berichts durch den Ausschuss zusammen, um auf dessen Basis zu einer Vereinbarung zu kommen. Das Mandat des Verhandlungsführers seitens des Rates basiert auf der Arbeit der zuständigen Arbeitsgruppe oder wird nach Empfehlungen der Ratspräsidentschaft durch den Coreper erteilt, unter Umständen auf der Basis einer schon auf ministerieller Ebene befürworteten generellen Position.[606]

In Trilogen während der Phase der ersten parlamentarischen Lesung wirkt der Kommissionsvertreter nach den kommissionsinternen Leitlinien darauf hin, dass die vorgeschlagenen Änderungen mit den Zielen des Kommissionsvorschlags kompatibel sind. Er wirkt auf die gegenseitige Akzeptabilität der Änderungsvorschläge von Rat und Europäischem Parlament hin und versucht, Kompromisstexte für jeden strittigen Punkt zu entwerfen, und zwar schon vor der ersten Lesung im Parlament.[607]

Wird durch informelle Verhandlungen während der Phase der ersten parlamentarischen Beratung durch Triloge eine Einigung erzielt, übermittelt der Rat (durch den Vorsitzenden des Coreper) in einem Schreiben an den Vorsitzenden des zuständigen Ausschusses im Europäischen Parlament Einzelheiten über den Inhalt der Einigung, und zwar in Form von Abänderungen am Kommissionsvorschlag. In diesem Schreiben wird die Bereitschaft des Rates erklärt, dieses Ergebnis, vorbehaltlich der Überprüfung durch die Rechts- und Sprachsachverständigen, zu akzeptieren, falls es durch die Plenarabstimmung im Europäischen

---

[604] Dazu *C. Reh*, The Informal Politics of Co-Decision: Towards a normative Assessment, 2008, 11, die darauf hinweist, dass in der Praxis keineswegs alle parlamentarischen Ausschüsse dementsprechend handeln.

[605] SPI(2007) 73, 10.

[606] SPI(2007) 73, 11.

[607] SPI(2007) 73, 11.

Parlament „*bestätigt*"[608] wird. Eine Kopie des Schreibens wird der Kommission übermittelt.[609] Der vereinbarte Text wird in enger Zusammenarbeit und einvernehmlich durch die Dienste der Rechts- und Sprachsachverständigen des Europäischen Parlaments und des Rates überarbeitet, wobei die Organe sich verpflichten, die juristisch-sprachliche Überarbeitung von Rechtsakten nicht dazu zu nutzen, Debatten über inhaltliche Fragen neu zu eröffnen.[610]

Kommt in der Phase der ersten parlamentarischen Beratung eine Einigung nicht zustande, können nach der Gemeinsamen Erklärung Kontakte zwischen den Organen mit Blick auf eine Einigung in der anschließenden Beratungsphase des Rates aufgenommen werden.[611] Wiederum gilt, dass die Kommission diese Kontakte unterstützt und in konstruktiver Weise von ihrem Initiativrecht Gebrauch macht, um eine Annäherung der Standpunkte des Europäischen Parlaments und des Rates zu fördern.[612] Die Kommission wirkt schon während der Vorbereitung des Standpunktes des Rates darauf hin, dass dieser mit dem ursprünglichen, oder gegebenenfalls vom Parlament abgeänderten, Vorschlag kompatibel ist.[613] Die Kommission soll vor allem verhindern, dass der Rat mit seinem Standpunkt wichtige parlamentarische Änderungen nicht berücksichtigt, die daraufhin in der zweiten Lesung durch das Europäische Parlament erneut eingebracht werden und dann mit großer Wahrscheinlichkeit zum Vermittlungsverfahren führen.[614]

Eine Einigung zwischen Rat und Europäischem Parlament durch interinstitutionelle Kontakte im Stadium der Vorbereitung des Standpunktes des Rates wird nach den kommissionsinternen Leitlinien als *verhandel-*

---

608 Ziff. 14 der Gemeinsamen Erklärung. Zum Einfluss der informellen Verhandlungspraxis auf die Bedeutung der Willensbildung des parlamentarischen Plenums empirisch unten Kap. 5 III. 1.; verfassungsrechtliche und demokratietheoretische Kritik der Informalisierung der Mitentscheidung unten in Kap. 9 I.

609 Ziff. 14 der Gemeinsamen Erklärung.

610 KlauselZiff. 42 der Gemeinsamen Erklärung. Zum Umgang mit Korrekturen durch die Rechts- und Sprachendienste der Institutionen *I. Pernice,* Europäische Zeitschrift für Wirtschaftsrecht 15 (2004), 743.

611 Ziff. 19 der Gemeinsamen Erklärung.

612 Ziff. 17 der Gemeinsamen Erklärung

613 SPI(2007) 73, 16.

614 SPI(2007) 73, 16.

ter Standpunkt des Rates oder als *frühe zweite Lesung* bezeichnet.[615] In einem solchen Fall bringt der Vorsitzende des zuständigen Ausschusses des Europäischen Parlaments in einem Schreiben an den Rat seine Empfehlung an das Plenum zur Kenntnis, den Text des Standpunkts des Rates unverändert zu akzeptieren.[616] Eine informell erzielte Einigung erleichtert die Annahme ohne Änderung gemäß Art. 294 Abs. 7 lit. a AEUV, mit der der Rechtsakt als erlassen gilt, erheblich.

IV. Zweite Beratungsphase

1. Primärrechtliche Ordnung

Die Übermittlung des Standpunktes des Rates an das Europäische Parlament löst eine Frist von drei Monaten[617] aus, innerhalb derer die zweite parlamentarische Beratung über das Rechtsetzungsvorhaben stattfindet. Billigt das Parlament den Standpunkt mit der absoluten Mehrheit seiner Mitglieder, oder fasst es innerhalb der Frist keinen Beschluss, gilt der Rechtsakt entsprechend dem Standpunkt des Rates als erlassen (Art. 294 Abs. 7 lit. a AEUV).[618] Im zweiten Fall wird die parlamentarische Billigung fingiert. Stellt aber die Fiktion parlamentarischer Billigung nicht die konstitutive Bedeutung der parlamentarischen Annahme von Gesetzgebung und damit die Co-Gesetzgeberschaft des Parlaments in Frage? Die gesetzgeberische Verantwortung eines Organs ist dadurch bedingt, dass das Zustandekommen von Gesetzgebung von

---

[615] SPI(2007) 73, 17.

[616] Ziff. 18 der Gemeinsamen Erklärung. Eine Kopie des genannten Schreibens wird der Kommission übermittelt.

[617] Diese Frist kann nach Art. 294 Abs. 14 AEUV auf Initiative des Parlaments um höchstens einen Monat verlängert werden.

[618] *W. Kluth*, Art. 294 AEUV, in: Calliess/Ruffert (Hrsg.), EUV, AEUV, 2011, Rn. 13; *M. Krajewski/U. Rösslein*, Art. 294 AEUV, in: Grabitz/Hilf/Nettesheim (Hrsg.), Das Recht der Europäischen Union, Rn. 47 ff. Zur Vorgängervorschrift im EGV *W. Kluth*, Art. 251 EGV, in: Calliess/Ruffert (Hrsg.), EUV, EGV, 2007, Rn. 13; *M. Krajewski/U. Rösslein*, Art. 251 EGV, in: Grabitz/Hilf/Nettesheim (Hrsg.), Das Recht der Europäischen Union, Rn. 43 ff.; *J. Schoo*, Art. 251 EGV, in: Groeben/Schwarze (Hrsg.), Kommentar zum Vertrag über die Europäische Union und zur Gründung der Europäischen Gemeinschaft, 2003, Rn. 30 ff.

der formalen Annahme durch das Organ abhängt. Dies erfordert nicht unbedingt einen formellen Beschluss, sondern kann auch in anderen formalisierten Annahmetatbeständen liegen, die einen eindeutig identifizierbaren Anknüpfungspunkt der juristischen Verantwortlichkeit für den ergehenden Rechtsakt darstellen.[619] Einen formalisierten Annahmetatbestand stellt insbesondere die Fiktion der Annahme auf Grund von Fristablauf dar, wenn sie so konstruiert ist, dass sie die Zurechnung von Inhalt und Zustandekommen von Gesetzgebung zur Willensbildung des Organs nicht unterbricht.[620] Ob dies der Fall ist, lässt sich nur unter Berücksichtigung des Kontexts der Fiktion beurteilen. Nach Art. 294 Abs. 7 lit. b AEUV kann das Parlament ein Gesetzgebungsvorhaben aktiv zum Scheitern bringen, indem es mit der Mehrheit seiner Mitglieder den Standpunkt des Rates ablehnt. Das Parlament ist zur Verhinderung von Gesetzgebung nicht auf das Mittel der Verweigerung seines Tätigwerdens angewiesen, das ihm mit der Fiktion des Abs. 7 lit. a. genommen würde. Nach Abs. 7 lit. c verfügt es auch über die Möglichkeit, Abänderungen am Standpunkt des Rates zu beschließen. Damit steht das Parlament auch nicht vor der Alternative, diesen entweder insgesamt übernehmen oder aber das ganze Vorhaben zu Fall bringen zu müssen. Die Optionen, die dem Parlament zur Verfügung stehen, decken damit alle seine möglichen Präferenzen ab: Billigung, Ablehnung und Abänderung eines Gesetzgebungsvorhabens in der Form des Standpunktes des Rates. Die Fiktion beschränkt das Parlament damit nicht darin, seine politische Position im Verfahren zu betätigen. Das Parlament kann – wenn dafür eine Mehrheit der Mitglieder zustande kommt – verhindern, dass die parlamentarische Billigung angenommen wird. Die Fiktion der parlamentarischen Billigung übt als Sanktion der Handlungsfrist Druck dahingehend aus, dass sich im Parlament eine handlungsfähige Mehrheit bildet. Dass mit dem Verstreichen der dreimonatigen Frist der Rechtsakt ohne erklärte Billigung durch das Parlament als erlassen gilt, unterbricht daher nicht die Bindung des Inhalts und des Zustandekommens von Gesetzgebung an die parlamentarische Willensbildung. Im Fall der Fiktion der parlamentarischen Annahme liegt ein zurechenbarer formalisierter Annahmetatbestand seitens des Parlaments vor. Für Gesetzgebung, die nach der Fiktion der parlamen-

---

[619] Dazu oben Kap. 1 IV. 2. a.

[620] Zur Bindung von Inhalt und Zustandekommen von Gesetzgebung an die Willensbildung eines Organs als Bedingung von dessen gesetzgeberischer Verantwortlichkeit oben Kap. 1 IV. 2.

tarischen Annahme zustande kommt, ist das Europäische Parlament damit legislativ verantwortlich. Zu beachten ist aber, dass nicht für jede der Handlungsoptionen des Parlaments in zweiter Lesung das gleiche Mehrheitserfordernis gilt. Für die Billigung des Standpunkts des Rates bedarf es gemäß Art. 231 AEUV der Mehrheit der abgegebenen Stimmen; für die Ablehnung und Änderung bedarf es der Mehrheit der Mitglieder des Parlaments (Art. 294 Abs. 7 lit. a, c AEUV). Die prozedurale Konstruktion ist damit nicht inhaltlich neutral gegenüber den Optionen des Parlaments. Die Annahme ist als Option der parlamentarischen Entscheidung gegenüber der Ablehnung und Änderung verfahrenstechnisch privilegiert.

Beschließt das Parlament mit der Mehrheit seiner Mitglieder Abänderungen am Standpunkt des Rates, nimmt die Kommission hierzu Stellung (Art. 294 Abs. 7 lit. c AEUV). Der Eingang parlamentarischer Abänderungen des Vorhabens in zweiter Lesung löst beim Rat eine dreimonatige Frist[621] für seine zweite Lesung aus. Der Rat kann in diesem Zeitraum den Rechtsakt dadurch erlassen, dass er alle parlamentarischen Abänderungen billigt (Art. 294 Abs. 8 lit. a AEUV). Er beschließt dabei mit qualifizierter Mehrheit, wenn die Kommission diese Abänderungen in ihrer Stellungnahme gebilligt hat. Zum Beschluss von Abänderungen, die die Kommission mit ihrer Stellungnahme abgelehnt hat, bedarf es der Einstimmigkeit (Art. 294 Abs. 9 AEUV).[622] Das Zustandekommen von Gesetzgebung hängt damit auch in dieser Verfahrensphase davon ab, dass inhaltlich übereinstimmende Annahmetatbestände seitens Parlament und Rat vorliegen. Somit besteht beiderseitig legislative Verantwortung. Gleichzeitig hat jedoch in diesem Verfahrensstadium die Kommission wegen der Auswirkung ihrer Stellungnahme auf den Entscheidungsmodus des Rates eine stärkere Verfahrensposition als

---

[621] Diese Frist kann nach Art. 294 Abs. 14 AEUV auf Initiative des Rates um höchstens einen Monat verlängert werden.

[622] *W. Kluth,* Art. 294 AEUV, in: Calliess/Ruffert (Hrsg.), EUV, AEUV, 2011, Rn. 15; *M. Krajewski/U. Rösslein,* Art. 294 AEUV, in: Grabitz/Hilf/Nettesheim (Hrsg.), Das Recht der Europäischen Union, Rn. 55. Zur Vorgängervorschrift im EGV *W. Kluth,* Art. 251 EGV, in: Calliess/Ruffert (Hrsg.), EUV, EGV, 2007, Rn. 15; *M. Krajewski/U. Rösslein,* Art. 251 EGV, in: Grabitz/Hilf/Nettesheim (Hrsg.), Das Recht der Europäischen Union, Rn. 51; *J. Schoo,* Art. 251 EGV, in: Groeben/Schwarze (Hrsg.), Kommentar zum Vertrag über die Europäische Union und zur Gründung der Europäischen Gemeinschaft, 2003, Rn. 36.

in der ersten Lesung. Dass der Rat die Position der Kommission nur einstimmig überwinden kann, sanktioniert diese.[623]

Billigt der Rat nicht alle parlamentarischen Abänderungen, beruft er einvernehmlich mit dem Präsidenten des Europäischen Parlaments innerhalb von sechs Wochen den Vermittlungsausschuss ein (Art. 294 Abs. 8 lit. b AEUV).

2. *Selbstorganisation der Verfahrensbeteiligten*

Vor der Übermittlung seines Standpunktes an das Parlament bemüht sich der Rat, in Benehmen mit dem Europäischen Parlament und der Kommission den Termin der Übermittlung zu erörtern, um in der zweiten Lesung ein möglichst effizientes Rechtsetzungsverfahren herbeizuführen.[624] Nach den kommissionsinternen Leitlinien wird die Kommunikation, in der die Kommission dem Parlament ihre Position zum Standpunkt des Rates in zweiter Lesung mitteilt, schon entworfen, wenn dieser eine politische Einigung erreicht hat, und nicht erst, wenn er seinen Standpunkt formell verabschiedet hat.[625] Gemeinsame Stellungnahmen von Rat und Kommission sowie Stellungnahmen der Kommission in den Protokollen des Rates werden beigefügt.[626] Der Rat legt nach der Gemeinsamen Erklärung in seiner Begründung so klar wie möglich die Gründe dar, die ihn zur Festlegung seines Standpunkts veranlasst haben. Nach der Gemeinsamen Erklärung berücksichtigt das Europäische Parlament in seiner zweiten Lesung die Begründung des Rates sowie die Position der Kommission so weit wie möglich.[627] Änderungsanträge sind nach Art. 66 Abs. 2 GO-EP hauptsächlich nur zulässig, um die vom Parlament in der ersten Lesung eingenommene Haltung wieder einzusetzen, einen Kompromiss zwischen Rat und Parla-

---

[623] Zu Verfahrenspositionen unterhalb der Qualität der Gesetzgeberschaft bereits Kap. 1 IV. 2. Die Kommission ist auch zu diesem Zeitpunkt aus ihrem Initiativrecht berechtigt, ihren Vorschlag abzuändern oder zurückzuziehen, dazu oben Kap. 4 II. 1.

[624] Ziff. 20 der Gemeinsamen Erklärung.

[625] SPI(2007) 73, 18.

[626] SPI(2007) 73, 19.

[627] Ziff. 19 der Gemeinsamen Erklärung.

ment zu erreichen oder einen veränderten Rechts- oder Tatsachenkontext zu berücksichtigen.

Nach der Gemeinsamen Erklärung werden, um ein besseres Verständnis der jeweiligen Standpunkte und einen möglichst zügigen Abschluss des Verfahrens in der Phase der zweiten parlamentarischen Beratung zu ermöglichen, geeignete Kontakte fortgesetzt, sobald der Standpunkt des Rates dem Europäischen Parlament übermittelt worden ist.[628] Die Kommission unterstützt diese Kontakte und nimmt Stellung, um unter Wahrung des interinstitutionellen Gleichgewichts und der ihr durch den Vertrag übertragenen Rolle eine Annäherung der Standpunkte des Europäischen Parlaments und des Rates zu fördern.[629]

Interinstitutionelle Kontakte in dieser Phase zielen nach den kommissionsinternen Leitlinien insbesondere darauf, das Vermittlungsverfahren zu vermeiden und das Parlament zur Annahme des Standpunktes des Rates ohne Änderungen zu veranlassen. Beharrt das Parlament auf Änderungen, soll erreicht werden, dass sich Europäisches Parlament und Rat vor der Plenarabstimmung des Parlaments auf einen Kompromisstext einigen, der nach seiner Verabschiedung beiderseits akzeptiert wird.[630] Die Kommission initiiert zu diesem Zweck Triloge und beteiligt sich aktiv an ihnen, etwa indem sie Kompromissvorschläge macht.[631] In Trilogen in dieser Phase sind die Organe nach den kommissionsinternen Leitlinien üblicherweise auf einem höheren Level vertreten, zumindest auf dem Niveau des Vorsitzenden des Coreper.[632]

Wird durch informelle Verhandlungen im Rahmen von Trilogen eine Einigung erzielt, übermittelt nach der Gemeinsamen Erklärung der Vorsitzende des Coreper in einem Schreiben an den Vorsitzenden des zuständigen Ausschusses des Parlaments Einzelheiten über den Inhalt der Einigung in Form von Abänderungen am Standpunkt des Rates. In diesem Schreiben wird die Bereitschaft des Rates erklärt, das Ergebnis

---

628 Ziff. 21 der Gemeinsamen Erklärung.

629 Ziff. 22 der Gemeinsamen Erklärung.

630 SPI(2007) 73, 20.

631 SPI(2007) 73, 21.

632 SPI(2007) 73, 21. Dazu auch *A. Rasmussen/M. Shackleton,* The scope for action of European Parliament negotiators in the legislative process: lessons of the past and for the future, 2005, 10, *C. Reh,* The Informal Politics of Co-Decision: Towards a normative Assessment, 2008, 10.

zu akzeptieren, falls es durch die Abstimmung des parlamentarischen Plenums bestätigt wird.[633]

Scheitern aber die Kompromissverhandlungen, zeichnet sich mit dem parlamentarischen Beschluss von Änderungen des Standpunktes des Rates schon ab, dass der Rechtsakt nicht vom Rat gemäß Art. 294 Abs. 8 AEUV erlassen wird. In diesem Fall beginnt bereits die Vorbereitung des Vermittlungsverfahrens. Wenn der Rat bereit ist, seinen Standpunkt darzulegen, wird ein erster Trilog veranstaltet. Jedes Organ benennt nach Maßgabe seiner Geschäftsordnung seine Teilnehmer und legt das Mandat für die Verhandlungen fest.[634] Die Kommission bringt möglichst frühzeitig beiden Delegationen ihre Absichten im Hinblick auf ihre Stellungnahme[635] zu den Abänderungen aus der zweiten Lesung des Europäischen Parlaments nach Art. 294 Abs. 7 lit. c AEUV zur Kenntnis.[636]

Nach der Stellungnahme der Kommission kann der nächste Verfahrensschritt erfolgen, nämlich der Beschluss der Ratsposition zur parlamentarischen Position aus zweiter Lesung.[637] Er schließt die zweite Beratungsphase im Mitentscheidungsverfahren formell ab.[638] Die Kommission hat sich im interinstitutionellen Recht verpflichtet, in ihrer Stellungnahme die vom Parlament angenommenen Änderungen soweit irgend möglich zu berücksichtigen.[639] Wenn sie aus wichtigen Gründen und nach Prüfung durch das Kollegium beschließt, eine vom Europäischen Parlament angenommene Änderung nicht zu befürworten, so legt

---

[633] Ziff. 23 der Gemeinsamen Erklärung. Zum Beschluss des Parlaments oben I. 4. Eine Kopie des Schreibens wird der Kommission übermittelt.

[634] Ziff. 24 der Gemeinsamen Erklärung.

[635] Dazu oben I. 3.

[636] Ziff. 24 der Gemeinsamen Erklärung.

[637] Dazu oben I. 3.

[638] Um den Beschluss zügig zu ermöglichen, gibt die Kommission ihre Stellungnahme nach den kommissionsinternen Leitlinien innerhalb einer Frist von drei Wochen nach dem Beschluss des Parlaments ab, SPI(2007) 73, 23. Schon vor dem formellen Ratsbeschluss, nämlich wenn der Rat das Parlament davon in Kenntnis setzt, dass er nicht alle Abänderungen des Parlaments an dem Gemeinsamen Standpunkt billigen kann, vereinbart der Präsident des Parlaments gemäß Art. 67 GO-EP mit dem Rat einen Termin für die erste Sitzung des Vermittlungsausschusses.

[639] Ziff. 37 Abs. 2 Rahmenvereinbarung.

sie die Gründe dafür dar.[640] Dass die Kommission die parlamentarische Position unterstützt, ist von großer Bedeutung. Einen Standpunkt des Parlaments, den die Kommission nicht unterstützt, kann der Rat nur einstimmig annehmen (Art. 294 Abs. 8 lit. a iVm Abs. 9 AEUV). Die Ablehnung seitens der Kommission erschwert damit die Verwirklichung der parlamentarischen Position erheblich.

V. Dritte Beratungsphase: Vermittlungsverfahren und dritte Lesungen

1. Primärrechtliche Ordnung

Der Vermittlungsausschuss besteht nach Art. 294 Abs. 10 AEUV aus den Mitgliedern des Rates oder deren Vertretern und ebenso vielen Vertretern des Europäischen Parlaments.[641] Er versucht, auf der Grundlage der Standpunkte des Europäischen Parlaments und des Rates in zweiter Lesung, eine Einigung über einen gemeinsamen Entwurf von Parlament und Rat herbeizuführen. Ein gemeinsamer Entwurf muss vom Vermittlungsausschuss mit der qualifizierten Mehrheit der Mitglieder des Rates oder ihrer Vertreter und der Mehrheit der Parlamentsvertreter beschlossen werden. Dies sanktioniert die beiderseitige Möglichkeit von Rat und Europäischem Parlament, durch ihre Vertreter im Vermittlungsausschuss ihre jeweiligen politischen Präferenzen im Vermittlungsverfahren einzubringen.

Der EuGH hat im Jahr 2006 entschieden, dass der Vermittlungsausschuss zur Beilegung eines Dissenses zwischen Rat und Europäischem

---

[640] Ziff. 37 Abs. 2 Rahmenvereinbarung.

[641] Zum Vermittlungsausschuss, seiner Besetzung und seinem Verfahren eingehend *F. Rutschmann*, Der europäische Vermittlungsausschuss, 2002; s. *W. Kluth*, Art. 294 AEUV, in: Calliess/Ruffert (Hrsg.), EUV, AEUV, 2011, Rn. 16 ff.; *M. Krajewski/U. Rösslein*, Art. 294 AEUV, in: Grabitz/Hilf/Nettesheim (Hrsg.), Das Recht der Europäischen Union, Rn. 57 ff.; zur Vorgängervorschrift im EGV *W. Kluth*, Art. 251 EGV, in: Calliess/Ruffert (Hrsg.), EUV, EGV, 2007, Rn. 16 ff.; *M. Krajewski/U. Rösslein*, Art. 251 EGV, in: Grabitz/Hilf/Nettesheim (Hrsg.), Das Recht der Europäischen Union, Rn. 54 ff.; *M. Mähring*, Juristische Arbeitsblätter 32 (2000), 368; *J. Schoo*, Art. 251 EGV, in: Groeben/Schwarze (Hrsg.), Kommentar zum Vertrag über die Europäische Union und zur Gründung der Europäischen Gemeinschaft, Rn. 38 ff.

Parlament nicht nur die streitigen Bestandteile eines Vorhabens ändern kann, also jene, deren Änderung das Parlament in Beratung über den Standpunkt des Rates beschlossen hat.[642] Er kann auch solche Teile abändern, in denen das Parlament in zweiter Lesung nicht vom Standpunkt des Rates abgewichen ist. Um dem Vermittlungsverfahren „praktische Wirksamkeit [zu] verleihen", räumt der EuGH dem Vermittlungsausschuss „weites Ermessen"[643] ein. Er verzichtet darauf, die Maßnahmen, die eine Einigung über einen gemeinsamen Entwurf ermöglichen sollen, inhaltlich zu beschränken.[644] Die rechtsvergleichende Perspektive weist hier ein Defizit demokratiebezogener Erwägungen aus: Der EuGH verzichtet anders als etwa das Bundesverfassungsgericht darauf, die der Vermittlungstätigkeit innewohnende faktische Gestaltungsmacht auf der Grundlage des Demokratieprinzips inhaltlich zu beschränken. Hierauf wird noch einzugehen sein, denn die Definition der Rolle und Befugnisse des Vermittlungsausschusses durch den EuGH weist, wie sich noch zeigen wird, auch zentrale Gehalte des Maßstabs der primärrechtlichen Bewertung der Praxis informellen Verhandelns in der Mitentscheidung („Triloge") aus.[645]

Billigt der Vermittlungsausschuss binnen sechs Wochen[646] keinen gemeinsamen Entwurf, scheitert der vorgeschlagene Rechtsakt (Art. 294 Abs. 12 AEUV). Dass für die Verabschiedung eines gemeinsamen Entwurfes gleichermaßen die Billigung der Delegation des Parlaments wie der des Rates erforderlich ist, sanktioniert die formale Gleichberechtigung beider Organe bei der inhaltlichen Verhandlung im Vermittlungsausschuss. Hierin kommt ihre gemeinsame legislative Verantwortung

---

642 *Europäischer Gerichtshof*, 10.01.2006, Rs. C-344/04, Slg. 2006; eingehend zu dem Urteil noch unten Kap. 9 I. 1. Zur Frage des Verhandlungsspielraums des Vermittlungsausschusses *W. Kluth*, Art. 294 AEUV, in: Calliess/Ruffert (Hrsg.), EUV, AEUV, 2011, Rn. 18 ff.; noch vor dem Urteil *M. Krajewski/ U. Rösslein*, Art. 251 EGV, in: Grabitz/Hilf/Nettesheim (Hrsg.), Das Recht der Europäischen Union, Rn. 68 ff., plädierend dafür, dem Ausschuss keine engen Grenzen zu setzen, um die Effektivität des Vermittlungsverfahrens zu gewährleisten.

643 *Europäischer Gerichtshof*, 10.01.2006, Rs. C-344/04, Slg. 2006, Rn. 58.

644 *Europäischer Gerichtshof*, 10.01.2006, Rs. C-344/04, Slg. 2006, Rn. 57 f.

645 Unten Kap. 9 I.

646 Diese Frist kann nach Art. 294 Abs. 14 AEUV auf Initiative des Parlaments oder des Rates um höchstens eine Woche verlängert werden.

zum Ausdruck. Die Kommission nimmt an den Arbeiten des Vermittlungsausschusses teil und wirkt auf eine Annäherung der Standpunkte des Parlaments und des Rates hin (Art. 294 Abs. 11 AEUV).

Einigt sich der Vermittlungsausschuss innerhalb von sechs Wochen nach seiner Einberufung über einen gemeinsamen Entwurf, haben das Europäische Parlament und der Rat wiederum sechs Wochen[647] Zeit, den Rechtsakt in der Form des gemeinsamen Entwurfes zu erlassen, Art. 294 Abs. 13 AEUV. Im Europäischen Parlament ist dafür die Mehrheit der abgegebenen Stimmen erforderlich, im Rat die qualifizierte Mehrheit. Der Rechtsakt scheitert, wenn nicht beiderseits billigende Beschlüsse vorliegen. Auch in der dritten Verfahrensphase sind damit gleichermaßen Europäisches Parlament wie Rat gesetzgeberisch verantwortlich.

2. *Selbstorganisation der Verfahrensbeteiligten*

Der Beschluss des Rates, nicht alle Änderungen des Parlaments anzunehmen, löst eine Frist[648] zum Zusammentritt des Vermittlungsausschusses aus. Diese wird nach den kommissionsinternen Leitlinien dafür genutzt, das Vermittlungsverfahren weiter vorzubereiten und wenn möglich, die Positionen von Rat und Europäischem Parlament in informellen Verhandlungen in Einklang zu bringen.[649]

Den Vorsitz im Vermittlungsausschuss nehmen der Ratspräsident und der Präsident des Europäischen Parlaments gemeinsam wahr; der Sitzungsvorsitz wird abwechselnd ausgeübt.[650] Die beiden Vorsitzenden

---

647 Diese Frist kann nach Art. 294 Abs. 14 AEUV auf Initiative des Parlaments oder des Rates um höchstens eine Woche verlängert werden.

648 Dazu oben IV. 1.

649 SPI(2007) 73, 24. In einem Trilog unter dem Vorsitz des Vize-Präsidenten des Europäischen Parlaments, der der parlamentarischen Delegation im Vermittlungsausschuss vorsitzt, und des Vorsitzenden des Coreper wird informell ein Zeitplan für jeden einzelnen Gegenstand vereinbart, der der Vermittlung bedarf (also für jede parlamentarische Änderung des Gemeinsamen Standpunktes, der der Rat nicht zugestimmt hat), in dem mehrere Triloge und ein Datum für die Sitzung des Vermittlungsausschusses zu dem Gegenstand festgelegt werden, SPI(2007) 73, 24 f.

650 Ziff. 28 der Gemeinsamen Erklärung. Die Termine des Vermittlungsausschusses sowie die jeweilige Tagesordnung werden während des gesamten Ver-

können dem Vermittlungsausschuss Texte zur Billigung unterbreiten.[651] Zudem legt die Kommission entsprechend ihrer Aufgabe, zwischen den Co-Gesetzgebern zu vermitteln, Entwürfe für Kompromisstexte vor.[652]

Kommt im Vermittlungsausschuss eine Einigung über einen gemeinsamen Entwurf zustande, wird dessen Text nach einer juristisch-sprachlichen Überarbeitung den beiden Vorsitzenden zur formalen Billigung unterbreitet.[653] Kann der Vermittlungsausschuss sich nicht auf einen gemeinsamen Entwurf einigen, setzen die beiden Vorsitzenden mit einem gemeinsam unterzeichneten Schreiben den Präsidenten des Europäischen Parlaments und den Präsidenten des Rates davon in Kenntnis.[654] Die im Vermittlungsverfahren verwendeten Arbeitsdokumente werden im Register jedes Organs zugänglich gemacht, sobald das Verfahren abgeschlossen ist.[655]

Der Arbeit des Vermittlungsausschusses liegen nach der Gemeinsamen Erklärung die Verfahrensbeschlüsse und im Verfahren kommunizierten Positionen aller Verfahrensbeteiligten sowie ein gemeinsames Arbeits-

---

mittlungsverfahrens von den beiden Vorsitzenden einvernehmlich festgelegt. Die Kommission wird zu den geplanten Terminen angehört. Das Europäische Parlament und der Rat merken unverbindlich geeignete Termine für die Vermittlungsarbeiten vor und setzen die Kommission davon in Kenntnis, Ziff. 29 der Gemeinsamen Erklärung.

651 Ziff. 34 der Gemeinsamen Erklärung.

652 Sie nimmt aber auch an allen vorbereitenden Arbeiten der Delegation des Parlaments und der Arbeitsgruppe des Rates und des Coreper teil, SPI(2007) 73, 25.

653 Ziff. 36 der Gemeinsamen Erklärung. In Ausnahmefällen kann jedoch zur Einhaltung der Fristen bereits der Entwurf eines gemeinsamen Entwurfs den Vorsitzenden zur formalen Billigung unterbreitet werden. Die beiden Vorsitzenden übermitteln den gebilligten gemeinsamen Entwurf dem Präsidenten des Europäischen Parlaments und dem Präsidenten des Rates mit einem gemeinsam unterzeichneten Schreiben, Ziff. 36 der Gemeinsamen Erklärung. Das Erreichen einer Einigung über einen gemeinsamen Entwurf, also die erfolgreiche Vermittlung über sämtliche zwischen Rat und Europäischem Parlament kontroversen Gegenstände, wird in einer Sitzung des Vermittlungsausschusses oder anschließend durch den Austausch von Schreiben zwischen den beiden Vorsitzenden festgestellt, Ziff. 35 der Gemeinsamen Erklärung. Kopien dieser Schreiben werden der Kommission übermittelt.

654 Ziff. 37 der Gemeinsamen Erklärung.

655 Ziff. 37 der Gemeinsamen Erklärung.

dokument der Delegationen des Europäischen Parlaments und des Rates zugrunde.[656] Während des gesamten Vermittlungsverfahrens finden Triloge statt, um noch ausstehende Fragen zu klären und eine Einigung im Vermittlungsausschuss vorzubereiten.[657] Triloge finden auch direkt vor und während der Sitzung des Vermittlungsausschusses statt, um über noch ungeklärte Punkte eine Einigung zu erreichen, so dass der Gegenstand vom Vermittlungsausschuss ohne Aussprache verabschiedet werden kann.[658]

---

[656] Ziff. 33 der Gemeinsamen Erklärung. Dieses Arbeitsdokument soll die anstehenden Probleme identifizieren bei der Verhandlung als Referenz dienen. *V.-P. responsible for conciliation Europäisches Parlament*, Conciliations and Codecision: A Guide to how the Parliament co-legislates, July 2007, 15: „Negotiations in trilogues are based on a 'four-column working document' setting out the positions of Parliament and Council. The first column shows the Council's common position and the second, the Parliament's secondreading amendment to this. The third column indicates the Council's reaction to the relevant Parliament amendment – acceptance, rejection, or possible compromise text. The position of the Parliament's delegation is shown in the fourth column." Die Tagesordnung für Sitzungen des Vermittlungsausschusses ist unterteilt in zwei Arten von Tagesordnungspunkten: Sogenannte B-Punkte sind mit Gegenständen befasst, zu denen eine Einigung noch nicht erzielt wurde und über die eine Aussprache erfolgt. Sogenannte A-Punkte bezeichnen Gegenstände, zu denen keine Aussprache stattfindet, sondern die nur formell eröffnet und/oder abgeschlossen werden, Ziff. 30 der Gemeinsamen Erklärung.

[657] Ziff. 25 der Gemeinsamen Erklärung; *Europäisches Parlament*, Conciliations and Codecision: A Guide to how the Parliament co-legislates, July 2007, 15.

[658] SPI(2007) 73, 25: „These trilogues usually produce an agreement of which the formal meeting of the Conciliation Committee then simply has to take note."; *Europäisches Parlament*, Conciliations and Codecision: A Guide to how the Parliament co-legislates, July 2007, 15: "Normally, a short trilogue meeting is held just before the meeting of the Conciliation Committee and sometimes the Conciliation Committee meeting itself is interrupted for negotiations in trilogue to clarify the situation, to find mutually acceptable compromises, and to avoid misunderstandings between the delegations."

VI. Fazit

1. Die Co-Gesetzgeberschaft von Europäischem Parlament und Rat als Struktur des Mitentscheidungsverfahrens und die Verfahrensposition der Kommission

Für die Co-Gesetzgeberschaft zweier Organe ist es notwendig, dass Gesetzgebung in Geltung und Inhalt im gleichen Maß an ihre jeweilige Willensbildung gebunden ist.[659] Dies erfordert nicht nur, dass in allen Phasen des Gesetzgebungsverfahrens ein Rechtsakt nur zustande kommt, wenn er durch beide Organe in formalisierter Weise angenommen wird. Zusätzlich ist erforderlich, dass beiderseits die gleiche Berechtigung zur inhaltlichen Gestaltung des Gesetzgebungsvorhabens besteht.[660] Diese Bedingungen der Co-Gesetzgeberschaft sind im Mitentscheidungsverfahren für Europäisches Parlament und Rat erfüllt.

Zum einen hängt in allen Verfahrensphasen das Zustandekommen von Gesetzgebung davon ab, dass kumulativ seitens Rat und Europäischem Parlament formal erfasste Annahmetatbestände erfüllt sind.[661] Grundsätzlich besteht die Annahme in formellen Beschlüssen: Nach der ersten parlamentarischen Lesung ergeht Gesetzgebung, wenn der Rat die Billigung des formell verabschiedeten parlamentarischen Standpunktes beschließt. In der dritten Beratungsphase kommt Gesetzgebung zustande, wenn Europäisches Parlament und Rat den gemeinsamen Entwurf des Vermittlungsausschusses nach dem Vermittlungsverfahren jeweils formell annehmen. Ausnahmsweise kommt mit der Fiktion der parlamentarischen Annahme eines Rechtsaktes nach Fristablauf im Fall des Art. 294 Abs. 7 lit. a AEUV Gesetzgebung ohne beiderseitigen Beschluss zustande. Da diese Fiktion jedoch so konstruiert ist, dass sie dem Parlament keine Option der Betätigung seiner möglichen Präfe-

---

[659] S. Kap. 1 IV.

[660] Hierzu Kap. 1 IV. 1.

[661] Die Kommentarliteratur beschreibt es als *wesentliches Strukturelement* bzw. als *allgemeines Prinzip der unübersichtlichen und komplizierten* Regelung des Mitentscheidungsverfahrens, dass ein Rechtsakt nur bei positiver Übereinstimmung von Rat und EP erlassen werden kann, *W. Kluth,* Art. 294 AEUV, in: Calliess/Ruffert (Hrsg.), EUV, AEUV, 2011, Rn. 4; zur Vorgängervorschrift im EGV *J. Schoo,* Art. 251 EGV, in: Groeben/Schwarze (Hrsg.), Kommentar zum Vertrag über die Europäische Union und zur Gründung der Europäischen Gemeinschaft, 2003, Rn. 7 f.

renzen (Ablehnung, Annahme, Abänderung) vorenthält, stellt sie einen dem Parlament zurechenbaren, durch Fristablauf formal erfassten Annahmetatbestand dar. Zu beachten ist allerdings, dass aufgrund der unterschiedlichen Mehrheitserfordernisse für die Beschlussfassung in zweiter Lesung die parlamentarische Willensbildung nicht inhaltlich neutral verfasst ist. Dies unterbindet aber nicht die legislative Verantwortung des Parlaments.

Zum anderen verfügen im Mitentscheidungsverfahren sowohl das Europäische Parlament als auch der Rat über die Möglichkeit, das Gesetzgebungsvorhaben nach ihren intern aggregierten politischen Präferenzen zu ändern. Parlament und Rat beraten abwechselnd die Position des jeweils anderen Organs und beschließen ihren Standpunkt, bis zwei inhaltlich deckungsgleiche Beschlüsse zum Gesetzgebungsvorhaben vorliegen.[662] Die Inhalte eines Gesetzgebungsvorhabens werden so in einem Austausch der Positionen entwickelt, in welchem die Willensbildungsprozesse der beiden Organe sich wechselseitig auf die Position des jeweils anderen beziehen, sich wechselseitig informieren und aufeinander reagieren. Die Abfolge inhaltlich wechselseitig aufeinander bezogener organinterner Lesungen ist das prozedurale Instrument, das divergierende Standpunkte der beiden Organe zu der inhaltlichen Übereinstimmung hin entwickeln soll, die für den Erlass von Mitentscheidungsgesetzgebung notwendig ist.

Der Mechanismus abwechselnder Lesungen beider Organe wird in der dritten Beratungsphase, dem Vermittlungsverfahren, durch einen Mechanismus unmittelbarer Verhandlung der Inhalte eines Vorhabens ersetzt. Das Vermittlungsverfahren dient dazu, einen nachhaltigen, unter Umständen eskalierenden Dissens von Rat und Parlament durch direkten Austausch aufzulösen. Es ist wiederum im Sinne einer legislativen Gleichberechtigung von Parlament und Rat strukturiert: Beide Organe sind im Vermittlungsausschuss gleichberechtigt vertreten. Das Zustandekommen eines gemeinsamen Entwurfs des Ausschusses bedarf der Billigung durch die Vertreter beider Organe. Beide Delegationen können Kompromissentwürfe einbringen.

---

662 In der ersten Beratungsphase ist der erste Standpunkt des Parlaments zum Vorschlag der Kommission Gegenstand der Beratung und Beschlussfassung des Rates; dessen Standpunkt wird dann wiederum vom Parlament beraten, dessen Standpunkt ist wiederum Beratungsgegenstand der zweiten Lesung des Rates.

Dass Parlament und Rat gleichermaßen dazu fähig sind, ein Gesetzgebungsvorhaben zu ändern, ist nicht allein Bedingung ihrer gesetzgeberischen Gleichberechtigung im Verhältnis zueinander. Die Änderungsbefugnis stellt angesichts des Initiativmonopols der Kommission erst die umfassende Bindung des Inhalts von Gesetzgebung an die Willensbildung der beiden demokratischen Unionsorgane her, die Bedingung ihrer legislativen Verantwortlichkeit ist.[663] Dass Rat und Parlament den Kommissionsvorschlag abändern können, überwindet zwar nicht das strukturelle Defizit der Koppelung von demokratischer Willensbildung und legislativer Funktion, das das Initiativmonopol der Kommission begründet.[664] Parlament und Rat können jedoch dadurch ihre politischen Präferenzen auch außerhalb der Vorgaben des Kommissionsvorschlags betätigen, so dass sie durch diesen nicht inhaltlich prädeterminiert sind.[665]

Die Ordnung des Mitentscheidungsverfahrens befähigt damit gleichermaßen Parlament und Rat dazu, ihre jeweilige politische Position im Verfahren zu betätigen. Jeder der beiden bedarf dabei zur Einsetzung seines politischen Standpunktes in legislative Geltung der Zustimmung des jeweils anderen. Damit sind Parlament und Rat im Mitentscheidungsverfahren als Co-Gesetzgeber gleichberechtigt legislativ verantwortlich.

Die Verfahrensposition der Kommission, die nicht die Qualität der Gesetzgeberschaft erreicht,[666] ist über das Initiativmonopol und dessen Fortwirkung im Verfahren gleichwohl von einiger Bedeutung. Über ihr Initiativrecht, das die Aktivierung der legislativen Gewalt der Union insgesamt an die Willensbildung der Kommission bindet, bringt die Kommission ihre politischen Präferenzen in das Mitentscheidungsverfahren ein. In der zweiten Verfahrensphase ist der Standpunkt der Kommission dabei dadurch sanktioniert, dass der Rat ihn nur erschwert, nämlich einstimmig überwinden kann.[667] Dies ist in der ersten

---

[663] Hierzu oben Kap. 1 IV.

[664] Hierzu oben Kap. 1 III. 2.

[665] Zur inhaltlichen Prädeterminierung der Willensbildung demokratischer Organe als Hinderung der demokratischen Rückbindung von Hoheitsgewalt oben Kap. 1 III. 2.

[666] Hierzu oben Kap. 1 IV. 2. b.

[667] Hierzu oben III. 2 und Kap. 1 IV. 2. b. Aus politikwissenschaftlicher Sicht zur der Bedeutung der Möglichkeit der Kommission, den Entscheidungsmodus

Beratungsphase nicht der Fall. Ist die Verfahrensposition der Kommission in der Konstellation des Art. 294 Abs. 9 AEUV auf die Verwirklichung ihres Standpunktes gerichtet, so ist sie im Vermittlungsverfahren auf den ersten Blick weniger daran, als an der neutralen Vermittlung zwischen divergierenden Positionen der Co-Gesetzgeber orientiert. Ihre Befugnis, „alle erforderlichen Initiativen zu ergreifen, um auf einen Konsens der beiden Organe hinzuwirken“, wozu auch die Erarbeitung und Unterbreitung von Kompromisstexten zählt,[668] hat jedoch als Fortwirkung der Gestaltungsfunktion des Initiativrechts der Kommission eine eigenständige Dimension. Die Vermittlerrolle der Kommission ist auch Instrument der Betätigung ihres politischen Standpunktes im Mitentscheidungsverfahren. Sie muss vor dem Hintergrund der der Kommission zugewiesenen Funktion der Förderung der allgemeinen Interessen der Union (Art. 17 Abs. 1 EUV) nicht eine inhaltlich neutrale, unbeteiligt mediatorische sein. Sie kann gerade auch durch das Einbringen ihrer eigenen Position ausgefüllt werden, mit der die Kommission darauf verweisen kann, das Allgemeinwohl zu vertreten.

Die prozeduralen Mechanismen, die die Verfahrensbeteiligten der Mitentscheidung dazu befähigen, ein Gesetzgebungsvorhaben inhaltlich zu gestalten, eröffnen die Frage nach der praktischen Verhandlungsstärke, der Durchsetzungsfähigkeit der Organe im Verhältnis zueinander. Diese Frage ist nicht allein auf der Grundlage einer Betrachtung der Verfahrensordnung der Mitentscheidung, sondern nur unter Berücksichtigung auch der Praxis der Mitentscheidung zu beantworten. Die Verhandlungsstärke der Verfahrensbeteiligten ist zwar zunächst durch das Recht bestimmt. Faktoren der Praxis können aber zur Abweichung von der rechtlich vorgesehenen Gewichtung der Verhandlungsposition führen, wie politikwissenschaftliche Forschung zeigt. Empirische Erkenntnisse über die Verhandlungsstärke der Verfahrensbeteiligten und Modellbildungen hierzu sind für die demokratietheoretische Untersuchung des Mitentscheidungsverfahrens wichtig. Die tatsächliche Verhandlungsstärke der Verfahrensbeteiligten im Verhältnis zueinander bestimmt, inwieweit die primärrechtlich eingesetzte Gewichtung der Verfahrenspositionen, insbesondere die legislative Gleichberechtigung von Rat und Parlament, in der Praxis wirksam wird. Eingehender wird die Frage der Verhandlungsstärke nach der Darstellung der Praxis der Mit-

---

im Rat zu beeinflussen *C. Burns,* Journal of European Public Policy 11 (2004), 1.

[668] Hierzu oben V.

entscheidung behandelt, und zwar in Rezeption der einschlägigen politikwissenschaftlichen Forschung.[669] Auf der Ebene der Verfahrensordnung wird zunächst untersucht, ob die Selbstorganisation der Verfahrensbeteiligten die primärrechtlich eingesetzten Verfahrenspositionen der Beteiligten berührt. Dem widmet sich der folgende Abschnitt im Zusammenhang mit der Untersuchung der Gründe und Funktionen der Selbstorganisation der Verfahrensbeteiligten.

2. Gründe und Funktionen der rechtsnormativen Selbstorganisation der Verfahrensbeteiligten; Verhältnis zur primärrechtlichen Verfahrensordnung

Dass ein umfangreicher Körper inter- und innerinstituionellen Rechts zum Mitentscheidungsverfahren besteht, verweist darauf, dass das Verfahren insbesondere in interinstitutioneller Hinsicht ein Maß an Organisation der Beteiligten erfordert, das Art. 294 AEUV nicht erschöpfend leistet. Europäisches Parlament, Rat und Kommission organisieren sich daher selbst, und zwar nicht nur *ad hoc* in konkreten Mitentscheidungsprozessen, sondern auch auf einer generalisierten, rechtlichen Ebene.[670] Im reformierten Primärrecht hat dies mit Art. 295 AEUV nunmehr auch eine ausdrückliche primärrechtliche Verankerung erhalten.

Die Selbstorganisation der Organe in der Mitentscheidung geht von ihren Erfahrungen aus der Mitentscheidungspraxis aus und ist unmittelbar auf die Praxis orientiert. Die Verfahrensordnung wird vielfach ausgehend von der Praxis „bottom-up" gebildet.[671] Dies zeigt insbesonde-

---

[669] Unten Kap. 5 III. 1.

[670] Zu interinstitutionellen Vereinbarungen als rechtsnormative Selbstorganisation der Organe bereits oben I., zur Bedeutung interinstitutioneller Vereinbarung für die Verfassungsentwicklung der Union *F. von Alemann,* Die Handlungsform der interinstitutionellen Vereinbarung, 2006, 321 ff.; die Beiträge in *P. Slominski* (Hrsg.), The Fabric of Governance: Interinstitutional Agreements in the EU, 2007; *P. Slominski u. a.* (Hrsg.), Interinstitutionelle Vereinbarungen in der Europäischen Union. Wegbereiter der Verfassungsentwicklung, 2010; s. auch *A. Héritier,* Explaining institutional change in Europe, 2007.

[671] Zur Entwicklung informeller Institutionen, d.h. Verhaltensregeln für das Zusammenwirken der Verfahrensbeteiligten in der Mitentscheidungspraxis *H. Farrell/A. Héritier,* Governance: An International Journal of Policy, Administration, and Institutions 16 (2003), 577.

re die Gemeinsame Erklärung, mit der „[d]ie Organe bekräftigen, dass diese Praxis [der Kontakte zwischen Vertretern der drei Organe], die sich in allen Stadien des Mitentscheidungsverfahrens entwickelt hat, weiterhin gefördert werden muss“[672]. Das informelle Verhandeln in Trilogen findet nunmehr auch Niederschlag in der Geschäftsordnung des Parlaments (Art. 70). Die Verankerung des praxisgenerierten Verhandlungsmechanismus der Triloge im inner- und interinstitutionellen Recht stabilisiert die interinstitutionelle Verhaltenserwartung, dass über Gesetzgebungsvorhaben informell verhandelt wird. Die Praxis der Triloge erfährt durch Verrechtlichung und Formalisierung zugleich Aufwertung und Einhegung.

Warum aber hat die Praxis der Mitentscheidung mit den Trilogen einen Mechanismus informeller Verhandlungen in der Mitentscheidung hervorgebracht?[673] Zur „Trilogisierung“ der Mitentscheidung wurde hier bereits die Hypothese aufgestellt, dass sie ein Mittel zur Gewährleistung der Handlungsfähigkeit des Gesetzgebers ist, den Art. 294 AEUV an ein überaus komplexes und langwieriges Verfahren bindet.[674] Dass Triloge der Vereinfachung und Verkürzung des Verfahrens dienen, zeigen die Erwägungen, die dem interinstitutionellen Recht zur Mitentscheidung zugrunde liegen. Dieses ist nach der erklärten Intention der Organe daran orientiert, dass das Mitentscheidungsverfahren effizient funktioniert: Die Verpflichtungen zu Koordination und Kooperation in der Mitentscheidung, das interinstitutionelle Recht begründet, dienen dazu, dass Parlament, Kommission und Rat ihre Kompetenzen so wirksam wie möglich ausüben.[675] Auch der Verhandlungsmechanismus der Triloge ist an der Effizienz des Mitentscheidungsverfahrens als Gesetzgebungsverfahren ausgerichtet. So arbeiten nach der Gemeinsamen Erklärung die Organe „während des gesamten Verfahrens loyal zusammen, um ihre Standpunkte möglichst weitgehend anzunähern und dabei, soweit zweckmäßig, *den Erlass des Rechtsakts in einem frühen Sta-*

[672] Ziff. 2 der Gemeinsamen Erklärung.

[673] Generell zum Trend eines *Procedural Informalism,* diesen als Folge bestimmter Phänomene politischer und ökonomischer Globalisierung rekonstruierend *W. Heydebrand,* Globalisation and the Rise of Procedural Informalism in Europe and America, in: Gessner/Nelken (Hrsg.), European ways of law, 2007, 93.

[674] Dazu oben Kap. 3 II. 3.

[675] S. etwa die Präambel, C. der Rahmenvereinbarung; Titel III, IV, V.

dium des Verfahrens zu ermöglichen“[676]. Diese Zielsetzung, mit Hilfe der Institutionalisierung informeller Verhandlungen die Verfahrensdauer zu verkürzen, lässt sich damit deuten als Reflexion einer praktischen Erfahrung, dass die Lösung inhaltlicher Konflikte in nacheinander geschalteten organinternen Beratungen nur schwerfällig funktioniert. Mit der Entwicklung und rechtlichen Verankerung des Verhandlungsmodus' der Triloge reagieren die Organe so darauf, dass der Mechanismus, den Art. 294 AEUV zur Herbeiführung der notwendigen inhaltlichen Übereinstimmung der Co-Gesetzgeber Europäisches Parlament und Rat einsetzt, nicht hinreichend effizient ist.[677] Der gemeinsamen Selbstorganisation der Verfahrensbeteiligten in der Form von interinstitutionellen Vereinbarungen kommt daher die Funktion zu, eine Praxis des Austauschs, der gegenseitigen Information, Diskussion, inhaltlichen Abstimmung und Verhandlung zwischen den Co-Gesetzgebern zu etablieren und zu regeln. Dies zeigt sich insbesondere dort, wo die Geschäftsordnungen und das interinstitutionelle Recht die wechselseitige beobachtende sowie stellungnehmende Teilnahme von Organvertretern an den Willensbildungsprozessen der anderen Verfahrensbeteiligten vorsehen.[678]

Die Mitentscheidungspraxis hat mit den Trilogen einen Mechanismus für die Vermittlung zwischen den Co-Gesetzgebern hervorgebracht, der die primärrechtlich dafür vorgesehene Verfahrensweise funktional ersetzt: Die Funktion der co-gesetzgeberischen Willensbildung, in der zwischen Rat und Parlament eine inhaltliche Einigung herbeigeführt werden muss, wird von der Abfolge organinterner Lesungen auf die direkte, informelle Verhandlung durch Vertreter verlagert. Politikwissenschaftliche Forschung beobachtet einen *„shift from formal, sequential bargaining between Council and Parliament to a more informal, simultaneous, and diffuse set of relations*“.[679] Dies eröffnet die Frage, ob die rechtliche Verankerung dieser Praxis durch interinstitutionelle Verein-

---

[676] Ziff. 4 der Gemeinamen Erklärung, Hervorhebung der Verf.

[677] So aus politikwissenschaftlicher Sicht auch *C. Reh,* The Informal Politics of Co-Decision: Towards a normative Assessment, 2008.

[678] Dazu die Darstellungen der rechtsnormativen Selbstorganisation der Verfahrensbeteiligten oben insb. II. - IV.; s. auch *P. Dann,* Parlamente im Exekutivföderalismus, 2004, 373 f.

[679] *H. Farrell/A. Héritier,* Comparative Political Studies 37 (2004), 1184, 1199.

barungen mit der primärrechtlichen Verfahrensordnung vereinbar ist. Die Gemeinsame Erklärung, die den Verhandlungsmechanismus der Triloge rechtlich verankert, sieht keine Abweichung von Art. 294 AEUV vor: Sie bestätigt, dass das Zustandekommen informell verhandelter Gesetzgebungsvorhaben davon abhängt, dass die informell erzielte Einigung durch formelle Beschlüsse der Co-Gesetzgeber in Entsprechung zur primärrechtlichen Verfahrensordnung ratifiziert wird. Ebenso werden die primärrechtlich eingesetzten Verfahrenspositionen des Europäischen Parlaments und des Rates nicht derogiert. Die Selbstorganisation der Verfahrensbeteiligten berührt die primärrechtlich vorgesehenen Verfahrenspositionen und prozeduralen Konstruktionen so nicht. Die rechtlichen Faktoren, die die Verhandlungsstärke von Parlament, Rat und Kommission im Verhältnis zueinander bestimmen, bleiben unverändert: Sie statten die Co-Gesetzgeber mit der gleichen Verhandlungsstärke aus.

Es bleibt damit zu untersuchen, welche Folgen Triloge in der Praxis auf die interinstitutionellen, und auch auf die innerinstitutionellen Verhältnisse haben. Führen sie zu einer strukturellen Abweichung von der rechtlich vorgesehenen Gleichheit der Verhandlungsstärke der Co-Gesetzgeber? Welchen Einfluss hat die Trilog-Praxis auf die Machtverteilung innerhalb der Organe? In dieser Hinsicht kann neben der Beobachtung der Mitentscheidungspraxis im Bereich der Biomedizin und Humanbiotechnologie auf politikwissenschaftliche Studien zur Praxis der Mitentscheidung zurückgegriffen werden. Diese Fragen werden im Anschluss an die Untersuchung der Praxis des Mitentscheidungsverfahrens behandelt.

Kapitel 5. Praxis: Der Prozess der Gesetzgebung im Mitentscheidungsverfahren

I. Einleitung

1. Ziele und Funktionen der Untersuchung der Mitentscheidungspraxis

In diesem Kapitel wird die Genese der Unionsgesetzgebung zur Biomedizin und Humanbiotechnologie im Mitentscheidungsverfahren aufgearbeitet. Zusammengeführt mit den Erkenntnissen empirischer Untersuchungen der Mitentscheidung eröffnet dies einen Einblick in die Praxis des ordentlichen Gesetzgebungsverfahrens der Europäischen Union. Ziel des Kapitels ist nicht, die Verfahrensgeschichte jedes einzelnen der einschlägigen Gesetzgebungsakte umfassend darzustellen. Vielmehr soll ermöglicht werden, das Mitentscheidungsverfahren nicht nur nach seiner Verfahrensordnung, sondern auch in seiner Praxis als demokratisches Gesetzgebungsverfahren zu untersuchen und zu bewerten. Im Fokus stehen daher die praktischen Funktionsweisen der prozeduralen Mechanismen, mit denen das Primärrecht die legislative Gewalt der EU demokratisch bindet, nämlich die gesetzgeberischen Befugnisse des Europäischen Parlaments und des Rates.[680] Daneben interessiert, wie die Formen des Zusammenwirkens der Verfahrensbeteiligten, die die interinstitutionellen Vereinbarungen vorsehen, tatsächlich funktionieren.[681] Im Zentrum steht deshalb die Frage, welche Bedeutung der Verhandlungsmodus der Triloge praktisch entfaltet.[682] Wenn in der Praxis primärrechtlich vorgesehene Mechanismen des Gesetzgebungsverfahrens, die dessen demokratische Funktion bedingen, durch informelle Verfahrensweisen funktional ersetzt werden, bedarf dies der verfassungsrechtlichen wie der demokratietheoretischen Bewertung. So ist gegenüber einer Deformalisierung des Gesetzgebungsverfahrens das

---

[680] Hierzu Kap. 1 III. 2.

[681] Dazu Kap. 4.

[682] In Trilogen werden die Inhalte von Gesetzgebungsvorhaben nicht im primärrechtlich eingesetzten Modus nacheinandergeschalteter organinterner Beratungen entwickelt, sondern im informellen direkten Austausch von Vertretern der Kommission, des Europäischen Parlaments und des Rates verhandelt. Dazu schon oben Kap. 4 I.

Demokratieprinzip als Maßstab der primärrechtlichen Zulässigkeit zu entfalten.[683] Darüber hinaus soll demokratietheoretisch untersucht werden, was die Praxis der Triloge für die demokratische Funktion des Mitentscheidungsverfahrens bedeutet. Hierfür legt die Aufarbeitung der Mitentscheidungspraxis die Grundlage.

Der Einblick in die Praxis dient weiterhin dazu, den Einfluss der Verfahrensbeteiligten auf den Inhalt von Mitentscheidungsgesetzgebung zu beobachten. Dies ist als *output*-Gesichtspunkt nicht unmittelbar von demokratietheoretischem Interesse. Feststellungen zum Einfluss der Verfahrensbeteiligten lassen aber in der Zusammenschau mit politikwissenschaftlichen Erkenntnissen unter Umständen Aussagen darüber zu, wie in der Praxis die Verhandlungsstärke zwischen Parlament, Rat und Kommission verteilt ist, und ob dabei von der rechtlich vorgesehenen Gleichheit der Verhandlungspositionen der Co-Gesetzgeber abgewichen wird. Zudem kann die Beobachtung inter- und innerinstitutioneller politischer Konflikte Hinweise darauf geben, ob, wie und über welche institutionellen und prozeduralen Mechanismen im Mitentscheidungsverfahren die gesellschaftliche Uneinigkeit in Bezug auf den richtigen Umgang mit Biomedizin und Humanbiotechnologie politisch artikuliert wird.[684]

Mit Blick auf den *output* des Verfahrens wird entlang von Hypothesen untersucht, wie im Mitentscheidungsverfahren die politischen Spannungslagen behandelt werden, die das Rechtsgebiet der Biomedizin und Humanbiotechnologie strukturell kennzeichnen. Politische Spannungslagen bestehen dabei im Rahmen der Abgrenzung von supranationaler und mitgliedstaatlicher Kompetenz;[685] im Rahmen der Konkurrenz von Integrationszielen;[686] und in der Form des nachhaltigen und die Grundlagen der politischen Ordnung berührenden Pluralismus der Gerechtigkeitskonzeptionen in den ethischen Fragen der Biomedizin und Humanbiotechnologie.[687] Die Untersuchung der Frage, wie demokra-

683 Hierzu eingehend Kap. 9 I.

684 Zur nachhaltigen Uneinigkeit in der Frage der ethischen Bewertung biomedizinischer und humanbiotechnologischer Wissenschaft und Praxis oben Kap. 3 II. 1.

685 Hierzu Kap. 3 I. 1.

686 Hierzu Kap. 3 I. 2.

687 Oben Kap. 3 II. 1.

tisch diese politischen Spannungslagen in der Mitentscheidungspraxis behandelt werden, erfolgt in der Form von Fallstudien, einer Methode, die in der Politikwissenschaft für die Analyse politischer Konfliktstrukturen und Machtverhältnisse verbreitet ist.[688]

Im Folgenden werden Hypothesen und konkrete Fragestellungen zur prozeduralen Funktionsweise der Mitentscheidung und zu den *output*-Aspekten formuliert, die die Aufarbeitung der Mitentscheidungspraxis am Beispiel der Gesetzgebung zur Biomedizin und Humanbiotechnologie strukturieren.

2. *Fragestellungen und Hypothesen*

Die Praxis informeller Verhandlung in Trilogen wurde hier bereits als Mechanismus gedeutet, der gewährleisten soll, dass der Gesetzgeber, den ein komplexes Verfahren bindet, gegenüber dem ständigen Fortschritt und der Dynamik biomedizinischer und humanbiotechnologischer Wissenschaft und Praxis handlungsfähig ist.[689] In einem späteren Abschnitt wird zu untersuchen sein, welche Auswirkungen die „Trilogisierung" des Mitentscheidungsverfahrens auf dessen demokratische Funktion hat. Zunächst stellt sich aber die Frage, ob Triloge die Handlungsfähigkeit des Gesetzgebers tatsächlich sichern oder sogar steigern. Das lässt sich vor allem anhand der Dauer von Mitentscheidungsprozessen beurteilen. Weiterhin stellt sich die Frage, ob Triloge zu einer strukturellen Abweichung von dem Machtgleichgewicht zwischen Europäischem Parlament und Rat führen, das das Primärrecht vorsieht. Auch der Einfluss der Trilog-Praxis auf die Machtverteilung und Funktionsweise der Willensbildung innerhalb der Organe bedarf der Untersuchung. Vermuten lässt sich, dass das Verhandeln in Trilogen zu einer Machtkonzentration in der Person der Vertreter der Co-Gesetzgeber führt, die in den Trilogen für diese verhandeln. Zu erwarten ist daher,

---

[688] Diese Methode findet Anwendung gerade für die Untersuchung der Behandlung politischer Spannungslagen und der Machtverhältnisse in politischen Entscheidungsprozessen. Beispiele für *case studies* zum Mitentscheidungsverfahren sind etwa *G. Benedetto,* Journal of European Public Policy 12 (2005), 67; *C. Burns,* Journal of European Public Policy 11 (2004), 1; *C. Kasack*, European Union Politics 5 (2004), 241; *A. Rasmussen,* European Integration online Papers 7 (2003).

[689] Oben Kap. 3 II. 3.

dass Triloge zu einem Bedeutungsverlust des jeweiligen Plenums der Co-Gesetzgeber führen. Mit Blick auf das Europäische Parlament lässt sich die Hypothese aufstellen, dass dessen Plenum tendenziell als Ort der legislativen Willensbildung an Relevanz verliert – zugunsten einer zentralen Bedeutung des parlamentarischen Vertreters im Trilog und der Ausschüsse. Demzufolge würden Triloge die Bedeutung der Willensbildung im Plenum verringern. Überprüft werden kann diese Hypothese vor allem daran, ob die parlamentarische Beratung über Verhandlungsergebnisse von Trilogen offen geführt wird, ob Änderungen eingebracht werden oder ob das Parlament nurmehr über die Annahme oder Ablehnung der trilogisch ausgehandelten Fassung eines Gesetzgebungsvorhabens entscheidet. Trifft es zu, dass die inhaltlich offene Beratung im parlamentarischen Plenum und in den Ausschüssen durch Triloge substantiell an Bedeutung verliert, ist dazu unter dem Gesichtspunkt der primärrechtlichen Zulässigkeit einer solchen Entwicklung und demokratietheoretisch Stellung zu beziehen.

Weitere Fragen stellen sich mit Blick auf die Rolle der Beratung durch Experten im Rahmen der Gesetzgebung. Werden die Stellungnahmen der EGE[690] im Bereich der Gesetzgebung zur Biomedizin und Humanbiotechnologie berücksichtigt? Sind sie im Verfahren Gegenstand der Auseinandersetzung oder werden sie ohne weiteres von allen Beteiligten als Entscheidungsgrundlage oder -anleitung betrachtet und akzeptiert? Führt ihre Inbezugnahme dazu, dass Konflikte über die ethische Bewertung von Biomedizin und Humanbiotechnologie gar nicht erst entstehen oder bereinigt werden? Kann die Kommission durch den Verweis auf Stellungnahmen der EGE im Verhältnis zu Rat und Europäischem Parlament in dem Sinne Vertrauen in ihre Vorschläge herstellen, dass die Gehalte des Vorschlags im Verfahren nicht problematisiert werden? Wirkt sich der Verweis auf die Position der EGE also positiv auf die Haltung der Co-Gesetzgeber zu dem Kommissionsvorschlag aus?[691]

Zu der Behandlung des Pluralismus in ethischen Fragen im Rahmen biomedizinischer und humanbiotechnologischer Gesetzgebung lassen sich auf Grund der institutionellen Struktur der Co-Gesetzgeber weite-

---

[690] Zur European Group on Ethics in Science and New Technologies oben Kap. 3 II. 2.

[691] Zu diesen Hypothesen, die Teile der politikwissenschaftlichen Forschung nahelegen, oben Kap. 3 II. 2.

re Hypothesen formulieren. Einigkeit in der ethischen Beurteilung biomedizinischer und humanbiotechnologischer Wissenschaft und Praxis besteht weder zwischen den Mitgliedstaaten noch innerhalb von ihnen.[692] Daher ist damit zu rechnen, dass sowohl innerhalb der Organe wie auch im Verhältnis zwischen ihnen politische Konflikte über den Inhalt von Gesetzgebung zur Biomedizin und Humanbiotechnologie entstehen, die von Unterschieden in der ethischen Bewertung herrühren. Insofern, als der Rat primärrechtlich als Vertreter der mitgliedstaatlichen Staatsvölker verfasst ist,[693] ist damit zu rechnen, dass seine Willensbildung von Dissensen der Mitgliedstaaten über die ethischen Fragen der Biomedizin und Humanbiotechnologie geprägt ist. Daneben interessiert besonders, ob die Willensbildung des Parlament, das bis zu den Lissabonner Reformen primärrechtlich ebenfalls als Vertretung der mitgliedstaatlichen Völker verfasst war, gleichfalls Konflikte zwischen mitgliedstaatlichen Positionen artikuliert, oder aber partei- beziehungsweise richtungspolitische Konfliktlinien zeigt. Zudem stellt sich die Frage, ob es grundsätzlich eher die Wahrung mitgliedstaatlicher Autonomie verfolgt oder ob es integrationsfreundlich agiert.[694]

Insoweit im Rahmen der Gesetzgebung zur Biomedizin und Humanbiotechnologie die Deutung fundamentaler Maßstäbe wie der Menschenwürde und besonders wichtiger Individualrechtsgüter relevant wird, ist damit zu rechnen, dass aus mitgliedstaatlicher Perspektive als Grenze der Vereinheitlichung der nationalen Rechtsordnungen die Wahrung der nationalen Identität geltend gemacht wird, als deren Bestandteil das Verständnis von Menschenwürde und Individualrechtsgütern betrachtet werden kann.[695] Konflikte über ethisch relevante Fragen zwischen den Mitgliedstaaten dürften zumindest zum Teil als Konflikte über die Zuständigkeit der supranationalen Ebene geführt werden.[696] Es ist damit

---

[692] Dazu oben Kap. 3 II. 1.

[693] Dazu oben Kap. 1 III. 2. a.

[694] Politikwissenschaftliche Forschung geht vielfach davon aus, dass das Europäische Parlament integrationsfreundliche politische Präferenzen hat, *G. Garrett/G. Tsebelis,* West European Politics 50 (1996), 269, 280; *G. Tsebelis,* Governance: An International Journal of Policy, Administration, and Institutions 13 (2000), 441; *G. Tsebelis/G. Garrett,* International Organization 55 (2001), 357, 366.

[695] Hierzu schon oben Kap. 3 II. 1.

[696] Die primärrechtliche Kompetenzordnung grenzt die Kompetenzen zwischen Mitgliedstaaten und supranationaler Europäischer Union nicht abschlie-

zu rechnen, dass im politischen Prozess Grenzen der unionalen Zuständigkeit geltend gemacht werden – vor allem im Rat.[697] Derogationsmöglichkeiten zu eröffnen und lediglich Minimalstandards zu setzen, wie es der europäische Gesetzgeber im Bereich der Biomedizin und Humanbiotechnologie vielfach tut[698], kann Mittel sein, mit nachhaltigen inhaltlichen Konflikten zwischen den Mitgliedstaaten dadurch umzugehen, dass ihnen eine gewisse Regelungsautonomie vorbehalten wird. Ansonsten liegt nahe, dass angesichts der Annahme, dass die Regelung von Biomedizin und Humanbiotechnologie die Verfassungsidentität der Mitgliedstaaten berühren kann, im Rat das Mehrheitsprinzip informell durch eine Konsensregel überlagert wird. Dies wäre als Selbstorganisation des Rates plausibel und wird ohnehin von Teilen der Literatur allgemein erwartet.[699] Europäische Gesetzgebung in diesem Bereich davon abhängig zu machen, dass jeder einzelne Mitgliedstaat ihr zustimmt, wäre jenseits des Verzichts auf legislatives Handeln der EU eine Möglichkeit, die Autonomie der Mitgliedstaaten im Umgang mit Biomedizin und Humanbiotechnologie prozedural zu sichern. Insgesamt ist zu erwarten, dass der Rat als Wächter mitgliedstaatlicher Autonomie und integrationsskeptisch handelt, während die Kommission als Integrationsmotor tätig wird.[700]

ßend ab, dazu schon oben Kap. 3 I. 1. Zum nicht haltbaren Standpunkt der Kommission, ethische Fragen blieben allein der Regelung durch die Mitgliedstaaten vorbehalten, bereits oben Kap. 3 II. 1.

[697] Diese Hypothese einer Integrationsskepsis des Rates als Vertretung der Mitgliedstaaten wird in der politikwissenschaftlichen Literatur vielfach geltend gemacht; *G. Garrett/G. Tsebelis,* West European Politics 50 (1996), 269, 280; *G. Tsebelis,* Governance: An International Journal of Policy, Administration, and Institutions 13 (2000), 441; *G. Tsebelis/G. Garrett,* International Organization 55 (2001), 357, 366.

[698] Zu diesen Regelungstechniken oben Kap. 2 und Kap. 3 I. 1.

[699] *P. Dann,* Parlamente im Exekutivföderalismus, 2004, 95 ff., der den Rat als „Konsensmaschine“ deutet, in dem trotz formaler Mehrheitsregel ein informeller Modus der Entscheidungsfindung gelte, der durch Kooperation, Kompromiss und Konsens geprägt sei.

[700] Diese Hypothese wird in der politikwissenschaftlichen Literatur geltend gemacht, *G. Garrett/G. Tsebelis,* West European Politics 50 (1996), 269, 280; *G. Tsebelis,* Governance: An International Journal of Policy, Administration, and Institutions 13 (2000), 441; *G. Tsebelis/G. Garrett,* International Organization 55 (2001), 357, 366, und ist vor dem Hintergrund der institutionellen

Weitere Fragen und Hypothesen lassen sich zur Behandlung konkurrierender Integrationsziele formulieren. Es wurde hier bereits dargestellt, dass die Bindung der Europäischen Union an sozialpolitische Zielsetzungen, wie den Verbraucher- und den Gesundheitsschutz und allgemein den Schutz und die Wahrung von Menschenwürde und Individualrechtsgütern in ein Begrenzungsverhältnis treten kann zur wirtschaftspolitischen Zielsetzung einer Etablierung des Binnenmarktes als freier Wettbewerbswirtschaft.[701] In dieser Hinsicht interessiert, welche Verfahrensbeteiligten die Selbstbindung der Europäischen Union an marktbegrenzende Integrationsziele im Verfahren artikulieren und geltend machen. Wer ist im Verfahren Verfechter des Schutzes von Individualrechtsgütern und von Begrenzungen des freien Marktes zu Zwecken des Verbraucher- und Gesundheitsschutzes? Zu beachten ist hier insbesondere, dass die Charta der Grundrechte der Europäischen Union eine Reihe von konkretisierten Grundsätzen für die Biomedizin und Humanbiotechnologie enthält, die, um der Bindung der EU an die Charta gerecht zu werden, im Rahmen einschlägiger Gesetzgebung verwirklicht werden müssen: Nach Art. 3 Abs. 2 muss *„im Rahmen der Medizin und der Biologie insbesondere Folgendes beachtet werden: die freie Einwilligung der betroffenen Person nach vorheriger Aufklärung entsprechend den gesetzlich festgelegten Modalitäten, das Verbot eugenischer Praktiken, insbesondere derjenigen, welche die Selektion von Personen zum Ziel haben, das Verbot, den menschlichen Körper und Teile davon als solche zur Erzielung von Gewinnen zu nutzen, das Verbot des reproduktiven Klonens von Menschen."* Es ist daher insbesondere zu untersuchen, welches der Organe mit seiner legislativen Politik diese Grundsätze im Rahmen der Gesetzgebung der EU zur Biomedizin und Humanbiotechnologie zu verwirklichen sucht.

Mit Blick auf die Behandlung der politischen Spannungslagen ist auch die Rolle der Kommission im Verfahren zu untersuchen. Nach den interinstitutionellen Vereinbarungen kommt der Kommission im Mitentscheidungsverfahren die Rolle zu, in Konflikten zwischen Rat und Parlament auf eine Einigung hinzuwirken.[702] Wie also wird die Kommissi-

---

Struktur und den Aufgaben der Kommission plausibel: Sie ist auf das allgemeine Wohl der Gemeinschaft verpflichtet und soll gegenüber mitgliedstaatlichen Einflüssen unabhängig sein, Art. 213 Abs. 2 EGV.

[701] Oben Kap. 3 I. 2.

[702] Hierzu oben Kap. 4 insb. V.

on als Vermittler zwischen Europäischem Parlament und Rat tätig? Die hier formulierten Fragen und Hypothesen sind Fokus der folgenden Untersuchung der Mitentscheidungspraxis im Bereich der Biomedizin und Humanbiotechnologie.

II. Der Prozess der Mitentscheidung – Gesetzgebung zur Biomedizin und Humanbiotechnologie im Verfahrensablauf

1. Statistisches zur Mitentscheidungspraxis

Auf Grund des relativ geringen Umfangs des Rechtskörpers von acht Rechtsakten und der Selektivität des Themas ist die Mitentscheidungspraxis im Bereich der Biomedizin und Humanbiotechnologie in sich zu begrenzt, um statistische Informationen von genereller Aussagefähigkeit zu ergeben. Im Folgenden werden daher statistische Daten zum Ablauf des Mitentscheidungsverfahrens im Bereich der Biomedizin und Humanbiotechnologie ergänzt durch Daten, die auf der allgemeinen Beobachtung der Praxis des Verfahrens basieren.

Von den acht Rechtsakten der Union zur Biomedizin und Humanbiotechnologie ergingen zwei in der ersten Beratungsphase: die Richtlinie zur Schaffung eines Gemeinschaftskodexes für Humanarzneimittel, mit der allerdings lediglich bereits geltendes Recht ungeändert kodifiziert wurde, und die Verordnung über neuartige Therapien, mit der substanziell neues Recht gesetzt wurde. Fünf Rechtsetzungsvorhaben wurden in der zweiten Phase der Beratung erlassen: die Richtlinie zur guten klinischen Praxis, die Geweberichtlinie, die Verordnung über die zentralisierte Arzneimittelzulassung und die Europäische Arzneimittelagentur, der Beschluss über das Rahmenprogramm und die Biopatentrichtlinie. Das Vorhaben einer Biopatentrichtlinie war zuvor bereits einmal nach dem Vermittlungsverfahren in der Mitentscheidung gescheitert. Es ist das erste im Mitentscheidungsverfahren durch das Parlament zum Scheitern gebrachte Gesetzgebungsvorhaben.[703] Ein Rechtsakt, die Blutrichtlinie, erging nach dem Vermittlungsverfahren. Durchschnittlich dauerten Mitentscheidungsprozesse im Bereich der Biomedizin und Humanbiotechnologie etwa 27 Monate.

---

[703] Dazu auch *A. Plomer*, European Law Journal 14 (2008), 839, 842. Auf diese Vorgeschichte der Biopatentrichtlinie wird im Folgenden noch eingegangen.

Betrachtet man allgemeine Statistiken, ergeht die Mehrzahl der Gesetzgebungsakte in der zweiten Beratungsphase:[704] Von Mai 1999 bis Dezember 2006 sind 38,5% der im Mitentscheidungsverfahren erlassenen Rechtsakte in der ersten Beratungsphase, 44,1% in der zweiten Beratungsphase und 14,4% nach dem Vermittlungsverfahren ergangen.[705] Innerhalb dieses Zeitraums lässt sich jedoch eine Entwicklung feststellen. Wurden von Mai 1999 bis zu den Ende der Legislaturperiode im April 2004 noch 28,8% der Rechtsakte in der ersten Beratungsphase, 49,4% in der zweiten und 21,8% nach der Vermittlung erlassen, ist in der darauf folgenden Legislaturperiode ein Trend zum Erlass im Stadium der ersten Beratung zu beobachten. Von Mai 2004 bis Dezember 2006 kamen gut zwei Drittel der Mitentscheidungsgesetzgebung schon in der ersten Beratung zustande (62,7%). Etwa ein Drittel erging in der zweiten Beratungsphase (31,1%), und nur 6,2 % wurden erst nach dem Vermittlungsverfahren erlassen.[706] Kontrastiert man die fünfte und sechste Legislaturperiode unmittelbar, bestätigt sich diese Tendenz. Es zeigt sich ein Anstieg des Anteils der Einigungen in der ersten Beratungsphase von 33 % auf 72 %; Vermittlungsverfahren fanden nur noch in 5% der Verfahren statt (zuvor: 21 %).[707]

Mit der Zahl der in der ersten Beratung erlassenen Rechtsakte nimmt zugleich die Zeitdauer zu, derer es für das Zustandekommen von Rechtsakten in dieser Verfahrensphase bedarf. Kamen in der Legislaturperiode 1999 – 2004 Rechtsakte in der ersten Beratungsphase im Durchschnitt nach 13,8 Monaten zustande, liegt der Durchschnitt in

---

[704] Im Allgemeinen nimmt die Dauer der Gesetzgebungsverfahren der Europäischen Union nach politikwissenschaftlichen Untersuchungen zu. Eine allgemeine empirische Untersuchung der Gründe für die zunehmende Dauer der Gesetzgebungsverfahren der Europäischen Union bei *T. König*, European Journal of Political Research 46 (2007), 417, nach dem der Einigungsprozess der Mitliedstaaten gemeinsam mit der Beteiligung des Europäischen Parlaments an der Gesetzgebung der zentrale verlangsamende Faktor ist.

[705] Kommission, Statistik der Europäischen Kommission, Codecision May 1999 to December 2006, Some Statistical Data, unter http://ec.europa.eu/codecision/institutional/analysis/codecision_stat_en.pdf.

[706] Kommission, vgl. Fn 705, und A. Rasmussen, Early conclusion in the codecision legislative procedure, EUI Working Paper MWP 2007/31.

[707] Kommission, The Co-decision Procedure, Analysis and Statistics of the 2004 - 2009 Legislature.

der darauf folgenden Legislatur bei ungefähr 15,2 Monaten.[708] Bis zu einem Erfolg in der zweiten Verfahrensphase dauert es in der sechsten Legislatur im Durchschnitt 31,3 Monate (zuvor: 25,1); auch der Verfahrenserfolg in der Vermittlung bedarf mehr Zeit (43,7 Monate, zuvor 31,9).

Es gibt Vorschläge von Modellen, die anhand quantifizierbarer Kriterien für konkrete Rechtsetzungsvorhaben Aussagen zur Wahrscheinlichkeit eines frühen Verfahrenserfolges erlauben sollen.[709] Danach ist der frühe Erfolg eines Rechtsetzungsvorhabens nicht einfach konditional bedingt durch die Arbeitsbelastung der Organe, den Umfang und die inhaltliche oder technische Komplexität eines Vorhabens, seine generelle politische Umstrittenheit oder parteipolitische Kongruenzen zwischen Europäischem Parlament und Rat. Es zeigt sich aber die wesentliche Bedeutung eines Faktors: Der frühe Verfahrenserfolg hängt wesentlich von der Intensität der Arbeitsbeziehungen zwischen den Organen ab.[710] Dass die Abfolge organinterner Lesungen als Modus der inhaltlichen Entwicklung von Gesetzgebungsvorhaben durch den unmittelbaren Austausch und das Verhandeln der Co-Gesetzgeber in Trilogen funktional ersetzt wird, erleichtert die Lösung inhaltlicher Konflikte, die für den Erfolg von Mitentscheidungsprozessen erforderlich ist. Die Formen der Zusammenarbeit der Verfahrensbeteiligten, die die Praxis des Mitentscheidungsverfahrens generiert hat, vor allem Triloge, machen deshalb den frühen Verfahrenserfolg wahrscheinlicher. Die Gemeinsame Erklärung zu den praktischen Modalitäten des neuen Mitentscheidungsverfahrens[711] institutionalisiert die Praxis informellen Verhandelns in Trilogen ausdrücklich als leistungsfähige und flexible Form der Zusammenarbeit der Organe, die die Möglichkeiten des Erlasses von Rechtsakten in einem frühen Stadium des Mitentscheidungs-

---

[708] Kommission, The Co-decision Procedure, Analysis and Statistics of the 2004 - 2009 Legislature.

[709] Etwa *H. Farrell/A. Héritier,* Comparative Political Studies 37 (2004), 1184; *A. Rasmussen,* Early conclusion in the co-decision legislative procedure, 2007.

[710] *A. Rasmussen,* Early conclusion in the co-decision legislative procedure, 2007, insb. 12 ff.; s. auch Kommission, The Co-decision Procedure, Analysis and Statistics of the 2004 - 2009 Legislature, 2.

[711] Dazu bereits Kap. 4 I.

verfahrens verbessern soll.[712] Der Trend zum frühen Verfahrenserfolg zeigt sich so als Folge der Trilog-Praxis.[713]

Das Phänomen des frühen Verfahrensabschlusses nach informellen Verhandlungen der Verfahrensbeteiligten ist bereits darauf hin untersucht worden, was es für die inter- und innerinstitutionelle Machtverteilung bedeutet.[714] Die Erkenntnisse dieser Studien werden in diesem Kapitel rezipiert (unten III.). Darauf aufbauend wird das Phänomen der Triloge in dieser Arbeit an späterer Stelle aus einer demokratietheoretischen Perspektive diskutiert.[715]

2. *Initiation des Verfahrens*

Der Vorschlag der Kommission, der das Mitentscheidungsverfahren initiiert, ist der Ausgangspunkt der Entwicklung und Verhandlung der Inhalte eines Gesetzgebungsvorhabens zwischen den Verfahrensbeteiligten. Zur Vorbereitung eines Kommissionsvorschlags konsultiert die Kommission Akteure aus dem Regelungsbereich der Initiative, etwa Vertreter der Mitgliedstaaten, insbesondere aus dem Bereich der potentiell mit der Umsetzung des Rechtsakts befassten Verwaltung, Vertreter der Wirtschaft und der Zivilgesellschaft und wissenschaftliche Experten. Obgleich dieser Vorlauf des Mitentscheidungsverfahrens dafür von Bedeutung sein kann, ob der Vorschlag der Kommission im Verfahren Erfolg hat und ob ein erlassener Rechtsakt effektiv umgesetzt wird, ist die Bedeutung der Strategien der Kommission im Rahmen des Vorlaufs des Verfahrens für den Bereich der Biomedizin und Humanbiotechnologie bislang nur zum Teil eingehender politikwissenschaftlich untersucht worden. Wegen des Fokus der vorliegenden Arbeit auf das Gesetzgebungsverfahren wird auch hier die Vorgeschichte der Kommissionsvorschläge im Bereich der Biomedizin und Humanbiotechnologie nicht systematisch dargestellt und aufgearbeitet, sondern nur punktuell in Bezug genommen. Zudem konzentriert sich die Darstellung und Untersuchung der Praxis des Mitentscheidungsverfahrens auf die Organe

---

712 Ziff. 7; dazu schon oben Kap. 4 I.

713 So auch die Kommission, The Co-decision Procedure, Analysis and Statistics of the 2004 - 2009 Legislature, 2.

714 *H. Farrell/A. Héritier*, Comparative Political Studies 37 (2004), 1184.

715 Unten Kap. 9 I.

der EU, also auf Europäisches Parlament, Rat und Kommission. Die – rein konsultative – Rolle des Ausschusses der Regionen und des Wirtschafts- und Sozialausschusses im Gesetzgebungsprozess wird nicht untersucht.[716]

a. Ethische Fragen und konkurrierende Integrationsziele

Die Kommission lässt sich, wie bereits gesehen, bei der Ausarbeitung von Vorschlägen im Bereich der Biomedizin und Humanbiotechnologie im Vorfeld des Mitentscheidungsverfahrens in ethischen Fragen beraten.[717] Dies ist mit Blick auf die Untersuchung des Mitentscheidungsverfahrens als Mittel der Bewältigung von Konflikten über den richtigen Umgang mit biomedizinischer und humanbiotechnologischer Wissenschaft und Praxis interessant, weil die Einbeziehung von Ethikexperten bei der Konzeption und Begründung von Gesetzgebung zur Biomedizin und Humanbiotechnologie als Strategie gedeutet werden kann, die in ethischen Fragen bestehende Uneinigkeit im Rahmen der legislativen Willensbildung zu bewältigen. So bezieht sich die Kommission in der Begründung ihres Vorschlags der Geweberichtlinie[718] ausdrücklich auf die Stellungnahme der Europäischen Gruppe für Ethik der Naturwissenschaften und der Neuen Technologien (EGE) zu den ethischen Aspekten von Gewebebanken für Humangewebe.[719] Sie be-

---

[716] Zur Tätigkeit des Europäischen Wirtschafts- und Sozialausschusses *B. Ledune* (Hrsg.), Der Europäische Wirtschafts- und Sozialausschuss, 2008; zur Tätigkeit des Ausschusses der Regionen *T. Cole,* Maastricht journal of European and comparative law 12 (2005), 49; zur Stellungnahme der Ausschüsse im Mitentscheidungsverfahren *J. Schoo,* Art. 251 EGV, in: Groeben/Schwarze (Hrsg.), Kommentar zum Vertrag über die Europäische Union und zur Gründung der Europäischen Gemeinschaft, 2003, Rn. 16 ff.

[717] Dazu bereits oben Kap. 3 II. 2.

[718] Vorschlag für eine Richtlinie des Europäischen Parlaments und des Rates zur Festlegung von Qualitäts- und Sicherheitsstandards für die Spende, Beschaffung, Testung, Verarbeitung, Lagerung und Verteilung von menschlichen Geweben und Zellen, KOM(2002) 319 endg. vom 19. Juni 2002. Zur Geweberichtlinie schon oben Kap. 2 III. 2.

[719] 'Ethical aspects of human tissue banking', Opinion of the European Group on Ethics in Science and New Technologies to the European Commis-

kundet, dass ihr Vorschlag einer Geweberichtlinie den Empfehlungen der EGE Rechnung trägt[720] und nimmt damit die Expertise der EGE in ethischen Fragen für ihren Vorschlag argumentativ in Anspruch.[721] Nach dem Vorschlag der Kommission werden die Stellungnahmen der EGE auch in Zukunft berücksichtigt.[722] Auch der Kommissionsvorschlag zum 7. Forschungsrahmenprogramm enthält die Formulierung, dass *„die Stellungnahmen der Europäischen Gruppe für Ethik der Naturwissenschaften und der Neuen Technologien weiterhin berücksichtigt“* werden.[723]

---

sion. No. 11, 21. Juli 1998. 11 S. Zur EGE bereits oben Kap. 3; zu ihrem Einfluss im Rahmen des Gesetzgebungsprozesses zur Geweberichtlinie *H. Busby/T. K. Hervey/A. Mohr*, European Law Review 33 (2008), 803, 815 ff.

[720] KOM(2002) 319 endg., 3 f.

[721] Der Kommissionsvorschlag führt an, dass die EGE bekräftigt habe, es bestehe Bedarf nach einer Regelung der Bedingungen, unter denen menschliches Gewebe innerhalb des europäischen Marktes verkehrt. Sie nennt die vier ethischen Grundsätze, die die EGE als entscheidend für die Politik in diesem Bereich betrachtet: den ethischen Imperativ, Gesundheit zu schützen, weshalb Gewebe, insbesondere zur Transplantation bei Dritten oder zur Herstellung von Arzneimitteln, im Voraus getestet werden müsse, damit nach dem Stand der Technik die bestmöglichen Garantien für den Gesundheitsschutz gegeben werden können; die Unversehrtheit des menschlichen Körpers, die gewährleistet werden solle, wenn Gewebe von einem Lebenden oder Toten entnommen wird; das Erfordernis einer vorherigen, nach Aufklärung und ohne Zwang erteilten Einwilligung des Spenders; sowie das Erfordernis des Persönlichkeits- und Datenschutzes durch die Gewährleistung der Anonymität gespendeter Materie. Die Kommission bezieht sich außerdem darauf, dass sich die EGE dafür ausgesprochen habe, dass Gewebespenden einen freiwilligen Akt der Solidarität darstellen. Zum Einfluss der EGE auf die Geweberichtlinie *H. Busby/T. K. Hervey/A. Mohr*, European Law Review 33 (2008), 803, 815 ff., die auch darauf hinweist, dass die Pressemitteilung der Kommission zu ihrem Vorschlag besagt, dass neben der Charta der Grundrechte der Europäischen Union und verschiedenen Dokumenten des Europarates die Stellungnahme der EGE berücksichtigt, s. Pressemitteilung IP/02/894, Brüssel, 19. Juni 2002.

[722] 23. Erwägungsgrund nach dem Vorschlag, KOM(2002) 319 endg.

[723] Vorschlag für einen Beschluß des Europäischen Parlaments und des Rates über das siebte Rahmenprogramm der Europäischen Gemeinschaft für Forschung, technologische Entwicklung und Demonstration (2007 bis 2013) {SEK(2005) 430} {SEK(2005) 431} /* KOM/2005/0119 endg. - COD 2005/0043 */ , 25. Erwägungsgrund. Zum Einfluss der EGE auf das 7. Rahmenprogramm

Mit ihrem Vorschlag zur Geweberichtlinie begrenzt die Kommission in einer weiteren ethischen Frage zugunsten der Wahrung eines Bereichs autonomer mitgliedstaatlicher Entscheidung die Reichweite der supranationalen Regelung. Nach dem Vorschlag erfasst die Gesetzgebung zwar generell alle Gewebe- und Zelltypen. Die Frage der Zulässigkeit der Verwendung von Keimzellen, fötalen Zellen/Geweben und embryonalen Stammzellen lässt die Kommission mit ihrem Vorschlag aber unberührt.[724] Sie begründet dies damit, dass die Verwendung dieser Zell- und Gewebetypen besondere ethische Fragen aufwerfe und dass bislang zwischen den Mitgliedstaaten kein Konsens in der Frage bestehe, welche grundlegenden Entscheidungen auf EU-Ebene bezüglich ihrer Verwendung oder deren Verbot getroffen werden können.[725]

Mit Blick auf die Umstrittenheit ethisch relevanter Regelungen zur Biomedizin und Humanbiotechnologie im Mitentscheidungsverfahren ist der Vorschlag der Kommission zur Biopatentrichtlinie hervorzuheben, weil er den zweiten Anlauf eines Gesetzgebungsvorhabens zum rechtlichen Schutz biotechnologischer Erfindungen darstellt. Das erste Vorhaben hatte das Europäische Parlament nach erfolgreicher Erarbeitung eines Gemeinsamen Entwurfes durch den Vermittlungsausschuss zum Scheitern gebracht.[726] Mit ihrem erneuten Vorschlag will die Kommission nach ihrem Bekunden den ethischen Bedenken des Parlaments zu Fragen der Patentierbarkeit menschlicher Materie und ihrer biotechnologischen Bearbeitung oder Generierung entgegenkommen.[727] Kom-

---

und die vorhergehenden Programme *A. Plomer,* European Law Journal 14 (2008), 839.

[724] KOM(2002) 319 endg., 6.

[725] Der Vorschlag sieht jedoch vor, dass alle Regelungen der Richtlinie Anwendung finden, wenn in einem Mitgliedstaat eine bestimmte Verwendung der genannten Zellen zugelassen wird, KOM(2002) 319 endg., 6.

[726] Detaillierte Nachweise dieser Verfahrensgeschichte bei *E. R. Gold/A. Gallochat,* European Law Journal 7 (2001), 331, 331 ff.

[727] Deswegen führt der Kommissionsvorschlag eine Definition zur Unterscheidung von Entdeckung und Erfindung ein und sieht vor, dass erstere im Gegensatz zu letzterer nicht patentierbar ist. Nach dem Vorschlag sind weiter u.a. Methoden der Keimzellenbehandlung von Menschen von der Patentierbarkeit ausgenommen. Die ethischen Aspekte des Vorschlags, die Gründe des Scheiterns des ersten Vorhabens einer Biopatentrichtlinie und das Verfahren arbeiten eingehend auf *S. Sterckx,* European Intellectual Property Review 20

mentatoren befanden allerdings, dass „a closer look at the draft reveals that, in particular as regards the „ethics" provisions, the new text differed only to a small extent from the one that was rejected by the European Parliament."[728] Im Bereich der Biopatentrichtlinie existieren zwei Stellungnahmen der GAEIB;[729] der Text der Richtlinie verweist in den Erwägungsgründen auf die Stellungnahme der GAEIB zu den ethischen Aspekten der Patentierbarkeit von Erfindungen, die sich auf Elemente menschlichen Ursprungs erstrecken.[730]

Nach dem Vorschlag sind Elemente menschlichen Ursprungs von der Patentierbarkeit ausgeschlossen, sodass die kommerzielle Nutzung menschlicher Materie begrenzt wird. Die Kommission wägt mit ihrem Vorschlag in dieser Frage zwischen der wirtschaftspolitischen Erwägung, dass der Biotechnologie für die industrielle Entwicklung der Europäischen Union „grundlegende Bedeutung zukommt"[731] und der Erwägung des Schutzes des menschlichen Körpers vor Aneignung[732] zugunsten des Würdeschutzes ab.[733] Die Frage der Patentierbarkeit menschlicher Materie war im vorhergehenden, durch das Parlament zum Scheitern gebrachten Mitentscheidungsprozess die zentrale politi-

---

(1998), 123; *E. R. Gold/A. Gallochat,* European Law Journal 7 (2001), 331; *L. Nenow,* Houston journal of international law 23 (2001), 569.

[728] *S. Sterckx,* European Intellectual Property Review 20 (1998), 123, 123.

[729] Die erste einschlägige Stellungnahme gab die GAEIB zum ersten Vorhaben einer Biopatentrichtlinie ab; *Beratergruppe für Fragen der Ethik in der Biotechnologie der Europäischen Kommission,* Stellungnahme 3 zu ethischen Fragen des Kommissionsvorschlags für eine Richtlinie des Rates über den rechtlichen Schutz biotechnologischer Erfindungen, 30.9.1993; die zweite dann zum zweiten Vorhaben: *Beratergruppe für Fragen der Ethik in der Biotechnologie der Europäischen Kommission,* Stellungnahme 8 über die ethischen Aspekte der Patentierbarkeit von Erfindungen, die sich auf Elemente menschlichen Ursprungs erstrecken, 25.09.1996.

[730] 19. Erwägungsgrund der Richtlinie; *Beratergruppe für Fragen der Ethik in der Biotechnologie der Europäischen Kommission,* Stellungnahme 8 über die ethischen Aspekte der Patentierbarkeit von Erfindungen, die sich auf Elemente menschlichen Ursprungs erstrecken, 25.09.1996. Zum Einfluss der Stellungnahmen der GAEIB und der EGE noch unten III. 2. a.

[731] Erster Erwägungsgrund nach dem Vorschlag.

[732] Vgl. 13. Erwägungsgrund nach dem Vorschlag.

[733] Dazu Kap. 3 I. 2.

sche Konfliktfrage, in der vor allem seitens des Parlaments zum Zweck des Schutzes der Menschenwürde auf die Begrenzung der wirtschaftspolitischen Zielsetzung der Innovationsförderung durch das Biopatentrecht hingewirkt wurde.[734] In dieser Frage wurde zwischen den Beteiligten letztlich erfolglos verhandelt. Das Parlament lehnte den im Vermittlungsausschuss von Parlaments- und Ratsvertretern ausgehandelten Kompromisstext wegen der Formulierung ab, der menschliche Körper *als solcher* sei nicht patentierbar, weil es darin eine Relativierung des Grundsatzes der Nichtpatentierbarkeit menschlicher Materie sah, mit der ein Einfallstor für die Patentierbarkeit menschlicher Materie geschaffen werde. Diese verstoße gegen die Menschenwürde.[735]

b. Abgrenzung von Kompetenzen

Die im Kommissionsvorschlag der Biopatentrichtlinie vorgesehene Generalklausel, nach der Erfindungen, die gegen die öffentliche Ordnung oder die guten Sitten verstoßen würden, von der Patentierbarkeit ausgenommen sind, eröffnet mit Blick auf die Begrenzung der Patentierbarkeit von Erfindungen Handlungsräume der Mitgliedstaaten: Sie gibt ihnen die Möglichkeit, die Patentierbarkeit etwa biotechnologischer Methoden zur Bearbeitung oder Generierung menschlicher Materie in Anwendung des „ordre public"-Vorbehalts letztlich aus ethischen Gründen auszuschließen.[736] Damit wird in begrenztem Rahmen von einer Vereinheitlichung der mitgliedstaatlichen Rechtsordnungen im Bereich des rechtlichen Schutzes biotechnologischer Erfindungen abgesehen.

---

[734] Zur Vorgeschichte der geltenden Biopatentrichtlinie *H. Busby/T. K. Hervey/A. Mohr,* European Law Review 33 (2008), 803, 805 ff.; *E. R. Gold/A. Gallochat,* European Law Journal 7 (2001), 331.

[735] Hierzu *E. R. Gold/A. Gallochat,* European Law Journal 7 (2001), 331 und die Summaries zu dem Verfahren über die Website des Legislative Observatory des Europäischen Parlaments.

[736] Vorschlag für eine Richtlinie des Europäischen Parlaments und des Rates über den rechtlichen Schutz biotechnologischer Erfindungen KOM(1995) 0661 endg. vom 25. Januar 1996, Art. 9 Abs. 1 des Vorschlags. Zu diesem sog. „ordre public" Vorbehalt *T. Barton,* Der „Ordre public" als Grenze der Biopatentierung, 2004.

3. Erste Phase der Beratung

Zwei Rechtsakte aus dem Bereich der Biomedizin und Humanbiotechnologie kamen in der ersten Beratungsphase zustande: Die Verordnung über Arzneimittel für neuartige Therapien und die Richtlinie zur Schaffung eines Gemeinschaftskodex für Humanarzneimittel, die allerdings lediglich geltendes Recht kodifiziert. In beiden Fällen nahm der Rat die Position des Parlaments aus erster Lesung ungeändert an.

a. Erste Lesung des Parlaments

Das Parlament hat an den Vorschlägen der Kommission im Bereich der Biomedizin und Humanbiotechnologie fast durchgehend Änderungen beschlossen. Einzige Ausnahme ist die Richtlinie zur Schaffung eines Gemeinschaftskodexes für Humanarzneimittel, die aber lediglich der Kodifizierung bereits geltenden Rechts dient. Sie hat das Parlament ungeändert beschlossen. Dies entspricht der Regelung des Art. 86 Abs. 3 GO-EP, nach der zu Vorschlägen der Kommission über die Kodifizierung geltenden Gemeinschaftsrechts keine Änderungsanträge zulässig sind.[737]

(1) Ethische Fragen

In das Gesetzgebungsvorhaben zu klinischen Prüfungen mit Humanarzneimitteln[738] führt das Parlament mehrere Vorschriften zum Schutz von Prüfungsteilnehmern ein,[739] die der Vorschlag der Kommis-

---

[737] Die zusammengefassten Rechtsakte waren nicht im Mitentscheidungsverfahren zustande gekommen.

[738] Zur ergangenen Richtlinie oben Kap. 2.

[739] U.a. das Erfordernis einer schriftlichen Einwilligung des Prüfungsteilnehmers nach Aufklärung (Änderungen 6, 10 und 28, Art. 2 Begriffsbestimmung 4a, Art. 3); das Verbot von Forschung ohne direkten Nutzen für den Prüfungsteilnehmer, wenn dieser nicht einwilligungsfähig ist (Änderung 10 und 28, Art. 3 Abs. 2a); das Erfordernis der Einwilligung des Vertreters eines nichteinwilligungsfähigen Prüfungsteilnehmers (Änderung 10 und 28, Art. 3); die Möglichkeit des Widerrufs der Einwilligung ohne Nachteile für den Prüfungsteilnehmer, und die ausdrückliche Abhängigkeit des Prüfungsbeginns vom Vorliegen einer befürwortenden Stellungnahme der zuständigen Ethikkommission (Änderung 31, Art. 7 Abs. 2).

sion nicht vorsieht.[740] Auch in der ersten Lesung zum Vorschlag der Geweberichtlinie[741] bringt das Parlament mit seinen Änderungen auf der Basis des Ausschussberichts Vorschriften zum Einwilligungserfordernis bei Zell- und Gewebespenden ein.[742]

Im Fall des (zweiten) Gesetzgebungsvorhabens einer Biopatentrichtlinie macht das Parlament in erster Lesung zur Voraussetzung der Patentierbarkeit biotechnologischer Erfindungen, dass Spender menschlicher Materie der Einreichung einer Patentanmeldung hinsichtlich der Verwendung ihrer Spende im Rahmen der betreffenden Erfindung freiwil-

---

[740] Legislative Entschließung mit der Stellungnahme des Europäischen Parlaments zu dem Vorschlag für eine Richtlinie des Europäischen Parlaments und des Rates zur Angleichung der Rechts- und Verwaltungsvorschriften über die Anwendung der Guten Klinischen Praxis bei der Durchführung von klinischen Prüfungen mit Humanarzneimitteln, Abl. C 379, 27; Vorschlag für eine Richtlinie des Europäischen Parlaments und des Rates zur Angleichung der Rechts- und Verwaltungsvorschriften über die Anwendung der Guten Klinischen Praxis bei der Durchführung von klinischen Prüfungen mit Humanarzneimitteln, KOM(1997) 0369 endg., Abl. C 306, 9. Bericht des Ausschusses für Umweltfragen, Volksgesundheit und Verbraucherschutz über den Vorschlag für eine Richtlinie des Europäischen Parlaments und des Rates zur Angleichung der Rechts- und Verwaltungsvorschriften über die Anwendung der Guten Klinischen Praxis bei der Durchführung von klinischen Prüfungen mit Humanarzneimitteln, 5. November 1998, Berichterstatter: Amedeo Amadeo.

[741] Zur Geweberichtlinie oben Kap. 2 III. 2.; Vorschlag der Kommission vgl. Fn 718 oben.

[742] Legislative Entschließung des Europäischen Parlaments zu dem Vorschlag für eine Richtlinie des Europäischen Parlaments und des Rates zur Festlegung von Qualitäts- und Sicherheitsstandards für die Spende, Beschaffung, Testung, Verarbeitung, Lagerung und Verteilung von menschlichen Geweben und Zellen, Abl. C 64 E, 391; Standpunkt des Europäischen Parlaments festgelegt in erster Lesung am 10. April 2003 im Hinblick auf den Erlass der Richtlinie 2003/.../EG des Europäischen Parlaments und des Rates zur Festlegung von Qualitäts- und Sicherheitsstandards für die Spende, Beschaffung, Testung, Verarbeitung, Lagerung und Verteilung von menschlichen Geweben und Zellen. Sah der Vorschlag der Kommission nur die Anwendung der bereits geltenden mitgliedstaatlichen Vorschriften vor, führt das Parlament mit seiner legislativen Entschließung als Mindestanforderung ein, dass die vorherige, schriftliche und ohne Nachteile widerrufliche Einwilligung des Spenders bzw. bei einwilligungsunfähigen Spendern die Einwilligung des Vertreters nach Aufklärung vorliegen muss.

lig und informiert zustimmen.[743] Das Erfordernis der informierten Einwilligung von Spendern ist ein dieses Vorhaben übergreifendes politisches Projekt des Europäischen Parlaments, das es auch im Gesetzgebungsprozess zur Gewebe- und zur Blutrichtlinie betreibt.

Desweiteren führt das Parlament im Fall der Biopatentrichtlinie die Würde und Unversehrtheit des Menschen als Gründe für den Ausschluss der Patentierbarkeit menschlicher Materie ein.[744] Es sieht mit einer weiteren Änderung des Kommissionsvorschlags vor, dass auch Verfahren zum reproduktiven Klonen von Menschen, Verfahren zur Veränderung der genetischen Identität der menschlichen Keimbahn, Methoden, bei denen menschliche Embryonen verwendet werden und Verfahren zur Herstellung geklonter Embryonen von der Patentierbarkeit ausgeschlossen sind.[745] Vor dem Hintergrund der Anführung der Würde und Unversehrtheit des Menschen zur Begründung der Beschränkung der Patentierbarkeit der biotechnologischen Bearbeitung und Generierung menschlicher Materie wägt das Europäische Parlament mit dieser Änderung zwischen dem Ziel der Förderung der industriellen Entwicklung und dem Ziel des Schutzes des Individuums zu Gunsten der letztgenannten Erwägung ab und begrenzt dabei im Vergleich zum Kommissionsvorschlag die wirtschaftspolitische Orientierung des Gesetzgebungsvorhabens weitergehend. Es betätigt weiterreichend als die Kommission die Selbstbindung der Europäischen Union an Menschenwürde und Grundrechte.

Das Parlament ändert das Gesetzgebungsvorhaben außerdem dahingehend, dass ein Ethikausschuss zur Bewertung aller ethischen Aspekte im Zusammenhang mit der Biotechnologie und ihrer Nutzung, insbe-

---

743 Legislative Entschließung mit der Stellungnahme des Europäischen Parlaments zu dem Vorschlag für eine Richtlinie des Europäischen Parlaments und des Rates über den rechtlichen Schutz biotechnologischer Erfindungen, Abl. C 286, 87, Änderung 76/rev., Art. 8 Abs. 2. Zur Genese der Biopatentrichtlinie auch eingehend *E. R. Gold/A. Gallochat,* European Law Journal 7 (2001), 331; *L. Nenow,* Houston journal of international law 23 (2001), 569.

744 Zur Position des Parlaments *E. R. Gold/A. Gallochat,* European Law Journal 7 (2001), 331, 340; *S. Sterckx,* European Intellectual Property Review 20 (1998), 123, 124.

745 Änderung 55, Art. 9 Abs. 2, s. auch *E. R. Gold/A. Gallochat,* European Law Journal 7 (2001), 331; *L. Nenow,* Houston journal of international law 23 (2001), 569.

sondere in Bezug auf die Patente, eingesetzt wird[746]. Es sieht die ethischen Fragen der Patentierung biotechnologischer Erfindungen nicht vollständig durch die Richtlinie gelöst, sondern erwartet auch für Einzelfälle konkreter Patentverfahren Fragestellungen von ethischer Relevanz. Das Parlament führt in das Vorhaben der Biopatentrichtlinie die Bezugnahme ein auf die Stellungnahme zu den ethischen Aspekten der Patentierbarkeit von Erfindungen, die sich auf Elemente menschlichen Ursprungs erstrecken, die die Beratergruppe für Fragen der Ethik in der Biotechnologie als Berater der Kommission in ethischen Fragen abgegeben hatte.[747] Das Parlament formuliert hier allerdings anders als üblicherweise die Kommission nicht, dass diese Stellungnahme berücksichtigt wird, sondern lediglich, dass die Richtlinie in Kenntnis der Stellungnahme erlassen wird.[748] Diese Formulierung bringt deutlicher eine eigenständige Willensbildung der gesetzgebenden Organe zum Ausdruck.

Im Fall des Gesetzgebungsvorhabens des siebten Rahmenprogramms erweitert das Parlament in erster Lesung die bereits im Kommissionsvorschlag vorgesehene Verpflichtung aller unter dem Rahmenprogramm geförderten Projekte auf die Beachtung ethischer Prinzipien erheblich. Es sieht vor, Forschungstätigkeiten mit dem Ziel der Klonung menschlicher Embryonen, zur Veränderung des Erbguts des Menschen, durch die solche Änderungen vererbbar werden könnten und zur Züchtung menschlicher Embryonen ausschließlich zu Forschungszwecken oder zur Gewinnung embryonaler Stammzellen, einschließlich durch somatische Zellkerntransplantation, explizit von der Förderung auszuschließen.[749] Gleichzeitig führt das Parlament eine Änderung des Vorhabens ein, nach der ausdrücklich Forschung unter Verwendung menschlicher Stammzellen, sowohl adulter wie embryonaler, nach

---

[746] Änderung 78, Art. 9a.

[747] Zu diesem Gremium oben Kap. 3 II.2.

[748] Änderung 1, Erwägungsgrund 3a.

[749] Bericht des Ausschusses für Industrie, Forschung und Energie über den Vorschlag für einen Beschluss des Europäischen Parlaments und des Rates über das siebte Rahmenprogramm der Europäischen Gemeinschaft für Forschung, technologische Entwicklung und Demonstration (2007 bis 2013), vom 1. Juni 2006, Berichterstatter: Jerzy Buzek, Änderung 66, Art. 6.

Maßgabe der rechtlichen Rahmenbedingungen des betreffenden Mitgliedstaats gefördert werden darf.[750]

(2) Konkurrierende Integrationsziele

Das Europäische Parlament bringt im Rahmen von Gesetzgebungsvorhaben im Bereich der Biomedizin und Humanbiotechnologie in erster Lesung weiterhin eine Reihe von Änderungen ein, die die Austarierung des Verhältnisses zwischen wirtschaftspolitischen Erwägungen auf der einen Seite und gesundheitspolitischen Erwägungen und dem Schutz individueller Rechtsgüter auf der anderen Seite berühren. Auf die verstärkte Beschränkung der kommerziellen Nutzbarkeit menschlicher Materie aus Gründen der Wahrung der Menschenwürde, die das Parlament in seiner ersten legislativen Entschließung zur Biopatentrichtlinie vorsieht, wurde bereits hingewiesen.[751] In das Gesetzgebungsvorhaben zur zentralisierten Arzneimittelzulassung bringt das Parlament eine Reihe von Änderungen ein,[752] um zum Zweck der Verbesserung des Gesundheits- und Verbraucherschutzes u.a. die Informationsmöglichkeiten der Patienten, die Transparenz der wissenschaftlichen Arzneimittelbegutachtung als Mittel der Absicherung ihrer Objektivität und Unbeeinflussbarkeit zu verbessern und insgesamt die Marktaufsicht im Arzneimittelsektor zu stärken.[753] Die vom Parlament eingeführten Re-

---

[750] Ebd.

[751] Oben (1).

[752] Standpunkt des Europäischen Parlaments festgelegt in erster Lesung am 23. Oktober 2002 im Hinblick auf den Erlass der Verordnung (EG) Nr. ./2002 des Europäischen Parlaments und des Rates zur Festlegung von Gemeinschaftsverfahren für die Genehmigung, Überwachung und Pharmakovigilanz von Human- und Tierarzneimitteln und zur Schaffung einer Europäischen Arzneimittelagentur, P5_TA(2002)0504.

[753] Die Arzneimittelagentur erhält die Möglichkeit unangekündigter Inspektionen der Betriebe von Antragstellern, Europäisches Parlament, Fn 752 oben, Art. 9 Abs. 2. Das Parlament sieht zudem vor, dass die Kommission die Namen von Genehmigungsinhabern, die gegen Bestimmungen der Verordnung verstoßen, veröffentlicht; Europäisches Parlament, Fn 752 oben, Art. 85 Abs. 3. Des Weiteren ändert es das Gesetzgebungsvorhaben dahingehend, dass Arzneimittel nach der Erstzulassung als Neuzulassungen gekennzeichnet werden müssen, Europäisches Parlament, Fn 752 oben, Art. 15 Abs. 5, und dass eine unabhängig von der Pharmaindustrie gepflegte Datenbank den Konsumenten neutrale In-

gelungen sollen insbesondere die Unabhängigkeit der Arzneimittelagentur und ihre regulative Autorität gegenüber der Pharmaindustrie steigern. Weitere parlamentarische Änderungen dienen dem Verbraucher- und Gesundheitsschutz, wie die Veröffentlichung von Informationen und die Beteiligung von Vertretern der Arzneimittelkonsumenten bei der Zulassung und Überwachung von Arzneimitteln. Sie sehen insgesamt eine intensivere Regulierung des Funktionierens des Marktes im Bereich der Arzneimittelsicherheit und in der Frage der Verbraucherinformation vor. Weitergehend als die Kommission stärkt das Parlament die Marktaufsicht und die Transparenz des Marktes und der Arzneimittelzulassung gegenüber den Verbrauchern und befördert damit den

---

formationen über Arzneimittel bereitstellt, auf Grund derer diese verglichen werden können, Europäisches Parlament, Fn 752 oben, Art. 60 Abs. 1 lit. k. Außerdem führt es Vorschriften ein, nach denen die Mitglieder der wissenschaftlichen Ausschüsse der Arzneimittelagentur und alle anderen Gremien Listen ihrer finanziellen Interessen vorlegen müssen und nicht mit der Pharmaindustrie verbunden sein dürfen, Europäisches Parlament, Fn 752 oben, Art. 66 Abs. 2. Nach den parlamentarischen Änderungen werden zudem Patientenorganisationen als Konsumentenvertreter in den Prozess der Zulassung und Überwachung von Arzneimitteln durch die Arzneimittel-Agentur eingebunden; das Parlament sieht mit der Vertretung der Pharmaindustrie im Verwaltungsrat auch ein Mittel der Formalisierung der Kontakte zwischen Wirtschaft und Zulassungsbehörde vor, Europäisches Parlament, Fn 752 oben, Art. 32, Art. 68. Nach den parlamentarischen Änderungen findet die Verordnung (EG) Nr. 1049/2001 über den Zugang der Öffentlichkeit zu Dokumenten der EU-Organe auch für die Agentur Anwendung; grundsätzlich werden damit alle Dokumente aus der Arzneimittelzulassung und -überwachung veröffentlicht, Europäisches Parlament, Fn 752 oben, Art. 81. Die Veröffentlichung sieht das Parlament auch für eine Reihe von Einzelentscheidungen auch ausdrücklich vor, so wird nach den parlamentarischen Änderungen etwa auch die Versagung einer Genehmigung veröffentlicht; Europäisches Parlament, Fn 752 oben, Art. 13 Abs. 3. Die Überwachung der Sicherheit und Qualität bereits zugelassener Arzneimittel (Pharmakovigilanz) wird nach dem Standpunkt des Parlaments öffentlich und nicht aus Gebühren der Pharmaindustrie finanziert, um zur Sicherung eines hohen Gesundheitsschutzniveaus ihre Unabhängigkeit von der Pharmaindustrie zu gewährleisten, Europäisches Parlament, Fn 752 oben, Art. 23. Die Pflichten der Pharmaindustrie im Rahmen der Pharmakovigilanz werden erweitert, insbesondere mit Blick auf die Überwachung von Patientenzielgruppen und die Sammlung von Daten zur Kontrolle durch die Arzneimittel-Agentur, Europäisches Parlament, Fn 752 oben, Art. 29.

Verbraucher- und Gesundheitsschutz, dessen Verwirklichung die EU sich zum Ziel gesetzt hat.[754]

(3) Abgrenzung von Kompetenzen

Im Fall des Gesetzgebungsvorhabens einer Blutrichtlinie ändert das Parlament die von der Kommission vorgesehene bloße Aufforderung an die Mitgliedstaaten, die Bereitstellung von Geweben und Zellen aus freiwilligen und unbezahlten Spenden zu sichern, zu einer Verpflichtung der Mitgliedstaaten, dies zu gewährleisten.[755] Es begründet diese stärkere Beschränkung der Handlungsräume der Mitgliedstaaten damit, dass die freiwillige und unbezahlte Spende Mittel der Gewährleistung der Qualität und Sicherheit des gespendeten Bluts sei.[756] Auf entsprechende Weise ändert das Parlament in erster Lesung das Gesetzgebungsvorhaben zur Geweberichtlinie.[757]

---

[754] Zur Kritik des Arzneimittelrechts der EU aus der Perspektive des Verbraucher- und Gesundheitsschutzes gegenüber wirtschaftlichen Interessen, insbesondere zu Problemen der Transparenz und Objektivität der Arzneimittelzulassungsverfahren bereits oben Kap. 2 II., insb. 6. Zur Bindung der EU an marktbegrenzende Ziele wie Verbraucher- und Gesundheitsschutz bereits oben Kap. 3 I. 2.

[755] Legislative Entschließung des Europäischen Parlaments zu dem Vorschlag für eine Richtlinie des Europäischen Parlaments und des Rates zur Festlegung von Qualitäts- und Sicherheitsstandards für die Gewinnung, Testung, Verarbeitung, Lagerung und Verteilung von menschlichem Blut und Blutbestandteilen und zur Änderung der Richtlinie 89/381/EWG des Rates Abl. C 072, 289 E; Bericht des Ausschusses für Umweltfragen, Volksgesundheit und Verbraucherpolitik über den Vorschlag für eine Richtlinie des Europäischen Parlaments und des Rates zur Festlegung von Qualitäts- und Sicherheitsstandards für die Gewinnung, Testung, Verarbeitung, Lagerung und Verteilung von menschlichem Blut und Blutbestandteilen und zur Änderung der Richtlinie 89/381/EWG des Rates vom 12. Juli 2001, Berichterstatter: Giuseppe Nisticò.

[756] Änderung 55, Art. 18 Abs. 1, vgl. auch Begründung im Bericht des zuständigen Ausschusses.

[757] European Parliament legislative resolution on the proposal for a European Parliament and Council directive on setting standards of quality and safety for the donation, procurement, testing, processing, storage, and distribution of human tissues and cells, Abl. C 64, 505 E; Position of the European Parliament adopted at first reading on 10 April 2003 with a view to the adoption of European Parliament and Council Directive 2003/.../EC on setting standards of

Mit seiner Änderung des Vorhabens zur zentralisierten Arzneimittelzulassung nimmt das Parlament eine von der Kommission vorgesehene Ausdehnung des Anwendungsbereichs des zentralisierten Arzneimittelgenehmigungsverfahrens zurück.[758] Nach dieser Änderung fällt die Zulassung der betreffenden Arzneimittelkategorie den Mitgliedstaaten zu, deren Handlungsraum dadurch im Vergleich zum Kommissionsvorschlag erweitert wird.

In das Gesetzgebungsvorhaben der Geweberichtlinie führt das Parlament eine Pflicht der Mitgliedstaaten ein, Forschungstätigkeiten mit dem Ziel, Menschen zu Fortpflanzungszwecken zu klonen, und Forschungsarbeiten mit dem Ziel, menschliche Embryonen ausschließlich zu Forschungszwecken oder zur Lieferung von Stammzellen einschließlich des Transfers der Zellkerne somatischer Zellen zu schaffen, zu verbieten.[759] Die Europäische Union sowie ihre Mitgliedstaaten müssten ihre Forschungsbemühungen auf Techniken konzentrieren, die die Achtung des Lebens und der Menschenwürde nicht in Frage stellen, und alle Techniken ablehnen, bei denen Menschen – einschließlich Embryonen – als Material dienen.[760] Mit Blick auf das Verbot des re-

---

quality and safety for the donation, procurement, testing, processing, storage and distribution of human tissues and cells, Abl. C 64, 505 E.

[758] Standpunkt des Europäischen Parlaments festgelegt in erster Lesung am 23. Oktober 2002 im Hinblick auf den Erlass der Verordnung (EG) Nr. ./2002 des Europäischen Parlaments und des Rates zur Festlegung von Gemeinschaftsverfahren für die Genehmigung, Überwachung und Pharmakovigilanz von Human- und Tierarzneimitteln und zur Schaffung einer Europäischen Arzneimittelagentur, P5_TC1-COD(2001)0252, Änderung 136, Annex I, Abs. 3.

[759] European Parliament legislative resolution on the proposal for a European Parliament and Council directive on setting standards of quality and safety for the donation, procurement, testing, processing, storage, and distribution of human tissues and cells, Abl. C 64, 505 E; Position of the European Parliament adopted at first reading on 10 April 2003 with a view to the adoption of European Parliament and Council Directive 2003/.../EC on setting standards of quality and safety for the donation, procurement, testing, processing, storage and distribution of human tissues and cells, Abl. C 64, 505 E; Änderung 30, Art. 4 Abs. 4.

[760] European Parliament legislative resolution on the proposal for a European Parliament and Council directive on setting standards of quality and safety for the donation, procurement, testing, processing, storage, and distribution of human tissues and cells, Abl. C 64, 505 E und Position of the European Parlia-

produktiven Klonens verweist das Parlament zur Begründung auf das Übereinkommen zum Schutz der Menschenrechte und der Menschenwürde im Hinblick auf die Anwendung von Biologie und Medizin des Europarates (Übereinkommen über Menschenrechte und Biomedizin), sowie dessen Zusatzprotokoll zum Klonen von Menschen.[761] Die Frage der Verwendung embryonaler Stammzellen in der Forschung ist jedoch zwischen den Mitgliedstaaten unterschiedlich geregelt[762] – mit dem Verbot dieser Verwendung sieht das Parlament eine Harmonisierung des mitgliedstaatlichen Rechts vor, die den Mitgliedstaaten anders als nach dem Kommissionsvorschlag keine Handlungsräume in dieser zwischen ihnen umstrittenen Frage belässt. Zudem sind nach dem Standpunkt des Parlaments in erster Lesung menschliche Embryonen und menschlich/tierische Hybridembryonen, die durch Klonen, Aggregation oder irgendein anderes Verfahren produziert werden, und von ihnen abgeleitete Gewebe und Zellen als Quellen von Transplantationsmaterial ausgeschlossen.[763]

Embryonale Stammzellen sind im Fall des Vorschlags der Kommission für eine Verordnung zu Arzneimitteln für neuartige Therapien[764] in der ersten Lesung des Parlaments Gegenstand innerparlamentarischer Auseinandersetzung. Der zuständige Ausschuss für Umweltfragen, Volks-

---

ment adopted at first reading on 10 April 2003 with a view to the adoption of European Parliament and Council Directive 2003/.../EC on setting standards of quality and safety for the donation, procurement, testing, processing, storage and distribution of human tissues and cells, Abl. C 64, 505 E.

761 Convention for the Protection of Human Rights and Dignity of the Human Being with regard to the Application of Biology and Medicine: Convention on Human Rights and Biomedicine, Oviedo, 4. April 1997; Additional Protocol to the Convention for the Protection of Human Rights and Dignity of the Human Being with regard to the Application of Biology and Medicine, on the Prohibition of Cloning Human Beings, Paris, 12. Januar 1998; Bericht des Ausschusses für Umweltfragen, Volksgesundheit und Verbraucherpolitik über den Vorschlag für eine Richtlinie des Europäischen Parlaments und des Rates zur Festlegung von Qualitäts- und Sicherheitsstandards für die Spende, Beschaffung, Testung, Verarbeitung, Lagerung und Verteilung von menschlichen Geweben und Zellen vom 25. März 2003, Berichterstatter: Peter Liese, Begründung Änderung 8.

762 Hierzu bereits oben unter Kap. 3 II. 1.

763 Europäisches Parlament, Fn 760 oben, Art. 16 Abs. 7.

764 Dazu oben Kap. 2 II. 5.

gesundheit und Lebensmittelsicherheit schlug in diesem Fall dem Plenum des Parlaments eine Beschränkung des Anwendungsbereichs der vorgesehenen Verordnung vor; Arzneimittel oder medizinische Produkte, die menschliche embryonale oder fötale Zellen, primordiale Keimzellen oder Zellen, die aus solchen hergestellt wurden, enthalten, sollten nicht der Verordnung unterfallen und damit umfassend in der mitgliedstaatlichen Regelungskompetenz liegen.[765] Gleichzeitig brachten drei parlamentarische Fraktionen, die Allianz der Liberalen und Demokraten für Europa, die Progressive Allianz der Sozialisten und Demokraten im Europäischen Parlament und die Konföderale Fraktion der Vereinigten Europäischen Linken/Nordische Grüne Linke ein Paket von Änderungen ein, nach dem die Verordnung auch die genannten Zelltypen umfassen sollte. Diese Änderungsvorschläge an das Plenum wurden in Trilogen mit der Kommission und dem Rat als Kompromiss ausgehandelt, wie der Vizepräsident der Kommission Günter Verheugen in der Plenardebatte bestätigt.[766] Er erklärt für die Kommission, dass das Kompromisspaket in seinem vollen Umfang unterstützt wird. Er gehe auch von der Überzeugung des Ratsvorsitzes aus, dass das Paket vom Rat ohne Änderungen angenommen werde, so dass das Gesetzgebungsvorhaben in der ersten Beratungsphase ergehen könne. Zugleich fordert Verheugen das Plenum auf, das Verfahren nicht zu verzögern, um „klare Bedingung für diese so lange erwarteten innovativen Therapien zu schaffen", die „für unzählige kranke Menschen Hoffnung auf neue lebensrettende Behandlungen bedeuten".[767] In der Tat nimmt das Plenum von den 69 Änderungen, die der zuständige Ausschuss vorgelegt hatte, eine an, darunter nicht diejenige, welche die Ausnahme der genannten Zelltypen von der Anwendung der Verordnung vorsah. Von den Änderungen, welche die drei politischen Fraktionen mit dem Kompromisspaket eingebracht hatten, werden bis auf eine alle ange-

---

765 Bericht des Ausschusses für Umweltfragen, Volksgesundheit und Lebensmittelsicherheit über den Vorschlag für eine Verordnung des Europäischen Parlaments und des Rates über Arzneimittel für neuartige Therapien und zur Änderung der Richtlinie 2001/83/EG und der Verordnung (EG) Nr. 726/2004, 7. Februar 2007, Berichterstatter: Miroslav Mikolášik.

766 Europäisches Parlament, CRE23/04/2007 -17, Plenardebatte am 23. April 2007.

767 Redebeitrag Günter Verheugen in der Plenardebatte am 23. April 2007, zitiert nach Europäisches Parlament, CRE23/04/2007 -17, Fn 766 oben.

nommen.[768] Der Berichterstatter des zuständigen Ausschusses, Miroslav Mikolásik weist in seinem Redebeitrag darauf hin, dass mit der Ausnahme der genannten Zelltypen dem Subsidiaritätsprinzip Rechnung getragen sollte. Die Rechtsgrundlage der vorgesehenen Verordnung (Artikel 95 EGV) ermächtige zu Maßnahmen zur Vereinheitlichung des Binnenmarkts. Es sei nicht beabsichtigt, dass sie für Situationen gilt, in denen Unterschiede zwischen den einzelstaatlichen Rechtsvorschriften bestehen bleiben sollen, wie es der Fall sei in der Frage der Zulässigkeit der Verwendung menschlicher embryonaler oder fötaler Zellen, primordialer Keimzellen oder Zellen, die aus solchen hergestellt wurden.[769] Als Vertreter der Kommission argumentiert Günter Verheugen dagegen, auch unter Anwendung der Verordnung auf die genannten Zelltypen sei das Subsidiaritätsprinzip gewahrt; die Verordnung lege auch in dieser Form gerade nicht fest, ob Arzneimittel aus ethischer Sicht akzeptiert werde können. Dass ethische Fragen in den Zuständigkeitsbereich der Mitgliedstaaten fallen, sei unbestritten und klare etablierte Politik der Europäischen Union.[770] Das Parlament nimmt den Vorschlag in der abgeänderten Form nach dem Kompromissvorschlag mit 403 zu 246 Stimmen bei 11 Enthaltungen an.[771] Wie das Protokoll des Parlaments festhält, entspricht der Standpunkt des Parlaments in erster Lesung dem endgültigen Rechtsakt, „da Parlament

---

768 Europäisches Parlament, Statistics: COD/2005/0227, A6-0031/2007.

769 Bericht des Ausschuss für Umweltfragen, Volksgesundheit und Lebensmittelsicherheit über den Vorschlag für eine Verordnung des Europäischen Parlaments und des Rates über Arzneimittel für neuartige Therapien und zur Änderung der Richtlinie 2001/83/EG und der Verordnung (EG) Nr. 726/2004; 7. Februar 2007, Berichterstatter: Miroslav Mikolášik, Begründung Änderungsantrag 17, Art. 1 A.

770 Redebeitrag Günter Verheugen vgl. Fn 767 oben.

771 Europäisches Parlament, Result of Votes, 25. April 2007; European Parliament legislative resolution of 25 April 2007 on the proposal for a regulation of the European Parliament and of the Council on advanced therapy medicinal products and amending Directive 2001/83/EC and Regulation (EC) No 726/2004; Position of the European Parliament adopted at first reading on 25 April 2007 with a view to the adoption of Regulation (EC) No . /2007 of the European Parliament and of the Council on advanced therapy medicinal products and amending Directive 2001/83/EC and Regulation (EC) No 726/2004, P6_TC1-COD(2005)0227.

und Rat eine Einigung erzielt haben".[772] Das Gesetzgebungsvorhaben zu Arzneimitteln für neuartige Therapien zeigt damit, dass Triloge bereits vor der ersten Plenardebatte des Parlaments stattfinden. Im gerade dargestellten Fall verhandelt zunächst der Berichterstatter des zuständigen Ausschusses, erfolglos; die Verhandlungen übernahmen dann die Schattenberichterstatter der drei Fraktionen, die schließlich das Kompromisspaket einbrachten.[773] Damit verhandelt nicht nur der Berichterstatter des zuständigen Ausschusses, sondern auch Schattenberichterstatter mit Rat und Kommission über den Inhalt des Gesetzgebungsverfahrens, ohne dass in der Plenardebatte und -abstimmung schon eine inhaltliche Position des Parlaments formiert worden ist, an der sich die verhandelnden Parlamentarier in den Trilogen orientieren könnten.

b. Vorlage eines geänderten Vorschlags durch die Kommission

Die Gesetzgebungsvorhaben im Bereich der Biomedizin und Humanbiotechnologie zeigen, dass in der Praxis der Mitentscheidung der nächste Verfahrensschritt nach der ersten Lesung des Parlaments üblicherweise die Vorlage eines auf der Basis der vom Parlament beschlossenen Position geänderten Vorschlags durch die Kommission ist.[774] Übernimmt die Kommission mit ihrem geänderten Vorschlag die Änderungen des Parlaments aus erster Lesung, signalisiert dies gegenüber dem Rat als Co-Gesetzgeber des Parlaments deren Unterstützung durch die Kommission. Auf den Verfahrensablauf hat die Änderung des Vorschlags aber kaum Einfluss. Zwar fordert das Parlament in seiner legislativen Entschließung in erster Lesung üblicherweise die Kommission auf, es erneut zu konsultieren, wenn der Vorschlag geändert wird. Auch wenn die Kommission Änderungen an dem Vorschlag vornimmt,

---

[772] http://www.europarl.europa.eu/sides/getDoc.do?type=TA&language=EN&reference=P6-TA-2007-0144 (zuletzt besucht am 6. März 2013).

[773] Vgl. Redebeiträge Miroslav Mikolášik, Fn 769 oben, und Dagmar Roth-Behrendt.

[774] Nur in zwei Fällen legte die Kommission nach der ersten Lesung des Parlaments keinen geänderten Vorschlag vor: im Fall des Gesetzgebungsvorhabens zu Arzneimitteln für neuartige Therapien, weil hier, wie bereits gezeigt, über die vom Parlament beschlossenen Änderungen schon eine Einigung mit dem Rat und der Kommission bestand; und im Fall des Vorhabens zur Schaffung eines Gemeinschaftskodex für Humanarzneimittel, zu dem das Parlament keine Änderungen beschlossen hatte.

die nicht auf Änderungen des Parlaments zurück gehen, kommt eine erneute erste Lesung des Parlaments auf der Grundlage des geänderten Vorschlags im Bereich der Biomedizin und Humanbiotechnologie aber nicht vor. Stichproben in anderen Gebieten bestätigen diese Praxis. Der geänderte Vorschlag wird sowohl Parlament als auch Rat übermittelt; das Verfahren läuft mit der Beratung des Rates weiter (hierzu sogleich).

Im Fall des Vorhabens zur zentralisierten Arzneimittelzulassung lehnt die Kommission in ihrem geänderten Vorschlag ganz oder teilweise die Änderungen des Parlaments ab, die die Stärkung der Marktaufsicht im Arzneimittelsektor und des Verbraucherschutzes bezweckten.[775] Ihren Vorschlag einer Richtlinie zu klinischen Prüfungen ändert die Kommission im Sinne der parlamentarischen Änderungen zum Schutz der Prüfungsteilnehmer.[776] Im Fall des Vorhabens der Patentrichtlinie übernimmt die Kommission weitgehend die Änderungen des Parlaments, mit denen dieses u.a. Verfahren zum Klonen von Menschen von der Patentierbarkeit ausschließt.[777] Die Kommission lehnt dabei aber das vom Parlament eingeführte Erfordernis der Einwilligung des Spenders menschlicher Materie zur Patentierung einer Erfindung, die diese Materie enthält, ab.[778]

---

[775] S. Fn. 753. Kommission, geänderter Vorschlag für eine Richtlinie zur Festlegung von Gemeinschaftsverfahren für die Genehmigung, Überwachung und Pharmakovigilanz von Human- und Tierarzneimitteln und zur Schaffung einer Europäischen Agentur für die Beurteilung von Arzneimitteln, KOM(2002) 735 endg., 10. Dezember 2002.

[776] S. Fn. 739; Kommission, Geänderter Vorschlag für eine Richtlinie des Europäischen Parlaments und des Rates zur Angleichung der Rechts- und Verwaltungsvorschriften der Mitgliedstaaten über die Anwendung der Guten Klinischen Praxis bei der Durchführung von klinischen Prüfungen mit Humanarzneimitteln, KOM(1999) 193 endg., 26. März 1999.

[777] Den vom Parlament eingeführten Ausschluss von Methoden zur künstlichen Herstellung menschlicher Embryonen mit der gleichen Erbinformation wie ein anderes menschliches Lebewesen oder ein Verstorbener übernimmt die Kommission nicht, weil dieser lediglich den Begriff des Klonens von Menschen definiere, das bereits als nichtpatentierbare Humanbiotechnologie gelistet sei. Die Kommission verlagert die vom Parlament eingeführte Vorschrift als Definition in die Erwägungsgründe; Kommission, geänderter Vorschlag für eine Richtlinie über den rechtlichen Schutz biotechnologischer Erfindungen, Abl. 1997 C 286, 87.

[778] Kommission, Fn 777.

Mit ihrem geänderten Vorschlag zum Siebten Rahmenprogramm übernimmt die Kommission die vom Parlament eingebrachten Änderungen zu ethischen Fragen.[779] Sie greift in ihren geänderten Vorschlägen zur Blut- und zur Geweberichtlinie das Anliegen des Parlaments, dass Gewebe und Blut aus freiwilligen und unbezahlten Spenden stammen müssen, insofern auf, als sie eine Vorschrift einfügt, die die Mitgliedstaaten verpflichtet, die freiwillige und unbezahlte Spende von Blut und Blutbestandteilen zu fördern. Das Parlament hatte hier jedoch eine weitergehende Pflicht der Mitgliedstaaten vorgesehen, die unbezahlte und freiwillige Bereitstellung zu gewährleisten.[780] Die vom Parlament in das Gesetzgebungsvorhaben der Geweberichtlinie eingeführte Verpflichtung der Mitgliedstaaten, Forschungstätigkeiten mit dem Ziel des reproduktiven Klonens oder der Herstellung menschlicher Embryonen zu Forschungszwecken oder zur Lieferung von Stammzellen, zu verbieten, übernimmt die Kommission mit ihrem geänderten Vorschlag hingegen nicht.[781]

c. Erste Lesung des Rates

Der Rat berät in seiner ersten Lesung im Mitentscheidungsverfahren über die Position des Parlaments aus der ersten Lesung und, wenn die Kommission einen geänderten Vorschlag vorgelegt hat, gleichzeitig über diesen. In seinem Gemeinsamen Standpunkt ist er nicht an die Position der Kommission gebunden; er übernimmt teilweise auch Änderungen des Parlaments aus erster Lesung, die von der Kommission abgelehnt, d.h. nicht in ihrem abgeänderten Vorschlag übernommen wer-

---

[779] Kommission, geänderter Vorschlag für einen Beschluss über das siebte Rahmenprogramm der Europäischen Gemeinschaft für Forschung, technologische Entwicklung und Demonstration (2007 bis 2013), KOM(2006) 364 endg., 28. Juni 2006.

[780] Kommission, geänderter Vorschlag für eine Richtlinie zur Festlegung von Qualitäts- und Sicherheitsstandards für die Gewinnung, Testung, Verarbeitung, Lagerung und Verteilung von menschlichem Blut und Blutbestandteilen sowie zur Änderung der Richtlinie 89/381/EWG des Rates, KOM(2001) 692 endg./2, 19. Dezember 2001.

[781] Kommission, Geänderter Vorschlag für eine Richtlinie zur Festlegung von Qualitäts- und Sicherheitsstandards für die Spende, Beschaffung, Testung, Verarbeitung, Lagerung und Verteilung von menschlichen Geweben und Zellen, KOM(2003) 340 endg., 28. Mai 2003.

den.[782] Politische Erörterungen im Rat begleiten das Mitentscheidungsverfahren häufig schon ab der Initiierung des Verfahrens. Üblicherweise erfolgt die Beschlussfassung des Rates als Verfahrenshandlung getrennt von der inhaltlichen Debatte über das Vorhaben.[783] Die Gesetzgebungsvorhaben zur Biomedizin und Humanbiotechnologie waren im Rat durchgängig bis zu einer politischen Einigung verhandelt worden, bevor der Rat in einer späteren Sitzung ohne Aussprache beschloss.

Die Dokumentation der Abstimmungen des Rates in erster Lesung ist über das Dokumentenregister des Rates erst ab 2006 durchgängig zugänglich.[784] Deswegen sind im Bereich der Biomedizin und Humanbiotechnologie nur die Abstimmungsergebnisse zu den Vorhaben des Rahmenprogramms und der Verordnung über neuartige Therapien in Ratsdokumenten veröffentlicht. Der Rat erließ die Verordnung über neuartige Therapien mit einstimmigem Beschluss.[785] Der Beschluss

---

[782] So etwa im Fall der Geweberichtlinie, vgl. Gemeinsamer Standpunkt (EG) Nr. 50/2003 vom Rat festgelegt am 22. Juli 2003 im Hinblick auf den Erlass einer Richtlinie des Europäischen Parlaments und des Rates zur Festlegung von Qualitäts- und Sicherheitsstandards für die Spende, Beschaffung, Testung, Verarbeitung, Konservierung, Lagerung und Verteilung von menschlichen Geweben und Zellen, Abl. 2003 C 240, 12 E, Begründung des Gemeinsamen Standpunktes.

[783] Die politische Erörterung findet als Punkt A der Tagesordnung statt, d.h. mit Aussprache, während der formelle Beschluss als Punkt B der Tagesordnung, d.h. ohne Aussprache gefasst wird.

[784] Dies geht auf eine Änderung der Geschäftsordnung des Rates in der Folge der Tagung des Europäischen Rates in Sevilla zurück, vgl. Europäischer Rat (Sevilla), Tagung 21. und 22. Juni 2002, Schlussfolgerungen des Vorsitzes, 24. Oktober 2002, 25. Die Ergebnisse der Beschlussfassung des Rates in gesetzgeberischer Funktion werden nach Art. 207 Abs. 3 EG veröffentlicht; dies sieht die Geschäftsordnung des Rates in Art. 9 Abs. 1 iVm Art. 7 vor, die den Bereich der gesetzgeberischen Tätigkeit des Rates definiert; Beschluss des Rates vom 15. Dezember 2006 zur Festlegung seiner Geschäftsordnung, Abl. 2006 L 285, 47.

[785] Voting result – Proposal for a Regulation of the European Parliament and of the Council on advanced therapy medicinal products and amending Directive 2001/83/EC and Regulation (EC) No 726/2004 (LA+S) (First reading) – Adoption of the legislative act PE-CONS 3627/07 MI 149 ECO 83 SAN 123 CODEC 621 + REV 1 (lt) 13508/07 CODEC 1027 MI 232 ECO 118 SAN 174 + ADD 1 approved by COREPER, Part 1, on 17.10.07 - 2826th meeting of the COUNCIL OF THE EUROPEAN UNION (Environment) - Luxembourg, 30 October 2007.

über den Gemeinsamen Standpunkt zum Rahmenprogramm wurde hingegen mehrheitlich verfasst, gegen die Stimmen Österreichs, Litauens, Maltas, Polens und der Slowakei.[786]

In den übrigen Fällen dokumentieren die an das Parlament gerichteten Mitteilungen der Kommission über den Gemeinsamen Standpunkt und Presseerklärungen des Rates die Abstimmungsverhältnisse: Der Gemeinsame Standpunkt über das Vorhaben der Blutrichtlinie wurde in erster Lesung des Rates einstimmig verabschiedet, ebenso der zur Geweberichtlinie.[787] Der Standpunkt zum Vorhaben zur zentralisierten Arzneimittelzulassung wurde mit qualifizierter Mehrheit gegen die Stimme Belgiens und der Niederlande und mit Enthaltung Deutschlands beschlossen.[788] Der Gemeinsame Standpunkt zu dem Vorhaben zu klinischen Prüfungen wurde gegen die Stimme von Österreich beschlossen.[789] Beim Beschluss des Gemeinsamen Standpunktes zur Biopatentrichtlinie stimmten die Niederlande ablehnend, Belgien und Italien enthielten sich.[790]

---

[786] Proposal for a Decision of the European Parliament and the Council concerning the 7th Framework Programme of the European Community for research, technological development and demonstration activities (2007-2013) (LA+S) , VOTE 23, INF 161, PUBLIC 35, CODEC 991, Brussels, 25 September 2006.

[787] Mitteilung der Kommission an das Europäische Parlament gemäß Artikel 251 Absatz 2 Unterabsatz 2 EG-Vertrag betreffend den vom Rat angenommenen gemeinsamen Standpunkt im Hinblick auf den Erlaß einer Richtlinie des Europäischen Parlaments und des Rates zur Festlegung von Qualitäts- und Sicherheitsstandards für die Gewinnung, Testung, Verarbeitung, Lagerung und Verteilung von menschlichem Blut und Blutbestandteilen sowie zur Änderung der Richtlinie 2001/83/EG, SEK(2002)0233 endg.; 2524th Council meeting – Agriculture and fisheries – Brussels, 22 July 2003, PRES/03/215.

[788] 2528th Council meeting Agriculture and fisheries Brussels, 29 September 2003, PRES/03/270.

[789] 2285. Tagung des Rates – Haushalt – am 20. Juli 2000 in Brüssel, PRES/267/00.

[790] 2051. Tagung des Rates – Binnenmarkt – am 27. November 1997 PRES/361/97. Zu der Abstimmung auch *E. Richard Gold/A. Gallochat*, European Law Journal 7 (2001), 331, 340.

(1) Abgrenzung von Kompetenzen

Der Rat modifiziert in erster Lesung eine Reihe von Vorhaben mit Blick auf die Abgrenzung von Kompetenzen zwischen der europäischen und der mitgliedstaatlichen Ebene. Im Falle der Vorhaben zur Blutrichtlinie und zur Geweberichtlinie ersetzt der Rat die vom Parlament vorgesehene und von der Kommission in abgeschwächter Form übernommene Verpflichtung der Mitgliedstaaten zu gewährleisten, dass Blut, Gewebe und Zellen aus unbezahlter und freiwilliger Spende stammen, durch eine Vorschrift, nach der die Mitgliedstaaten die unbezahlte und freiwillige Spende lediglich fördern und anregen, damit erreicht wird, dass Blut und Blutbestandteile sowie Gewebe und Zellen soweit wie möglich aus solchen Spenden stammen.[791] Der Rat argumentiert, die vom Parlament vorgesehene Verpflichtung sei nicht von der zur Anwendung kommenden Ermächtigung des Art. 152 Abs. 4 lit. a EGV erfasst. Auf der Grundlage dieser Auslegung der Kompetenznorm erweitert er im Vergleich mit der Position des Parlaments und der Kommission die Handlungsspielräume der Mitgliedstaaten.[792]

Mit seinem Gemeinsamen Standpunkt zum Vorhaben der Geweberichtlinie lehnt der Rat die vom Parlament eingebrachte Verpflichtung der Mitgliedstaaten ab, Forschungstätigkeiten mit dem Ziel, Menschen zu

---

[791] Rat, Gemeinsamer Standpunkt (EG) Nr. 28/2002 vom Rat festgelegt am 14. Februar 2002 im Hinblick auf den Erlass der Richtlinie 2002/.../EG vom ... zur Festlegung von Qualitäts- und Sicherheitsstandards für die Gewinnung, Testung, Verarbeitung, Lagerung und Verteilung von menschlichem Blut und Blutbestandteilen und zur Änderung der Richtlinie 2001/83/EG, Abl. 2002 C 113, 93 E; Gemeinsamer Standpunkt (EG) Nr. 50/2003 vom Rat festgelegt am 22. Juli 2003 im Hinblick auf den Erlass einer Richtlinie des Europäischen Parlaments und des Rates zur Festlegung von Qualitäts- und Sicherheitsstandards für die Spende, Beschaffung, Testung, Verarbeitung, Konservierung, Lagerung und Verteilung von menschlichen Geweben und Zellen, Abl. 2003 C 240, 12 E. Zum Spannungsfeld zwischen freiwilliger altruistischer Spende von menschlicher Materie und ihrer kommerziellen Nutzung *M. Oberman*, DePaul law review 55 (2006), 903; *D. Nicol*, Monash University law review 30 (2004), 139 und bereits oben Kap. 2 III., insb. 3.

[792] Im Fall der Blutrichtlinie lehnt der Rat außerdem ab, dass in der Richtlinie das Erfordernis der medizinischen Untersuchung von Spendern durch einen Arzt festgeschrieben wird, wie es das Parlament vorgesehen hatte. Er argumentiert, dass die Frage der Qualifikationen des verantwortlichen Personals unter das Subsidiaritätsprinzip und mithin in den Zuständigkeitsbereich der Mitgliedstaaten falle; Rat, Gemeinsamer Standpunkt (EG) Nr. 28/2002, Fn 791.

Fortpflanzungszwecken zu klonen, oder mit dem Ziel, menschliche Embryonen ausschließlich zu Forschungszwecken oder zur Lieferung von Stammzellen zu schaffen, als Verstoß gegen die Menschenwürde zu verbieten.[793] Auch der geänderte Vorschlag der Kommission hatte diese Änderung nicht übernommen.[794] Ebenso lehnt der Rat die Änderung des Parlaments ab, nach der geklonte menschliche Embryonen und menschlich/tierische Hybridembryonen, und von ihnen abgeleitete Gewebe und Zellen als Quellen von Transplantationsmaterial ausgeschlossen sind.[795] Der Rat argumentiert in beiden Fällen in Anschluss an die Position der Kommission, dass die Abänderungen ethischer Art nicht annehmbar sind, da sie nicht in den Geltungsbereich der Kompetenznorm fallen, auf die das Vorhaben gestützt ist.[796] Eine ethische Frage ist damit Gegenstand der Abgrenzung von Kompetenzen – und der Behauptung mitgliedstaatlicher Handlungsräume durch den Rat. Mit Blick auf die Ablehnung des Ausschlusses der genannten Zelltypen als Quelle von Transplantationsmaterial durch den Rat hat jedoch die italienische Ratsdelegation eine Erklärung zu Protokoll gegeben, nach der „[t]*he Italian delegation considers that the principles set out in European Parliament Amendment 51, relating to the prohibition of the use of cloned embryos or human/animal hybrid embryos obtained through cloning as sources of material for transplants, should be retained. The risks inherent in the transplanting of cells or the use of tissues derived from cloned cells are considerable and evident, and are not in our view consistent with the provisions of a legislative proposal which has the ultimate aim of protecting human health by setting standards of quality and safety for cells and tissues used for human applications.*"[797] Die italienische Ratsdelegation kritisiert damit, dass der Schutz der Gesundheit aus Gründen der Wahrung der mitgliedstaatlichen Kompetenzen vernach-

---

[793] Rat, Gemeinsamer Standpunkt (EG) Nr. 28/2002, Fn 791 oben.

[794] Kommission, Geänderter Vorschlag für eine Richtlinie zur Festlegung von Qualitäts- und Sicherheitsstandards für die Spende, Beschaffung, Testung, Verarbeitung, Lagerung und Verteilung von menschlichen Geweben und Zellen, KOM(2003) 340 endg., 28. Mai 2003.

[795] Rat, Gemeinsamer Standpunkt (EG) Nr. 28/2002, Fn 791 oben.

[796] Rat, Gemeinsamer Standpunkt (EG) Nr. 28/2002, Fn 791 oben.

[797] Council of the European Union, Brussels, 11 July 2003, Interinstitutional File: 2002/0128 (COD), 11379/03, ADD 1, SAN 158, CODEC 977 ADDENDUM TO THE I/A ITEM NOTE.

lässigt werde. Auch die deutsche Delegation unterstützt nach ihrer Protokollerklärung den Ausschluss der genannten Zelltypen als Quelle von Transplantationsmaterial und insgesamt die ethischen Anliegen des Parlaments und behält sich vor, sie in seiner nationalen Gesetzgebung als strengere Maßnahme im Sinne des Art. 152 Abs. 4 lit. a EGV niederzulegen.[798] Trotz ihrer kritischen Position stimmten die italienische und die deutsche Delegation aber nicht gegen den Gemeinsamen Standpunkt. Auch die Protokollerklärung Maltas zur Verordnung zu neuartigen Therapien, die der Rat in erster Lesung erließ, zeigt, dass ethische Fragen im Rat politisch konfliktträchtig sind – dass aber das Mehrheitsprinzip ein Mittel der Bewältigung solcher Konflikte sein kann: Malta erklärt im Anhang zum Protokoll, dass Arzneimittel, die menschliche embryonale oder fötale Zellen, Urkeimzellen oder Zellen, die aus solchen hergestellt wurden, enthalten oder daraus hergestellt wurden, nicht in den Anwendungsbereich der Verordnung für Arzneimittel für neuartige Therapien hätten aufgenommen werden sollen.[799] Als im Rahmen des Mitentscheidungsverfahrens überstimmbarer Mitgliedstaat kann Malta mit seiner Problematisierung der Regelung diese nicht verhindern, sondern ist auf die bloße politische Demonstration in Form der Protokollerklärung zurückgeworfen.

Die vom Parlament im Fall des Vorhabens der Verordnung zur zentralisierten Arzneimittelzulassung zurückgenommene Ausdehnung des Anwendungsbereichs des zentralen Zulassungsverfahrens, die die Kommission für die Erstzulassung von Arzneimitteln mit neuen Wirk-

---

[798] Fn 797 oben, Statement by the German delegation, "The German delegation supports efforts to achieve a high level of health protection for EU citizens, in the framework of the above proposal for an EU Directive, in regard to the quality and safety of tissues and cells used in human beings. In this, the German delegation is guided by the strict requirements which already exist in Germany under current national legislation and by the legal framework set out in Article 152(4)(a) of the EC Treaty. The German delegation welcomes the intentions pursued by the European Parliament with its amendments to the proposed Directive, in particular the proposal contained in Amendment 51. Germany reserves the right to lay down more stringent protection measures when the Directive is transposed into national law, using the option provided for in the second clause of Article 152(4)(a) of the EC Treaty."

[799] Tagung des Rates der Europäischen Union (UMWELT) vom 30. Oktober 2007 in Luxemburg, Erklärung der maltesischen Delegation, Addendum zum Entwurf eines Protokolls.

stoffen vorgesehen hatte, führt der Rat wieder ein.[800] Er begrenzt sie aber – anders als der Kommissionsvorschlag – auf solche Arzneimittel, die der Behandlung bestimmter Krankheiten dienen und begründete dies damit, dass die nationale Expertise für die Begutachtung von Arzneimitteln mit neuen Wirkstoffen nicht aufgegeben werden sollte.[801] Der Rat bewahrt damit in dieser Frage mitgliedstaatliche Handlungsräume angesichts der von ihm unterstützen Ausdehnung der Zuständigkeit der Union.

(2) Ethische Fragen

Der Rat übernimmt mit seinem Gemeinsamen Standpunkt zum Siebten Rahmenprogramm die vom Parlament eingebrachten Änderungen in ethischen Fragen. Der Verabschiedung des Gemeinsamen Standpunktes durch den Rat als Punkt A der Tagesordnung (d.h. ohne Aussprache) gingen ab Übermittlung des Kommissionsvorschlags an den Rat fünf Erörterungen des Vorhabens als Tagesordnungspunkt B (d.h. mit Aussprache) im Rat voraus, in deren letzter auf der Basis der Stellungnahme des Parlaments und des geänderten Kommissionsvorschlags die politische Einigung erzielt wurde.

Der Rat billigt mit seinem Gemeinsamen Standpunkt zum Vorhaben einer Richtlinie über klinische Prüfungen die vom Parlament eingebrachten Schutzvorschriften für die Prüfungsteilnehmer nur zum Teil.[802] Er streicht insbesondere das vom Parlament vorgesehene Verbot klinischer Prüfungen mit einwilligungsunfähigen Teilnehmern ohne direkten

---

800 Rat, Gemeinsamer Standpunkt (EG) Nr. 60/2003 vom Rat festgelegt am 29. September 2003 im Hinblick auf den Erlass der Verordnung (EG) Nr. .../2003 des Europäischen Parlaments und des Rates vom ... zur Festlegung von Gemeinschaftsverfahren für die Genehmigung und Überwachung von Human- und Tierarzneimitteln und zur Errichtung einer Europäischen Arzneimittel-Agentur, Abl. 2003 C 297, 1 E.

801 Rat, Gemeinsamer Standpunkt (EG) Nr. 60/2003, vgl. Fn 800.

802 Rat, Gemeinsamer Standpunkt (EG) Nr. 44/2000 vom Rat festgelegt am 20. Juli 2000 im Hinblick auf den Erlass der Richtlinie 2000/./EG des Europäischen Parlaments und des Rates zur Angleichung der Rechts- und Verwaltungsvorschriften der Mitgliedstaaten über die Anwendung der guten klinischen Praxis bei der Durchführung von klinischen Prüfungen mit Humanarzneimitteln, Abl. 2000 C 300, 32.

Nutzen für diese.[803] Auch in diesen Fällen kann damit nach dem Standpunkt des Rates der Nutzen der klinischen Prüfung für die Gesellschaft den fehlenden Vorteil für den Teilnehmer überwunden werden. In der Begründung argumentiert der Rat jedoch, der Schutz der Prüfungsteilnehmer werde durch die teilweise Ablehnung der Änderungen des Parlaments nicht verringert.[804]

In seinem Gemeinsamen Standpunkt zur Biopatentrichtlinie übernimmt der Rat das Anliegen des Parlaments, einen Ethikausschuss zur Bewertung aller ethischen Aspekte im Zusammenhang mit der Biotechnologie und ihrer Nutzung, insbesondere in Bezug auf die Patentierung, einzusetzen, indem er vorsieht, dass die bereits bestehende Europäische Gruppe für Ethik der Naturwissenschaften und der Neuen Technologien der Kommission alle ethischen Aspekte im Zusammenhang mit der Biotechnologie bewertet. Zugleich führt der Rat jedoch einen Erwägungsgrund ein, nach dem die Befassung der Gruppe auch im Bereich des Patentrechts nur die Bewertung der Biotechnologie anhand grundlegender ethischer Prinzipien zum Gegenstand haben kann. Nach der Begründung will er damit von vornherein die Möglichkeit ausschließen, dass die EGE an dem Verfahren zur Erteilung eines bestimmten Patents beteiligt werden könnte.[805] Dies ist auch eine Frage der Abgrenzung von Kompetenzen. Würde die EGE an den Patentverfahren in den Mitgliedstaaten beteiligt, würden ihre Stellungnahmen unter Umständen mitgliedstaatliche Erwägungen im Rahmen der sog. „ordre public"-Klausel, nach der die Mitgliedstaaten biotechnologische Erfindungen aus Gründen der öffentlichen Ordnung oder der guten Sitten von der Patentierbarkeit ausschließen können, verdrängen. Mit seinem Gemeinsamen Standpunkt wendet sich damit der Rat auch dagegen, dass die in dem Gesetzgebungsvorhaben vorgesehene originär mitgliedstaatliche „ordre public"-Entscheidung unter supranationalen Einfluss geraten könnte.[806] Im Übrigen begrenzt der Rat den Ausschluss der Verwen-

---

[803] Art 2 lit. j und Art. 3 nach dem Gemeinsamen Standpunkt.

[804] Rat, Gemeinsamer Standpunkt (EG) Nr. 44/2000, Fn 802 oben.

[805] Rat, Gemeinsamer Standpunkt (EG) Nr. 19/98 vom 26. Februar 1998, vom Rat festgelegt gemäß dem Verfahren des Artikels 189b des Vertrags zur Gründung der Europäischen Gemeinschaft im Hinblick auf den Erlaß einer Richtlinie über den rechtlichen Schutz biotechnologischer Erfindungen, Begründung zu Art. 7, Punkt 39 f.

[806] Der Rat schließt sich mit seinem Standpunkt weiterhin der ablehnenden Position der Kommission zu der parlamentarischen Änderung an, nach der Vo-

dung von Embryonen von der Patentierbarkeit, den das Parlament vorsieht, auf industrielle und kommerzielle Zwecke.[807]

(3) Konkurrierende Integrationsziele

Die Gemeinsamen Standpunkte des Rates zu den Gesetzgebungsvorhaben im Bereich der Biomedizin und Humanbiotechnologie berühren in einigen Punkten die Gewichtung der wirtschaftspolitischen Ausrichtung der Union gegenüber gesundheitspolitischen und dem Schutz individueller Rechtsgüter dienenden Erwägungen.

Mit seinem Gemeinsamen Standpunkt zum Vorhaben der Biopatentrichtlinie übernimmt der Rat die vom Parlament eingebrachte Erweiterung der Liste nichtpatentierbarer humanbiotechnologischer Verfahren, mit der die für das Vorhaben zentrale wirtschaftspolitische Erwägungen der Stärkung der (human-)biotechnologischen Industrie zum Schutz der Menschenwürde begrenzt werden, in der Form des geänderten Kommissionsvorschlags.[808]

Die vom Parlament in das Vorhaben zur zentralisierten Arzneimittelzulassung eingebrachten und schon von der Kommission mit ihrem geänderten Vorschlag nur teilweise übernommenen Maßnahmen zur Stärkung der Marktaufsicht durch die Arzneimittel-Agentur, ihrer Unabhängigkeit von der Pharmaindustrie und des Verbraucherschutzes übernimmt auch der Rat in seinem Gemeinsamen Standpunkt nur zum Teil.[809] Der Ansatz des Parlaments, nach dem die Transparenz der

---

raussetzung der Patentierbarkeit einer Erfindung, die auf menschlicher Materie basiert, die Einwilligung des Spenders ist. Rat, Gemeinsamer Standpunkt (EG) Nr. 19/98, Fn 805, Punkt 25.

[807] Mit einem neuen Erwägungsgrund will er klarstellen, dass der Ausschluss von der Patentierbarkeit auf keinen Fall für Erfindungen gilt, die therapeutische oder diagnostische Zwecke verfolgen und auf den menschlichen Embryo zu dessen Nutzen angewandt werden. Rat, Gemeinsamer Standpunkt (EG) Nr. 19/98, Fn 805, 42. Erwägungsgrund, Art. 6 Abs. 2 lit. c, Begründung Punkt 37. Der Rat argumentiert hier mit dem ethischen Kriterium der Objektivierung des Embryos.

[808] Rat, Gemeinsamer Standpunkt (EG) Nr. 19/98, Fn 805 oben, 6 Abs. 2 und Begründung zu Art. 6.

[809] Der Rat akzeptiert etwa, dass die Mitglieder der wissenschaftlichen Ausschüsse der Arzneimittel-Agentur und alle anderen Gremien, wie es das Parlament vorsah, Listen ihrer finanziellen Interessen vorlegen müssen und nicht mit

zentralisierten Arzneimittelzulassung, die regulative Autorität und Objektivität der Arzneimittel-Agentur und der Verbraucherschutz gegenüber den Interessen der Pharmaindustrie durch Formalisierung der Kontakte zwischen Pharmaindustrie und Agentur, die institutionalisierte Einbeziehung von Patientenvertretern und die Bereitstellung unabhängiger Verbraucherinformation gesteigert werden sollen, wird vom Rat dabei nicht übernommen. Nach dem Gemeinsamen Standpunkt des Rates ist im Vergleich zur Position des Parlaments die Marktaufsicht im Bereich der Arzneimittel weniger intensiv. Es bleiben weitere Spielräume für den Einfluss der Pharmaindustrie bei der Information der Konsumenten.

der Pharmaindustrie verbunden sein dürfen. Rat, Gemeinsamer Standpunkt (EG) Nr. 60/2003, Fn 800, Art. 63 Abs. 2. Er übernimmt auch die parlamentarische Änderung, nach der Verstöße gegen die Verordnung seitens der Pharmaindustrie namentlich von der Kommission veröffentlicht werden, Rat, Gemeinsamer Standpunkt (EG) Nr. 60/2003, Fn 800, Art. 84 Abs. 3. Er lehnt aber die vom Parlament eingebrachte Vorschrift ab, nach der die Datenbank über Arzneimittel, mit der nach der Vorstellung des Parlaments den Konsumenten neutrale Informationen über Arzneimittel verfügbar gemacht werden sollten, unabhängig von der Pharmaindustrie verwaltet wird., Rat, Gemeinsamer Standpunkt (EG) Nr. 60/2003, Fn 800, Art. 57 Abs. 1 lit. k. Der Rat übernimmt nicht die vom Parlament geforderte Kennzeichnung von erstmalig zugelassenen Arzneimitteln als „neu zugelassene" Arzneimittel, Parlament, vgl. Fn 752, Art. 15 Abs. 5; Rat, Gemeinsamer Standpunkt (EG) Nr. 28/2002 vgl. Fn 791 oben, Begründung, Punkt 11. Zudem streicht er die vom Parlament vorgesehene Vertretung von Patientenorganisationen und Pharmaindustrie im Verwaltungsrat der Arzneimittel-Agentur, mit der das Parlament die Transparenz der Arzneimittel-Agentur durch die Formalisierung der Kontakte mit der Industrie erhöhen und eine ausgeglichenen Beteiligung aller Akteure im Arzneimittelsektor erreichen will. Mit Blick auf die Pharmaindustrie argumentiert der Rat, ihre Vertretung im Verwaltungsrat stehe im Widerspruch zu der Vorschrift, nach der die Mitglieder der Gremien der Agentur keine finanziellen Interessen in der pharmazeutischen Industrie haben dürfen. Er verweist für die Einbindung der Akteure auf das weniger formalisierte und weniger transparente Instrument der Herstellung „geeignete[r] Kontakte zwischen der Agentur und den Vertretern der Industrie, der Verbraucher und der Patienten sowie der Gesundheitsberufe", Rat, Gemeinsamer Standpunkt (EG) Nr. 28/2002, Fn 791 oben, Art. 78 Abs. 1.

d. Mitteilung der Kommission an das Europäische Parlament über den Gemeinsamen Standpunkt des Rates

Nach Art. 294 Abs. 6 AEUV (vormals Art. 251 Abs. 2 Sps. 3 EG) teilt die Kommission dem Parlament ihren Standpunkt zu dem Standpunkt des Rates mit. Dass sie diesen im Ganzen ablehnt, kommt im Bereich der Gesetzgebungsvorhaben zur Biomedizin und Humanbiotechnologie nicht vor.[810] Die Mitteilung der Kommission macht es für das Parlament voraussehbarer, ob die Kommission Änderungen in zweiter parlamentarischer Lesung im Sinne des Art. 295 Abs. 9 AEUV unterstützt

[810] Mitteilung der Kommission an das Europäische Parlament gemäß Artikel 251 Absatz 2 Unterabsatz 2 EG-Vertrag betreffend den vom Rat festgelegten gemeinsamen Standpunkten im Hinblick auf den Erlass einer Verordnung zur Festlegung von Gemeinschaftsverfahren für die Genehmigung, Überwachung und Pharmakovigilanz von Human- und Tierarzneimitteln und zur Schaffung einer Europäischen Arzneimittelagentur, SEK(2003)1082 endg.; Mitteilung der Kommission an das Europäische Parlament gemäß Artikel 251 Absatz 2 Unterabsatz 2 EG-Vertrag betreffend den vom Rat angenommenen gemeinsamen Standpunkt im Hinblick auf den Erlaß einer Richtlinie zur Festlegung von Qualitäts- und Sicherheitsstandards für die Gewinnung, Testung, Verarbeitung, Lagerung und Verteilung von menschlichem Blut und Blutbestandteilen sowie zur Änderung der Richtlinie 2001/83/EG, SEK(2002)0233 endg.; Mitteilung der Kommission an das Europäische Parlament gemäß Artikel 251 Absatz 2 Unterabsatz 2 EG-Vertrag betreffend den vom Rat angenommenen gemeinsamen Standpunkt im Hinblick auf den Erlaß des Beschlusses über das siebte Rahmenprogramm der Europäischen Gemeinschaft für Forschung, KOM(2006) 548 endg.; Mitteilung der Kommission an das Europäische Parlament gemäß Artikel 251 Absatz 2 Unterabsatz 2 EG-Vertrag betreffend den vom Rat angenommenen gemeinsamen Standpunkt im Hinblick auf den Erlaß einer Richtlinie des Europäischen Parlaments und des Rates zur Festlegung von Qualitäts- und Sicherheitsstandards für die Spende, Beschaffung, Testung, Verarbeitung, Lagerung und Verteilung von menschlichen Geweben und Zellen, SEK(2003)0906 endg.; Mitteilung der Kommission an das Europäische Parlament Gemäß Artikel 251 Absatz 2 Unterabsatz 2 EG-Vertrag betreffend den Gemeinsamen Standpunkt des Rates im Hinblick auf den Erlaß der Richtlinie des Europäischen Parlaments und des Rates zur Angleichung der Rechts- und Verwaltungsvorschriften der Mitgliedstaaten über die Anwendung der Guten Klinischen Praxis bei der Durchführung von klinischen Prüfungen mit Humanarzneimitteln, SEK(2000)1293S endg.; die Mitteilung der Kommission zum Gemeinsamen Standpunkt des Rates zur Biopatentrichtlinie, SEC(1998)0360 endg. ist nicht verfügbar.

oder ablehnt,[811] vor allem wenn es Änderungen wieder einführen will, die der Rat mit seinem Standpunkt ablehnt. In Kenntnis der politischen Position des Rates kann das Parlament auf der Basis der Mitteilung der Kommission die Chancen der Durchsetzung von Änderungen in der zweiten Beratungsphase besser abschätzen.

Ihrer Mitteilung über den Gemeinsamen Standpunkt des Rates zum Siebten Rahmenprogramm fügt die Kommission einen Anhang bei, der sich mit der Förderungsfähigkeit von Forschungsarbeiten mit humanen embryonalen Stammzellen befasst.[812] Danach werden keine Tätigkeiten gefördert, die in allen oder in einem der Mitgliedstaaten verboten sind. Zudem trägt die Kommission vor, dass mit dem Beschluss über das Rahmenprogramm keine Bewertung der in den Mitgliedstaaten geltenden ethischen oder rechtlichen Auflagen für Forschung an embryonalen Stammzellen verbunden ist. Des Weiteren unterwirft die Kommission Forschungsanträge einer Ethikprüfung, in der auch überprüft wird, dass sie im Einklang mit den Vorschriften der Länder stehen, in denen die Forschungsarbeit durchgeführt werden soll. Mit ihrer Erklärung gegenüber dem Parlament konkretisiert die Kommission bereits im Rahmen des Gesetzgebungsprozesses die Vorschriften des Rahmenprogramms zu den ethischen Grundsätzen der Forschungsförderung für die Durchführung.

e. Zwischenstand

Es deutet sich an, dass das Parlament im Vergleich zur Kommission und im Verhältnis zum Rat für eine Stärkung von Individualrechtsgütern, Verbraucher- und Gesundheitsschutzerwägungen und weitergehende Beschränkungen der kommerziellen Nutzbarkeit menschlicher Materie und der Kommerzialisierung der Bereitstellung menschlicher Materie eintritt. All diese Erwägungen entsprechen der Selbstbindung der

---

[811] Dazu bereits oben Kap. 4.

[812] Mitteilung der Kommission an das Europäische Parlament gemäß Artikel 251 Absatz 2 Unterabsatz 2 EG-Vertrag betreffend den vom Rat angenommenen gemeinsamen Standpunkt im Hinblick auf den Erlaß des Beschlusses des Europäischen Parlaments und des Rates über das siebte Rahmenprogramm der Europäischen Gemeinschaft für Forschung, technologische Entwicklung und Demonstration (2007-2013), KOM(2006) 548 endg.

EU.[813] In diesen Punkten entstehen Konflikte zwischen den Co-Gesetzgebern, insoweit als der Rat gegenüber der Position des Parlaments vielfach das Fehlen der Kompetenz des europäischen Gesetzgebers geltend macht, oder aber nicht zu einer Beschränkung des Marktes bereit ist. So sehen die Positionen des Parlaments insgesamt eine intensivere Regulierung des Funktionierens des Marktes im Bereich der Arzneimittelsicherheit und in der Frage der Verbraucherinformation vor. Weitergehend als die Kommission stärkt das Parlament die Marktaufsicht und die Transparenz des Marktes und der Arzneimittelzulassung gegenüber den Verbrauchern und befördert damit den Verbraucher- und Gesundheitsschutz, dessen Verwirklichung die EU sich zum Ziel gemacht hat. Der Rat lehnt jedoch viele Aspekte einer stärkeren Marktaufsicht ab.

Dass ethisch relevante Fragen des Umgangs mit biomedizinischer und humanbiotechnologischer Wissenschaft und Praxis zwischen den Co-Gesetzgebern politische Konflikte begründen, zeigt sich, wenn der Rat die vom Parlament in das Vorhaben der Geweberichtlinie eingebrachten Verpflichtung der Mitgliedstaaten ablehnt, Forschungstätigkeiten mit dem Ziel, Menschen zu Fortpflanzungszwecken zu klonen, oder mit dem Ziel, menschliche Embryonen ausschließlich zu Forschungszwecken oder zur Lieferung von Stammzellen zu schaffen, als Verstoß gegen die Menschenwürde zu verbieten. Beispiel für politische Konflikte über ethisch relevante Fragen zwischen den Co-Gesetzgebern ist auch die Zurückweisung bindender Vorschriften über Nichtkommerzialisierung der Spende menschlicher Materie durch den Rat im Fall der Richtlinie zu den klinischen Prüfungen. Auch hier vertreten Rat und Parlament unter dem Gesichtspunkt des Erfordernisses eines Nutzens klinischer Prüfungen für den Teilnehmer unterschiedliche Standpunkte über die notwendige Reichweite des Individualrechtsgüterschutzes.

4. Zweite Phase der Beratung

Der größte Teil der Rechtsakte im Bereich der Biomedizin und Humanbiotechnologie erging in der zweiten Beratungsphase, also entweder dadurch, dass das Parlament den Gemeinsamen Standpunkt ohne Änderungen annahm (so im Fall der Biopatentrichtlinie), oder dadurch, dass der Rat die Änderungen des Parlaments an seinem Gemeinsamen

[813] Dazu bereits oben I. 2.

Standpunkt akzeptierte (so in den Fällen des Rahmenprogramms, der Geweberichtlinie, der Richtlinie über klinische Prüfungen und der Verordnung zur zentralisierten Arzneimittelzulassung). In mehreren Fällen wurde eine Einigung zwischen Europäischem Parlament und Rat in dieser Beratungsphase in informellen Verhandlungen, in Trilogen[814] erreicht.

a. Zweite Lesung des Parlaments

(1) Ethische Fragen

Das Parlament nimmt mit seinem Beschluss in zweiter Lesung zur Biopatentrichtlinie den Gemeinsamen Standpunkt des Rates ohne Änderungen an.[815] Es folgt damit der Empfehlung des zuständigen Ausschusses.[816] Vor der Abstimmung entrollt die Fraktion DIE GRÜNEN im Europäischen Parlament ein Banner, mit dem sie ihre Ablehnung des Vorhabens der Biopatentrichtlinie kundtut, was vom Präsidenten des Parlaments unterbunden wird.[817] Sie bringt zudem den Vorschlag der Ablehnung des Gemeinsamen Standpunktes ein, mit der das Parlament das Vorhaben insgesamt zum Scheitern bringen würde, unterliegt damit aber im Plenum.[818] In der Plenardebatte beantwortet ein Mitglied der Kommission Mario Monti Fragen der Parlamentarier und erklärt, dass die mit der vorgesehenen Richtlinie mandatierte EGE trotz ihrer Ansiedelung bei der Kommission unabhängig ist und vom Parlament konsultiert werden kann. Zudem trägt Monti im Plenum vor, dass die Regelung des Rates, nach der nur die kommerzielle und industrielle Verwendung von Embryonen nicht patentierbar ist, gleichwohl dem vom Parlament mit einer weiter gefassten Formulierung verfolgten Ziel, die

---

814 Zum informellen Verhandlungsmodus der Triloge oben Kap. 4 III. 2.

815 Abl. 1998, C 167, 17, 26; zur Verfahrensgeschichte der Biopatentrichtlinie auch *E. R. Gold/A. Gallochat*, European Law Journal 7 (2001), 331.

816 Parlament, Recommendation for second reading on the common position established by the Council with a view to the adoption of a European Parliament and Council directive on the legal protection of biotechnological inventions, Committee on Legal Affairs and Citizens' Rights, Rapporteur: Mr Willi Rothley, PE 226.189/fin.

817 Fn 815 oben, 17.

818 Fn 815 oben, 18.

Ausbeutung von Embryonen auszuschließen, gerecht wird.[819] Mittels dieser Versicherung des Parlaments in einer ethischen Frage sucht damit der Kommissar das Parlament zur Annahme der Position des Rates zu bewegen. Die Kommission betätigt sich so als Vermittlerin zwischen der Position des Rates und des Europäischen Parlaments.

In zweiter Lesung des Vorhabens zu klinischen Prüfungen bringt das Parlament eine Reihe von Änderungen zum Schutz der Teilnehmer an klinischen Prüfungen wieder ein, die der Rat in erster Lesung nicht übernommen hatte, so das Erfordernis der Schriftform der Einwilligung des Prüfungsteilnehmers oder seines gesetzlichen Vertreters und der Aufklärung.[820] Hier wird eine inhaltliche Differenz zwischen den Co-Gesetzgebern perpetuiert; die bis dahin abgelaufene Sequenz organinterner Lesungen hat sie nicht in eine Übereinstimmung in dieser Frage überführt.

Das Parlament führt außerdem die detaillierten Vorschriften zum Schutz von Minderjährigen, insbesondere von Kindern und von sonstigen Nichteinwilligungsfähigen als Teilnehmern an klinischen Prüfungen ein, die die geltende Richtlinie enthält.[821] Zudem sind nach der Position des Parlaments in zweiter Lesung Gentherapieprüfungen, die die genetische Identität der Keimbahn des Teilnehmers verändern, verboten.[822] Das Parlament stärkt die Rolle der Ethikkommissionen, in dem es vorsieht, dass ihr positives Votum bei fehlendem fristgerechtem Widerspruch der zuständigen Behörde als implizite Genehmigung der klinischen Prüfung gilt.[823] Außerdem führt das Parlament einen Erwägungsgrund ein, nach dem die besondere Situation nichtkommerzieller klinischer Prüfungen, die von hohem Nutzen für die betroffenen Pati-

---

[819] Parlament, „Summary 11/05/1998 EP: debates in plenary" über die Website des Legislative Observatory des Europäischen Parlaments.

[820] Parlament, Legislative Entschließung des Europäischen Parlaments zu dem Gemeinsamen Standpunkt des Rates im Hinblick auf den Erlass der Richtlinie des Europäischen Parlaments und des Rates zur Angleichung der Rechts- und Verwaltungsvorschriften der Mitgliedstaaten über die Anwendung der guten klinischen Praxis bei der Durchführung von klinischen Prüfungen mit Humanarzneimitteln, Abl. 2001 C 232, 52, Art. 2 lit. j.

[821] Parlament, Fn 820, Art. 3 Abs. 1, 3 Abs. 2 lit. a, Art. 3 Abs. 2 lit. aa, lit. c, Art. 3a, Art. 3b, Art. 4.

[822] Parlament, Fn 820, Art. 7 Abs. 6.

[823] Parlament, Fn 820, Erwägungsgrund 8a.

enten sein können, von der Richtlinie berücksichtigt werden sollte. Die im Bericht des zuständigen Ausschusses vorgeschlagene operative Umsetzung dieser Erwägung in den Regelungen der Richtlinie lehnte das Parlament aber ab.[824] Die Richtlinie bleibt damit an kommerziellen Prüfungen orientiert. Die vom Parlament beschlossenen Änderungen gehen auf informelle Kompromissverhandlungen zwischen Parlament und Rat zurück, in den vor allem die Frage des Schutzes von Teilnehmern an klinischen Prüfungen verhandelt wurde. Die politische Einigung zwischen den Co-Gesetzgebern wurde damit in Trilogen herbeigeführt.[825] Der Rat nimmt die parlamentarischen Änderungen in seiner zweiten Lesung an.

(2) Konkurrierende Integrationsziele

Mit seiner Position in zweiter Lesung des Vorhabens zur zentralisierten Arzneimittelzulassung führt das Parlament einige geänderte Regelungen aus erster Lesung wieder ein, die der Rat in seinem Gemeinsamen Standpunkt nicht übernommen hatte,[826] etwa zur Beteiligung von Patientenorganisationen an der Arzneimittelzulassung durch die Europäische Arzneimittel-Agentur,[827] zur Verbesserung der Transparenz der

---

[824] Die Gleichbehandlung von kommerziellen und nichtkommerziellen klinischen Prüfungen durch die Richtlinie ist ein wesentlicher Kritikpunkt, der gegen diese erhoben wird – dazu bereits oben Kap. 2 II. 2. Empfehlung für die zweite Lesung betreffend den Gemeinsamen Standpunkt des Rates im Hinblick auf den Erlass der Richtlinie des Europäischen Parlaments und des Rates zur Angleichung der Rechts- und Verwaltungsvorschriften der Mitgliedstaaten über die Anwendung der guten klinischen Praxis bei der Durchführung von klinischen Prüfungen mit Humanarzneimitteln, Ausschuss für Umweltfragen, Volksgesundheit und Verbraucherpolitik, Berichterstatter: Peter Liese, A5-0349/2000 endg., Art. 11 Abs. 5a.

[825] Parlament, "Summary 12/12/2000 EP: position, 2nd reading", über die Website des Legislative Observatory des Europäischen Parlaments.

[826] Parlament, Position of the European Parliament adopted at second reading on 17 December 2003 with a view to the adoption of Regulation (EC) No ./2004 of the European Parliament and of the Council laying down Community procedures for the authorisation and supervision of medicinal products for human and veterinary use and establishing a European Medicines Agency, P5_TC2-COD(2001)0252.

[827] Parlament, Fn 826, Art. 65 Abs. 1, Art. 78 Abs. 2.

Arzneimittelzulassung durch die Europäische Arzneimittel-Agentur[828] und zur Bekräftigung ihrer Unabhängigkeit gegenüber der Pharmaindustrie[829].[830] Das Parlament sucht damit erneut, die Einbeziehung und unabhängige Information der Verbraucher, größere Transparenz der Arzneimittelzulassung und insgesamt eine verstärkte Aufsicht über den Arzneimittelmarkt als Instrumente des Gesundheitsschutzes durchzusetzen. Das Parlament führt auch eine Änderung über den Unterlagenschutz aus erster Lesung wieder ein. Dieser gewährt dem Inhaber der Zulassung für ein bestimmtes Arzneimittel, dass in Anträgen auf Zulassung von Generika zu diesem Arzneimittel nicht ohne seine Zustimmung auf die Unterlagen, mit denen die Genehmigungsfähigkeit des Originalarzneimittels v.a. mit klinischen Studien nachgewiesen wird, verwiesen werden kann.[831] Der Unterlagenschutz sichert und fördert Investitionen in die Entwicklung neuer Arzneimittel, in dem er den Produzenten von Generika den wirtschaftlichen Vorteil der kostensparenden Bezugnahme auf die klinischen Studien des Genehmigungsinhabers des Originalarzneimittels vorenthält. Dies bedeutet für den Verbraucher jedoch einen höheren Preis des Arzneimittels. Es besteht damit Spannung zwischen der wirtschaftspolitischen Erwägung der Investitionsförderung, mit der zugleich die Entwicklung neuer Arzneimittel und damit die Verbesserung des Gesundheitsschutzes erreicht werden soll, und dem verbraucherpolitischen Ziel der Bereitstellung möglichst billiger Arzneimittel. Gelöst wird diese Spannung über die Zeiträume des Unterlagenschutzes. Der Kommissionsvorschlag sah für Arzneimittel, die von der Arzneimittel-Agentur zuzulassen sind, im Grundsatz

---

828 Parlament, Fn 826, vgl. etwa die Pflichten der Veröffentlichung von Dokumenten nach Art. 73 Abs. 1a, Art. 5 Abs. 3, Art. 14 Abs. 7, Art. 22 Abs. 1, Art. 45 Abs. 7.

829 Parlament, Fn 826. Erwägungsgrund 19a.

830 Parlament, Fn 826, Art. 57 Abs. 1 Uabs. 2, lit. k. Das Parlament führt auch wieder ein, dass die Datenbank zur Patienteninformation unabhängig von der Pharmaindustrie verwaltet wird.

831 Zum Unterlagenschutz und der zugrundeliegenden Konstellation ausführlich *M. Lorenz*, Das gemeinschaftliche Arzneimittelzulassungsrecht, 2006, 190 ff., 210. Der Unterlagenschutz wird noch durch einen Vermarktungsschutz ergänzt, nach dem für einen bestimmten Zeitraum keine Generika vermarktet werden dürfen.

zehn Jahre Unterlagenschutz vor,[832] das Parlament verringerte diesen Zeitraum jedoch in erster Lesung auf grundsätzlich acht Jahre.[833] Der Rat schloss sich mit seinem Gemeinsamen Standpunkt der Position der Kommission an;[834] das Parlament führt in zweiter Lesung seine Regelung wieder ein.[835] Die Verkürzung des Unterlagenschutzes bedeutet zwar eine Verkürzung des Schutzes der Investitionen in die Entwicklung neuer Arzneimittel, ermöglicht aber den Konsumenten früher den Zugang zu billigeren Generika. Das Parlament beharrt hier also auch in zweiter Lesung auf einer Begrenzung der wirtschaftspolitischen Erwägung der Investitionsförderung zum Zwecke der verbraucherpolitischen Erwägung des Zugangs zu Arzneimitteln zu niedrigeren Preisen. Der Rat nimmt die Änderungen des Parlaments in seiner zweiten Lesung an.

Im Fall des Vorhabens des Siebten Rahmenprogramms ändert das Parlament in zweiter Lesung vor allem die Prioritätensetzung der Forschungsförderung;[836] es legt etwa die Forschung zur Förderung der Gesundheit von Kindern und die Erforschung vernachlässigter Krankhei-

---

[832] Kommission, Proposal for a Regulation laying down Community procedures for the authorisation and supervision of medicinal products for human and veterinary use and establishing a European Agency for the Evaluation of Medicinal Products, COM(2001) 404 final, Art. 13 Abs. 8.

[833] Parlament, European Parliament legislative resolution on the proposal for a regulation laying down Community procedures for the authorisation and supervision of medicinal products for human and veterinary use and establishing a European Agency for the Evaluation of Medicinal, P5_TA(2002)0504, Art. 15 Abs. 10.

[834] Rat, Gemeinsamer Standpunkt (EG) Nr. 60/2003, Fn 800, Art. 14 Abs. 11 Uabs. 2.

[835] Parlament, Standpunkt des Europäischen Parlaments festgelegt in zweiter Lesung am 17. Dezember 2003 im Hinblick auf den Erlass der Verordnung (EG) .../2004 des Europäischen Parlaments und des Rates zur Festlegung von Gemeinschaftsverfahren für die Genehmigung und Überwachung von Human- und Tierarzneimitteln und zur Errichtung einer Europäischen Arzneimittel-Agentur, P5_TC2-COD(2001)0252, Art. 14 Abs. 11.

[836] Standpunkt des Europäischen Parlaments festgelegt in zweiter Lesung am 30. November 2006 im Hinblick auf den Erlass des Beschlusses Nr. ./2006/EG über das Siebte Rahmenprogramm der Europäischen Gemeinschaft für Forschung, technologische Entwicklung und Demonstration (2007 bis 2013), P6_TC2-COD(2005)0043, Anhang I.

ten als Förderungsprioriäten nieder und erhöht die für „Gesundheit" ausgewiesene Fördersumme leicht, so dass die allgemeine Orientierung des Rahmenprogramms als Motor wirtschaftlicher Entwicklung verstärkt an das sozialpolitische Ziel der Gesundheitsförderung rückgebunden ist. Die Änderungen des Parlaments in dieser Hinsicht wurden in informellen Treffen mit dem Rat als Kompromisse ausgehandelt; Triloge führten damit zur Einigung der Co-Gesetzgeber.

(3) Abgrenzung von Kompetenzen

Das Parlament führt in das Vorhaben der Blutrichtlinie in zweiter Lesung das Erfordernis der medizinischen Untersuchung von Blutspendern ein, in deren Rahmen der Arzt zumindest den Blutdruck misst und den Spender befragt.[837] Danach entscheidet der Arzt über die Spendereignung. Der Rat hatte die dahingehende parlamentarische Änderung des Kommissionsvorschlags mit seinem Gemeinsamen Standpunkt abgelehnt, sie sei von der Kompetenzgrundlage nicht erfasst und falle unter das Subsidiaritätsprinzip. Das Parlament besteht in zweiter Lesung in dieser Frage auf der Begrenzung des mitgliedstaatlichen Handlungsraums. Der Rat lehnt diese Änderung in seiner zweiten Lesung ab, so dass es zur Einberufung eines Vermittlungsausschusses kommt.[838]

Im Fall der Geweberichtlinie bringt das Parlament in seiner zweiten Lesung eine Reihe von Änderungen ein, die vom Berichterstatter des zuständigen Ausschusses in Trilogen mit dem Rat und der Kommission

---

[837] Legislative Entschließung des Europäischen Parlaments zu dem Gemeinsamen Standpunkt des Rates im Hinblick auf den Erlass der Richtlinie des Europäischen Parlaments und des Rates über Qualitäts- und Sicherheitsstandards für die Gewinnung, Testung, Verarbeitung, Lagerung und Verteilung von menschlichem Blut und Blutbestandteilen und zur Änderung der Richtlinie 2001/83/EG, P5_TA(2002)0300, Art. 19.

[838] Vgl. Bericht über den vom Vermittlungsausschuss gebilligten gemeinsamen Entwurf einer Richtlinie des Europäischen Parlaments und des Rates über Qualitäts- und Sicherheitsstandards für die Gewinnung, Testung, Verarbeitung, Lagerung und Verteilung von menschlichem Blut und Blutbestandteilen und zur Änderung der Richtlinie 2001/83/EWG des Rates, Delegation des Europäischen Parlaments im Vermittlungsausschuss, Berichterstatter: Giuseppe Nisticò, A5-0442/2002 endg., 6. Dezember 2002, 7.

ausgehandelt worden waren.[839] Darin erreichte der Berichterstatter vor allem Einigung mit dem Rat darüber, dass Zellen und Gewebe auf freiwilliger Basis und ohne direkte Bezahlung gespendet werden sollten. Die genauere Regelung bleibt aber den Mitgliedstaaten überlassen.[840] Parlament und Rat einigten sich zudem darauf, dass die Mitgliedstaaten freiwillige und unbezahlte Spenden *fördern*, jedoch nicht verpflichtet sind, nur solche zuzulassen. In informellen Verhandlungen kamen Parlament und Rat auch überein, dass die Gesetzgebung der Mitgliedstaaten über die Verwendung geklonter menschlicher Embryonen und die mitgliedstaatliche Entscheidung, die Verwendung spezifischer Zelltypen, wie embryonaler Stammzellen, Keimzellen oder geklonter Zellen zuzulassen oder zu verbieten, unberührt bleiben. Das Parlament hatte in beiden Fragen in erster Lesung ein Verbot eingeführt und lässt sich nun darauf ein, dass die Entscheidungen bei den Mitgliedstaaten verbleiben.[841] Parlament und Rat einigten sich jedoch darüber, dass die Verwendung der genannten Zelltypen unter die Regelungen der Richtlinie fällt. Das Parlament kann sich damit mit der ethisch begründeten Forderung, geklonte menschliche Embryonen, menschlich-tierische Hybridembryonen und daraus abgeleitete Zellen als Quelle von Transplantationsmaterial auszuschließen, nicht durchsetzen.

[839] Die Verhandlungsergebnisse der Triloge sind zusammengefasst mit der „Summary 16/12/2003 EP: position, 2nd reading", auf der Website des Legislative Observatory des Europäischen Parlaments. Dass Triloge stattgefunden haben, bestätigt auch die Stellungnahme der Kommission gemäß Artikel 251 Absatz 2 Unterabsatz 3 Buchstabe c) EG-Vertrag, zu den Abänderungen des Europäischen Parlaments an dem gemeinsamen Standpunkt des Rates betreffend den Vorschlag für eine Richtlinie zur Festlegung von Qualitäts- und Sicherheitsstandards für die Spende, Beschaffung, Testung, Verarbeitung, Lagerung und Verteilung von menschlichen Geweben und Zellen, KOM(2004) 80 endg., Punkt 4.

[840] Ein Mitgliedstaat kann insbesondere zur Gewährleistung eines hohen Gesundheitsschutzniveaus Anforderungen für freiwillige unentgeltliche Spenden vorschreiben, einschließlich des Verbots oder der Beschränkung von Einfuhren menschlicher Gewebe und Zellen Legislative Entschließung des Europäischen Parlaments zu dem Gemeinsamen Standpunkt des Rates im Hinblick auf den Erlass der Richtlinie des Europäischen Parlaments und des Rates zur Festlegung von Qualitäts- und Sicherheitsstandards für die Spende, Beschaffung, Testung, Verarbeitung, Konservierung, Lagerung und Verteilung von menschlichen Geweben und Zellen, P5_TA(2003)0570, Art. 4 Abs. 2.

[841] Parlament, Fn 840, 12. Erwägungsgrund.

b. Stellungnahme der Kommission zu den Änderungen des Parlaments in zweiter Lesung

Die Stellungnahmen der Kommission zu den in zweiter Lesung beschlossenen Änderungen gemäß Art. 251 Abs. 2 Sps. 3 lit. c iVm Abs. 3 EGV (nunmehr Art. 294 Abs. 7 lit. c AEUV) berühren die politische Durchsetzbarkeit der Änderungen des Parlaments im Rat, weil die Annahme von der Kommission abgelehnter Änderungen im Rat der Einstimmigkeit bedarf. Mit ihren Stellungnahmen zu den Vorhaben zur Biomedizin und Humanbiotechnologie unterstützt die Kommission durchgehend die Änderungen des Parlaments aus zweiter Lesung und ändert in einigen Fällen auch ihren Vorschlag gemäß Art. 250 Abs. 2 EGV (nunmehr Art. 293 Abs. 2 AEUV) dementsprechend.[842] Ihrer Stellungnahme über die Änderungen des Parlaments in zweiter Lesung des Siebten Rahmenprogramms fügt die Kommission erneut den An-

---

[842] Stellungnahme der Kommission gemäß Artikel 251 Absatz 2 Unterabsatz 3 Buchstabe c) EG-Vertrag, zu den Abänderungen des Europäischen Parlaments an dem gemeinsamen Standpunkt des Rates betreffend den Vorschlag für eine Richtlinie zur Festlegung von Qualitäts- und Sicherheitsstandards für die Spende, Beschaffung, Testung, Verarbeitung, Lagerung und Verteilung von menschlichen Geweben und Zellen, KOM(2004) 80 endg., Stellungnahme der Kommission gemäß Artikel 251 Absatz 2 Unterabsatz 3 Buchstabe c) EG-Vertrag zu den Abänderungen des Europäischen Parlaments an dem gemeinsamen Standpunkt des Rates betreffend den Vorschlag für eine Richtlinie zur Festlegung von Qualitäts- und Sicherheitsstandards für die Gewinnung, Testung, Verarbeitung, Lagerung und Verteilung von menschlichem Blut und Blutbestandteilen sowie zur Änderung der Richtlinie 2001/83/EG des Rates, zur Änderung des Vorschlags der gemäß Artikel 250, Absatz 2 des EG-Vertrages, KOM(2002) 479 endg.; Stellungnahme der Kommission gemäß Artikel 251 Absatz 2 Unterabsatz 3 Buchstabe c) EG-Vertrag zu den Abänderungen des Europäischen Parlaments am gemeinsamen Standpunkt des Rates zu dem Vorschlag für einen Beschluss über das siebte Rahmenprogramm der Europäischen Gemeinschaft für Forschung, technologische Entwicklung und Demonstration (2007 bis 2013), zur Änderung des Vorschlags der gemäß Artikel 250, Absatz 2 des EG-Vertrages, KOM(2006) 803 endg.; Stellungnahme der Kommission gemäß Artikel 251 Absatz 2 Unterabsatz 3 Buchstabe c) EG-Vertrag, zu den Abänderungen des Europäischen Parlaments an dem gemeinsamen Standpunkt des Rates betreffend die Vorschläge für eine Verordnung zur Festlegung von Gemeinschaftsverfahren für die Genehmigung, Überwachung und Pharmakovigilanz von Human- und Tierarzneimitteln und zur Schaffung einer Europäischen Arzneimittelagentur, zur Änderung des Vorschlags der Kommission gemäß Artikel 250, Absatz 2 des EG-Vertrages, KOM(2004) 124 endg.

hang zur Durchführung der ethischen Grundsätze des Rahmenprogramms mit Blick auf die Förderung von Forschung mit embryonalen Stammzellen bei.[843]

Darin wird ausgeführt: „*Für das 7. Rahmenprogramm schlägt die Europäische Kommission vor, die ethischen Fragen hinsichtlich einer Förderfähigkeit von Forschungsarbeiten mit humanen embryonalen Stammzellen genauso zu behandeln wie im 6. Forschungsrahmenprogramm. Die Europäische Kommission schlägt diese Vorgehensweise vor, da sie anhand ihrer Erfahrungen auf diesem sehr vielversprechenden Wissenschaftsgebiet einen verantwortungsvollen Umgang entwickelt hat, der sich im Zusammenhang mit einem Forschungsprogramm, an dem Forscher aus vielen Ländern mit unterschiedlichsten rechtlichen Rahmenbedingungen teilnehmen, als zufriedenstellend erwiesen hat. 1. Der Beschluss über das 7. Rahmenprogramm schließt drei Forschungsgebiete ausdrücklich von der Förderung durch die Gemeinschaft aus: 2. Forschungstätigkeiten zum Klonen von Menschen zu Reproduktionszwecken. 3. Forschungstätigkeiten zur Veränderung des Erbguts des Menschen, durch die solche Änderungen vererbbar werden könnten, 4. Forschungstätigkeiten zur Züchtung menschlicher Embryonen ausschließlich zu Forschungszwecken oder zur Gewinnung von Stammzellen, auch durch Kerntransfer somatischer Zellen. 5. Es werden keine Tätigkeiten gefördert, die in allen Mitgliedstaaten verboten sind. Auch wird keine Tätigkeit in einem Mitgliedstaat gefördert, in dem diese verboten ist. 6. Der Beschluss über das RP7 und die Bestimmungen über die ethischen Grundsätze bei der Förderung von Forschungsarbeiten an humanen embryonalen Stammzellen durch die Gemeinschaft beinhalten in keiner Weise eine Bewertung der in den einzelnen Mitgliedstaaten geltenden rechtlichen oder ethischen Auflagen für diese Forschungstätigkeiten. 7. Bei den Aufforderungen zur Einreichung von Vorschlägen verlangt die Europäische Kommission nicht ausdrücklich die Verwendung humaner embryonaler Stammzellen. Über die etwaige Verwendung*

---

[843] Annex zur Stellungnahme der Kommission gemäß Artikel 251 Absatz 2 Unterabsatz 3 Buchstabe c) EG-Vertrag zu den Abänderungen des Europäischen Parlaments am Gemeinsamen Standpunkt des Rates zu dem Vorschlag für einen Beschluß des Europäischen Parlaments und des Rates über das siebte Rahmenprogramm der Europäischen Gemeinschaft für Forschung, technologische Entwicklung und Demonstration (2007 bis 2013) zur Änderung des Vorschlags der Kommission gemäß Artikel 250, Absatz 2 des EG-Vertrages /* KOM/2006/0803 endg. - COD 2005/0043 */.

adulter oder embryonaler Stammzellen entscheiden die Wissenschaftler unter Berücksichtigung der von ihnen angestrebten Ziele. Praktisch gesehen entfällt der weitaus größte Teil der Fördermittel der Gemeinschaft für die Stammzellenforschung auf die Verwendung adulter Stammzellen. Es gibt keinen Grund, dies im RP7 grundlegend zu ändern. 8. Jedes Projekt, für das die Verwendung humaner embryonaler Stammzellen vorgeschlagen wird, muss eine wissenschaftliche Bewertung erfolgreich durchlaufen, bei der durch unabhängige wissenschaftliche Sachverständige geprüft wird, ob die Verwendung dieser Stammzellen zur Erreichung der wissenschaftlichen Ziele notwendig ist. 9. Vorschläge, die die wissenschaftliche Bewertung erfolgreich durchlaufen haben, werden anschließend einer strengen Ethikprüfung durch die Europäische Kommission unterzogen. Hierbei kommen die Prinzipien, auf die sich die Charta der Grundrechte der Europäischen Union stützt, sowie die einschlägigen internationalen Übereinkommen, wie das am 4. April 1997 in Oviedo unterzeichnete Übereinkommen des Europarates über Menschenrechte und Biomedizin und seine Zusatzprotokolle und die Allgemeine Erklärung über das menschliche Genom und die Menschenrechte der UNESCO, zum Tragen. Die Ethikprüfung dient auch dazu, sicherzustellen, dass die Vorschläge im Einklang mit den Vorschriften der Länder stehen, in denen die Forschungsarbeiten durchgeführt werden sollen. 10. In besonderen Fällen kann die Ethikprüfung auch während der Laufzeit des Projekts durchgeführt werden. 11. Für jedes Projekt, bei dem die Verwendung humaner embryonaler Stammzellen vorgeschlagen wird, ist vor Projektbeginn die Genehmigung der zuständigen nationalen oder lokalen Ethikausschüsse einzuholen. Sämtliche nationalen Vorschriften und Verfahren, etwa zum Einverständnis der Eltern, zum Verbot finanzieller Anreize usw. sind einzuhalten. Geprüft wird, ob das Projekt Genehmigungs- und Kontrollmaßnahmen durch die zuständigen Behörden der Mitgliedstaaten, in denen die Forschungsarbeiten durchgeführt werden, beinhaltet. 12. Ein Vorschlag, der die wissenschaftliche Bewertung, die nationale oder lokale Ethikprüfung und die Ethikprüfung durch die Gemeinschaft erfolgreich durchlaufen hat, wird den in einem Regelungsausschuss vertretenen Mitgliedstaaten zur Einzelgenehmigung vorgelegt. Es wird kein Projekt, das die Verwendung humaner embryonaler Stammzellen beinhaltet, gefördert, wenn es nicht die Genehmigung der Mitgliedstaaten hat. 13. Die Kommission wird auch in Zukunft darauf achten, dass die Ergebnisse der von der Gemeinschaft geförderten Stammzellenforschung sämtlichen Forschern leicht zugänglich gemacht werden, so dass schließlich die Patienten in allen Ländern hieraus Nutzen ziehen können. 14. Die Europäische Kom-

mission wird Maßnahmen und Initiativen fördern, die dazu beitragen, dass Forschungsarbeiten mit humanen embryonalen Stammzellen auf ethisch vertretbare Art und Weise koordiniert und rationalisiert werden können. So wird die Kommission die Einrichtung eines europäischen Registers der humanen embryonalen Stammzelllinien fördern. Ein solches Register ermöglicht einen Überblick über in Europa vorhandene humane embryonale Stammzellen, optimiert deren Verwendung durch Wissenschaftler und kann dazu beitragen, dass neue Stammzelllinien nicht unnötig gewonnen werden. 15. Die Europäische Kommission wird die gängige Praxis fortführen und dem Regelungsausschuss keine Vorschläge unterbreiten, bei denen im Zuge der Forschungsarbeiten humane Embryonen zur Gewinnung von Stammzellen zerstört werden. Der Ausschluss dieses Forschungsschrittes von der Förderfähigkeit bedeutet nicht, dass die Gemeinschaft sich daran anschließende Forschungstätigkeiten, bei denen humane embryonale Stammzellen verwendet werden, von der Förderung ausschließt.“

Die Kommission weist darauf hin, dass die vom Parlament in zweiter Lesung beschlossenen Abänderungen das Ergebnis interinstitutioneller Erörterungen sind. Daher stimme sie allen vom Europäischen Parlament vorgeschlagenen Abänderungen zu. Die Kommission hält darüber hinaus fest, dass die von ihrer Seite aus abgegebenen Erklärungen zu ethischen Fragen hinsichtlich einer Förderfähigkeit von Forschungsarbeiten mit humanen embryonalen Stammzellen im Anhang Bestandteil des endgültigen generellen Kompromisses sind, der den Abschluss des Verfahrens in zweiter Lesung möglich gemacht hat.[844]

c. Zweite Lesung des Rates

Die Biopatentrichtlinie nahm der Rat mit qualifizierter Mehrheit an, gegen die Stimme der Niederlande und unter Enthaltung Belgiens und Italiens.[845] Die Niederlande beantragten später vor dem EuGH die Nichtigerklärung der Richtlinie, unter anderem aus dem Grund, dass sie zu Unrecht auf die Binnenmarktkompetenz gestützt sei und das

---

[844] Stellungnahme der Kommission, vgl. Fn. 843, 4. Stellungnahme der Kommission zu den Abänderungen des Europäischen Parlaments.

[845] Rat, Presseerklärung, 2106. Rat – UMWELT, 16/6/1998 (Deutsch) – Press: 205 Nr: 09402/98; zur Abstimmung auch *E. R. Gold/A. Gallochat,* European Law Journal 7 (2001), 331.

Subsidiaritätsprinzip verletze, scheitern damit aber.[846] Die parlamentarischen Änderungen an dem Gemeinsamen Standpunkt des Rates zum Vorhaben der Verordnung des Europäischen Parlaments und des Rates zur zentralisierten Arzneimittelzulassung nahm der Rat gegen die Stimme Belgiens an.[847] Der Rat nahm in zweiter Lesung die Richtlinie des Europäischen Parlaments und des Rates zur Angleichung der Rechts- und Verwaltungsvorschriften der Mitgliedstaaten über die Anwendung der guten klinischen Praxis bei der Durchführung von klinischen Prüfungen mit Humanarzneimitteln gegen die Stimme der Niederlande an.[848] Über den Erlass des Siebten Rahmenprogramms entschied der Rat gegen die Stimmen der österreichischen, litauischen, maltesischen, polnischen und slowakischen Delegation.[849] Eine Reihe von Mitgliedstaaten gab ablehnende Erklärungen über die Förderung der Forschung an embryonalen Stammzellen zu Protokoll.[850] Die Geweberichtlinie kam im Rat einstimmig zustande.[851] Der endgültigen Annahme eines Vorhabens folgt die gemeinsame Unterzeichnung durch Europäisches Parlament und Rat.

---

846 Urteil des EuGH vom 9. Oktober 2001 in der Rs. C-377/98 (Niederlande/Europäisches Parlament und Rat), Slg. 2001 I-7079. Dazu *K. Frahm/J. Gebauer*, Europarecht 37 (2002), 78; *C. Calliess/C. Meiser*, Juristische Schulung 42 (2002), 426.

847 Rat, ADDENDUM ZUM ENTWURF EINES PROTOKOLLS, 2570. Tagung des Rates der Europäischen Union „WETTBEWERBSFÄHIGKEIT" (BINNENMARKT, INDUSTRIE UND FORSCHUNG) am 11. März 2004 in Brüssel, 24. März 2004 (31.03).

848 Rat, ADDENDUM ZUM ENTWURF EINES PROTOKOLLS, 2332. Tagung des Rates (LANDWIRTSCHAFT) am 26. und 27. Februar 2001 in Brüssel, 14. März 2000 (19.03).

849 Rat, ADDENDUM ZUM ENTWURF EINES PROTOKOLLS, 2773. Tagung des Rates (UMWELT) vom 18. Dezember 2006 in Brüssel, 26. Januar 2007 (30.01).

850 Rat, Fn 849.

851 ADDENDUM zum ENTWURF EINES PROTOKOLLS, 2566. Tagung des Rates der Europäischen Union (UMWELT), Brüssel, Dienstag, 2. März 2004, 8. März 2004.

5. Vermittlungsverfahren und dritte Lesungen des Europäischen Parlaments und des Rates

Ein Gesetzgebungsvorhaben im Bereich der Biomedizin und Humanbiotechnologie ging wegen der Ablehnung der parlamentarischen Änderung des Gemeinsamen Standpunktes durch den Rat in das Vermittlungsverfahren: die Blutrichtlinie. Nach dem Bericht der parlamentarischen Delegation im Vermittlungsausschuss ist der zentrale Punkt des Konflikts die Frage der Untersuchung von Blutspendern.[852] Der Rat hält es für ausreichend, dass ein „Angehöriger eines Gesundheitsberufes" potentielle Spender untersucht und über die Spendereignung entscheidet; das Parlament fordert die Verantwortlichkeit eines Arztes. Parlament und Rat einigen sich letztlich darauf, dass ein „hierfür qualifizierter Angehöriger eines Gesundheitsberufes" für die Untersuchung der Spender zuständig sein soll. Dies wird im gemeinsamen Entwurf des Vermittlungsausschusses festgelegt.[853] Das Vermittlungsverfahren dauerte bis zum formellen Abschluss ungefähr zwei Monate. Mit ihrem Bericht empfiehlt die parlamentarische Delegation dem Plenum die Annahme des gemeinsamen Entwurfes. Europäisches Parlament und Rat nehmen den gemeinsamen Entwurf in jeweils dritter Lesung an.[854] Der

---

[852] S. Fn. 838 oben.

[853] Europäisches Parlament und Rat, Gemeinsamer Entwurf – nach Billigung durch den Vermittlungsausschuss des Artikels 251 Absatz 4 EG-Vertrag, PE-CONS 3652/02, Brüssel, den 4. November 2002, Art. 10.

[854] ADDENDUM TO DRAFT MINUTES, 2476th meeting of the Council of the European Union (AGRICULTURE AND FISHERIES), held in Brussels from 16 to 20 December 2002, 3 March 2003 (13.03); Legislative Entschließung des Europäischen Parlaments zu dem vom Vermittlungsausschuss gebilligten gemeinsamen Entwurf einer Richtlinie des Europäischen Parlaments und des Rates zur Festlegung von Qualitäts- und Sicherheitsstandards für die Gewinnung, Testung, Verarbeitung, Lagerung und Verteilung von menschlichem Blut und Blutbestandteilen und zur Änderung der Richtlinie 2001/83/EG, Abl. 2002 C 03, 0160-0176 E. Die deutsche Delegation gibt eine Protokollerklärung ab zu der im Vermittlungsausschuss vom Rat akzeptierten parlamentarischen Änderung des Gemeinsamen Standpunktes, nach der Rückverfolgbarkeitsdaten für Blut und Blutbestandteile für 30 Jahre aufbewahren müssen. Sie erklärt ihren Widerspruch zu dieser Vorschrift, und dass nach Art. 152 Abs. 5 EG Maßnahmen gem. Art. 152 Abs. 4 lit. a EGV die mitgliedstaatlichen Regelungen zur medizinische Verwendung und mithin zur Dokumentation von Patienten- und Therapiedaten nicht berühren. Ohne dass die Bundesrepublik also

Annahme des Vorhabens durch die Co-Gesetzgeber folgt die gemeinsame Unterzeichnung.

III. Mitentscheidungsgesetzgebung im Prozess – Fazit. Informalisierung und Machtverhältnisse

1. Informalisierung der Mitentscheidung und Verhandlungsstärke der Verfahrensbeteiligten

a. Kleine Soziologie der Praxis informeller Verhandlung

Die Praxis informeller Verhandlung von Gesetzgebungsvorhaben in der Mitentscheidung ist Ausdruck einer kooperativen Verhaltensordnung zwischen den Beteiligten. Diese ist entstanden, weil die Organe wiederholt in Verfahren zusammentreffen und dabei in wechselnde Abhängigkeit voneinander geraten, indem mal diese und einmal die andere Seite die stärkere ist, einmal diese und einmal jene auf Kooperation der jeweils anderen angewiesen ist.[855] In dieser Konstellation wechselnder Machtverhältnisse ist es für diese nicht rational, ihr Verhalten taktisch lediglich im Hinblick auf das einzelne Verfahren auszurichten, ohne zu berücksichtigen, dass bei erneutem Zusammentreffen die Macht anders verteilt sein kann.[856] Macht bezeichnet in diesem Zusammenhang die Fähigkeit, das Ergebnis eines Verfahrens nach den eigenen Präferenzen zu bestimmen, mithin ein Gefälle der Verhandlungsstärke zwischen den Verfahrensbeteiligten.[857] Unter der Bedingung veränderlicher Machtverhältnisse ist es für die Beteiligten vorteilhaft, ihre Perspektive über das einzelne Verfahren hinweg auf den Horizont wiederholter Zusammentreffen mit den anderen Beteiligten zu erweitern.[858] Sind die Machtverhältnisse wechselhaft, steht den Verfahrensbeteiligten kein Wissen über konkrete zukünftige Konstellationen von Macht und Ab-

---

gegen den Erlass der Richtlinie stimmt, macht sie hier mitgliedstaatliche Handlungsräume geltend.

[855] Im Anschluss an *N. Luhmann,* Legitimation durch Verfahren, 1989, 75.

[856] Ebd.

[857] In diesem Sinne verwendet *Luhmann* im Zusammenhang mit dem Konzept des Kontaktsystems den Begriff der Macht, vgl. *N. Luhmann,* Legitimation durch Verfahren, 1989, 75 ff.

[858] *N. Luhmann,* Legitimation durch Verfahren, 1989, 75.

hängigkeit zur Verfügung, an dem sie ihr Verhalten konkret ausrichten könnten. Daher orientieren die Beteiligten ihr Verhalten an der Wechselhaftigkeit der Machkonstellationen.[859] Dieser generalisierten Perspektive entspricht als Handlungsorientierung eine ebenso generalisierte Idee der Verhaltensordnung, die alle zukünftig möglichen Zusammentreffen und Machtverhältnisse umfasst: Die Beteiligten richten sich an Kooperationswilligkeit, Kompromissbereitschaft, Vertrauen und dem Trachten nach dem Erhalt von Vertrauen aus.[860] Sie orientieren sich nicht daran, ihre Präferenzen rigide durchzusetzen; sie tragen Konflikte nicht konfrontativ aus und schöpfen die verfügbaren prozeduralen Mittel nicht aus. Vielmehr erstreben sie Vermittlung und Kompromiss, sie verzichten auf die Eskalation von Konflikten.[861] Diese Verhaltensordnung ist für jeden Fall des Zusammentreffens der Beteiligten durch die Perspektive ihres erneuten Zusammentreffens sanktioniert, bei dem unkooperatives, misstrauisches und eskalatives Verhalten durch die Verweigerung von Kooperation und Kompromiss, Misstrauen und Eskalation von Konflikten retourniert werden kann.[862]

Die primärrechtliche Verfahrensordnung gibt mit dem Konzept der Co-Gesetzgeberschaft die Gleichordnung und gleiche Verhandlungsstärke von Parlament und Rat bei der Verhandlung von Gesetzgebungsvorhaben stabil für jeden Mitentscheidungsprozess vor. Gleichwohl ist von einer Wechselhaftigkeit der Machtverhältnisse zwischen den Beteiligten auszugehen. Die Co-Gesetzgeberschaft von Rat und Parlament begründet ein Verhältnis wechselseitiger Abhängigkeit, in dem jeder der beiden seine politischen Präferenzen nur mit Zustimmung des anderen legislativ umsetzen kann.[863] Beide Organe sind dem

---

[859] Nach Luhmann bedingt die Konstellation wiederholten Zusammentreffens in wechselnden Machtkonstellationen eine zeitliche, sachliche und soziale Generalisierung der Perspektiven der Beteiligten: „Sozial gesehen vereinheitlicht sich der Stil der Begegnungen durch einen typisch erwartbaren Nenner, der nicht jeweils neu ermittelt werden muss, zum Beispiel als Kooperation oder Konflikt.“, *N. Luhmann,* Legitimation durch Verfahren, 1989, 76.

[860] Ebd., 75 f.

[861] Ebd., 77 ff.

[862] Ebd., 1989, 76 ff.

[863] Zur Notwendigkeit der Kooperation der Verfahrensbeteiligten in der Mitentscheidung, weil alle Akteure mit sanktionierten Verfahrenspositionen in den Gesetzgebungsprozess eingebunden sind, *P. Dann,* Parlamente im Exeku-

Veto des anderen ausgesetzt, mit dem dieser ein Gesetzgebungsvorhaben verhindern kann, das seinen Präferenzen nicht entspricht. Politikwissenschaftliche Untersuchungen legen indes überzeugend dar, dass das in der Praxis nicht in jedem Fall „Waffengleichheit" und die Gleichheit der Verhandlungsstärke der Co-Gesetzgeber bedingt. Die primärrechtliche Verfahrensordnung determiniert die relativen Machtverhältnisse zwischen den Verfahrensbeteiligten nicht abschließend.[864] Sie regelt bereits deren Zusammenwirken nicht umfassend.[865] Die Verfahrensordnung des Art. 294 AEUV wird mit Blick auf die Machtverhältnisse zwischen Kommission, Europäischem Parlament nur als ein – wenn auch wesentlicher – Faktor wirksam. Neben der primärrechtlichen Verfahrensordnung bestimmen weitere Faktoren die Machtkonstellationen in der Mitentscheidungspraxis.[866] Bestehen Unterschiede in der Haltung von Rat und Europäischem Parlament gegenüber dem Scheitern eines konkreten Gesetzgebungsvorhabens, können daraus Unterschiede in ihrer Durchsetzungsfähigkeit, in ihrer Kompromissbereitschaft folgen.[867] Das Parlament kann, wenn es dem Scheitern eines Vorhabens indifferent gegenübersteht, dem Rat, wenn dieser gesetzgeberisches Handeln für unverzichtbar hält, sein verfahrensbeendendes Veto androhen, um Zugeständnisse zu erwirken und seine Präferenzen durchzusetzen. Dies gilt entsprechend umgekehrt. Dadurch kann sich die Verhandlungsstärke der Co-Gesetzgeber, die nach Art. 294 AEUV ausgeglichen ist, in Rechtssetzungsprozessen zu Gunsten einer Seite verschieben.

---

tivföderalismus, 2004, 369, der das Rechtsetzungssystem der EU insgesamt als von einer Kooperationslogik geprägt beschreibt.

[864] *H. Farrell/A. Héritier,* Governance: An International Journal of Policy, Administration, and Institutions 16 (2003), 577, 582. Dies ist ein überzeugender Einwand gegen die vielfältigen Versuche, die Machtverhältnisse zwischen den Verfahrensbeteiligten ausschließlich in Rekurs auf ihre formalen prozeduralen Kompetenzen zu rekonstruieren; dazu noch sogleich unter b.

[865] Dies zeigt auch der umfangreiche Körper interinstitutionellen verfahrensordnenden Rechts; dazu bereits oben Kap. 4 I.

[866] *H. Farrell/A. Héritier,* Governance: An International Journal of Policy, Administration, and Institutions 16 (2003), 577, 582 f.; zu den politikwissenschaftlichen Vorschlägen der Modellbildung zu den Machtverhältnissen in der Mitentscheidungspraxis sogleich noch eingehend unter b.

[867] *H. Farrell/A. Héritier,* Governance: An International Journal of Policy, Administration, and Institutions 16 (2003), 577, 582 f.

Auch die Kommission kann, um ihre politischen Präferenzen zu verwirklichen, das Druckmittel des Vetos einlegen: Sie kann ihren Vorschlag jederzeit zurückziehen und dadurch das Verfahren beenden.[868] Zudem verfügt sie gegenüber den Co-Gesetzgebern über die Sanktion der Erschwerung der Annahme von Gesetzgebung nach Art. 294 Abs. 9 AEUV, die ein Vorhaben zum Scheitern verurteilen kann.[869] Die Kommission kann jedoch auch Adressat der Drohung der Co-Gesetzgeber sein, ein Vorhaben scheitern zu lassen, und dadurch unter Umständen dazu bewogen werden, dieses Mittel und ihre weiteren prozeduralen Mittel der Einflussnahme[870] nicht einzusetzen.

Dass die Drohung eines Verfahrensbeteiligten, ein Gesetzgebungsvorhaben in Gänze scheitern zu lassen, eine Stärkung seiner Verhandlungsposition bedeuten kann, zeigt die Mitentscheidungspraxis im Bereich der Biomedizin und Humanbiotechnologie: Nachdem das Parlament das erste Gesetzgebungsvorhaben einer Biopatentrichtlinie nach dem Vermittlungsverfahren zum Scheitern gebracht hatte, weil es seine Präferenz, die Ausnahme menschlicher Materie von der Patentierbarkeit, nicht verwirklicht sah, unterstützten Kommission und Rat im zweiten Gesetzgebungsprozess zur Biopatentrichtlinie in dieser Frage weitgehend die Position des Parlaments.[871] Der unter Beweis gestellte Wille des Parlaments, sein Veto einzusetzen, sanktionierte und stärkte in diesem Verfahren seine Verhandlungsposition gegenüber Rat und Kommission. Die Androhung des Vetos kann damit eine effektive Verhandlungstaktik sein, um gegenüber einem Adressaten, der gesetzgeberisches Handeln für unverzichtbar hält, politische Präferenzen durchzusetzen. Sie kann die Verhandlungsstärke zu Gunsten eines der Co-Gesetzgeber verschieben und Zugeständnisse erzwingen. Zu welchen Konstellationen des Machtgefälles die Vetomöglichkeiten der Co-Gesetzgeber sich

---

[868] Dies ist Ausfluss des Initiativmonopols der Kommission, *J. Schoo,* Art. 250 EGV, in: Groeben/Schwarze (Hrsg.), Kommentar zum Vertrag über die Europäische Union und zur Gründung der Europäischen Gemeinschaft, 2003, Rn. 19 ff.; dazu auch schon oben Kap. 1 III. 2. c. (1).

[869] Hierzu bereits oben Kap. 4 IV. 1.

[870] Zur Verfahrensposition der Kommission im Rahmen der Gesetzgebung oben Kap. 1 IV. 2. b.

[871] Dazu oben 2., 3., 4. und *E. R. Gold/A. Gallochat,* European Law Journal 7 (2001), 331.

aktualisiert, ist aber für die Verfahrensbeteiligten nicht generalisiert vorhersehbar.[872]

Politikwissenschaftliche Untersuchungen machen zwei weitere, zusammenhängende Faktoren aus, die dazu führen, dass sich das primärrechtlich vorgesehene Gleichgewicht der Verhandlungsstärke der Co-Gesetzgeber in der Praxis verschiebt:[873] Zum einen unterschiedliche Zeithorizonte der Co-Gesetzgeber, die diese in Einzelfällen unterschiedlich empfindlich gegenüber der Verzögerung von Gesetzgebung machen können. Die Drohung, Gesetzgebung zu verzögern, indem alle prozeduralen Möglichkeiten ausgeschöpft werden, kann daher in einzelnen Mitentscheidungsprozessen dazu eingesetzt werden, Zugeständnisse zu erzwingen.[874] Zum anderen sind die organisationellen Ressourcen, die Arbeitskapazitäten der Co-Gesetzgeber unter Umständen ein Faktor, der die Bereitschaft eines der Co-Gesetzgeber steigert, Zugeständnisse zu machen: Ein organisationell schlechter ausgestatteter Ak-

---

[872] Diese Perspektive, die von der Wechselhaftigkeit der Machtverhältnisse zwischen den Co-Gesetzgebern ausgeht, ist plausibler als Ansätze, die Aussagen zum Machtgefüge im Verhältnis von Rat und Parlament generalisieren und die Machtverhältnisse als stabil beschreiben: Schon die Widersprüchlichkeit der Standpunkte dazu, wie die Machtverhältnisse zwischen Europäischem Parlament und Rat in der Mitentscheidung sind, deutet darauf hin, dass es eine konstante Konstellation nicht gibt. Zur politikwissenschaftlichen Forschung über den Einfluss der Verfahrensbeteiligten auf den Inhalt von Mitentscheidungsgesetzgebung eingehend noch unten b.

[873] *H. Farrell/A. Héritier,* Governance: An International Journal of Policy, Administration, and Institutions 16 (2003), 577, 581.

[874] *C. Burns,* Government and Opposition 41 (2006), 230, 241; *C. Crombez/B. Steunenberg/R. Corbett,* European Union Politics 1 (2000), 363, 377. *H. Farrell/A. Héritier,* Governance: An International Journal of Policy, Administration, and Institutions 16 (2003), 577, 581 gehen davon aus, dass wegen der Rotation der Ratspräsidentschaft der auf Seite des Rates verhandlungsleitende Ratsvorsitz kurzfristiger als das Parlament denkt, nämlich innerhalb der Perspektive seiner sechsmonatigen Präsidentschaft. Angesichts dessen, dass der Erfolg und das Prestige einer Ratspräsidentschaft davon abhängen kann, ob sie in den sechs Monaten Gesetzgebung erfolgreich durchbringt, könne daher die Drohung der Verzögerung des Gesetzgebungsprozesses in einzelnen Fällen auf den Rat Druck ausüben. Diesen könne das Parlament zur Durchsetzung seiner inhaltlichen Präferenzen einsetzen. Der Zeitfaktor könne daher in einzelnen Mitentscheidungsprozessen die Verhandlungsposition des Rates gegenüber dem Parlament schwächen.

teur, für den die Fortführung eines Mitentscheidungsprozesses den weiteren Aufwand knapper Ressourcen bedeute, werde in einzelnen Fällen bereiter sein, Kompromisse einzugehen, um dies zu vermeiden.[875]

Insgesamt bestimmen mehrere Faktoren, dass sich in dem von allen Beteiligten wiederholt gespielten Spiel der Mitentscheidung[876] wechselnde Gefälle der Verhandlungsstärke der Verfahrensbeteiligten ergeben, die im Einzelnen nicht prognostizierbar sind. Die Verfahrensbeteiligten müssen daher von der Wechselhaftigkeit der Machtverhältnisse ausgehen.[877] Daher orientieren sie sich in ihrem Verhalten zunehmend an Kooperation und Kompromissbereitschaft.[878] Es kommt nur sehr selten

---

[875] *H. Farrell/A. Héritier,* Governance: An International Journal of Policy, Administration, and Institutions 16 (2003), 577, 581 argumentieren, dass ein Akteur, der über knappe Ressourcen für die Vorbereitung und Durchführung von Verhandlungen verfügt, wenig thematisch spezialisiert ist oder unter hoher Arbeitsbelastung steht, versuchen werde, die organisationellen Kosten eines langwierigen Verfahrens zu vermeiden, und eher bereit sei, inhaltliche Zugeständnisse zu machen. Zwar hat empirische Forschung die Hypothese widerlegt, dass eine hohe Arbeitsbelastung der Organe generell die Wahrscheinlichkeit des frühen Abschluss des Mitentscheidungsprozesses, der auf hohe Kompromissbereitschaft der Beteiligten schließen lässt, steigert, *A. Rasmussen,* Early conclusion in the co-decision legislative procedure, 2007. Das schließt aber nicht aus, dass Fälle der frühen und informellen Einigung zwischen den Co-Gesetzgebern dadurch befördert werden, dass einer der Akteure den Aufwand weiterer organisationeller Kapazitäten scheut und deswegen zu Zugeständnissen bereit ist. Generell ist nach Farrell/Héritier dabei das Parlament im Vorteil, es ist in der Form seiner Ausschussstruktur, die ein hohes Maß an Arbeitsteilung und Spezialisierung zur Verfügung stellt, mit verhältnismäßig viel organisationellen Ressourcen zur Bearbeitung von Gesetzgebung ausgestattet. Dies entspricht der institutionentheoretischen Perspektive auf das Europäische Parlament als *Arbeitsparlament,* das in seiner Ausschussstruktur eine relativ hohe und effektive Kapazität in seiner Kontroll- und Gesetzgebungsfunktion verfügt, *P. Dann,* Parlamente im Exekutivföderalismus, 2004, 330 ff., 363 ff. Im Vergleich dazu muss im Rat der Coreper sämtliche Gesetzgebungsvorhaben betreuen, dabei ist eine Untersektion, Coreper 1, mit der Bearbeitung befasst, dazu bereits oben Kap. 4 II. 2., Fn. 585.

[876] *K. Dowding,* European Union Politics 1 (2000), 125, 131, „[A]ctors play the codecision game repeatedly“.

[877] Siehe hierzu schon Fn. 872 oben.

[878] Das Mitentscheidungsverfahren annäherungsweise als Mediationsverfahren deutend *S. Boyron,* The co-decision procedure: Re-Thinking the constitutional fundamentals, in: Craig/Harlow (Hrsg.), Lawmaking in the European

vor, dass ein Gesetzgebungsvorhaben scheitert. Der Erlass von Mitentscheidungsgesetzgebung in erster Lesung wird zum Regelfall.[879]

Die Co-Gesetzgeber verfolgen die Verwirklichung ihrer Präferenzen nicht im Sinne eines „alles oder nichts"-Gedankens, nach dem sie ein Vorhaben scheitern lassen, wenn sie ihre Präferenzen nicht vollständig verwirklicht sehen. Sie lassen sich auf Kompromisse ein und machen Zugeständnisse. Sie nutzen eskalative prozedurale Möglichkeiten, wie vor allem das verfahrensbeendende Veto eines der Co-Gesetzgeber oder seitens der Kommission die Zurücknahme des Vorschlags, nur ganz ausnahmsweise. Die zentrale interinstitutionelle Verhaltenserwartung zwischen den Verfahrensbeteiligten ist die der loyalen Zusammenarbeit[880], die Art. 13 Abs. 2 EUV zu einer primärrechtlichen Pflicht macht.[881] Die loyale Zusammenarbeit der Organe ist von Kommunikation, Kooperation und dem deeskalativen Umgang mit politischen Differenzen geprägt; Verhandlung und Kompromiss sind die zentralen Verhaltensmaximen. Dies zeigen die Selbstverpflichtungen der Beteiligten in interinstitutionellen Dokumenten.[882] Die normative Ausrichtung der Beteiligten an Kooperation und Kompromiss wird auch im Selbstverständnis der Kommission sichtbar, die sich als Mediatorin zwischen den Co-Gesetzgebern begreift und in Konflikten vermitteln soll.[883] Insgesamt besteht oder entsteht zwischen den Verfahrensbeteiligten eine Verhaltenserwartung, Gesetzgebung nicht dadurch zu verzögern oder in letzter Konsequenz zum Scheitern zu bringen, dass das Arsenal prozeduraler Möglichkeiten ausgereizt wird, welches zur Austragung politischer Konflikte zwischen den Co-Gesetzgebern zur Verfügung steht.

Union, 1998, 147, die insbesondere die Kommission als neutrale Mediatorin im Verfahren betrachtet.

[879] Dazu oben II. 1.

[880] S. hierzu schon oben Kap. 4 I. und V. 2. und die Präambel der Gemeinsamen Erklärung.

[881] Dies zeigt, dass von der rechtsnormativen Selbstorganisation der Unionsorgane Impulse für die Verfassungspolitik gegeben werden; dazu *H. Farrell/A. Héritier,* Governance: An International Journal of Policy, Administration, and Institutions 16 (2003), 577; *F. von Alemann,* Die Handlungsform der interinstitutionellen Vereinbarung, 2006, 319 ff.

[882] Dazu oben Kap. 4 I. und V. 2.

[883] S. dazu I. 2. und Kap. 4 I.

Die „Trilogisierung", die Informalisierung der Mitentscheidung ist Ausdruck dieser normativen Verhaltensorientierung in einem prozeduralen Mechanismus, den die Verfahrensbeteiligten als effektive Form der Zusammenarbeit in der Mitentscheidung verstehen.[884] In Trilogen können Kommission, Rat und Parlament direkt, vertraulich und flexibel verhandeln. Triloge ersetzen die Ausschöpfung der prozeduralen Möglichkeiten des Art. 294 AEUV als Mechanismus, der die Einigung der Co-Gesetzgeber herbeiführen soll. Der Gesetzgebungsprozess ist, wenn Triloge ab seiner Einleitung stattfinden, von Beginn an darauf gerichtet, differierende Positionen nicht nur auszutauschen, sondern zwischen ihnen einen Kompromiss zu verhandeln. In der Abfolge organinterner Lesungen stellt das Mitentscheidungsverfahren bis zum Zeitpunkt des Vermittlungsverfahrens keine Möglichkeit unmittelbarer Verhandlung bereit. Es sieht bloß die wechselseitige Konfrontation der Co-Gesetzgeber mit den Beschlüssen des jeweils anderen vor. Dies ist gegenüber direktem Austausch und Verhandlung wesentlich weniger geeignet, Vermittlung zu leisten und hat ein höheres Potential, inhaltliche Konflikte zu perpetuieren. Das zeigt sich dort, wo einer der Co-Gesetzgeber seine Änderungen des Vorhabens, die der andere Co-Gesetzgeber abgelehnt hat, in nächster Lesung wieder einführt. Beispiele hierzu sind unter anderem die Beschlüsse des Parlaments in zweiter Lesung der Richtlinie zu klinischen Prüfungen[885] und zu der Verordnung zur zentralisierten Arzneimittelzulassung[886], in der es in erster Lesung beschlossene Änderungen des Vorschlags, die der Rat mit seinem Gemeinsamen Standpunkt zurückgewiesen hatte, erneut einbringt. Triloge wirken einer derartigen Perpetuierung von Konflikten entgegen. Beispiel hierfür ist der Fall des Mitentscheidungsprozesses zur Geweberichtlinie. Der Rat hatte darin eine parlamentarische Änderung aus erster Lesung in seinem Standpunkt nicht übernommen. In Trilogen wurde zwischen den Positionen der Co-Gesetzgeber ein Kompromiss erreicht.[887] Triloge dienen damit dazu, sich andeutende inhaltlicher Konflikte zu bereinigen, die ein Gesetzgebungsvorhaben gefährden können. Darin sind sie dem Vermittlungsverfahren vergleichbar, in dem ebenfalls

---

[884] Dazu schon oben Kap. 4 I. und V. 2., s. auch die Präambel der Gemeinsamen Erklärung.

[885] Dazu oben II. 4. a.

[886] Dazu oben II. 4. a.

[887] Dazu oben II. 3.

in unmittelbarem Austausch Kompromisse verhandelt werden. Anders als das Vermittlungsverfahren steht das Instrument des Trilogs auch schon zu einem frühen Zeitpunkt des Verfahrens zur Verfügung und nicht erst, wenn Konflikte bereits verfestigt sind. Das Vermittlungsverfahren kann bereits im Verfahren verstetigte Konflikte unter Umständen nicht mehr in einen Konsens zwischen den Co-Gesetzgebern überführen, der Gesetzgebung ermöglicht. Dies zeigt das Beispiel des ersten Vorhabens einer Biopatentrichtlinie, über das zwar im Vermittlungsverfahren Einigkeit hergestellt wurde, das trotzdem aber scheiterte, weil das parlamentarische Plenum den Vermittlungsentwurf ablehnte.[888]

Triloge können auch dazu eingesetzt werden, dass inhaltliche Differenzen zwischen den Co-Gesetzgebern gar nicht erst in das Verfahren getragen werden. Beispiel hierfür ist der Fall der Verordnung über neuartige Therapien[889], in dem in Trilogen eine Einigung zwischen Vertretern der Co-Gesetzgeber schon vor der ersten parlamentarischen Plenardebatte zustande kam und das Vorhaben in der ersten Beratungsphase erlassen wurde. In diesem Fall wurde das parlamentarische Potential, Gesetzgebungsvorhaben inhaltlich zu problematisieren und zu gestalten, weitgehend ausgeschaltet. Das Plenum des Parlaments wurde in bloßer Ratifikationsfunktion vor eine „alles oder nichts"-Entscheidung gestellt. Das rückt die Frage in den Blick, wie sich die Informalisierung des Mitentscheidungsverfahrens auf die Verteilung von Verantwortlichkeiten und Macht innerhalb der Organe, insbesondere im Parlament auswirkt (dazu unter b.).

Der Mechanismus der Triloge und seine rechtliche Verankerung drücken insgesamt eine interinstitutionelle Erwartung aus, dass sich die Verfahrensbeteiligten kooperativ, kompromissbereit und deeskalativ um die Vermittlung zwischen ihren differierenden Positionen bemühen. Diese Verhaltenserwartung schließt nicht aus, dass es zu Fällen unkooperativen und kompromisslosen Verhaltens und zur Eskalation kommt – angesichts dessen dient die rechtliche Verankerung der Triloge in der Verfahrensordnung der Mitentscheidung auch und gerade dazu, die Verhaltenserwartung loyaler Zusammenarbeit in dieser Form kontrafaktisch zu behaupten und zu stabilisieren. Es ist dabei aber noch ungeklärt, ob die Verankerung der loyalen Zusammenarbeit in Trilogen im

---

[888] Hierzu bereits oben II. 2. a. und zur Verfahrensgeschichte auch *E. R. Gold/A. Gallochat*, European Law Journal 7 (2001), 331.

[889] Dazu II. 3.

interinstitutionellen Recht dazu führt, dass die entsprechende Verhaltenserwartung im Fall ihrer Enttäuschung rechtlich durchsetzbar ist. Mit Art. 295 AEUV hat die rechtsnormative Selbstorganisation der Verfahrensbeteiligten nunmehr eine primärrechtliche Grundlage, die sie ausdrücklich dazu ermächtigt, interinstitutionell bindendes verfahrensordnendes Recht zu setzen. Unter Umständen könnte das interinstitutionelle Recht der Verfahrensbeteiligten damit als Konkretisierung der primärrechtlichen Verfassung des Gesetzgebungsverfahrens auch in die Gewährleistung des institutionellen Gleichgewichts miteinbezogen werden.[890] Die Möglichkeit, dass interinstitutionelle Vereinbarung zur Mitentscheidung Rechte und Pflichten begründen, die auf dem Gerichtsweg durchsetzbar sind, besteht.[891] Die Einschaltung Dritter passt jedoch nicht zu einer interinstitutionellen Verhaltensordnung der Kooperation, des Vertrauens und der Deeskalation; zudem lässt sich informelle Zusammenarbeit in den beschriebenen Formen kaum erzwingen.

b. Die interinstitutionellen Machtverhältnisse in der Mitentscheidung: Politikwissenschaftliche Modellbildung

Die Praxis des Mitentscheidungsverfahrens wird von der Politikwissenschaft intensiv beobachtet.[892] Drei Hauptbereiche der Forschung lassen sich dabei ausmachen: Zum einen werden die Funktionsweise und die Entwicklung des Mitentscheidungsverfahrens untersucht.[893] Daneben befasst sich die politikwissenschaftliche Institutionenforschung mit der Selbstorganisation von Kommission, Europäischem Parlament und Rat

---

[890] Zu der Figur des institutionellen Gleichgewichts in der Rechtsprechung des EuGH oben Kap. 4; s. auch noch unten Kap. 6 I. 2.

[891] Zur Justiziabilität von interinstitutionellen Vereinbarungen allgemein *F. von Alemann,* Die Handlungsform der interinstitutionellen Vereinbarung, 2006, 281 ff.

[892] Siehe auch schon oben a.

[893] *D. Earnshaw/D. Judge,* Journal of European Public Policy 2 (1995), 624; *S. Boyron,* International and Comparative Law Quarterly 45 (1996), 293; *J. Garman/L. Hilditch,* Journal of European Public Policy 5 (1998), 271; ein Beitrag zur Funktionsweise und Geschichte aus der Rechtswissenschaft *R. Giebenrath,* Das Mitentscheidungsverfahren des Artikels 251 (ex-189b) EG-Vertrag zwischen Maastricht und Amsterdam, 2000.

in der Mitentscheidung, und dabei auch damit, wie die Informalisierung der Mitentscheidung auf der Grundlage von prozeduralen Standards demokratischer Politik zu bewerten ist.[894] Der weitaus größte Teil der politikwissenschaftlichen Studien zum Mitentscheidungsverfahren beziehungsweise zu den Gesetzgebungsverfahren der Europäischen Union widmet sich jedoch den relativen Machtverhältnissen zwischen den Verfahrensbeteiligten, also ihrer Rolle und ihrem Einfluss auf den Inhalt von Gesetzgebung,[895] sowie den Machtverhältnissen innerhalb der Organe.[896] Sowohl zu den inter- wie zu den innerinstitutionellen Aspekten

---

[894] Dazu *H. Farrell/A. Héritier,* Governance: An International Journal of Policy, Administration, and Institutions 16 (2003), 577 und *A. Héritier,* Explaining institutional change in Europe, 2007, 69 ff.; *H. Farrell/A. Héritier,* The Invisible Transformation of Codecision: Problems of Democratic Legitimacy; *M. Shackleton/T. Raunio,* Journal of European Public Policy 10 (2003), 171; *C. Reh,* The Informal Politics of Co-Decision: Towards a normative Assessment.

[895] Nicht abschließend: *G. Garrett,* Electoral Studies 14 (1995), 289; *C. Crombez,* Legislative Studies Quarterly 22 (1997), 97; *R. M. Scully,* The Journal of Legislative Studies 3 (1997), 58; *G. Tsebelis/G. Garrett,* The Journal of Legislative Studies 3 (1997), 74; *R. M. Scully,* The Journal of Legislative Studies 3 (1997), 93; *J. Garman/L. Hilditch,* Journal of European Public Policy 5 (1998), 271; *M. Shackleton,* Journal of Common Market Studies 38 (2000), 325; *C. Crombez/B. Steunenberg/R. Corbett,* European Union Politics 1 (2000), 363; *C. Crombez,* Constitutional Political Economy 11 (2000), 47; *T. König/M. Pöter,* European Union Politics 2 (2001), 329; *G. Tsebelis/C. B. Jensen/A. Kalandrakis u. a.,* British Journal of Political Science 31 (2001), 573; *A. Kreppel,* Comparative Political Studies 35 (2002), 784; *A. Maurer,* Parlamentarische Demokratie in der Europäischen Union, 2002; *A. Maurer,* Journal of Common Market Studies 41 (2003), 227; *A. Rasmussen,* European Integration online Papers 7 (2003); *C. Burns,* Journal of European Public Policy 11 (2004), 1; *C. Kasack,* European Union Politics 5 (2004), 241; *S. Napel/M. Widgren,* The Inter-Institutional Distribution of Power in EU Codecision; *T. J. Selck/B. Steunenberg,* European Union Politics 5 (2004), 25; *C. Burns,* Journal of Common Market Studies 43 (2005), 485; *B. Hörl/A. Warntjen/A. Wonka,* Journal of European Public Policy 12 (2005), 592; *R. Thomson/M. Hosli,* Journal of Common Market Studies 44 (2006), 391. Dabei widmet sich eine Reihe von Aufsätzen dem Mitentscheidungsverfahren, wie es der Vertrag von Maastricht regelte.

[896] Etwa *G. Benedetto,* Journal of European Public Policy 12 (2005), 67; *C. Burns,* Government and Opposition 41 (2006), 230; *B. Hoyland,* European Union Politics 7 (2006), 30; *H. Farrell/A. Windhoff-Héritier,* Interorganizational cooperation and intraorganizational power, 2002; *H. Farrell/A. Héritier,* Comparative Political Studies 37 (2004), 1184; *A. Rasmussen/M. Shackleton,*

des Machtgefüges in der Mitentscheidung liegt eine Reihe von Untersuchungen vor.[897] Der Stand der Forschung zu den interinstitutionellen Machtverhältnissen in der Mitentscheidung, sowie zur Verteilung von Macht innerhalb der Co-Gesetzgeber, und zu den Verschiebungen, die die Informalisierung der Mitentscheidung hier wie dort verursacht, steht im Folgenden im Fokus.

Es werden verschiedene Modelle vorgeschlagen, die die Machtverhältnisse im Verfahren abbilden und auf dieser Grundlage die Vorhersage von Verfahrensergebnissen in Relation zu den Präferenzen der einzelnen Verfahrensbeteiligten ermöglichen sollen.[898] Geteilter Ausgangspunkt sämtlicher Modelle sind dabei Annahmen der *rational-choice*- und nichtkooperativen Spiel-Theorie. Es dominieren dabei unter dem

---

The scope for action of European Parliament negotiators in the legislative process: lessons of the past and for the future, 2005.

[897] Siehe Fn. 895 und 896 oben.

[898] Wichtig die Scully-Tsebelis/Garrett-Kontroverse *G. Garrett,* Electoral Studies 14 (1995), 289; *G. Tsebelis,* American Political Studies Association Comparative Politics Newsletter 6 (1995), 4; *G. Garrett/G. Tsebelis,* West European Politics 50 (1996), 269; *R. M. Scully,* The Journal of Legislative Studies 3 (1997), 58; *G. Tsebelis/G. Garrett,* The Journal of Legislative Studies 3 (1997), 74; *R. M. Scully,* The Journal of Legislative Studies 3 (1997), 93); weiter auch *C. Crombez,* Legislative Studies Quarterly 22 (1997), 97; die vorgenannten Beiträge beziehen sich auf das Mitentscheidungsverfahren nach dem Vertrag von Maastricht; *C. Crombez,* Constitutional Political Economy 11 (2000), 47 zur Reform des Mitentscheidungsverfahrens durch den Vertrag von Amsterdam und ihrem Einfluss auf die interinstitutionellen Verhältnisse; weiterhin *M. Shackleton,* Journal of Common Market Studies 38 (2000), 325; *G. Tsebelis/G. Garrett,* European Union Politics 1 (2000), 9; *C. Crombez/B. Steunenberg/R. Corbett,* European Union Politics 1 (2000), 363; *S. Napel/M. Widgren,* The Inter-Institutional Distribution of Power in EU Codecision; *C. Kasack,* European Union Politics 5 (2004), 241; *T. J. Selck/B. Steunenberg,* European Union Politics 5 (2004), 25; *R. Thomson/M. Hosli,* Journal of Common Market Studies 44 (2006), 391. Eine Aufarbeitung und Kritik des dominanten, rational-choice/spatial theory-Ansatzes der Modellbildung zum legislativen Prozess der Europäischen Union insbesondere mit Blick auf das Mitentscheidungsverfahren bei *B. Hörl/A. Warntjen/A. Wonka,* Journal of European Public Policy 12 (2005), 592; kritisch zu den spatialen Modellen der Legislativverfahren der EU auch *T. König/M. Pöter,* European Union Politics 2 (2001), 329.

Schlagwort *procedural spatial models*[899] firmierende Modelle, mit denen das Machtgefüge ausgehend von der formalen Ordnung des Handelns der Verfahrensbeteiligten durch das Primärrecht rekonstruiert wird.[900] Die Vorhersage von Ergebnissen des Gesetzgebungsverfahrens im Verhältnis zu den Präferenzen der Verfahrensbeteiligten funktioniert dabei über die Zuordnung der Machtfaktoren *veto power* und *agenda-setting power* im Kreise der Verfahrensbeteiligten. Über eine Vetoposition verfügt ein Akteur, wenn er mit dem prozeduralen Mittel ausgestattet ist, Gesetzgebung zu verhindern. *Agenda-setting-power* ist die Kompetenz eines Akteurs, andere Verfahrensbeteiligte vor die Alternative der Annahme oder der Ablehnung seines Standpunktes zu stellen, ohne dass sie Abänderungen einführen können. *Agenda-setting-power* ist nicht gleichzusetzen mit der Befähigung von Verfahrensbeteiligten, ihre Präferenzen in das Verfahren einzuführen, wie Europäisches Parlament und Rat es in der Mitentscheidung mit Änderungsbeschlüssen können, und die Kommission es mit ihrem Vorschlagsmonopol und gemäß Art. 294 Abs. 9 AEUV kann.[901] Es handelt sich in diesen Fällen nicht effektiv um *agenda-setting*, weil die eingebrachte Fassung des Gesetzgebungsvorhabens jeweils von anderen Verfahrensbeteiligten wieder – wenn auch unter Umständen erschwert[902] – abgeändert werden kann.[903] Auf der Basis der Bestimmung der relativen Machtverhältnisse

---

[899] Einführend hierzu *B. Hörl/A. Warntjen/A. Wonka*, Journal of European Public Policy 12 (2005), 592, 593 f. mit weiteren Nachweisen.

[900] Übersichtsweise hierzu *T. König/M. Pöter*, European Union Politics 2 (2001), 329; *B. Hörl/A. Warntjen/A. Wonka*, Journal of European Public Policy 12 (2005), 592.

[901] Hierzu oben Kap. 4.

[902] Dies gilt insbesondere in dem Fall des Art. 294 Abs. 9 AEUV, nach dem der Rat über parlamentarische Änderungen an seinem Standpunkt, zu denen die Kommission eine ablehnende Stellungnahme abgegeben hat, einstimmig beschließt; dazu bereits oben Kap. 4. Dies ist ein Fall des bedingten *agenda-setting*, weil es dem Rat leichter fällt der Position der Kommission zu folgen als sie zu überwinden.

[903] Die beiden Faktoren der Verhandlungsstärke der Verfahrensbeteiligten sind zwar auf den ersten Blick ähnlich gelagert wie die hier bereits eingeführten Kriterien der Verfahrenspositionen bei der Gesetzgebung, kommen mit dieser aber nicht zur Deckung: Die Kriterien der gesetzgeberischen Verantwortung, wie sie hier bestimmt werden (oben Kap. 1 IV. 2.), sind erstens die Abhängigkeit des Zustandekommens eines Gesetzgebungsvorhabens von seiner formalisierten

entlang dieser Kriterien sagen prozedural-spatiale Modelle die Ergebnisse von Mitentscheidungsprozessen in Relation zu den Präferenzen der Akteure voraus.[904] Es ist dabei wesentlicher Bestandteil dieser Modelle, dass den Akteuren stabile Präferenzen zugeschrieben werden – dem Rat wird eine integrationsskeptische Haltung, der Kommission und dem Europäischen Parlament eine integrationsfreundliche politische Orientierung zugeschrieben.

Relative Einigkeit besteht darüber, dass die Kommission in der Mitentscheidung nur über begrenzt effektive Mittel zur Durchsetzung ihrer Präferenzen verfügt. Ihr Initiativmonopol macht sie nicht zum *agenda-setter.* Der Mechanismus des Art. 294 Abs. 9 AEUV, nach dem dem Rat die Überwindung der Position der Kommission prozedural erschwert ist, bedeutet immerhin ein Instrument des bedingten *agenda-settings.*[905] Insgesamt lässt sich aber kein oder nur ein geringer konditionaler Zusammenhang zwischen den Präferenzen der Kommission und dem Inhalt von Mitentscheidungsgesetzgebung herstellen.[906] Mit Blick auf die Machtverhältnisse zwischen Europäischem Parlament und Rat hingegen besteht Uneinigkeit. Teilweise wurde das Mitentscheidungsverfahren, wie es der Vertrag von Maastricht einführte, gegenüber dem Zusammenarbeitsverfahren als Schwächung des Europäischen Parlaments im Verhältnis zum Rat gesehen.[907] Im Zusammenarbeitsverfahren verfüge das Europäische Parlament anders als in der Mitentscheidung gegen-

---

Annahme seitens eines Verfahrensbeteiligten und zweitens dessen prozedurale Befähigung, seine politischen Präferenzen unabhängig von der Zustimmung anderer Verfahrensbeteiligter im Verfahren zu betätigen – was nicht gleichbedeutend mit *agenda-setting-power* im genannten Sinne ist.

904 Übersichtsweise hierzu *B. Hörl/A. Warntjen/A. Wonka,* Journal of European Public Policy 12 (2005), 592, 593 ff. Siehe hierzu auch schon oben I. 2.

905 Eingehend zur Rolle der Kommission *A. Rasmussen,* European Integration online Papers 7 (2003); *C. Burns,* Journal of European Public Policy 11 (2004), 1.

906 *A. Kreppel,* Comparative Political Studies 35 (2002), 784; *C. Crombez/B. Steunenberg/R. Corbett,* European Union Politics 1 (2000), 363; *C. Crombez,* Constitutional Political Economy 11 (2000), 47; *C. Crombez,* Legislative Studies Quarterly 22 (1997), 97.

907 *G. Garrett,* Electoral Studies 14 (1995), 289; *G. Tsebelis/G. Garrett,* The Journal of Legislative Studies 3 (1997), 74; *S. Napel/M. Widgren,* The Inter-Institutional Distribution of Power in EU Codecision; *R. Thomson/M. Hosli,* Journal of Common Market Studies 44 (2006), 391.

über dem Rat über *agenda-setting-power*; in der Mitentscheidung stehe ihm lediglich das Veto zur Verfügung. Dies sei aber kein effektives Mittel zur Gestaltung von Politik entlang der Präferenzen des Parlaments. Die Frage „*Will Maastricht* [d.h. die Einführung des Mitentscheidungsverfahrens] *reduce the „Democratic Deficit"?*"[908] wird aus dieser Perspektive so beantwortet: „[T]*he European Parliament has been shortchanged by the introduction of the co-decision procedure* [...]. *It had to give up the meat of conditional agenda setting in order to receive the bone of unconditional veto. I wonder whether an increase or a* decrease *of the powers of the Parliament was in the minds of the signatories of the Maastricht treaty.*"[909] Auch nach der Reform des Mitentscheidungsverfahrens durch den Vertrag von Amsterdam bleibe der Rat der dominante Akteur. Das Parlament habe im Verhältnis zum Rat lediglich das Gewicht von zwei oder drei großen Mitgliedstaaten.[910] Es habe zwar substantiellen Einfluss, aber weit weniger als der Rat.[911] Auch andere Stimmen halten die geltende Fassung des Verfahrens, die weder das Europäische Parlament noch den Rat prozedural in eine mächtigere Position einsetze, nicht für eine der Machtsymmetrie zwischen diesen. Die formale Gleichheit von Europäischem Parlament und Rat im Verfahrensstadium der Vermittlung, das als entscheidend für die Machtverhältnisse zwischen ihnen betrachtet wird, sei nicht ausreichend, um sie zu gleich starken Co-Gesetzgebern zum machen.[912]

Es wird jedoch auch vertreten, das Parlament sei im Mitentscheidungsverfahren – schon in dessen Maastricht-Version – „*a genuine co-legislator*"[913], und zwar auf Grund des Vermittlungsverfahrens, das Parlament und Rat zur gleichberechtigten Verhandlung der Inhalte von Gesetzgebung befähige, ohne dass ein Akteur vor die Alternative der gänzlichen Annahme oder Ablehnung der Position des anderen gestellt

---

[908] *G. Tsebelis,* American Political Studies Association Comparative Politics Newsletter 6 (1995), 4.

[909] *G. Tsebelis,* American Political Studies Association Comparative Politics Newsletter 6 (1995), 4, 6, Hervorhebung im Original.

[910] *R. Thomson/M. Hosli,* Journal of Common Market Studies 44 (2006), 391, 414.

[911] Ebd.

[912] *S. Napel/M. Widgren,* The Inter-Institutional Distribution of Power in EU Codecision, 21, Hervorhebung im Original.

[913] *C. Crombez,* Legislative Studies Quarterly 22 (1997), 97, 115.

sei.[914] Im Mitentscheidungsverfahren übe das Parlament größeren Einfluss aus als zumindest einige der mitgliedstaatlichen parlamentarischen Legislativen.[915]

Die vorgeschlagenen Modelle zu den Machtverhältnissen im Mitentscheidungsverfahren sehen sich einer Reihe grundsätzlicher Einwände ausgesetzt. Die Grundannahme sämtlicher spatial-prozeduralen Modelle ist die einer Rationalität der Akteure, die diese immer zu dem prozeduralen Mittel greifen lässt, das die Annäherung von Politik an ihre Präferenzen herbeiführt oder eine Zunahme des Abstands der Politik von ihren Präferenzen verhindert. Vor allem wird angenommen, dass Verfahrensbeteiligte nur dann nicht von ihrer Vetoposition Gebrauch machen, wenn ein Gesetzgebungsvorhaben näher zu ihrer Präferenz liegt als der *status quo.*[916] Dies stimmt freilich nicht überein mit der Einsicht, dass zwischen den Verfahrensbeteiligten ein Zusammenhang entstanden ist, in dem sie ihr Handeln in einem Mitentscheidungsprozess nicht allein an der Durchsetzung ihrer Präferenzen hinsichtlich des Vorhabens ausrichten. Sie orientieren sich gleichfalls an der Aussicht des erneuten Aufeinandertreffens in anderen Machtkonstellationen, sowie an Interessen, die nicht das Gesetzgebungsvorhaben selbst betreffen.[917] Hierzu zählen etwa die Verfahrenseffizienz, aber auch das Ziel von Verfahrensbeteiligten, ihre Position im interinstitutionellen Gefüge zu behaupten oder auszubauen.[918] Zentrale handlungsleitende Erwägung ist die Idee

---

[914] Ebd.; *R. M. Scully,* The Journal of Legislative Studies 3 (1997), 58; *R. M. Scully,* The Journal of Legislative Studies 3 (1997), 93; *A. Maurer,* Journal of Common Market Studies 41 (2003), 227.

[915] *R. M. Scully,* The Journal of Legislative Studies 3 (1997), 93, 69.

[916] *B. Hörl/A. Warntjen/A. Wonka,* Journal of European Public Policy 12 (2005), 592, 593.

[917] Oben a.

[918] Zur Verhaltensorientierung an der Verfahrenseffizienz schon oben Kap. 4 I. und V. 2. Dazu, wie das Europäische Parlament durch strategisches Verhalten, d.h. den strategischen Einsatz prozeduraler Mittel in Mitentscheidungsprozessen und in der Entwicklung informeller Verhandlungsmodi seine institutionellen Interessen (erfolgreich) betrieben und seine Bedeutung im Gesetzgebungsverfahren gesteigert hat, eingehend *A. Héritier,* Explaining institutional change in Europe, 2007, 69 ff.; s. auch *H. Farrell/A. Héritier,* Governance: An International Journal of Policy, Administration, and Institutions 16 (2003), 577; *B. Hörl/A. Warntjen/A. Wonka,* Journal of European Public Policy 12 (2005), 592, 597 mit weiteren Nachweisen.

loyaler Zusammenarbeit.[919] Inhaltliche Differenzen zwischen den Co-Gesetzgebern werden zunehmend nicht über die Ausschöpfung prozeduraler Möglichkeiten – wie vor allem die der Ablehnung von Änderungsvorschlägen eines anderen Akteurs in der Abfolge der organinternen Lesungen – ausagiert. Die Verfahrensbeteiligten machen Zugeständnisse und denken in ihrer Verhaltensorientierung über das einzelne Verfahren und die Durchsetzung ihrer konkreten politischen Präferenzen in demselben hinaus.[920]

Dass sie das Verhalten der Verfahrensbeteiligten in Mitentscheidungsprozessen als *one-shot-game* konzeptualisieren, und die Mitentscheidungspraxis als *set of disconnected one-shot interactions*[921] betrachten, während die Verfahrensbeteiligten sich aber an der Wiederholung ihrer Interaktion orientieren, ist der zentrale und durchschlagende Kritikpunkt nicht nur an der spatial-prozeduralen Modellbildung zu den Machtverhältnissen im Mitentscheidungsverfahren.[922] Daneben bilden die vorgeschlagenen Modelle jenseits der primärrechtlichen Verfahrensordnung und der formalen Kompetenzen der Verfahrensbeteiligten keine Faktoren der Machtverhältnisse in der Mitentscheidungspraxis ab. Damit wird verkannt, dass nicht nur die formalen Bedingungen des Zusammenwirkens der Verfahrensbeteiligten einen Einfluss auf die Machtverhältnisse haben können.[923] Kritisch zu sehen ist auch die Annahme stabiler und einheitlicher Präferenzen der einzelnen legislativen Akteure; sie vernachlässigt die organinterne politische Diversität[924]

---

919 Oben a.

920 Dazu schon oben a. und Fn. 918 oben.

921 *H. Farrell/A. Héritier*, Governance: An International Journal of Policy, Administration, and Institutions 16 (2003), 577, 579, kritisch zur spieltheoretischen Modellbildung von Mitentscheidungsprozessen als unverbundener Einzelfälle.

922 Hierzu überzeugend *H. Farrell/A. Héritier*, Governance: An International Journal of Policy, Administration, and Institutions 16 (2003), 577, 578 f.; *K. Dowding*, European Union Politics 1 (2000), 125, 131. Dazu, dass für die Verfahrensbeteiligten der Mitentscheidung die Perspektive des wiederholten Aufeinandertreffens handlungsorientierend wirksam wird, aus soziologischer Sicht bereits oben a.

923 Zu solchen Faktoren oben a.

924 Zur Kritik der Erfassung des Europäischen Parlaments als *unitary actor* *B. Hörl/A. Warntjen/A. Wonka*, Journal of European Public Policy 12 (2005), 592, 600 f.

ebenso wie handlungsorientierende Erwägungen von Verfahrensbeteiligten, die sich nicht auf das Gesetzgebungsvorhaben selbst beziehen, wie beispielsweise die Entwicklung der Stellung im institutionellen Gefüge[925] oder die inner- und interinstitutionelle Verfahrenseffizienz.[926].

Die Auseinandersetzung mit den prozedural-spatialen Modellen, die in der politikwissenschaftlichen Diskussion präsent sind, zeigt, dass diese an zwei Problemen leidet: Zum einen scheinen sich die verschiedenen Ansätze der Deutung der interinstitutionellen Verhältnisse im Mitentscheidungsverfahren gegenseitig zu falsifizieren. Zum anderen ist die Modellbildung, wie bereits gesehen, von einer Reihe grundsätzlicher methodischer Unzulänglichkeiten geprägt, die das erstere Manko teilweise bedingen dürften.[927] Dazu zählt vor allem, dass bei der Modellbildung neben der formalen Verfahrensordnung der Mitentscheidung keine weiteren Faktoren eingestellt werden, die für die Verfahrensbeteiligten handlungsorientierend wirksam werden und die Machtverhältnisse zwischen ihnen variabel beeinflussen können.

Die Machtverhältnisse zwischen den Verfahrensbeteiligten hängen nicht allein von der Ordnung ihres Verhaltens durch Art. 294 AEUV ab, die das Europäische Parlament formal gleichberechtigt als Gesetzgeber einsetzt,[928] sondern auch von anderen, veränderlichen Faktoren.[929] Studien, die diesen erweiterten Kreis von Variablen der Verhaltensorientierung in die Modellbildung zu den interinstitutionellen Machtverhältnissen in der Mitentscheidung miteinbeziehen, sehen das Europäische Parlament im Verhältnis zum Rat nicht als generell unterlegen an, eher

---

[925] Zu "institutional self-interest as a potential source of preferences in legislative decision-making" *B. Hörl/A. Warntjen/A. Wonka,* Journal of European Public Policy 12 (2005), 592, 579; s. auch *H. Farrell/A. Héritier,* Governance: An International Journal of Policy, Administration, and Institutions 16 (2003), 577; *A. Héritier,* Explaining institutional change in Europe, 2007.

[926] Zu weiteren Faktoren, die die Verfahrensposition der Akteure in der Mitentscheidung beeinflussen können, schon Fn. 918 oben und a. Es kann sich etwa ein Verfahrensbeteiligter an der Minimierung seines prozeduralen Aufwands orientieren oder an einem zeitlichen Ziel (etwa im Fall der Ratspräsidentschaft).

[927] Zur Kritik an den vorgeschlagenen prozedural-spatialen Modellen *B. Hörl/A. Warntjen/A. Wonka,* Journal of European Public Policy 12 (2005), 592; auch *T. König/M. Pöter,* European Union Politics 2 (2001), 329.

[928] Hierzu oben Kap. 1 IV. 2. und Kap. 4 V. 1.

[929] Oben a.

scheint das Gegenteil der Fall zu sein.[930] Sie sprechen aber vor allem dafür, dass die Machtverhältnisse zwischen den Co-Gesetzgebern generell wechselhaft sind.

Wenn die Praxis durch Verschiebungen des primärrechtlich eingesetzten Gleichgewichts der Verhandlungsstärke von Europäischem Parlament und Rat geprägt ist, ist dies nicht ein Problem, das unmittelbar durch die primärrechtliche Verfahrensordnung behoben werden könnte. Vielmehr sind Machtverschiebungen und deren Ausgleich vor allem eine Frage der Dynamik der Praxis – auf die die Verfahrensbeteiligten selbst durch ihre inner- und interinstitutionelle Selbstorganisation einigen Einfluss nehmen können. Studien zur Fortentwicklung der Verfahrensordnung der Mitentscheidung aus der Selbstorganisation der Verfahrensbeteiligten zeigen, dass insbesondere das Europäische Parlament seit der Einführung des Mitentscheidungsverfahrens dessen Praxis erfolgreich zur Stärkung seiner Bedeutung im interinstitutionellen Gefüge genutzt hat und weiterhin zu deren Behauptung in der Lage ist:[931] *„The introduction of codecision in Maastricht had complex rather than predetermined results in terms of its effects on the respective roles of the Council and the EP in the legislative process. This led to a phase of bargaining* [...], *in which each side sought to ensure that the resulting dispensation favored its interests. The bargaining strengths of actors were not fully determined by existing formal institutions.* [...] [T]*he EP succeeded in getting important concessions. It did so by linking together legislative actions and by demonstrating its willingness to bring down specific items of legislation that were important to the member states in order to secure its overall institutional position. The EP won most of the concessions that it sought; its bargaining position was enhanced by its relative insensitivity to failure (its willingness to bring down items of legislation or block them), its different time horizons (it was more prepared to delay legislation than was the Council) and its possession of*

930 *H. Farrell/A. Héritier,* Governance: An International Journal of Policy, Administration, and Institutions 16 (2003), 577, 582 ff.; *A. Héritier,* Explaining institutional change in Europe, 2007, 69 ff.

931 *H. Farrell/A. Héritier,* Governance: An International Journal of Policy, Administration, and Institutions 16 (2003), 577; *A. Héritier,* Explaining institutional change in Europe, 2007, 69 ff.

strategic resources (MEPs were better able than the understaffed Council to deal with tortuous conciliation procedures)."[932]

c. Innerinstitutionelle Auswirkungen der Informalisierung der Mitentscheidung

Triloge spielen in der Praxis der Mitentscheidung eine erhebliche Rolle. Der Erlass von Mitentscheidungsgesetzgebung in erster Lesung (*fast-track-legislation*), der statistisch zunimmt[933], funktioniert regelmäßig auf der Grundlage eines *early agreement* in Trilogen.[934] Von der Möglichkeit, Gesetzgebung in der ersten Lesung zu erlassen, die erst mit der Reform des Mitentscheidungsverfahrens durch den Vertrag von Amsterdam eingeführt wurde, wird dabei nicht – wie ursprünglich erwartet[935] – nur für unkontroverse, technische Gesetzgebungsvorhaben Gebrauch gemacht. Dies zeigt der Gesetzgebungsprozess zur Verordnung für neuartige Therapien, die in erster Lesung zustandekam, obwohl mit ihr substantiell neues Recht in einem politisch umstrittenen Bereich gesetzt wurde. Triloge begleiten darüber hinaus gleichfalls spätere Verfahrensphasen, um Konflikte der Co-Gesetzgeber, die in der Abfolge der organinternen Beratungen nicht gelöst worden sind, zu befrieden. Auch

---

[932] *H. Farrell/A. Héritier*, Governance: An International Journal of Policy, Administration, and Institutions 16 (2003), 577.

[933] Hierzu oben II. 1 und die Studie von *A. Rasmussen*, Early conclusion in the co-decision legislative procedure, 2007.

[934] Ausnahme sind Kodifizierungsrechtsakte, die als technische Vorhaben ohne Eröffnung einer politischen Willensbildung erlassen werden, dazu oben II. 3.

[935] Hierzu *A. Héritier*, Explaining institutional change in Europe, 2007, 69 ff.; *H. Farrell/A. Héritier*, Comparative Political Studies 37 (2004), 1184, 1197.

dies zeigen Verfahren im Referenzgebiet.[936] Schließlich wird auch das Vermittlungsverfahren durch Triloge flankiert.[937]

Dass die „Trilogisierung" der Mitentscheidung die Machtverhältnisse innerhalb der verfahrensbeteiligten Organe berührt, liegt auf der Hand: In Trilogen werden Europäisches Parlament, Rat und Kommission vertreten – damit spielen die Vertreter, die Gesetzgebungsvorhaben informell verhandeln, eine zentrale Rolle bei der inhaltlichen Gestaltung von Gesetzgebung. Wie sich die Deformalisierung der *inter*institutionellen Willensbildung im Mitentscheidungsverfahren auf die *organinterne* Willensbildung der Verfahrensbeteiligten auswirkt, wird in der politikwissenschaftlichen Forschung zunehmend mit Aufmerksamkeit bedacht, vor allem, seit der Verhandlungsmodus der Triloge mittels interinstitutioneller Vereinbarungen in der Verfahrensordnung der Mitentscheidung verankert ist.[938] Die Untersuchung der Praxis der Mitentscheidung im Bereich der Biomedizin und Humanbiotechnologie deutet insbesondere darauf hin, dass sich strukturelle Verschiebungen in der Funktionsweise der parlamentarischen Willensbildung andeuten, die deren demokratische Funktion betreffen können: Im Fall erfolgreicher Triloge sieht sich das Plenum des Parlaments vor die Alternative gestellt, das Ergebnis informeller Verhandlungen entweder umfänglich anzunehmen oder es komplett abzulehnen. Letzteres entspräche aber kaum der loyalen Zusammenarbeit, auf die sich Parlament, Rat und Kommission im Rahmen ihres legislativen Zusammenwirkens geeinigt haben.[939] Wird – wie im Fall des Verfahrens zur politisch durchaus um-

---

[936] Beispiel hierfür ist der Fall des Mitentscheidungsprozesses zur Geweberichtlinie. Der Rat hatte darin eine Änderung des Kommissionsvorschlags des Parlaments aus erster Lesung in seinem Gemeinsamen Standpunkt nicht übernommen. In Trilogen wurde zwischen den Positionen der Co-Gesetzgeber ein Kompromiss erreicht.

[937] Hierzu *J. Garman/L. Hilditch,* Journal of European Public Policy 5 (1998), 271.

[938] *H. Farrell/A. Windhoff-Héritier,* Interorganizational cooperation and intraorganizational power, 2002; *H. Farrell/A. Héritier,* The Invisible Transformation of Codecision: Problems of Democratic Legitimacy; *H. Farrell/A. Héritier,* Comparative Political Studies 37 (2004), 1184; *G. Benedetto,* Journal of European Public Policy 12 (2005), 67; *A. Rasmussen/M. Shackleton,* The scope for action of European Parliament negotiators in the legislative process: lessons of the past and for the future, 2005.

[939] Dazu bereits oben a.

strittenen Verordnung über neuartige Therapien[940] – schon vor der ersten parlamentarischen Plenarberatung in Trilogen verhandelt, so findet eine inhaltlich offene Willensbildung des parlamentarischen Plenums und des zuständigen parlamentarischen Ausschusses kaum mehr statt. Mit Blick auf die demokratische Funktion des Parlaments stehen daher im Folgenden die Fragen im Vordergrund, über welche Handlungsspielräume der parlamentarische Verhandlungsführer in Trilogen verfügt, wie ihr Verhältnis zum parlamentarischen Plenum als Ort der parlamentarischen Allgemeinheit ist, und welche Bedeutung den von ihnen ausgehandelten Texten im Rahmen der parlamentarischen Willensbildung zukommt. Einsichten in dieser Hinsicht vermitteln insbesondere punktuelle Vergleiche zwischen dem Verhandlungsmodus der Triloge und dem des Vermittlungsverfahrens, in dem ebenfalls Vertreter des Parlaments mit dem Rat Kompromisstexte aushandeln. Im Vergleich zum Mechanismus der Triloge ist das Vermittlungsverfahren aber primärrechtlich und durch die Geschäftsordnung des Parlaments weitergehend formalisiert.[941]

(1) Europäisches Parlament

Das Europäische Parlament wird vielfach in Gegenüberstellung zum Redeparlament als Arbeitsparlament beschrieben.[942] Dies ist eine Folge seines institutionellen Kontextes, vor allem der primärrechtlichen Ausgestaltung seines Verhältnisses zur Kommission und zum Rat. Das Europäische Parlament konstituiert nicht die Regierung und ist dementsprechend in seiner Willensbildung nicht durch den Antagonismus von Regierungsmehrheit und Opposition geprägt. Charakteristisch für das Europäische Parlament ist, dass es mit seiner Mehrheit häufig als politischer Gegenspieler zur Kommission und zum Rat agiert.[943] Diesen Befund stützt die Untersuchung der Praxis des Mitentscheidungsverfahrens: Das Europäische Parlament übt, indem es im Mitentscheidungs-

---

[940] Siehe hierzu oben II.

[941] Hierzu *A. Rasmussen/M. Shackleton,* The scope for action of European Parliament negotiators in the legislative process: lessons of the past and for the future, 2005.

[942] *P. Dann,* Parlamente im Exekutivföderalismus, 2004, 279 ff. mwN.

[943] Ebd., 117 ff., 360 ff., 384; *C. Franzius/U. K. Preuß,* Die Zukunft der europäischen Demokratie, 2012, 57.

verfahren Änderungen am legislativen Vorschlag der Kommission und am Standpunkt des Rates einbringt, im politischen System der Union Opposition aus.

Die Eigenschaft des Europäischen Parlaments als Arbeitsparlament zeigt sich wesentlich in der zentralen Bedeutung seiner Ausschüsse in der parlamentarischen Willensbildung.[944] Die Ausschüsse strukturieren mit ihren Berichten die Willensbildung des Plenums;[945] obgleich die Praxis der Mitentscheidung im Bereich der Biomedizin und Humanbiotechnologie zeigt, dass ihre Position nicht unbedingt die legislative Entscheidung des Plenums determiniert. Die arbeitsteilige Leistung der Ausschüsse, ihre Strukturierungs- und Informationsfunktion für die Willensbildung des Plenums und ihre Bedeutung als Ressource von Sachverstand gewährleisten die Handlungsfähigkeit des vermehrt in die Gesetzgebung eingebundenen und dadurch in seiner Verarbeitungskapazität herausgeforderten Parlaments.[946]

Empirische Studien zeigen, dass die Praxis informellen Verhandelns den Einfluss bestimmter parlamentarischer Akteure auf den Inhalt von Gesetzgebung deutlich steigert.[947] Bevor die Geschäftsordnung des Parlaments und der darin enthaltene Verhaltenskodex für Verhandlungen im Rahmen des Mitentscheidungsverfahrens die Frage der Mandatierung des parlamentarischen Vertreters in Trilogen ansatzweise regelten, war davon auszugehen, dass vor allem der Berichterstatter des zuständigen parlamentarischen Ausschusses grundsätzlich in jeder Hinsicht an Einfluss auf den Gesetzgebungsprozess gewann.[948] Formale Mechanismen,

---

944 *P. Dann,* Parlamente im Exekutivföderalismus, 2004, 340 ff.

945 *R. Corbett/F. Jacobs/M. Shackleton,* The European Parliament, 2007, Ch. 7.

946 *P. Dann,* Parlamente im Exekutivföderalismus, 2004, 346 ff.

947 *G. Benedetto,* Journal of European Public Policy 12 (2005), 67; *H. Farrell/A. Windhoff-Héritier,* Interorganizational cooperation and intraorganizational power, 2002; *H. Farrell/A. Héritier,* Comparative Political Studies 37 (2004), 1184; *A. Rasmussen/M. Shackleton,* The scope for action of European Parliament negotiators in the legislative process: lessons of the past and for the future, 2005.

948 *H. Farrell/A. Héritier,* Comparative Political Studies 37 (2004), 1184, 1200; *A. Rasmussen/M. Shackleton,* The scope for action of European Parliament negotiators in the legislative process: lessons of the past and for the future, 2005, 10 ff.

die den Berichterstatter an die Willensbildung des Ausschusses oder des Plenums zurück banden, fehlten weitgehend.[949]

Nunmehr ist die Vertretung des Parlaments in Trilogen stärker formalisiert. Das Verhandlungsteam soll nach politischem Proporz besetzt werden; die im Ausschuss oder im Plenum angenommenen Abänderungen sollen die Grundlage für das Mandat des EP-Verhandlungsteams bilden.[950] In *early-agreement*-Verhandlungen besteht aber schon praktisch nicht die Möglichkeit des parlamentarischen Vertreters, sich inhaltlich am verfahrensgemäß gebildeten Willen des parlamentarischen Plenums beziehungsweise des Ausschusses zu orientieren, weil die entsprechende Willensbildung regelmäßig gerade erst begonnen hat oder jedenfalls noch nicht abgeschlossen ist. Für diesen Fall sieht der Verhaltenskodex zwar eine Beratung des Verhandlungsteams durch den Ausschuss vor; es bleibt aber dabei, dass eine inhaltliche Rückbindung an die parlamentarische Willensbildung in diesem Fall fehlt.[951] Damit besteht ein relativ weiter Handlungsspielraum des parlamentarischen Vertreters, der in der ersten Verfahrensphase in Trilogen verhandelt. Die Willensbildung im zuständigen Ausschuss verliert demgegenüber an Bedeutung. Allerdings können in der ersten parlamentarischen Plenarberatung – anders als in späteren Verfahrensphasen, vor allem in der parlamentarischen Lesung des gemeinsamen Entwurfs des Vermitt-

---

[949] Dazu auch *G. Benedetto,* Journal of European Public Policy 12 (2005), 67, 71; *A. Rasmussen/M. Shackleton,* The scope for action of European Parliament negotiators in the legislative process: lessons of the past and for the future, 2005, 10.

[950] Hierzu oben Kap. 4 III. 2. Zur Lage zuvor *A. Rasmussen/M. Shackleton,* The scope for action of European Parliament negotiators in the legislative process: lessons of the past and for the future, 2005, 10.

[951] Der Handlungsspielraum des Verhandlungsführers im Vermittlungsverfahren ist demgegenüber formal zunächst dadurch beschränkt, dass nach Art. 294 Abs. 10 AEUV der Arbeit des Ausschusses die Standpunkte des Parlaments und des Rates aus zweiter Lesung zugrunde liegen. Siehe zu den Kompetenzen des Vermittlungsausschusses *Europäischer Gerichtshof,* 10. Januar 2006, Rs. C-344/04, das diesem relativ weite Spielräume bei der Verhandlung eines gemeinsamen Entwurfs einräumt; er kann insbesondere auch nichtumstrittene Gehalte des Gesetzgebungsvorhabens ändern. Zu dem Urteil, auch aus rechtsvergleichender Perspektive, noch unten Kap. 9 I. 1. im Rahmen der verfassungsrechtlichen Bewertung der Praxis informellen Verhandelns in Trilogen; das Urteil entfaltet primärrechtliche Maßstäbe in dieser Hinsicht.

lungsausschusses[952] – ohne Beschränkung Änderungen an dem Gesetzgebungsvorhaben eingebracht werden. Dies beschränkt zunächst die Bindung an den informell ausgehandelten Text. Die parlamentarische Allgemeinheit ist formal nicht – wie es etwa in Bezug auf den Gemeinsamen Entwurf des Vermittlungsausschusses der Fall ist – lediglich vor die Alternative gestellt, den verhandelten Text entweder umfänglich annehmen oder in Gänze ablehnen zu müssen.[953] Da dessen Abänderung aber die Einigung mit dem Rat unterläuft, besteht faktisch gleichwohl erheblicher Druck, keine Änderungen einzubringen.[954]

Dass in den meisten Fällen der zuständige Ausschuss in Trilogen für das Parlament das Verhandlungsteam stellt, ist kein Zufall, sondern entspricht der institutionellen Struktur und Funktion der Ausschüsse.[955] Die zentrale Rolle der Ausschüsse für die legislative Willensbildung des Parlaments macht sie zu einem geeigneten, weil einflussreichen Verhandlungspartner für Rat und Kommission. Zum anderen sind Ausschüsse auf Grund ihrer fachlichen Spezialisierung und ihrer institutionellen Struktur, die mit dem Vorsitz eine gewisse Hierarchisierung etabliert und mit der Berichterstatterfunktion die inhaltliche Zuständigkeit für ein Gesetzgebungsvorhaben noch einmal personell verdichtet, dafür

[952] Änderungen an dem Gemeinsamen Standpunkt des Rates, d.h. in der zweiten Lesung, sind gem. Art. 62 GO-EP nur zulässig um die vom Parlament in seiner ersten Lesung angenommene Haltung ganz oder teilweise wieder einzusetzen oder einen Kompromiss zwischen Rat und Parlament zu erreichen oder einen Textteil des Gemeinsamen Standpunkts abzuändern, der in dem zur ersten Lesung unterbreiteten Vorschlag nicht oder mit anderem Inhalt enthalten war und der keine entscheidende Änderung im Sinn von Artikel 55 darstellt oder um einen neuen Sachverhalt bzw. eine neue Rechtslage zu berücksichtigen, die seit der ersten Lesung eingetreten ist. Zu dem Gemeinsamen Entwurf des Vermittlungsausschusses, d.h. in dritter Lesung, können keine Änderungsanträge eingebracht werden, Art. 65 Abs. 2 GO-EP.

[953] *A. Rasmussen/M. Shackleton,* The scope for action of European Parliament negotiators in the legislative process: lessons of the past and for the future, 2005, 17.

[954] Ebd.

[955] Dahingehend auch *P. Dann,* Parlamente im Exekutivföderalismus, 2004, 373.

geeignet, die Funktion interinstitutionellen Verhandelns für das Parlament zu übernehmen.[956]

Durch die informellen Arbeitszusammenhänge der Co-Gesetzgeber werden die größeren parlamentarischen Fraktionen und politisch handlungsfähige Koalitionen gestärkt. Vertreter des Rates umgehen zunehmend die zuständigen parlamentarischen Ausschüsse und verhandeln direkt mit den zentralen Akteuren der Fraktionen oder Koalitionen.[957] Beispiel dafür ist der Gesetzgebungsprozess zur Verordnung über neuartige Arzneimittel. Hier handelten Vertreter einer linksliberalen Koalition mit dem Rat informell eine Einigung aus, die auch von der Kommission unterstützt wurde. Parallel scheiterten Triloge mit dem Berichterstatter des federführenden Ausschusses.[958] In der ersten Beratung des Plenums standen der Bericht des zuständigen Ausschusses und der von der Koalition verhandelte Text zur Abstimmung – erfolgreich war letzterer.[959]

Im Rahmen der Informalisierung verlieren kleinere politische Gruppen im Parlament an Einflussmöglichkeiten. Informelle Kontakte zwischen dem Rat und großen Fraktionen können die Bedeutung der Position eines entsprechend der GO-EP entsandten Verhandlungsführers, den eine kleine politische Gruppe stellt, unterlaufen: Gegenüber Texten, die eine politisch handlungsfähige Fraktion oder Koalition informell ausgehandelt hat, hat eine von einem Minderheitenvertreter verhandelte abweichende Position nur geringe Chancen, vom Plenum beschlossen zu werden. Dies zeigt der Fall der Verordnung über neuartige Arzneimittel. Im Rahmen informeller Verhandlungen sind die kleinen politischen Fraktionen daher weitgehend marginalisiert.[960] Zudem verlieren die Antrags- und Rederechte der Mitglieder des Europäischen Parlaments ihren Charakter als Antrieb der legislativen Willensbildung. Zwar werden die Rechte der Parlamentarier nicht formal beschränkt. Sie vermitteln dem einzelnen Parlamentarier aber nur dann tatsächlich

---

[956] Dazu auch *C. Neuhold,* European Integration online Papers 5 (2001), 1, 10 f.

[957] *H. Farrell/A. Windhoff-Héritier,* Interorganizational cooperation and intraorganizational power, 2002, 12.

[958] Oben II.

[959] Ebd.

[960] Hierzu *H. Farrell/A. Windhoff-Héritier,* Interorganizational cooperation and intraorganizational power, 2002, 13.

Teilhabe an der legislativen Willensbildung, wenn die legislative Beratung des Plenums inhaltlich offen ist. Diese aber wird dadurch, dass die Gesetzgebungsvorhaben in Trilogen informell von Verhandlungsführern verhandelt werden, die durch das Plenum nicht effektiv politisch kontrollierbar sind, zu einem Ort des *closed votings*, der bloßen Ratifikationsentscheidung. Die Entwicklung der Gehalte eines Gesetzgebungsvorhabens ist mit einer informell erzielten Einigung der Co-Gesetzgeber faktisch abgeschlossen.

Insgesamt verliert durch die Informalisierung des Mitentscheidungsverfahrens die Willensbildung in den parlamentarischen Ausschüssen und im Plenum an Bedeutung. Sie mag zwar – im Rahmen der Vorgaben der parlamentarischen Geschäftsordnung – formal weiterhin inhaltlich offen sein. Das Vorliegen von Einigungen, die durch einzelne parlamentarische Akteure informell mit dem Co-Gesetzgeber ausgehandelt wurden, unterläuft diese Offenheit aber. Sie macht das Plenum zu einem Ort von Ratifikationsentscheidungen.

(2) Rat

Eine Vielzahl von Gesetzgebungsdossiers wird ohne inhaltliche Mitwirkung der Ministerebene auf der unteren oder mittleren der Arbeitsebenen[961] des Rates entschieden.[962] Es verhandelt die Bürokratie – die

---

[961] Der Rat besteht aus drei hierarchisch angeordneten Ebenen, an deren Spitze die sektoral zuständige Ministerrunde steht; darunter bestehen zwei Arbeitsebenen. Zu der Bedeutung des bürokratischen Teils des Rates im Gesetzgebungsverfahren *P. Dann,* Parlamente im Exekutivföderalismus, 2004, 63 ff., 89 ff.; *F. M. Häge,* Journal of Legislative Studies 13 (2007), 497; *F. M. Häge,* Journal of Common Market Studies 46 (2008), 533, dort 535 ff. für eine Darstellung des Arbeitsprozesses innerhalb des Rates einschließlich einer schematischen Übersicht. S. auch *P. Dann,* Parlamente im Exekutivföderalismus, 2004, 63 ff. Auf der niedrigsten Ebene sind mit einem Gesetzgebungsvorhaben Arbeitsgruppen befasst, die aus nationalen Bürokraten und Experten bestehen. Wird auf dieser Ebene eine umfängliche Einigung über die Inhalte eines Dossiers erreicht, wird das Dossier nicht mehr auf einer höheren Ebene des Rates diskutiert; es wird vermittels des zuständigen Coreper (der zur mittleren Ebene der Hierarchie gehört; zum Coreper bereits oben Fn 585) auf die Agenda der nächsten Ministerrunde gesetzt und dort ohne Aussprache verabschiedet. Wenn die Arbeitsgruppe keine Einigung finden kann, geht das Vorhaben auf die Coreper-Ebene und wird dort diskutiert und verhandelt. Wiederum wird, wenn auf der Arbeitsebene eine Einigung erzielt wird, diese von der Ministerrunde

mittlere und wichtigste Arbeitsebene des Rates (die beiden Coreper) besteht aus Diplomaten, auf der untersten Arbeitsebene agieren nationale Beamte. Zwar wird auf den Arbeitsebenen in enger Rückbindung an die jeweilige Hauptstadt verhandelt.[963] Die Mitglieder des Coreper, die Ständigen Vertreter, verfügen aber als zentrale Akteure der Willensbildung des Rates, indem sie im Verhältnis zu den nationalen Ministerien die Informations- und Filterfunktion in allen Fragen der legislativen Tätigkeit des Rates wahrnehmen,[964] über bedeutende Möglichkeiten der Einflussnahme auf die politischen Verhandlungsdirektiven.[965] Sie haben einen relativ großen politischen Verhandlungsspielraum, der nicht durch ein politisches Verantwortlichkeitsverhältnis gespiegelt ist. Zudem sind die Verhandlungsprozesse auf der Arbeitsebene weitgehend intransparent, was die politische Kontrolle durch die mitgliedstaatlichen Parlamente weiter erschwert. Zwar besteht auf der Ebene des Coreper keine formale Entscheidungsbefugnis: Nach Art. 16 Abs. 7 EUV ist der Coreper (lediglich) für die Vorbereitung der Arbeiten des Rates zuständig.[966] Wird auf dieser Ebene aber eine Einigung zwischen

---

ohne Aussprache verabschiedet. Nur in dem Fall, dass auf den beiden unteren Arbeitsebenen eine Einigung nicht gefunden werden kann, befasst sich mit der Aufgabe, eine Einigung herbeizuführen, die zuständige Ministerrunde mit einem Gesetzgebungsvorhaben, bzw. mit den hierin noch zur politischen Einigung ausstehenden Fragen. In der Praxis werden zudem vielfach Dossiers nach Diskussion in der Hierarchie absteigend zur Verhandlung einer Einigung zurückverwiesen.

[962] Nach *F. M. Häge*, Journal of Legislative Studies 13 (2007), 497, 505 wird Mitentscheidungsgesetzgebung zu 66 % aller Dossiers auf Ministerebene diskutiert und zu 48 % inhaltlich auf Ministerebene entschieden. Demgegenüber werden in der Praxis des Anhörungsverfahrens 32 % der Dossiers auf Ministerebene diskutiert und 23 % dort inhaltlich entschieden.

[963] Dazu *M. Mentler*, Der Ausschuß der Ständigen Vertreter bei den Europäischen Gemeinschaften, 1996; *H. C. Röhl*, Europarecht 29 (1994b), 409.

[964] Dazu *F. Hayes-Renshaw/C. Lequesne/P. Mayor Lopez*, Journal of Common Market Studies 28 (1989), 119, 129 ff.

[965] Nach *M. Mentler*, Der Ausschuß der Ständigen Vertreter bei den Europäischen Gemeinschaften, 1996, 143 hat der Coreper eine hervorgehobene Stellung im politischen Willensprozeß und im Rechtsetzungsverfahren, dort auch mit weiteren Nachweisen; s. weiterhin *P. Dann*, Parlamente im Exekutivföderalismus, 2004, 69 ff.

[966] Hierzu *J. P. Jacqué*, Art. 207 EGV, in: Groeben/Schwarze (Hrsg.), Kommentar zum Vertrag über die Europäische Union und zur Gründung der Euro-

den Mitgliedstaaten herbeigeführt, wird sie auf der Ministerebene regelmäßig ohne weiteres verabschiedet.[967] Der Coreper lässt sich vor diesem Hintergrund als „materielles Entscheidungsorgan“ bezeichnen.[968]

Die Informalisierung der Mitentscheidung wirkt sich auf die Strukturen der internen Willensbildung des Rates aus. Sie steigert vor allem die Bedeutung der Ratspräsidentschaft. *Fast-track-legislation* in der ersten Beratungsphase auf der Grundlage einer frühen Einigung in Trilogen, in denen die Ratspräsidentschaft den Rat vertritt, verbessert die Möglichkeit des Ratsvorsitzes, seine politische Agenda in den sechs Monaten der Amtszeit zu verwirklichen. Für *early-agreement*-Triloge ist dabei der verhandelnde Ratsvorsitz inhaltlich nicht klar mandatiert, da das Ratskollegium sich noch gar nicht politisch geeinigt hat.[969] Im Rahmen informellen Verhandelns mit dem Parlament übt der Ratsvorsitz als Verhandlungsführer im Vergleich zum formalen Verfahren größeren politischen Einfluss aus.[970] Die Aufgabe der Ratspräsidentschaft verlagert sich von der Herbeiführung eines Konsenses zwischen den Mitgliedstaaten und der Kommission zur Herbeiführung einer Einigung mit dem Parlament.[971] Auf der Arbeitsebene ist dabei Coreper die zentrale Figur – alle Punkte, in denen sich eine Einigung zwischen dem Rat und dem Parlament abzeichnet, sollten formal auf der Ebene des Coreper debattiert werden, bevor die Einigung fixiert wird. Allerdings scheint dies in der Praxis nicht durchgängig der Fall zu sein. Der Ratsvorsitz verhandelt teilweise ohne Rückkoppelung an Coreper.[972] Um in der Verhandlungsführung mit dem Parlament flexibel zu bleiben, wird

---

päischen Gemeinschaft, 2003, Rn. 2 ff.; *M. Schweitzer,* Art. 207 EGV, in: Grabitz/Hilf/Nettesheim (Hrsg.), Das Recht der Europäischen Union, Rn. 1 ff.; *J. C. Wichard,* Art. 207 EGV, in: Calliess/Ruffert (Hrsg.), EUV, EGV, 2007, Rn. 2 ff.

[967] *I. Härtel,* Handbuch europäische Rechtsetzung, 2006, 90 ff.

[968] *J. P. Jacqué,* Art. 207 EGV, in: Groeben/Schwarze (Hrsg.), Kommentar zum Vertrag über die Europäische Union und zur Gründung der Europäischen Gemeinschaft, 2003, Rn. 6.

[969] *H. Farrell/A. Windhoff-Héritier,* Interorganizational cooperation and intraorganizational power, 2002, 14.

[970] Ebd., 14.

[971] Ebd., 14.

[972] Ebd., 14.

versucht, solange wie möglich auf die Feststellung einer politischen Position des Rates zu verzichten. Die inhaltliche Willensbildung des Rates funktioniert vermehrt zentralisiert. Das Ratsplenum agiert demgegenüber – auch auf der Arbeitsebene in seiner Abbildung durch Coreper – in einer Ratifikationsfunktion. Ähnlich wie das parlamentarische Plenum verlieren damit durch die Informalisierung der Mitentscheidung die allgemeinen Foren des Rates an Bedeutung.[973]

Allerdings können Mitgliedstaaten mit einer erheblichen Menge an Sitzen im Parlament versuchen, die Parlamentarier des mitgliedstaatlichen Sitzkontingents im Sinne ihrer politischen Präferenzen zu beeinflussen, insbesondere zur Durchsetzung mitgliedstaatlicher Interessen, die im Rat nicht mehrheitsfähig sind. Auf diesem Weg können große Mitgliedstaaten außerhalb der ratsinternen Willensbildung politisch verhandeln und Einfluss ausüben.[974]

2. *Fazit zu den übrigen Hypothesen und Fragestellungen der Untersuchung*

a. Der Einfluss der European Group on Ethics

Die Stellungnahmen der EGE (beziehungsweise des Vorgängergremiums, der GAEIB),[975] sind ausweislich der Erwägungsgründe der einschlägigen Rechtsakte vielfach Grundlage der legislativen Politik der Union im Bereich der Biomedizin und Humanbiotechnologie.[976] Zumeist enthält schon der Kommissionsvorschlag die Inbezugnahme der Stellungnahmen der EGE (respektive der GAEIB). In einzelnen Fällen – so im Fall der Biopatentrichtlinie – führt erst das Parlament die Referenz ein.[977] Das Parlament bevorzugt teilweise – so im Fall der Geweberichtlinie – eine Formulierung, die deutlicher als die üblicherweise von der Kommission verwandte Formel ausdrückt, dass die entsprechende Stellungnahme nicht die politische Willensbildung der Unions-

---

[973] Ebd., 15 f.

[974] Ebd., 15 f.

[975] Zu beiden Kap. 3 II. 2.

[976] Hierzu schon oben Kap. 3 II. 1. und 2.

[977] Dazu oben II. 3. a. (1); zur Verfahrensgeschichte der Biopatentrichtlinie auch *E. R. Gold/A. Gallochat,* European Law Journal 7 (2001), 331 und *L. Nenow,* Houston journal of international law 23 (2001), 569.

organe ersetzt, sondern lediglich zu Kenntnis genommen wird.[978] Das Parlament ist in dieser Hinsicht aber nicht konsequent und akzeptiert in anderen Fällen Formulierungen, die dies nicht in gleichem Maße deutlich machen.[979] Politikwissenschaftliche Untersuchungen zur Rolle der EGE legen nahe, dass die Kommission mit dem Verweis auf die Stellungnahmen der EGE in ihren legislativen Vorschläge die wissenschaftliche und ethische Begründung ihres Vorschlags behauptet, um Rat und Parlament zur Übernahme ihrer politischen Präferenzen zu bewegen.[980] Die Vermutung, dass die Kommission durch die Einbeziehung der EGE in die Ausarbeitung von Gesetzgebungsinitiativen auf der horizontalen Ebene Vertrauen in ihre Politikvorschläge erzeugen kann, weil die Mitgliedstaaten im Rat und das Europäische Parlament die Position der Kommission als sachverständig, als wissenschaftlich begründet und zustimmungsfähig wahrnehmen, ist auf der Grundlage einer theoretischen Konzeptionalisierung von Vertrauensbildung plausibel.[981] Sie bedarf jedoch darüber hinaus der empirischen Analyse insbesondere durch die Befragung der relevanten Akteure zu ihrer Haltung. Auch, dass sich die Beanspruchung des Sachverstands der EGE durch die Kommission positiv auf die Abstimmung über ihre Vorschläge im Rat und im Parlament auswirkt,[982] bleibt bis zur empirischen Überprüfung Hypothese.

---

[978] Dazu oben II. 3. a. (1).

[979] Im Fall des Forschungsrahmenprogramms ändert es die Formulierung, dass die „Stellungnahmen der Europäischen Gruppe für Ethik der Naturwissenschaften und der Neuen Technologien werden weiterhin berücksichtigt", nicht. Hierzu oben II. 2. a.

[980] *S. Schielke,* Vertrauensbildende Maßnahmen – Partizipatorische und advokatorische Beratungsformen in bioethischen Streitfragen auf der Ebene der EU, in: Vöneky/Hagedorn/Clados u. a. (Hrsg.), Legitimation ethischer Entscheidungen im Recht, 2009, 209, 228.

[981] Die theoretische Grundlegung dieser Vermutung arbeitet *S. Schielke,* Vertrauensbildende Maßnahmen – Partizipatorische und advokatorische Beratungsformen in bioethischen Streitfragen auf der Ebene der EU, in: Vöneky/Hagedorn/Clados u. a. (Hrsg.), Legitimation ethischer Entscheidungen im Recht, 2009, 209, 217 ff. in Grundzügen aus.

[982] *S. Schielke,* Vertrauensbildende Maßnahmen – Partizipatorische und advokatorische Beratungsformen in bioethischen Streitfragen auf der Ebene der EU, in: Vöneky/Hagedorn/Clados u. a. (Hrsg.), Legitimation ethischer Entscheidungen im Recht, 2009, 209, 228.

Dass die Stellungnahmen der EGE durch die Erwägungsgründe von Gesetzgebungsakten in Bezug genommen werden, sagt noch nichts über das Maß ihres tatsächlichen Einflusses aus.[983] Studien zum Einfluss der Stellungnahmen der EGE und der GAEIB auf die Gesetzgebung der Union im Bereich der Biomedizin und Humanbiotechnologie stufen diesen aber insgesamt als relevant bis hoch ein.[984] Der Text der Biopatentrichtlinie reflektiert, wie die eingehende Untersuchung von Busby und anderen zeigt, die Stellungnahme der GAEIB aus dem Jahr 1996 über die ethischen Aspekte der Patentierbarkeit von Erfindungen, die sich auf Elemente menschlichen Ursprungs erstrecken,[985] sowie die vorangehende Stellungnahme aus dem Jahr 1993 zu ethischen Fragen des Kommissionsvorschlags für eine Richtlinie des Rates über den rechtlichen Schutz biotechnologischer Erfindungen.[986] So entsprechen die Ausnahmen von der Patentierbarkeit nach Art. 6 und die ordre public-Klausel der Richtlinie dem Standpunkt der GAEIB. Auch die ethischen Prinzipien, die in den Erwägungsgründen der Richtlinie genannt sind, spiegeln die einschlägigen Stellungnahmen der GAEIB wieder.[987] Vor dem Hintergrund der nachhaltigen Umstrittenheit des Vorhabens einer Biopatentrichtlinie, das bereits einmal im Mitentscheidungsverfahren gescheitert war, wird vermutet, dass „without the ethi-

---

[983] *S. Vöneky,* Das Verhältnis von Recht, Moral und Ethik – Fragen demokratischer Legitimation am Beispiel von Ethikgremien in der Bundesrepublik Deutschland in rechtsvergleichender, europarechtlicher, völkerrechtlicher und interdisziplinärer Perspektive, 2009 , 357.

[984] Den Einfluss der EGE (bzw. GAEIB) auf die Biopatentrichtlinie, die Geweberichtlinie sowie die Forschungsrahmenprogramme der EU untersuchen *H. Busby/T. K. Hervey/A. Mohr,* European Law Review 33 (2008), 803; *A. Plomer,* European Law Journal 14 (2008), 839 analysiert den Einfluss der EGE auf das 7. Forschungsrahmenprogramm.

[985] *Beratergruppe für Fragen der Ethik in der Biotechnologie der Europäischen Kommission,* Stellungnahme 8 über die ethischen Aspekte der Patentierbarkeit von Erfindungen, die sich auf Elemente menschlichen Ursprungs erstrecken, 25.09.1996.

[986] *Beratergruppe für Fragen der Ethik in der Biotechnologie der Europäischen Kommission,* Stellungnahme 3 zu ethischen Fragen des Kommissionsvorschlags für eine Richtlinie des Rates über den rechtlichen Schutz biotechnologischer Erfindungen, 30.9.1993. Dazu *H. Busby/T. K. Hervey/A. Mohr,* European Law Review 33 (2008), 803, 813.

[987] Ebd.

cal stamp of approval from the GAEIB/EGE, Directive 98/44 might never have been adopted."[988]

Auf dem Gebiet des Umgangs mit menschlichen Geweben und Zellen, der von der Geweberichtlinie geregelt wird, hat die EGE bereits 1998 eine Stellungnahme abgegeben.[989] Der Kommissionsvorschlag zur Geweberichtlinie enthält viele der Empfehlungen der EGE.[990] Der finale Text der Richtlinie enthält, insbesondere in den Erwägungsgründen, viele der ethischen Prinzipien, die die EGE in ihrer Stellungnahme vertritt.[991] Einige der Regelungen zur Wahrung ethischer Prinzipien, die die EGE vorgeschlagen hatte, sind allerdings nicht in die Richtlinie aufgenommen worden, weil sie außerhalb der Kompetenz der Union liegen.[992] Die Kompetenzverteilung zwischen Europäischer Union und Mitgliedstaaten im Bereich der Biomedizin und Humanbiotechnologie, im Rahmen derer die Union nur über engumgrenzte Handlungsräume für Gesetzgebung in ethisch relevanten Fragen verfügt, beschränkt, wie sich an dieser Konstellation zeigt, den Einfluss der EGE.[993]

Im Zusammenhang mit der Forschungsförderung durch Rahmenprogramme der EU hat die EGE eine Reihe von Stellungnahmen abgege-

---

988 Ebd., 814.

989 *EGE,* Stellungnahme 11 zu Humangewebe: Ethische Aspekte der Gewebebanken, 21. Juli 1998.

990 *H. Busby/T. K. Hervey/A. Mohr,* European Law Review 33 (2008), 803, 820.

991 Ebd.

992 Ebd. Dazu zählen insbesondere von der EGE empfohlene Regelungen bezogen auf die Schaffung eines Verhaltenskodex zum Schutz der Menschenwürde, zum Schutz von nichteinwilligungsfähigen Menschen und zur Schaffung einer Ethikkommission, die das Parlament mit seiner ersten Lesung einführte, die aber von der Kommission mit ihrem geänderten Vorschlag nicht übernommen wurden, weil Art. 152 EG nicht zur Durchführung ethischer Ziele ermächtige. Kommission, Geänderter Vorschlag für eine Richtlinie zur Festlegung von Qualitäts- und Sicherheitsstandards für die Spende, Beschaffung, Testung, Verarbeitung, Lagerung und Verteilung von menschlichen Geweben und Zellen, KOM(2003) 340 endg., 28. Mai 2003; *EGE,* Stellungnahme 11 zu Humangewebe: Ethische Aspekte der Gewebebanken, 21. Juli 1998.

993 *H. Busby/T. K. Hervey/A. Mohr,* European Law Review 33 (2008), 803, 820 f. Zur Kompetenzsituation der Union im Bereich der Biomedizin und Humanbiotechnologie bereits oben Kap. 3 I.

ben, die sich mit der ethischen Bewertung von Forschung mit humanen embryonalen Stammzellen auseinandersetzen.[994] Die Stellungnahmen der EGE haben die Definition und Behandlung ethischer Probleme im 7. Rahmenprogramm und in den vorangehenden Programmen beeinflusst.[995] Der Grundsatz des Art. 6 Abs. 3 des 7. Rahmenprogramms, dass Forschung an embryonalen Stammzellen gefördert werden kann, entspricht der Position der EGE.[996]

Für die hier untersuchten Gesetzgebungsprozesse kann allerdings nicht festgestellt werden, dass der Verweis auf Stellungnahmen der EGE in Kommissionsvorschlägen in den jeweiligen Gesetzgebungsprozessen umfänglich verhindert, dass zwischen den Verfahrensbeteiligten oder organintern Konflikte über ethische Fragen entstehen, oder dass entstandene Konflikte durch den Verweis auf die Position der EGE bereinigt werden. Auch Kommissionsvorschläge, die auf Stellungnahmen der EGE verweisen, werden von Europäischem Parlament und Rat und innerhalb des parlamentarischen Plenums und des Ratskollegiums unter ethischen Gesichtspunkten politisch problematisiert und abgeändert.[997]

Andererseits lässt sich die ausdrückliche Inbezugnahme der Stellungnahmen der EGE in den Erwägungsgründen von Gesetzgebung als Strategie vor allem der Kommission deuten, im Verhältnis zu den Bürgerinnen und Bürgern Vertrauen in die legislative Politik der Europäischen Union im Bereich der Biomedizin und Humanbiotechnologie herzustellen.[998] Zwar werden auf Grund von Theorien der Vertrauens-

---

[994] *EGE,* Stellungnahme 12 – Ethische Aspekte von Forschungstätigkeiten am menschlichen Embryo, die durch das fünfte Rahmenprogramm gefördert werden, 23.11.1998; *EGE,* Stellungnahme 15 – Ethische Aspekte im Zusammenhang mit der Erforschung und Verwendung menschlicher Stammzellen, 14.11.2000; nach dem Zustandekommen des 7. Rahmenprogramms gab die EGE nach Aufforderung durch die Kommission die *EGE,* Stellungnahme 22 – Empfehlungen zur ethischen Prüfung von FP7-Forschungsprojekten mit humanen embryonalen Stammzellen, 20. 06. 2007 ab.

[995] *H. Busby/T. K. Hervey/A. Mohr,* European Law Review 33 (2008), 803, 833.

[996] Ebd.

[997] Siehe dazu etwa die politischen Differenzen zwischen den Co-Gesetzgebern im Fall des Gesetzgebungsprozesses zur Geweberichtlinie oben II.

[998] *S. Schielke,* Vertrauensbildende Maßnahmen – Partizipatorische und advokatorische Beratungsformen in bioethischen Streitfragen auf der Ebene der

bildung Zweifel an der Effektivität einer solchen Strategie angemeldet.[999] Dass die Unionsorgane mit der Beteiligung der EGE das Vertrauen der Bürgerinnen und Bürger in ihre Politik fördern wollen, erklärt jedoch, warum die Stellungnahmen der EGE und ihre Handlungsempfehlungen[1000] im Gesetzgebungsprozess nicht Gegenstand der politischen Diskussion und Auseinandersetzung sind: Die Problematisierung der Stellungnahmen der EGE im Gesetzgebungsverfahren würde die Problematisierung der Autorität der EGE in ethischen Fragen bedeuten und damit eine vertrauensstiftende Wirkung des Verweises auf sie im Verhältnis zur Öffentlichkeit gefährden.

b. Behandlung ethischer Fragen und Kompetenzabgrenzung

Über die Frage des richtigen Umgangs mit biomedizinischer und humanbiotechnologischer Wissenschaft und Praxis[1001] entstehen im Rah-

---

EU, in: Vöneky/Hagedorn/Clados u. a. (Hrsg.), Legitimation ethischer Entscheidungen im Recht, 2009, 209 ff., 213; s. auch *H. Busby/T. K. Hervey/A. Mohr*, European Law Review 33 (2008), 803, 814, zur Rolle der EGE im Verhältnis zur Öffentlichkeit, wonach die EGE/GAEIB im Fall der Biopatentgesetzgebung die Funktion übernahm, die öffentliche Debatte über die ethischen Bedenken aufzugreifen; dies habe den Pfad für die Gesetzgebung geebnet.

[999] *S. Schielke*, Vertrauensbildende Maßnahmen – Partizipatorische und advokatorische Beratungsformen in bioethischen Streitfragen auf der Ebene der EU, in: Vöneky/Hagedorn/Clados u. a. (Hrsg.), Legitimation ethischer Entscheidungen im Recht, 2009, 209, 217 ff., 219, argumentiert, die EGE verbessere nicht die Öffentlichkeit und Transparenz des politischen Systems der EU, wie es für eine Vertrauensbildung im Verhältnis zum Bürger notwendig wäre, weil sie kaum öffentlichkeitswirksam tätig werde und wenig in den öffentlichen Diskurs eintrete. Darüberhinaus werde sie als Untereinheit der Kommission wahrgenommen. Außerdem stehe einer vertrauensbildenden Wirkung der EGE im Verhältnis zu den Bürgerinnen und Bürgern ihre Funktion der Generierung von Vertrauen im Verhältnis zwischen der Kommission und den übrigen EU-Organen entgegen.

[1000] Die Stellungnahmen der EGE enthalten Handlungsempfehlungen und z. T. auch konkrete Regelungsvorschläge. Dazu schon oben Kap. 3 II. 1. und 2., dazu auch *S. Schielke*, Vertrauensbildende Maßnahmen – Partizipatorische und advokatorische Beratungsformen in bioethischen Streitfragen auf der Ebene der EU, in: Vöneky/Hagedorn/Clados u. a. (Hrsg.), Legitimation ethischer Entscheidungen im Recht, 2009, 209, 224 ff.

[1001] Zur ethischen Relevanz und Umstrittenheit biomedizinischer und humanbiotechnologischer Wissenschaft und Praxis oben Kap. 3 II. 1.

men der Gesetzgebung in diesem Bereich regelmäßig Konflikte. Insbesondere die Bedeutung und Reichweite ethisch-rechtlicher Prinzipien wie der Menschenwürde und der Grundrechte sind im Gesetzgebungsprozess vielfach umstritten – sowohl in der interinstitutionellen wie in der organinternen Willensbildung. Zwischen den Organen werden Auseinandersetzung über ethische Fragen der Biomedizin und Humanbiotechnologie häufig als Konflikte über die Abgrenzung der Zuständigkeit zwischen supranationaler und mitgliedstaatlicher Ebene geführt.[1002] Dabei kommt zum Tragen, dass das Primärrecht die Handlungsräume von Mitgliedstaaten und supranationaler EU häufig nicht eindeutig abgrenzt.[1003] Politische Uneinigkeit besteht insbesondere darüber, ob die EU für die Regelung von ethisch relevanten Fragen zuständig ist – die Kommission vertritt, dass die Kompetenz für ethische Fragen im Bereich der Biomedizin und Humanbiotechnologie bei den Mitgliedstaaten liege.[1004] In vielen Fällen machen dementsprechend Kommission und Rat gegenüber einer Position des Europäischen Parlaments, die zugunsten einer starken ethischen Position die Harmonisierung des mitgliedstaatlichen Rechts vorsieht, die fehlende Kompetenz der Union geltend. Das Parlament will in vielen Fällen die mitgliedstaatliche Autonomie zur Wahrung von ethischen Prinzipien weitergehend beschränkt sehen als Kommission und Rat.[1005] So haben Rat und Kommission die vom Parlament in das Vorhaben der Geweberichtlinie eingeführte Pflicht der Mitgliedstaaten abgelehnt, Forschung zum reproduktiven Klonen von Menschen und zur Herstellung von menschlichen Embryonen für die Forschung zu verbieten; hierfür fehle die Zuständigkeit der Union.

Im Hintergrund von Kompetenzstreitigkeiten zwischen den Organen steht regelmäßig die Uneinigkeit der Mitgliedstaaten darüber, welcher Umgang mit biomedizinischer und humanbiotechnologischer Wissenschaft und Praxis angemessen ist. Uneinigkeit über die Kompetenzabgrenzung im Bereich biomedizinischer und humanbiotechnologischer Gesetzgebung zeigt sich auch innerhalb des Rates. Beispiel hierfür ist das Gesetzgebungsverfahren zur Biopatentrichtlinie, in dem einzelne

---

[1002] Siehe dazu oben II.

[1003] Dazu schon oben Kap. 3 I. 1.

[1004] Oben Kap. 3 II. 1.

[1005] Siehe etwa die Verfahrensgeschichten der Gewebe- und der Blutrichtlinie oben II.

Mitgliedstaaten im Rat gegen das Vorhaben Subsidiaritätserwägungen vorbrachten, damit aber – später auch vor dem EuGH – scheiterten.[1006] Im Hintergrund dieses Konflikts stand ein Dissens der Mitgliedstaaten über die Bedeutung und Reichweite der Menschenwürde für die Patentierbarkeit menschlicher Materie.[1007]

In der Tendenz ist das Parlament im Referenzgebiet integrationsprogressiver als Kommission und Rat, die gegenüber der parlamentarischen Position häufig Subsidiaritätserwägungen anführen.[1008] Wo das Parlament das Recht der Mitgliedstaaten zur Wahrung ethisch-rechtlicher Prinzipien umfänglich harmonisieren will, ist insbesondere der Rat in vielen Fällen nur zu einer Absichtserklärung oder zur Setzung von Mindeststandards bereit.[1009]

Die Verpflichtung von Biomedizin und Humanbiotechnologie auf ethische und ethisch-rechtliche Prinzipien wie Menschenwürde und Individualrechtsgüter geht in der Form, wie sie sich in den geltenden Rechtsakten zur Biomedizin und Humanbiotechnologie findet, regelmäßig auf die Position des Europäischen Parlaments zurück, auch wenn es häufig Zugeständnisse machen muss.[1010] In vielen Fällen werden über ethisch relevante Fragen informelle Verhandlungen geführt: Teilweise, um Konflikte zu lösen, die sich in Abfolge der Lesungen verfestigt haben; teilweise, um Konflikte zwischen den Co-Gesetzgebern gar nicht erst in das Verfahren zu tragen. Um den Konflikt über ethische Fragen zu bereinigen, kamen Triloge etwa im Fall der Geweberichtlinie zur Anwendung.[1011] Um zu vermeiden, dass Dissense über ethische Frage über-

---

1006 Oben II. Die Niederlande beantragten später vor dem EuGH die Nichtigerklärung der Richtlinie, unter anderem aus dem Grund, dass sie zu Unrecht auf die Binnenmarktkompetenz gestützt sei, scheitern damit aber; Urteil des EuGH vom 9. Oktober 2001 in der Rs. C-377/98 (Niederlande/Europäisches Parlament und Rat), Slg. 2001 I-7079.

1007 Dazu das Urteil des EuGH in der Rs. C-377/98, Rn. 69 ff.

1008 Oben II.

1009 Oben II.

1010 Übersicht über die geltenden Rechtsakte im Bereich der Biomedizin und Humanbiotechnologie oben Kap. 2; Kap. 3 II. 1. und 2. zu ethisch relevanten Regelungen in diesem Bereich.

1011 Oben II.

haupt in den Verfahrensablauf getragen werden, fanden Triloge im Fall der Verordnung zu neuartigen Therapien statt.[1012]

Uneinigkeit über ethische Fragen der Biomedizin und Humanbiotechnologie zeigt sich auch in der Willensbildung des Europäischen Parlaments. Der politische Dissens verläuft dabei regelmäßig nicht entlang der mitgliedstaatlichen Positionen, wie es die zum Zeitpunkt der Gesetzgebungsprozesse geltende primärrechtliche Verfassung des Europäischen Parlaments als Vertretung der mitgliedstaatlichen Staatsvölker erwarten ließe (Art. 189 EGV). In den Plenardebatten machen Parlamentarier selten die Position ihres jeweiligen Mitgliedstaats explizit als solche geltend. Vielmehr werden richtungspolitische Argumentationen vorgetragen.[1013] Die parlamentarischen Debatten im Bereich der Gesetzgebung zur Biomedizin und Humanbiotechnologie lassen sich entlang richtungspolitischer Konfliktlinien rekonstruieren. Beispiel hierfür ist die Debatte um die Verordnung für neuartige Therapien.[1014] Sie verläuft zwischen der liberalen Position, die Innovationen der zell- und molekularbiologischen Medizin anregen und die Wirtschaft in diesem Bereich fördern will, und einer restriktiveren Position, die den Bereich der Entwicklung und Anwendung zell- und molekularbiologischer Methoden, insbesondere mit Blick auf die Verwendung embryonaler Stammzellen zum Zweck des Schutzes der Menschenwürde beschränken will. Richtungspolitische Positionen werden auch in der parlamentarischen Verhandlung des zweiten Vorhabens einer Biopatentrichtlinie artikuliert. Die Fraktion der Grünen bringt in zweiter Lesung den Vorschlag ein, das Verfahren abzulehnen, womit dieses erneut scheitern würde. Sie kritisiert ein Überwiegen wirtschaftspolitischer Erwägungen gegenüber den Zielen des Würdeschutzes und der Nichtkommerzialisierung von Leben. Gegen die Stimmen der Fraktion der Grünen wird das Vorhaben im Plenum angenommen.

Die Praxis der Mitentscheidung im Bereich der Biomedizin und Humanbiotechnologie zeigt, dass der Rat in seiner Willensbildung nicht in jeder Hinsicht – wie aber vielerorts allgemein behauptet oder vermu-

---

[1012] Oben II.

[1013] Zur Selbstwahrnehmung der Mitglieder des Europäischen Parlaments als gesamteuropäische Abgeordnete, die sich richtungspolitisch positionieren, nicht als Vertreter eines Mitgliedstaates, auch *D. Halberstam,* European Law Review 30 (2005), 775.

[1014] Hierzu schon oben II.

tet[1015] – als Konsensmaschine funktioniert.[1016] Im Rahmen der Gesetzgebungsprozesse im Referenzgebiet besteht in ethischen Fragen häufig ein nachhaltiger Dissens zwischen den Mitgliedstaaten.[1017] Es treffen Mitgliedstaaten mit einer restriktiven Haltung im Umgang mit Biomedizin und Humanbiotechnologie auf Mitgliedstaaten, die in dieser Hinsicht eine liberale Politik verfolgen. Zum Teil befürworten einzelne Staaten Standpunkte des Europäischen Parlaments, die biomedizinische und humanbiotechnologische Forschung und Praxis zum Schutz der Menschenwürde beschränken.[1018] Dies trifft auf den Widerspruch von Mitgliedstaaten mit liberaleren Präferenzen. Dabei ist im Bereich der Gesetzgebung im Referenzgebiet das Mehrheitsprinzip im Rat nicht von einer informellen Konsensregel überlagert, deren Geltung für Ratsentscheidungen vielfach behauptet wird.[1019] Obwohl im Rat oft Uneinigkeit über die Bedeutung des ethisch-rechtlichen Prinzips der Menschenwürde besteht, das in einer Reihe von Mitgliedstaaten (wie etwa in Deutschland) wesentlicher Gehalt der Verfassungsidentität ist, entscheidet er vielfach mehrheitlich. Dies ist ein Mittel, politische Uneinigkeit zu bewältigen. Mitgliedstaaten unterliegen mit ihren ethisch begründeten Forderungen der Mehrheit; sie sind damit gegen ihren Willen gebunden. Überstimmte Mitgliedstaaten, aber auch Ratsmitglieder, die trotz politischer Bedenken auf ein ablehnendes Votum verzichten, demonstrieren ihre Position häufig mit dem Mittel der Protokollerklärung.[1020] Protokollerklärungen sind nicht verbindlich und ändern den Rechtsakt nicht ab.[1021] Die Protokollerklärung ist Technik zum Auf-

---

[1015] Als konkordanzpolitisch orientiert rekonstruiert die Willensbildung des Rates mwN *P. Dann,* Parlamente im Exekutivföderalismus, 2004, 95 ff., 114, nach dem der Rat in seiner föderalen Struktur darauf basiert, dass die Heterogenität der Mitglieder grundsätzlich respektiert wird – dies bilde sich in den Strukturen der Willensbildung des Rates ab.

[1016] Hierfür oben I. 2.

[1017] Hierzu oben II.

[1018] Oben II.

[1019] *P. Dann,* Parlamente im Exekutivföderalismus, 2004, 96 ff. mit weiteren Nachweisen auch zur politikwissenschaftlichen Modellbildung.

[1020] Oben II.

[1021] *M. Dreher,* Europäische Zeitschrift für Wirtschaftsrecht 4 (1994), 743.

fangen von Uneinigkeit, ohne dass dies nach außen sichtbar wird[1022]; sie ist eine Form des verdeckten politischen Dissenses. Insgesamt gerät die Willensbildung des Rates im Bereich der Biomedizin- und Humanbiotechnologiegesetzgebung offensichtlich an die Grenzen ihrer konkordanzpolitischen Leistungsfähigkeit. Dass im Dissens entschieden und gehandelt wird, kann als Zeichen einer Politisierung der Entscheidungsfindung des Rates gedeutet werden.

Die Kommission wird im Referenzgebiet als Vermittlerin zwischen den Co-Gesetzgebern tätig, indem sie entsprechend der interinstitutionellen Vereinbarungen und ihrer internen Leitlinien an Trilogen und an parlamentarischen Plenardebatten teilnimmt, dort auf Übereinstimmungen zwischen der Position des Parlaments und des Rates hinweist und für die Annahme informell ausgehandelter Kompromisse wirbt. Weiterhin wirkt sie auf eine Annäherung der Standpunkte des Europäischen Parlaments und des Rates hin, indem sie nach der ersten parlamentarischen Lesung durch die Vorlage eines geänderten Vorschlags das Maß ihrer Unterstützung der parlamentarischen Änderungen gegenüber den Co-Gesetzgebern signalisiert.[1023]

c. Die Artikulation der Selbstbindung der Union an Menschenwürde und Grundrechte sowie an weitere marktbegrenzende Integrationsziele

Ein durchgängiges Muster der Gesetzgebungsprozesse im Bereich der Biomedizin und Humanbiotechnologie ist, dass das Parlament die Selbstbindung der Europäischen Union an die Menschenwürde und Grundrechte, sowie an marktbegrenzende Zielsetzungen wie Gesundheits- und Verbraucherschutz geltend macht und ihre Umsetzung betreibt. Dies zeigen exemplarisch die Verfahren zur Biopatentrichtlinie und zur Verordnung über die zentralisierte Arzneimittelgenehmigung, in denen das Parlament zur Wahrung der Menschenwürde und zum Schutz des Verbrauchers wirtschaftspolitische Zielsetzungen beschränkt hat.[1024] Die Einschätzung, dass das Parlament Antrieb einer Politik ist, die zum Zweck des Schutzes des Verbrauchers marktfreisetzende Ziel-

---

[1022] *P. Dann,* Die politischen Organe, in: Bogdandy/Bast (Hrsg.), Europäisches Verfassungsrecht, 2009, 335, 351.

[1023] Dazu oben II. 3. b.

[1024] Siehe die Positionen des Parlaments in den Gesetzgebungsprozessen dieser Rechtsakte, oben II. 3. a. und 4. a.

setzungen begrenzt, teilen politikwissenschaftliche Studien zu seiner Rolle im Rahmen der Gesetzgebung im Bereich des Binnenmarktes: „*One of the common features of Parliament's involvement in this area is a tendency to combine* [...] *deregulatory measures with setting standards for consumers, so ensuring that market liberalization does not take place at the expense of private users and disadvantaged groups.*“[1025] Demgegenüber sehen die Standpunkte von Rat und Kommission häufig weniger regulative Eingriffe in den Markt vor.[1026] Der Inhalt des geltenden Rechtsaktes ist regelmäßig ein Kompromiss zwischen beiden Positionen.

Das Parlament tritt im Bereich der Biomedizin und Humanbiotechnologie durchgängig für den Schutz der Menschenwürde und der Individualrechtsgüter ein; es begrenzt die Patentierbarkeit menschlicher Materie zum Zweck des Würdeschutzes und führt im Vergleich zum Kommissionsvorschlag strengere Regeln zur Durchführung klinischer Prüfungen in die entsprechende Richtlinie ein, die dem Schutz der Würde und Integrität der Prüfungsteilnehmer dienen. Der Rat lässt sich auf die Position des Parlaments dabei nur teilweise ein.[1027] Der Dissens zwischen Rat und Parlament etwa über die Zulässigkeit von klinischen Versuchen mit nichteinwilligungsfähigen Teilnehmern ohne unmittelbaren Nutzen für diese wird mit einem informell verhandelten Kompromiss beigelegt.[1028] Die Einigungen der Co-Gesetzgeber enthalten generell im Vergleich zur ursprünglichen Position des Parlaments niedrigere Standards des Schutzes von Individualrechtsgütern. Der Befund, dass das Europäische Parlament im Bereich der Gesetzgebung zur Biomedizin und Humanbiotechnologie als Motor des Grundrechtsschutzes tätig wird, trifft sich mit der allgemeinen Beobachtung, dass sich das Europäische Parlament im politischen System der Union als Grundrechtsgarant positioniert.[1029]

[1025] *A. Maurer,* Journal of Common Market Studies 41 (2003), 227, 243.

[1026] Siehe dazu insb. oben II. 2. a., 3. c., 3. d.

[1027] Dazu oben II. 3. a., 3. c., 4. c.

[1028] Oben II. 4 a.

[1029] *J. Kühling,* Grundrechte, in: Bogdandy/Bast (Hrsg.), Europäisches Verfassungsrecht, 2009, 657, 659.

C. Das Mitentscheidungsverfahren als demokratisches Gesetzgebungsverfahren

Im Folgenden wird das Mitentscheidungsverfahren weiter als demokratisches Gesetzgebungsverfahren der Europäischen Union untersucht.

Zunächst wird im Folgenden behandelt, wie das Primärrecht die duale Legitimationsstruktur der Union im Einzelnen ausgestaltet, und wie diese in der Literatur und von der Rechtsprechung gedeutet wird (Kapitel 6). Im Rahmen der Erschließung des Forschungsstands tritt deutlich zutage, dass es einer demokratietheoretischen Fundierung der Auseinandersetzung mit der dualen Legitimationsstruktur der Union bedarf. In Kapitel 7 wird das erforderliche Fundament für die demokratietheoretische Rekonstruktion der dualen Legitimationsstruktur der EU gelegt.

Dabei wird zum einen ein normatives Konzept des Subjekts der demokratischen Legitimation hoheitlicher Gewalt eingeführt, das zugleich Grundzüge eines Demokratiemodells der Arbeit formuliert. Zum anderen leistet die demokratietheoretische Grundlegung eine Auseinandersetzung mit dem Konzept demokratischer Repräsentation, das das Primärrecht als Demokratiemodell der Europäischen Union vorsieht. In diesem Zuge wird der Begriff der repräsentativen Demokratie als Bezeichnung für die elektorale Rückbindung legislativer Willensbildung durch den Begriff der delegativen Demokratie ersetzt.

Das erarbeitete Demokratiemodell fundiert die Entwicklung einer Demokratietheorie des Verhältnisses von Europäischem Parlament und Rat und ihrer Co-Gesetzgeberschaft (Kapitel 8). Mit dieser wird zugleich das Mitentscheidungsverfahren als demokratisches Gesetzgebungsverfahren der EU beschrieben und bewertet. Abschließend wird die Praxis der Mitentscheidung demokratietheoretisch reflektiert und kritisiert (Kapitel 9).

Kapitel 6. Die duale Legitimationsstruktur der Europäischen Union: Stand der Forschung und offene Fragen

I. Die duale Legitimationsstruktur der Europäischen Union: Ausprägung im Primärrecht und Deutungsvorschläge

Die Europäische Union verfügt in Europäischem Parlament und Rat institutionell über eine dual angelegte Legitimationsstruktur. Dies verankert Art. 10 EUV in den vertraglichen Grundlagen der EU. Weiterhin aber gewichtet das Primärrecht die beiden Legitimationsstränge in den unterschiedlichen Gesetzgebungsverfahren ganz unterschiedlich. Damit sieht das Primärrecht kein einheitliches Legitimationsmodell des Primärrechts für die gesetzgebende Gewalt der EU vor.[1030]

Im Folgenden wird der Erkenntnisstand dazu erschlossen, welche Bedeutung den beiden Legitimationssträngen für die demokratische Legitimation der europäischen Legislativgewalt zukommt. Eingangs wird zunächst untersucht, welchen konzeptuellen Gehalt das europäische Demokratieprinzip, wie es einerseits vertraglich verankert ist und andererseits davon unabhängig vom EuGH judiziert wird, mit Blick auf die duale Legitimationsstruktur entfaltet.

In der Literatur besteht, wie sich im Folgenden zeigt, keine Einigkeit darüber, in welchem Maße Europäisches Parlament und Rat grundsätzlich jeweils zur demokratischen Legitimation europäischer Hoheitsgewalt beitragen können – und müssen. Zwar ist weitgehend anerkannt, dass die Europäische Union in ihrer institutionellen Struktur über eine zweifache demokratische Rückbindung verfügt.[1031] Es wird aktuell,

---

[1030] Dazu Kap. 1 IV.

[1031] Vgl. die Kommentarliteratur schon zur Rechtslage vor den Lissabonner Reformen; etwa *B. Beutler*, Art. 6 EUV, in: Groeben/Schwarze (Hrsg.), Kommentar zum Vertrag über die Europäische Union und zur Gründung der Europäischen Gemeinschaft, 2003, Rn. 30 ff.; *C. Calliess*, Art. 6 EUV, in: Calliess/Ruffert (Hrsg.), EUV, EGV, 2007, Rn. 17; *M. Hilf*, Art. 6 EUV, in: Grabitz/Hilf/Nettesheim (Hrsg.), Das Recht der Europäischen Union; *W. Kluth*, Art. 6 EGV, in: Calliess/Ruffert (Hrsg.), EUV, EGV, 2007, Rn. 6; darüber hinaus u.a. *A. von Bogdandy*, Grundprinzipien, in: Bogdandy/Bast (Hrsg.), Europäisches Verfassungsrecht, 2009, 13, 205 ff.; *C. Calliess*, Das Demokratieprinzip im Europäischen Staaten- und Verfassungsverbund, in: Bröhmer/Bieber (Hrsg.), Internationale Gemeinschaft und Menschenrechte, 399, 403

soweit ersichtlich, nicht mehr vorgebracht, dass das Europäische Parlament zur demokratischen Legitimation europäischer Hoheitsgewalt überhaupt nicht beitragen könne.[1032] Die demokratische Leistungsfähigkeit des Europäischen Parlaments, seine Bedeutung als demokratisches Organ der Europäischen Union wird unterschiedlich bewertet. Das Bundesverfassungsgericht hat mit dem Lissabon-Urteil – das in Kapitel 8 auf der Basis einer demokratietheoretischen Grundlegung einer eingehenden Lektüre unterzogen wird – seinen Standpunkt bekräftigt, dass die Rückbindung an die nationalen Parlamente und Regierungen der primäre und hinreichende Legitimationsmechanismus supranationaler Hoheit sei: Solange die Union auf der Grundlage der Geltung des Prinzips der begrenzten Einzelermächtigung ein Verbund souveräner Staaten mit ausgeprägten Zügen exekutiver und gouvernementaler Zusammenarbeit sei, reiche grundsätzlich die über nationale Parlamente und Regierungen vermittelte Legitimation der Mitgliedstaaten aus.[1033] Das Europäische Parlament leiste demokratische Legitimation lediglich ergänzend und abstützend.[1034] Diese Position trifft aber – dies zeigt im Folgenden die Auseinandersetzung mit dem Stand der Forschung zur dualen Legitimationsstruktur der Union – in der Literatur auf Widerspruch und ist auch demokratietheoretisch wohlbegründet kritisierbar.

---

f.; *C. D. Classen,* Demokratische Legitimation im offenen Rechtsstaat, 2009, 95 ff.; *S. Kadelbach,* Demokratische Legitimation zwischenstaatlichen Handelns, in: Vöneky/Hagedorn/Clados u. a. (Hrsg.), Legitimation ethischer Entscheidungen im Recht, 2009, 147, 154 ff.; *W. Kluth,* Die demokratische Legitimation der Europäischen Union, 1995, 67 ff.; *S. Magiera,* Das Europäische Parlament als Garant demokratischer Legitimation in der Europäischen Union, in: Due (Hrsg.), Festschrift für Ulrich Everling, 1995, 789; 792 ff.; *I. Pernice,* Die politische Vision von Europa und die notwendigen institutionellen Reformen, in: Pahl (Hrsg.), Grundfragen der europäischen Verfassungsentwicklung, 2000, 79; *A. Peters,* Elemente einer Theorie der Verfassung Europas, 2001, 556.

[1032] Dahingehend aber noch *D. Grimm,* JZ 50 (1995), 581 ff.; *P. Huber,* Staatswissenschaften und Staatspraxis 3 (1992), 349, 360 f.; *P. Kirchhof,* EuR Beiheft 1 (1991), 11, 13 f.; *P. Kirchhof,* Brauchen wir ein erneuertes Grundgesetz?, 1992, 38 f.

[1033] BVerfGE 123, 267, Rn. 262.

[1034] BVerfGE 123, 267, Rn. 262.

1. Gehalt des positivrechtlichen Demokratieprinzips der Europäischen Union

Das positivrechtliche Demokratieprinzip, das vor den Lissabonner Reformen in Art. 6 Abs. 1 EUV verankert war, enthielt keine Aussagen zur Legitimationsstruktur der Europäischen Union. Mit seinem knappen Normtext („Die Union beruht auf dem Grundsatz der Demokratie.“) verpflichtete es die europäische Union auf eine demokratische Funktionsweise. Es legte aber für sich genommen keine Demokratiekonzeption für die Union fest. Als Rechtsprinzip konnte damit schon wegen des fehlenden konzeptuellen Gehalts nicht operationalisiert werden; dies galt umso mehr, als dem EuGH eine autoritative Interpretation des Demokratiebegriffs der Vorschrift verwehrt war: Dieser fehlte die Justiziabilität.[1035] Dementsprechend war das Demokratieprinzip des Art. 6 Abs. 1 EUV in der EuGH-Rechtsprechung kein Bezugspunkt. Lediglich das Gericht erster Instanz hat sich in einigen Formulierungen an die Vorschrift angelehnt.[1036] Nach den Lissabonner Reformen ist das duale Legitimationsmodell für die EU durch Art. 10 Abs. 1 und 2 EUV ausdrücklich in den vertraglichen Grundlagen der EU verankert. Art. 10 EUV verfügt zwar über deutlich mehr konzeptuellen Gehalt als ex-Art. 6 EUV. Er lässt aber die Frage des Verhältnisses der beiden Legitimationsstränge zueinander unbeantwortet. Eine Vorgabe dazu, wie die beiden Legitimationsstränge bei der Ausübung der Legislativkompetenzen der EU zu gewichten sind, fehlt. Dies rückt den konzeptionellen Gehalt des Demokratieprinzips in den Blick, das der EuGH mit der Geltungsbegründung eines Allgemeinen Rechtsgrundsatzes unabhängig von der vertraglichen Verpflichtung der Union auf den Grundsatz der Demokratie judiziert.[1037]

[1035] Dies ergab sich aus Art. Art. 46 EUV; dazu *H.-J. Cremer,* Art. 46 EUV, in: Calliess/Ruffert (Hrsg.), EUV, EGV, 2007, Rn. 19 ff.; *H. Krück,* Art. 46, in: Groeben/Schwarze (Hrsg.), Kommentar zum Vertrag über die Europäische Union und zur Gründung der Europäischen Gemeinschaft, 2003, Rn. 21.

[1036] Urteil des Gerichts erster Instanz vom 17. Juni 1998, in der Rechtssache T-135/96, UEAPME/Rat, Rn. 89, hierzu *G. Britz/M. Schmidt,* Europarecht 34 (1999), 467; Urteil des Gerichts erster Instanz vom 2. Oktober 2001, in den verbundenen Rechtssachen T-222/99, T-327/99 und T-329/99 (Martinez u.a./Parlament).

[1037] Dazu sogleich 2.

2. *Die Legitimationsstruktur der Union in der Rechtsprechung des EuGH*

Der konzeptionelle Gehalt des Demokratieprinzips, wie es der EuGH beginnend mit der Isoglucose-Rechtsprechung judiziert, erschließt sich daraus, welche Rolle es als Erwägung der richterlichen Argumentation spielt und aus der Methodik des EuGH bei seiner Erfindung.[1038] In seinem Urteil in dem Verfahren Roquette Frères/Rat und gleichlautend in dem Rechtsstreit Maizena/Rat nimmt der Gerichtshof zum ersten Mal *„auf Gemeinschaftsebene, wenn auch in beschränktem Umfang*[1039]*, ein grundlegendes demokratisches Prinzip"*[1040] an. Nach diesem Prinzip sind „[...] *die Völker* [der Mitgliedstaaten] *durch eine Versammlung ihrer Vertreter an der Ausübung der hoheitlichen Gewalt* [der Europäischen Gemeinschaft] *beteiligt*".[1041] Mit dieser Formel, die die Völker der Mitgliedstaaten verfassungsrechtlich als Legitimationssubjekt der Hoheitsgewalt der EU einsetzt, wendet der EuGH das Demokratieprinzip vor allem in den 1980er und 1990er Jahre an, wenn er primärrechtliche Befugnisse des Europäischen Parlaments im Rahmen der Gesetzgebung gewährleistet.[1042] Welche Bedeutung dem Demokratieprin-

---

[1038]Der Begriff der Erfindung des Demokratieprinzips ist der Formulierung der Erfindung der Grundrechte durch den EuGH entlehnt, s. *S. Buckel,* Subjektivierung und Kohäsion, 2007, 250 ff. Der Begriff verweist darauf, dass der EuGH zwar über die Rechtsfigur des Allgemeinen Rechtsgrundsatzes die Grundrechte resp. das Demokratieprinzip methodisch gesehen lediglich *deklariert* und nicht konstituiert, tatsächlich aber als Konstrukteur eines bis dahin nicht vorhandenen normativen Gehalts der Unionsrechtsordnung tätig wird.

[1039]Angesichts der Einführung des Zusammenarbeitsverfahrens fällt in der Formel des EuGH, die Beteiligung des EP am Gesetzgebungsverfahren spiegele ein grundlegendes demokratisches Prinzip wider, der Vorbehalt „in beschränktem Umfang" – so angesichts des Anhörungsverfahrens – weg; vgl. *Europäischer Gerichtshof,* 29. Oktober 1980, Rs. 138/79 und Rs. 139/79, Slg. 1980, 3333 bzw. 3393 und *Europäischer Gerichtshof,* 11. Juni 1991, Rs. C-300/89, Slg. 1991, S. I-2867, Rn. 20; hierauf weist auch *M. Mayer,* Die Europafunktion der nationalen Parlamente in der Europäischen Union, 2012, 41 hin.

[1040]*Europäischer Gerichtshof,* 29. Oktober 1980, Rs. 138/79 und Rs. 139/79, Slg. 1980, 3333 bzw. 3393, Rn. 33 bzw. 34.

[1041]Ebd.

[1042]In der Isoglucose-Rechtsprechung *Europäischer Gerichtshof,* 29. Oktober 1980, Rs. 138/79 und Rs. 139/79, Slg. 1980, 3333 bzw. 3393, Rn. 33 f., 37 bzw. Rn. 34 f., 38, und in den Rechtssachen C-65/93 (Rn. 21 ff.), C-21/94 (Rn. 17 ff.),

zip hierbei zukommt, wird dabei unterschiedlich beurteilt. Teils wird argumentiert, das Demokratieprinzip stelle den „Grund dafür [dar], darauf zu achten, die vorgeschriebene Beteiligung des Parlaments zu ermöglichen und wirksam zu gestalten".[1043] Dagegen wird vorgebracht, das Gebot, die Beteiligungsrechte des Parlaments zu achten, ergebe sich schon aus der jeweiligen Vertragsnorm und nicht erst durch deren In-

---

C-392/95 (Rn. 14 ff.), C-408/95 (Rn. 45 ff.) wendet er das Demokratieprinzip im Rahmen der Gewährleistung der ordnungsgemäßen Anhörung des Parlaments nach den vertraglichen Vorschriften über das Anhörungsverfahren an. Im Titandioxid-Urteil 1991 *Europäischer Gerichtshof,* 11. Juni 1991, Rs. C-300/89, Slg. 1991, S. I-2867 begründet der EuGH in Abkehr von vormaliger Rechtsprechung die Pflicht der Organe, einen Rechtsakt nicht auf mehrere einschlägige Rechtsgrundlagen zu stützen, wenn der daraus folgende kumulative Rückgriff auf unterschiedliche Gesetzgebungsverfahren dazu führte, dass die Verfahrensposition des Parlaments im Zusammenarbeitsverfahren beeinträchtigt würde. Der EuGH argumentiert, die Konstruktion des Zusammenarbeitsverfahrens, dessen Einführung der Stärkung der Beteiligung des Europäischen Parlaments am Gesetzgebungsverfahren der Gemeinschaft diente, welche Ausdruck des grundlegenden demokratischen Prinzips auf Gemeinschaftsebene sei, dürfe nicht durch die kumulative Anwendung der Verfahren der Zusammenarbeit und der Anhörung überlagert werden. In neuerer Zeit ist der EuGH mit der Frage der kumulativen Anwendung von Kompetenzgrundlagen in seinem Urteil in der Rs. C-155/07 (Parlament/Rat), Rn. 73-85 befasst. Darin geht es um die Entscheidung über die Anwendung von zwei Rechtsgrundlagen, die einerseits das Mitentscheidungsverfahren, andererseits das Anhörungsverfahren als Rechtsetzungsverfahren vorsehen. Das Gericht argumentiert dabei, dass die kumulative Anwendung der beiden sachlich einschlägigen Rechtsgrundlagen geboten und möglich sei, weil eine alternative Anwendung entweder die Rechte des Parlaments zur legislativen Mitentscheidung beeinträchtigen, oder aber die inhaltliche Kompetenz des Gesetzgebers beschränken würde (die mit dem Mitentscheidungsverfahren ausgestattete Rechtsgrundlage ist materiell enger als die andere). Eine Rekonstruktion des case-law des EuGH zur Anwendung von Rechtsgrundlagen aus der Perspektive des Demokratieverständnisses des Gerichts schlägt Generalanwalt Maduro in seinem Schlussantrag in der Rs. C-411/06 vor. Danach ist die Rechtsprechung von der Position geprägt, dass jede Rechtsgrundlage, die eine stärkere Einbindung des Parlaments in das Entscheidungsverfahren vorsieht, auch zu einer Stärkung des demokratischen Charakters der Europäischen Gemeinschaft führe (Fn. 5). Dies sieht Maduro kritisch; zu seiner Position noch ausgangs des Abschnitts.

[1043] *M. Zuleeg,* Juristenzeitung 48 (1993), 1069, 1072.

terpretation mittels des Demokratieprinzips.[1044] Das Demokratieprinzip diene dem EuGH lediglich als Kriterium, mit dem er die entscheidungserheblichen Normen identifiziere. Dieser Standpunkt ist insofern zutreffend, als die Geltung von Vertragsvorschriften ihre Kategorisierung als Inbegriff des Demokratieprinzips nicht voraussetzt.[1045] Verkannt wird aber, dass das Demokratieprinzip gleichzeitig ein besonderes und besonders starkes Argument zur Bekräftigung, zur Durchsetzung primärrechtlicher Vorschriften ist. Die Hierarchisierung der Vorschriften der Verträge, die mit der Qualifikation des Demokratieprinzips als *grundlegendes Prinzip*[1046] der Gemeinschaftsrechtsordnung angedeutet wird, ist zwar lediglich Rhetorik.[1047] Die Zuordnung primärrechtlicher Vorschriften zum Anwendungsbereich eines derart rhetorisch aufgeladenen Demokratieprinzips ergibt aber argumentativ ein besonders intensives Bedürfnis nach ihrer Durchsetzung und ist für diese gleichfalls ein – wenn auch nicht notwendiger – Grund.[1048] Indem der

---

1044 *M. Kaufmann,* Europäische Integration und Demokratieprinzip, 1997, 87.

1045 Darauf weist auch die Methodik des EuGH bei der Begründung von Rechtsfolgen im Zusammenhang mit der Heranziehung des Demokratieprinzips hin. Die Nichtigkeit eines Rechtsaktes, der unter Verletzung des vertraglich vorgesehener parlamentarischer Rechte erlassen wurde, begründet der EuGH mit der Verletzung wesentlicher Formvorschriften im Sinne des Art. 230 EG. Rechtsfolgenbewehrt sind in diesem Zusammenhang die konkreten Rechte und Pflichten, die der Gerichtshof als Ausdruck des Demokratieprinzips begreift. Eine Sanktionierung des Demokratieprinzips erfolgt damit lediglich indirekt über konkrete Rechte und Pflichten, deren Geltung nicht von ihrer Aufladung durch das demokratische Prinzip abhängt.

1046 *Europäischer Gerichtshof,* 29. Oktober 1980, Rs. 138/79 und Rs. 139/79, Slg. 1980, 3333 bzw. 3393, Rn. 33 bzw. 34.

1047 Zur fehlenden Hierarchisierung innerhalb des Korpus des Primärrechts *M. Nettesheim,* Europarecht 41 (2006), 737, 740 ff.

1048 Diese besondere rhetorisch-argumentative Bedeutung des Demokratieprinzips erklärt auch, warum der EuGH das Demokratieprinzip in seine Entscheidungsbegründungen eingeführt hat, obwohl es sich in seinem Gewährleistungsgehalt, der effektiven Anwendung der primärrechtlich eingesetzten Befugnisse des Parlaments, nicht von der Figur des institutionellen Gleichgewichts unterscheidet. Tatsächlich wird das institutionelle Gleichgewicht schon seit der Isoglucose-Rechtsprechung mit dem Demokratieprinzip gemeinsam angeführt. So heißt es regelmäßig, eine bestimmte parlamentarische Befugnis sei „für das vom Verträgen gewollte institutionelle Gleichgewicht wesentlich" und gleichzeitig „Ausdruck eines grundlegenden demokratischen Prinzips", vgl. *Europäi-*

EuGH den parlamentarischen Strukturen des Primärrechts den *telos* des demokratischen Prinzips zuschreibt, lädt er sie also mit einer prinzipiellen Bedeutung auf, die argumentativ einsetzbar ist.

Dass der EuGH eine rechtsprinzipielle Aufladung der parlamentarischen Strukturen des Primärrechts vornimmt und sie argumentativ bemüht, hat einen bestimmten Hintergrund: Der Ausbau der parlamentarischen Strukturen durch Reformen des Primärrechts[1049] musste vor allem im Fall der parlamentarischen Befugnisse im Rahmen der Gesetzgebung in der Praxis gegenüber Rat und Kommission erst noch zu voller Effektivität verholfen werden.[1050] Die prinzipielle Aufladung parlamentarischer Befugnisse ist so wesentlich eine Strategie, die parlamentarischen Strukturen der Europäischen Union argumentativ zu bewehren und sie so abzusichern.

Die Zuordnung der parlamentarischen Befugnisse zum Anwendungsbereich des Demokratieprinzips stellt der EuGH her, indem er sie als dessen „*Widerspiegelung*" respektive „*Ausdruck*" deutet.[1051] Die Erfindung[1052] des Demokratieprinzips durch den EuGH ist dabei Ergebnis einer verallgemeinernden Interpretation der primärrechtlichen Befugnisse des Parlaments vor dem Hintergrund seiner institutionellen Ausgestaltung: Der Initiierung des Demokratieprinzips mit der *Isoglucose*-Rechtsprechung im Jahr 1980 liegt eine Induktion von der vertraglich verankerten Anhörung des im Juni 1979 zum ersten Mal direkt gewählten Europäischen Parlaments zugrunde. Bereits 1963 hatte der EuGH

---

scher Gerichtshof, 29. Oktober 1980, Rs. 138/79 und Rs. 139/79, Slg. 1980, 3333 bzw. 3393, Rn. 34; Urteil des EuGH in der Rs. C-65/93, Rn. 21; Urteil des EuGH in der Rs. C-21/94, Rn. 17.

[1049] Zur Entwicklung der parlamentarischen Strukturen im Primärrecht *R. Corbett/F. Jacobs/M. Shackleton*, The European Parliament, 2007, 2 ff.

[1050] Die Erwägung der Effektivität parlamentarischer Befugnisse zeigt sich insbesondere, wenn der EuGH eine in den Verträgen nicht benannte, sondern richterrechtlich begründete Pflicht zur erneuten Anhörung des Parlaments bei wesentlichen Änderungen des Kommissionsvorschlags unter argumentativer Heranziehung des Demokratieprinzips durchsetzt; Urteile des EuGH in der Rs. C-21/94, Rn. 17 ff; und in der Rs. C-392/95, Rn. 15.

[1051] Vgl. etwa *Europäischer Gerichtshof*, 11. Juni 1991, Rs. C-300/89, Slg. 1991, S. I-2867, Rn. 20 („spiegelt wieder"); Urteil des EuGH in der Rs. C-65/93, Rn. 21 („ist Ausdruck").

[1052] Zum Begriff der Erfindung vgl. Fn. 1038 oben.

in seinem Urteil im Fall *van Gend*[1053] davon gesprochen, dass „*die Staatsangehörigen der in der Gemeinschaft zusammengeschlossenen Staaten dazu berufen sind, durch das Europäische Parlament und den Wirtschafts- und Sozialausschuss zum Funktionieren dieser Gemeinschaft beizutragen*".[1054] Erst nach der Direktwahl des Europäischen Parlaments als qualitativem Sprung hinsichtlich der Vertretung der Staatsvölker der Mitgliedstaaten auf europäischer Ebene aber führt der EuGH das Demokratieprinzip ein, nach welchem „*die Völker durch eine Versammlung ihrer Vertreter an der Ausübung der hoheitlichen Gewalt beteiligt sind.*"[1055]

Der EuGH fokussiert das Demokratieprinzip, das mit der zitierten Formel auch den Rat als demokratisches Organ der Union erfassen könnte, auf das Europäische Parlament.[1056] Auch dies lässt sich mit der Zielsetzung erklären, den parlamentarischen Legitimationsstrang der Union, dessen Akzeptanz seitens der übrigen Unionsorgane und der akademischen und politischen Öffentlichkeit nicht ohne weiteres gesichert war,[1057] in seiner Bedeutung zu bekräftigen und ihn dadurch abzusichern. Zentraler Gehalt der Rechtsprechung des EuGH zum Demokratieprinzip ist daher ein Bekenntnis zum Europäischen Parlament

---

[1053]Urteil des Gerichtshofes vom 5. Februar 1963 in der Rechtsache 26-62, Vorabentscheidung in Van Gend und Loos/Niederländische Finanzverwaltung.

[1054]Rn. 24 des Urteils.

[1055]Urteile des Gerichtshofes vom 29. Oktober 1980 in den Rs. 138/79, Roquettes Frères/Rat und 139/79, Maizena/Rat, Slg. 1980, 3333 bzw. 3393, Rn. 33 bzw. 34.

[1056]S. *A. Bleckmann,* Studien zum Europäischen Gemeinschaftsrecht, 1986, 169: „Für die [...] Einführung des Demokratieprinzips in das Europäische Gemeinschaftsrechts spricht ein weiterer Gedanke. Wenn man nicht annimmt, dass das Europäische Gemeinschaftsrecht auch vom Demokratieprinzip beherrscht wird, erscheint das Europäische Parlament [...] als ein, in das auf dem Prinzip der äußeren Souveränität aufbauenden institutionellen Gefüge der EG, von außen aufgepfropfter Fremdkörper, der eigentlich in das System des Europäischen Gemeinschaftsrechts nicht passt."

[1057]Die Ansicht, dass das Europäische Parlament zur demokratischen Legitimation europäischer Hoheitsgewalt überhaupt nicht beitragen könne und eigentlich eine undemokratische Institution sei, wurde in der Wissenschaft vielfach artikuliert, s. nur *P. Huber,* Staatswissenschaften und Staatspraxis 3 (1992), 349, 360 f.; *P. Kirchhof,* EuR Beiheft 1 (1991), 11, 13 f.; *P. Kirchhof,* Brauchen wir ein erneuertes Grundgesetz?, 1992, 38 f.

als demokratisches Organ der EU. Hierin liegt zugleich eine Absage an die sogenannten *no demos*-These, nach der mangels eines europäischen Volkes auf europäischer Ebene das Europäische Parlament keine demokratische Repräsentative sei.[1058] Der Fokus des EuGH auf die parlamentarischen Strukturen des Primärrechts findet zudem eine normative Grundlage in der gemeinsamen repräsentativ-demokratischen, parlamentarischen Verfassungstradition der Mitgliedstaaten,[1059] die als Demokratiemodell rechtsverbindlich auch in Art. 3 des Zusatzprotokolls zur Europäischen Menschenrechtskonvention[1060] verankert ist. Diese gemeinsame Verfassungstradition stellt auch den Geltungsgrund des vom EuGH judizierten Demokratieprinzips dar, das er in Abwesenheit einer positivrechtlichen Grundlage eingeführt hat.[1061]

[1058] An der These, dass das Europäische Parlament mangels eines europäischen Volkes keine demokratische Repräsentative sei, s. *D. Grimm,* JZ 50 (1995), 581 ff., hat sich die sog. Grimm-Habermas-Debatte darüber entsponnen, ob ein homogenes, identitäres europäisches Staatsvolk funktionale Bedingung einer demokratischen Willensbildung auf europäischer Ebene ist; s. *J. Habermas,* Braucht Europa eine Verfassung? Eine Bemerkung zu Dieter Grimm, in: Habermas (Hrsg.), Die Einbeziehung des Anderen, 1996, 185.

[1059] Nachweise zu einigen Mitgliedstaaten der EU in den einzelnen Beiträgen in *A. von Bogdandy u. a.* (Hrsg.), Grundlagen und Grundzüge staatlichen Verfassungsrechts, 2007. Übersichtsweise darin *P. Cruz Villalón,* Grundlagen und Grundzüge staatlichen Verfassungsrechts: Vergleich, in: Bogdandy/Cruz Villalón/Huber (Hrsg.), Grundlagen und Grundzüge staatlichen Verfassungsrechts, 2007, 729, Rn. 106-118.

[1060] Zur Anwendung des Art. 3 ZP-EMRK auf die gesetzgebende Gewalt der Union durch den EGMR noch unten Kap. 8.

[1061] Für die Geltungsbegründung des Demokratieprinzips als Allgemeiner Rechtsgrundsatz spricht die Parallele zur Erfindung europäischer Grundrechte durch den EuGH; hierzu *S. Buckel,* Subjektivierung und Kohäsion, 2007, 250 ff. In diesem Sinne auch *G. Ress,* Über die Notwendigkeit der parlamentarischen Legitimierung der Rechtsetzung der Europäischen Gemeinschaften, in: Fiedler/Geck (Hrsg.), Verfassungsrecht und Völkerrecht, 1989, 625, 642: *„[D]as Demokratieprinzip als ein allen Mitgliedstaaten der Gemeinschaft ureigenes Verfassungsprinzip* [muss] *als solches auch als ein tragendes Verfassungsprinzip der Gemeinschaft selbst angesehen werden.“* Anders als teilweise vertreten, gilt das Demokratieprinzip in der Rechtsprechung aber nicht entweder als Strukturprinzip, das aus den Bestimmungen des Primärrechts selbst abgeleitet ist, oder als allgemeiner Rechtsgrundsatz, der aus den gemeinsamen Verfassungsüberlieferungen der Mitgliedstaaten herrührt; so *M. Kaufmann,* Europäische

Der EuGH verzichtet darauf, das Demokratieprinzip ausgehend vom Europäischen Parlament zu einem Konzept der dualen Legitimation europäischer Hoheitsgewalt zu entwickeln. Er enthält sich nicht nur einer prinzipiellen Rekonstruktion und Bewertung des Rates als demokratisches Unionsorgan, sondern auch einer eigenen Deutung des Verhältnisses von Europäischem Parlament und Rat unter dem Gesichtpunkt ihrer demokratischen Funktion. Der Europäische Gerichtshof für Menschenrechte hingegen hat sich in seinem Urteil im Fall Matthews in Anwendung des Art. 3 des Zusatzprotokolls zur Europäischen Menschenrechtskonvention[1062] auf die Gesetzgebung der EU ausdrücklich zum Verhältnis der beiden Legitimationsstrukturen geäußert. Er argumentierte im Sinne einer höheren Legitimationsleistung des Europäischen Parlaments.[1063] Zwar ist auch der Rechtsprechung des EuGH die Ansicht zu entnehmen, dass die stärkere Beteiligung des Parlaments bei der Gesetzgebung durch das Zusammenarbeitsverfahren eine stärkere Verwirklichung des Demokratieprinzips als das Anhörungsverfahren bedeutet.[1064] Neuerdings erinnert der EuGH daran, „welche Bedeutung der Rolle des Parlaments im Gesetzgebungsprozess der Gemeinschaft zukommt“[1065], wenn er für die kumulative Anwendung zweier Rechtsgrundlagen argumentiert, deren eine das Mitentscheidungs-, die andere aber das Anhörungsverfahren vorsieht. In seiner Titandioxid-Recht-

---

Integration und Demokratieprinzip, 1997, 86. Vielmehr wird beides für das richterrechtlich entwickelte Demokratieprinzip konstitutiv, wenn der EuGH das Demokratieprinzip aus den parlamentarischen Strukturen des Primärrechts induziert, die er vor dem Hintergrund der parlamentarischen Verfassungstradition der Mitgliedstaaten als demokratisch identifiziert.

[1062]Protocol to the Convention for the Protection of Human Rights and Fundamental Freedoms; Zusatzprotokoll zur Konvention zum Schutze der Menschenrechte und Grundfreiheiten.

[1063]*Europäischer Gerichtshof für Menschenrechte,* 18. Februar 1999, Appl. 24833/94.

[1064]Dies kennzeichnet der Wegfall der Wendung des „beschränkten Umfangs“ in der Formel des EuGH, die Beteiligung des EP am Gesetzgebungsverfahren spiegele ein grundlegendes demokratisches Prinzip wider, angesichts der Einführung des Zusammenarbeitsverfahrens; vgl. *Europäischer Gerichtshof,* 29. Oktober 1980, Rs. 138/79 und Rs. 139/79, Slg. 1980, 3333 bzw. 3393 und *Europäischer Gerichtshof,* 11. Juni 1991, Rs. C-300/89, Slg. 1991, S. I-2867, Rn. 20.

[1065]Urteil in der Rs. C-155/07 (Parlament/Rat), Rn. 78.

sprechung hatte der Gerichtshof die kumulative Anwendung zweier Rechtsgrundlagen abgelehnt, soweit sie zu Lasten der Beteiligungsrechte des Europäischen Parlaments gehe.[1066] Der EuGH verweist in seinem Urteil aus dem Jahr 2008 darauf, dass er bereits ausgeführt habe, dass die Beteiligung des Parlaments an diesem Prozess Ausdruck eines grundlegenden demokratischen Prinzips auf Gemeinschaftsebene, nach dem die Völker durch eine Versammlung ihrer Vertreter an der Ausübung der hoheitlichen Gewalt beteiligt sind.[1067] Er folgert, dass die kumulative Anwendung zweier sachlich einschlägiger Rechtsgrundlagen möglich und geboten sei, wenn anders die intensivere Beteiligung des Parlaments bei Wahrung der materiellen Reichweite der Ermächtigung des Gesetzgebers nicht zu gewährleisten ist.[1068] Die Überlagerung der Alleingesetzgeberschaft des Rates durch die kumulative Anwendung von Rechtsgrundlagen stellt der EuGH nicht in einen Zusammenhang mit dem Demokratieprinzip – anders als die Überlagerung von legislativen Befugnissen des Parlaments.[1069] Aus dem Urteil in der Rs. C-155/07 spricht insgesamt die Position des EuGH, dass die Mitentscheidung des Parlaments eine bessere Verwirklichung des demokratischen Prinzips darstellt als seine bloße Anhörung.[1070]

Der EuGH geht aber nicht so weit, aus dem Demokratieprinzip abzuleiten, dass das Anhörungsverfahren mit der Einführung des Zusammenarbeitsverfahrens und später des Mitentscheidungsverfahrens nicht mehr zur Anwendung kommen dürfe, weil Beteiligung im Sinne des Demokratieprinzips ab diesem Zeitpunkt Zusammenarbeit oder Mitentscheidung statt der bloßen Anhörung des Parlaments gebiete. Es ist schon an und für sich bemerkenswert, dass der EuGH bereits die bloße Anhörung des Europäischen Parlaments als Ausdruck des demokratischen Prinzips begreift, die nach hier vertretener Ansicht die demokra-

---

[1066] Zur Ablehnung einer kumulativen Anwendung von Rechtsgrundlagen in einer anderen Konstellation, die das Gericht in seinem Urteil aus 2008 als eine qualitativ andere bewertet, das Titandioxid-Urteil des EuGH, dazu Fn. 1042 oben.

[1067] Rn. 78.

[1068] Rn. 82.

[1069] Zum Titandioxid-Urteil des EuGH Fn. 1042 oben.

[1070] So deutet auch der Schlussantrag des Generalanwalts Maduro in der Rs. C-411/06, Fn. 5, die Argumentation des Gerichtshofes.

tische Legitimation der institutionellen Verfasstheit des Europäischen Parlaments gar nicht vermittelt.[1071]

Obwohl der EuGH das Demokratieprinzip parlamentarisch deutet, konstruiert er kein Prinzip der dualen Legitimation europäischer Hoheitsgewalt, das die legislative Mitentscheidung des Europäischen Parlaments für alle Gesetzgebungskompetenzen der Union geböte. Insbesondere entwickelt er keinen Vorbehalt parlamentarischer (Mit-)Entscheidung im Zusammenhang mit der Begründung individueller Rechte und Pflichten.[1072] Er setzt das Demokratieprinzip lediglich als Argument der Affirmation und Absicherung der parlamentarischen Strukturen der Legislativgewalt der Union ein. Diese ist aber angesichts der fortwährenden Anwendung des Anhörungsverfahrens nicht durchgängig so verfasst, dass sie durch die Bindung an die parlamentarische Willensbildung demokratisch legitimiert wird.[1073] Die Rechtsprechung des EuGH enthält so lediglich die *Anerkennung* einer dualen Legitimationsstruktur der Gemeinschaftsrechtsordnung, in der *auch* parlamentarische Befugnisse zur demokratischen Legitimation europäischer Hoheit beitragen können. Einen normativen Ansatz zum Verhältnis der beiden über Europäisches Parlament und Rat verlaufenden Legitimationsstränge europäischer Hoheitsgewalt entwickelt der EuGH nicht.

Den Ansatz einer normativen Argumentation zur dualen Legitimationsstruktur entwirft Generalanwalt Maduro in einem Schlussantrag aus dem Jahr 2009 in Auseinandersetzung mit der Rechtsprechung des EuGH zur kumulativen Anwendung von Rechtsgrundlagen, die zur Überlagerung von Alleingesetzgebungkompetenzen des Rates durch das Mitentscheidungsverfahren führt.[1074] Nach Maduro hat die demokratische Legitimation auf Gemeinschaftsebene zwei Quellen: Sie leite sich entweder von den verschiedenen Völkern Europas ab, deren

---

[1071] Hierzu Kap. 1 IV. Zur Formulierung des EuGH vom „beschränkten Umfang" angesichts der bloßen Anhörung bereits Fn. 1039 oben.

[1072] Hierzu unter dem Gesichtspunkt der Grenzen der Delegierbarkeit legislativer Funktionen an die Exekutive im Rahmen der Durchführungsgesetzgebung Kap. 1 III. 4. b.

[1073] Zur mangelnden Vermittlung demokratischer Legitimation durch das bloß angehörte Europäische Parlament oben Kap. 1 IV. Zur dogmatischen Gleichbedeutung des demokratischen Prinzips mit der Figur des institutionellen Gleichgewichts im Fall des Europäischen Parlaments schon oben Fn. 1048.

[1074] Dazu oben in diesem Abschnitt.

Standpunkte von der jeweiligen parlamentarisch kontrollierten Regierung im Rat vertreten werden. Oder sie werde durch das Europäische Parlament als direkt gewähltem EU-Organ, dem die Kommission direkt verantwortlich ist, gewährleistet. Die direkte demokratische Vertretung sieht Maduro als "eindeutig [...] [einen] maßgeblicher Gradmesser für die Demokratie in Europa"[1075]; sie sei jedoch nicht der einzige. In der Europäischen Gemeinschaft beinhalte Demokratie insbesondere auch ein empfindliches Gleichgewicht zwischen der Demokratie auf nationaler und auf europäischer Ebene, ohne dass Letztere notwendigerweise Vorrang vor Ersterer habe. Deshalb habe das Europäische Parlament im Gesetzgebungsverfahren nicht dieselben Befugnisse wie ein nationales Parlament. Das Gleichgewicht zwischen den Kompetenzen des Europäischen Parlaments und denen der anderen Organe, das sich in den unterschiedlichen normativen Verfahren ausdrücke, habe sich mit der Zeit gewandelt und trage dem von den Völkern Europas gewollten Gleichgewicht zwischen den nationalen und europäischen Mitteln zur Legitimation der Ausübung der Kompetenzen auf europäischer Ebene Rechnung. In der Sache argumentiert Maduro, dass ein allgemeines Prinzip, wonach grundsätzlich die Rechtsgrundlage vorzuziehen ist, die zu einer stärkeren Beteiligung des Europäischen Parlaments im Entscheidungsverfahren führt, deswegen nicht akzeptabel sei, weil dies *„zu einer Veränderung des im Vertrag festgelegten institutionellen und demokratischen Gleichgewichts"*[1076] führen würde. In einer Konstellation der Kombination verschiedener Rechtsetzungsverfahren sei daher die Verbindung von Rechtsgrundlagen zu verbieten. Letztlich wendet sich Maduro damit gegen eine richterliche Rechtsfortbildung zugunsten parlamentarischer Gesetzgebungsbefugnisse. Er anerkennt die duale Legitimationsstruktur der EU und positioniert sich dafür, die primärrechtlich vermittels der Konstitution verschiedener Gesetzgebungsverfahren und ihrer kompetenziellen Zuordnung etablierte, sektoral ausdifferenzierte Gewichtung der beiden Legitimationsstränge zu wahren.[1077]

[1075] Schlussantrag in der Rs. C-411/06, Fn. 5.

[1076] Ebd.

[1077] Zur Sektoralisierung der gesetzgebenden Gewalt der EU bereits oben Kap. 1 III. 2.

3. Die duale Legitimationsstruktur europäischer Legislativgewalt: Ausprägung im Primärrecht, Deutungen der Literatur, des Bundesverfassungsgerichts und des Europäischen Gerichtshofs für Menschenrechte

In Abhängigkeit vom angewandten Gesetzgebungsverfahren[1078] vermitteln Europäisches Parlament und Rat, europäischer Gesetzgebung in unterschiedlichem Maße die demokratische Legitimation, über die sie auf Grund ihrer Rückbindung an Wahlen verfügen.[1079] Das bloß angehörte Parlament vermittelt europäischer Gesetzgebung, die allein vom Rat verantwortet wird, nicht die demokratische Legitimation, über die es nach seiner institutionellen Ausgestaltung verfügt. Demgegenüber kommt diese im Fall der parlamentarischen Co-Gesetzgeberschaft legitimationswirksam zum Tragen. Zustimmungsgesetzgebung verfügt ebenfalls über parlamentarische Legitimation, die jedoch hinter der von Mitentscheidungsgesetzgebung zurückbleibt.[1080] Im geltenden Recht ist die institutionell dual angelegte Legitimationsstruktur der Europäischen Union daher zu ganz unterschiedlichen Gewichtungen der beiden Legitimationsstränge ausgeprägt. Die geltenden Verträge bewerten diese verschiedenen Legitimationsmodelle verfassungsrechtlich – vor allem über das Demokratieprinzip – nicht unterschiedlich. Der Argumentation des EuGH lässt sich, wie bereits gesehen, entnehmen, dass eine stärkere legislative Beteiligung des Europäischen Parlaments eine stärkere Verwirklichung des Demokratieprinzips bedeutet, ohne dass daraus aber etwa folgt, dass Anhörungsgesetzgebung nicht hinreichend demokratisch legitimiert ist.[1081] Es gibt im geltenden Recht kein Prinzip dualer Legitimation, dass die parlamentarische (Co-)Legitimation sämtlicher Legislativgewalt der Union geböte.[1082] Vielmehr ist europäische Gesetzgebung teils ausschließlich über einen intergouvernementalen Mechanismus (den Rat), teils in verschiedenen Gewichtungen intergouvernemental *und* parlamentarisch demokratisch legitimiert.

[1078] Vor den Lissabonner Reformen: Anhörungs-, Zusammenarbeits-, Zustimmungs- oder Mitentscheidungsverfahren; nach den Reformen Anhörungsverfahren, Verfahren der Zustimmung des Parlaments oder des Rates, Mitentscheidungsverfahren.

[1079] Kap. 1 IV.

[1080] Hierzu Kap. 4 IV.

[1081] Oben 2.

[1082] Dazu bereits oben 2.

Die Vielfalt der Legitimationsmodi bildet den Hintergrund einer hier als Kompensationsthese bezeichneten Ansicht, nach der der intergouvernementale Legitimationsbeitrag desto niedriger ausfallen kann, je mehr das Europäische Parlament europäische Hoheitsgewalt demokratisch legitimiert. Umgekehrt müsse die Legitimationsleistung des Rates umso höher sein, desto weniger das Europäische Parlament demokratische Legitimation vermittelt.[1083] Von diesem Standpunkt aus betrachtet, kann der Legitimationsbeitrag eines einstimmigen Ratsbeschlusses die fehlende Vermittlung demokratischer Legitimation durch ein bloß angehörtes Europäisches Parlament ausgleichen. Umgekehrt kompensiere die Mitentscheidung des Parlaments die angenommene geringere Legi-

---

[1083] So *C. Calliess,* Das Demokratieprinzip im Europäischen Staaten- und Verfassungsverbund, in: Bröhmer/Bieber (Hrsg.), Internationale Gemeinschaft und Menschenrechte, 2005, 399, 403 und *C. Calliess,* Art. 6 EUV, in: Calliess/Ruffert (Hrsg.), EUV, EGV, 2007, Rn. 17, „[J]e höher die Legitimationsvermittlung durch das Europäische Parlament [...], desto niedriger kann der mitgliedstaatliche Legitimationsbeitrag ausfallen. Umgekehrt muss die Vermittlung demokratischer Legitimation [...] über den Rat umso höher sein, je niedriger die Mitwirkungsmöglichkeiten und damit die Legitimationsleistung durch das Europäische Parlament ist [...]" in Anschluss an *P. M. Huber,* Recht der europäischen Integration, 2002, 69, Rn. 39: „Je höher [...] das unional vermittelte Legitimationsniveau ist, desto eher kann auf eine Optimierung der mitgliedstaatlichen Legitimationsbeiträge [meint: Einstimmigkeitserfordernis im Rat] verzichtet werden. Je niedriger das unional vermittelte Legitimationsniveau ausfällt, und das gilt insbesondere dort, wo das Europäische Parlament auf das Verfahren des Art. 252 EGV oder gar auf Anhörungsrechte beschränkt ist, desto höher muss die Legitimationsvermittlung über den Rat [...] sein. Das setzt Vetorechte der Mitgliedstaaten, Einstimmigkeitserfordernisse [...] voraus, weil nur so die Möglichkeit einer effektiven Kontrolle des Rates durch die Regierungen und Parlamente der Mitgliedstaaten besteht. Nicht nur die unionsrechtlichen Partizipationsmöglichkeiten bedürfen freilich der *Kompensation.*[...]"; *F. Brosius-Gersdorf,* Europarecht 34 (1999), 133, 167 f.: „Beide Legitimationsformen [die gemeinschaftsrechtliche, „die ihren Ursprung in der Aktivbürgerschaft der Europäischen Union" hat und die intergouvernementale] stehen in einem Verhältnis wechselseitiger Komplementarität. [...] Defizite in der gemeinschaftsrechlichen Legitimationsstruktur [...] können durch entsprechende Verstärkung nationaler Legitimationselemente *kompensiert* werden und umgekehrt."; Hervorhebungen der Verf. Im Sinne einer Kompensationsthese im Anschluss an Huber auch *M. Mayer,* Die Europafunktion der nationalen Parlamente in der Europäischen Union, 2012, 47 f., danach könnten die Legitimationsstränge als „System kommunizierender Röhren" beschrieben werden. Auf die Kompensationsthese weist auch *P. Dann,* EuR Beiheft (2013), 93, 105, hin.

timationsleistung des mit Mehrheit beschließenden Rates.[1084] Intergouvernementale und parlamentarische Strukturen können, so wird damit angenommen, grundsätzlich wechselseitig einen verminderten oder fehlenden Beitrag zur demokratischen Legitimation europäischer Gesetzgebung ausgleichen. Defizite in der gemeinschaftsrechtlichen Legitimationsstruktur könnten durch entsprechende Verstärkung nationaler Legitimationselemente kompensiert werden und umgekehrt.[1085] Mit dieser Annahme leistet die Kompensationsthese – unbeschadet dessen, dass ihre Vertreter teils ausdrücklich fordern, die Anwendung der Co-Gesetzgeberschaft auszuweiten[1086] – eine affirmative Rekonstruktion der Vielfalt der primärrechtlich eingesetzten Gesetzgebungsverfahren, die die duale Legitimationsstruktur der Union zu teilweise rein oder überwiegend intergouvernementalen und nicht stets gleichermaßen parlamentarischen Legitimationsmodi ausprägt. Diese unterschiedlichen Legitimationsmodi prägen das Primärrecht selbst im Sinne einer Kompensationsthese: Mitentscheidungs- und Anhörungsverfahren etablieren regelmäßig einen Zusammenhang zwischen der Geltung des Mehrheitsprinzips für Ratsbeschlüsse und der parlamentarischen Co-Entscheidung und zwischen der bloßen Anhörung des Parlaments und dem Einstimmigkeitserfordernis für Ratsentscheidungen. In den Fällen, in denen die Geltung des Mehrheitsprinzips für Ratsentscheidungen, wie regelmäßig angenommen wird,[1087] deren Legitimationsleistung mindert, entscheidet das Parlament mit. In den Fällen, in denen das Parlament nur angehört wird und daher keine Legitimation vermittelt, entscheidet

---

1084 Zur Bedeutung des Mehrheitsprinzips für Ratsbeschlüsse für die Legitimationsleistung des Rates unten Kap. 8. Für die geringere Legitimationsleistung des mehrheitlich beschließenden Rates etwa *F. Hanschmann,* Der Begriff der Homogenität in der Verfassungslehre und Europarechtswissenschaft, 2008, 30 ff.; *S. Kadelbach,* Demokratische Legitimation zwischenstaatlichen Handelns, in: Vöneky/Hagedorn/Clados u. a. (Hrsg.), Legitimation ethischer Entscheidungen im Recht, 2009, 147, 155 f. Anderer Ansicht aber *M. Ruffert,* Europarecht 39 (2004), 165, 184: *„Allein in der Möglichkeit des Überstimmtwerdens kann nach der Logik von Mehrheitsentscheidungen noch kein Demokratiedefizit liegen."*

1085 *F. Brosius-Gersdorf,* Europarecht 34 (1999), 133, 167 f.

1086 *C. Calliess,* Das Demokratieprinzip im Europäischen Staaten- und Verfassungsverbund, in: Bröhmer/Bieber (Hrsg.), Internationale Gemeinschaft und Menschenrechte, 2005, 399, 407.

1087 S. bereits Fn. 1084 oben.

der Rat einstimmig und entfaltet daher umfänglich sein Legitimationspotential.[1088]

Die Lissabonner Reformen haben die duale Legitimationsstruktur der EU gestärkt. Zum einen wird die duale Legitimation europäischer Hoheitsgewalt mit Art. 10 Abs. 2 EUV rechtsprinzipiell in den vertraglichen Grundlagen der Union verankert. Zum anderen wird mit der Anwendung des Mitentscheidungsverfahrens als ordentliches Gesetzgebungsverfahren (Art. 289 AEUV) die gleichberechtigte Kombination des intergouvernementalen und des parlamentarischen Legitimationsstrangs im Rahmen europäischer Gesetzgebung zum Regelfall. Da es jedoch neben dem Zustimmungsverfahren[1089] weiterhin auch das Anhörungsverfahren[1090] als besonderes Gesetzgebungsverfahren gibt, bleibt die Forderung, europäische Legislativgewalt umfänglich dual zu legitimieren, unbefriedigt.[1091] Auch nach den Lissabonner Reformen

---

[1088] Zur Abhängigkeit der Legitimationsleistung eines Organs von seiner Verfahrensposition oben Kap. 1 IV. und V. zur mangelnden Legitimationsvermittlung eines bloß angehörten Europäischen Parlaments. Zu einer Konstellation, in der das Parlament trotz Mehrheitsbeschluss des Rates nur angehört wird *P. Dann*, EuR Beiheft (2013), 93.

[1089] Das Verfahren findet nach dem Vertrag von Lissabon etwa Anwendung für Maßnahmen der Justiziellen Zusammenarbeit in Strafsachen Anwendung, Art. 82 Abs. 2 lit. d AEUV; Art. 86 AEUV; und für die ergänzende Gesetzgebungsbefugnis nach ex-Art. 308 EGV Art. 352 AEUV. Daneben kommt das Verfahren der Gesetzgebung des Parlaments nach Zustimmung des Rates in drei Fällen zur Anwendung: Für die Regelungen und allgemeinen Bedingungen für die Wahrnehmung der Aufgaben der Mitglieder des Parlaments nach Art. 223 Abs. 2 AEUV (so auch Art. 190 Abs. 5 EGV); für die Regelungen der Einzelheiten des parlamentarischen Untersuchungsrechts (Art. 226 AEUV), die zuvor einvernehmlich von Parlament, Rat und Kommission festgelegt wurden (Art. 193 EGV); und für die Regelungen und allgemeinen Bedingungen für die Ausübung der Aufgaben des Bürgerbeauftragten nach Art. 228 Abs. 4 AEUV (so auch Art. 195 Abs. 4 EGV).

[1090] Das Verfahren findet etwa im Bereich des Wettbewerbsrechts auch nach dem Vertrag von Lissabon weiter Anwendung, Art. 103 AEUV.

[1091] Die Forderung nach der Anwendung des Mitentscheidungsverfahrens auf alle legislativen Kompetenzen der Union ist weit verbreitet; u.a. *C. Calliess*, Das Demokratieprinzip im Europäischen Staaten- und Verfassungsverbund, in: Bröhmer/Bieber (Hrsg.), Internationale Gemeinschaft und Menschenrechte, 2005, 399, 407; *J. Habermas*, Zur Verfassung Europas, 2011, 72, es gebe dann bei der Übertragung mitgliedstaatlicher Kompetenzen auf die Union keine Le-

gibt es keinen durchgehenden Vorbehalt parlamentarischer (Mit-)Gesetzgebung, insbesondere auch nicht für grundrechtsrelevante Rechtsetzung.[1092]

Welche relative Gewichtung der zwei Legitimationsstränge der EU man als angemessenen Legitimationsmodus europäischer Legislativgewalt betrachtet, hängt davon ab, wie man die demokratischen Kapazitäten von Europäischem Parlament und Rat bewertet. Dies wiederum ist eine Frage des Demokratieverständnisses und steht außerdem in engem Zusammenhang mit der Deutung von Gestalt und Struktur der Europäischen Union.[1093] Dafür, dass das Mitentscheidungsverfahren die beiden Stränge demokratischer Legitimation europäischer Hoheitsgewalt in eine „überzeugende Relation“[1094] setze, werden in der Literatur vielfach Interpretationen der Gestalt, Struktur und Finalität der Europäischen Union angeführt: So wird etwa vorgetragen, durch die „doppelte Legitimation“[1095] erfahre der hinter dem Demokratieprinzip stehende europäische Wert der Demokratie eine der „[…] *spezifischen Konstruktion der Europäischen Union als Staaten-, Verfassungs- und Werteverbund*

gitimationseinbuße, wenn die Unionsbürger und die europäischen Völker in allen Funktionen der Gesetzgebung konsequent als gleichberechtigte Partner aufträten; *S. Magiera,* DÖV 56 (2003), 578, 579; *C. Möllers,* Gewaltengliederung, 2005; *I. Pernice,* Die politische Vision von Europa und die notwendigen institutionellen Reformen, in: Pahl (Hrsg.), Grundfragen der europäischen Verfassungsentwicklung, 2000, 79, 87, Rn. 15; *E. Rumler-Korinek,* Europarecht 38 (2003), 327, 342; weitere Nachweise bei *T. Groß,* ZaöRV 63 (2003), 29, 29 (Fn. 7). Zum Fehlen eines Vorbehalts parlamentarischer Gesetzgebung im Primärrecht auch nach den Lissabonner Reformen oben Kap. 1 III. 4. b.

1092 Dazu bereits oben Kap. 1 III. 4. b.

1093 Zur Abhängigkeit der Demokratiekonzeption für die Europäische Union vom zugrunde gelegten Modell der europäischen Integration bei *S. Oeter,* Föderalismus und Demokratie, in: Bogdandy/Bast (Hrsg.), Europäisches Verfassungsrecht, 2009, V. (93 f.).

1094 *M. Ruffert,* Europarecht 39 (2004), 165, 180; im Anschluss daran *C. Calliess,* Art. 6 EUV, in: Calliess/Ruffert (Hrsg.), EUV, EGV, 2007, Rn. 15.

1095 *C. Calliess,* Art. 6 EUV, in: Calliess/Ruffert (Hrsg.), EUV, EGV, 2007, Rn. 15; der Begriff der doppelten Legitimation ist nicht überzeugend, weil er missverständlich in die Richtung einer *quantitativen Verdoppelung* der Legitimation weist. Zur Kennzeichnung des Modus der Legitimation ist daher der Begriff der dualen Legitimation vorzugswürdig.

[...][entsprechende] *spezifische Ausgestaltung*".[1096] An anderer Stelle wird argumentiert, allein im Mitentscheidungsverfahren verwirkliche sich die föderale Legitimation des Rates und die demokratische Legitimation des Europäischen Parlaments zum erforderlichen Maß der demokratischen Legitimation der supranationalen Union.[1097] Andernorts steht die Position, das Europäische Parlament sei als Legitimationsstruktur der Europäischen Union alternativlos, vor dem Hintergrund einer Deutung der Union als neue politische Verfasstheit der Bürger der Mitgliedstaaten.[1098] Mit diesem Standpunkt wird zugleich eine Gegenposition zu der Argumentation der Kompensationsthese bezogen, die hier schon dargestellt wurde. Wieder andere Stimmen der Literatur führen die föderale Gestalt der Union dafür an, dass der Rat als Mechanismus der demokratischen Verantwortlichkeit der Union unverzichtbar sei. Eine alleinige Entscheidungsbefugnis des Europäischen Parlaments entspreche der föderalen Gestalt der EU nicht.[1099]

Dass zwischen der Interpretation der Gestalt und Struktur der Europäischen Union und der normativen Konzeption ihrer demokratischen Strukturen ein enger Zusammenhang besteht, zeigt auch die Rechtsprechung des Bundesverfassungsgerichts. Im Maastricht-Urteil, das die Befassung der Wissenschaft mit der dualen Legitimationsstruktur der

---

[1096] *C. Calliess,* Art. 6 EUV, in: Calliess/Ruffert (Hrsg.), EUV, EGV, 2007, Rn. 15.

[1097] *I. Pernice,* Die politische Vision von Europa und die notwendigen institutionellen Reformen, in: Pahl (Hrsg.), Grundfragen der europäischen Verfassungsentwicklung, 2000, 79, 82 ff., Rn. 8, 87, Rn. 15.

[1098] *I. Pernice,* Der Europäische Verfassungsverbund auf dem Wege der Konsolidierung, in: P. Häberle (Hrsg.), Jahrbuch des öffentlichen Rechts der Gegenwart, 2000, 205, 218, 225.

[1099] In diesem Sinne *S. Oeter,* Föderalismus und Demokratie, in: Bogdandy (Hrsg.), Europäisches Verfassungsrecht, 2003, 59, VI. (104 f).: „Das Organ des Ministerrates – als Instrument der Beteiligung der Mitgliedstaaten an der politischen Führung und Rechtsetzung – ist unverzichtbar und muss eine entscheidende Funktion im politischen Prozess der Gemeinschaft behalten."; *B. Beutler,* Art. 6 EUV, in: Groeben/Schwarze (Hrsg.), Kommentar zum Vertrag über die Europäische Union und zur Gründung der Europäischen Gemeinschaft, 2003, Rn. 30 ff. gegen die Annahme eines Vorrangs der unmittelbaren demokratischen Legitimation durch das Europäische Parlament vor der mittelbaren demokratischen Legitimation durch den Rat.

Union stark angetrieben hat,[1100] argumentierte es ausgehend von der Beschreibung der Union als Staatenverbund, dass zur demokratischen Legitimation europäischer Hoheitsgewalt deren Rückkoppelung an die Parlamente der Mitgliedstaaten notwendig sei.[1101] Mit dem Zusammenwachsen der europäischen Nationen zunehmend vermittle aber auch das Europäische Parlament demokratische Legitimation.[1102] Ihm komme in der zum Zeitpunkt der Entscheidung gegenwärtigen Phase der Entwicklung legitimatorisch eine *stützende Funktion* zu.[1103] Mit der Bezugnahme auf die *gegenwärtige Phase der Entwicklung* begründet das Verfassungsgericht die bloß stützende Funktion des Parlaments dabei jedoch nicht mit dessen kompetenzieller Ausstattung, sondern mit einer Deutung des Status' europäischer Integration als Verbund souverän bleibender Staaten.[1104] Das Bundesverfassungsgericht rekonstruierte damit – im Einklang stehend mit nicht geringen Teilen der Literatur[1105] – die Legitimationsstruktur einer Europäischen Union, die nicht

[1100] Zum „Leitbild der dualistischen Legitimation für die europäische Verfassungsentwicklung" nach dem Urteil des Bundesverfassungsgerichts BVerfGE 89, 155 (Maastricht) *A. von Bogdandy,* Kritische Vierteljahresschrift für Gesetzgebung und Rechtswissenschaft 3 (2000), 284.

[1101] BVerfGE 89, 155, 185 f.: „Im Staatenverbund der Europäischen Union erfolgt [.] die demokratische Legitimation notwendig durch die Rückkoppelung des Handelns europäischer Organe an die Parlamente der Mitgliedstaaten, hinzutritt – im Maße des Zusammenwachsens der europäischen Nationen zunehmend – innerhalb des institutionellen Gefüges der Europäischen Union die Vermittlung demokratischer Legitimation durch das von den Bürgern der Mitgliedstaaten gewählte Europäische Parlament. Bereits in der gegenwärtigen Phase der Entwicklung kommt der Legitimation durch das Europäische Parlament eine stützende Funktion zu, die sich verstärken ließe, wenn es nach einem in allen Mitgliedstaaten übereinstimmenden Wahlrecht gemäß Art. 138 Abs. 3 EGV gewählt würde und sein Einfluß auf die Politik und Rechtsetzung der Europäischen Gemeinschaften wüchse."

[1102] BVerfGE 89, 155, 185.

[1103] BVerfGE 89, 155, 186. Diese stützende Funktion des Europäischen Parlaments ließe sich nach dem Urteil stärken, wenn es nach einem in allen Mitgliedstaaten übereinstimmenden Wahlrecht gewählt würde und sein Einfluß auf die Politik und Rechtsetzung der Europäischen Gemeinschaften wüchse.

[1104] BVerfGE 89, 155, 186.

[1105] Diese Auffassung, vorgebracht vor allem in Reaktion auf die frühen Phasen der institutionellen und kompetenziellen Stärkung des Europäischen Parlaments durch seine Direktwahl und die Einführung von Mitwirkungsbefugnis-

zum europäischen Bundesstaat verdichtet ist, im Sinne einer primären[1106] Bedeutung der intergouvernementalen, von den mitgliedstaatlichen Parlamenten abgeleiteten Legitimation.[1107] Zwar „[...] *wächst mit dem Ausbau der Aufgaben und Befugnisse der Gemeinschaft die Notwendigkeit, zu der über die nationalen Parlamente vermittelten demokratischen Legitimation und Einflußnahme eine Repräsentation der Staatsvölker durch ein europäisches Parlament hinzutreten zu lassen* [...]."[1108] Solange aber die Mitgliedstaaten ihre Staatlichkeit nicht zugunsten eines europäischen Bundesstaats aufgeben, bleibt es nach dem Maastricht-Urteil bei einer lediglich ergänzenden und abstützenden Funktion des originären europäischen Legitimationsstrangs, den das

---

sen im Rahmen der Gesetzgebung durch das Zusammenarbeitsverfahren mit der Einheitlichen Europäischen Akte, wird nunmehr selten vorgebracht; früh und später revidiert *M. Zuleeg*, Die Europäische Gemeinschaft als Integrationsverband, in: Börner/Carstens (Hrsg.), Einigkeit und Recht und Freiheit, 1984, 289, 297: „ *[...]* [D]*ie Mitwirkung der nationalen Regierungen im Rat* [ist] *der wesentliche Strang, der Legitimation herbeiführt.*", hingegen *M. Zuleeg*, Juristenzeitung 48 (1993), 1069, 1073: „*Je mehr Hoheitsgewalt die Europäische Gemeinschaft gewinnt, desto stärker ist die Notwendigkeit des Ausbaus der Rechte des Europäischen Parlaments*"; *H.-J. Cremer*, Europarecht 30 (1995), 21, 41 zum Maastricht-Urteil; *J. Isensee*, Integrationsziel Europastaat?, in: Due (Hrsg.), Festschrift für Ulrich Everling, 1995, 567, 579; weitere Nachweise bei *A. Peters*, Elemente einer Theorie der Verfassung Europas, 2001, 557 f., die diese Auffassung als *Theorie der staatlichen Hauptquelle* bezeichnet.

[1106] Vgl. BVerfGE 89, 186: „Die Wahrnehmung von Hoheitsgewalt durch einen Staatenverbund wie die Europäische Union gründet sich auf Ermächtigungen souverän bleibender Staaten, die im zwischenstaatlichen Bereich regelmäßig durch ihre Regierungen handeln und dadurch die Integration steuern. Sie ist daher primär gouvernemental bestimmt."

[1107] Die Begründung der vorrangigen Bedeutung des mitgliedstaatlichen Legitimationsstrangs mit der Beschreibung des Verbundcharakters der Union prägt die Argumentation des Bundesverfassungsgerichts, nach der „[d]*ie Wahrnehmung von Hoheitsgewalt durch einen Staatenverbund wie die Europäische Union sich auf Ermächtigungen souverän bleibender Staaten* [gründet] [...] *und* [s]*ie daher* primär *gouvernemental bestimmt* [ist]" (186); „*Im Staatenverbund der Europäischen Union erfolgt* [.] *die demokratische Legitimation* notwendig *durch die Rückkoppelung des Handelns europäischer Organe an die Parlamente der Mitgliedstaaten; hinzu tritt* [...]" (186), Hervorhebung der Verf.

[1108] BVerfGE 89, 155, 184.

Europäische Parlament institutionalisiert.[1109] Diese Argumentation führt das Urteil des Bundesverfassungsgerichts zur Zustimmungs- und Begleitgesetzgebung zum Vertrag von Lissabon fort.[1110] Danach reicht – solange der im Prinzip der begrenzten Einzelermächtigung begründete Charakter der Union als Verbund souveräner Staaten gewahrt bleibe – *„grundsätzlich die über nationale Parlamente und Regierungen vermittelte Legitimation der Mitgliedstaaten aus, die ergänzt und abgestützt wird durch das unmittelbar gewählte Europäische Parlament."*[1111] Erst wenn die europäische Integration *„die Schwelle zum Bundesstaat und zum nationalen Souveränitätsverlust"* überschreitet, müsse die Verfasstheit der Europäischen Union den gleichen Anforderungen an die demokratische Legitimation genügen wie ein staatlicher Hoheitsträger.[1112] Tendenziell verschärft das Bundesverfassungsgericht mit dem Lissabon-Urteil seine Position im Vergleich zum Maastricht-Urteil, indem es verstärkt mit einem angenommenen Gegensatz zwischen mitgliedstaatlicher Souveränität und originärer parlamentarischer Legitimation europäischer Hoheitsgewalt argumentiert.[1113] Das Urteil wird insbesondere unter dem Gesichtspunkt der Deutung des Europäischen Parlaments in seiner demokratischen Funktion in Kapitel 8 auf der Basis einer demokratietheoretischen Grundlegung weiter analysiert. In deutlichem Kontrast zur Position des Bundesverfassungsgerichts steht die Sichtweise des Europäischen Gerichtshofs für Menschenrechte (EGMR). In der Entscheidung im Fall Matthews, nach der das Europäische Parlament, *„which derives democratic legitimation from the direct elections by universal suffrage, must be seen as that part of the European Community structure which best reflects concerns as to 'effective politi-*

[1109] Ebd.

[1110] BVerfGE 123, 267.

[1111] Ebd.

[1112] Ebd.

[1113] Als Verschärfung des normativen Standpunkts des Gerichts zur demokratische Leistungsfähigkeit des Europäischen Parlaments gegenüber der Maastricht-Entscheidung lesen u.a. auch *D. Thym,* Common Market Law Review 46 (2009), 1795, 1812 und *F. C. Mayer,* „Rashomon in Karlsruhe" – The German Constitutional Court's Lisbon decision and the changing landscape of European constitutionalism, ICON 9 (2010), 757, das Lissabon-Urteil.

cal democracy'"[1114], wendet der EGMR das Demokratiemodell des Art. 3 Abs. 1 ZP-EMRK ohne Vorbehalte hinsichtlich der Demokratiefähigkeit der Union auf diese an. Er deutet das Europäische Parlament bereits im Jahr 1999 als wesentlich für die demokratische Struktur der Union („*principal form of democratic, political accountability in the Community system*"[1115]).

II. Überblick: Weitere Elemente der demokratischen Verfasstheit der EU

Neben repräsentativ-demokratischen Strukturen sieht das Primärrecht partizipative, assoziative, deliberative und direktdemokratische Strukturen vor. Die Organe pflegen gem. Art. 11 Abs. 2 EUV einen offenen, transparenten und regelmäßigen Dialog mit den repräsentativen Verbänden und der Zivilgesellschaft – wobei der Begriff der Repräsentativität hier nicht im Sinne eines von der Allgemeinheit gleichheitsgerecht gewählten Organs zutrifft.[1116] Zentrales Instrument dieses Austauschs ist die assoziativ-partizipative Teilhabe an der politischen Willensbildung auf europäischer Ebene, vor allem vermittels des Wirtschafts- und Sozialausschusses, der die Organe der Europäischen Union berät.[1117] Nach Art. 300 Abs. 1, 2 AEUV wird er aus Vertretern der Organisationen der Arbeitgeber und der Arbeitnehmer sowie anderen Vertretern

---

[1114] *Europäischer Gerichtshof für Menschenrechte*, 18. Februar 1999, Appl. 24833/94, 52.

[1115] Ebd. Zu dem Urteil *J. Bröhmer*, Zeitschrift für europarechtliche Studien 2 (1999), 197; *S. Winkler*, Europäische Grundrechte-Zeitschrift 28 (2001), 18; *G. Ress*, ZEuS 2 (1999), 219. Über die Vereinbarkeit der britischen Gesetzgebung zur Umsetzung des Urteils entschied der EuGH mit seinem Urteil vom 12. September 2006 in der Rechtssache C-145/04 (Spanien/Vereinigtes Königreich). Danach ist die vom European Parliament Representation Act für das Gebiet Gibraltars vorgesehene Wahlberechtigung bestimmter Nicht-Unionsbürger bei den Wahlen zum Europäischen Parlament gemeinschaftsrechtskonform. Dazu noch unten Kap. 8 I. 3.

[1116] Dies veranlasst wohl das Bundesverfassungsgericht, im Lissabon-Urteil das Adjektiv mit Anführungszeichen zu versehen, s. BVerfGE 123, 267, Rn. 290.

[1117] Zur Tätigkeit des Ausschusses die Beiträge in *B. Ledune* (Hrsg.), Der Europäische Wirtschafts- und Sozialausschuss, 2008.

der Zivilgesellschaft, insbesondere aus dem sozialen und wirtschaftlichen, dem staatsbürgerlichen, dem beruflichen und dem kulturellen Bereich gebildet.[1118]

Zum Zweck der Gewährleistung der Kohärenz und Transparenz des Handelns der Union sieht Art. 11 Abs. 3 EUV die Ergänzung der repräsentativ-demokratischen Willensbildung auf europäischer Ebene durch die Partizipation und Deliberation der Adressaten europäischer Hoheitsgewalt und Politik vor: Danach führt die Kommission Anhörungen der Betroffenen durch.

Der Lissabonner Vertrag hat die europäische Bürgerinitiative des Art. 11 Abs. 4 EUV eingeführt, mit der die Bürgerinnen und Bürger die Kommission auffordern können, im Rahmen ihrer Befugnisse geeignete Vorschläge zu Themen zu unterbreiten, zu denen es nach Ansicht jener Bürgerinnen und Bürger eines Rechtsakts der Union bedarf, um die Verträge umzusetzen.[1119] Die europäische Bürgerinitiative bleibt aber, indem sie nur ein Aufforderungsrecht darstellt, als Mechanismus direkter politischer Teilhabe hinter der Effektivität von Instrumenten wie Bürgerreferenden und -befragungen zurück.[1120]

Ein wichtiger Grundsatz der politischen Verfasstheit der Union ist die Transparenz der politischen Willensbildung. Mit dem Vertrag von Lis-

---

[1118]Nach Art. 257 EGV bestand er aus Vertretern der verschiedenen wirtschaftlichen und sozialen Bereiche der organisierten Zivilgesellschaft, insbesondere der Erzeuger, der Landwirte, der Verkehrsunternehmer, der Arbeitnehmer, der Kaufleute und Handwerker, der freien Berufe, der Verbraucher und des Allgemeininteresses.

[1119]Als Stärkung der demokratischen Legitimation bewertet die europäische Bürgerinitiative die *Bundesregierung*, Denkschrift zum Vertrag von Lissabon vom 13. Dezember 2007, 137.

[1120]Dazu *A. Epiney*, Europäische Verfassung und Legitimation durch die Unionsbürger, in: Kadelbach (Hrsg.), Europäische Verfassung und direkte Demokratie, 2006, 33, 46 ff.; auch *A. von Bogdandy*, Grundprinzipien, in: Bogdandy/Bast (Hrsg.), Europäisches Verfassungsrecht, 2009, 13, 67, nach dem die demokratische Bedeutung der europäischen Bürgerinitiative kaum einzuschätzen ist. Vorschläge zur Etablierung effektiver direkt demokratischer Elemente auf europäischer Ebene, die über die europäische Bürgerinitiative hinausgehen bei *H. Abromeit*, Politische Vierteljahresschrift 39 (1998), 80. Zu unterschiedlichen Möglichkeiten für die partizipative Einbeziehung von BürgerInnen in demokratischen Systemen und dem entsprechenden Bestand auf europäischer Ebene *M. Nentwich*, European Integration online Papers (1996), 1.

sabon wird die Transparenz der Arbeitsweise der Europäischen Union als verfassungsprinzipiell gewährleisteter Gehalt ihrer demokratischen Verfasstheit ausgewiesen. Entscheidungen sollen möglichst offen und bürgernah getroffen werden, Art. 10 Abs. 3, Art. 11 EUV, Art. 15 AEUV.[1121] Mit Art. 16 Abs. 8 EUV ist nach den Lissabonner Reformen zum ersten Mal primärrechtlich festgelegt, dass nicht nur das Parlament, sondern auch der Rat öffentlich tagt, „wenn er über Entwürfe zu Gesetzgebungsakten berät oder abstimmt."[1122] Dies wird als wichtiger Schritt in der Entwicklung der demokratischen Verantwortlichkeit der EU eingeschätzt.[1123] Zuvor galt nach Art. 207 Abs. 3 EGV zwingend lediglich, dass die Abstimmungsergebnisse des Rates veröffentlicht werden mussten, soweit er als Gesetzgeber handelte – wobei die Definition der gesetzgeberischen Tätigkeit des Rates freilich seiner Geschäftsordnung überlassen blieb.[1124]

Die Bevölkerung der Europäischen Union, einschließlich der ansässigen juristischen Positionen, hat ein Recht auf Zugang zu den Dokumenten der Unionsorgane (Art. 15 Abs. 3 AEUV).[1125] Die Einzelheiten des Zu-

---

[1121]Siehe hierzu auch das Grünbuch der Kommission Europäische Transparenzinitiative, Brüssel, den 3.5.2006, KOM(2006) 194 endg.

[1122]Hierzu *R. Streinz/C. Ohler/C. Herrmann u. a.*, Die neue Verfassung für Europa, 2005, 46; *S. Oeter*, Föderalismus und Demokratie, in: Bogdandy/Bast (Hrsg.), Europäisches Verfassungsrecht, 2009, 110.

[1123]*S. Oeter*, Föderalismus und Demokratie, in: Bogdandy/Bast (Hrsg.), Europäisches Verfassungsrecht, 2009, 110; *I. Pernice*, Columbia journal of European law 15 (2009), 349, 389 f.: „*The provisions for public sessions of the Council when it is acting in its legislative capacity will be an important step towards EU transparency, and will have the effect of facilitating and enhancing democratic control of European policies.*"

[1124]*J. P. Jacqué*, Art. 207 EGV, in: Groeben/Schwarze (Hrsg.), Kommentar zum Vertrag über die Europäische Union und zur Gründung der Europäischen Gemeinschaft, 2003, Rn. 32 ff.; *M. Schweitzer*, Art. 207 EGV, in: Grabitz/Hilf/Nettesheim (Hrsg.), Das Recht der Europäischen Union, Rn. 16 ff.; *J. Christian Wichard*, Art. 207 EGV, in: Calliess/Ruffert (Hrsg.), EUV, EGV, 2007, Rn. 7 ff.

[1125]Wichtig für den Umfang des Zugangs zu Dokumenten ist die Entscheidung des EuGH in der Rs. C-64/05 P (Schweden/Kommission), Slg. 2007, I-1389. Darin geht es um die Frage, ob ein Mitgliedstaat den Zugang zu Dokumenten, die von ihm an ein Unionsorgan übergeben wurden, nach der Verordnung (EG) Nr. 1049/2001 über den Zugang der Öffentlichkeit zu Dokumenten des Europäischen Parlaments, des Rates und der Kommission, untersagen kann.

gangs und dabei insbesondere seine Grenzen werden durch eine Verordnung des Europäischen Parlaments und des Rates geregelt.[1126] Zum Gehalt des Grundsatzes der Transparenz des hoheitlichen Handelns der Union kann auch die Begründungspflicht für Akte der Rechtsetzung einschließlich der Gesetzgebung gezählt werden (Art. 296 Abs. 2 AEUV). Es ist durch den EuGH anerkannt, dass die Transparenz und Öffentlichkeit des Handelns der Unionsorgane, zu der der Zugang zu Dokumenten, wie auch die Begründung von Rechtsakten gehören, Voraussetzungen für ihre demokratische Verantwortlichkeit gegenüber den Unionsbürgern ist.[1127]

III. Fazit: Offene Fragen an eine Demokratietheorie der dualen Legitimationsstruktur der EU

Die duale Legitimationsstruktur der Union wirft eine Reihe von Fragen auf, die in Literatur und Rechtsprechung umstritten sind: Vermittelt eines der Organe europäischer Gesetzgebung mehr demokratische Legitimation als das andere? Können Rat und Parlament einander in ihrer demokratischen Funktion ersetzen? Diese Fragen verweisen auf weitere: Wie verhalten sich die beiden durch Art. 10 EUV benannten Legitimationssubjekte der Union, die Gesamtheit der Unionsbürgerinnen

---

Der EuGH hat den Mitgliedstaaten kein Vetorecht nach freiem Ermessen zugestanden, sondern ihr Recht auf Verweigerung der Zustimmung zur Veröffentlichung auf die Gründe der Ausnahme vom Zugang nach der Verordnung beschränkt. Die Herstellung von Transparenz durch die Veröffentlichung von Dokumenten dient danach u.a. der Legitimität, Effizienz und Verantwortung gegenüber dem Bürger in einem demokratischen System.

[1126] Der Zugang zu Dokumenten ist im Einzelnen durch die Verordnung (EG) Nr. 1049/2001 des Europäischen Parlaments und des Rates vom 30. Mai 2001 über den Zugang der Öffentlichkeit zu Dokumenten des Europäischen Parlaments, des Rates und der Kommission geregelt. Zurzeit befindet sich ein Vorhaben der Reform der Verordnung im Gesetzgebungsverfahren; vgl. Kommission, Proposal for a Regulation of the European Parliament and the Council regarding public access to European Parliament, Council and Commission documents, Brüssel, 30.4.2008, COM(2008) 229 final.

[1127] EuGH Rs. C-64/05 P, Rn. 54, 64, wonach Transparenz größere Legitimität, Effizienz und Verantwortung gegenüber dem Bürger in einem demokratischen System gewährleistet.

und -bürger und die mitgliedstaatlichen Staatsvölker, zu einander? Gehen die beiden über Rat und Parlament verlaufenden Legitimationsstränge von zwei strukturell unterschiedlichen Legitimationssubjekten aus, oder ist die Legitimationsgrundlage letztlich eine einzige?[1128] Wie verhält sich die duale Legitimationsstruktur zu Gestalt und Struktur der Union? Um in Auseinandersetzung mit den aufgeworfenen Fragen den Vorschlag einer Theorie der dualen demokratischen Legitimation der Union erarbeiten zu können, bedarf es einer demokratietheoretischen Grundlegung. Dabei ist zuallererst erforderlich, eine Theorie des Subjekts demokratischer Legitimation einzuführen, die es erlaubt, das Verhältnis der beiden Legitimationsstränge und ihrer „Legitimationsgrundlagen" (den Völkern der Mitgliedstaaten einerseits, der Gesamtheit der Unionsbürgerinnen und -bürger andererseits) zu bestimmen – dies kann ein Rechtsbegriff demokratischer Legitimation, wie er in Kapitel 1 in Anknüpfung an Art. 3 des Zusatzprotokolls der EMRK zugrunde gelegt wurde, nicht leisten.[1129] Daneben ist das Konzept repräsentativer Demokratie, das das Primärrecht ausdrücklich als das Demokratiemodell der Europäischen Union ausweist (Art. 10 Abs. 1 EUV: *„Die Arbeitsweise der Union beruht auf der repräsentativen Demokratie."*), demokratietheoretisch aufzuarbeiten.

[1128] *A. von Bogdandy,* Grundprinzipien, in: Bogdandy/Bast (Hrsg.), Europäisches Verfassungsrecht, 2009, 13, 64.

[1129] Zum Rechtsbegriff demokratischer Legitimation, der hier Grundlage des Begriffs der Gesetzgebung ist, mit dem die legislative Funktion europäischer Hoheitsgewalt rekonstruiert wird, oben Kap. 1 III. 1.

Kapitel 7. Demokratietheoretische Grundlegung

I. Einleitung

Das Primärrecht begründet die demokratische Legitimation europäischer Gesetzgebung im ordentlichen Gesetzgebungsverfahren, indem es sie über die Verfassung des Rates und des Europäischen Parlaments als Repräsentationsorgane der Staatsvölker der Mitgliedstaaten beziehungsweise der Unionsbürgerinnen und -bürger der Willensbildung dieser beiden Legitimationssubjekte der EU zurechnet.[1130] Mit diesem Kapitel erhält nun die demokratietheoretische Erfassung und Bewertung der dualen Legitimationsstruktur der Union ihre Grundlage. Im ersten Abschnitt wird eine normative Theorie des Subjekts der demokratischen Legitimation hoheitlicher Gewalt eingeführt, mit der das primärrechtliche Modell zweier demokratischer Subjekte der Europäischen Union normativ rekonstruiert werden kann. In einem weiteren Schritt wird in diesem Kapitel der Teilhabe- und Legitimationsmodus der Repräsentation, den das Primärrecht nach den Lissabonner Reformen nunmehr auch explizit als Demokratiekonzept der Europäischen Union vorsieht (Art. 10 Abs. 1 und 2 EUV), demokratietheoretisch untersucht und normativ rekonstruiert.

II. Normative Theorie des Subjekts der demokratischen Legitimation hoheitlicher Gewalt im Kontext des verfassungsrechtlichen und verfassungstheoretischen Diskurses

Wo beginnt und wo endet sie? Einer? Einer und noch einer? Noch eine?
Ein jeder? Eine jede? Alle, männlich oder weiblich, wer auch immer,
wollen Sie darauf hinaus?
Und die Demokratie? Zählt das? Zählt und rechnet die Demokratie?
Das zählt, zählt die Stimmen und die Subjekte – und zählt doch nicht,
darf die Singularitäten, die beliebigen Einzelnen nicht zählen:
Kein numerus clausus *für die Hinzukommenden.*

Jacques Derrida, Politik der Freundschaft, 13.

[1130] Oben Kap. 1 III. 2. a.

1. Einleitung

a. Thematischer Aufriss

In der gegenwärtigen Verfassungspraxis ist die Berechtigung zur politischen Teilhabe an der Erzeugung hoheitlicher Gewalt im Regelfall an den Status der rechtlichen Zugehörigkeit zur Rechtsordnung, also an die Staatsangehörigkeit geknüpft. Aus der verfassungsrechtlichen und verfassungstheoretischen Perspektive wird die demokratische Legitimation einer Rechtsordnung dadurch hergestellt, dass diese über die politische Berechtigung der Bürger deren kollektiver Willensbildung zugerechnet wird.[1131] Jenseits der üblichen Begrenzungen der politischen Berechtigung im Kreise der Rechtsangehörigen bilden so diese deren Legitimationssubjekt.[1132] Zwar wird so eine weitaus inklusivere Konzeption des demokratischen Subjekts betätigt als im Rahmen früherer Praxis, in der vor allem die mit den Begriffen des Geschlechts und der Rasse bezeichneten Beschreibungen von Individuen als Gründe dafür wirksam geworden, Staatsangehörige von der politischen Berechtigung auszuschließen und sie damit politisch zu exkludieren. Heute sind diese Exklusionskriterien in Verfassungsordnungen mit demokratischem Anspruch fast durchgängig delegitimiert.[1133] Auch die Koppelung der politischen Berechtigung an die Rechtsangehörigkeit lässt sich jedoch als exkludierendes Konzept des demokratischen Subjekts thematisieren: einerseits, weil sie die nichtrechtsangehörige Bevölkerung eines Ho-

---

[1131] Zu dem juristischen Begriff demokratischer Legitimation bereits oben Kap. 1 III. 1., auch mit Nachweisen der Verbreitung dieses Konzepts.

[1132] Diese Begrenzungen bestehen im Mindestalter und im Ausschluss von der Wahlberechtigung. Die politische Exklusion im Kreise der Rechtsangehörigen wird im Folgenden nur punktuell thematisiert; eine eingehende demokratietheoretische Aufarbeitung dieses Problems demokratischer Inklusion mit Nachweisen klassischer (Rousseau, Locke, Mill) und weiterer demokratietheoretischer Positionen dazu bei *R. A. Dahl,* Democracy and its critics, 1989, 118 ff., *The Problem of Inclusion.* Mit Blick auf das Grundgesetz wird neuerdings die demokratische Inklusion von Kindern diskutiert; hierzu die Anträge des Bundestages an die Bundesregierung vom 27.06.2008, Deutscher Bundestag Drucksache 16/9868, *Der Zukunft eine Stimme geben – Für ein Wahlrecht von Geburt an,* und vom 11.09.2003, Deutscher Bundestag Drucksache 15/1544, *Mehr Demokratie wagen durch ein Wahlrecht von Geburt an.*

[1133] Für einen historischen Überblick über den prozentualen Anteil der Wahlberechtigten an der Gesamtbevölkerung *R. A. Dahl,* Democracy and its critics, 1989, 236 ff.

heitsgebietes von der politischen Berechtigung ausschließt.[1134] Andererseits wird sie als nicht hinreichend inklusiv kritisiert, wo politische Entscheidungen über die territorialen Grenzen einer Rechtsordnung hinaus Wirkungen haben.[1135] Das moderne Konzept des *demos* sei ebenso wie die Idee der Selbstbestimmung im Gefolge der Globalisierung problematisch geworden.[1136] Im Zuge der gesellschaftlichen Denationalisierung rücke die Frage in den Vordergrund: Welches ist die angemessene Größe oder Reichweite eines politischen Gemeinwesens?[1137]

Welchen Gehalt und welche Reichweite der demokratische Anspruch der Geltung politischer Gleichheit hat, wie politische Gleichheit den gesellschaftlichen Gegebenheiten angemessen zu konzipieren ist und von welchen Bedingungen sie in ihrer demokratischen Funktion abhängt, ist nachhaltig umstritten. Angesichts dessen entwickelt die vorliegende Arbeit ihren normativen Ansatz zum Subjekt demokratischer Legitimation ausgehend davon, dass sie zunächst Kernfragen und Kernprobleme der Entwicklung und Begründung einer normativen Theorie des Legitimationssubjekts demokratischer Ordnung formuliert. Basis hierfür bildet eine Auseinandersetzung mit Carl Schmitts Argumentation zur

[1134]Hierzu etwa *S. Benhabib,* The rights of others, 2004 und *P. Cole,* Philosophies of exclusion, 2000, vgl. auch die verfassungspolitische Forderung nach der politischen Berechtigung aller in Deutschland lebenden Ausländer bei *R. Celikates/H. Sezgin,* Die Zeit 2009 (18.06.2009); zur verfassungsrechtlichen Situation nach dem Grundgesetz s. BVerfGE 83, 37 (52) zum Ausländerwahlrecht, dazu auch noch später.

[1135]Statt vieler *D. Held,* Models of democracy, 2006, 290 ff. mit weiteren Nachweisen, aus der Sicht der Umweltpolitik *R. Eckersley,* Deliberative Democracy, Ecological Representation and Risk: Towards a Democracy of the Affected, in: Saward (Hrsg.), Democratic innovation, 2000, 117; zu grenzübergreifenden Folgen politischer Entscheidungen und Demokratie auch *M. Zürn,* Regieren jenseits des Nationalstaates, 1998, 236 ff.; *U. Beck,* Die Neuvermessung der Ungleichheit unter den Menschen: Soziologische Aufklärung im 21. Jahrhundert, 2008.

[1136]*A. McGrew,* Demokratie ohne Grenzen? Globalisierung und die demokratische Theorie und Politik, in: Beck (Hrsg.), Politik der Globalisierung, 1998, 374, 382.

[1137]*M. Zürn,* Regieren jenseits des Nationalstaates, 1998, 237.

demokratischen Gleichheit, die – trotz ihrer polemischen Anlage[1138] und unabhängig von ihrer inhaltlichen Positionierung – analytische Einsichten in grundsätzliche Erwägungen und Fragen der Konzeption des *demos* der Demokratie eröffnet.[1139]

In der verfassungstheoretischen Grundlegung der Arbeit wurde der Begriff des Legitimationssubjekt hoheitlicher Gewalt als Rechtsbegriff verwandt, der die verfassungsrechtlich mit politischen Teilhaberechten ausgestattete Menge von Individuen bezeichnet. Für diesen Begriff des Legitimationssubjekts als der Menge der in einer Verfassungsordnung zur demokratischen Willensbildung verfassten Individuen wird im Folgenden auch der Begriff des demokratischen oder des politischen Subjekts verwandt. Demgegenüber wird der Begriff des Legitimationssubjekts im Folgenden, soweit nicht anders gekennzeichnet, als normativer, nicht als deskriptiver Begriff eingesetzt: Er bezeichnet die Menge von Individuen, die nach der zugrunde gelegten normativen Theorie einen Anspruch auf die Berechtigung zur politischen Teilhabe haben, also die Individuen, die nach dem jeweiligen Demokratieverständnis zur demokratischen Teilhabe berechtigt sein *sollen*.

b. Theoretische Bezüge

Die Entwicklung der demokratietheoretischen Position der Arbeit nimmt ihren Ausgangspunkt bei einer Auseinandersetzung mit den Demokratietheorien Carl Schmitts und Hans Kelsens. Aus einer Lektüre von Schmitts Theorie demokratischer Gleichheit werden im ersten Schritt analytische Einsichten in zentrale Fragen und Erwägungen der normativen Konzeption des Legitimationssubjekts hoheitlicher Gewalt gewonnen.[1140] Aus der Aufarbeitung der Argumentation Kelsens zum demokratischen Anspruch der Geltung gleicher Freiheit heraus[1141] beginnt anschließend die Entwicklung der normativen Gehalte des Demokratieverständnisses der Arbeit.

1138 Zur polemischen Anlage von Schmitts Theorie demokratischer und allgemeiner Gleichheit *G. Lübbe-Wolff*, Zeitschrift für Ausländerrecht und Ausländerpolitik 27 (2007), 121, 127.

1139 Zu den theoretischen Bezügen sogleich b.

1140 Unten 2.

1141 Unten 3.

Warum der Bezug auf Schmitt und Kelsen? Wegen der analytischen Leistung der Argumentation Schmitts zur demokratischen Gleichheit[1142] und des Fortwirkens seines Denkens in Verfassungslehre[1143] und politischer Theorie.[1144] Argumente und Konzepte Schmitts werden in der Diskussion um den Begriff und die Institutionalisierung von Politik als Konflikt in Bezug genommen.[1145] Carl Schmitt ist in der verfassungsrechtlichen und verfassungstheoretischen Diskussion vorrechtlicher und vorpolitischer funktionaler Bedingungen demokratischer Ordnung mit Blick auf die Möglichkeit der Demokratie auf europäischer Ebene ein Bezugspunkt.[1146] Dies zeigt die Auseinandersetzung mit dem Urteil des Bundesverfassungsgerichts zum Vertrag von Maastricht: Die Passage des Urteils, nach der „die Staaten [...] hinreichend bedeutsamer eigener Aufgabenfelder [bedürfen], auf denen sich das jeweilige Staatsvolk in einem von ihm legitimierten und gesteuerten Prozeß politischer Willensbildung entfalten und artikulieren kann, um so dem, was es – relativ homogen – geistig, sozial und politisch verbindet,

---

[1142] Dazu sogleich 2.; s. auch *C. Mouffe,* The democratic paradox, 2000, 36 ff.

[1143] Kontinuitätslinien in der Verfassungslehre des Grundgesetzes zur Staatstheorie Schmitts (und den Theorien Jellineks, Kelsens, Hellers und Smends) rekonstruiert *C. Möllers,* Staat als Argument, 2000, nach dem sich in der Staatslehre des Grundgesetzes „zahllose nicht selten bloß implizite Voraussetzungen [finden], die auf die staatstheoretischen Vorarbeiten“ (4) der von ihm untersuchten Theorien der Weimarer Zeit aufbauen. Zur Relevanz der Lehre Schmitts im Rahmen der verfassungsrechtlichen Diskussion um die europäische Integration und insbesondere für die Argumentation des Bundesverfassungsgerichts im Maastricht-Urteil *I. Pernice,* Archiv des öffentlichen Rechts 120 (1995), 100.

[1144] S. nur *G. Agamben,* Ausnahmezustand, 2006; *G. Agamben,* Homo sacer, 2007; *E. Laclau,* Emancipation(s), 2007; *C. Mouffe,* The challenge of Carl Schmitt, 1999; *C. Mouffe,* On the political, 2008b; *C. Mouffe,* The democratic paradox, 2000.

[1145] Etwa *C. Mouffe,* The challenge of Carl Schmitt, 1999; *C. Mouffe,* On the political, 2008b; *C. Mouffe,* The democratic paradox, 2000.

[1146] Dazu eingehend *I. Pernice,* Archiv des öffentlichen Rechts 120 (1995), 100.

rechtlichen Ausdruck zu geben"[1147], wird entgegen ihrem Beleg mit einer Arbeit Hermann Hellers in eine Traditionslinie zu Carl Schmitt gestellt.[1148] Es bestehen wenig Zweifel daran, dass der so gefasste Gedanke der Homogenität wesentlich auf Schmitt zurückgeht.[1149] Unabhän-

---

[1147] BVerfGE 89, 155, 186, zu dem Urteil bereits oben Kap. 6 I. 3.

[1148] So ausdrücklich *J. H. H. Weiler,* Der Staat „über alles", 1995; *I. Pernice,* Archiv des öffentlichen Rechts 120 (1995), 100, 105. Kritisch gegenüber einer Deutung der Passage als normative Verankerung einer Demokratietheorie der funktionalen Bedingtheit von Demokratie durch ein homogenes Volk *A. von Bogdandy,* Kritische Vierteljahresschrift für Gesetzgebung und Rechtswissenschaft 3 (2000), 284, 294 f., zurückhaltend auch *B.-O. Bryde,* Staatswissenschaften und Staatspraxis 5 (1994), 305, 310 ff. und *G. Lübbe-Wolff,* Zeitschrift für Ausländerrecht und Ausländerpolitik 27 (2007), 121. *A. von Bogdandy,* Kritische Vierteljahresschrift für Gesetzgebung und Rechtswissenschaft 3 (2000), 284, befindet allerdings auch, dass Gericht müsse sich den Vorwurf gefallen lassen, solchen Spekulationen dadurch Vorschub zu leisten, dass die genannte Quelle die behauptete Aussage überhaupt nicht trage – dieser Befund kann als unbestritten gelten; dahingehend auch die genannten Beiträge von Bryde, Pernice, Lübbe-Wolf.

[1149] S. schon die in Fn. 1148 genannten Beiträge, insbesondere *I. Pernice,* Archiv des öffentlichen Rechts 120 (1995), 100, 103 f. Pernice weist auch auf direkte Bezüge von Teilen der Lehre zum grundgesetzlichen Demokratieprinzip auf die Homogenitätsargumentation Schmitts hin. So knüpfe Ernst Wolfgang Böckenförde in seinem Beitrag über „Demokratie als Verfassungsprinzip" zum Handbuch des Staatsrechts (in der ersten Auflage) unmittelbar an Schmitt an. Dort führt Böckenförde als Voraussetzung für die Demokratie die „spezifische (substantielle) Gleichheit" an, „auf der die Staatsangehörigkeit aufruht". Er argumentiert, Gleichheit meine „hier eine vorrechtliche Gleichartigkeit", die die „relative Homogenität begründet, auf deren Grundlage allererst eine auf der strikten Gleichheit der politischen Mitwirkungsrechte aufbauende demokratische Staatsorganisation möglich wird.", *E.-W. Böckenförde,* § 22, Demokratie als Verfassungsprinzip, in: Isensee/Kirchhof (Hrsg.), Handbuch des Staatsrechts der Bundesrepublik Deutschland, 1987, Rn. 46 f.; s. auch die ähnlich gelagerte Position Isensees, *J. Isensee,* Der Abschied der Demokratie vom Demos, in: Schwab (Hrsg.), Staat, Kirche, Wissenschaft in einer pluralistischen Gesellschaft, 1989, 718. Zur dementsprechenden Argumentation Schmitts sogleich 2. Eingehend zur Bedeutung des Homogenitätsbegriffs in der Europarechtswissenschaft *F. Hanschmann,* Der Begriff der Homogenität in der Verfassungslehre und Europarechtswissenschaft, 2008.

gig von der umstrittenen Frage, ob das Gericht mit der zitierte Aussage tatsächlich einen Maßstab des Demokratischen, eine funktionale Bedingung demokratischer Gleichheit formulieren wollte,[1150] belegen die Passage und die um sie geführte Debatte, dass die Homogenitätsargumentation Schmitts in der Auseinandersetzung mit den Möglichkeiten und der Funktionsweise von Demokratie auf europäischer Ebene fortwirkt.[1151] Die Frage, ob europäische Demokratie durch eine vorrechtliche, vorpolitische Einheit der Träger politischer Gleichheit bedingt ist, bleibt aktuell: Das Bundesverfassungsgericht argumentiert in seinem Lissabon-Urteil, dass demokratische Selbstbestimmung angewiesen sei auf kulturelle, historische und sprachliche Vorverständnisse und auf die Möglichkeit, sich im eigenen Kulturraum zu entfalten.[1152] Dies lässt

---

[1150] Dahingehend versteht *J. H. H. Weiler*, Der Staat „über alles", 1995, 2 das Gericht; er sieht mit der zitierten Passage die müde, alte Vorstellungen eines ethno-kulturell homogenen Volkes und die unheilige Dreieinigkeit von Volk-Staat-Staatsangehöriger zur ausschließlichen Basis für demokratische Autorität und legitime Normsetzung erhoben. Zur Kritik und zur Ablehnung dieser Deutung s. Fn. 1148; es trifft jedenfalls zu, dass das Gericht Demokratie und Homogenität argumentierend in einen engen sachlichen Zusammenhang stellt, so auch *B.-O. Bryde*, Staatswissenschaften und Staatspraxis 5 (1994), 305, 311.

[1151] Als „Vater des Gedankens" einer notwendigen Homogenität eines demokratischen Volkes untersucht etwa *G. Lübbe-Wolff*, Zeitschrift für Ausländerrecht und Ausländerpolitik 27 (2007), 121 die entsprechende Argumentation Schmitts. S. auch *I. Pernice*, Archiv des öffentlichen Rechts 120 (1995), 100. Gegenstand der Auseinandersetzung ist das Homogenitätsdenken insbesondere in der Grimm-Habermas-Kontroverse; *D. Grimm*, JZ 50 (1995) und *J. Habermas*, Braucht Europa eine Verfassung? Eine Bemerkung zu Dieter Grimm, in: Habermas (Hrsg.), Die Einbeziehung des Anderen, 1996, 185.

[1152] BVerfGE 123, 267, 3. Leitsatz, Rn. 249, 253; danach sind bestimmte politische Entscheidungen in besonderer Weise auf kulturelle, historische und sprachliche Vorverständnisse angewiesen; und Rn. 260, wonach demokratische Selbstbestimmung auf die Möglichkeit angewiesen ist, sich im eigenen Kulturraum verwirklichen zu können. Kritische Aufarbeitung der Bedeutung des Homogenitätsbegriffs in der staatlichen und europäischen Verfassungslehre bei *F. Hanschmann*, Der Begriff der Homogenität in der Verfassungslehre und Europarechtswissenschaft, 2008, dort 55 ff. zur Argumentation, dass Homogenität Bedingung der Anwendung des Mehrheitsprinzips sei. Es trifft daher nicht zu, dass das Urteil die normative Koppelung von demokratischer Legitimation und vorrechtlicher Homogenität aufgibt, wie *D. Thym*, Common Market Law Review 46 (2009), 1795, 1818, befindet.

sich – trotzdem das Gericht an anderer Stelle des Urteils mit einem individualistischen Demokratieverständnis argumentiert – lesen als Rekurs auf die Idee, dass Demokratie einer vorrechtlichen gemeinsamen Substanz, einer gewissen Homogenität des demokratischen Volkes bedarf.[1153] Schmitts Argumentation zur demokratischen Gleichheit – zu der der Gedanke der Homogenität wesentlich gehört[1154] – ist ein für die Diskussion europäischer Demokratie relevanter und in ihr wirkmächtiger Entwurf.[1155]

[1153]Freilich lässt sich in dem Urteil auch noch eine andere Argumentationslinie zur Funktionsweise von Demokratie erkennen, dazu unten Kap. 8. Als Fortwirkungen der Homogenitätsargumentation lässt sich auch lesen *C. Seiler,* Der souveräne Verfassungsstaat zwischen demokratischer Rückbindung und überstaatlicher Einbindung, 2005, 124 ff., 137 ff., nach dem die Demokratie der politischen Nation verbunden ist, welche sich „vom bloßen Staatsvolk" unterscheidet, und zwar durch ein relatives Maß an sozialer Homogenität und die Abwesenheit „trennender Identitäten".

[1154]S. dazu sogleich 2.

[1155]Für eine eingehende Aufarbeitung der Bedeutung des Begriffs der Homogenität in Verfassungslehre und Europarechtswissenschaft *F. Hanschmann,* Der Begriff der Homogenität in der Verfassungslehre und Europarechtswissenschaft, 2008. Schmitt und seine Theorie des Politischen und des politischen Raums werden auch jenseits des Homogenitätsdenkens zu den *darker legacies* der europäischen Integration und der entsprechenden Theoriebildung gezählt, dazu *U. K. Preuß,* Europa als politische Gemeinschaft, in: Schuppert/Pernice/Haltern (Hrsg.), Europawissenschaft, 2005, 489, 494 ff.; *C. Joerges,* Europe a Großraum? Shifting Legal Conceptualizations of the Integration Project, in: Joerges (Hrsg.), Darker legacies of law in Europe, 2003; *J. P. McCormick,* Carl Schmitt's Europe: Cultural, Spatial, and Imperial Proposals for European Integration, 1923-1955, in: Joerges (Hrsg.), Darker legacies of law in Europe, 2003, 133. Die Europarechtswissenschaft sucht aber auch neuerdings im Rahmen der Theoriebildung zur Gestalt, Struktur bzw. Finalität der EU begriffliche und konzeptionelle Anleihen bei der Verfassungslehre Schmitts, etwa wenn sie die Kategorien des Bundesvertrags bzw. des Bundesverfassungsvertrags im Rahmen eines Föderationsmodells der EU anzuwenden sucht; s. *O. Beaud,* Die Europäische Union als Föderation, 2010; *C. Schönberger,* Archiv des öffentlichen Rechts 129 (2004), 81.

Die Auseinandersetzung mit Schmitts Theorie demokratischer Gleichheit scheint unvollständig, wenn sie nicht einhergeht mit einer Aufarbeitung ihres Konterparts, Hans Kelsens Demokratietheorie. Die beiden Ansätze kontextualisieren einander nicht lediglich als Beiträge zu einem bestimmten historischen Diskurs.[1156] Sie sind auch vielfach wechselseitig als Antithesen aufeinander bezogen. Kelsen fasst das demokratische Volk beziehungsweise den demokratischen Willen des Volkes als Rechtsphänomen; er entlädt den Demokratiebegriff von vorrechtlichen und vorpolitischen Gehalten und orientiert ihn an einem universalen Anspruch der Geltung gleicher Freiheit[1157] – womit die Gegenposition zu Schmitt formuliert ist.

Das wissenschaftliche Interesse an der Demokratietheorie Kelsens ist – soweit ersichtlich – ein jüngeres Phänomen.[1158] Eine neuere Entwicklung ist auch die Fruchtbarmachung der Verfassungs- und Rechtslehre Kelsens für die Europarechtswissenschaft.[1159] Kelsen bietet mit der Ineinssetzung von Staat und Rechtsordnung aber nicht nur einen An-

---

[1156] *H. Kelsen,* Vom Wesen und Wert der Demokratie (1. Auflage 1920), in: Jestaedt/Lepsius (Hrsg.), Verteidigung der Demokratie, 2006, 1; *C. Schmitt,* Die geistesgeschichtliche Lage des heutigen Parlamentarismus, 1996 (1926); *H. Kelsen,* Vom Wesen und Wert der Demokratie (2. Auflage 1929), in: Jestaedt/Lepsius (Hrsg.), Verteidigung der Demokratie, 2006, 149, letztere nehmen auch explizit auf die Beiträge des jeweils anderen Bezug.

[1157] Zum Demokratiemodell Kelsens sogleich 3. Einführend in die Demokratietheorie Kelsens *M. Jestaedt/O. Lepsius,* Der Rechts- und der Demokratietheoretiker Hans Kelsen – Eine Einführung, in: Jestaedt/Lepsius (Hrsg.), Verteidigung der Demokratie, 2006, S. VII; zur rechtlichen Verortung des Demokratischen noch unten 4. c.

[1158] Erst 2006 erschien eine Edition der Demokratieschriften Kelsens *H. Kelsen,* Verteidigung der Demokratie, hrsg. v. Mathias Jestaedt/Oliver Lepsius, 2006b.

[1159] Eine Reihe von Anwendungen von Kelsens verfassungstheoretischen Kategorien und Argumenten auf die Europäische Union bei *T. Ehs* (Hrsg.), Hans Kelsen und die Europäische Union, 2008. Dafür, dass Kelsen mit der Ineinssetzung von Staat und Rechtsordnung einen Ansatz für die Erfassung der Europäischen Union als Rechtsgemeinschaft bietet, *I. Pernice,* Archiv des öffentlichen Rechts 120 (1995), 100, 109.

satz für die Erfassung der Union als Rechtsgemeinschaft,[1160] sondern auch für die Entwicklung einer normativen Theorie der dualen Struktur demokratischer Legitimation europäischer Legislativgewalt: In dem von vorrechtlichen Gehalten entlasteten und soziologisch informierten Demokratieverständnis Kelsens[1161] sind Möglichkeiten angelegt, die Demokratietheorie an die Strukturen der Europäischen Union anzuschließen. Ausgehend von Gehalten der Demokratietheorie Kelsens kann, wie sich zeigen wird, die duale Legitimationsstruktur der EU in einer normativen Rekonstruktion demokratietheoretisch erfasst werden.[1162] Das ist kein affirmatives Unterfangen; anders als mit Theorien supranationaler Demokratie, die auf expertokratische Problemlösungsfähigkeit und/oder deliberative Diskursivität allein abstellen[1163], wird hier der

---

[1160] *I. Pernice,* Archiv des öffentlichen Rechts 120 (1995), 100, 109; *T. Ehs* (Hrsg.), Hans Kelsen und die Europäische Union, 2008.

[1161] Zur positivrechtlich-realistischen, voluntaristischen statt ganzheitlich-idealistischen Orientierung der demokratietheoretischen Argumentation Kelsens *M. Jestaedt/O. Lepsius,* Der Rechts- und der Demokratietheoretiker Hans Kelsen – Eine Einführung, in: Jestaedt/Lepsius (Hrsg.), Verteidigung der Demokratie, 2006, S. VII, XVII ff., XXIV ff.

[1162] Zum Ansatz der normativen Rekonstruktion, der hier auf eine Reflexivität der Demokratietheorie gegenüber der politischen Praxis zielt, unten eingangs Kap. 8.

[1163] Überblicksweise zu Demokratietheorien für die EU, die „expertokratische Elitenherrschaft" oder „deliberative Diskursivität" (so die Oberbegriffe) als Legitimationsmodi europäischer Politik und Herrschaft vorsehen, *M. Nettesheim,* Demokratisierung der Europäischen Union und Europäisierung der Demokratietheorie – Wechselwirkungen bei der Herausbildung eines europäischen Demokratieprinzips, in: Bauer/Sommermann (Hrsg.), Demokratie in Europa, 2005, 143, 180 ff. Danach lässt sich „in großen Teilen des demokratietheoretischen Schrifttums zur europäischen Integration ein technokratisch-expertokratischer Grundton beobachten" (180). Daneben sehen Theorien europäischer Demokratie, wie Nettesheim nachweist, einen Ansatz der demokratischen Legitimation europäischer Politik und Hoheitsgewalt vor allem in partizipativen, diskursiv-deliberativen Verfahren der Entscheidungsfindung, wobei deliberative Diskursivität verstanden wird als „philosophisches Vernunftprinzip zur Gewährleistung politischer Richtigkeit" durch öffentliche Argumentation. (182).

Anspruch, hoheitliche Gewalt an die rechtlich verfasste politische Willensbildung eines hierzu konstituierten demokratischen Subjekts zu binden, aufrechterhalten und als normativer Standard mit kritischem Potential entfaltet.

2. *Kernfragen normativer Theorien des Subjekts demokratischer Legitimation: Politische Gleichheit und demokratische Schließung bei Carl Schmitt*

Carl Schmitt adressiert Gleichheit als *demokratischen Fundamentalbegriff*[1164] – womit er zugleich behauptet, dass *Freiheit* nicht im gleichen Maße eine grundlegende demokratische Erwägung sei.[1165] Schon hierin deutet sich die Trennung des demokratischen Gedankens von der freiheitlich-liberalen Idee im Demokratiebegriff Schmitts an, die er in der Kontrastierung demokratischer Gleichheit mit der liberalen Idee der allgemeinen Gleichheit der Menschen ausarbeitet. Demokratische Gleichheit ist danach anders als diese eine politische Kategorie. Ihre politische Dimension und damit zugleich ihre Funktion in der Demokratie liegen darin, dass sie auf eine Unterscheidung bezogen ist; hier verweist Schmitts Begriff demokratischer Gleichheit auf seinen Begriff des Politischen.[1166] Demokratische Gleichheit kann nach Schmitt nur auf der Konstitution einer Grenze zwischen Innen und Außen beruhen, oder, in der späteren Formulierung – auf der Scheidung von *Freund* und *Feind*: *„Jede wirkliche Demokratie beruht darauf, dass nicht nur Gleiches gleich, sondern, mit unvermeidlicher Konsequenz, das Nicht-Gleiche nicht gleich behandelt wird. Zur Demokratie gehört also notwendig erstens Homogenität und zweitens – nötigenfalls – die Ausscheidung oder Vernichtung des Heterogenen.“*[1167] Dem *„zum liberalen In-*

[1164] *C. Schmitt*, Verfassungslehre, 2003, 225.

[1165] Zur entgegengesetzten Position Kelsens sogleich 3.

[1166] Zur Bedeutung des Begriff des Politischen in der Staatslehre Schmitts *E.-W. Böckenförde,* Der Begriff des Politischen als Schlüssel zum staatsrechtlichen Werk Carl Schmitts, in: Böckenförde (Hrsg.), Recht, Staat, Freiheit, 2006, 344. Zu Schmitts Begriff des Politischen, wie er in *C. Schmitt,* Der Begriff des Politischen, 1932 niedergelegt ist, kommentierend die einzelnen Beiträge in *R. Mehring* (Hrsg.), Carl Schmitt, 2003.

[1167] *C. Schmitt,* Die geistesgeschichtliche Lage des heutigen Parlamentarismus, 1996 (1926), 13 f. Dieses Verständnis von Demokratie wird als Billigung

dividualismus gehörende[n]"[1168] Gedanken, dass jeder Mensch jedem anderen Menschen politisch gleichberechtigt sein soll (wohingehend Kelsen argumentiert), fehlt nach Schmitt der Verweis auf eine Qualität, eine Substanz der Gleichheit, die eine Unterscheidung und damit ein politisches Moment begründen könne. Die Idee allgemeiner Gleichheit könne keine Unterscheidungen etablieren, sondern nur Unterscheidungen aufheben.[1169] Sie sei dem Politischen gegenüber gleichgültig und könne deshalb zwar im Rahmen politischer Ordnung die Grundrechte als liberale Freiheitsrechte auf *unpolitischem* Gebiet begründen. Der

---

der zeitgenössischen Praxis ethnischer Säuberungen und nationalistischer Grenzkorrekturen gedeutet, *M. Llanque,* Die Theorie politischer Einheitsbildung in Weimar und die Logik von Einheit und Vielfalt (Rudolf Smend, Carl Schmitt, Hermann Heller), in: Göbel/van Laak/Villinger (Hrsg.), Metamorphosen des Politischen, 1995, 157, 169. In der Tat nennt Schmitt zur Illustration seiner These unter anderem die Aussiedelung der Griechen aus der Türkei um das Jahr 1923 und die *rücksichtslose Türkisierung* des Landes, *C. Schmitt,* Die geistesgeschichtliche Lage des heutigen Parlamentarismus, 1996 (1926), 14; dazu auch *I. Pernice,* Archiv des öffentlichen Rechts 120 (1995), 100, 106 f. Dieser Kontext fordert dazu auf, bei der Lektüre von Schmitts Demokratietheorie seine spätere opportunistische und affirmative Positionierung zum Nationalsozialismus zu bedenken, der ausgehend von der Annahme eines rassisch homogen zu verstehenden deutschen Volkes mit dem Holocaust die Vernichtung aller von ihm als heterogen gekennzeichneten Menschen betrieben hat. Kontinuitäten zwischen den nationalsozialistischen Argumentationen Schmitts seit 1933 und seinem vorherigen Denken sind – gegen die teilweise vertretene These eines Bruchs mit dem Jahr 1933 – nachgewiesen worden, hierzu eingehend *H. Hofmann,* Legitimität gegen Legalität, 2002.

1168 *C. Schmitt,* Die geistesgeschichtliche Lage des heutigen Parlamentarismus, 1996 (1926), 13.

1169 *C. Schmitt,* Verfassungslehre, 2003, 226 f.; Schmitts Aufspaltung des Gleichheitsbegriffs in eine demokratische und eine liberale Freiheitsidee rekonstruiert auch *G. Lübbe-Wolff,* Zeitschrift für Ausländerrecht und Ausländerpolitik 27 (2007), 121, 123 f.

Demokratie als *politischer* Form sei sie aber nicht wesentlich, vielleicht sogar fremd.[1170]

[1170] *C. Schmitt,* Verfassungslehre, 2003, 237. Derart die demokratische Idee von der liberalen analytisch wie normativ trennend, konzipiert Schmitt Demokratie als notwendig auf der Homogenität des Volkes beruhend. Die substanzielle Gleichheit des Volkes begründet mit der politischen Einheit nach Schmitt zugleich die demokratische Legitimation von Herrschaft. Die *Homogenität* des Volkes überwindet die Verschiedenheit von Regierten und Regierenden, indem sie verhindert, dass anstelle des Willens, des Auftrags und des Vertrauens derer, die beherrscht werden, eine besondere Qualität der Regierenden, die nicht zur Verfügung des Volkes steht, deren Macht und Autorität begründet, *C. Schmitt,* Verfassungslehre, 2003, 235. Über sie identifiziert Schmitt Herrschende und Beherrschte trotz ihrer realen Differenz. Diese – konstruierte – Identität ist nach Schmitt Demokratie, *C. Schmitt,* Verfassungslehre, 2003, § 17, Die Lehre von der Demokratie, 234 f. Zwar denkt Schmitt Demokratie als Identität von Herrschenden und Beherrschten. Dieses Demokratieverständnis ist aber nicht das unmittelbar-identitäre Rousseaus, nach dem eine demokratische Ordnung ihren Mitgliedern nicht als Herrschaft gegenübertritt, sondern sich als Selbstbestimmung jedes ihrer Mitglieder darstellt und als Herrschaft aller Beherrschten. Schmitt erfasst Demokratie als *„politischen Begriff"*, der *„weit entfernt"* ist von der Auflösung des Herrschaftscharakters demokratischer Ordnung in *„ethische Normativitäten"*, *C. Schmitt,* Verfassungslehre, 2003, 236. Diese in der Verfassungslehre nicht weiter erläuterte Abgrenzung Schmitts ist zu deuten als Zurückweisung der Rousseau'schen Konstruktion der Herrschaftsfreiheit auch der in einer Abstimmung unterlegenen Minderheit, mit der er sich in der Parlamentarismus-Schrift eingehend auseinandersetzt, *C. Schmitt,* Die geistesgeschichtliche Lage des heutigen Parlamentarismus, 1996 (1926), 34 f. zu *J.-J. Rousseau/H. Brockard,* Vom Gesellschaftsvertrag oder Grundsätze des Staatsrechts, 1983, Viertes Buch, Zweites Kapitel. Zwar stimmt Schmitt in der Parlamentarismus-Schrift mit Rousseaus Annahme überein, in der Demokratie sei der Wille einer unterlegenen Minderheit in Wahrheit mit dem Willen der Mehrheit identisch. Jedoch lehnt er es ab, mit dieser Identitätsannahme aus demokratischer Ordnung das Moment der Herrschaft zu eliminieren; Identität ist bei Schmitt eine kontrafaktische Konstruktion, nicht Wirklichkeit. Identitäten beruhen, so Schmitt, auf einer „Anerkennung", d.h. einer Fiktion, die etwas weder juristisch noch politisch noch soziologisch real Gleiches identisch setzt, *C. Schmitt,* Die geistesgeschichtliche Lage des heutigen Parlamentarismus, 1996 (1926), 35. Es bestehe eine *„Verschiedenheit von Regieren und Regiertwerden, Befehlen und Gehorchen, solange überhaupt regiert und befohlen wird, d.h. solange der demokratische Staat als Staat vorhanden ist."*, *C. Schmitt,* Verfassungslehre, 2003, 236. Zu Schmitts diskussionswürdiger Rousseau-Rezeption statt vieler *U. K. Preuß,* Der Zusammenhang von Gleichheit und Demokratie in der Demokratietheorie Carl Schmitts, in: Pauw/Weyembergh (Hrsg.), Gelijkheid en conser-

Schmitts Gegenüberstellung von demokratischer und liberaler Idee ist ungeachtet ihrer anti-liberalen Positionierung, darauf weist die Schmitt-Lektüre Chantal Mouffes hin,[1171] analytisch einsichtsvoll. Sie lenkt zunächst den Blick auf die Differenz von demokratischem und liberalem Gleichheitsbegriff. Sodann weist sie auf ein Spannungsverhältnis hin,

---

vatisme – Gleichheit und Konservativismus, 1985, 117. Wird Herrschaft im Rahmen einer *substanziellen Gleichheit, Gleichartigkeit, Identität* von Herrschenden und Beherrschten betätigt, denkt Schmitt sie als dem Volk *immanent* und daher demokratisch – auch wenn sie nicht an eine prozedural verfasste Willensbildung des Volkes gebunden ist: „Die demokratische Identität beruht auf der Vorstellung, dass alles, was es innerhalb des Staates an Betätigung staatlicher Macht und an Regierung gibt, innerhalb der substantiellen Gleichartigkeit verbleibt. „Alles demokratische Denken bewegt sich mit klarer Notwendigkeit in Immanenzvorstellungen", *C. Schmitt,* Verfassungslehre, 2003, 237. Diese Immanenzkonstruktion löst den Begriff der demokratischen Gleichheit gänzlich von dem liberalen Gedanken gleicher Freiheit ab. Es ist daher konsequent, dass nach Schmitt *„eine Demokratie – weil zur Gleichheit immer auch eine Ungleichheit gehört – einen Teil der vom Staate beherrschten Bevölkerung ausschließen kann, ohne aufzuhören, Demokratie zu sein* […].",*C. Schmitt,* Die geistesgeschichtliche Lage des heutigen Parlamentarismus, 1996 (1926), 14 f. Nach Schmitt ist auch Diktatur demokratische Herrschaftsform *C. Schmitt,* Verfassungslehre, 2003, 236 f.: „Die Verschiedenheit von Regierenden und Regierten kann sogar im Vergleich zu andern Staatsformen in der Sache ungeheuer verstärkt und gesteigert werden, sofern nur die Personen, die regieren und befehlen, in der substantiellen Gleichartigkeit des Volkes verbleiben.[…] Eine Diktatur insbesondere ist nur auf demokratischer Grundlage möglich […]." (Hervorhebungen im Original). S. auch *C. Schmitt,* Verfassungslehre, 2003, 243 f., wo die Akklamation als demokratische Form der Rückbindung von Herrschaft an das Volk beschrieben wird. Zu Schmitts Konstruktion demokratischer Diktatur *U. K. Preuß,* Der Zusammenhang von Gleichheit und Demokratie in der Demokratietheorie Carl Schmitts, in: Pauw/Weyembergh (Hrsg.), Gelijkheid en conservatisme – Gleichheit und Konservativismus, 1985, 117 und *M. Llanque,* Die Theorie politischer Einheitsbildung in Weimar und die Logik von Einheit und Vielfalt (Rudolf Smend, Carl Schmitt, Hermann Heller), in: Göbel/van Laak/Villinger (Hrsg.), Metamorphosen des Politischen, 1995, 157, 165 ff., nach dem es „von diesem Konzept kein weiter Weg [war], die Verfassung des Nationalsozialismus auf der Grundlage des Wechsels der Substanz der Gleichartigkeit von der Nation zur Rasse zu entwerfen, wie es Schmitt unternahm."

1171 *C. Mouffe,* The democratic paradox, 2000, 36 ff. über *Carl Schmitt and the Paradox of Liberal Democracy*, die sich mit Schmitt gegen die Idee kosmopolitischer Demokratie (David Held u. a.) wendet.

das in der Kategorie und in jeder Konstitution eines demokratischen Subjekts angelegt ist. Schmitt thematisiert, indem er das Vorhandensein einer Einheit (das homogene Volk) als Voraussetzung von Demokratie adressiert, ein notwendiges Schließungsmoment demokratischer Ordnung.[1172] Unabhängig davon, mit welchem Gleichheitskonzept man ein Konzept des demokratischen Subjekts normativ fundiert, trifft es jedenfalls zu, dass es eines solchen bedarf.[1173] Politische Rechte und Institutionen können nicht ohne Träger, ohne Zurechnungssubjekt gedacht werden. Deshalb erfordert die Konstitution demokratischer Ordnung die Konstitution eines politischen Subjekts. Sie bedarf mithin einer Grenzziehung, einer Unterscheidung von Innen und Außen.[1174] Diese Erkenntnis rückt in den Blick, dass demokratische Verfasstheit notwendig eine exkludierende Dimension hat: Auch wenn die Grenzzie-

---

[1172]Eine Soziologie demokratischer Grenzziehung über das Institut der Staatsbürgerschaft bei *A. Nassehi/M. Schroer*, Integration durch Staatsbürgerschaft? Einige gesellschaftstheoretische Zweifel, in: Davy (Hrsg.), Politische Integration der ausländischen Wohnbevölkerung, 1999, 82. Bei *A. Siehr*, Die Deutschenrechte des Grundgesetzes, 2001, 120 f., 131 ff., 228 ff. findet sich eine Rekonstruktion der „nationalen Schließung" des Grundgesetzes über die sog. Deutschenrechte; der Deutschenvorbehalt mit Blick auf die demokratische Berechtigung konstituiert danach die Grenzen des politischen Gemeinwesens.

[1173]*F. Whelan*, Prologue: Democratic Theory and the Boundary Problem, in: Pennock/Chapman (Hrsg.), Liberal democracy, 1983, 13 rekonstruiert ein *boundary problem* der demokratischen Theorie und Praxis dahingehend, dass jedenfalls eine Demokratiekonzeption, die von dem Gedanken der Selbstregierung durch Selbstgesetzgebung ausgeht, unausweichlich der Referenz auf eine bestimmte Menge von Menschen bedarf.

[1174]Diese Erkenntnis ist als Ausgangspunkt der demokratietheoretischen Konzeptionalisierung demokratischer Ordnung vielfach präsent; vgl. *J. Habermas*, Die postnationale Konstellation, 2006, 98: *„Jede „Selbsteinwirkung" der Gesellschaft setzt ein wohlbestimmtes „Selbst" – als Bezugsgröße der Einwirkung voraus"*; *H. Abromeit/T. Schmidt*, Grenzprobleme der Demokratie: konzeptionelle Überlegungen, in: Kohler-Koch (Hrsg.), Regieren in entgrenzten Räumen, 1998, 293; *F. Whelan*, Prologue: Democratic Theory and the Boundary Problem, in: Pennock/Chapman (Hrsg.), Liberal democracy, 1983, 13: *„The process of self-government may be organized in different ways consistently with common usages of the term and our intuitive notions of what democracy means. Still, any democratic theory must face the logically prior and in some ways more fundamental question of the appropriate constitution of the* people *or unit within which democratic governance it to be practiced."* Hervorhebungen im Original.

hung, die demokratische Ordnung begründet, nicht in der Form substanziell konzipiert werden muss, wie es bei Schmitt und anderen der Fall ist,[1175] ist die Konstitution eines demokratischen Subjekts, und mit ihr ein Moment der Schließung für demokratische Ordnung, unumgänglich.[1176] Dass die Unterscheidung von Innen und Außen sich nicht allein in Rekurs auf die Idee allgemeiner Gleichheit konzeptionalisieren lässt, weil diese kein Unterscheidungskriterium zur Verfügung stellt, bedarf weiterer Untersuchung.[1177] Zunächst führt diese These zu einer

---

[1175]Homogenität wird auch in der gegenwärtigen Verfassungstheorie vielfach zur Bedingung von Demokratie gemacht, s. *C. Seiler*, Der souveräne Verfassungsstaat zwischen demokratischer Rückbindung und überstaatlicher Einbindung, 2005, 137 ff., der Homogenität im Sinne der Abwesenheit „trennender Identitäten" zur Voraussetzung demokratischer Ordnung begreift. Eine eingehende Auseinandersetzung mit der These, dass ein homogenes Kollektiv Bedingung demokratischer Ordnung sei, bei *F. Hanschmann*, Der Begriff der Homogenität in der Verfassungslehre und Europarechtswissenschaft, 2008, der jedes Homogenitätserfordernis, das über das Fehlen *unversöhnlicher oder unüberbrückbarer Antagonismen* in der Gesellschaft hinausgeht, zurückweist. Gegen die Behauptung eines Homogenitätserfordernisses argumentiert Hanschmann überzeugend, dass das Konzept der Homogenität gegenüber der Wirklichkeit moderner Gesellschaften nicht anschlussfähig sei und damit einer den gegebenen Bedingungen angemessenen Konzeptionalisierung demokratischer Ordnung im Weg stehe. An demokratische Ordnung könne die Forderung der Herstellung von Homogenität nicht adressiert werden, weil sie mit freiheitlich-demokratischen Grundsätzen, v.a. mit der Anerkennung der individuellen Autonomie ihrer Angehörigen nicht vereinbar ist.

[1176]In diesem Sinne auch *I. Ley*, Verfassung ohne Grenzen? Zur Bedeutung von Grenzen im postnationalen Konstitutionalismus, in: Pernice/von Engelhardt/Krieg u. a. (Hrsg.), Europa jenseits seiner Grenzen, 2009, 91 in der Auseinandersetzung mit der Bedeutung von Grenzen für konstitutionalistisches Denken jenseits des Staates. Ley macht analytisch, letztlich in Entsprechung zu der von Schmitt vorgestellten Dichotomie von liberalem und demokratischem Gleichheitsbegriff, in der Auseinandersetzung um einen postnationalen Konstitutionalismus zwei Verfassungsbegriffe aus, die sich unterschiedlich zur Frage der Grenzziehung verhalten: einerseits den Grenzen relativierenden, auf universale Inklusion gerichteten universalistischen Verfassungsbegriff des menschenrechtlichen Denkens, andererseits den partikularen, auf eine Grenzziehung sich beziehenden Verfassungsbegriff, der aus der Theorie staatlicher Verfasstheit stammt und die partikularisierende Konstitution einer politischen Gemeinschaft bezeichnet, die Voraussetzung von Demokratie ist.

[1177]Hierzu zunächst aus der Perspektive Hans Kelsens unten 3.

Frage, die im weiteren Leitfrage der Entwicklung einer normativen Theorie des Subjekts demokratischer Legitimation hoheitlicher Gewalt ist: Welche Grenzziehungen politischer Zugehörigkeit und Berechtigung sind legitim, und welche unterlaufen den demokratischen Charakter einer Rechtsordnung? Es stellt sich so letztlich die Frage der Reichweite des demokratischen Anspruchs politischer Gleichberechtigung.

Schmitt wendet seine analytische Kontrastierung des demokratischen und des liberalen Gleichheitsbegriffs normativ, und zwar anti-liberal. Er artikuliert den demokratischen gegen den freiheitlichen Gedanken. Das fordert dazu heraus, interne Zusammenhänge der demokratischen und der liberalen Idee geltend zu machen. Die Idee demokratischer Ordnung ist nicht nur in der historischen Praxis und ideengeschichtlich in der Idee universeller Gleichheit und Freiheit fundiert; dahingehend lässt sich auch normativ argumentieren:[1178] Die Konstitution eines demokratischen Subjekts betätigt und verwirklicht, indem eine definierte Menge von Menschen für sich politische Gleichheit etabliert und das positive Recht als Mittel der sozialen Integration wählt, den Geltungsanspruch allgemeiner gleicher Freiheit. Mit Schmitt ist nun aber zu erkennen, dass sie ihn darin möglicherweise zugleich unterläuft.

Dass die volkssouveräne Selbstkonstitution die Menschenrechte zugleich betätigt und hintergeht, ist eine These auch Hannah Arendts.[1179] Sie sieht bereits in den historischen Ursprüngen der Menschenrechtsidee, in der Französischen Revolution, den universalen Geltungsanspruch gleicher Freiheit, der mit der Erklärung der Menschen- und Bürgerrechte proklamiert wurde, dadurch hintergangen, dass die Men-

---

[1178] Zur Idee der Verwirklichung der Menschenrechte durch Volkssouveränität in der Französischen Revolution *H. Arendt,* Elemente und Ursprünge totaler Herrschaft, 1955, 601 ff. über *Die Aporien der Menschenrechte.* Die in der Diskussion zentrale normative Konzeptionalisierung eines konstitutiven Zusammenhangs von Menschenrechten und Volkssouveränität ist die von *J. Habermas* (Hrsg.), Faktizität und Geltung, 2006, 109 ff. in deren Rahmen Habermas auch eine theoriegeschichtliche Rekonstruktion des Verhältnisses von Volkssouveränität und Menschenrechten vorschlägt (124 ff.).

[1179] Die Demokratie- und Menschenrechtstheorie Hannah Arendts wird neuerdings auch in der Rechtswissenschaft rezipiert, darauf weist *I. Ley,* German Law Journal 11 (2010), 1306 hin; s. auch *B.-O. Bryde,* Staatswissenschaften und Staatspraxis 5 (1994), 305, 203. Die politische Theorie setzt sich schon länger mit dem Demokratieverständnis' Arendts auseinander; s. etwa *I. Maus,* Zur Aufklärung der Demokratietheorie, 1992, 203 ff.

schenrechte zugleich als Rechte eines konkreten Volkes, einer Nation, etabliert wurden und darin der Mensch als Träger der Menschenrechte mit dem Glied eines Volkes identifiziert worden sei.[1180] Zwar wird an Arendts Analyse kritisiert, sie sei eine Rückprojektion der späteren chauvinistischen Pervertierung des Nationalstaats. In der Französischen Revolution sei gleichfalls Volkssouveränität als universalistisches Prinzip gedacht worden, das aber nur je in nationalen Ordnungen verwirklicht werden könne.[1181] Zudem sei der Begriff der Nation kaum substanziell verstanden worden, die Nation sei vielmehr für den Beitritt eines jeden durch Willenserklärung offen gewesen. Nach Ingeborg Maus muss daher die Konstitution eines demokratischen Volkes den universellen Geltungsanspruch gleicher Freiheit nicht unterlaufen. Gleichwohl entkräftet auch dies nicht den Befund, dass – um eine Formulierung Maus' aufzugreifen – *Volkssouveränität* eines *Volkes*, mithin einer Schließung bedarf, einer Definition des Trägers demokratischer Rechte und Institutionen. Die Etablierung von Volkssouveränität verwirklicht die Idee eines universalen Geltungsanspruches gleicher Freiheit auf dem Gebiet des Politischen für die Menge der Mitglieder des konstituierten Volkes. Der Rest der Menschheit ist demgegenüber aber ungleich. In demokratischer Verfasstheit treffen daher, so hat Seyla Benhabib die Analyse Schmitts aufnehmend formuliert *„the expansive and inclusionary principle of moral and political universalism, as anchored in universal human rights, and the particularistic and exclusionary conceptions of democratic closure"*[1182] aufeinander. Chantal Mouffe hat das Verhältnis von universalisierender Menschenrechtslogik und schließender demokratischer Logik als paradox bezeichnet. Allgemein besteht, so wird auch in der Verfassungstheorie konstatiert, ein *„Grundwiderspruch zwischen dem universellen Geltungsanspruch des Menschenwürdeprinzips und der Partikularität der Verwirklichungsgemeinschaft"*[1183], eine *„Dialektik der rechtlichen Festsetzung eines universalen Prinzips durch einen und für einen bestimmten Staat"*.[1184] Deswegen stellt sich auf ei-

---

[1180] *H. Arendt,* Elemente und Ursprünge totaler Herrschaft, 1955, 604.

[1181] *I. Maus,* Zur Aufklärung der Demokratietheorie, 1992, 203 ff., 204 f.

[1182] *S. Benhabib,* The rights of others, 2004, 19.

[1183] *H. Hofmann,* Archiv des öffentlichen Rechts 118 (1993), 353, 366.

[1184] *H. Hofmann,* Archiv des öffentlichen Rechts 118 (1993), 353, 365 ff., der diese Dialektik für die Menschenwürde und ihre Gewährleistung durch das Grundgesetz rekonstruiert; danach ist die Menschenwürdegarantie des Grund-

ner abstrakten Ebene die Konstitution eines demokratischen Subjekts widersprüchlich zugleich als Bedingung der Verwirklichung wie als Grund der Unmöglichkeit allgemeiner gleicher Freiheit dar. Demokratische Verfasstheit löst dieses paradoxe Verhältnis aber auf: Die Konstitution eines demokratischen Subjekts relativiert die Universalität des Geltungsanspruches gleicher Freiheit, sie hebt sie auf, in dem sie ihre Geltung partikularisiert. Schmitt rückt nun, indem er demokratische Gleichheit als *politische* Kategorie und das Inklusions-/Exklusionsmoment demokratischer Ordnung als ihren politischen Nucleus erfasst, in den Blick, dass die Konstitution eines demokratischen Subjektes ein *politischer* Akt und Zustand ist. Ihr politischer Charakter sei hier jedoch anders bestimmt als bei Schmitt: Er liegt darin, dass jede Konstitution eines demokratischen Subjekts das Spannungsverhältnis von demokratischer und liberaler Logik nur zu einer von vielen möglichen Gewichtungen beider Erwägungen aktualisiert. So können stets begründbare alternative Austarierungen geltend gemacht werden.

Die Spannung zwischen demokratischer Schließung und Universalisierungsforderung begründet den politischen Charakter der Konstitution eines demokratischen Subjekts. Dieser politische Charakter rechtfertigt (und fordert), wie Chantal Mouffe argumentiert, normative Konzepte des demokratischen Subjekts zu problematisieren und herauszufordern.[1185] Die Schließung demokratischer Ordnungen muss demokratisch verfügbar sein. Da es keine einzig richtige Abwägung zwischen der Universalisierungsforderung gleicher Freiheit und der schließenden Logik demokratischer Ordnung gibt, kann es, so Mouffe, nur „*temporary, pragmatic, unstable and precarious negotiations of the tension between them* [the conflicting logics of liberalism and democracy]" geben. Als politische Entscheidung kann die Grenzziehung demokratischer Gleichheit politisch kritisiert werden. Einen unhintergehbaren Maßstab gegenüber normativen Konzeptionen demokratischer Gleichheit und des demokratischen Subjekts bilden wohl allein zwei Fragen: einerseits die, ob das Gleichheitskonzept auf dem Prinzip der *wechselseitigen* Anerkennung von Individuen als Träger gleicher Freiheit beruht; andererseits die, ob es konsistent ist, d.h. keine Selbstwidersprüche enthält (etwa indem es ungleich gewichtete politische Teilhaberech-

---

gesetzes *„paradoxerweise nicht nur ein offener Anfang, sondern zugleich auch ein Ende, ein Ab- und Ausschluß, indem sich mit ihr eine besondere Rechtsgemeinschaft unter den anderen konstituiert hat"* (367).

1185 *C. Mouffe,* The democratic paradox, 2000, 42 ff., 44 f.

te vorsieht).[1186] Jenseits davon besteht kein Maßstab der Richtigkeit gegenüber normativen Konzepten demokratischer Gleichheit, sondern nur die Möglichkeit der – wiederum kritisierbaren – Kritik. Daher besteht liberal-demokratische Politik in dem dauernden Prozess der Verhandlung und Neuverhandlung (*constant process of negotiation and renegotiation*) des Spannungsverhältnisses von Universalisierungs- und Schließungsforderung, das in ihr angelegt ist.[1187] In diesem Rahmen kann mit der Universalisierungsforderung gegen exkludierende Strukturen einer demokratischen Ordnung argumentiert werden. Es kann aber wiederum auch gegen ein absolutes Primat der Idee universeller Gleichheit argumentiert werden: Demokratische Ordnung bedarf der Konstitution eines demokratischen Subjekts, d.h. aber, dass sie notwendig auf einer Schließung beruht. Vor allem aber kann gegenüber jeder Konstitution eines demokratischen Subjekts argumentiert werden, dass die Grenzziehung politischer Gleichheit selbst eine politische Entscheidung ist, die das Spannungsverhältnis zwischen menschenrechtlicher Universalisierungs- und Inklusionslogik und der Konstitution einer partikularen „Verwirklichungseinheit" immer nur zu einer von vielen möglichen Abwägungen aktualisiert.

In diese Richtung weist auch der Ansatz Seyla Benhabibs, die Grenzsetzung zwischen dem Innenraum der Demokratie und ihrer Außenseite sei in der Form ihrer *democratic iteration* zu verflüssigen. Werde das Exklusionsmoment einer demokratischen Ordnung in ihren rechtlich verfassten Institutionen und ihrer zivilgesellschaftlichen Sphäre politisch thematisiert und dabei der Anspruch der Universalisierung gleicher Freiheit stetig bestritten und kontextualisiert, beschworen und zurückgewiesen, unterstellt und in Stellung gebracht[1188], behaupte dieser dadurch seine Geltung gegen die Logik demokratischer Schließung.[1189]

[1186] *C. Möllers,* Expressive versus repräsentative Demokratie, in: Kreide/Niederberger (Hrsg.), Transnationale Verrechtlichung, 2008b, 160, 173 f. Dass der Akt der Selbstkonstitution einer Menge von Individuen als demokratischer *demos* im Regelfall eine Fiktion ist oder wie Kelsen formuliert *„in der sozialen Erfahren so gut wie überhaupt nicht in Betracht kommt"* *H. Kelsen,* Vom Wesen und Wert der Demokratie (2. Auflage 1929), in: Jestaedt/Lepsius (Hrsg.), Verteidigung der Demokratie, 2006, 149, 8 f., steht hier nicht in Frage.

[1187] *C. Mouffe,* The democratic paradox, 2000, 45.

[1188] *S. Benhabib,* The rights of others, 2004, 179.

[1189] Ebd., 19 ff.

Ob allein die diskursive Präsenz des universellen Anspruchs gleicher Freiheit die Universalisierung von Gleichheit und Freiheit antreibt, kann bezweifelt werden. Die Ausweisung des politischen Charakters demokratischer Grenzziehung aber macht diese der Änderung zugänglicher und weist darauf hin, dass sie demokratisch verfügbar sein sollte, auch in Richtung auf ein höheres Maß an Egalität und Inklusivität.

Mouffe wie Benhabib fokussieren die demokratische Praxis, die Politik als Ort, an dem die Grenzen eines demokratischen Subjekts herausgefordert werden können. Die Grenzziehung einer demokratischen Ordnung kann aber nicht nur in deren rechtlich verfassten demokratischen Institutionen und der zivilgesellschaftlichen Sphäre politisch herausgefordert werden. Nimmt man die Forderung der Politisierung des Inklusions-/Exklusions-momentes demokratischer Ordnung ernst, kann und soll die Kritik, Problematisierung, Herausforderung praktischer Konzeptionalisierungen des Legitimationssubjekts demokratischer Ordnung daneben auch auf einer theoretischen Ebene stattfinden. Die Demokratietheorie kann ihr argumentatives Vermögen und ihre Distanz gegenüber der politischen Praxis als kritischer Maßstab gegenüber gegebenen Grenzziehungen demokratischer Gleichheit entfalten. Sie kann verfassungsrechtliche Konzeptionen des demokratischen Legitimationssubjekts an einer normativen Theorie des demokratischen Subjekts messen und sie kritisch rekonstruieren. Die demokratietheoretische Rekonstruktion des primärrechtlichen Konzepts des Legitimationssubjekts der Union, die die vorliegende Arbeit unternimmt, zielt neben der theoretischen Rekonstruktion der dualen Legitimationsstruktur der Union auf die normative Thematisierung der Inklusions-/Exklusions*politik* der Europäischen Union.

Einen ersten Ansatz für die kritische theoretische Rekonstruktion der Legitimationsstruktur der Union bietet die Demokratietheorie Hans Kelsens, die mit ihrer Fassung des *demos* der Demokratie entlang der Erwägung eines universellen Geltungsanspruches gleicher Freiheit in pointierter Weise die Praxis der Grenzsetzung demokratischer Ordnung argumentativ herausfordert – und zudem bekanntermaßen als pluralistische Konzeptionalisierung demokratischer Politik den Widerpart zu Schmitts Theorie setzt.

3. Gegenentwurf: Menschheitsgedanke und politische Gleichheit in der Demokratietheorie Hans Kelsens

Hans Kelsen entwirft in der zweiten Auflage der Schrift „Vom Wesen und Wert der Demokratie" von 1929 seine Konzeption des demokratischen Volkes ausgehend davon, dass er zwei Bedeutungen des Volksbegriffs entfaltet: Einerseits bezeichnet danach das Volk die Menge der durch eine Rechtsordnung verpflichteten Menschen – das Volk als *passives* Herrschafts*objekt*; andererseits kennzeichnet es die Menge der in einer Rechtsordnung politisch berechtigten Menschen – das Volk als *aktives Subjekt* der Herrschaft.[1190] Diese Aufgliederung des Volksbegriffs ermöglicht es Kelsen, das Inklusions-/Exklusionsmoment demokratischer Herrschaft zu thematisieren. Er argumentiert, dass *„gerade in dieser für die Idee der Demokratie entscheidenden Funktion, gerade soferne das „Volk" im Verfahren der Normerzeugung auftritt,* [...] *sich die unvermeidliche Differenz zwischen diesem und dem als Inbegriff der Normunterworfenen bestimmten „Volk"* [zeigt]"[1191]. Mit dem Befund der *unvermeidlichen Differenz* der zwei Volksbegriffe fasst Kelsen die Normunterworfenen als Volk einer Rechtsordnung und führt sie als Referenzgröße politischer Inklusion und Exklusion ein. Das ist eine anspruchsvolle und gehaltvolle Setzung: Sie artikuliert einen Geltungsanspruch allgemeiner gleicher Freiheit des Menschen als Erwägung der Konzeption des Subjekts demokratischer Legitimation, der nicht von vornherein auf die Rechtsangehörigen einer Rechtsordnung begrenzt ist.

Kelsen benennt als Grund dafür, dass Objekt und Subjekt demokratischer Herrschaft unvermeidlich auseinanderfallen, natürliche Schranken der Ausdehnung der politischen Rechte und damit des Volkes im aktiven Sinne, die den Begriff des Volkes im passiven Sinne nicht begrenzen: das Alter, die geistige und die moralische Gesundheit.[1192] Damit

---

[1190] *H. Kelsen,* Vom Wesen und Wert der Demokratie (2. Auflage 1929), in: Jestaedt/Lepsius (Hrsg.), Verteidigung der Demokratie, 2006, 149, im folgenden zitiert nach den Orginalseiten, die in der Ausgabe nachgewiesen sind, hier: 14 ff., 16 f. Diese Aufgliederung des Volksbegriffes ist bereits in der Allgemeinen Staatslehre Hans Kelsens angelegt: Dort wird der Begriff des Staatsvolkes so gefasst, dass auch der rechtlose, aber rechtlich verpflichtete Fremde zum Staatsvolk als Menge der *Untertanen* der staatlichen Rechtsordnung gehört. In diesem Sinne besteht *„das Staatsvolk* [...] *keineswegs bloß aus den Staatsbürgern, diese bilden nur innerhalb des Staatsvolkes eine besonders berechtigte und besonders verpflichtete Gruppe von Menschen." H. Kelsen,* Allgemeine Staatslehre, 1966, 160.

[1191] *H. Kelsen,* Vom Wesen und Wert der Demokratie (2. Auflage 1929), in: Jestaedt/Lepsius (Hrsg.), Verteidigung der Demokratie, 2006, 149, 16 f.

[1192] Ebd., 17.

thematisiert er die Frage, wie die Grenzen demokratischer Gleichheit legitim zu setzen seien. Indem er *natürliche* Gründe der Exklusion von der politischen Berechtigung bezeichnet, weist er zugleich andere Kriterien als kontingent aus. In diesem Sinne kritisiert Kelsen dann auch *die demokratische Ideologie* dafür, dass sie noch *„viel weitergehende Einschränkungen des Volkes, als des Inbegriffs der an der Herrschaft Beteiligten, verträgt“*.[1193] Nicht nur hindere *„weder der Ausschluss von Sklaven und heute noch* [1929] *der Frauen von der politischen Berechtigung“*[1194] sie, eine Staatsordnung als demokratisch anzusprechen.[1195] Kelsen beanstandet auch, dass das Moment politischer Exklusion nicht problematisiert werde, welches die Koppelung der politischen Berechtigung an die Staatsbürgerschaft begründe. Wie die Verfassungspraxis zeige, müssten politische Rechte nicht notwendig an die Staatsangehörigkeit geknüpft sein. Dass die *„Verfassung Sowjet-Russlands“*[1196] – von 1918 – auch allen Ausländern, die sich zu Arbeitszwecken in Russland

---

[1193] Ebd.

[1194] Ebd.

[1195] In der Allgemeinen Staatslehre (1925) greift Kelsen die Existenz des Sklaventums und die politische Exklusion von Frauen auf, um darzulegen, dass weder die Anerkennung aller Menschen als Person, noch die Demokratie (d.h. die politische Berechtigung der Normunterworfenen) zum Wesensgehalt des Staates gehören, *H. Kelsen,* Allgemeine Staatslehre, 1966, 158.

[1196] Gemeint ist hier die Verfassung/das Grundgesetz der Russischen Sozialistischen Föderativen Sowjetrepublik vom 10. Juli 1918, deren Art. 20 besagt: *„Ausgehend von der Solidarität der Werktätigen aller Nationen, gewährt die Russische Sozialistische Föderative Sowjetrepublik den Ausländern, die auf dem Territorium der Russischen Republik wohnen und einer Beschäftigung nachgehen, die zur Arbeiterklasse oder zu der keine fremde Arbeit ausnutzenden Bauernschaft gehören,* alle politischen Rechte der russischen Bürger *und ermächtigt die örtlichen Sowjets, solchen Ausländern ohne jegliche erschwerende Formalitäten die Rechte der russischen Staatsbürgerschaft zu verleihen.“* (Hervorhebung der Verf.). Auch *C. Schmitt,* Verfassungslehre, 2003, 233 f. führt dieses Konzept politischer Gleichheit (mit dem Nachweis *A. Aleksandrovic Bogolepov,* Die Rechtsstellung der Ausländer in Sovjet-Rußland, 1927) an, und weist es als Versuch aus, nationale Homogenität durch die Homogenität einer Klasse, des Proletariats zu ersetzen. Schmitt weist zutreffend darauf hin, dass die Ersetzung nationaler Homogenität durch Klassenhomogenität in dieser Verfassung keinesfalls jede Exklusion aufhebt: Es entstehe eine neue Unterscheidung, Proletarier gegen Bourgeois, so dass die Demokratie weiterhin ein politischer Begriff sei – d.h. auf eine Unterscheidung rekurriere.

aufhalten, die politische Gleichberechtigung einräumte, wird referiert als *Tat von historischer Bedeutung* in der *„für das überaus langsame Fortschreiten des Menschheitsgedankens so charakteristischen Rechtsentwicklung, nach der der Staatsfremde ursprünglich ein vogelfreier Feind, später allmählich und schrittweise bürgerlich gleichberechtigt wird, heute fast überall aber noch politisch rechtlos ist"*.[1197]

Interessant ist die von Kelsen thematisierte historische Verfassung hier nicht als normatives Modell des politischen Subjekts.[1198] Vielmehr interessiert sie als Anlass einer Fortschrittserzählung des *Menschheitsgedankens.* Diese Erzählung ist zugleich eine Kritik der Praxis, die Rechtsangehörigkeit als Bedingung politischer Gleichheit zu setzen. Mit ihr plädiert Kelsen dafür, das demokratische Subjekt auf der Grundlage des Anspruchs der universellen Geltung gleicher Freiheit zu konzipieren. Dieser Geltungsanspruch begründet in Kelsens Argumentation zugleich den Anspruch (keinen rechtlichen; einen moralischen) aller Normunterworfenen einer Rechtsordnung auf politische Gleichheit: Die Menge der Normunterworfenen ist der *Idealbegriff* des demokratischen Volkes.[1199] Demgegenüber muss, so Kelsen, ein *Realbe-*

[1197] *H. Kelsen,* Vom Wesen und Wert der Demokratie (2. Auflage 1929), in: Jestaedt/Lepsius (Hrsg.), Verteidigung der Demokratie, 2006, 149, 17 f. Für eine Abrechnung Kelsens mit dem sowjetischen Demokratieverständnis s. aber den Aufsatz *Foundations of Democracy* von 1955, ebd., 248, 256 ff. In der Allgemeinen Staatslehre *H. Kelsen,* Allgemeine Staatslehre, 1966, 159, ohne normative Wendung: „Schutzlos und völlig rechtlos ist ursprünglich auch der Fremde, gleichbedeutend mit „Feind". Schrittweise wird ihm Schutz, allmählich auch Berechtigung zuteil." Bis heute aber sei *„der Fremde nicht vollberechtigt* [...]. *Zwar ist er in der Regel hinsichtlich der sog. privaten und eines Teils der öffentlichen Rechte dem Staatsbürger gleichgestellt* [...]. *Stets aber fehlen ihm die politischen Rechte im engeren Sinn."*

[1198] *D. Thränhardt,* Allgemeines Wahlrecht und Ausschluß von der Wahlberechtigung: Welche Vorgaben enthält das Demokratieprinzip?, in: Davy (Hrsg.), Politische Integration der ausländischen Wohnbevölkerung, 1999, 15 weist auf ein weiteres historisches Beispiel der Entkoppelung politischer Teilhabe von der Angehörigkeit hin, nämlich auf die Jakobiner-Verfassung, nach der auch Nichtfranzosen politische Bürgerrechte bekommen konnten; dazu ebenfalls *I. Maus,* Zur Aufklärung der Demokratietheorie, 1992, 205.

[1199] *H. Kelsen,* Vom Wesen und Wert der Demokratie (2. Auflage 1929), in: Jestaedt/Lepsius (Hrsg.), Verteidigung der Demokratie, 2006, 149, 18. Der universelle Geltungsanspruchs gleicher Freiheit ist bei Kelsen in dem Menschenbild des selbstbestimmten Individuums fundiert; Kelsen vertritt, dass sich Konzep-

griff des Volkes den Inbegriff aller der Herrschaft Unterworfenen durch den viel engeren Kreis der politisch Berechtigten ersetzen.[1200] (Daneben sei noch eine weitere Differenz zu berücksichtigen, die zwischen der Zahl der politisch Berechtigten und der Zahl derjenigen, die ihre politischen Rechte tatsächlich betätigen). Mit dem Realbegriff des demokratischen Volkes thematisiert Kelsen den politisch-kontingenten Charakter der Konstitution politischer Gleichheit. Die Gegenüberstellung eines Ideal- und eines Realbegriffs des Volkes weist dabei insgesamt das Unterfangen aus, verfassungsrechtliche Konzeptionen des demokratischen Subjekts zu problematisieren. Dass Kelsen als Idealbegriff des demokratischen Volkes die Menge der Normunterworfenen bezeichnet, ist eine grundlegende Setzung seiner Demokratietheorie und drückt zugleich die Annahme aus, dass Normunterwerfung einen Anspruch auf politische Berechtigung begründet.

Kelsen begreift auch demokratische Ordnung als Herrschaft, als Fremdbestimmung des Individuums und weist identitäre Vorstellungen von Demokratie, die den Herrschaftscharakter demokratischer Ordnung verneinen, zurück. Er nimmt einen realistischen, soziologisch aufgeklärten Standpunkt zur Frage der Herrschaft in der Demokratie ein.[1201] Er sieht einen *„unlösbare*[n] *Konflikt, in dem die Idee der indi-*

---

tionen politischer Ordnung stets in letzter Instanz auf ein Menschenbild beziehen; *„in der Eigenart des Menschen selbst"* seien *„die letzten Bestimmungsgründe für die Gestaltung ihrer politischen und philosophischen Systeme"* zu suchen; *H. Kelsen,* Staatsform und Weltanschauung, 1933, 8. Die Fundierung der Demokratietheorie Kelsens in dem Bild des autonomen Individuums spiegelt sich in der Enumeration der legitimen Ausschlusskriterien von der politischen Berechtigung wider, wenn man sie dahingehend versteht, dass sie mit einem gewissen Lebensalter und „geistiger und moralischer Gesundheit" Voraussetzung individueller Selbstbestimmtheit in Bezug nimmt.

[1200] *H. Kelsen,* Vom Wesen und Wert der Demokratie (2. Auflage 1929), in: Jestaedt/Lepsius (Hrsg.), Verteidigung der Demokratie, 2006, 149, 18.

[1201] Kelsen teilt den „realistischen" Blick auf demokratische Herrschaft mit weiten Teilen der Weimarer Staats- und Demokratietheorie, so auch mit Schmitt, dazu oben Fn. 1170, und mit Gustav Radbruch; dazu *D. Lehnert,* Der Beitrag von Hans Kelsen und Hugo Preuss zum modernen Demokratieverständnis, in: Gusy (Hrsg.), Demokratisches Denken in der Weimarer Republik, 2000, 221, 221 ff. und *R. Poscher,* Vom Werterelativismus in einer pluralistischen Demokratietheorie – Gustav Radbruchs rechtsphilosophisch begründete Parteienstaatslehre, in: Gusy (Hrsg.), Demokratisches Denken in der Weimarer Republik, 2000, 191, 191 ff. Zum Einfluss der Soziologie, insbesondere der Max We-

viduellen Freiheit zur Idee einer sozialen Ordnung steht, die ihrem innersten Wesen nach nur in objektiver, d.h. nur in einer letzten Endes von dem Willen des Normunterworfenen unabhängigen Gültigkeit möglich ist.“[1202] Hiervon ausgehend, erzählt Kelsen eine Geschichte der *Metamorphosen* der Idee individueller Freiheit im Verhältnis zum Staat, die die demokratische Idee von der liberalen Idee ablöst:[1203] Die Vorstellung des Freiseins des Individuums von staatlicher Herrschaft wird ersetzt durch die Idee, dass das Individuum an der Herrschaft teilhat. Die demokratische Idee gilt in dem Maße erfüllt, als die Unterworfenen an ihrer Erzeugung beteiligt sind.[1204]

Wird damit „*das Ideal der Demokratie unabhängig von dem Umfang, in dem die staatliche Ordnung die – sie erzeugenden – Individuen erfasst, das heißt unabhängig von dem Grade, in dem sie in ihre „Freiheit“*

---

bers, auf die Abkehr von einer radikaldemokratische Vorstellung von Demokratie als herrschaftsfreier Gesellschaftsordnung bei *C. Schönberger*, Elitenherrschaft für den sozialen Ausgleich: Richard Thomas „realistische“ Demokratietheorie im Kontext der Weimarer Diskussion, in: Gusy (Hrsg.), Demokratisches Denken in der Weimarer Republik, 2000, 156, 170 ff., 172 f. mit besonderem Blick auf Thoma.

[1202] *H. Kelsen,* Vom Wesen und Wert der Demokratie (2. Auflage 1929), in: Jestaedt/Lepsius (Hrsg.), Verteidigung der Demokratie, 2006, 149, 7, weiter argumentierend zum einen damit, dass die Möglichkeit einer Differenz zwischen dem Inhalt der Ordnung und dem Inhalt der ihr unterworfenen Willen Existenzbedingung sozialer, auch staatlicher Ordnung sei: „*In dem Grenzfalle, wo das ‘du sollst’ des sozialen Imperativs bedingt wird durch ein ‘wenn und was du willst’ des Adressaten, verliert die Ordnung jeden sozialen Sinn.*“ (7) Zum anderen führt Kelsen in Auseinandersetzung mit der Rolle des Majoritätsprinzips in der Demokratie an, dass in einer demokratischen Rechtsordnung auch der „*mit der Majorität Stimmende* […] *nicht mehr nur seinem eigenen Willen unterworfen* [ist]. *Das erfährt er sofort, wenn er seinen bei der Abstimmung geäußerten Willen ändert. Die rechtliche Unmaßgeblichkeit solcher Willensänderung zeigt ihm nur allzudeutlich den* fremden Willen, *oder, ohne Bild gesprochen: die* objektive Geltung der Ordnung, *der er unterworfen ist.*“ (8, Hervorhebungen im Original).

[1203] *H. Kelsen,* Vom Wesen und Wert der Demokratie (2. Auflage 1929), in: Jestaedt/Lepsius (Hrsg.), Verteidigung der Demokratie, 2006, 149, 3 ff.

[1204] *H. Kelsen,* Vom Wesen und Wert der Demokratie (2. Auflage 1929), in: Jestaedt/Lepsius (Hrsg.), Verteidigung der Demokratie, 2006, 149, 10.

eingreift",[1205] können demokratische Entscheidungen das liberale Ideal auch negieren.[1206] In der analytischen Trennung und Kontrastierung der demokratischen und der liberalen Idee treffen sich Kelsen und Schmitt. Schmitt jedoch eliminiert freiheitliche Erwägungen gänzlich aus seinem Konzept von Demokratie, indem er diese als Betätigung einer gemeinsamen Substanz von Herrschenden und Beherrschten vorstellt, die auch ohne formal-prozedurale Bindungen funktioniere. Er betrachtet den Wert gleicher Freiheit anti-liberal lediglich als wesensfremde unpolitische Begrenzung demokratischer Politik.[1207] Kelsen sucht den Wert gleicher Freiheit zu wahren, indem er ihn als Formprinzip demokratischer Verfasstheit dieser einschreibt. Er konzipiert ihn nicht als externe Beschränkung demokratischer Politik, sondern als Prinzip der prozeduralen Ausgestaltung der Ausübung von Herrschaft.[1208] Wesentlich hierfür ist das Mehrheitsprinzip. Es soll das Maß an Fremdbestimmtheit im Kreise der Normunterworfenen auf ein notwendiges Minimum reduzieren: Es begründet den Mehrheitsbeschluss als demokratischen Entscheidungsmodus, „*dass – wenn schon nicht alle – so doch* möglichst viele Menschen frei *sein, d.h.* möglichst wenig Menschen mit ihrem Willen in Widerspruch zu dem allgemeinen Willen der sozialen Ordnung

---

[1205] *H. Kelsen,* Vom Wesen und Wert der Demokratie (2. Auflage 1929), in: Jestaedt/Lepsius (Hrsg.), Verteidigung der Demokratie, 2006, 149, 10.

[1206] Ebd., 10. Hier zeigt sich Kelsens wertrelativistische Konzeption von Demokratie als Form und Methode, nicht Inhalt und Substanz, *H. Kelsen,* Vom Wesen und Wert der Demokratie (2. Auflage 1929), in: Jestaedt/Lepsius (Hrsg.), Verteidigung der Demokratie, 2006, 149, 99. *H. Dreier,* Rechtslehre, Staatssoziologie und Demokratietheorie bei Hans Kelsen, 1990 (1986), 262 ff., 265 weist darauf hin, dass Kelsen die Ablösung des demokratischen Gedankens von der liberalen Idee in dieser Schärfe nicht durchhält, sondern sie verschiedentlich mehr oder weniger deutlich in der Form von Institutionen des Minderheitenschutzes zugunsten von substantiellen Werten einschränkt.

[1207] Zu Schmitts Position schon oben 1.; pointiert *C. Schmitt,* Verfassungslehre, 2003, 225: „Zum Worte „Freiheit" ist zu sagen, dass Freiheit im Sinne einer individuellen, jedem einzelnen Menschen von Natur zustehenden Freiheit ein liberales Prinzip ist. Sie kommt nur für den rechtsstaatlichen Bestandteil der modernen Verfassung, nicht aber als politisches Formprinzip in Betracht."

[1208] *H. Kelsen,* Vom Wesen und Wert der Demokratie (2. Auflage 1929), in: Jestaedt/Lepsius (Hrsg.), Verteidigung der Demokratie, 2006, 149, 9, 16, wo Demokratie als Ordnung bestimmt wird, deren „*Form sich nach dem Ideale der Freiheit gestaltet.*"

geraten sollen […].“[1209] Demokratie ist die politische Form, die über ein prozedurales Mittel die Anzahl der Fremdbestimmten unter ihren Unterworfenen soweit als möglich minimiert.

Kelsen verwahrt sich dagegen, diese *„Einheit, die unter dem Namen des Volkes auftritt“* als Einheit auf Grund substantieller Homogenität zu denken. Er kritisiert die *nationale oder staatliche Ideologie* dafür, dass sie das ethisch-politische Postulat einer Einheit des Volkes als Übereinstimmung des Denkens, Fühlens und Wollens und als Solidarität der Interessen mit einer *„gar nicht mehr überprüften Fiktion real setzt“*.[1210] Die Einheit des Volkes ist keine, die außerhalb des Rechts besteht. Sie bestehe nur in dem juristischen Tatbestand der Einheit der Vielheit von einzelmenschlichen Akten, die durch die staatliche Rechtsordnung bestimmt sind.[1211] Die einheitliche Unterwerfung unter die staatliche Rechtsordnung konstituiert das Volk, und zwar *als Element des Staates*[1212], als Staatsvolk. Herrschafts*subjekt* ist eine Menge von Menschen, sofern sie an der Normerzeugung, an der Bildung des Gemeinschaftswillens vermittels politischer Rechte teilnimmt.[1213]

Das bedeutet auch: Außerhalb der rechtlichen Verfasstheit einer Menge von Menschen zur gleichen und freiheitlichen Teilhabe an der hoheitlichen Gewalt besteht kein demokratisches Subjekt. Die Qualifikation von Normsetzung, von Gesetzgebung als Wille des demokratischen Subjekts ist ein Akt der Zurechnung auf der Grundlage rechtlich verfasster Verfahren.[1214] Ein demokratischer Wille, der einer Menschenmenge als demokratischem Subjekt zugerechnet werden kann, wird im demokratischen Verfahren erst generiert. Außerhalb der rechtlichen Verfasstheit einer Menge von Menschen zur politischen Teilhabe ver-

---

[1209] Ebd., 9 f. (Hervorhebungen im Original). Demokratie wird so als *relativ größte Annäherung an die Idee der Freiheit* durch die Prozeduralisierung der Herrschaft gedacht, ebd., 9.

[1210] Ebd., 15.

[1211] Ebd.

[1212] Ebd., vgl. dort auch Fn. 11.

[1213] Ebd., 16 f.

[1214] Ebd., 14 ff., 26 ff. Zu Kelsens Konzeptionalisierung demokratischer Herrschaftsorganisation als Verfahren zur Bildung des Gemeinschaftswillens ohne Vorgabe substantieller Werte *H. Dreier,* Rechtslehre, Staatssoziologie und Demokratietheorie bei Hans Kelsen, 1990 (1986), 259 ff.

mittels gewählter Organe des Hoheitsträgers, in denen dieser seine Hoheitsgewalt ausübt, existiert kein demokratisches Subjekt und kein demokratischer Wille.[1215]

Bei Schmitt ist das Volk ein politisches Subjekt, in dem es das Heterogene ausschließt und sich dadurch als substanziell homogenes Kollektiv behauptet. Es besteht als vorrechtliche Einheit. Bei Kelsen ist das demokratische Volk Zurechnungssubjekt eines Willens, der in rechtlicher Verfasstheit von gewählten Organen gebildet wird, die vermittels Parteien[1216] seine Uneinheitlichkeit politisch artikulieren. Anders als nach dem Verständnis des Pluralismus-Phobikers Schmitt[1217] kann nach Kelsens Konzept demokratische Ordnung damit plurale Interessen bis

---

[1215] Dazu auch *M. Jestaedt/O. Lepsius*, Der Rechts- und der Demokratietheoretiker Hans Kelsen – Eine Einführung, in: Jestaedt/Lepsius (Hrsg.), Verteidigung der Demokratie, 2006, S. VII, XX.

[1216] Das Individuum ist im Staatsvolk nicht auf irgend eine Weise kollektiviert; isoliert hat es aber *„politisch überhaupt keine reale Existenz"* *H. Kelsen*, Vom Wesen und Wert der Demokratie (2. Auflage 1929), in: Jestaedt/Lepsius (Hrsg.), Verteidigung der Demokratie, 2006, 149, 20. Das heißt vor allem, dass es vereinzelt politisch nicht handlungsfähig ist. Daher bedarf es nach Kelsen eines Mechanismus' der Bildung politischer Kollektivität. Individuen können Einfluss auf die Staatswillensbildung ausüben, wenn sie sich *„unter dem Gesichtspunkt der verschiedenen politischen Ziele zu Gemeinschaften integrieren* […]", ebd., wenn sie also politische Parteien bilden. Ohne politische Parteien gibt es kein Volk als politische Potenz: „Die demokratische Entwicklung lässt die Masse der isolierten Einzelindividuen sich zu politischen Parteien integrieren und entfesselt dadurch allererst soziale Kräfte, die man einigermaßen als „Volk" bezeichnen kann." Die Bedeutung der Parteien als Organe freier, pluralistischer politischer Selbstorganisation verweist wiederum das demokratische Formprinzip gleicher Freiheit.

[1217] S. *U. K. Preuß*, Die Weimarer Republik – ein Laboratorium für neues verfassungsrechtliches Denken, in: Göbel/van Laak/Villinger (Hrsg.), Metamorphosen des Politischen, 1995, 177, 178, nach dem sich für Carl Schmitt „die Modernität der Weimarer Republik, insbesondere also der ökonomische und soziale Pluralismus, die parteipolitische Zerrissenheit der Gesellschaft und der darin zum Ausdruck kommende Verlust an kulturellen, religiösen und sozialen Gewissheiten, vor allem als das Schrecknis des gesellschaftlichen Chaos" darstellte; *G. Lübbe-Wolff*, Zeitschrift für Ausländerrecht und Ausländerpolitik 27 (2007), 121, 126, nach der man in „Carl Schmitts scharfen Polarisierungen […] eine Form der Abwehr gegen die Inhomogenitäts- und damit verbundenen Ambivalzenzzumutungen der modernen Gesellschaft sehen" kann.

hin zu nationalen, religiösen und wirtschaftlichen Gegensätzen umfassen.[1218]

Dem als Rechtsphänomen verstandenen Volk fehlt die außerrechtliche Qualität, die vorrechtliche Kriterien der Grenzsetzung demokratischer Gleichheit begründen könnte. Kelsens verfassungstheoretischer Volksbegriff ist daher gegenüber seinem demokratietheoretischen Idealbegriff des demokratischen Volkes anschlussfähig. Er setzt der Ausdehnung politischer Gleichheit keine Grenzen. So kann das demokratische Formprinzip der gleichen Freiheit als Kriterium der Schließung demokratischer Ordnung, die das demokratische Subjekt einer Rechtsordnung konstituiert, zur Geltung kommen: Auf der Basis einer konsequenten Entladung des Volksbegriffs von seinen Substantialisierungen scheint es mit Kelsen verfassungs- und demokratietheoretisch prinzipiell möglich, die Grenze demokratischer Gleichheit unabhängig von einer vorrechtlichen Zugehörigkeit allein entlang der Normunterwerfung zu ziehen.

Die Heranziehung des *Menschheitsgedankens* universeller gleicher Freiheit als Kriterium Grenzziehung demokratischer Gleichheit bedarf indes weiterer Ausarbeitung. Vor allem die Grundannahme eines Rechtfertigungsbedürfnisses hoheitlicher Gewalt gegenüber dem ihr unterworfenen Individuum ist weiter zu klären. Dem widmet sich der folgende Abschnitt.

4. Theorie des Subjekts der demokratischen Legitimation im Rahmen der Arbeit

a. Einleitung

Kelsens Fortschrittserzählung des *Menschheitsgedankens* liest sich als Plädoyer dafür, die Reichweite des demokratischen Geltungsanspruches politischer Gleichheit entlang der Erwägung allgemeiner gleicher Freiheit zu konzipieren. Als *Idealbegriff* des demokratischen Subjekts setzt er die Menge der Normunterworfenen.[1219] Dem liegt die Annahme zu-

[1218] *H. Kelsen,* Vom Wesen und Wert der Demokratie (2. Auflage 1929), in: Jestaedt/Lepsius (Hrsg.), Verteidigung der Demokratie, 2006, 149, 19 ff., 23, dabei mit scharfer Ideologiekritik: Die Einberufung und Beanspruchung der Idee eines organischen, wahren, wohlverstandenen Gesamtinteresses ziele auf die Alleinherrschaft eines einzigen Gruppeninteresses.

[1219] Dazu soeben 3.

grunde, dass staatliche Herrschaft als Fremdbestimmung des Individuums diesem gegenüber der Rechtfertigung, der Legitimation bedarf, und dass die Berechtigung des Normunterworfenen zur Teilhabe an der Herrschaft die erforderliche Rechtfertigung/Legitimation leistet.[1220] Was aber ist genau Gegenstand des Rechtfertigungsverhältnisses? Einerseits ist zu bestimmen, welches Handeln der Art nach als Herrschaft zu identifizieren ist, die von der Forderung politisch-demokratischer Legitimation erfasst ist.[1221] In diesem Zusammenhang wird hier der Kelsensche Begriff der Herrschaft durch den der hoheitlichen Gewalt ersetzt. Andererseits ist die Normunterwerfung von Individuen in ihrer Legitimationsbedürftigkeit weiter zu klären. Dazu trägt im Folgenden eine Bestimmung der Qualität individueller Freiheit im Rahmen hoheitlicher Ordnung bei. Letztlich wird dabei herausgearbeitet, dass das Erfordernis der demokratischen Legitimation an die rechtliche Betroffenheit individueller Freiheit, also an die Rechtssubjektivität des Einzelnen anknüpft.

Auf der Grundlage eines Zwischenfazits werden anschließend weitere Aspekte und Gehalte eines normativen Konzepts des demokratischen Rechtfertigungsverhältnisses zwischen hoheitlicher Gewalt und dem Individuum entwickelt. Vor allem wird dabei das normative Demokratiemodell der Arbeit von Modellen transnationaler und deliberativer Demokratie abgegrenzt. Dabei wird einerseits begründet, warum die Forderung der demokratischen Legitimation hier an hoheitliche Gewalt und nicht allgemein an politische Entscheidungen adressiert wird. Der zweite Gegenstand der Abgrenzung sind Demokratiemodelle, die die demokratische Legitimation politischen Handelns dadurch geleistet sehen, dass es in eine deliberative Öffentlichkeit eingebettet ist. Demgegenüber wird hier der Anspruch aufrechterhalten, dass hoheitliche Gewalt in rechtlich gewährleisteter Bindung an die freiheitlich-egalitär verfasste politische Willensbildung des Legitimationssubjekts ausgeübt wird.

In einem nächsten Schritt wird untersucht, ob eine Grenzziehung demokratischer Gleichheit, eine Definition des demokratischen Subjekts durch Verfassungsrecht entlang des Kriteriums der rechtlichen Betroffenheit individueller Freiheit möglich ist.[1222] Mit Blick darauf stellt sich

[1220] Dazu oben 3.

[1221] Unten b. (1).

[1222] Unten d.

eine Reihe von Fragen: Kann die rechtliche Betroffenheit praktisch als Kriterium der Grenzziehung demokratischer Gleichheit operationalisiert werden?[1223] Gibt es vorrechtliche funktionale Bedingungen von Demokratie, aus denen sich notwendige Grenzen der Ausdehnung politischer Gleichheit ergeben?[1224] Ist insbesondere Demokratie funktional dadurch bedingt, dass nur Rechtsangehörige einer hoheitlichen Ordnung, die an einer kollektiven Identität und vorrechtlichen Homogenität teilhaben, Teil des demokratischen Subjekts sind?[1225]

Für die Arbeit an den aufgeworfenen Fragen sei erneut hervorgehoben, dass im Spannungsfeld zwischen demokratischer Schließungslogik und der universalisierenden Logik des Anspruches der Geltung gleicher Freiheit keine absoluten Vorgaben für die Grenzziehung eines demokratischen Subjekts formuliert werden können.[1226] Normative Konzepte hierzu sind stets der Kritik zugänglich, vor allem in der Form, dass eine alternative Abwägung beider Logiken geltend gemacht wird.[1227] Deshalb wird mit dem Entwurf eines normativen Konzepts des Subjekts demokratischer Legitimation von Hoheitsgewalt hier kein absoluter Standard geltend gemacht. Das Ziel ist vielmehr, auf der Grundlage der Erwägung gleicher Freiheit ein begründetes, funktional-praktikables Konzept des Subjekts der demokratischen Legitimation zu entwerfen, auf dessen Grundlage das Demokratiemodell des Primärrechts demokratietheoretisch reflektiert werden kann. Das normative Konzept des Subjekts demokratische Legitimation, das im Folgenden vorgeschlagen wird, soll eine wohlbegründete, aber nicht eine alternativlose Erkenntnis-, Analyse- und Bewertungsmatrix darstellen.

[1223] Unten d.

[1224] Unten c.

[1225] Unten c.

[1226] Ausnahme hiervon bilden Kriterien der Widerspruchsfreiheit und Reziprozität; dazu oben II. 2.

[1227] Dazu oben 3.

b. Gegenstand und Subjekt des demokratischen Rechtfertigungsverhältnisses

(1) Der Gegenstand der Forderung demokratischer Legitimation

Die Forderung demokratischer Legitimation richtet sich in Kelsens Demokratietheorie an Herrschaft, verstanden als Bindung des Individuums durch eine staatliche Rechtsordnung („Normunterwerfung“).[1228] Gegenstand der Legitimationsforderung ist das Recht; Subjekt des demokratischen Rechtfertigungsverhältnisses ist das normunterworfene Individuum.[1229] Mit dem Rechtsbegriff demokratischer Legitimation, mit dem hier die legislative Qualität der Ausübung europäischer Hoheitsgewalt im Mitentscheidungsverfahren rekonstruiert wurde, richtet sich die Legitimationsforderung an die Ausübung von Staatsgewalt bzw. hoheitlicher Gewalt.[1230] In einem demokratischen Rechtfertigungsverhältnis steht hoheitliche Gewalt dabei aber nicht gegenüber dem Individuum, das von ihr betroffen ist, sondern gegenüber

---

[1228] *H. Kelsen,* Vom Wesen und Wert der Demokratie (2. Auflage 1929), in: Jestaedt/Lepsius (Hrsg.), Verteidigung der Demokratie, 2006, 149; 3 ff., 10 ff.; hierzu oben 2.

[1229] Die Verfasstheit der Herrschaftsausübung als Staat im Sinne der verfassungsrechtlichen und völkerrechtlichen Qualifikation ist kein Kriterium der Legitimationsbedürftigkeit. Nach Kelsen gehen Recht und Staat in einander auf: „[D]*as Recht* [ist] *die Form der staatlichen Ordnung selbst*“ *H. Kelsen,* Allgemeine Staatslehre, 1966, 42. Das Recht ist staatlicher Natur, die Natur des Staates ist das Recht. *H. Kelsen,* Hauptprobleme der Staatsrechtslehre, 1923, 253. Zu der Entladung des rechtswissenschaftlichen Staatsbegriffs von jeder materialen Bedeutung zugunsten seiner Beschränkung auf die Rechtsform und zur wissenschaftstheoretischen Begründung des Staatsbegriffs Kelsens *H. Dreier,* Rechtslehre, Staatssoziologie und Demokratietheorie bei Hans Kelsen, 1990 (1986), 208 ff. Der Staatsbegriff bezeichnet nicht Staatlichkeit im Sinne der völker- und verfassungsrechtlichen Qualität eines Hoheitsträgers, sondern erfasst alles Recht. Zu dieser Position Kelsens eingehend *H. Dreier,* Rechtslehre, Staatssoziologie und Demokratietheorie bei Hans Kelsen, 1990 (1986), 219 f. Diese Identitätssetzung entlädt den Staatsbegriff auch von jedem vorrechtlichen Gehalt. Hierzu ausführlich *H. Dreier,* Rechtslehre, Staatssoziologie und Demokratietheorie bei Hans Kelsen, 1990 (1986), 208 ff. Gleichwohl ist der Begriff der staatlichen Rechtsordnung auch bei Kelsen präsent, vgl. *H. Kelsen,* Vom Wesen und Wert der Demokratie (2. Auflage 1929), in: Jestaedt/Lepsius (Hrsg.), Verteidigung der Demokratie, 2006, 149, 15.

[1230] S. hierzu Kap. 1.

dem rechtlich zur politischen Teilhabe verfassten Volk eines Hoheitsträgers.[1231]

Teile der politischen Theorie formulieren eine demokratische Bedingung der Kongruenz *„zwischen den Betroffenen einer Entscheidung und denjenigen, die auf die Entscheidung Einfluss nehmen können“*[1232]. Sie knüpfen damit die Forderung der demokratischen Teilhabe an die Betroffenheit des Individuums von einer politischen Entscheidung bzw. ihren Folgen. Ausgangspunkt solcher Ansätze ist vielfach die Auseinandersetzung mit Globalisierungsphänomenen. Transnationale Handlungs- und Kausalzusammenhänge sowie globale Machtstrukturen führen zu einer Entgrenzung der ökonomischen, ökologischen und gesellschaftlich-sozialen Folgen territorial konstituierter Politik. Deswegen, so wird kritisiert, werden Demokratiemodelle, nach denen ein demokratisches Rechtfertigungsverhältnis *ausschließlich* zwischen der Ausübung von Hoheitsgewalt und den Rechtsangehörigen des Hoheitsträgers besteht, dem universalen Geltungsanspruch gleicher Freiheit nicht gerecht.[1233] Aus dieser Kritik heraus werden Theorien globaler, kosmopolitischer Demokratie entworfen, so etwa das kosmopolitische Demokratiemodell David Helds, das auf Grund der Erwägung eines *principle of autonomy* die Konstitution eines globalen demokratischen Subjekts

---

[1231]Zum Rechtsbegriff demokratischer Legitimation Kap. 1 III. 1 .

[1232]*M. Zürn,* Regieren jenseits des Nationalstaates, 1998, 237, Kongruenzerwägungen u.a. auch bei *D. Held,* Models of democracy, 2006, 291 ff.; *R. Eckersley,* Deliberative Democracy, Ecological Representation and Risk: Towards a Democracy of the Affected, in: Saward (Hrsg.), Democratic innovation, 2000, 117, *A. McGrew,* Demokratie ohne Grenzen? Globalisierung und die demokratische Theorie und Politik, in: Beck (Hrsg.), Politik der Globalisierung, 1998, 374, 382 f.

[1233]So u.a. *D. Held,* Models of democracy, 2006, 262 ff., 290 ff. und *D. Held,* Democracy and the global order, 1995, 143 ff.; *M. Zürn,* Regieren jenseits des Nationalstaates, 1998, *A. McGrew,* Demokratie ohne Grenzen? Globalisierung und die demokratische Theorie und Politik, in: Beck (Hrsg.), Politik der Globalisierung, 1998, 374, 382 ff. Zu der Herausforderung der klassischen, am nationalstaatlichen Konstitutionalismus orientierten Kategorien und Argumentationen demokratischer Theorie und Praxis durch die Globalisierung statt vieler *A. McGrew,* Demokratie ohne Grenzen? Globalisierung und die demokratische Theorie und Politik, in: Beck (Hrsg.), Politik der Globalisierung, 1998, 374, *D. Held,* Democracy and the global order, 1995, 1 ff. und *D. Held,* Models of democracy, 2006, 290 ff., vgl. auch *J. Bohman,* Democracy across borders, 2007, 3 ff.

fordert, dem gegenüber alle politischen Entscheidungen zu verantworten sind.[1234] Dabei wird jedoch nicht gefordert, jede begrenzte Konstitution demokratischer Gleichheit und jede territorial definierte demokratische Ordnung aufzugeben. Die territoriale Konstitution politischer Ordnung, der Staat wie die regionale Ordnung, wird auch aus dieser Perspektive als Träger demokratischer Politik in der Form von Rechtserzeugung in demokratischer Willensbildung nicht obsolet.[1235] Die Forderung, die Ausübung hoheitlicher Gewalt an ein Verfahren demokratischer Willensbildung zu binden, entfällt nicht. Sie wird (lediglich) erweitert, nämlich um die mit der Kongruenzbedingung formulierte Forderung, auch die Individuen demokratisch zu beteiligen, die allein faktisch von politischen Entscheidungen betroffen sind.

Diese erweiterte Legitimationsforderung steht nicht im Fokus der vorliegenden Arbeit. Ihr Gegenstand ist die demokratische Legitimation

[1234] *D. Held,* Democracy and the global order, 1995; *D. Held,* Models of democracy, 2006, 304 ff. Alle politischen Ordnungen sind einem übergreifenden Recht mit effektiver Gerichtsbarkeit unterworfen, das vor allem die Menschenrechte als Rechte und Verpflichtungen beinhaltet. Zum Schutz dieser Rechtsordnung ist es der internationalen Gemeinschaft einschließlich Individuen erlaubt, sich in die inneren Angelegenheiten jeder politischen Ordnung einzumischen. *D. Held,* Democracy and the global order, 1995, 219 ff. Eine zwar etwas ältere, in ihrer Typologie gleichwohl auch aktuell einsichtsreiche Übersicht über Modelle globaler Demokratie bei *A. McGrew,* Demokratie ohne Grenzen? Globalisierung und die demokratische Theorie und Politik, in: Beck (Hrsg.), Politik der Globalisierung, 1998, 374; eine andere Typologie formuliert *J. Bohman,* Democracy across borders, 2007, 37 ff.

[1235] Nur ganz vereinzelt wird sie in Modellen globaler Demokratie für umfänglich verzichtbar gehalten. Hierzu *A. McGrew,* Demokratie ohne Grenzen? Globalisierung und die demokratische Theorie und Politik, in: Beck (Hrsg.), Politik der Globalisierung, 1998, 374, 394 ff. In David Helds Modell ist demokratische Politik als globale Heterarchie organisiert, in der sich der globale *demos* in einer Vielzahl demokratischer Teil- und Gesamtverfasstheiten, auf lokaler, kommunaler Ebene, in der Form von zivilgesellschaftlichen Institutionen, Staaten, regionalen, supranationalen, internationalen Organisationen (*political order of democratic associations, cities and nations as well as of regions and global networks, D. Held,* Models of democracy, 2006, 309) und vertreten von einem globalen parlamentarischen Organ in einem globalen Rechtssystem selbstbestimmt. Übersichtsweise zu seinem Modell *D. Held,* Models of democracy, 2006, 304 ff.; zu den institutionellen Forderungen und Funktionsweisen kosmopolitischer Demokratie im Einzelnen *D. Archibugi/D. Held,* Cosmopolitan democracy, 1995.

des in einem bestimmten politischen Verfahren, nämlich dem Mitentscheidungsverfahren, legislativ gesetzten Rechts. Die Legitimationsbedürftigkeit und Legitimation der grenzübergreifenden, globalen Auswirkungen europäischer Politik und Gesetzgebung kann hier nicht untersucht werden.

(2) Das legitimationsbedürftige Moment hoheitlicher Gewalt

Im Rahmen rechtlicher Ordnung besteht die Freiheit des Individuums in den Grenzen des Rechts.[1236] Subjektive Rechte legen die Grenzen fest, innerhalb derer ein Subjekt zur freien Betätigung seines Willens berechtigt ist.[1237] Die objektive[1238], von der individuellen Zustimmung unabhängige Geltung der Definition individueller Freiheit durch das Recht bedeutet Fremdbestimmung des Individuums.[1239] Dies ist unter dem Gesichtspunkt des demokratisch-liberalen Anspruchs der Geltung gleicher Freiheit das legitimationsbedürftige Moment hoheitlicher Gewalt.[1240] Um dem Anspruch der Geltung gleicher Freiheit gerecht zu

---

[1236] Dies gilt unabhängig davon, ob man die Freiheit des Individuums als jeder positiven Rechtsordnung bereits vorausgehendes Recht mit nicht-positivem Geltungsgrund denkt, oder als allein positiv begründetes Recht. Zur Ablösung der Lehre des subjektiven Rechts von der *metaphysischen* Begründung durch das natürliche oder vor allem das moralische Recht *J. Habermas* (Hrsg.), Faktizität und Geltung, 2006, 112 ff.

Als Selbstverständnis moderner Rechtsordnungen rekonstruiert dies *J. Habermas* (Hrsg.), Faktizität und Geltung, 2006, 109 ff. v.a. mit einer Aufarbeitung der Lehre des subjektiven Rechts in der deutschen Rechtsdogmatik.

[1237] *J. Habermas* (Hrsg.), Faktizität und Geltung, 2006, 109 und ff.

[1238] In Anlehnung an Kelsens realistischen, soziologisch aufgeklärten Begriff sozialer, auch rechtlicher Ordnung, dazu oben 2.

[1239] Zur „realistischen" Perspektive der objektiven Geltung sozialer, auch rechtlicher Ordnung oben II. 3. Die Reichweite individueller Freiheit kann in rechtlicher Ordnung in verschiedenen Formen bestimmt werden; die subjektive Berechtigung wie die subjektive Verpflichtung, die Erlaubnis, wie das Gebot bzw. das Verbot sind ohne weiteres als Fälle der rechtlichen Definition des Raums individueller Freiheit zu erfassen.

[1240] Eine klassische Position, die dem Recht eine intrinsische Legitimation zuschreibt, ist die Kantische Lehre, dass das Recht „der Inbegriff der Bedingungen [ist], unter denen die Willkür des einen mit der Willkür des anderen nach einem

werden, bedarf es der Berechtigung der Rechtssubjekte zur gleichen Teilhabe an der hoheitlichen Gewalt. Die demokratische Legitimation hoheitlicher Gewalt erfordert daher die Konstitution der Rechtssubjekte zu einem demokratischen Subjekt, indem zwischen ihnen politische Gleichheit etabliert wird. Die Forderung der gleichen Teilhabe richtet sich dabei im Rahmen der Gewaltenteilung funktionsgerecht an die Gesetzgebung als die Erzeugung von Recht mit allgemeiner Geltung.[1241]

Subjekt des demokratischen Rechtfertigungsverhältnisses ist das Rechtssubjekt. Seine Berechtigung zur gleichen Teilhabe an der hoheitlichen Gewalt stellt ihm gegenüber die demokratische Legitimation hoheitlicher Gewalt her. Die Legitimationsforderung erfasst dabei nicht erst die Verkürzung einer individuellen Rechtsposition. Legitimationsbedürftig ist jedes Handeln, das die Rechtsposition eines Individuums in einer Rechtsordnung betrifft. Gesetzgebung bedarf daher gegenüber dem Individuum nicht erst der Legitimation, wenn sich ihre allgemeine Geltung durch die Anwendung zur aktualen, konkreten individuellen Betroffenheit realisiert. In diesem Sinne aber wird Betroffenheit häufig verstanden, wenn es um den Gedanken geht, dass sie ein demokratisches Rechtfertigungsbedürfnis auslöse.[1242] Die legitimationsbedürftige Betroffenheit des Individuums durch hoheitliche Gewalt wird hier aber anders verstanden. Der demokratischen Rechtfertigung bedarf die rechtliche Definition der Reichweite individueller Freiheit. In seiner Freiheit gebunden ist das Individuum durch legislative Normen auch, ohne dass sich deren allgemeine Geltung zu der aktualen Betroffenheit dessen realisiert, der ihre tatbestandlichen Voraussetzungen erfüllt. Zur demokratischen Legitimation legislativer Gewalt ist daher nicht allein erforderlich, das Rechtssubjekt zur politischen Teilhabe an der Erzeugung des einzelnen Rechtsakts zu befähigen, von dem es sachlich betroffen ist. Ein demokratisches Rechtfertigungsbedürfnis besteht für le-

---

allgemeinen Gesetze der Freiheit zusammen vereinigt werden kann", *I. Kant,* Die Metaphysik der Sitten, 2003, 230.

[1241] Zur allgemeinen Geltung als Kriterium legislativen Rechts Kap. 1 III. 3. a. und zur Funktion der Gesetzgebung im Verhältnis zu Judikative und Exekutive III. 4.

[1242] *E.-W. Böckenförde,* § 24, Demokratie als Verfassungsprinzip, in: Isensee/Kirchhof (Hrsg.), Handbuch des Staatsrechts der Bundesrepublik Deutschland, 429, Rn. 27; *A. Peters,* Elemente einer Theorie der Verfassung Europas, 2001, 660 f.

gislative Gewalt nach dem Maßstab der personalen Reichweite ihrer allgemeinen Geltung, mithin gegenüber allen ihren Rechtssubjekten.

(3) Die zeitliche Dimension des demokratischen Rechtfertigungsverhältnisses

Der Geltungsmodus legislativen Rechts erlaubt es, die individuelle politische Berechtigung in ihrer Legitimationsleistung nicht lediglich als prospektiv ausgerichtet zu verstehen. Die Geltung demokratischer Gesetzgebung steht unter dem Vorbehalt der Reversibilität; sie ist änderbar und aufhebbar. Die demokratische Teilhabeberechtigung schließt das Recht und die Befähigung ein, das geltende Recht abzuändern oder aufzuheben. Das erlaubt eine retrospektive Projektion ihrer legitimatorischen Funktion: Dass Gesetzgebung, die demokratisch verfügbar ist, nicht revidiert wird, bedeutet ihre demokratische Bestätigung. Das Recht, geltende Gesetzgebung abzuändern oder aufzuheben, vermittelt daher im Verhältnis zum berechtigten Individuum demokratische Legitimation unabhängig davon, ob das Individuum im Rahmen des Erlasses teilhabeberechtigt war.[1243] Die legitimatorische Funktion individueller politischer Berechtigung bezieht sich stets auf die gesamte demokratisch verfügbare geltende Rechtsordnung.

Es trifft allerdings zu, dass „zukünftige Generationen“ zwar das Recht ändern und aufheben können, seine faktischen Folgen aber nicht in je-

[1243] Mit der Berechtigung zur Abänderung oder Aufhebung geltenden Rechts ist kein gegenüber der allgemeinen politischen Teilhabe an der Erzeugung hoheitlicher Gewalt andersgeartetes politisches Recht gemeint; es bezeichnet vielmehr die durch die demokratische Verfügbarkeit positiven Rechts mögliche Projektion der legitimatorischen Funktion politischer Berechtigung auf bereits geltendes Recht in dem Sinne, dass dieses durch seine Aufrechterhaltung trotz seiner Abänderbarkeit, durch das Nichtzustandekommen seiner demokratischen Revidierung, demokratisch bestätigt ist. Die Affirmation eines Zustands durch seine Aufrechterhaltung trotz seiner Verfügbarkeit ist eine mit Bezug auf die Legitimation bestehender Verfasstheit bekannte Denkfigur; vgl. *H. Kelsen*, Vom Wesen und Wert der Demokratie (2. Auflage 1929), in: Jestaedt/Lepsius (Hrsg.), Verteidigung der Demokratie, 2006, 149, 9 mit Blick auf die hypothetische vertragliche Begründung demokratischer Verfasstheit: „*Man wird doch zumeist in eine fertige Staatsordnung hineingeboren, an deren Entstehung man nicht mitgewirkt hat, und die einem daher vom Anfang an als fremder Wille entgegentreten muss. Nur die* Fortbildung, *die* Abänderung *dieser Ordnung steht in Frage.*“ (Hervorhebungen im Original).

dem Fall revidierbar sind.[1244] Dies ist ein möglicher Ansatzpunkt, von dem aus die Fokussierung des demokratischen Anspruches auf die Rechtssubjektivität kritisiert werden kann. Da aber im Rahmen der vorliegenden Arbeit die demokratische Legitimation der Ausübung hoheitlicher Gewalt in der Form der Gesetzgebung interessiert, als die sich faktische Folgen von legislativer Politik nicht darstellen lassen, bleibt dieser Aspekt hier außen vor.

c. Zum Erfordernis einer vorrechtlichen Einheit des demokratischen Subjekts

Es stellt sich die Frage, ob die Qualität einer Menge von Menschen als demokratisches Subjekt einen inneren Zusammenhang zwischen ihnen voraussetzt, der der Ausdehnung politischer Gleichheit Grenzen setzen könnte: Die Vorstellung, dass Demokratie durch eine vorrechtliche, vorpolitische Einheit bedingt ist, führt zu einer *Konstruktionsresistenz*[1245] des demokratischen Subjekts. Die Grenzziehung demokratischer Gleichheit ist dann nicht politisierbar und demokratisch verfügbar.[1246] Die Vorstellung und Forderung, das demokratische Volk müsse im Sinne einer Gleichartigkeit seiner Mitglieder substantiell homogen strukturiert sein, ist hier bereits thematisiert worden.[1247] Sie ist mit dem demokratischen Anspruch der Geltung gleicher Freiheit und mit der Anerkennung individueller Autonomie nicht vereinbar. Theorien de-

---

[1244]Hierzu *D. F. Thompson,* Constellations: An International Journal of Critical & Democratic Theory 12 (2005), 245.

[1245]Befund von *O. Lepsius,* Staatstheorie und Demokratiebegriff in der Weimarer Republik, in: Gusy (Hrsg.), Demokratisches Denken in der Weimarer Republik, 2000, 366, insb. 383, 396.

[1246]Zur Forderung der demokratischen Verfügbarkeit der Konstitution eines demokratischen Subjekts und der Grenzziehung demokratischer Gleichheit bereits oben 2. Zur „Ontologisierung des demokratischen Subjekts" auch *F. Hanschmann,* Der Begriff der Homogenität in der Verfassungslehre und Europarechtswissenschaft, 2008, 144 ff., 146 f., der kritisch befindet, sie bedeute, dass das Legitimationssubjekt selbst nicht zur Disposition seiner individuellen Mitglieder stehe, während hingegen das als ontische Entität ausgewiesene Legitimationssubjekt Implikationen für den Prozess der demokratischen Willensbildung entfalten könne.

[1247]Zum Gehalt und zur Fortwirkung der Homogenitätsargumentation Schmitts oben 1. und 2.

mokratischer Ordnung, die einen inneren Zusammenhang der Mitglieder des demokratischen Subjekts als funktionale Bedingung von Demokratie betrachten, begnügen sich dementsprechend weitgehend damit, weniger repressive Formen kollektiver Einheit zu fordern. Für die Bedingtheit demokratischer Ordnung durch einen vorrechtlichen Zusammenhang innerhalb des demokratischen Subjekts wird dabei vor allem angeführt, allein diese mache es demokratisch repräsentierbar.[1248]

[1248]Dies ist ein Standardargument im Rahmen von materiellen Konzeptionen demokratischer Repräsentation; es findet sich pointiert im Repräsentationsbegriff Carl Schmitts, nach dem, wie *E.-W. Böckenförde,* Der Begriff des Politischen als Schlüssel zum staatsrechtlichen Werk Carl Schmitts, in: Böckenförde (Hrsg.), Recht, Staat, Freiheit, 2006, 344, 364 darlegt, die demokratische Qualität von Gesetzgebung nicht die Leistung einer kollektiven Willensbildung in rechtlichen Verfahren ist, sondern darin begründet ist, dass ihr Inhalt eine vorfindliche, vorpolitische und vorrechtliche demokratische Sinneinheit, die gemeinsame Substanz des Volkes, abbildet. Ähnlich *J. Isensee,* Der Abschied der Demokratie vom Demos, in: Schwab (Hrsg.), Staat, Kirche, Wissenschaft in einer pluralistischen Gesellschaft, 1989, 718. In aktuellen Argumentationen wird als vorrechtlicher Gehalt demokratischer Einheit vielfach eine gemeinsame Geschichte und politische Erfahrung gefordert. Diese Topoi sind auch in der Auseinandersetzung um die Existenz eines europäischen *demos* weit verbreitet, s. die Aufarbeitung von *F. Hanschmann,* Der Begriff der Homogenität in der Verfassungslehre und Europarechtswissenschaft, 2008, 149 ff. Die Gemeinsamkeit der politischen Erfahrung einer Menge von Menschen bleibt aber ein kontrafaktisches Konstrukt, ein normativer Anspruch. Die Durchsetzung dieses Anspruches als zentraler normativer Bezugspunkt politischer Ordnung steht gesellschaftlicher Pluralität, gesellschaftlicher Heterogenität als einer Artikulation gleicher Freiheit entgegen, dazu *F. Hanschmann,* Der Begriff der Homogenität in der Verfassungslehre und Europarechtswissenschaft, 2008, 149 ff., der die geschichtswissenschaftliche Aufgabe eines objektivistischen Geschichtsverständnisses aufgreifend mit dem Argument der demokratischen Offenheit überzeugend die Unentscheidbarkeit, Widersprüchlichkeit und Pluralität von Standpunkten zur geschichtlichen Erkenntnis gegen jeden Versuch der Schließung des Diskurses und gegen jede hegemoniale Definition und Bestimmung des Vergangenen einwendet. Hinsichtlich der identitätsstiftenden Leistung hegemonial geltend/verbindlich gemachter konstruierter Gemeinsamkeit bestehen im Übrigen, jedenfalls wenn man die kollektiv-politische Identität als sozialpsychologisches Phänomen begreift, das auf individuellen psychischen Prozessen beruht, Zweifel: Die Behauptung einer bestimmten Beschreibung und Konstruktion des Vergangenen – und auch der Gegenwart – hat eher das Potential, Widerspruch und Konflikt auszulösen, als Einheit zu etablieren. Dies formuliert pointiert für den deutschen Kontext *B.-O. Bryde,* Staatswissenschaften und Staatspraxis 5 (1994), 305, 313: „[…] [H]eute [spaltet] jeder Versuch, Demokra-

Dem liegt ein Begriff der demokratischen Willensbildung zugrunde, mit dem demokratischen Organen und Verfahren eine Abbildungsfunktion gegenüber einem vorfindlichen, vorrechtlichen demokratischen Willen zugeschrieben wird. Ein demokratischer Wille wird jedoch erst in rechtlich verfassten Verfahren gebildet; ein demokratisches Subjekt besteht nur im Rahmen rechtlicher Gewährleistung gleicher politischer Teilhabe und Freiheit.[1249]

Dagegen, demokratische Ordnung konzeptionell an eine kollektive Identität, einen inneren Zusammenhang der politisch Berechtigten zu binden, lassen sich weitere Einwände geltend machen. Dass eine kollektive Identität Funktionsbedingung demokratischer Ordnung sei, wird von Jürgen Habermas mit der Argumentation bestritten, ein *„vorgängiger, durch kulturelle Homogenität gesicherter Hintergrundkonsens“* sei für demokratische Ordnung *„nicht nötig, weil die demokratisch strukturierte Meinungs- und Willensbildung ein vernünftiges normatives Einverständnis auch unter Fremden ermöglicht. Weil der demokratische Prozess dank seiner Verfahrenseigenschaft Legitimität verbürgt, kann er, wenn nötig, in die Lücken sozialer Integration einspringen.“*[1250] An dieser Argumentation wird kritisiert, sie funktioniere rein axiomatisch, während sich demokratische Willensbildung einer solchen Setzung nicht füge. Sie bedürfe weiterhin eines vorrechtlichen inneren Zusammenhangs der politisch Berechtigten.[1251] Indes steht jede normative Bindung demokratischer Ordnung an eine kollektive Identität[1252] der demokratisch Berechtigten im Widerspruch zu dem demokratischen Formprinzip individueller Freiheit. Sie fordert von Individuen eine be-

---

tie über den Umweg der homogenen Nation zu stabilisieren, eben nicht nur Deutsche und Einwanderer, sondern auch Deutsche und Deutsche [...].“

[1249] Hierzu schon oben 3. und im Folgenden unten III. 1.

[1250] *J. Habermas* (Hrsg.), Die Einbeziehung des Anderen, 1996, 164; ausdrücklich mit Bezug auf europäische Demokratie *J. Habermas* (Hrsg.), Die Einbeziehung des Anderen, 1996, 188 ff. und *J. Habermas,* Die postnationale Konstellation, 2006, 113, 117, 152 ff.

[1251] *C. Möllers,* Gewaltengliederung, 2005, 54, dort Fn. 68.

[1252] Kollektive Identität ist die übereinstimmende Identifikation einer Menge von Menschen mit einer bestimmten Beschreibung dieser Menge. Mit einem Begriff kollektiver Identität als sozialpsychologisches Phänomen der Gleichgerichtetheit der sozialen Identitäten der Mitglieder einer Gruppe *A. von Bogdandy,* Europäische Verfassung und europäische Identität, in: Schuppert/Pernice/Haltern (Hrsg.), Europawissenschaft, 2005, 331, 334 ff., 336.

stimmte innere Einstellung oder jedenfalls den Verzicht auf die Artikulation von Differenz. Dadurch beschränkt sie individuelle Freiheit, insbesondere in ihren wesentlichen Gehalten individueller Autonomie und Würde.[1253] Im Rahmen freiheitlich-egalitärer politischer Ordnung müssen individuelle und folglich auch kollektive Identitäten deswegen freigestellt sein. Das bedeutet aber nicht notwendig, dass kollektive Identitätsbildung für demokratische Ordnung funktionslos ist. Sie ist vielmehr eine Ressource der Reflexivität demokratischer Ordnung. Ist die kollektive Identität freigestellt, folgt daraus ein prozesshafter Identitätsbegriff. Statt von statischer kollektiver Identität ist von ihrer stetigen Verhandlung auszugehen, in der fortwährend kollektive Selbstbeschreibungen behauptet und bestritten werden.[1254] Dahin weist auch Jürgen Habermas' Konzept kollektiver Identität in komplexen Gesellschaften.[1255] Habermas löst kollektive Identität von fixierten traditionalen Gehalten, um sie der diskursiven Rationalität zu überantworten.[1256] Er

---

[1253] In diesem Sinne *A. von Bogdandy*, Europäische und nationale Identität: Integration durch Verfassungsrecht, in: Schulze-Fielitz/Herdegen/Morlok u. a. (Hrsg.), Leistungsgrenzen des Verfassungsrechts. Öffentliche Gemeinwohlverantwortung im Wandel, 2003, 157, 178 ff.; Identifikationsanforderungen verletzten von einem verfassungsrechtlichen Standpunkt aus in aller Regel das Grundrecht der Gewissensfreiheit.

[1254] In die Richtung einer Prozeduralisierung der Selbstbeschreibungen politischer Kollektive in Bezug auf die Geschichte einer Nation bzw. eines Volkes argumentiert auch *F. Hanschmann*, Der Begriff der Homogenität in der Verfassungslehre und Europarechtswissenschaft, 2008, 149 ff., 179 ff.: *„In einer demokratischen Gesellschaft muss* [...] *die Verständigung über Geschichte eine „Diskussion ohne Ende" sein."*

[1255] *„Eine kollektive Identität können wir heute allenfalls in den formalen Bedingungen verankert sehen, unter denen Identitätsprojektionen erzeugt und verändert werden. Ihre kollektive Identität steht den einzelnen nicht mehr als ein Traditionsinhalt gegenüber, an dem die eigenen Identität wie an einem feststehenden Objektiven ausgerichtet werden kann; vielmehr beteiligen sich die Individuen selbst an dem Bildungs- und Willensbildungsprozess einer gemeinsam erst zu entwerfenden Identität."* *J. Habermas*, Können komplexe Gesellschaften eine vernünftige Identität ausbilden?, in: Habermas (Hrsg.), Zur Rekonstruktion des Historischen Materialismus, 2001, 107. Dazu *H. Willke*, Soziologische Aufklärung der Demokratietheorie, in: Brunkhorst (Hrsg.), Demokratischer Experimentalismus, 1998, 13, 16 ff.

[1256] Das Diskursprinzip bei *J. Habermas* (Hrsg.), Faktizität und Geltung, 2006.

geht dabei aber von der Möglichkeit aus, dass die vernünftige Auseinandersetzung allgemein konsensfähige Entwürfe kollektiver Identität hervorbringt, die kollektive Identität gelingen lassen (allerdings unter dem Vorbehalt der Reversibilität).[1257] Kollektive Identitäten werden dann als normativer Rahmen politischer Entscheidungen (lediglich) indirekt politisch wirksam.[1258] Während Habermas so *für komplexe Gesellschaften eine vernünftige Identität* zumindest *denkt* bzw. *zu denken versucht*[1259], wird hier konzeptuell kein Konsens über eine kollektive politische Selbstbeschreibung im Sinne einer unkontroversen demokratischen Identität unterstellt.[1260] Vielmehr wird davon ausgegangen, dass politische Identität dauerhaft in einem offenen Prozess verhandelt wird. Dies stellt eine Reflexionskapazität für die politische Ordnung bereit. Bezieht sich die stetige Verhandlung der kollektiven Selbstbeschreibung einer Menge von Menschen auch auf ihr Selbstbild als politisches Subjekt, reflektiert sie zugleich die politische Ordnung, also politische Institutionen und Verfahren in ihrem demokratischen Anspruch. In der

---

[1257]Dieses anspruchsvolle Verständnis scheint etwa auf, wenn *J. Habermas,* Können komplexe Gesellschaften eine vernünftige Identität ausbilden?, in: ders. (Hrsg.), Zur Rekonstruktion des Historischen Materialismus, 2001, 117, argumentiert, kollektive Identität sei im Bewusstsein der allgemeinen und gleichen Chancen der Teilnahme an wert- und normbildenden Lernprozessen begründet. Eine solche Identität brauche keine fixen Inhalte mehr, um stabil zu sein; aber sie brauche jeweils Inhalte. Identitätsverbürgende Deutungssysteme, die heute die Stellung des Menschen in der Welt verständlich machen, unterschieden sich von traditionellen Weltbildern nicht so sehr in ihrer geringeren Reichweite, als vielmehr in ihrem revisions*fähigen* Status.

[1258]*J. Habermas,* Können komplexe Gesellschaften eine vernünftige Identität ausbilden?, in: ders. (Hrsg.), Zur Rekonstruktion des Historischen Materialismus, 2001, 116.

[1259]*J. Habermas,* Können komplexe Gesellschaften eine vernünftige Identität ausbilden?, in: ders. (Hrsg.), Zur Rekonstruktion des Historischen Materialismus, 2001, 115: „Die erwähnten Schwierigkeiten beim Versuch, für komplexe Gesellschaften eine vernünftige Identität auch nur zu denken, dürfen uns nicht veranlassen, die Konzepte von Ich- und Gruppenidentität überhaupt fallen zu lassen. [...] Eine neue Identität, die in komplexen Gesellschaften möglich [...] ist, möchte ich [...] vorläufig charakterisieren."

[1260]Anders eben *J. Habermas,* Können komplexe Gesellschaften eine vernünftige Identität ausbilden?, in: ders. (Hrsg.), Zur Rekonstruktion des Historischen Materialismus, 2001, der versucht, die *neue Identität einer staatenübergreifenden Gesellschaft* zu entwerfen, s. 115 ff.

Wahrnehmung, Kritik, Bestätigung, Herausforderung dieses demokratischen Anspruchs durch die Träger und Adressaten der politischen Ordnung beobachtet und reflektiert sich diese selbst. Das leistet zugleich eine Politisierung[1261] demokratischer Verfasstheit, ihrer Institutionen und Verfahren. Diese Politisierung kann wiederum in die Reflexivität der demokratischen Ordnung, in ihre demokratische Änderung einmünden.

Auf der Grundlage dieses Identitätsbegriffs kann demokratische Ordnung so nicht über eine vorrechtliche demokratische Identität stabilisiert werden: Vielmehr setzt die Geltung gleicher Freiheit mit der kollektiven Selbstbeschreibung zugleich einen Modus der kollektiven Auseinandersetzung über die politische Verfasstheit frei, die deren Reflexivität anregen kann.[1262] Praxis demokratischer Selbstbeobachtung sind die Kommunikationsprozesse, in denen eine politische Ordnung durch ihre Träger und Adressaten in ihrem demokratischen Anspruch kritisch reflektiert wird, dabei nur unter der Bedingung *allgemeiner und gleicher Chancen der Teilnahme.*[1263]

[1261]Zur Politisierung demokratischer Verfasstheit bereits oben unter 2. in Anlehnung an Chantal Mouffe. Ausgehend davon, dass gegenüber jeder politischen Verfasstheit, die beansprucht, gleiche Freiheit zu verwirklichen und demokratisch zu sein, alternative Interpretationen der demokratischen Idee geltend gemacht werden können, bedeutet Politisierung die Wahrnehmung des politischen Charakters demokratischer Verfassungen, die deren politische Thematisierung und Problematisierung ermöglicht.

[1262]Wiederum mit Jürgen Habermas wird hier davon ausgegangen, dass die Kommunikationsprozesse, in denen kollektive politische Selbstbeschreibungen der Träger und Adressaten demokratischer Ordnung sich dauerhaft kontrovers in Verhandlung befinden, nicht in der *Präzisionsform von Diskursen* im Sinne Habermas' auftreten müssen, sie sind nicht institutionalisiert im Sinne ihrer Erwartbarkeit an bestimmten Orten zu bestimmten Zeiten; sie bleiben diffus und treten unterschiedlich in Erscheinung. *Demokratische* Verhandlungen kollektiver politischer Identität, demokratische reflexive Praxis politischer Verfasstheit aber sind sie nur unter der Bedingung *allgemeiner und gleicher Chancen der Teilnahme. J. Habermas,* Können komplexe Gesellschaften eine vernünftige Identität ausbilden?, in: Habermas (Hrsg.), Zur Rekonstruktion des Historischen Materialismus, 2001, 116.

[1263]*J. Habermas,* Können komplexe Gesellschaften eine vernünftige Identität ausbilden?, in: Habermas (Hrsg.), Zur Rekonstruktion des Historischen Materialismus, 2001, 116.

Auf der Grundlage des Formprinzips gleicher Freiheit kann demokratische Verfasstheit nicht an eine vorrechtliche, vorpolitische Ressource politischer Einheitsbildung gebunden werden. Deswegen ist das Verfahren demokratischer Willensbildung so zu organisieren, dass darin gesellschaftliche Differenz, Heterogenität und die Uneinheitlichkeit individueller und kollektiver Präferenzen, Wertvorstellungen und sonstiger Geltungsansprüche artikuliert werden können.[1264] Dahin weist die Deutung des parlamentarischen Verfahrens durch Kelsen: „Es schafft Garantien dafür, dass die verschiedenen Interessen der im Parlamente vertretenen Gruppen zu Worte kommen, sich als solche in einem *öffentlichen* Prozesse manifestieren können."[1265] Gilt die Garantie pluralistischer Willensbildung, ist ein vorrechtlicher innerer Zusammenhang der Träger und Adressaten der politischen Ordnung nicht erforderlich.[1266] Daher setzen sozialstrukturelle, kulturelle, weltanschauliche,

---

[1264] Eine demokratietheoretischen Konzeption, die von Differenz und Pluralität und der Divergenz individueller Interessen und Wertvorstellung von Individuen ausgeht, und den politischen Prozess demokratischer Willensbildung darauf hin denkt, fordert auch *F. Hanschmann,* Der Begriff der Homogenität in der Verfassungslehre und Europarechtswissenschaft, 2008, 85 ff., 87, 110 ff., 112 mit dem Argument der Anerkennung individueller Freiheit und Gleichheit.

[1265] *H. Kelsen,* Vom Wesen und Wert der Demokratie (2. Auflage 1929), in: Jestaedt/Lepsius (Hrsg.), Verteidigung der Demokratie, 2006, 149, 58.

[1266] *J. Habermas,* Die postnationale Konstellation, 2006, 112 ff., 152 ff. und *J. Habermas* (Hrsg.), Die Einbeziehung des Anderen, 1996, 154 ff., 188 ff. argumentiert, die Formen und Verfahren des Verfassungsstaates erzeugten mit dem demokratischen Legitimationsmodus zugleich eine Ebene des sozialen Zusammenhalts, eine rechtlich vermittelte Solidarität unter Fremden. *A. von Bogdandy,* Europäische und nationale Identität: Integration durch Verfassungsrecht, in: Schulze-Fielitz/Herdegen/Morlok u. a. (Hrsg.), Leistungsgrenzen des Verfassungsrechts. Öffentliche Gemeinwohlverantwortung im Wandel, 2003, 157, 178 ff., argumentiert ausgehend von dem soziologischen und verfassungstheoretischen Befund, dass Vergesellschaftung auch unter den Bedingungen von Konflikt und Differenz möglich ist; es bestehe für demokratische Ordnung nicht notwendig ein gesellschaftlicher Bedarf an kollektiver Identität. Mit Blick auf die Europäische Union sei eine gemeinsame Identität der Unionsbürger keine Voraussetzung für Herrschaft und Verfassung, sofern nur die Verfahren der Willensbildung und -umsetzung so ausgestaltet sind, dass das Gemeinwesen auf das *langfristige Eigeninteresse der Bürger* ausgerichtet ist.

politische Differenzen der Ausdehnung politischer Gleichheit nicht ohne Weiteres Grenzen.[1267]

d. Rechtssubjektivität als Anknüpfungspunkt politischer Gleichberechtigung: Probleme

Das legitimationsbedürftige Moment legislativer Gewalt ist die Fremdbestimmung des Individuums durch die allgemein und objektiv geltende rechtliche Definition individueller Freiheit. Subjekt des demokratischen Rechtfertigungsverhältnisses ist das Rechtssubjekt, das Individuum, dessen Freiheit in ihrer Reichweite durch die Gesetzgebung definiert wird. Dieses Verständnis, das die Verfassung der Rechtssubjekte gleiche Teilhabe an der hoheitlichen Gewalt fordert, sieht sich nicht dem Argument ausgesetzt, *Betroffenheitsdemokratie*[1268] führe zu *„one issue"* Entscheidungen, die, an den partikularen Interessen der sachlich Betroffenen orientiert, indirekte und langfristige Folgen außer Acht ließen und nicht am Gemeinwohl ausgerichtet seien.[1269] Den Demokratiebegriff dieser Argumentation einmal unterstellt, besteht die benannte Gefahr nicht, wenn der Anspruch auf politische Teilhabe von der rechtlichen Bindung individueller Freiheit ausgelöst wird. Die rechtliche Bindung individueller Freiheit ist ein entlang der Geltung der Rechtsordnung eines Hoheitsträgers generalisiertes, nicht-partikulares Phänomen. Mit dem Kriterium der Rechtssubjektivität wird der Anspruch

---

[1267] Sowohl eine Verortung der Identitätsstiftung in der demokratischen Praxis – so *J. Habermas,* Die postnationale Konstellation, 2006 – wie der generelle Verzicht auf ein Erfordernis demokratischer Identität bedeutet, dass die Grenzziehung demokratischer Ordnung nicht aus einer demokratischen Identität heraus konzeptionalisiert werden kann. Im letzteren Sinne *A. von Bogdandy,* Europäische Verfassung und europäische Identität, in: Schuppert/Pernice/Haltern (Hrsg.), Europawissenschaft, 2005, 331, 342 f.; *A. von Bogdandy,* Europäische und nationale Identität: Integration durch Verfassungsrecht, in: Schulze-Fielitz/Herdegen/Morlok u. a. (Hrsg.), Leistungsgrenzen des Verfassungsrechts. Öffentliche Gemeinwohlverantwortung im Wandel, 2003, 157, 173 ff., nach dem daher auch für die Europäische Union *„eine gemeinsame Identität der Unionsbürger keine Voraussetzung für Herrschaft und Verfassung ist, sofern nur die Verfahren der Willenbildung und -umsetzung entsprechend ausgestaltet sind."*

[1268] *A. Peters,* Elemente einer Theorie der Verfassung Europas, 2001, 660.

[1269] Ebd., 661.

auf politische Berechtigung anders als mit dem der aktualen individuellen Betroffenheit[1270] an ein allgemeines Phänomen gekoppelt. Dieses Kriterium führt als Anknüpfungspunkt politischer Berechtigung nicht zu einer partikularistischen Konzeption und Konstitution des Subjekts der demokratischen Legitimation.

Als Schwierigkeit einer Anwendung der Rechtssubjektivität als Kriterium der Konstitution politischer Gleichheit stellt sich jedoch dar, dass territorial konstituierte Rechtsordnungen in ihrer Geltung nicht auf die Rechtsangehörigen des Hoheitsträgers begrenzt sind. Sie gelten vielmehr grundsätzlich für jeden, der sich auf dem Hoheitsgebiet befindet, die rechtsangehörigen und die nichtrechtsangehörigen Bewohner des Hoheitsgebietes ebenso wie die dort sich vorübergehend Aufhaltenden.[1271] „*Das Wahlrecht kann nicht jeden vorübergehend hier weilenden Fremden einschließen* […].“[1272] Mit dieser Annahme wird die Frage thematisiert, ob eine Kongruenz der Menge der Rechtssubjekte und der Menge der politisch Berechtigten einer Rechtsordnung praktisch realisierbar ist. Zugleich wird ein Rechtfertigungsgrund dafür geltend gemacht, Rechtssubjekte einer Rechtsordnung, die sich nur vorübergehend in deren Geltungsbereich befinden, von der politischen Gleichheit auszuschließen. Demokratische Verfahren könnten die Herstellung einer Kongruenz von Rechtssubjekten und politisch Berechtigten nicht leisten: Die Ausdehnung politischer Gleichheit unterliege funktionalen Grenzen. Dafür, dass jedenfalls eine Person, die nur vorübergehend im

---

[1270] Die aktuale Betroffenheit meint die rechtliche Betroffenheit individueller Freiheit, zu der sich die allgemeine Geltung von Gesetzgebung für das Individuum realisiert, auf das der geregelte Sachverhalt zutrifft; dazu schon oben b. (2).

[1271] Daneben kann hoheitliche Gewalt in bestimmten Konstellationen exterritorial gelten. Auch die Hoheitsgewalt der EU hat einen territorialen Geltungsbereich: Trotzdem sie nicht über ein eigenes Hoheitsgebiet verfügt, ist sie territorial konstituiert, und zwar in Ableitung bzw. Vermittlung von den Hoheitsgebieten der Mitgliedstaaten. Vgl. Art. 52 EUV, Art. 355 AEUAEUV, zur Vorgängervorschrift des Art. 299 EGV im Einzelnen *M. Schröder*, Art. 299 EGV, in: Groeben/Schwarze (Hrsg.), Kommentar zum Vertrag über die Europäische Union und zur Gründung der Europäischen Gemeinschaft, 2003, *K. Schmalenbach*, Art. 299 EGV, in: Calliess/Ruffert (Hrsg.), EUV, EGV, 2007.

[1272] *S. Oeter*, Allgemeines Wahlrecht und Ausschluß von der Wahlberechtigung: Welche Vorgaben enthält das Grundgesetz, in: Davy (Hrsg.), Politische Integration der ausländischen Wohnbevölkerung, 1999, 30, 42.

Geltungsbereich einer Rechtsordnung ist, schon keinen Anspruch auf politische Gleichberechtigung habe, lässt sich auch anführen, dass sie dadurch an der Erzeugung von Akten hoheitlicher Gewalt teilhaben könne, von deren Geltung sie nicht erfasst sei,[1273] was sich als Problem der Fremdbestimmung sehen lässt.

Die Annahme, dass eine absolute Kongruenz der Kreise der Rechtssubjekte und der demokratisch Berechtigten praktisch nicht herstellbar ist, kommt auch zum Ausdruck, wenn der demokratische Anspruch der politischen Berechtigung der Rechtssubjekte bedingt und nicht kategorisch formuliert wird. Beispielhaft hierfür steht die Argumentation des Bundesverfassungsgerichts, dass nach der *„demokratischen Idee, insbesondere dem in ihr enthaltenen Freiheitsgedanken, eine Kongruenz zwischen den Inhabern demokratischer politischer Rechte und den* dauerhaft *einer bestimmten staatlichen Herrschaft Unterworfenen herzustellen"*[1274] sei. Die Forderung demokratischer Gleichheit inkludiert danach neben den Rechtsangehörigen auch Nichtrechtsangehörige, die sich ständig im Hoheitsgebiet aufhalten. (Das Gericht hält freilich die Koppelung der politischen Berechtigung an die Rechtsangehörigkeit verfassungsrechtlich aufrecht.) Mit dem Kriterium der Dauerhaftigkeit der Normunterwerfung wird letztlich auf eine Zuordnung des Individuums zu dem Träger der hoheitlichen Gewalt abgestellt. Diese kann aber nicht nur in der Form der Rechtsangehörigkeit gegeben sein, sondern auch in der Form einer darunter bleibenden verrechtlichten sozialen Zuordnung des Individuums über das Aufenthalts- und Bleiberecht.

[1273] Dieses Argument erwägt *R. Alan Dahl,* Democracy and its critics, 1989, 128 (Fn. 11).

[1274] BVerfGE 83, 37 (52) zum Ausländerwahlrecht; Hervorhebung der Verf. Im Sinne einer bedingten Kongruenzerwägung auch *E.-W. Böckenförde,* § 24, Demokratie als Verfassungsprinzip, in: Isensee/Kirchhof (Hrsg.), Handbuch des Staatsrechts der Bundesrepublik Deutschland, 429, Rn. 28. Nach dem Urteil gebietet das Grundgesetz die Koppelung der politischen Berechtigung an die Staatsangehörigkeit. Art. 20 Abs. 2 GG gehe nicht von einem nach Bedarf ausfüllbaren „offenen" Volksbegriff aus, *E.-W. Böckenförde,* § 24, Demokratie als Verfassungsprinzip, in: Isensee/Kirchhof (Hrsg.), Handbuch des Staatsrechts der Bundesrepublik Deutschland, 429, Rn. 27. In diese Richtung aber *B.-O. Bryde,* Staatswissenschaften und Staatspraxis 5 (1994), 305. Zu dem Urteil unter dem Gesichtspunkt der Koppelung von Rechtsangehörigkeit und politischer Berechtigung auch *R. Keil,* Kants Demokratieverständnis und Ausländerwahlrechte heute, 2006, 58 ff.

Damit ist die große Debatte um Migration und politische Inklusion aufgerufen, die hier aber nicht aufgearbeitet werden kann.

Für die Beschränkung demokratischer Gleichheit auf die Rechtsangehörigen wird teilweise vorgebracht, anders als diese seien Nichtrechtsangehörige nicht im eigentlichen Sinne der Rechtsordnung unterworfen.[1275] Sie könnten sich deren Geltung jederzeit entziehen. Zudem erteilten sie mit dem Eintritt in den Geltungsbereich einer Rechtsordnung die Zustimmung dazu, durch sie rechtlich gebunden zu sein. An dieser Argumentation bestehen aber Zweifel. Individuen, die im Geltungsbereich einer Rechtordnung sozial verortet sind, können sich dieser nicht ohne weiteres entziehen, auch wenn sie ihr nicht rechtlich angehören. Andererseits ist diese Möglichkeit, sich zu entziehen, für die Rechtsangehörigen eines Hoheitsträgers nicht per se ausgeschlossen.[1276] Den Eintritt in den Geltungsbereich einer Rechtsordnung als Zustimmung zu dieser zu deuten, fingiert lediglich ein Rechtfertigungsverhältnis zwischen dem Individuum und der Rechtsordnung. Eine solche Fiktion aber genügt jedenfalls für Individuen, die sich dauerhaft, und auch ver-

---

[1275] Mit Nachweisen und Kritik zu der Entrinnbarkeits-Argumentation, die auch das Bundesverfassungsgericht in seinen Urteilen zum Ausländerwahlrecht geltend gemacht hat, BVerfGE 83, 37, 50 ff. und 83, 60, 71 ff. *U. Davy*, Rechtliche Instrumente der Integration: In welchem Kontext steht die Verleihung der Staatsangehörigkeit?, in: Davy (Hrsg.), Politische Integration der ausländischen Wohnbevölkerung, 1999, 58, 75 ff.; *C. Gusy/K. Ziegler*, Der Volksbegriff des Grundgesetzes: Ist die Position des Bundesverfassungsgerichts alternativlos?, in: Davy (Hrsg.), Politische Integration der ausländischen Wohnbevölkerung, 1999, 222, 231 ff., 242 ff. mit Blick auf die Rechtsprechung des BVerfG; *R. A. Dahl*, Democracy and its critics, 1989, 128 (Fn. 11), der anstelle des Entrinnbarkeitskriteriums ein Kriterium der Kompetenz einführt; rechtspolitische Kritik aktuell *R. Celikates/H. Sezgin*, Die Zeit 2009 (18.06.2009).

[1276] *U. Davy*, Rechtliche Instrumente der Integration: In welchem Kontext steht die Verleihung der Staatsangehörigkeit?, in: Davy (Hrsg.), Politische Integration der ausländischen Wohnbevölkerung, 1999, 58, 75 ff.; *C. Gusy/K. Ziegler*, Der Volksbegriff des Grundgesetzes: Ist die Position des Bundesverfassungsgerichts alternativlos?, in: Davy (Hrsg.), Politische Integration der ausländischen Wohnbevölkerung, 1999, 222, 231 ff., 242 ff. mit Blick auf die Rechtsprechung des BVerfG; *R. A. Dahl*, Democracy and its critics, 1989, 128 (Fn. 11), der anstelle des Entrinnbarkeitskriteriums ein Kriterium der Kompetenz einführt; rechtspolitische Kritik aktuell *R. Celikates/H. Sezgin*, Die Zeit 2009 (18.06.2009).

rechtlicht im Geltungsbereich aufhalten, zur demokratischen Legitimation hoheitlicher Gewalt nicht.

Der demokratische Anspruch der Geltung gleicher Freiheit spricht dafür, neben den Rechtsangehörigen auch die Individuen in das demokratische Subjekt einzubeziehen, die auf Grund ihrer sozialen Verortung im Geltungsbereich einer Rechtsordnung durch diese dauerhaft gebunden sind und darüber hinaus etwa vermöge eines Bleiberechts in einem verrechtlichten sozialen Zuordnungsverhältnis zu dem Hoheitsträger stehen. Koppelt das Verfassungsrecht Rechtsangehörigkeit und demokratische Berechtigung,[1277] kann die Annäherung an die Kongruenz von rechtlich Verpflichteten und politisch Berechtigten nur durch die Öffnung des Zugangs zur rechtlichen Zugehörigkeit erreicht werden. Die politische Gleichheit an die Rechtsangehörigkeit zu koppeln, ist aber aus demokratietheoretischer Sicht keine Notwendigkeit.[1278]

Vielmehr handelt es sich um eine tendenziell auf eine politische Einheits- und Identitätsbildung gerichtete Politik, gegen die vor allem zwei Argumente angeführt werden können: Einerseits ist demokratische Ordnung nicht funktional auf eine vorrechtliche Einheit des demokratischen Subjekts angewiesen. Andererseits kann geltend gemacht werden, dass die politische Exklusion von Individuen, die dauerhaft und im Rahmen eines verrechtlichten sozialen Zuordnungsverhältnisses durch einen Hoheitsträger rechtlich gebunden sind, den demokratischen Charakter einer politischen Ordnung nachhaltig unterläuft. Zugespitzt wird in diesem Sinne der demokratische Anspruch der Geltung gleicher Freiheit artikuliert, wenn argumentiert wird, die Koppelung der politischen Gleichheit an die Rechtsangehörigkeit führe zum Zerfall politischer Ordnung *„in eine Welt von Mitgliedern und Fremdlingen, in der die Fremdlinge den Mitgliedern untertan sind. Letztere mögen zwar untereinander gleich sein, aber es ist nicht ihre Gleichheit, die den Charak-*

[1277] Dies ist nach der Rechtsprechung des Bundesverfassungsgerichts für das Grundgesetz der Fall – BVerfGE 83, 37 (52). Dementsprechend argumentiert das BVerfG, *„es bleibt nach geltendem Verfassungsrecht nur die Möglichkeit, auf eine derartige Lage mit entsprechenden staatsangehörigkeitsrechtlichen Regelungen zu reagieren, etwa dadurch, daß denjenigen Ausländern, die sich auf Dauer in der Bundesrepublik Deutschland niedergelassen haben, sich hier rechtens aufhalten und deutscher Staatsgewalt mithin in einer den Deutschen vergleichbaren Weise unterworfen sind, der Erwerb der deutschen Staatsangehörigkeit erleichtert wird.“*

[1278] Dazu oben c.

ter des Staates bestimmt, in dem sie leben, sondern ihre tyrannische Herrschaft."[1279] Ähnlich wird argumentiert, eine demokratische Ordnung, die sich mit Fremden auf Dauer einrichtet, von ihnen Steuern bezieht und ihnen gestattet, für immer zu bleiben, ohne sie an politischen Entscheidungen zu beteiligen, höre allmählich damit auf, dem eigenen demokratischen Anspruch zu genügen.[1280]

Aus der hier entwickelten normativen Konzeption des demokratischen Rechtfertigungsverhältnisses folgt: Die demokratische Legitimation eines Akts hoheitlicher Gewalt ist eine relative Qualität. Demokratisch legitim ist hoheitliche Gewalt jeweils nur innerhalb des Rechtfertigungszusammenhangs der rechtlichen Bindung des Individuums und seiner Berechtigung zur politischen Teilhabe. Gegenüber dem politisch nicht berechtigten Rechtssubjekt ist seine Bindung durch die Rechtsordnung daher nicht demokratisch legitimiert. Der demokratische Anspruch der politischen Gleichberechtigung aller Rechtssubjekte entfaltet damit kritisches Potential gegenüber der üblichen Praxis, die politische Berechtigung an die Rechtsangehörigkeit zu koppeln.

e. Fazit und Ausblick

Hoheitliche Gewalt ist gegenüber jedem Individuum rechtfertigungsbedürftig, das durch sie in seiner Freiheit rechtlich gebunden ist. Dies trifft für alle Individuen zu, die von der Geltung von Gesetzgebung erfasst sind, auch ohne dass sie durch die Erfüllung der Anwendungsvoraussetzungen eines legislativen Rechtsakts aktual betroffen sind. Legitimationssubjekt hoheitlicher Gewalt ist damit das Rechtssubjekt. Dieser Ansatz bildet die analytische Perspektive und den normativen Maßstab der demokratietheoretischen Rekonstruktion der dualen Legitimationsstruktur der Union, der demokratischen Leistungsfähigkeit der

---

[1279] *M. Walzer*, Sphären der Gerechtigkeit, 1992, 104. In die Richtung dieses Arguments der Fremdbeherrschung weist auch der empirische Befund zum *output* politischer Willensbildung: „[...] an exclusive demos is unlikely to protect the interests of those who are excluded." *R. A. Dahl*, Democracy and its critics, 1989, 129, der mit Verweis auf die politische Exklusion der schwarzen Bevölkerung in den Südstaaten der USA bis in die 1960er Jahre herausstellt, dass im Rahmen politischer Willensbildung die Freiheitsinteressen exkludierter Gruppen nicht gleichermaßen wie die inkludierter Gruppen berücksichtigt werden.

[1280] *C. Möllers*, Demokratie – Zumutungen und Versprechen, 2008, Rn. 26.

beiden Legitimationsstränge und ihres Verhältnisses zueinander. Hierbei entfaltet er einen Maßstab sowohl gegenüber Argumentationen, die im Diskurs über Demokratie auf europäischer Ebene präsent sind, wie auch gegenüber dem primärrechtlichen Konzept des Legitimationssubjekts europäischer Hoheitsgewalt selbst.

III. Demokratische Repräsentation – demokratische Delegation

Das Primärrecht sieht politische Repräsentation als Demokratiekonzept der Europäischen Union vor: Nach Art. 10 Abs. 1 EUV beruht die Arbeitsweise der EU auf der repräsentativen Demokratie. Mit der Co-Gesetzgeberschaft des Europäischen Parlaments und des Rates im ordentlichen Gesetzgebungsverfahren sieht das Primärrecht eine zweifache Rückkoppelung der Gesetzgebung an Wahlen als Standardmodus der demokratischen Legitimation vor.[1281] Die Frage, in welchem Maß die beiden Organe europäischer Gesetzgebung jeweils demokratische Legitimation vermitteln, ist daher für die Untersuchung des Mitentscheidungsverfahrens als demokratisches Gesetzgebungsverfahren zentral. In diesem Abschnitt wird eine normative Theorie dazu eingeführt, wie die elektorale Rückbindung der Legislative der Gesetzgebung demokratische Legitimation vermittelt. Die Grundlage dafür bildet die Konzeption des demokratischen Rechtfertigungsverhältnisses, die im ersten Teil des Kapitels erarbeitet wurde.

1. Funktion und Funktionsweise demokratischer Repräsentation: Thesen

Die Theorie demokratischer Repräsentation ist vielfach von dem Gedanken geprägt, dass die Willensbildung demokratischer Organe dazu dient, einen vorrechtlich, außerhalb demokratischer Institutionen und Verfahren gegebenen demokratischen Sinngehalt zu artikulieren und zur Geltung zu bringen.[1282] Demokratische Verfahren werden in diesem Sinne verstanden als Verfahren eines „*making present* in some sense

---

[1281] Dazu oben Kap. 1.

[1282] Übersichtsweise zu einem solchen Verständnis demokratischer Repräsentation *H. Hofmann,* Repräsentation, 2003 in der Einleitung.

of something which is nevertheless not *present literally or in fact*"[1283], als Methode des Vergegenwärtigens, als Re-Präsentation[1284] einer vorfindlichen demokratischen Bedeutungseinheit, wie vor allem der Wille des demokratischen Volkes.[1285] Die Entscheidung, die in einem demokratischen Verfahren ergeht, wird so – zumindest *auch* – als Repräsentation im Sinne eines materiell-inhaltlichen *standing for* gedacht. So formuliert Ernst-Wolfgang Böckenförde: *„Für eine realisierte Demokratie ist* [...] *inhaltliche Repräsentation notwendig. Diese stellt darauf ab, dass in einem wie auch immer vom Volk autorisierten und legitimierten Handeln inhaltlich der Volkswille aktualisiert wird und zur Darstellung kommt.*"[1286]

Formal verstanden ist repräsentative Demokratie der Standardbegriff für die elektorale Konstitution der Legislative.[1287] Von dem Gedanken

---

[1283] *H. Fenichel Pitkin,* The Concept of representation, 1967, 9 f., Hervorhebungen im Original.

[1284] Nach *H. Fenichel Pitkin,* The Concept of representation, 1967, 10, hat die zitierte „single, basic meaning of representation [...] different applications depending on what is being made present or considered present, and in what circumstances". Eine theoriegeschichtliche Übersicht zu den Positionen zum Gegenstand politischer Repräsentation bei *H. Hofmann,* Repräsentation, 2003.

[1285] Übersichtsweise zu einem solchen Verständnis demokratischer Repräsentation *H. Hofmann,* Repräsentation, 2003, in der Einleitung. Aufarbeitung und Kritik des Abbildgedankens in der Theorie politischer Repräsentation u.a. bei *F. R. Ankersmit,* Aesthetic politics, 1997, 28 ff.; *F. R. Ankersmit,* Aesthetic politics, 1997, 355 ff.; *E. Laclau,* Emancipation(s), 2007, 97 ff. Theorien politischer Repräsentation, nach der diese auch als deskriptives/statistisches oder symbolisches „standing for" funktioniert und nicht notwendig durch ein Verhältnis politischer Verantwortlichkeit der Repräsentanten gegenüber den Repräsentierten gekennzeichnet sein muss, sind gegenüber dem hier zugrunde gelegten Demokratiemodell von vornherein nicht anschlussfähig. Zu solchen Konzepten *H. Fenichel Pitkin,* The Concept of representation, 1967, 60 ff., 92 ff.

[1286] *E.-W. Böckenförde,* § 34, Demokratische Willensbildung und Repräsentation, in: Isensee/Kirchhof (Hrsg.), Handbuch des Staatsrechts der Bundesrepublik Deutschland, 31, Rn. 29.

[1287] So unterscheidet auch Böckenförde eine formale und eine materielle Dimension demokratischer Repräsentation; die formale besteht in einem prozedural ausgestalteten Zusammenhang demokratischer Verantwortlichkeit und Kontrolle; *E.-W. Böckenförde,* § 34, Demokratische Willensbildung und Repräsentation, in: Isensee/Kirchhof (Hrsg.), Handbuch des Staatsrechts der Bundesrepublik Deutschland, 31, Rn. 19 ff. Zum Begriff, zu den Kriterien und der Le-

der Abbildfunktion freigehalten, wird das Wortfeld der Repräsentation daher im Folgenden zunächst noch verwandt. Letztlich werden der Begriff der demokratischen Repräsentation und das zugehörige Begriffsfeld hier aber aufgegeben. Stattdessen wird das Wortfeld der demokratischen Delegation verwandt, das politikwissenschaftlich durch die Delegationstheorie und durch Erkenntnisse der Demokratietheorie Hans Kelsens informiert ist.

Die freie und gleiche Wahl der personellen Besetzung des Gesetzgebungsorgans ist der grundlegende Mechanismus repräsentativ-demokratischer Verfasstheit. Das Verhältnis zwischen gewähltem Organ und Wählern lässt sich dabei als Delegationsverhältnis verstehen, in dem das gewählte Organ als Agent für den Prinzipal (die Wähler) handelt.[1288] Wahlen etablieren dabei zugleich mit einem Delegationsverhältnis einen Zusammenhang politischer Verantwortlichkeit (*accountability*[1289]).[1290]

---

gitimationsleistung der legislativen Verantwortlichkeit von Organen oben Kap. 1 IV. Die Repräsentationsfunktion von Rat und Europäischem Parlament mit Blick auf die primärrechtlich als Legitimationssubjekt der Europäischen Union eingesetzten Völker der Mitgliedstaaten ist verfassungstheoretisch rekonstruiert oben in Kap. 1 III. 2. a. Dem genannten verfassungstheoretischen Repräsentationsbegriff entspricht das Konzept demokratischer Verfasstheit des Art. 3 des Zusatzprotokolls zur Europäischen Menschenrechtskonvention, nach der die zentrale Funktionsweise von Demokratie in angemessenen Zeitabständen abgehaltene freie und geheime Wahlen sind, die die freie Äußerung der Meinung des Volkes bei der Wahl der gesetzgebenden Körperschaft gewährleisten. Zur Anwendung des Art. 3 ZP-EMRK auf das Europäische Parlament durch den Europäischen Gerichtshof für Menschenrechte im Fall *Europäischer Gerichtshof für Menschenrechte*, 18. Februar 1999, Appl. 24833/94, oben Kap. 6 I. 2. und eingehend noch unten Kap. 8 II. 1 a. Zur notwendigen Rechtsform demokratischer Willensbildung und zur Erforderlichkeit des Mediums des Rechts für demokratische Entscheidungen oben II. 3. Eine legitimationstheoretische Konzeptionalisierung von Wahlen als Verfahren zur Herstellung demokratischer Repräsentation bei *B. Manin*, The principles of representative government, 2002 (1997).

[1288] *K. Strøm*, European Journal of Political Research 37 (2000), 261, 266. Für eine Anwendung der Delegationstheorie auf die Union in den Rechtswissenschaften neuerdings auch *C. Henke*, Europarecht 45 (2010), 118.

[1289] Aus der politikwissenschaftlichen Literatur hierzu mit weiteren Nachweisen überblicksweise *U. Sieberer*, Politische Vierteljahresschrift 49 (2008), 251, 254-257; *K. Strøm u. a.* (Hrsg.), Delegation and accountability in parliamentary democracies, 2006.

Das im ersten Teil des Kapitels entwickelte Demokratieverständnis setzt eine Reihe von Prämissen für die Entwicklung einer Konzeption, die die elektorale Konstitution der Legislative in ihrer demokratischen Leistung rekonstruiert. Zuallererst bildet es die Grundlage dafür, Sinn und Zweck, sowie die legitimatorische Funktionsweise demokratischer Repräsentation zu bestimmen.

Hoheitliche Gewalt steht in einem legitimatorischen Verhältnis zu dem Individuum, das durch sie rechtlich gebunden ist.[1291] Demokratische Legitimation wird durch die Berechtigung des Rechtssubjekts zur politischen Teilhabe an der Erzeugung hoheitlicher Gewalt vermittelt. Die Berechtigung des Individuums zur gleichen politischen Teilhabe ist legitimatorischer Reflex seiner Bindung durch hoheitliche Gewalt.[1292] Dies impliziert die demokratische Funktion und Funktionsweise der elektoralen Konstitution der Legislative. Das Verhältnis der politischen Verantwortlichkeit zwischen der Legislative und den Wählern bindet die legislative Willensbildung an die politische Willensbildung der Rechtssubjekte zurück, die zum demokratischen Subjekt verfasst sind. Dies befähigt das politisch berechtigte Rechtssubjekt dazu, seinen Willen in Bezug auf die politische Ausrichtung der gesetzgebenden Gewalt zu artikulieren. Heidrun Abromeit hat in ihrem Entwurf eines Kernkonzepts (!) der Demokratie zutreffend argumentiert, dass ein Demokratiemodell, welches zwar das Individuum als solches, nicht aber seine Präferenzen in den Mittelpunkt rückt, seinen Sinn verfehle – *„denn warum sollte ihm* [dem Individuum] *an Beteiligung gelegen sein, wenn*

[1290] Wahlen sind als Mechanismus politischer Verantwortlichkeit vielfach untersucht, vor allem ausgehend von der Delegationstheorie: Für eine auf einem Delegationsmodell politischer Repräsentation basierende, eingehende Studie repräsentativer Systeme unter dem Gesichtspunkt der Ausgestaltung politischer Verantwortlichkeit *K. Strøm u. a.* (Hrsg.), Delegation and accountability in parliamentary democracies, 2006; insb. die Querschnittsstudien *T. Bergman/W. C. Müller/K. Strøm u. a.,* Democratic Delegation and Accountability: Crossnational Patterns, in: Strøm/Müller/Bergman (Hrsg.), Delegation and accountability in parliamentary democracies, 2006, 109 und *R. Zippelius,* Zur Rechtfertigung des Mehrheitsprinzips in der Demokratie, 1987. Grundlegend *H. Fenichel Pitkin,* The Concept of representation, 1967, 112 ff.

[1291] Dazu oben II. 4.

[1292] Oben II. 4.

nicht um der größtmöglichen Umsetzung seiner Vorstellungen willen?"[1293].

Mechanismus der demokratischen Legitimation ist politische Repräsentation aus dieser Perspektive nicht als Stellvertretung eines abwesenden, passiven politischen Subjekts.[1294] Die politische Verantwortlichkeit der Legislative, die Wahlen etablieren können, begründet vielmehr einen Mechanismus der Teilhabe der Mitglieder des demokratischen Subjekts an der Ausübung der hoheitlichen Gewalt.[1295] Demokratisch ist Gesetzgebung insofern, als die legislative Willensbildung vermittels der demokratischen Verantwortlichkeit der Legislative inhaltlich gleichmäßig an die im Wege der Ausübung der politischen Berechtigung artikulierten politischen Präferenzen der Rechtssubjekte rückgebunden ist. Das ist die demokratische Funktion und Funktionsweise politischer Repräsentation.

Abhängig von ihrer Ausgestaltung sind Wahlen ein mehr oder weniger effektives Instrument, über das die Wähler das Handeln des gewählten Organs entlang ihrer Präferenzen steuern können.[1296] Die elektorale Rückbindung des Gesetzgebers vermittelt daher demokratische Legitimation abhängig davon, wie effektiv das Verhältnis der politischen Verantwortlichkeit gegenüber dem Wähler ist.[1297] Die demokratische Verantwortlichkeit der Legislative hat zuallererst zwei Voraussetzungen.

[1293] *H. Abromeit,* Wozu braucht man Demokratie?, 2002, 165.

[1294] Zur Kritik an einer dahingehenden Deutung politischer Repräsentation eingehend *W. Thaa,* Politische Vierteljahresschrift 49 (2008), 618, insb. 628 ff.

[1295] Eine Reihe von Theorien deutet den in der Beziehung zwischen Repräsentierten und Repräsentanten begründeten relationalen Charakter politischer Repräsentation als Mechanismus der Partizipation oder politischen Inklusion: *D. Plotke,* Constellations: An International Journal of Critical & Democratic Theory 4 (1997), 19, 24; *N. Urbinati,* Political Theory 28 (2000), 758; *F. R. Ankersmit,* Aesthetic politics, 1997, 355 ff.; s. auch *W. Thaa,* Politische Vierteljahresschrift 49 (2008), 618, 628 ff.

[1296] Wahlen sind als Mechanismus politischer Verantwortlichkeit vielfach untersucht, vor allem ausgehend von der Delegationstheorie. Vgl. etwa die Länderstudien in *K. Strøm u. a.* (Hrsg.), Delegation and accountability in parliamentary democracies, 2006; weiterhin auch *U. Sieberer,* Politische Vierteljahresschrift 49 (2008), 251.

[1297] Mit den institutionellen Aspekten politischer Verantwortlichkeit beschäftigt sich eingehend noch der zweite Teil dieses Abschnitts.

Einerseits muss eine Einheit definiert sein, der gegenüber politische Verantwortlichkeit besteht. Es muss mithin ein demokratisches Subjekt konstituiert, also rechtlich definiert und abgegrenzt sein. Dies ist ein Aspekt des Erfordernisses eines Trägers und Zurechnungssubjekts demokratischer Institutionen und Verfahren.[1298] Steht kein Subjekt fest, gegenüber dem politische Verantwortlichkeit besteht, kann die repräsentative Funktion der Legislative nur eine symbolisch-virtuelle sein, die von einer politischen Verantwortlichkeit freibleibt.[1299] Repräsentation wird so zu einem *standing for* anstelle eines *acting for.*[1300] Die Unbestimmtheit oder Unbegrenztheit des demokratischen Subjekts macht das Konzept der demokratischen Verantwortlichkeit als solches grundsätzlich prekär.[1301]

Die zweite Funktionsbedingung der demokratischen Verantwortlichkeit einer elektoral konstituierten Legislative ist, dass Wahlen periodisch stattfinden.[1302] Periodische Wahlen erlauben es den Wählern einerseits, durch die Abwahl von Mandatsträgern die Fortsetzung einer bestimmten Politik zu verhindern. Andererseits können sie durch die Wahl bestimmter Kandidaten ihre Präferenzen hinsichtlich der zukünftigen Politikausrichtung artikulieren.[1303] Die Abwahl von Mandatsträ-

---

[1298]Oben II. 2.

[1299]Zu symbolischen Konzepten politischer Repräsentation *H. Fenichel Pitkin,* The Concept of representation, 1967, 92 ff.

[1300]Zur Begrifflichkeit des *standing for H. Fenichel Pitkin,* The Concept of representation, 1967, 60 ff., 92 ff. vgl. Fn. 1285, zum Begriff des *acting for* 112 ff. im Sinne von Repräsentation *„as an acting for others, an activity in behalf of,* [...] *as an agent of, someone else"* (113).

[1301]Dahingehend auch *H. Abromeit,* Wozu braucht man Demokratie?, 2002, 134.

[1302]Dazu *B. Manin,* The principles of representative government, 2002 (1997), 175 ff., *P. Badura,* § 25, Die parlamentarische Demokratie, in: Isensee/Kirchhof (Hrsg.), Handbuch des Staatsrechts der Bundesrepublik Deutschland, Rn. 27; *B. Crum,* European Law Journal 11 (2005), 452, 455.

[1303]*„In a situation in which representatives are subject to reelection, each new election allows voters to express two types of preferences regarding public policy. People may use their vote to express rejection and to stop the incumbents from pursuing the current policy, or they may use their vote to bring about the implementation of a proposed policy."* *B. Manin,* The principles of representative government, 2002 (1997), 175.

gern verhindert, dass sie persönlich eine bestimmte Politik weiterführen; die Wahl eines Kandidaten gewährleistet hingegen die Durchführung einer bestimmten präferierten Politik nicht. Zwar ist in einem repräsentativ-demokratischen System *„negation* [...] *more powerful than affirmation: the former constrains those in power, while the latter remains an aspiration*"[1304]. Gleichwohl etablieren Wahlen ein politisches Verantwortlichkeitsverhältnis, vermittels dessen die Wähler Einfluss auf die Willensbildung der gewählten Legislative ausüben können.[1305]

Ein Verständnis demokratischer Repräsentation, das der Willensbildung demokratischer Organe eine Abbildfunktion gegenüber einem präexistenten demokratischen Volkswillen zuschreibt, macht eine vorrechtliche, vorpolitische Einheit des demokratischen Subjekts zur funktionalen Bedingung demokratischer Ordnung.[1306] Gesellschaftliche, kulturelle, politische Heterogenität und Differenz wirken aus dieser Perspektive tendenziell gegen die Funktionalität demokratischer Verfahren.[1307]

[1304] *B. Manin,* The principles of representative government, 2002 (1997), 177.

[1305] Vorschläge der Konzeption des Verhältnisses zwischen der gewählten Legislative und dem politischen Subjekt deuten dabei darauf hin, dass letzteres nicht allein in dem Moment und vermittels der Wahl der Legislative die Möglichkeit der Einwirkung auf die legislative Politik hat. Das demokratische Subjekt behält, so *N. Urbinati,* Representative democracy, 2006, 28, auch zwischen den Wahlen politische Einwirkungsmöglichkeiten, da es die Möglichkeit habe *„to investigate, judge, influence and censure their lawmakers*". Durch die Perspektive der Wahlen sanktioniert, kann auch die öffentliche Reflexion und Kritik legislativer Politik ein Mittel der politischen Einwirkung auf die legislative Politik haben. Dahingehend *B. Manin,* The principles of representative government, 2002 (1997), 175: *„The most important feature of representative systems that allows voters to influence the decisions of their representatives is the recurring character of elections. Indeed, repeated elections provide one of the key incentives for those in government to take account of public opinion. Representatives no doubt have many reasons for doing so, but the most powerful is that shifts in public opinion may prefigure the results of the forthcoming election.*"

[1306] Dazu schon oben II. 4. c.

[1307] Diese Konsequenz zeigt deutlich die Argumentation Schmitts (oben II. 2.); allen Argumentationen, die demokratische Ordnung funktional von einer vorrechtlichen Einheit des demokratischen Subjekts abhängig machen, ist dies eigen. Repräsentationskonzeptionen, die das Bestehen einer substantiellen Einheit des demokratischen Subjekts als funktionale Bedingung und Gegenstand demokratischer Repräsentation sehen, werden vielfach unter dem Gesichts-

Demgegenüber wird demokratische Willensbildung hier gerade als Verfahren konzipiert, das die politische Artikulation gesellschaftlicher Heterogenität ermöglicht.[1308] Die demokratische Funktion der Teilhabeberechtigung des Individuums liegt darin, dass sie die Artikulation individueller politischer Präferenzen hinsichtlich der inhaltlichen Ausrichtung der Gesetzgebung ermöglicht. In der Makroperspektive sind Wahlen so ein Medium, vermittels dessen Heterogenität innerhalb des demokratischen Subjekts politisch artikuliert werden kann. Es ist Merkmal der adäquaten Verfassung des politischen Systems angesichts eines gesellschaftlichen Pluralismus, dass die Legislative – respektive die legislative Willensbildung – Kapazitäten zur Artikulation gesellschaftlicher Heterogenität bereitstellt. Jeremy Waldron formuliert in seiner Studie zu *Law and Disagreement* mit normativem Anspruch[1309]: „*They* [legislatures] *are structured in a way that represents (or claims to represent) the more serious and substantial disagreements that there are in society about the way the society should be organized.*“[1310]

Der Anspruch, das Gesetzgebungsverfahren als pluralistisches Instrument der Erzeugung kollektiv bindender Entscheidungen zu verfassen, ist damit die Projektion der Forderung, das Rechtssubjekt zum Ausdruck seiner politischen Präferenzen zu befähigen, auf die gesellschaftliche Makroperspektive. Aus dieser Perspektive ist ein Gesetzgebungsverfahren – ausgehend von gleichheitsgerechten Wahlen – demokra-

---

punkt kritisiert, sie seien antipluralistisch; zu dieser Kritik *W. Thaa*, Politische Vierteljahresschrift 49 (2008), 618; *C. Lefort*, Die Frage der Demokratie, in: Rödel/Menke (Hrsg.), Autonome Gesellschaft und libertäre Demokratie, 1990, 281.

[1308] Die pluralistische Deutung demokratischer Repräsentation kann hier nur im Ansatz skizziert werden. Pluralistische Interpretationen werden aus unterschiedlichen Perspektiven formuliert; neben den hier im Text angeführten s. u.a. *F. R. Ankersmit*, Aesthetic politics, 1997, 38; *F. R. Ankersmit*, Aesthetic politics, 1997, 355 ff.

[1309] Dass Waldron das Faktum des Versammlungscharakters von Legislativen normativ rekonstruiert, ist Teil der Programmatik seiner Studie zu Law and disagreement, 1999: „*I believe we should make the large numbers and the facts of diversity and disagreement central to our philosophy of legislation. Statutes, we should say, are essentially – not just accidentially – the product of large and polyphonous assemblies.*“ (10). Prämisse ist, dass „*the point of law is to enable us to act in the face of disagreement*“ (7).

[1310] *J. Waldron*, Law and disagreement, 1999, 23.

tisch, wenn es pluralistische Kapazität bereitstellt. Verfahren der Gesetzgebung, die pluralistische Kapazität bereit stellen, können gesellschaftliche Heterogenität internalisieren und politisch prozeduralisieren. Sie machen *disagreement* zum Teil der Rechtserzeugung.[1311] Daher sind sie nicht auf einen vorpolitischen Konsens, auf Einheitsbildung außerhalb des politischen Prozesses angewiesen.[1312] In diese Richtung weist auch die Deutung des parlamentarischen Verfahrens und der Wahlen zum Parlament beziehungsweise der demokratischen Wahlgrundsätze, die Hans Kelsen darlegt: „Es [das parlamentarische Verfahren] schafft Garantien dafür, dass die verschiedenen Interessen der im Parlament vertretenen Gruppen zu Worte kommen, sich als solche in einem *öffentlichen* Prozesse manifestieren können." Kelsen weist den Gedanken zurück, dass „es das „Volk" als Ganzes sei, das den Vertretungskörper als Einheit gedacht, kreiere".[1313] Die pluralistische Kapazität eines Mehrparteiensystems gewährleistet in seiner Argumentation die politische Repräsentation des demokratischen Subjekts.[1314]

Mit einem formalen Begriff kennzeichnet demokratische Repräsentation den Mechanismus der Wahl der Legislative durch das verfassungsrechtlich eingesetzte demokratische Subjekt. Jenseits davon gehen Theorien demokratischer Repräsentation vielfach davon aus, dass die Willensbildung demokratischer Organe eine materielle Abbildungsfunktion gegenüber einer demokratischen Sinneinheit hat, die außerhalb des Verfahrens gegeben ist. Diese Idee sieht sich unabhängig davon, wie der repräsentierte vorrechtliche demokratische Sinngehalt konzipiert wird,

---

[1311] Ebd., 21 ff., 23 f.

[1312] *J. Waldron*, Law and disagreement, 1999, 23, formuliert (als Beschreibung der Funktion einer legislativen Versammlung durch ein fiktives Mitglied einer fiktiven legislativen Versammlung): „*We do not wait for disagreements about social justice to be settled outside the legislature before we begin our activities* [i.e. law-making]. *Instead, we do our work by internalizing those disagreements, by building them into the institutional structure of our assembly* [...]."

[1313] *H. Kelsen*, Vom Wesen und Wert der Demokratie (2. Auflage 1929), in: Jestaedt/Lepsius (Hrsg.), Verteidigung der Demokratie, 2006, 149, 58.

[1314] „*Nicht die Bewohner eines willkürlich abgegrenzten Gebietes, sondern die Angehörigen einer Partei, alle Personen der gleichen politische Überzeugung sollen die Körper bilden, auf welche die zu besetzenden Mandate verteilt und durch deren Willensakt die Mandate besetzt werden.*", *H. Kelsen*, Vom Wesen und Wert der Demokratie (2. Auflage 1929), in: Jestaedt/Lepsius (Hrsg.), Verteidigung der Demokratie, 2006, 149, 58.

grundsätzlicher Problematisierung ausgesetzt. Kelsen weist darauf hin, dass demokratische Willensbildung der rechtlichen Verfasstheit bedarf.[1315] Außerhalb der rechtlichen Verfasstheit einer Menge von Menschen zur gleichen und freiheitlichen Teilhabe an der hoheitlichen Gewalt besteht kein demokratisches Subjekt.[1316] Außerhalb eines rechtlichen Verfahrens, in dem politische Gleichheit und gleiche Freiheit gelten, kann ein demokratischer Wille nicht gebildet werden. Die Darstellung von Gesetzgebung als Wille des demokratischen Subjekts ist mithin ein Akt der Zurechnung aufgrund rechtlich konstituierter Verfahren. Ein demokratischer Wille, der einer Menschenmenge als demokratischem Subjekt zugerechnet werden kann, wird im demokratischen Verfahren erst generiert. Dies lässt sich auch mit einer von der pragmatistischen Sprachphilosophie angeregten Kritik des Gedankens einer materiellen Abbildungsfunktion demokratischer Organe und Verfahren vertreten, die allerdings erst in Ansätzen ausgearbeitet ist.[1317] Aus dieser Perspektive bringen demokratische Verfahren, ohne über sich selbst hinaus zu verweisen, die sie konstituierende wechselseitige Anerkennung ihrer Teilnehmer, ein konsentiertes egalitär-freiheitliches Selbstverständnis und eine dementsprechend verfasste kollektive Handlungsfähigkeit zum Ausdruck.[1318] Die Bedeutung individueller Willensakte wird im Rahmen der demokratischen Willensbildung durch die demokratische Praxis selbst, insbesondere durch das Recht definiert: Dieses verfasst das Handeln von Individuen zu einem demokratischen Verfahren und bestimmt damit die demokratische Bedeutung individueller Willensbetätigungen.[1319] Demokratische Sinneinheiten sind individuelle

---

[1315]Ebd., 26 ff. Dazu oben II. 3.

[1316]Dahingehend auch *I. M. Young,* Deferring Group Representation, 1986, 349, 359: *„There is no constituency prior to the process of representation, no people who form an original unitiy they then delegate onto the derivative representative."*

[1317]*C. Möllers,* Expressive versus repräsentative Demokratie, in: Kreide/Niederberger (Hrsg.), Transnationale Verrechtlichung, 2008, 160.

[1318]Ebd., 168.

[1319]Die politischen Präferenzen des Individuums selbst sind dabei nicht Ergebnis von dessen isolierter und selbstbezüglicher Willensbildung, sondern bilden sich im Kontext der demokratischen Praxis. Die politische Willensbildung des Individuums verhält sich zu den politischen Institutionen, zu den angebotenen politischen Alternativen und den Konfliktlinien der politischen Debatte und bezieht sich – zustimmend oder ablehnend – auf diese. *C. Möllers,* Expres-

politische Präferenzen allein in der Form, die im Rahmen des demokratischen Verfahrens rechtlich vorgesehen ist, nämlich als Wahlakt. Dementsprechend ist die in einem demokratischen Verfahren erzeugte Entscheidung nicht Abbild und nicht Kompositum naturalistisch gedachter, vorfindlicher individueller Präferenzen, welche ihr gegenüber ein externer Maßstab sein könnten.

Außerhalb des rechtlich konstituierten demokratischen Verfahrens existiert weder ein demokratischer Volkswille, noch die individuelle politische Präferenz als demokratische Sinneinheit. Demokratische Verfahren haben daher keine Abbildungsfunktion. Dies stellt den Begriff der demokratischen Repräsentation insgesamt in Frage. Soweit lediglich das Demokratiemodell der elektoralen Konstitution der Legislative zu kennzeichnen ist, ist der Begriff der repräsentativen Demokratie ersetzbar, etwa durch den der delegativen oder der mittelbaren/indirekten Demokratie. Gegen den Begriff der repräsentativen Demokratie spricht, dass der Repräsentationsbegriff ideengeschichtlich eng mit dem Abbilddenken verknüpft ist.[1320] Daher wird der Begriff der demokratischen Repräsentation hier als Typenbezeichnung für die elektorale Konstitution der Legislative aufgegeben. Anstelle dessen werden im Folgenden der Begriff der demokratischen Delegation und das zugehörige Begriffsfeld verwendet.

2. *Institutionelle Aspekte demokratischer Delegation*

a. Formprinzip Gleichheit: Wahlgleichheit

Der demokratische Anspruch fordert die Gleichberechtigung der Rechtssubjekte eines Hoheitsträgers zur politischen Teilhabe. Demokratischer Teilhabemodus sind Wahlen, insoweit sie entlang des Formprinzips gleicher Freiheit verfasst sind: Die demokratische Funktion von Wahlen setzt voraus, dass das Wahlrecht den demokratischen Grundsatz der politischen Gleichheit verwirklicht. Das Wahlrecht muss seinem Träger in formal gleicher Weise eingeräumt sein und den einzel-

---

sive versus repräsentative Demokratie, in: Kreide/Niederberger (Hrsg.), Transnationale Verrechtlichung, 2008, 160, 171, wo dies mit dem Beispiel des Wahlrechts illustriert wird: Der demokratischen Praxis stehe offen, ob sie ein Mehrheits- oder ein Verhältniswahlrecht einführe; dies aber bestimme die Bedeutung des Wahlakts des Individuums.

1320 Hierzu *H. Hofmann*, Repräsentation, 2003.

nen Wahlakten muss das gleiche Gewicht zukommen. Es wird als grundlegendes Prinzip demokratischer Wahlen betrachtet, dass jeder Wähler über die gleiche Anzahl von Stimmen verfügt, und dass alle Stimmen bei der Organbesetzung den gleichen Wert haben.[1321] Die Gleichheit der Wahl ist Fundamentalbedingung demokratischer Delegation, und zwar nicht nur als *„politischer Ausdruck der Anerkennung der gleichen, unveräußerlichen und universalen Menschenrechte“*, die freilich auf die partikulare Verwirklichungsgemeinschaft[1322] des konstituierten demokratischen Subjekts begrenzt ist,[1323] sondern auch als *„statistischer Garant einer unverzerrten demokratischen Übersetzungslogik, wenn Wahlstimmen in Parlamentssitze verwandelt werden“*.[1324] Gleichzeitig gibt es in der Praxis vielfach Abweichungen von einzelnen Ausprägungen des Prinzips der Wahlgleichheit, vor allem wird häufig die Erfolgswertgleichheit von Wählerstimmen mit Erwägungen der Funktionalität des gewählten Organs abgewogen[1325]; Mehrheitswahlsysteme sind ebenfalls durch Ungleichheiten des Erfolgswerts von Wählerstimmen gekennzeichnet.[1326]

[1321] Demokratietheoretisch statt vieler *R. A. Dahl,* Democracy and its critics, 1989, 109 ff.

[1322] In Anlehnung an *H. Hofmann,* Archiv des öffentlichen Rechts 118 (1993), 353, 366, hierzu und zur demokratischen Schließungslogik schon oben II. 1.

[1323] Zur demokratischen Schließungslogik als Beschränkung des Geltungsanspruches universeller gleicher Freiheit oben II. 1.

[1324] *P. Manow,* Im Schatten des Königs, 2008, 94.

[1325] So im Fall von Quoren für den Einzug von Parteien in das Parlament.

[1326] Mit dem Begriff des Proportionalitätsgrades von Wahlsystemen zur Erfolgswertgleichheit von Wählerstimmen in Mehrheitswahlsystemen *K. Poier,* Minderheitenfreundliches Mehrheitswahlrecht, 2001, 189 ff. internationale vergleichend. Ob das Verhältnis- oder das Mehrheitswahlrecht der demokratischere Übersetzungsmodus ist, kann nicht aus der Gleichheitserwägung abgeleitet werden. Die Interpretation demokratischer Gleichheit im Sinne eines Mehrheits- oder eines Proportionalitätsprinzips hängt vom Selbstverständnis eines demokratischen Subjekts ab; dazu schon oben 1. im Anschluss an *C. Möllers,* Expressive versus repräsentative Demokratie, in: Kreide/Niederberger (Hrsg.), Transnationale Verrechtlichung, 2008b, 160, 169.

b. Die parlamentarische Form der Legislative und Kriterien ihrer demokratischen Willensbildung

(1) Der Versammlungscharakter der Legislative und legislative Willensbildung

Die Gesetzgebung durch ein gewähltes Organ ist die zentrale Funktionsweise delegativ-demokratischer Verfasstheit. In der verfassungstheoretischen Perspektive ist dabei im Rahmen der Gesetzgebung das *acting for* in einem demokratischen Delegationszusammenhang nicht die Aufgabe eines einzigen Individuums, sondern die einer Menge von Individuen – einer Versammlung, eines Parlaments.[1327] Ideengeschichtliche Studien zeigen, dass die Idee der politischen Repräsentation durch eine Versammlung, dass der Parlamentarismus in der politischen Theorie und Praxis als institutionelle Reflexion sozialer Diversität im politischen System aufgekommen ist.[1328] Parlamentarische Repräsentation wird in ihren Ursprüngen als das adäquate Instrument politischer Verfasstheit vorgestellt, wenn die soziale Homogenität und die geringe Größe des politischen Gemeinwesens als Bedingungen der Möglichkeit

---

[1327]Die Konstitution der Legislative als gewählte Versammlung ist die typische Form, die gesetzgebende Gewalt demokratisch zu verfassen; dazu bereits oben Kap. 1 III. 2 a. S. auch *J. Waldron,* Law and disagreement, 1999, 49: „Almost everywhere sovereign legislatures are assemblies rather than individuals; in almost every legal system, legislation bases its final authority as law on the fact that it is the product of (or its production has been authorized by) a large popular assembly." *B. Manin,* The principles of representative government, 2002 (1997), 184 f.: „Representative government has always been conceived and justified as a political system in which an assembly plays a decisive role. One might imagine [...] that representation could be the privilege of a single individual, appointed and authorized by the people. It is nonetheless undeniably true that representative government was neither proposed nor established as a regime in which power was entrusted to a single individual chosen by the people, but as one in which a collective authority occupied a central position."

[1328]Dazu eingehend *B. Manin,* The principles of representative government, 2002 (1997), 183 ff.; zu den Anfängen repräsentativ ausgeübter hoheitlicher Gewalt (*Herrschaft*) in parlamentarischer Form, d.h. in der Form einer Versammlung, in der die korporatistischen Teilverfasstheiten des Gemeinwesens vertreten sind und also gesellschaftliche Pluralität abgebildet wird, *H. Hofmann,* Repräsentation, 2003, Kap. 6: Repräsentation und Herrschaft, § 18 über die Anfänge parlamentarischer Repräsentation (321 ff.), insb. mit Blick auf England.

direktdemokratischer Verfasstheit fehlen.[1329] Die Verfassung der Legislative als gewählte Versammlung ermöglicht den Ausdruck von Uneinigkeit, die Artikulation einer Pluralität von Präferenzen mit Blick auf den Inhalt von Gesetzgebung in der legislativen Willensbildung.[1330] Der Versammlungscharakter der Legislative erlaubt die Artikulation differierender, konfligierender politischer Positionen im Rahmen der legislativen Willensbildung.

Dass die Legislative Kapazitäten zur politischen Artikulation gesellschaftlicher Heterogenität bereitstellt, ist wesentliches Moment der demokratischen Funktion legislativer Willensbildung.[1331] Gesetzgebung ist angesichts gesellschaftlicher Heterogenität nicht zufällig, sondern *wesentlich* durch ihre Erzeugung durch eine Versammlung gekennzeichnet.[1332] Teilweise wird die Versammlungsform der Legislative bereits als Grund und Bedingung der Geltung von Gesetzgebung (*authority of legislation*) und der Anerkennung von Entscheidungen mit dem Anspruch allgemeiner Geltung als Recht (*recognition of a general measure of principle or policy, put forward by the powerful, as law*[1333]) gesehen.[1334] Jedenfalls aber ist der Versammlungscharakter der Legislative

---

[1329] *B. Manin,* The principles of representative government, 2002 (1997), 186: „[...] [T]he idea of representative government has from the start been linked to an acceptance of social diversity. Representation was first proposed as a technique that permitted the establishment of a government emanating from the people in large, diverse nations. Madison and Siéyès asserted repeatedly that direct democracy was made possible in ancient republics by the homogeneity and small size of the body politic. They stressed that these conditions no longer obtain in a modern world characterized by the division of labor, the progress of commerce, and the diversification of interests. [...] in the eighteenth century it was generally considered that representative assemblies ought, within limits, to reflect that diversity. Even among authors such as Siéyès or Burke, who emphasized most insistently that the role of the assembly was to produce unity, it was assumed that representatives, elected by diverse localities and populations, imparted a certain heterogeneity to the assembly. The representative body was thus always seen as both collective and diverse in character."

[1330] Dahingehend *J. Waldron,* Law and disagreement, 1999, 21 ff., 49 ff. Zur pluralistischen Deutung demokratischer Repräsentation oben 1.

[1331] Oben 1.

[1332] *J. Waldron,* Law and disagreement, 1999, 10.

[1333] Ebd., 51.

[1334] Ebd., 49 ff.

eng mit ihrer demokratischen Funktion verknüpft.[1335] Die demokratische Legitimation von Gesetzgebung ist eine Leistung der pluralistischen Kapazität der Willensbildung der gewählten Legislative. In diesem Sinne argumentiert auch Hans Kelsen. Er weist die Vorstellung zurück, dass es das „Volk" als Ganzes sei, das den Vertretungskörper als Einheit gedacht, kreiere, und deutet das parlamentarische Verfahren der Willensbildung als Garantie dafür, dass die verschiedenen Interessen der im Parlament vertretenen Gruppen zu Worte kommen, sich als solche in einem öffentlichen Prozesse manifestieren können.[1336]

Das Vermögen des Gesetzgebungsverfahrens, die politische Artikulation gesellschaftlicher Heterogenität zu ermöglichen und aus einer Vielzahl politischer Positionen freiheitlich und gleichheitsgerecht Entscheidungen zu generieren, bedingt die demokratische Legitimation der Gesetzgebung. Demokratische Legitimation leisten Verfahren der Gesetzgebung, indem sie kollektives Handeln auf der Grundlage einer pluralistischen Willensbildung ermöglichen: *action-in-concert in the face of disagreement.*[1337] Dieser normative Ansatz sei im Folgenden als pluralistisches Modell demokratischer Delegation (oder mit der verbreiteten Begrifflichkeit: Repräsentation) bezeichnet.

Parlamente erlassen Gesetzgebung, die über das Delegationsverhältnis dem demokratischen Subjekt als Wille zurechenbar sind, nicht allein im Wege einer rein statistisch-mathematischen Operation aus den Stimmen der Wähler. Gesetzgebung durch Parlamente kommt zwar üblicherweise durch das arithmetische Verfahren eines Mehrheitsbeschlusses zustande.[1338] Parlamentarische Willensbildung ist aber zusätzlich ge-

---

[1335] Hierzu mit Blick auf die Funktion demokratischer Verfahren, institutionelle und prozedurale Kapazität zur politischen Artikulation gesellschaftlicher Heterogenität bereitzustellen bereits oben II. 4. c.

[1336] *H. Kelsen,* Vom Wesen und Wert der Demokratie (2. Auflage 1929), in: Jestaedt/Lepsius (Hrsg.), Verteidigung der Demokratie, 2006, 149, 58.

[1337] *J. Waldron,* Law and disagreement, 1999, 108: „A piece of legislation deserves respect because of the achievement it represents in the circumstances of politics: action-in-concert in the face of disagreement."

[1338] Eine demokratietheoretische Rekonstruktion des Mehrheitsprinzips als demokratischem Entscheidungsmodus unten (2).

kennzeichnet durch die der Entscheidung vorangehende rechtlich verfasste[1339] kommunikative Praxis der Parlamentarier.

In einem kollektiven politischen Organ, dessen Mitglieder über Wahlen bestimmt werden, mit denen Individuen frei und gleich ihre politischen Präferenzen artikulieren, ist aller Wahrscheinlichkeit nach eine Mehrzahl politischer Positionen vertreten. Ist im Verfahren der legislativen Willensbildung der Ausdruck einer Vielzahl politischer Positionen freigesetzt, bedarf es einer demokratischen Technik, mittels derer aus Uneinigkeit eine Entscheidung generiert werden kann.[1340] Dies macht die Suche nach einem zwanglosen Konsens, einer zwanglosen Übereinstimmung zwischen Parlamentariern zum demokratischen Modus der parlamentarischen Willensbildung.[1341]

Demokratische Legitimation vermittelt legislative Willensbildung so als pluralistische, zwanglose kommunikative Praxis der Parlamentarier, die auf die Generierung von Entscheidung ausgerichtet und daher durch das Ringen um Zustimmung gekennzeichnet ist. Dass die Willensbildung einer gesetzgebenden Versammlung Konsens zwischen ihren Mitgliedern herbeiführen soll, hat dabei die Funktion, durch die Bildung einer gesetzgebenden Mehrheit legislatives Handeln zu ermöglichen. Mit diesem Konzept wird nicht die Versammlungsqualität der Legislative aus der Forderung einer deliberativen, diskursiven legislativen Willensbildung abgeleitet. Die Willensbildung der gewählten Legislative

---

[1339] Zur rechtlichen Organisation der legislativen Willensbildung des Europäischen Parlaments im Mitentscheidungsverfahren oben Kap. 4. In der Form der Geschäftsordnung ist die rechtliche Verfasstheit der parlamentarischen Willensbildung reflexiv, als Selbstorganisation ausgestaltet.

[1340] Dazu *B. Manin,* The principles of representative government, 2002 (1997), 187 ff.; *J. Waldron,* Law and disagreement, 1999, 88 ff.

[1341] Zur Begründung des politischen Entscheidungsmodus des zwanglosen Konsenses in der Form des demokratischen Mehrheitsprinzips mit der Erwägung gleicher Freiheit *R. Zippelius,* Zur Rechtfertigung des Mehrheitsprinzips in der Demokratie, 1987, 15 ff. S. auch *B. Manin,* The principles of representative government, 2002 (1997), 187: „[…] [I]n an assembly where a convergence of wills must be achieved despite different starting points, if neither the most powerful, nor the most competent, nor the wealthiest are entitled to impose their will, all participants must seek to win the consent of others through debate and persuasion. […] Equality of wills, the root of the elective procedure for appointing rulers, likewise makes discussion the legitimate form of interaction among them."

wird hier nicht – wie in anspruchsvollen deliberativen Demokratiemodellen – als Technik zur Erzeugung vernünftiger, gerechter, guter Entscheidungen gedacht.[1342] Vielmehr ist es Konsequenz des pluralistischen Modells demokratischer Delegation, dass das demokratische Gesetzgebungsverfahren als konsensorientierte zwanglose Kommunikationspraxis konzipiert wird. Daher ist die legislative Willensbildung des Parlaments in ihrer demokratischen Funktion nicht als reine Deliberationspraxis zu konzipieren. Verhandlung und Kompromiss können ebenso gleichheitsgerechte und freiheitliche Mechanismen kollektiver Willensbildung sein wie eine argumentative Praxis des Gebens und Nehmens von Gründen. Neben dem auf intersubjektive Begründung angelegten rationalen Diskurs sind daher – soweit egalitär und freiheitlich, *fair*[1343] verfasst – auch Verhandlung und Kompromiss demokratisch legitime Instrumente der legislativen Willensbildung. Es bleibt damit bei einer voluntaristischen Deutung der Willensbildung einer demokratischen Legislative.

Der Versammlungscharakter der Legislative bedingt die pluralistische Kapazität der legislativen Willensbildung. Er eröffnet die Möglichkeit der gleichberechtigten Artikulation und Behauptung einer Mehrzahl politischer Positionen im Gesetzgebungsverfahren und ermöglicht den politischen Ausdruck gesellschaftlicher Heterogenität. In dieser ihrer demokratischen Funktion sind Verfahren der Gesetzgebung daher wesentlich auf die Form des Parlaments bezogen. Über die politische Ver-

---

[1342] In diesem Sinne konzeptionalisiert die deliberative Demokratietheorie demokratische Willensbildung; *J. Habermas*, Faktizität und Geltung, 166 ff., 217 ff., wo parlamentarische legislative Willensbildung als *repräsentativ geführter Diskurs* (224) im anspruchsvollen Sinne des Diskursprinzips als Demokratieprinzip (151 ff.) rekonstruiert wird, dem freilich Elemente der Verhandlung und Kompromissbildung an die Seite treten; auch 349 ff.

[1343] Auch in Jürgen Habermas' deliberativer Demokratietheorie ist die parlamentarische Willensbildung nicht als reiner Diskurs im anspruchsvollen Sinne gedacht, obwohl Habermas Parlamente als *deliberierende* Vertretungskörperschaften konzipiert, *J. Habermas*, Faktizität und Geltung, 210. Die demokratische Willensbildung im Parlament kann auch in Verhandlungen bestehen; die Verfahren repräsentativ-demokratischer Gesetzgebung müssen daher die Bedingungen sowohl für pragmatische, ethische und moralische Diskurse als auch für faire Verhandlungen gewährleisten.

antwortlichkeit des Parlaments gegenüber den Wählern[1344] räumt parlamentarische Gesetzgebung den politisch berechtigten Rechtssubjekten einer Hoheitsordnung gleichmäßige Chancen ein, mit ihren untereinander uneinheitlichen Präferenzen materiellen Einfluss auf die Gesetzgebung zu nehmen.

(2) Das Mehrheitsprinzip als demokratischer Entscheidungsmodus

Das bislang erarbeitete normative Modell der Rückbindung der gesetzgebenden Gewalt an Wahlen fundiert die demokratietheoretische Rekonstruktion des Mehrheitsprinzips als Modus demokratischen Entscheidens.[1345] Der Mehrheitsentscheid elektoral rückgebundener Organe in legislativer Verantwortlichkeit[1346] ist auf der Grundlage dieses Modells nicht Bestandteil einer Methode zur Erzeugung gerechter, rationaler Entscheidungen.[1347] Es ist vielmehr im Kern Bedingung der Handlungsfähigkeit der Legislative.[1348]

[1344] Dazu oben 1.

[1345] In der Theoriegeschichte ist das Mehrheitsprinzip eng, aber nicht ausschließlich mit der demokratischen Idee verknüpft. Mit Bezügen auf die Theoriegeschichte des Mehrheitsprinzips als demokratischer Entscheidungsmodus *R. Zippelius,* Zur Rechtfertigung des Mehrheitsprinzips in der Demokratie, 1987; *W. Heun,* Das Mehrheitsprinzip in der Demokratie, 1983; die verfassungs- und demokratietheoretische Literatur zum Mehrheitsprinzip ist umfangreich, etwa *C. Hillgruber,* Archiv des öffentlichen Rechts 127 (2002), 460; im Übrigen ist das Mehrheitsprinzip vor allem in den 1970er und 80er Jahren diskutiert worden; neben Zippelius und Heun u.a. *W. Fach,* Archiv für Rechts- und Sozialphilosophie 61 (1975), 200; *B. Guggenberger* (Hrsg.), An den Grenzen der Mehrheitsdemokratie, 1984; *H. Hattenhauer/W. Kaltefleiter* (Hrsg.), Mehrheitsprinzip, Konsens und Verfassung, 1986; *U. Scheuner,* Das Mehrheitsprinzip in der Demokratie, 1973; *A. Rauscher,* Mehrheitsprinzip und Minderheitenrecht, 1988. Eine systematische Übersicht zu den demokratietheoretischen Ansätzen der Rechtfertigung des Mehrheitsprinzips *R. A. Dahl,* Democracy and its critics, 1989, Ch. 10 (135 ff.). *M. Schneider,* Was heißt „Die Mehrheit entscheidet"?, in: Vismann/Weitin (Hrsg.), Urteilen / Entscheiden, 2006, 154, rekonstruiert knapp die Geschichte der Philosophie des Mehrheitsprinzips. Zu einer nichtdemokratischen Anwendung des Mehrheitsprinzip im kanonischen Recht *A. Glomb,* Sententia plurimorum, 2008.

[1346] Zum Begriff der legislativen Verantwortlichkeit oben Kap. 1 IV. 2.

[1347] Hierzu schon oben 2. b. (1). Im deliberativen Demokratiemodell Jürgen Habermas' hat die Mehrheitsregel für parlamentarische Entscheidungen eine

Argumentation, Diskussion und Verhandlung enthalten nicht in sich selbst ein Entscheidungsprinzip. Aus sich selbst heraus findet eine egalitär-zwanglose kollektive Willensbildung in Diskussion und Verhandlung erst ein Ende, wenn alle Teilnehmer übereinstimmen, und keine Widersprüche mehr erhoben werden. Ohne eine zeitliche Begrenzung des Willensbildungsprozesses und ein Entscheidungsprinzip, das die Zahl der Vetopositionen begrenzt, wäre eine pluralistisch verfasste Legislative aber nicht handlungsfähig. Die Entscheidungsregel der Einstimmigkeit würde die Form der Gesetzgebung annähernd unverfügbar machen. Legislatives Recht wäre kaum abänderbar, wodurch auch eine zentrale legitimatorische Funktionsweise der individuellen Berechtigung zur demokratischen Teilhabe ausgeschaltet würde, die Befähigung zur Änderung des Rechts.[1349]

Das Mehrheitsprinzip ist ein Entscheidungsprinzip, mit dem sich die Willensbildung in Verhandlungen und Diskussion begrenzen und in eine Entscheidung überführen lässt, ohne dass zwischen politischen Prä-

---

„interne Beziehung zur Wahrheitssuche *dadurch, dass die mit Majorität getroffene Entscheidung nur eine Zäsur in einer fortlaufenden Diskussion bildet und gleichsam das interimistische Ergebnis einer diskursiven Meinungsbildung festhält.*“, *J. Habermas* (Hrsg.), Faktizität und Geltung, 220, Hervorhebung der Verf.

[1348] In der Staatsphilosophie John Lockes findet sich eine Rekonstruktion des Mehrheitsprinzips aus kontraktualistischer Perspektive, die dieses als Entscheidungsprinzip – und darin mit der Macht der Mehrheit – begründet, und nicht mit einer Vermutung der Wahrheit, Gerechtigkeit oder Rationalität des Mehrheitswillens. *J. Locke,* Zwei Abhandlungen über die Regierung, hrsg. v. Hans Jörn Hoffmann/Walter Euchner, 2007, 8. Kapitel, § 96: *„Denn wenn eine Anzahl von Menschen mit der Zustimmung jedes Individuums eine* Gemeinschaft *gebildet hat, dann haben sie dadurch diese Gemeinschaft zu einem einzigen Körper gemacht, mit der Macht, wie ein einziger Körper zu handeln, was nur durch den* Willen und den Beschluss *der* Mehrheit *geschehen kann. Denn da eine Gemeinschaft allein durch die Zustimmung ihrer einzelnen Individuen zu handeln vermag und sich ein einziger Körper auch nur in einer einzigen Richtung bewegen kann, so muss sich notwendigerweise der Körper dahin bewegen, wo die stärkere Kraft ihn treibt.“* Kritik an einer derartigen Begründung des Mehrheitsprinzips aus dem Gedanken der größeren Kraft, d.h. der *Macht* der Mehrheit artikuliert Kelsen, dazu sogleich noch bei Fn. 1353.

[1349] Dazu noch sogleich. Zur Verfügbarkeit des Rechts als zentraler Bezugspunkt der Legitimationsleistung individueller politischer Berechtigung gegenüber der rechtlichen Bindung individueller Freiheit oben II. 4. b. (3).

ferenzen ein prinzipielles Verhältnis der Ungleichheit etabliert wird.[1350] Es ist materiell indifferent. Demokratietheoretisch ist das Mehrheitsprinzip gleichwohl, wie Hans Kelsen zeigt, nicht primär aus der Idee der Gleichheit abzuleiten, sondern aus der demokratischen Erwägung der Freiheit. Auf die Schwierigkeit, das Mehrheitsprinzip aus der Erwägung der Gleichheit heraus zu begründen verweist auch Jacques Derrida mit dem eingangs dieses Kapitels bereits in Bezug genommenen Paradoxon von der Zählung des Unzählbaren: *„Und die Demokratie? Zählt das? Zählt und rechnet die Demokratie? – Das zählt, zählt die Stimmen und die Subjekte – und zählt doch nicht, darf die Singularitäten, die beliebigen Einzelnen nicht zählen* [...].*“*[1351] Kelsen fasst dies marginal anders gewendet und formuliert dabei das Problem der Zählung von Individuen zur Begründung der Mehrheitsregel weiter aus: *„Dass die menschlichen Willen untereinander gleich seien, ist wohl die Voraussetzung des Majoritätsprinzips. Allein dieses Gleich-Sein ist nur ein Bild,* kann nicht die effektive Messbarkeit, die Summierbarkeit menschlicher Willen oder menschlicher Persönlichkeiten bedeuten.“[1352] Es ist nicht möglich, *„das Majoritätsprinzip damit zu rechtfertigen, dass mehr Stimmen ein größeres Gewicht haben als weniger Stimmen. Aus der rein negativen Präsumtion, dass einer nicht mehr gelte als der andere, kann noch nicht positiv folgen, dass der Wille der Mehrheit gelten solle. Wenn man das Mehrheitsprinzip allein aus der Idee der Gleichheit abzuleiten versucht, hat es tatsächlich jenen rein mechanischen, ja sinnlosen Charakter* [...]. *Es wäre nur der notdürftig formalisierte Ausdruck der Erfahrung, dass die mehreren stärker sind als die wenigeren; und der Satz: Macht geht vor Recht, wäre nur insoferne überwunden, als er sich selbst zum Rechtssatz erhöbe.“*[1353]

[1350] Zu dieser Qualität des Mehrheitsprinzips, keinen inhaltlichen *„built-in bias“* zu haben, *R. A. Dahl,* Democracy and its critics, 1989, 139 f.; *J. Waldron,* Law and disagreement, 1999, 88 ff., 116 ff. zum Mehrheitsprinzip als *mechanical procedure for action-in-concert in the face of disagreement.*

[1351] *J. Derrida,* Politik der Freundschaft, 2007, 13.

[1352] *H. Kelsen,* Vom Wesen und Wert der Demokratie (2. Auflage 1929), in: Jestaedt/Lepsius (Hrsg.), Verteidigung der Demokratie, 2006, 149, 9, Hervorhebung der Verf.

[1353] *H. Kelsen,* Vom Wesen und Wert der Demokratie (2. Auflage 1929), in: Jestaedt/Lepsius (Hrsg.), Verteidigung der Demokratie, 2006, 149, 9 f. Diese Argumentation kritisiert implizit die in Fn. 1348 oben zitierte Begründung des Mehrheitsprinzips in der Theorie John Lockes, der mit der Macht der Mehrheit

Die Mehrheitsregel ist ein Verfahren zur Minimierung der Zahl fremdbestimmter Individuen: Sie maximiert individuelle Selbstbestimmtheit in dem Sinne, dass möglichst viele Individuen durch das Recht gebunden sein sollen, das ihrem Willen entspricht.[1354] Die demokratische Funktion des Mehrheitsprinzips beruht dabei aber nicht darauf, dass es den Herrschafts-/Hoheitscharakter legislativer Gewalt im Verhältnis zu möglichst vielen Adressaten des Rechts aufhebt. Auch das mit der Mehrheit stimmende Individuum ist nicht mehr nur allein seinem eigenen Willen unterworfen.[1355] Als Maximierungsregel individueller Selbstbestimmtheit funktioniert es, indem es das Recht verfügbar hält.[1356] Diese Rekonstruktion der demokratischen Funktion des de-

---

argumentiert. Diese Argumentation entspricht letztlich der Argumentation der Unabwägbarkeit von Würdeansprüchen und verläuft analog zur Argumentation der fehlenden Abwägbarkeit von Menschenleben.

[1354] „*Nur der Gedanke, dass – wenn schon nicht alle – so doch* möglichst viele Menschen frei *sein, d.h.* möglichst wenig Menschen mit ihrem Willen in Widerspruch zu dem allgemeinen Willen der sozialen Ordnung geraten sollen, *führt auf einem vernünftigen Weg zum Mehrheitsprinzip.*“; *H. Kelsen,* Vom Wesen und Wert der Demokratie (2. Auflage 1929), in: Jestaedt/Lepsius (Hrsg.), Verteidigung der Demokratie, 2006, 149, 9 f., Hervorhebungen im Original. Dort heißt es weiter: “Dass dabei natürlich die Gleichheit als Grundhypothese der Demokratie vorausgesetzt wird, zeigt sich eben darin, dass nicht gerade dieser oder jener frei sein soll, weil dieser nicht mehr gilt als jener, sondern dass möglichst viele frei sein sollen.“ Zu der Maximierungsargumentation als Rechtfertigung des Mehrheitsprinzips auch weitestgehend parallel zu Kelsen, aber in der anglo-amerikanischen Literatur verbleibend *R. A. Dahl,* Democracy and its critics, 1989, 138 f.

[1355] Dazu oben II. 3. Dass der mit der Mehrheit Stimmende nicht mehr nur seinem eigenen Willen unterworfen und daher selbstbestimmt ist, „[…] *erfährt er sofort, wenn er seinen bei der Abstimmung geäußerten Willen ändert. Die rechtliche Unmaßgeblichkeit solcher Willensänderung zeigt ihm nur allzudeutlich den* fremden Willen, *oder, ohne Bild gesprochen: die* objektive Geltung der Ordnung, *der er unterworfen ist.*“, *H. Kelsen,* Vom Wesen und Wert der Demokratie (2. Auflage 1929), in: Jestaedt/Lepsius (Hrsg.), Verteidigung der Demokratie, 2006, 149, 8, Hervorhebungen im Original.

[1356] „*Und da ist eben die Konkordanz zwischen Einzel- und Staatswillen um so leichter, mit je weniger anderen Individualwillen eine Übereinstimmung notwendig ist, um eine* Abänderung des Staatswillens *herbeizuführen.*“, *H. Kelsen,* Vom Wesen und Wert der Demokratie (2. Auflage 1929), in: Jestaedt/Lepsius (Hrsg.), Verteidigung der Demokratie, 2006, 149, 10 (Hervorhebung der Verf.), der daran anschließend mit dem Maximierungsgedanken auch

mokratischen Mehrheitsprinzips trifft sich mit der Einsicht, dass die legitimatorische Bedeutung politischer Teilhaberechte (auch) darin liegt, dass sie zur Abänderung des geltenden Rechts befähigen.[1357] Das Mehrheitsprinzip ist daher keine Begrenzung der demokratischen Legitimation hoheitlicher Gewalt. Gesetzgebung wäre nicht demokratisch legitimer, wenn sie allein einstimmig zustande käme und einstimmig abänderbar wäre.[1358] Das Mehrheitsprinzip ist kein Verfahren der Annäherung an einen vorrechtlichen demokratischen Volkswillen. Es bringt eine Entscheidung, die dem demokratischen Subjekt als demokratisches Handeln, als demokratischer Wille zurechenbar ist, erst hervor.

Dies lenkt den Blick auf die Frage der inhaltlichen Begrenzung der demokratischen Willensbildung, insbesondere des Mehrheitsprinzips, zugunsten der Gewährleistung individueller Freiheit. Dies ist eine weitere Dimension[1359] des Spannungsverhältnisses von Volkssouveränität und Menschenrechten. Die materielle Beschränkung der demokratischen Willensbildung durch mehrheitlich – oder sogar einstimmig – unverfügbare Gewährleistungen individueller Freiheit ist tatsächlich die zentrale Konstellation, an der das Verhältnis zwischen Demokratie und der liberalen Idee der Bindung hoheitlicher Gewalt an die Menschenrechte

---

die Art der demokratischen Majorität bestimmt – es bedeutet danach das Prinzip der absoluten (und nicht das einer sonst wie qualifizierten) Mehrheit die *relativ größte Annäherung an die Idee der Freiheit* (9): *„Die absolute Majorität stellt hier tatsächlich die oberste Grenze dar. Bei weniger wäre die Möglichkeit gegeben, dass der Staatswille im Augenblick seiner Erzeugung mit mehr Individualwillen im Widerspruch als in Einklang steht; bei mehr, dass eine Minderheit den Staatswillen – indem sie dessen Abänderung verhindert – im Widerspruch zu einer Mehrheit zu bestimmen vermag.“* (10).

1357 Oben II. 4. b. (3).

1358 Dass das Individuum nicht mehr nur durch seinen eigenen Willen gebunden und damit fremdbestimmt ist, trifft auch auf Gesetzgebung zu, die mit der Zustimmung aller Adressaten zustande gekommen ist.

1359 Ein anderer, oben unter II. 2. thematisierter Fall einer Spannung zwischen Volkssouveränität und Menschenrechten ist der der demokratischen Schließung, die den universalen Anspruch gleicher Freiheit für die Menge der inkludierten Menschen insbesondere auf dem Gebiet des Politischen verwirklicht, seine Universalität dabei aber durch die Exklusionslogik der Konstitution eines demokratischen Subjekts zugleich unterläuft.

diskutiert wird.[1360] In der Demokratietheorie werden dabei ganz unterschiedliche Vorschläge unterschiedlicher Gewichtungen des liberalen und des demokratischen Geltungsanspruchs im Verhältnis zueinander formuliert.[1361]

Die Erwägungen, die hier die Auseinandersetzung mit dem Verhältnis von demokratischer und liberaler Logik hinsichtlich der Konstitution eines demokratischen Subjekts geleitet haben, sind auf das Problem der Begrenzung demokratischer Willensbildung durch unverfügbare

---

[1360]Zur Positionierung der Arbeit in dieser Frage bereits knapp oben II. 2. in kritischer Auseinandersetzung mit dem antiliberalen Demokratiebegriff Carl Schmitts, nach dem „[z]*u dem Worte „Freiheit"* [...] *zu sagen* [ist], *dass Freiheit im Sinne einer individuellen jedem einzelnen Menschen von Natur zustehenden Freiheit ein liberales Prinzip ist. Sie kommt nur für den rechtsstaatlichen Bestandteil der modernen Verfassung, nicht aber als politisches Formprinzip in Betracht.*" (*C. Schmitt*, Verfassungslehre, 2003, 225). Aufrechtzuerhalten ist allerdings die analytische Aufgliederung von demokratischem und liberalem Gedanken, von der Schmitts These ausgeht. Zur Position Kelsens schon oben II. 3. *H. Kelsen,* Vom Wesen und Wert der Demokratie (2. Auflage 1929), in: Jestaedt/Lepsius (Hrsg.), Verteidigung der Demokratie, 2006, 149, 10 f., spielt konsequent wertrelativistisch demokratische und liberale Ideen ebenso gegeneinander aus wie Schmitt: „*Auch bei schrankenloser Ausdehnung der Staatsgewalt gegen das Individuum, also bei völliger Vernichtung der individuellen Freiheit und Negation des liberalen Ideals, ist Demokratie – wird solche Staatsgewalt nur von den ihr unterworfenen Individuen gebildet – noch möglich.*" Der wirkmächtigste Entwurf ist der Jürgen Habermas' These der Gleichursprünglichkeit von Demokratie und Menschenrechten, *J. Habermas* (Hrsg.), Faktizität und Geltung, 2006.

[1361]Eine an den Interessen der Arbeit ausgerichtete Auswahl von Entwürfen: *H. Kelsen,* Vom Wesen und Wert der Demokratie (2. Auflage 1929), in: Jestaedt/Lepsius (Hrsg.), Verteidigung der Demokratie, 2006, 149, 10 f., s. Fn. 1360 oben; *C. Mouffe,* The democratic paradox, 2000, die insbesondere für eine Behauptung des Gedankens der demokratischen Selbstgesetzgebung gegenüber einer vorrangigen Orientierung politischer Verfasstheit an dem effektiven Schutz von Individualrechtsgütern streitet; *J. Habermas* (Hrsg.), Faktizität und Geltung, mit der Rekonstruktion der Gleichursprünglichkeit von Demokratie und Menschenrechten; *J. Rawls,* Die Idee des politischen Liberalismus, 1992, der mit der Figur des *overlapping consensus* die liberalen Institutionen in der Demokratie der Verfügung entzieht (zu Rawls politischem Liberalismus unter dem Gesichtspunkt der Bedeutung von Pluralismus in der Demokratie schon oben Kap. 3 II. 1).

Rechtspositionen des Individuums übertragbar.[1362] Die Gewährleistung politischer Freiheit und Gleichheit konstituiert als demokratisches Formprinzip[1363] demokratische Ordnung. Insoweit ist demokratische Willensbildung nicht extern beschränkt.[1364] Jenseits hiervon gibt es keine einzig richtige Abwägung zwischen dem liberalen Anspruch der materiellen Bindung gesetzgebender Gewalt an Grundrechte und der demokratischen Forderung einer inhaltlich offenen politischen Willensbildung.[1365]

Jede materielle Begrenzung der Willensbildung des demokratischen Gesetzgebers durch Grundrechte bleibt eine inhaltlich offene Bindung. Der Gesetzgeber bestimmt den Inhalt und die Reichweite grundrechtlicher Gewährleistung vielfach selbst.[1366] Um die Frage zu beantworten, inwieweit auf europäischer Ebene Menschenwürde und Grundrechte, an die sich die EU mit der Charta der Grundrechte gebunden hat, zur Geltung kommen, muss daher rekonstruiert werden, welche Bedeutung, welchen Gehalt und welche Reichweite die Menschenwürde und die Grundrechte in der Unionsrechtsordnung haben. Für den Bereich der Biomedizin und Humanbiotechnologie zeigt dies die einschlägige Gesetzgebung der EU, die hier bereits aufgearbeitet wurde. Die Regelungen zur Patentierbarkeit menschlicher Materie, zum Schutz von Teilnehmern an klinischen Prüfungen oder die Förderungsgrundsätze für den Bereich der Forschung mit humanen embryonalen Stammzellen konkretisieren für diesen Bereich die Bedeutung der Menschenwürde

---

[1362] Hierzu oben II. 2.

[1363] Zur Konzeptualisierung des liberalen Gedankens gleicher Freiheit als demokratisches Formprinzip, nicht als externe Begrenzung politischer Entscheidung durch Kelsen oben II. 3.; bei diesem Verständnis nimmt das hier vertretene Demokratiemodell (II. 4.) seinen Ausgang.

[1364] Die Geltung gleicher Freiheit ist als demokratisches Formprinzip konstitutiv für ein demokratisches Mehrheitsprinzip; dazu schon soeben im Anschluss an Kelsen (Haupttext ab Fn. 1350).

[1365] Verfassungstheoretisch zur notwendigen inhaltlichen Freiheit des demokratischen Gesetzgebers als Voraussetzung der Zurechnung hoheitlicher Gewalt zum verfassungsrechtlich eingesetzten Legitimationssubjekt, d.h. dem demokratischen *demos* oben Kap. 1 III. und IV.

[1366] Dazu bereits oben Kap. 3 II. 1. In der Überprüfung dieser „Konkretisierungsleistung“ des Gesetzgebers liegt eine zentrale Funktion von Verfassungsgerichtsbarkeit, in der diese wiederum in ein Spannungsverhältnis zur demokratischen Logik der Souveränität der demokratischen Willensbildung tritt.

und Grundrechte. Wie die grundrechtliche Bindung im Gesetzgebungsverfahren artikuliert wird, wurde hier bereits analysiert: Die Aufarbeitung der Praxis des Mitentscheidungsverfahrens hat gezeigt, welche Akteure die Betätigung der Selbstbindung der Union an die Grundrechte betreiben und mit welchen Gehalt sie dabei im Rahmen des Prozesses der legislativen Willensbildung als inhaltliche Beschränkung der gesetzgebenden Gewalt geltend gemacht werden.[1367]

(3) Öffentlichkeit als Bedingung der politischen Verantwortlichkeit im Delegationsverhältnis zwischen Wählern und gewählter Legislative

Bedingung eines Zusammenhangs politischer Verantwortlichkeit zwischen der gewählten Legislative und den Wählern ist die Öffentlichkeit der legislativen Willensbildung. Die Möglichkeit, die Parlamentarier bei ihrer kollektiven Willensbildung zu beobachten, bedingt offensichtlich ihre Fähigkeit, Wahlen als Instrument der Rückbindung der Legislative an die politischen Präferenzen der Wähler zu nutzen. Daher sind die Öffentlichkeit und Transparenz der parlamentarischen Willensbildung Bedingung ihrer legitimatorischen Funktion.[1368] Dies erfordert nicht nur die Öffentlichkeit der Abstimmung, sondern auch die Öffentlichkeit des Prozesses der inhaltlichen Entwicklung eines Gesetzgebungsvorhabens im Prozess der legislativen Willensbildung.

[1367] Oben Kap. 5 III. 2. c.

[1368] Zu diesem Punkt aus der Perspektive der Delegationstheorie, nach der fehlende Transparenz und Öffentlichkeit als Voraussetzungen der Information des Prinzipals (der Wähler) über das Handeln seiner Agenten (der gewählten Repräsentanten) formell gegebene Mechanismen politischer Verantwortlichkeit dysfunktional werden lässt, *K. Strøm*, Parliamentary Democracy and Delegation, in: Strøm/Müller/Bergman (Hrsg.), Delegation and accountability in parliamentary democracies, 2006, 55, 85 ff. Von der Frage der rechtlichen und praktischen Gewährleistung der Öffentlichkeit und Transparenz der legislativen Willensbildung zu unterscheiden ist die Existenz einer Öffentlichkeit im Sinne der öffentlichen Wahrnehmung und gemeinschaftlichen kommunikativen Reflexion von Politik. Die öffentliche Wahrnehmung von Politik ist auf deren Öffentlichkeit und Transparenz angewiesen, eine kommunikative Öffentlichkeit kann aber nicht rechtlich hergestellt werden.

c. Delegationsketten und demokratische Legitimation: Die Legitimationsleistung indirekt elektoral rückgebundener Gesetzgebungsorgane

Die Mittelbarkeit der Rückbindung des Rates an Wahlen erfordert für die demokratietheoretische Rekonstruktion der dualen Legitimationsstruktur der Union eine normative Theorie mehrfach vermittelter, indirekter Delegationszusammenhänge und die Bewertung ihrer Legitimationsleistung.[1369] Verfassungstheoretisch wird diese Konstellation einer indirekten elektoralen Rückbindung – in Anlehnung an die Lehre des Bundesverfassungsgerichts – über die Figur der Legitimationskette konzipiert. Danach kann ein Ableitungszusammenhang, der von der demokratischen Legitimation des Parlaments ausgeht, politischen Akteuren demokratische Legitimation vermitteln: Politische Akteure sind personell-organisatorisch legitimiert, wenn sie parlamentarisch gewählt oder durch Amtsträger gewählt, bestellt oder ernannt sind, die ihrerseits personell parlamentarisch legitimiert sind.[1370] Mit Blick auf den Rat besteht eine solche Legitimationskette ausgehend von den Wahlen der mitgliedstaatlichen Parlamente, die ihrerseits jeweils die Regierung

---

1369 Zur demokratischen Rückbindung des Rates an das primärrechtlich eingesetzte Legitimationssubjekt oben Kap. 1 III. 2. a.

1370 Die Legitimationskettentheorie des Bundesverfassungsgerichts in BVerfGE 47, 253 (275); BVerfGE 77, 1 (40); BVerfGE 83, 60 (72); BVerfGE 93, 37 (66 f.); diese Lehre geht auf Ernst-Wolfgang Böckenförde zurück, s. *E.-W. Böckenförde,* § 24, Demokratie als Verfassungsprinzip, in: Isensee/Kirchhof (Hrsg.), Handbuch des Staatsrechts der Bundesrepublik Deutschland, 429, Rn. 16, wonach die organisatorisch-personelle demokratische Legitimation in einer ununterbrochenen, auf das Volk zurückführenden Legitimationskette für die mit der Wahrnehmung staatlicher Angelegenheiten betrauten Amtsträger besteht. Diese Legitimation muss nach Böckenförde nicht unmittelbar auf das Volk zurückführen, mittelbare wie unmittelbare Berufung durch das Volk sind nach dem Legitimationskettengedanken gleichermaßen zulässig, wenngleich die unmittelbare Berufung eine höhere demokratische Dignität begründe. Die Kette individueller Berufungsakte vom einzelnen Amtswalter bis hin zum Volk als Inhaber der Staatsgewalt müsse lückenlos sein. Zur personell-organisationellen demokratischen Legitimation *E.-W. Böckenförde,* § 24, Demokratie als Verfassungsprinzip, in: Isensee/Kirchhof (Hrsg.), Handbuch des Staatsrechts der Bundesrepublik Deutschland, 429, Rn. 16 ff.

wählen, welche einen handlungsbefugten Vertreter auf Ministerebene in den Rat entsendet.[1371]

Die demokratische Legitimation des Handelns von Akteuren, die personell über eine Legitimationskette demokratisch legitimiert sind, setzt aber auch deren sachlich-inhaltliche Rückbindung an die Willensbildung des demokratischen Subjekts voraus. Um die Legitimation hoheitlichen Handelns von diesem her zu erreichen, müssen beide Dimensionen der demokratischen Legitimation zusammenwirken.[1372] Die organisatorisch-personelle Legitimation eines Entscheidungsträgers bewirkt für sich genommen, dass er seiner Einsetzung nach vom demokratischen Subjekt legitimiert ist. Soll daraus aber nicht eine verselbständigte, dem Inhalt nach von der Willensbildung des demokratischen Subjekts unabhängige Hoheitsgewalt hervorgehen, bedarf es zugleich der sachlich-inhaltlichen Legitimation.[1373] Für die Ausübung von legislativer Gewalt wird sachlich-inhaltliche demokratische Legitimation durch die effektive politische Verantwortlichkeit des legislativ Handelnden gegenüber dem demokratischen Subjekt hergestellt.

Die Delegationstheorie betont, dass entlang einer Reihe von Delegationsakten das Verantwortlichkeitsverhältnis zwischen dem originären politischen Prinzipal (d.h. der Wählerschaft) und einem politischen Akteur nur so effektiv ist wie die Verantwortlichkeitsverhältnisse in den einzelnen Delegationsbeziehungen, die den indirekten Verantwortlichkeitszusammenhang vermitteln.[1374] Ausgehend von einem ersten Dele-

---

[1371] Oben Kap. 1 III. 2. a.

[1372] *E.-W. Böckenförde*, § 24, Demokratie als Verfassungsprinzip, in: Isensee/Kirchhof (Hrsg.), Handbuch des Staatsrechts der Bundesrepublik Deutschland, 429, Rn. 23.

[1373] Ebd.

[1374] *K. Strøm*, European Journal of Political Research 37 (2000), 261, 277; so auch *A. Lupia*, Delegation and its Perils, in: Strøm/Müller/Bergman (Hrsg.), Delegation and accountability in parliamentary democracies, 2006, 33, 52: „Suppose, […] that a country's chain of delegation is a straight line – one link connects voters to MPs, one link connects MPs to governments, and so on. In such a chain, a broken link implies a broken chain. So, for citizens at one end of the chain to hold accountable civil servants at the other end, every link of the chain must be strong. Reducing agency loss in such cases requires that the necessary conditions for successful delegation are satisfied at every link in the chain. If this condition is not satisfied, the chain is broken. As a result, princi-

gationsakt steigert jede weitere Delegation die Gefahr des *agency loss* des originären Prinzipals gegenüber dem ihm zurechenbar handelnden Akteur, d.h. einer Unterbrechung der vermittelten Verantwortlichkeit im Verhältnis zwischen dem ersten Prinzipal und dem handelnden Akteur.[1375] Hieran muss sich der Rat in seiner Legitimationsleistung messen lassen.[1376]

Ein zweites Problem der Legitimationsleistung indirekt an Wahlen rückgebundener Organe ist ihre institutionelle Struktur, soweit diese die demokratische Vertretung der wahlberechtigten Rechtssubjekte personell stark verdichtet. Die demokratische Legitimation von Gesetzgebung ist jenseits der demokratischen Wahlen eine Leistung der Kapazität der institutionellen und prozeduralen Verfasstheit der Legislative zur politischen Artikulation gesellschaftlicher Heterogenität und Differenz.[1377] Anders formuliert ist die sachlich-inhaltliche Legitimation von Gesetzgebung (auch) eine Funktion der pluralistischen Kapazität der legislativen Willensbildung in Rückbindung an die politische Artikulation des demokratischen Subjekts.[1378] Insbesondere die Konzentration der demokratischen Vertretungsfunktion auf eine Person bedeutet jedoch für das demokratische Subjekt eine Minimierung der pluralistischen Kapazität legislativer Willensbildung: Der parlamentarische Charakter der Legislative ermöglicht es durch die Form der Willensbildung[1379] und den Entscheidungsmodus[1380], im Gesetzgebungsverfahren

---

pals on one side of the break have no direct control over agent actions on the other side of the break."

[1375]Zum Anwachsen des Potentials eines *agency loss* mit der Zahl der Delegationsakte *K. Strøm,* European Journal of Political Research 37 (2000), 261, 277; *A. Lupia,* Delegation and its Perils, in: Strøm/Müller/Bergman (Hrsg.), Delegation and accountability in parliamentary democracies, 2006, 33, 52. Zum Problem des *agency loss*, d.h. des Ausfalls politischer Verantwortlichkeit bzw. der Dysfunktionalität formeller Mechanismen politischer *accountability* überblicksweise *K. Strøm,* European Journal of Political Research 37 (2000), 261, 270 f.

[1376]Mit einer normativen Rekonstruktion der intergouvernementalen Legitimationsstruktur der Union Kapitel 8.

[1377]Oben 2. b. (1).

[1378]Oben 2. b. (1).

[1379]Oben 2. b. (1).

[1380]Oben 2. b. (2).

differente politische Positionen zu artikulieren. Er erlaubt es, legislatives Handeln ausgehend von einer Pluralität politischer Positionen zwanglos und gleichheitsgerecht zu generieren. Die Vertretung des demokratischen Subjekts durch eine einzelne Person oder wenige Personen in legislativer Verantwortung stellt im Vergleich zum demokratischen *acting for* durch eine größere Versammlung weniger institutionelle und prozedurale Kapazität zur Verfügung, die die politische Artikulation einer Vielfalt von politischen Präferenzen ermöglicht. Im Rahmen monokratischen Handelns, also im Rahmen des Handelns einer allein demokratisch vertretenden Person, wird gar nicht erst die Artikulation einer Mehrzahl politischer Positionen freigesetzt. Der Willensbildungsprozess ist geschlossen. Im Rahmen der Gesetzgebung verfehlt die Vertretung des demokratischen Subjekts durch eine einzelne Person deshalb eine wesentliche legitimatorische Funktionsweise legislativer Willensbildung, nämlich die Bereitstellung pluralistischer Kapazität. Ihre Legitimationsleistung bleibt damit hinter der eines Parlaments zurück. Dies ist keine Minderleistung demokratischer Legitimation, die ausgeglichen werden könnte durch andere Verfahrensweisen, denen eine gewisse Legitimationsleistung zugeschrieben wird, wie etwa partizipative oder expertokratische Deliberationsverfahren.

Kapitel 8. Vorschlag einer Demokratietheorie der dualen Legitimationsstruktur der Union

Die Entwicklung einer Demokratietheorie der dualen Legitimationsstruktur der Union ist in dieser Arbeit als normative Rekonstruktion angelegt, als Unternehmen einer Sinngebung für Konzeptionen, Begriffe und Institutionen des positiven Rechts und deren Betätigung als soziale Praxis: Die duale Legitimationsstruktur der Union und deren Gesetzgebungsverfahren wird auf ihren Freiheit und Gleichheit verbürgenden, demokratischen Sinn und Gehalt untersucht und analytisch auf diesen zurückgeführt.[1381] Das ist kein affirmatives[1382], sondern ein reflexives Unterfangen mit kritischem Vermögen: In der demokratietheoretischen Rekonstruktion der dualen Legitimationsstruktur der Union wird der Gehalt des Demokratieverständnisses, das in Kapitel 7 entwickelt wurde, als kritischer Maßstab argumentativ entfaltet. Zugleich wird im Rahmen der Theoriebildung der demokratische Anspruch, den das Primärrecht mit Art. 2, 10 EUV, Art. 289 AEUV erhebt, ernst genommen[1383] und das primärrechtliche Modell einer Kombination zwei-

---

[1381] Diese Beschreibung der Methode der normativen Rekonstruktion geht auf mündliche Anregungen von Jürgen Habermas zurück. Im Sinne einer Aufgabe der Konzeption von Demokratie, die „in der Lage ist, einem Begriff des positiven Rechts Bedeutung zu verleihen, nämlich der Demokratie im Sinne des Art. 2 EUV“ *A. von Bogdandy,* Demokratische Legitimation jenseits des Staates, in: Lindemann/Malaviya/Hanebeck u. a. (Hrsg.), Erzählungen vom Konstitutionalismus, 2012, 122, 133.

[1382] Zur affirmativen Rekonstruktion der Ausprägung der dualen Legitimationsstruktur im Primärrecht in der Rechtsprechung des EuGH oben Kap. 6 I. 2. Kritik an einer affirmativen demokratietheoretischen Rekonstruktion der europäischen Integration bei *M. Nettesheim,* Demokratisierung der Europäischen Union und Europäisierung der Demokratietheorie – Wechselwirkungen bei der Herausbildung eines europäischen Demokratieprinzips, in: Bauer/Sommermann (Hrsg.), Demokratie in Europa, 2005, 143, der vor einem Abgleiten der Demokratietheorie in reine Faktizität warnt (189).

[1383] Einen Fall der Negation des demokratischen Anspruches der Verfassung des Legitimationssubjekts der EU ist die Position des BVerfGE 123, 267, danach ist „[d]*as Europäische Parlament* [...] *auch nach der Neuformulierung in Art. 14 Abs. 2 EUV-Lissabon und entgegen dem Anspruch, den Art. 10 Abs. 1 EUV-Lissabon nach seinem Wortlaut zu erheben scheint, kein Repräsentationsorgan eines souveränen europäischen Volkes.*“ (Rn. 280) Das Europäische Par-

er Repräsentationsorgane mit dem entwickelten Demokratieverständnis auf seine demokratischen Gehalte zurückgeführt. Es wird so nicht allein ein normativer Anspruch der Demokratietheorie gegenüber der Verfasstheit der EU geltend gemacht. Vielmehr besteht der Anspruch der Öffnung der Demokratietheorie für die Verfassungspraxis und die Strukturen, Verfahren und Institutionen, die mit demokratischem Anspruch eingesetzt werden.[1384]

Folgende Fragen muss eine Demokratietheorie der dualen Legitimationsstruktur der EU beantworten:[1385] Vermittelt eines der Organe europäischer Gesetzgebung mehr oder qualitativ höherwertige demokratische Legitimation als das andere? Können Rat und Parlament einander in ihrer demokratischen Funktion ersetzen? Diese Fragen verweisen auf Vorfragen: Wie verhalten sich die beiden durch Art. 10 EUV benannten Legitimationssubjekte der EU, die Gesamtheit der Unionsbürgerinnen und -bürger und die mitgliedstaatlichen Staatsvölker, zu einander? Gehen die beiden über Rat und Parlament verlaufenden Legitimationsstränge von zwei strukturell unterschiedlichen Legitimationssubjekten aus, oder ist die Legitimationsgrundlage letztlich eine einzige?[1386] In welchem Verhältnis steht die duale Legitimationsstruktur der Union zu

---

lament bleibt aus der Perspektive des Gerichts entgegen der primärrechtlichen Bezeichnung *„Vertretung der miteinander vertraglich verbundenen Völker"* (Rn. 279). Mit seiner Engführung der Kategorien des politischen/demokratischen Subjekts und des *souveränen*, d.h. mit Staatlichkeit ausgestatteten Volkes zeigt das Gericht zugleich einen Fall der Verweigerung der Fortentwicklung oder Änderung einer normativen Demokratievorstellung in Entsprechung zu den Strukturen und Gegebenheiten des Kontextes ihrer Anwendung, vorliegend der EU.

[1384]Die Forderung einer Reflexivität der Demokratietheorie gegenüber demokratischer Praxis, mit der *„die Lernrichtung nicht nur von der Demokratietheorie zur Demokratie, sondern umgekehrt von Praxen, die als demokratische Anerkennung finden, zur Demokratietheorie"* verlaufen soll, erhebt allgemein *C. Möllers*, Expressive versus repräsentative Demokratie, in: Kreide/Niederberger (Hrsg.), Transnationale Verrechtlichung, 2008, 160, 172, und in Bezug auf die Europäische Union *M. Nettesheim*, Demokratisierung der Europäischen Union und Europäisierung der Demokratietheorie – Wechselwirkungen bei der Herausbildung eines europäischen Demokratieprinzips, in: Bauer/Sommermann (Hrsg.), Demokratie in Europa, 2005, 143, 162 ff.

[1385]Hierzu schon Kap. 6 III.

[1386]*A. von Bogdandy*, Grundprinzipien, in: Bogdandy/Bast (Hrsg.), Europäisches Verfassungsrecht, 2009, 13, 64.

deren Gestalt und Struktur? Orientiert an diesen Fragen wird im Folgenden der Vorschlag einer Demokratietheorie der dualen Legitimationsstruktur der Union erarbeitet. Ausgangspunkt ist dabei eine Auseinandersetzung mit den Konzepten des Legitimationssubjekts europäischer Hoheitsgewalt im Primärrecht einschließlich der Rechtsprechung des EuGH, in der Literatur und in der Rechtsprechung des Bundesverfassungsgerichts sowie des Europäischen Gerichtshofs für Menschenrechte. Im nächsten Schritt werden Europäisches Parlament und Rat in ihrer demokratischen Funktion rekonstruiert. Insbesondere wird ihre Legitimationsleistung bestimmt und verglichen, sowie die duale Legitimationsstruktur in ein Verhältnis zur Gestalt und Struktur der Europäischen Union gesetzt. Grundlage hierfür ist das in Kapitel 7 eingeführte normative Konzept des Subjekts der demokratischen Legitimation und der elektoralen Rückbindung der gesetzgebenden Gewalt.

I. Das Subjekt der demokratischen Legitimation europäischer Hoheitsgewalt

1. Primärrechtliches Konzept und Deutungsvorschläge der Literatur

Die duale Legitimationsstruktur der Union bezieht diese auf zwei politische Subjekte: Das Europäische Parlament vertritt nach Art. 10 Abs. 2, Art. 14 Abs. 2 EUV die Bürgerinnen und Bürger der Europäischen Union. Im Rat werden die Mitgliedstaaten von dem jeweiligen Staats- oder Regierungschef und von ihrer jeweiligen Regierung vertreten, die ihrerseits gegenüber dem jeweiligen nationalen Parlament oder unmittelbar gegenüber den jeweiligen Bürgerinnen und Bürgern demokratisch verantwortlich ist, Art. 10 Abs. 2, Art. 16 EUV. Der Rat ist damit über eine Delegationskette an die Willensbildung der mitgliedstaatlichen Staatsvölker zurückgebunden.[1387] Teile der Literatur schlagen vor, Europäisches Parlament und Rat als Repräsentanten eines einheitlichen, aber in zwei rechtlichen Verfasstheiten auftretenden Legitimationssubjekts zu betrachten. Die mitgliedstaatlichen Staatsvölker und die Unionsbürgerschaft verfassen auf Grund der Akzessorietät des europäischen Bürgerstatus zur mitgliedstaatlichen Staatsbürgerschaft (Art. 9

[1387] Dazu bereits oben Kap. 1 III. 2. a. Demokratietheoretisch zum Konzept der Delegations- bzw. Legitimationskette oben Kap. 7 III. 2. c.

EUV, Art. 20 AEUV) grundsätzlich dieselbe Menge von Individuen.[1388] Im Mehrebenenzusammenhang von supranationaler Union und Mitgliedstaaten seien daher *„dieselben Menschen Träger und Zurechnungssubjekt beider Handlungsebenen* [...], *die auf sie einwirken, für sie handeln und Recht setzen: Als Staatsbürger sind sie* [...] *über ihre Parlamente und Regierungen repräsentiert im Rat, als Unionsbürger durch die Abgeordneten im Europäischen Parlament."*[1389] Die Unionsbürgerschaft stelle einen neuen rechtlichen und politischen Status der Angehörigen der Mitgliedstaaten dar, den die mitgliedstaatlichen Staatsvölker – handelnd vermittels ihrer Regierungen – durch Verträge selbst geschaffen haben.[1390] Der Status der Unionsbürgerschaft sei zwar gegenüber der mitgliedstaatlichen Staatsbürgerschaft wie die Verfassung der Europäischen Union im Verhältnis zu den mitgliedstaatlichen Verfassungen komplementär und von dieser rechtlich, institutionell und funktional nicht ablösbar. Er repräsentiere aber eine gemeinsame Zugehörigkeit der mitgliedstaatlichen Völker zur Europäischen Union und füge dem

---

[1388] Ausnahmen gibt es nach der sog. Gibraltar-Rechsprechung des EuGH; dazu noch unten II. 1. a. (2).

[1389] *I. Pernice*, Zur Finalität Europas, in: Schuppert/Pernice/Haltern (Hrsg.), Europawissenschaft, 2005, 743, 760; siehe auch *ders*, Die politische Vision von Europa und die notwendigen institutionellen Reformen, in: Pahl (Hrsg.), Grundfragen der europäischen Verfassungsentwicklung, 2000, 79; *ders*, Der Europäische Verfassungsverbund auf dem Wege der Konsolidierung, in: P. Häberle (Hrsg.), Jahrbuch des öffentlichen Rechts der Gegenwart, 2000, 205; *ders*, European Law Review 27 (2002), 511. In diesem Sinne auch *A. Peters*, Elemente einer Theorie der Verfassung Europas, 2001, 566: *„Die Individuen handeln* [...] *in verschiedenen Rollen, in denen sie ihre Repräsentanten wählen. Als Staatsbürger wählen sie das nationale Parlament, als EU-Bürger wählen sie das Europäische Parlament.* [...] *Die Staaten (im Rat oder in einer potentiellen Staatenkammer) vertreten die Bürger, in ihrer Rolle als Staatsbürger. Das Europäische Parlament vertritt ebenfalls die Bürger, in ihrer Rolle als EU-Bürger."* S. auch die Stellungnahme von Franz C. Mayer für den Deutschen Bundestag im Organstreitverfahren und zu den Verfassungsbeschwerden gegen die Zustimmungs- und Begleitgesetzgebung, *F. Mayer*, Stellungnahme des Bundestages in dem Organstreitverfahren 2 BvE 5/08 und zu den Verfassungsbeschwerden 2 BvR 1259/08, 70 f., nach dem *„auch die Hoheitsmacht der einzelnen Ratsmitglieder letztlich von den einzelnen Unionsbürgerinnen und -bürgern ausgeht und – genauso wie beim Europäischen Parlament – auf diese als Legitimationssubjekte zurückgeführt werden kann."*

[1390] *I. Pernice*, Common Market Law Review 36 (1999), 703, 717, 720 ff.

Konzept der Bürgerschaft, das bislang auf den Nationalstaat bezogen war, eine supranationale Dimension hinzu, die das Feld bürgerschaftlicher Teilhabe erweitere.[1391] Das einem Mitgliedstaat der EU rechtlich angehörige Individuum sei damit zweifach Subjekt demokratischer Legitimation: Ihm eigneten in dieser Hinsicht *„zwei Rollen* [...]*: Die Rolle als Staatsbürger und die Rolle als Unionsbürger.“*[1392]

2. Die Position des Bundesverfassungsgerichts

Die primärrechtliche Verfassung des Europäischen Parlaments als Vertretung der Unionsbürgerinnen und -bürger, mit der diese neben den mitgliedstaatlichen Staatsvölkern als zweites politisches Subjekt der Europäischen Union eingesetzt werden, sieht sich mit dem Lissabon-Urteil des Bundesverfassungsgerichts grundsätzlicher Kritik ausgesetzt. Danach ist das Europäische Parlament *„auch nach der Neuformulierung in Art. 14 Abs. 2 EUV-Lissabon und entgegen dem Anspruch, den Art. 10 Abs. 1 EUV-Lissabon nach seinem Wortlaut zu erheben scheint, kein Repräsentationsorgan eines souveränen europäischen Volkes.“*[1393] Das Europäische Parlament bleibe Vertretung der miteinander vertraglich verbundenen Völker.[1394]

Zwei zusammenhängende Argumentationslinien begründen die Position des Gerichts. Mit der ersten Argumentationslinie beruht sein Standpunkt auf einer Interpretation der Gestalt und Struktur der Europäischen Union und ihres Verhältnisses zu den Mitgliedstaaten, sowie auf bestimmten Annahmen zu den notwendigen Eigenschaften eines demokratischen Volkes.[1395] Diese Argumentation wird im Folgenden aufgearbeitet und im Zuge der demokratietheoretischen Rekonstruktion des Legitimationssubjekts europäischer Hoheitsgewalt kritisiert. Diese Kritik entwickelt zugleich Gehalte einer Demokratietheorie der dualen Legitimationsstruktur der Europäischen Union und der Co-Gesetzgeberschaft von Europäischem Parlament und Rat.

[1391] Ebd., 722.

[1392] *I. Pernice,* Zur Finalität Europas, in: Schuppert/Pernice/Haltern (Hrsg.), Europawissenschaft, 2005, 743, 759.

[1393] BVerfGE 123, 267, Rn. 280.

[1394] BVerfGE 123, 267, Rn. 279.

[1395] BVerfGE 123, 267, Rn. 226 ff., 245 ff., 263 ff., 277 ff., 346 ff.

Die zweite Argumentationslinie des Gerichts zum Legitimationssubjekt europäischer Hoheitsgewalt ist eine Rekonstruktion der demokratischen Funktion des Europäischen Parlaments und seiner elektoralen Konstitution.[1396] Im Zentrum steht dabei die Frage, nach welchen Gleichheitsgrundsätzen das Parlament verfasst ist.[1397] Die Darlegung des Gerichts hierzu wird im zweiten Abschnitt des Kapitels kritisch reflektiert. Dies entwickelt weitere Gehalte einer Demokratietheorie des Verhältnisses von Europäischem Parlament und Rat.[1398]

Die zentrale Erwägung des Gerichts gegen die Deutung des Europäischen Parlaments als demokratische Vertretung der Unionsbürgerinnen und -bürger ist, dass die Europäische Union „[…] *eine enge, auf Dauer angelegte Verbindung souverän bleibender Staaten* [ist], *die auf vertraglicher Grundlage öffentliche Gewalt ausübt, deren Grundordnung jedoch allein der Verfügung der Mitgliedstaaten unterliegt und in der die Völker – das heißt die staatsangehörigen Bürger – der Mitgliedstaaten die Subjekte demokratischer Legitimation bleiben.*“[1399] Das Gericht beschreibt die Europäische Union und ihr Verhältnis zu den Mitgliedstaaten mit der Kategorie souveräner Staatlichkeit.[1400] Diese lädt unmit-

---

[1396] BVerfGE 123, 267, Rn. 279 ff.

[1397] BVerfGE 123, 267, Rn. 282 ff.

[1398] Zur demokratietheoretischen Grundlegung Kap. 7 II.

[1399] BVerfGE 123, 267, Rn. 229. „Die Ermächtigung, supranationale Zuständigkeiten auszuüben, stammt allerdings von den Mitgliedstaaten einer solchen Einrichtung. Sie bleiben deshalb dauerhaft die Herren der Verträge. Die Quelle der Gemeinschaftsgewalt und der sie konstituierenden europäischen Verfassung im funktionellen Sinne sind die in ihren Staaten demokratisch verfassten Völker Europas.“, BVerfGE 123, 267, Rn. 231. Die Hoheitsgewalt der Europäischen Union ist, so das Gericht, lediglich von der fortwährenden souveränen Verfassungsstaatlichkeit der Mitgliedstaaten und darin letztlich von der demokratischen Souveränität der mitgliedstaatlichen Staatsvölker abgeleitet. Zum Konzept des Staatenverbunds auch schon oben Kap. 6 I. 3.

[1400] Die Prägung der Position des Gerichts durch ein Denken in der Kategorie der Souveränität zeigt sich deutlich in der Argumentation zur Qualität der vertraglichen Grundlagen der Union: *„Die „Verfassung Europas“, das Völkervertrags- oder Primärrecht, bleibt eine abgeleitete Grundordnung. Sie begründet eine im politischen Alltag durchaus weitreichende, aber immer sachlich begrenzte überstaatliche Autonomie. Autonomie kann hier nur – wie im Recht der Selbstverwaltung gebräuchlich – als eine zwar selbständige, aber abgeleitete, das heißt von anderen Rechtssubjekten eingeräumte Herrschaftsgewalt verstanden*

telbar den Begriff des demokratischen Volkes beziehungsweise des Subjekts demokratischer Legitimation auf.[1401] Der Gedanke souveräner Staatlichkeit bildet im Rahmen der Konzeption des demokratischen Subjekts der Union die zentrale analytische Kategorie und ist dabei zugleich die wesentliche normative Erwägung des Gerichts.[1402]

Ein legitimatorischer Bezug der Union auf die Unionsbürgerschaft koinzidiert nach dem Urteil notwendig mit der (Bundes-)Staatlichkeit der Union. Die Qualität der mitgliedstaatlichen Staatsvölker als demokratisches Subjekt europäischer Hoheitsgewalt steht nach Ansicht des Gerichts in einem strikten Alternativitätsverhältnis zur Qualität der Unionsbürgerinnen und -bürger als demokratisches Subjekt der Union: Es existieren entweder souveräne mitgliedstaatliche Staatsvölker oder ein demokratisches Unionsvolk in der Form der Gesamtheit der Unionsbürgerinnen und -bürger.[1403] Wie in den Begründungen der Anträge und Beschwerden wird in der Argumentation des Gerichts der legitimatorische Bezug der Europäischen Union auf die Unionsbürgerinnen und -bürger als eine Frage des *Austauschs* des Legitimationssubjekts der

---

werden. Dagegen beansprucht die völker- und staatsrechtliche Souveränität gerade für ihre konstitutionellen Grundlagen die Unabhängigkeit von fremdem Willen." (231). Deutlich tritt die Fundierung der Argumentation in der Kategorie souveräner Verfassungsstaatlichkeit zutage in der Beschreibung der vertraglichen Grundlagen der Union als Völkerrecht, das in den Mitgliedstaaten über den innerstaatlichen Rechtsanwendungsbefehl gilt; s. 333 ff.: „*Der Grund und die Grenze für die Geltung des Rechts der Europäischen Union in der Bundesrepublik Deutschland ist der im Zustimmungsgesetz enthaltene Rechtsanwendungsbefehl* [...]" (343).

[1401] *F. C. Mayer*, „Rashomon in Karlsruhe" – The German Constitutional Court's Lisbon decision and the changing landscape of European constitutionalism, im Erscheinen in ICON 2010, 23 ff. konstatiert im Vergleich zum Maastricht-Urteil eine Verschiebung des Fokus vom „Staat über alles" (in Anlehnung an *J. H. H. Weiler*, Der Staat „über alles", 1995) zum „Volk über alles". Der Fokus wandelt sich dabei aber nur bedingt, da der Begriff des Volkes durch den des souveränen Staats aufgeladen ist. Das Gericht argumentiert, dieser sei „[...] *die historisch gewachsene, global anerkannte Organisationsform einer handlungsfähigen politischen Gemeinschaft.*", BVerfGE 123, 267, Rn. 224.

[1402] Zur leitmotivischen Qualität des Gedankens souveräner Staatlichkeit in der Argumentation des Gerichts *D. Thym*, Common Market Law Review 46 (2009), 1795, 1797 ff.; s. auch *F. Schorkopf*, German Law Journal 10 (2009), 1219.

[1403] S. insbesondere BVerfGE 123, 267, Rn. 346 ff.

Union und als Frage von deren Staatlichkeit betrachtet.[1404] Diese Perspektive durchzieht die gesamte Argumentation des Gerichts zur Legitimationsstruktur der Union. Sie tritt deutlich etwa in der Darlegung zutage, die Übertragung von Souveränität auf ein neues Legitimationssubjekt durch den Eintritt in einen Bundessstaat gebe unwiderruflich das Selbstbestimmungsrecht des deutschen Volkes in Gestalt der völkerrechtlichen Souveränität Deutschlands auf. [1405]

Das Gericht lehnt zwar die mit den Antrags- und Beschwerdeschriften vorgetragene Einschätzung ab, der Vertrag von Lissabon bedeute tatsächlich den Austausch des demokratischen Subjekts der Union und schaffe einen europäischen Bundesstaat.[1406] Auch der Vertrag von Lissabon begründe keine eigenständige Volkssouveränität der Gesamtheit der Unionsbürger.[1407] Das Gericht teilt jedoch mit den Anträgen und Beschwerden erstens die Annahme, dass zwischen dem legitimatorischen Bezug der EU auf die mitgliedstaatlichen Staatsvölker und deren Fortbestand einerseits und der Qualität der Unionsbürgerinnen und -bürger als demokratisches Subjekt der Union andererseits ein Verhältnis der Ausschließlichkeit bestehe.[1408] Zweitens stimmt es dem Gedanken zu, dass ein demokratischer Bezug der Unionsgewalt auf die Unionsbürgerinnen und -bürger die Staatlichkeit der EU beziehungsweise die völker- und staatsrechtliche Souveränität des Unionsvolks voraus-

---

[1404] Siehe hierzu die Darstellung der Begründungen der Anträge und Beschwerden unter II. des Urteils; insb. Rn. 102, 113. Danach verstößt nach Ansicht des Beschwerdeführers zur Beschwerde 2 BvR 1010/08 Art. 14 Abs. 2 EUV gegen das Demokratieprinzip des Grundgesetzes, weil er das Unionsvolk als Gesamtheit der Unionsbürgerinnen und Unionsbürger gleichberechtigt neben die Völker der Mitgliedstaaten als Legitimationsquelle der Europäischen Union stelle und damit ein neues Subjekt demokratischer Legitimation begründe. Neben der Staatsgewalt und einem Hoheitsgebiet verfüge die Europäische Union so auch über ein Staatsvolk. Damit habe sie sich zu einem Bundesstaat entwickelt.

[1405] BVerfGE 123, 267, Rn. 228.

[1406] BVerfGE 123, 267, Rn. 278.

[1407] BVerfGE 123, 267, Rn. 280.

[1408] Dargestellt in BVerfGE 123, 267, Rn. 99 ff.

setze. Diese aber gehe notwendig mit dem Verlust der souveränen Staatlichkeit der Mitgliedstaaten respektive ihrer Staatsvölker einher.[1409]

Der Begriff des Legitimationssubjekts, des demokratischen Volkes, ist in der Argumentation des Gerichts nicht allein durch seine Koppelung an souveräne Staatlichkeit substanziell aufgeladen. Das Gericht geht außerdem davon aus, dass die Verfasstheit einer Menge von Menschen als demokratisches Volk ebenso wie eine demokratische Willensbildung notwendig auf eine vorrechtliche kollektive Einheit und Identität bezogen seien. Demokratische Selbstbestimmung ist danach auf die Möglichkeit angewiesen, sich im eigenen Kulturraum verwirklichen zu können.[1410] Bestimmte politische Entscheidungen sind nach dem Urteil *in besonderer Weise* auf kulturelle, historische und sprachliche Vorverständnisse angewiesen[1411] – damit ist grundsätzlich *alles* politische Handeln derer bedürftig. In *besonderem Maße* berührten die „*Gestaltung von Schule und Bildung, wie das Recht der familiären Beziehungen und Entscheidungen über Fragen der Sprache und der Einbeziehung des Transzendenten in das öffentliche Leben, in gewachsene Überzeugungen und Wertvorstellungen, die in spezifischen historischen Traditionen und Erfahrungen*“[1412] verwurzelt seien. Demokratische Selbstbestimmung erfordere hier, „*dass die jeweilige durch solche Traditionen und Überzeugungen verbundene politische Gemeinschaft*“[1413], also das mitgliedstaatliche Staatsvolk, das Subjekt demokratischer Legitimation bleibt. Die Unionsbürgerschaft hingegen sei – so argumentiert das Gericht im Rahmen seiner Verortung der verfassungsgebenden Gewalt der Europäischen Union – „*nichts kulturell oder normativ dem geltenden*

[1409] Eine konzeptuelle Koppelung demokratischer Verfasstheit an souveräne Staatlichkeit durch das Gericht thematisieren kritisch auch *D. Halberstam/C. Möllers,* German Law Journal 10 (2009), 1241, 1247 ff.

[1410] BVerfGE 123, 267, Rn. 260.

[1411] BVerfGE 123, 267, 3. Leitsatz, Rn. 249. Es trifft daher nicht zu, dass das Urteil die normative Koppelung von demokratischer Legitimation und vorrechtlicher Homogenität aufgibt, wie *D. Thym,* Common Market Law Review 46 (2009), 1795, 1818 befindet.

[1412] BVerfGE 123, 267, Rn. 260. S. auch Rn. 253; danach sind die Voraussetzungen der Strafbarkeit und die Vorstellungen von einem fairen, angemessenen Strafverfahren „*von kulturellen, historisch gewachsenen, auch sprachlich geprägten Vorverständnissen*“ abhängig.

[1413] BVerfGE 123, 267, Rn. 260.

Vertragsrecht Vorausliegendes"[1414], sondern Konstrukt des Willens der mitgliedstaatlichen Völker.[1415] Die Unionsbürgerschaft konstituiere daher kein Unionsvolk, das als sich selbst verfassendes Rechtssubjekt zur eigenen Selbstbestimmung berufen wäre.[1416]

Allerdings findet sich in der Argumentation des Urteils auch eine andere demokratietheoretische Argumentationslinie, nach der die demokratische Legitimation politischer Herrschaft in der Kategorie des Wahlakts des Individuums zu denken ist.[1417] Dieser Ansatz wird aber durch das voranstehend dargestellte Demokratieverständnis als Maßstab der Auseinandersetzung mit den Möglichkeiten der Demokratie auf europäischer Ebene weitgehend überlagert. Auf die beiden widerstreitenden Argumentationslinien wird noch einzugehen sein.[1418]

3. Theorie des Subjekts der demokratischen Legitimation europäischer Hoheitsgewalt. Kritik der Position des Bundesverfassungsgerichts, Part 1

Sowohl die Gesamtheit der Unionsbürgerinnen und -bürger wie die Gesamtheit der mitgliedstaatlichen Staatsvölker ist eine (Teil-)Verfasstheit der Menge von Individuen, denen gegenüber europäische Hoheitsgewalt demokratisch rechtfertigungsbedürftig ist. Der demokratische Anspruch der Geltung politischer Gleichheit fordert die Berechtigung des Rechtssubjekts zur gleichen politischen Teilhabe.[1419] Auf dieser Grundlage ist das Individuum, das von der hoheitlichen Gewalt der Union gebunden ist, das Subjekt ihrer demokratischen Legitimation. Europäische Gesetzgebung begründet individuelle Rechte und Pflichten durch unmittelbar anwendbare Gesetzgebung in der Form der Verord-

---

[1414] BVerfGE 123, 267, Rn. 348.

[1415] BVerfGE 123, 267, Rn. 346.

[1416] BVerfGE 123, 267, Rn. 346. *D. Thym,* Common Market Law Review 46 (2009), 1795, 1819 weist zutreffend darauf hin, dass das Gericht *„does not distinguish between the constituent power and the subject of democratic legitimacy"*.

[1417] BVerfGE 123, 267, Rn. 292; s. auch Rn. 210 ff.

[1418] Dazu unten 3., II. 1. a. und IV. 2.

[1419] Dazu oben Kap. 7 II. 3. und 4.

nung.[1420] Erfasst vom Anspruch demokratischer Legitimation ist aber auch Unionsgesetzgebung, die in der Form der Richtlinie an die Mitgliedstaaten adressiert ist. Denn im Umfang der Bindung des mitgliedstaatlichen Gesetzgebers durch Richtlinien vermittelt dieser der Umsetzungsgesetzgebung keine inhaltliche demokratische Legitimation.[1421] Zudem ist der europäische Gesetzgeber grundsätzlich in der Wahl der Handlungsform frei, er hat regelmäßig das Vermögen, unmittelbar anwendbares Recht zu setzen.

Die Berechtigung des Rechtssubjekts zur politischen Teilhabe legitimiert seine Bindung durch hoheitliche Gewalt.[1422] In der Makroperspektive ist so die Menge der Rechtssubjekte das Subjekt der demokratischen Legitimation europäischer Hoheitsgewalt.[1423] Die Gesamtheit der Unionsbürgerinnen und -bürger und die mitgliedstaatlichen Staatsvölker verfassen vermittels der politischen Teilhaberechte, die mit dem jeweiligen Bürgerstatus verbunden sind, die Individuen, die über ihre rechtliche Zugehörigkeit zu einem Mitgliedstaat der europäischen Hoheitsgewalt als Rechtssubjekte unterworfen sind, jeweils zu kollektiven politischen Subjekten. An die kollektive Willensbildung dieser politischen Subjekte ist die europäische Hoheitsgewalt über das Europäische Parlament respektive den Rat rückgebunden. Das Alternativitätstheorem des Bundesverfassungsgerichts, nach dem die Union legitimatorisch nur *entweder* auf die Unionsbürgerinnen und -bürger, *oder* auf die mitgliedstaatlichen Staatsvölker bezogen sein kann, koppelt Demokratie notwendig an souveräne Staatlichkeit.[1424] Diese ist aber keine funk-

---

[1420]Zur unmittelbaren und allgemeinen Geltung der Verordnung im Verhältnis zum Individuum bereits oben Kap. 1 III. 3. a. im Rahmen der verfassungstheoretischen Rekonstruktion der gesetzgebenden Gewalt der Europäischen Union.

[1421]Zur Qualifikation der Richtlinie als Gesetzgebung oben Kap. 1 III. 3. a. und V. 2.

[1422]Zur Anknüpfung des Anspruches auf demokratische Teilhabe an die rechtliche Betroffenheit individueller Freiheit oben Kap. 7 II. 4. b. (2); zur Relativität der demokratischen Qualität von hoheitlicher Gewalt dort 4. b. und d.

[1423]Zur Rechtssubjektivität des Einzelnen in der Gemeinschafts- bzw. Unionsrechtsordnung nach dem EuGH bereits oben Kap. 1 II.

[1424]Zum Begriff des methodologischen Nationalismus, der eine Perspektive des Denkens meint, in der das Nationale die Referenz der Begriffs- und Kategorienbildung und der Maßstab der Problemdefinition und -analyse in Bezug

tionale Bedingung und Voraussetzung demokratischer Verfasstheit. Die demokratische Legitimation hoheitlicher Gewalt ist durch ihre Erzeugung in einem egalitär-freiheitlichen Verfahren der Willensbildung bedingt, über das die Rechtssubjekte an der Rechtserzeugung teilhaben und das pluralistische Kapazität bereitstellt.[1425] Neben einem solchen Verfahren ist kein vorrechtlicher kollektiver Zusammenhang der politisch Berechtigten erforderlich, weder in der Form der Verfasstheit des demokratischen Subjekts als Volk eines souveränen Staates, noch in der Form eines *kulturellen, historischen und sprachlichen Vorverständnisses*[1426], als dessen Garant das Bundesverfassungsgericht den Staat sieht. Die Verfassung einer Menge von Menschen zur freiheitlich-egalitären Willensbildung und Gesetzgebung in eigenen Angelegenheiten setzt zwar die Abwesenheit von der Unterwerfung unter eine andere Gewalt voraus, bedarf aber nicht der völkerrechtlichen oder staatsrechtlichen Eigenschaft der Souveränität oder Staatlichkeit. Die politische Souveränität der Bürger („Volkssouveränität") ist jenseits der Freiheit von Unterwerfung[1427] keine Frage der völkerrechtlichen Subjektstellung („Souveränität des Staates").[1428] Zudem ist das Souveränitätsdenken im europäischen Integrationszusammenhang ohnehin kein adäquater Zugriff.[1429]

Die Co-Gesetzgeberschaft von Europäischem Parlament und Rat befähigt die Angehörigen der Mitgliedstaaten auf zwei Wegen zur demokratischen Teilhabe an der Erzeugung europäischer Hoheitsgewalt. Sowohl der politische Status der Unionsbürgerschaft wie auch der Status der mitgliedstaatlichen Staatsbürgerschaft befähigen das Rechts- und damit das Legitimationssubjekt europäischer Hoheitsgewalt zur politischen

---

auf Gesellschaft ist, *U. Beck,* Macht und Gegenmacht im globalen Zeitalter, 2009, 84 ff.

[1425] Dazu oben Kap. 7 III. 2. b. (1).

[1426] Dazu oben Kap. 7 II. 4. c.

[1427] *J. Habermas,* Zur Verfassung Europas, 2011, 50: „Die kooperative Einwirkung der Bürger auf ihre gesellschaftlichen Existenzbedingungen verlangt einen entsprechenden Handlungsspielraum des Staates für die politische Gestaltung der Lebensverhältnisse."

[1428] Ebd., 48 ff.

[1429] Zur Inadequanz des Staatlichkeitstheorems im Sinne impermeabler Souveränität in einem Mehrebenensystem, *A. Hanebeck,* Der demokratische Bundesstaat des Grundgesetzes, 2004, 60 ff.

Teilhabe an dieser. Ein Ausschließlichkeitsverhältnis zwischen dem legitimatorischen Bezug der Union auf die Unionsbürgerinnen und -bürger und dem auf die mitgliedstaatlichen Staatsvölker besteht nicht. Die Staatlichkeit der EU ist keine Voraussetzung dafür, dass die Gesamtheit der Unionsbürgerinnen und -bürger demokratisches Subjekt sein kann. Auch eine nichtstaatliche EU kann prozedural – vor allem vermittels elektoral konstituierter Organe – an die politische Willensbildung einer hierzu verfassten Menge von Individuen rückgebunden sein. Aus einer derartigen Verfassung der hoheitlichen Gewalt der EU folgt nicht, dass die Staatsvölker der Mitgliedstaaten ihre Qualität als demokratische Subjekte europäischer Hoheitsgewalt verlieren. Zum einen ist demokratische Ordnung nicht funktional auf die Exklusivität der politischen Verortung des Individuums angewiesen. In Abkehr von der Vorstellung, dass politische Zugehörigkeit ausschließlich sein muss, lässt sich die Entstehung eines supranationalen politischen Bürgerstatus' im Rahmen der europäischen Integration mit einem Mehrebenenkonzept demokratischer Bürgerschaft verstehen.[1430] Zum anderen unterbricht die Qualität der Unionsbürgerinnen und -bürger als politisches Subjekt der Europäischen Union nicht den prozedural hergestellten legitimatorischen Bezug der Union auf die mitgliedstaatlichen Staatsvölker.

Die Unionsbürgerschaft stellt den Angehörigen der Mitgliedstaaten der EU neben dem Status des Staatsbürgers eine zweite Möglichkeit zur Verfügung, an der Erzeugung des sie bindenden Rechts teilzuhaben. Das Mitentscheidungsverfahren, also die Co-Gesetzgeberschaft von Europäischem Parlament und Rat, kombiniert daher gleichgewichtig zwei Mechanismen der politischen Teilhabe der Rechtssubjekte europäischer Hoheitsgewalt.

Die Menge der Individuen, die die Geltung der Hoheitsgewalt der europäischen Union erfasst, ist – obgleich nicht vollständig – sowohl in der Gesamtheit der Unionsbürgerinnen und -bürger wie auch in der Gesamtheit der mitgliedstaatlichen Staatsvölker als demokratisches Subjekt verfasst. Die Menge der Rechtssubjekte europäischer Hoheitsgewalt ist frei, sich – auch in verschiedenen Formen – zu einem demokratischen Subjekt zu verfassen, ohne dabei notwendig Staatlichkeit begründen oder aufgeben zu müssen. Dass die Europäische Union legitimatorisch auf die Unionsbürgerinnen und -bürger bezogen ist, ist in

---

[1430] In diesem Sinne das Konzept des Mehrebenenkonstitutionalismus, dazu schon oben unter 1.

der Form des Vertrags von Lissabon Ergebnis der verfassungspolitischen Willensbildung der – durch ihre Regierungen handelnden – mitgliedstaatlichen Völker.[1431] Die Konstitution der Unionsbürgerinnen und -bürger als demokratisches Subjekt der EU drückt ein entsprechendes geteiltes demokratisches Selbstverständnis der mitgliedstaatlichen Staatsvölker aus.

Es steht der Konstitution der Unionsbürgerinnen und -bürger als demokratisches Subjekt nicht entgegen, dass der Unionsbürgerstatus akzessorisch zur mitgliedstaatlichen Staatsbürgerschaft ist und nicht unmittelbar von seinen Trägern begründet wurde, sondern durch Vertragsschluss der Mitgliedstaaten. Die Mitgliedstaaten (respektive ihre Regierungen) handeln als Vertreter ihrer mitgliedstaatlichen Staatsvölker, die in der Gesamtheit selbst eine (allerdings nicht vollständige) Verfasstheit der Rechtssubjekte europäischer Hoheitsgewalt darstellen. Daher ist die intergouvernementale Begründung des politischen Status der Unionsbürgerschaft eine Form der Selbstkonstitution der in den Mitgliedstaaten verfassten Rechtssubjekte europäischer Hoheit als politisches Subjekt. Die demokratische Legitimation der europäischen Hoheitsgewalt muss daher nicht – wie das Bundesverfassungsgericht urteilt – von der demokratischen Verfasstheit der Mitgliedstaaten abgeleitet sein. Dies ist lediglich *eine mögliche* Quelle demokratischer Legitimation. Die Europäische Union kann eine originäre Legitimationsstruktur haben und legitimatorisch auf ein originär europäisches, unitarisches[1432], also nicht aus den mitgliedstaatlichen Staatsvölkern zusammengesetztes (wohl aber von ihnen konstituiertes) Legitimationssubjekt bezogen sein – auch ohne europäische Bundesstaatlichkeit. Das Europäische Parlament kann die demokratische Vertretung der Unionsbürgerinnen und -bürger sein. Inwiefern das Europäische Parlament institutionell und in seiner Willensbildung demokratisch verfasst ist, bedarf indes weiterer Untersuchung.[1433]

[1431] Im Sinne einer Zurechnung der Verfassungspolitik auf europäischer Ebene zur Willenbildung der Mitgliedsvölker argumentiert auch die Theorie des Mehrebenen-Konstitutionalismus; *I. Pernice,* Common Market Law Review 36 (1999), 703, 717 f., dazu noch sogleich.

[1432] Der Begriff der unitarischen Verfasstheit bezeichnet vorliegend die fehlende föderale Gliederung des demokratischen Subjekts, *unitarisch* wird hier als Gegenbegriff zur *föderalen* Qualität verwandt, ohne dass damit eine vorrechtliche oder vorpolitische Einheitsbildung geltend gemacht wird.

[1433] Unten II. 1.

Dass die Begründung des Unionsbürgerstatus die Konstitution eines politischen Subjekts der Europäischen Union bedeutet, wird auch mit der Theorie des Mehrebenenkonstitutionalismus argumentiert.[1434] Diese erfasst die Etablierung der Unionsbürgerschaft als Verfassungsgebung der mitgliedstaatlichen Staatsvölker. Grundlegend formuliert diese Sichtweise Ingolf Pernice: „*Although the form of an international treaty is maintained, such treaties can be regarded* [...] *as a common exercise of constitution-making power by the peoples of the participating states.*“[1435] Die den Mitgliedstaaten rechtsangehörigen Individuen sind danach als mitgliedstaatliche Staatsvölker verfassungsgebendes Subjekt der EU und als Unionsbürgerinnen und -bürger demokratisches Subjekt europäischer Hoheitsgewalt.[1436] Grundlage dieses Verständnisses ist ein normatives Konzept des Legitimationssubjekts hoheitlicher Gewalt, das dieses mit der Menge der Rechtsangehörigen des Hoheitsträgers identifiziert.[1437]

Demgegenüber fordert der demokratische Anspruch der Geltung politischer Gleichheit mit dem Demokratiebegriff, der hier zugrunde gelegt wird, unabhängig von der mitgliedstaatlichen Staatsbürgerschaft die Berechtigung der Rechtssubjekte europäischer Gesetzgebung zur politischen Teilhabe. Mit der Argumentation des Mehrebenenkonstitutionalismus werden die Europäische Union und ihre Legitimationsstrukturen aus der Perspektive der Bürger konzipiert.[1438] Das Subjekt der demokratischen Legitimation europäischer Hoheitsgewalt umfasst aber nicht nur die Bürger der Mitgliedstaaten, sondern grundsätzlich alle Rechtssubjekte. In höherem Maße als die Theorie des Mehrebenenkon-

---

[1434]Dazu schon oben 1.; s. grundlegend *I. Pernice,* Common Market Law Review 36 (1999), 703.

[1435]*I. Pernice,* Common Market Law Review 36 (1999), 703, 717 f.

[1436]*I. Pernice,* Columbia Journal of European law 15 (2009), 349, 367, 374 ff.

[1437]S. auch ebd., 349, 376 ff.

[1438]Dieser Fokus kommt zum Ausdruck, wenn *I. Pernice,* Columbia Journal of European law 15 (2009), 349, 376 formuliert: „*Multilevel constitutionalism* [...] *encourages conceptualizing the European Union from the perspective of its citizens.*“

stitutionalismus entfaltet diese Perspektive kritisches Potential:[1439] Europäische Hoheitsgewalt ist demokratisch legitimiert nur relativ in dem Zusammenhang der rechtlichen Bindung des Individuums und dessen Berechtigung zur politischen Teilhabe an der Gesetzgebung. Sowohl die Gesamtheit der Unionsbürgerinnen und -bürger wie auch die mitgliedstaatlichen Staatsvölker verfassen aber nicht sämtliche Rechtssubjekte europäischer Hoheitsgewalt zur politischen Teilhabe. Über beide ist die politische Berechtigung grundsätzlich an die Staatsangehörigkeit zu einem der Mitgliedstaaten gekoppelt.[1440] Der Teil der Bevölkerung des Gebiets der Europäischen Union, der nicht über die Staatsbürgerschaft eines Mitgliedstaates verfügt, ist von der politischen Teilhabe ausgeschlossen. Die Legislativgewalt der Union steht jedoch in einem Verhältnis notwendiger demokratischer Rechtfertigung zu allen Individuen, die von ihrer Geltung erfasst werden. Aus dieser Perspektive vermittelt die Unionsbürgerschaft ihren Trägern zwar einen demokratischen Status der politischen Teilhabe. Sie hat aber auch eine exkludierende Dimension, indem sie die Berechtigung zur politischen Teilhabe an den Status der Rechtsangehörigkeit knüpft, über den viele – auch dauerhaft – der Gesetzgebung der Union unterworfene Individuen nicht verfügen. Außerhalb des Rechtfertigungszusammenhangs der rechtlichen Bindung des Individuums und seiner Berechtigung zur politischen Teilhabe ist die Gesetzgebung der EU daher nicht demokratisch legitimiert.[1441]

Für die exklusive Koppelung der politischen Gleichheit an die Rechtsangehörigkeit zu einer Rechtsordnung kann nicht die Funktionalität der demokratischen Willensbildung angeführt werden.[1442] Wenn die Europäische Union über ein Verfahren der kollektiven politischen Willensbildung verfügt, in dem gesellschaftliche Heterogenität politisch artikuliert werden kann und allgemein verbindlich Entscheidungen ausgehend von politischer Uneinigkeit gleichheitsgerecht und freiheitlich generiert werden, ist sie nicht auf einen jenseits der rechtlichen Ver-

---

[1439] Zur kritischen Funktion der demokratietheoretischen Auseinandersetzung mit der primärrechtlichen Verfasstheit der Legitimationsstruktur der Europäischen Union oben die Einleitung und Kap. 7 II. 1. und III. 1. a.E.

[1440] Zur Ausnahme hiervon nach *Europäischer Gerichtshof,* 12.09.2006, Rs. C-145/04, noch unten II. 1. a.

[1441] Hierzu oben Kap. 7 II. 4.

[1442] S. hierzu Kap. 7 II. 4., insb. e.

fasstheit liegenden kollektiven, gar identitären Zusammenhang des politischen Subjekts angewiesen.[1443] Inwiefern das Mitentscheidungsverfahren der demokratischen Anforderung pluralistischer Kapazität gerecht wird, untersucht der folgende Abschnitt.

II. Rat und Parlament als delegativ-demokratische Organe der Union

Das Primärrecht sieht in der Form des Europäischen Parlaments und des Rates zwei Mechanismen der Rückkoppelung der Legislativgewalt der Union an Wahlen als Modus der demokratischen Legitimation vor.[1444] Die folgende Auseinandersetzung mit Europäischem Parlament und Rat als delegativ-demokratischer Organe zielt darauf, ihre jeweilige demokratische Leistungsfähigkeit, ihre legitimatorische Kapazität zu rekonstruieren. In dieser Hinsicht sollen vor allem komparative Aussagen im Verhältnis der beiden Legitimationsstränge getroffen werden: Zu beantworten ist, ob Parlament und Rat europäischer Gesetzgebung im Mitentscheidungsverfahren das gleiche Maß demokratischer Legitimation vermitteln oder ob sich die Co-Gesetzgeber in ihrer Legitimationsleistung voneinander unterscheiden. Entscheidend ist hierfür, ob die beiden Organe den Rechtssubjekten europäischer Gesetzgebung, die in der Gesamtheit der Unionsbürgerinnen und -bürger und in den mitgliedstaatlichen Staatsvölkern politisch verfasst sind, gleichermaßen effektiv die Teilhabe an der Erzeugung des sie bindenden Rechts vermitteln. Mehrere – zusammenhängende – Aspekte bestimmen dies:[1445] Wie effektiv die elektorale Rückbindung eines Legislativorgans als Mittel der inhaltlichen Einwirkung des demokratischen Subjekts auf die legislative Politik ist, hängt zunächst davon ab, ob sie einen effektiven Zusammenhang politischer Verantwortlichkeit begründet.[1446] Die demokratische Leistungsfähigkeit einer elektoral rückgebundenen Legislative

---

[1443] Hierzu oben Kap. 7 III. 4. c.

[1444] Dazu schon oben Kap. 1 III. 2. a.

[1445] Hierzu oben Kap. 7 III.

[1446] Dazu oben Kap. 7 III. 1.

hängt sodann von der pluralistischen Kapazität ihrer Willensbildung ab.[1447]

Im Hintergrund steht außerdem die Frage, ob Europäisches Parlament und Rat einander als demokratische Organe der Europäischen Union ersetzen können, ob sie also eine fehlende Legitimationsvermittlung wechselseitig ausgleichen können.[1448] Mit Erkenntnissen zu diesen Fragen werden im Folgenden weitere Gehalte einer Demokratietheorie der dualen Legitimationsstruktur der Union und der Co-Gesetzgeberschaft von Europäischem Parlament und Rat im Mitentscheidungsverfahren entwickelt. Basis hierfür ist das demokratietheoretische Modell der Rückbindung hoheitlicher Gewalt an Wahlen, das in Kapitel 7 entwickelt wurde.

1. Die Legitimationsleistung des Europäischen Parlaments. Zugleich: Kritik der Position des Bundesverfassungsgerichts, Part 2

a. Wer wird wie vom Europäischen Parlament vertreten? Demokratische Gleichheit im Europäischen Parlament

(1) Demokratische und föderale Gleichheitslogiken: Die degressiv-proportionale Verteilung nationaler Mandatskontingente

Die Gleichheit[1449] der Wahl ist Grundbedingung der demokratischen Funktion einer elektoral konstituierten Legislative.[1450] Grundsätzlich muss das Wahlrecht den Berechtigten in formal gleicher Weise eingeräumt sein und den individuellen Wahlakten muss das gleiche Gewicht zukommen. Wahlen sind gleichheitsgerecht, wenn jeder Wähler über die gleiche Anzahl von Stimmen verfügt und alle Stimmen bei der Organbesetzung den gleichen Wert haben. Das Europäische Parlament

---

[1447] Hierzu oben Kap. 7 II. 4. c. und III.

[1448] Zum Kompensationsargument, das sowohl in der Literatur vertreten wird, als auch sich aus dem Primärrecht rekonstruieren lässt, bereits oben Kap. 6 I. 3.

[1449] Der demokratische Grundsatz der *Allgemeinheit* der Wahl wird in der Arbeit nicht als Wahlgrundsatz diskutiert; die mit ihm formulierte Forderung gleicher politischer Inklusion wird hier unter dem Gesichtspunkt der Ausdehnung politischer Gleichheit bzw. der normativen Konzeption des Legitimationssubjekts hoheitlicher Gewalt untersucht (Kap. 7 II.).

[1450] Zur Wahlgleichheit bereits Kap. 7 III. 2. a.

entspricht dem in seiner elektoralen Verfasstheit nicht umfänglich. Dies dürfte der Hintergrund dafür sein, dass in der positivrechtlichen Auflistung der Wahlgrundsätze, die die Lissabonner Reform in das Primärrecht einfügt, der Grundsatz der Wahlgleichheit fehlt: Nach Art. 14 Abs. 3 EU werden die Mitglieder des Europäischen Parlaments (bloß) *„in allgemeiner, unmittelbarer, freier und geheimer Wahl* [...] *gewählt"*. Der Grundsatz der Wahlgleichheit wird gleichwohl über die dahingehende gemeinsame Verfassungstradition der Mitgliedstaaten und insbesondere aufgrund deren Bindung an Art. 3 des Zusatzprotokolls zur EMRK als Gehalt des Demokratieprinzips der EU rekonstruiert.[1451]

Die Sitze im Europäischen Parlament sind in mitgliedstaatliche Kontingente aufgeteilt; es werden in den Mitgliedstaaten jeweils nach Verhältniswahlrecht nationale Abgeordnete direkt gewählt.[1452] Es gilt eine absolute Obergrenze der Anzahl der Parlamentarier,[1453] die bei einer vollständig proportionalen Verteilung der Sitzkontingente in Entsprechung zur Größe der Mitgliedstaaten[1454] dazu führen würde, dass die Angehörigen kleiner Mitgliedstaaten nicht oder nur mit einer ganz geringen Anzahl von Mandaten vertreten sein würden. Um auch die Vertretung der Unionsbürger zu gewährleisten, die einem kleinen Mitgliedstaat angehören, sind die parlamentarischen Sitze nicht vollständig verhältnismäßig zur Größe der Mitgliedstaaten, sondern degressiv-proportional verteilt, Art. 14 Abs. 2 EUV.[1455] Dabei sind die Unionsbürgerinnen und -bürger mindestens mit sechs Mitgliedern je Mitgliedstaat vertreten; kein Mitgliedstaat erhält mehr als 96 Sitze. Das führt dazu, dass der

---

[1451] *F. Arndt,* Zeitschrift für ausländisches öffentliches Recht und Völkerrecht 68 (2008), 247, 250 f.; *M. Zuleeg,* Juristenzeitung 48 (1993), 1069, 1072.

[1452] Zu den Wahlen zum Europäischen Parlament im Einzelnen *R. Corbett/F. Jacobs/M. Shackleton,* The European Parliament, 2007, Ch. 2.

[1453] 750 Parlamentarier exklusive des Präsidenten nach Art. 14 Abs. 2 EUV.

[1454] Bei der Zuteilung der mitgliedstaatlichen Sitzkontingente bieten sich grundsätzlich mehrere Bezugsgrößen an, wie *F. Arndt,* Zeitschrift für ausländisches öffentliches Recht und Völkerrecht 68 (2008), 247, 545 ff. darlegt: die Einwohnerzahl inklusive Drittstaatsangehöriger, die Zahl der Staatsangehörigen, die Zahl der in einem Mitgliedstaat lebenden Unionsbürger und die Zahl der Wahlberechtigten.

[1455] Dies bedeutet, dass die Zahl der Sitze eines Mitgliedstaates grundsätzlich mit dessen Größe zunimmt. Die Zahl der auf einen Abgeordneten entfallenden Wählerstimmen steigt jedoch mit der Größe des Mitgliedstaates.

Stimme von Unionsbürgerinnen und -bürgern, die in kleinen Mitgliedstaaten wählen, ein mehrfach höheres Gewicht zukommt als der Stimme von Unionsbürgern, die in großen Mitgliedstaaten ihre Stimme abgeben.[1456] Es vertreten nicht alle Abgeordneten die gleiche Anzahl von Wählern.[1457] Die degressive Kontingentierung der Mandate überformt den demokratischen Grundsatz der Wahlgleichheit der Bürger: Die elektorale Konstitution des Europäischen Parlaments hat eine föderale Dimension.[1458] Die Sitzverteilung im Europäischen Parlament drückt neben Erwägungen der politischen Gleichheit der Unionsbürger auch eine legitimatorische Bezogenheit der Union auf die Verfasstheit der Unionsbürger in den Mitgliedstaaten aus. In der Form, wie das Wahlrecht zum Europäischen Parlament die Unionsbürgerinnen und -bürger als demokratisches Subjekt verfasst, artikuliert dies jedenfalls auch die föderale Struktur der EU.

Nach der Argumentation des Bundesverfassungsgerichts vertritt das Europäische Parlament auch nach den Lissabonner Reformen nicht die Unionsbürger als ununterschiedene Einheit.[1459] Es repräsentiere *„die in ihren Staaten organisierten Völker Europas mit ihren jeweiligen durch demokratische gleichheitsgerechte Wahl zustandegekommenen parteipolitisch präformierten Kräfteverhältnissen“*[1460]. Dass die parlamentarische

---

[1456]Die Unterschiede des Werts der Wählerstimmen bei der Besetzung des Parlaments zeigen sich daran, wie viele Wähler ein Abgeordneter vertritt. Das Bundesverfassungsgericht hat das in seinem Urteil auf der Basis des Beschlussentwurfs des Europäischen Parlaments zur Zusammensetzung des Europäischen Parlaments vorgerechnet, der in Vorwegnahme der Geltung des Art. 14 Abs. 2 EUV die sekundärrechtliche Durchführung der primärrechtlichen Prinzipien der Sitzkontingentierung vorschlägt, BVerfGE 123, 267, Rn. 285. Danach vertritt ein Abgeordneter aus dem französischen wie dem deutschen Sitzkontingent etwa 857.000 Wähler, während ein in Luxemburg gewählter Abgeordneter mit etwa 83.000 Wählern davon nur ein Zehntel, ein Abgeordneter des maltesischen Kontingents mit 67.000 nur ein Zwölftel vertritt.

[1457]*F. Arndt*, Zeitschrift für ausländisches öffentliches Recht und Völkerrecht 68 (2008), 247, 258.

[1458]Zur föderalen Prägung des Wahlrechts zum Europäischen Parlament auch *F. Arndt*, Zeitschrift für ausländisches öffentliches Recht und Völkerrecht 68 (2008), 247 mit weiteren Nachweisen.

[1459]BVerfGE 123, 267, Rn. 280.

[1460]BVerfGE 123, 267, Rn. 286, s. auch Rn. 271.

Willensbildung zunehmend richtungspolitisch geprägt ist,[1461] bedeutet so nach dem Gericht nicht, dass das Parlament ein unitarisch[1462] konstituiertes demokratisches Subjekt vertritt. Bei knapper Entscheidung zwischen politischen Richtungen im Europäischen Parlament bestehe keine Gewähr dafür, dass die Mehrheit der abgegebenen Stimmen auch eine Mehrheit der Unionsbürger repräsentiert.[1463] Das Prinzip der degressiven Proportionalität stehe, so das Gericht, zwischen dem völkerrechtlichen Prinzip der Staatengleichheit und dem staatlichen Prinzip der Wahlrechtsgleichheit.[1464] Mit dieser Argumentation fixiert das Gericht das Europäische Parlament im Rahmen einer Europäischen Union, der die staatliche Qualität abgeht, in der von ihm behaupteten marginalen demokratischen Bedeutung: Einerseits folgt nach dem Urteil aus der fehlenden Gleichheitsgerechtigkeit der elektoralen Konstitution des Europäischen Parlaments, dass dieses der europäischen Hoheitsgewalt nicht als Vertretung eines demokratischen Unionsvolkes vollwertige und hinreichende demokratische Legitimation vermittelt. Es übe daher neben dem Rat als intergouvernemental konstituiertem Unionsorgan, das europäischer Legislativgewalt demokratische Legitimation in Ableitung von der demokratischen Verfasstheit der Mitgliedstaaten vermittelt, lediglich eine ergänzende demokratische Funktion aus.[1465] Andererseits würden gleichheitsgerechte Wahlen zum Europäischen Parlament nach dem Urteil den qualitativen Sprung zu einer legitimatorischen Bezogenheit der Europäischen Union auf ein souveränes europäisches Volk bedeuten, welcher mit der Begründung eines europäischen Bundesstaats und folglich mit der Aufgabe der demokratischen Staatlichkeit der Mitgliedsvölker der Union koinzidiere.[1466] Aus dieser

---

[1461]Zur richtungspolitischen Mehrheitsbildung im Europäischen Parlament mit Blick auf die Praxis des Mitentscheidungsverfahrens im Bereich der Gesetzgebung zur Biomedizin und Humanbiotechnologie oben Kap. 5 III. 2., insb. b.

[1462]Zum Begriff Fn. 1432 oben.

[1463]BVerfGE 123, 267, Rn. 280.

[1464]BVerfGE 123, 267, Rn. 284. „*Die demokratische Grundregel der wahlrechtlichen Erfolgschancengleichheit („one man, one vote") gilt nur innerhalb eines Volkes* […].", Rn. 279.

[1465]BVerfGE 123, 267, Rn. 262, 271.

[1466]Der Vertrag von Lissabon beinhalte, so das Urteil, nicht das Konzept einer europäischen Bundesverfassung, „in dem ein europäisches Parlament als

Perspektive erreicht die Europäische Union nicht nur nicht dasselbe demokratische Legitimationsniveau wie eine staatlich verfasste Demokratie;[1467] eine supranationale Union kann ein solches nach dem Urteil auch nicht erreichen.

Dies gilt indes keinesfalls zwingend. Die legitimatorische Bezogenheit der Union auf ein europäisches demokratisches Subjekt setzt die Staatlichkeit der EU nicht voraus.[1468] Eine Konstitution des Europäischen Parlaments, die allen seinen Wählerinnen und Wählern das gleiche Stimmgewicht einräumt, geht nicht notwendig mit der Begründung eines europäischen Staates einher. Sie kann auch unabhängig davon das Parlament rein verfahrensrechtlich zu einer gleichheitsgerecht konstituierten Vertretung der Unionsbürgerinnen und -bürger als demokratisches Subjekt der Union verfassen. Dass bei den Europawahlen die Stimmen der Wähler nicht gleich gewichtet sind, schließt zudem auch nicht schlechthin aus, dass das Parlament die Unionsbürgerinnen und -bürger als demokratisches Subjekt europäischer Hoheitsgewalt demokratisch vertritt.[1469] In der degressiv-proportionalen Verfassung des Parlaments kommt dabei eine föderale Dimension des demokratischen Selbstverständnisses der Bürgerinnen und Bürger der Union zum Ausdruck.[1470] Die elektorale Verfassung des Parlaments steht zwischen den Polen der demokratischen Gleichheit von Individuen und der Gleichheit von Staaten – wobei die politische Gleichheit von Individuen aber nicht, wie das Bundesverfassungsgericht postuliert, ein notwendig *staatliches* Prinzip ist.[1471] Die elektorale Konstitution des Parlaments ist eine Co-Artikulation beider Logiken. Sie verfasst die parlamentarische

---

Repräsentationsorgan eines damit konstitutionell verfassten neuen Bundesvolkes in den Mittelpunkt träte“, BVerfGE 123, 267, Rn. 277.

1467 BVerfGE 123, 267, Rn. 276.

1468 Dazu oben I. 3.

1469 Dahingehend auch *S. Oeter*, Föderalismus und Demokratie, in: Bogdandy/Bast (Hrsg.), Europäisches Verfassungsrecht, 2009, 108 f., der die deutschen Vorstellungen von Stimmwert-/Zählwertgleichheit als international beispiellos darstellt. Auch signifikante Verzerrungen der Proportionalität würden in den meisten Demokratien traditionell akzeptiert, insbesondere in Mehrheitswahlsystemen.

1470 Zur Konstitution der Unionsbürgerschaft als demokratisches Subjekt der EU bereits oben I. 3.

1471 Dahingehend BVerfGE 123, 267, Rn. 284; Rn. 279.

Willensbildung in besonderer Weise pluralistisch – nämlich so, dass sie nicht nur richtungspolitische, sondern auch entlang der Mitgliedstaaten strukturierte Vielfalt politisch ausdrücken kann.[1472] Die pluralistische Kapazität eines Organs und seiner Willensbildung, die es ermöglicht, die Vielfalt innerhalb des demokratischen Subjekts politisch zu artikulieren, ist wesentliche Bedingung seiner demokratischen Funktion.[1473] Zu den grundlegenden Prinzipien der Europäischen Union gehört die Wahrung föderaler Vielfalt.[1474] Die Beschränkung des Grundsatzes der Proportionalität ist unter der Bedingung der geltenden nationalen Kontingentierung der parlamentarischen Mandate und der primärrechtlichen Regelung der Höchstzahl der Abgeordneten die Voraussetzung dafür, dass das Parlament seine legislative Funktion in politischer Verantwortung auch gegenüber denjenigen Unionsbürgerinnen und -bürgern ausübt, die in den kleinsten Mitgliedstaaten wählen.

Dies zu gewährleisten, wäre aber offensichtlich auch anders möglich: einerseits durch die Aufhebung der nationalen Kontingentierung, so dass das Europäische Parlament europäisch gewählt würde (in staatenübergreifenden europäischen Wahlkreisen, was vielleicht auch die Bildung eines europäischen Parteiensystems befördern würde[1475]). Andererseits durch die Anhebung der Gesamtzahl parlamentarischer Sitze auf eine Höhe, bei der im Rahmen einer linear proportionalen Verteilung auch die Bürgerinnen und Bürger in den kleinen Staaten parlamentarisch vertreten würden – wenn auch mit geringem bis bedeutungslosem nationalpolitischem Gewicht. Unter dieser Bedingung würden die

---

[1472] In diese Richtung auch *C. D. Classen*, Demokratische Legitimation im offenen Rechtsstaat, 2009, 101. Danach spricht die *Berücksichtigung besonderer Strukturen innerhalb des Legitimationscorpus* wie vermittels des Prinzips des degressiven Proporzes im Europäischen Parlament die der politische Verfasstheit der Unionsbürgerinnen und -bürger in den Mitgliedstaaten nicht gegen eine demokratische Funktion des Europäischen Parlaments; sie sei auch auf nationaler Ebene keine Besonderheit.

[1473] Hierzu Kap. 7.

[1474] Dies drückt das Subsidiaritätsprinzip ebenso aus wie die Bindung der Union an die Wahrung der mitgliedstaatlichen Identität in Art. 4 Abs. 2 EUV; dazu schon oben Kap. 3 I. 1.

[1475] Für transnationale Wahllisten auch *C. Franzius/U. K. Preuß*, Die Zukunft der europäischen Demokratie, 2012, 119 ff.

– üblicherweise richtungspolitisch formierten[1476] – legislativ handlungsfähigen Mehrheiten im Europäischen Parlament stets auch für eine Mehrheit der Unionsbürgerinnen und -bürger stehen. Das ist wünschenswert, denn die mangelnde bürgerschaftliche Gleichheit in der Konstitution des Parlaments ist ein nicht zu leugnendes Defizit seiner demokratischen Leistungsfähigkeit. Zwar würde die entsprechende Vergrößerung des Parlaments nicht nur eine Änderung des Primärrechts erfordern (Art. 14 Abs. 2 EUV), sondern auch eine Herausforderung für die Organisation der parlamentarischen Willensbildung darstellen. Sie muss allerdings nicht die Handlungsfähigkeit des Parlaments aufheben und sollte daher nicht bloß wegen ihrer Präzedenzlosigkeit, und weil sie die politische Praxis herausfordert, ausgeschlossen werden.

Die Bereitstellung pluralistischer Kapazität ist eine wesentliche Bedingung der demokratischen Funktion von Gesetzgebungsorganen. Im Fall des Europäischen Parlaments bezieht sie sich – neben der Pluralität der politischen Richtungen – auf die föderale Vielfalt innerhalb der politischen Ordnung. Die elektorale Konstitution des Europäischen Parlaments artikuliert zugleich die föderale wie die unitarische[1477] demokratische Struktur der Union. Die politische Artikulation der föderalen Struktur der Union hat ihren Ort im politischen System der Union jedoch zuvörderst im Rat. Ob es hierfür zusätzlich noch des Parlaments bedarf, erscheint mehr als fraglich. Eine umfänglich gleichheitsgerechte Verfassung des Parlaments – die nicht notwendig mit der Staatlichkeit der Europäischen Union koinzidiert – würde das Defizit seiner demokratischen Kapazität beheben und es damit in seiner demokratischen Funktion stärken.[1478]

(2) Die Wahlberechtigung von Drittstaatsangehörigen. Zur Gibraltar-Konstellation

Nach der Rechtsprechung des EuGH vor den Lissabonner Reformen können bei den Wahlen zum Europäischen Parlament in bestimmten Konstellationen auch Individuen berechtigt werden, die nicht über die Unionsbürgerschaft verfügen. Der EuGH befand eine entsprechende

---

[1476] Dies zeigt die Praxis des Mitentscheidungsverfahrens, dazu oben Kap. 5.

[1477] Zum Begriff oben Fn. 1432.

[1478] Zur Verletzung der demokratischen Wahlgleichheit als Kern des Demokratiedefizits *F. Rödl*, EuR Beiheft (2013), 179, 181 f.

Regelung für die Bürger Gibraltars, mit der das Vereinigte Königreich seine Verpflichtung aus dem *Matthews*-Urteil des Europäischen Gerichtshofes für Menschenrechte[1479] umsetzte, für gemeinschaftsrechtskonform.[1480] Zur Begründung führt der EuGH an, dass weder die primärrechtliche Verfassung des Europäischen Parlaments noch der Direktwahlakt[1481] ausdrücklich und genau bestimmten, wer das aktive und passive Wahlrecht für die Wahlen zum Europäischen Parlament hat.[1482] Der Begriff der mitgliedstaatlichen Völker, die das Parlament nach Art. 189, 190 EGV vertrat, sei nicht gemeinschaftsrechtlich definiert und stehe daher der Ausfüllung durch die Mitgliedstaaten offen.[1483] Da ein primärrechtliches Junktim zwischen Wahlberechtigung und Unionsbürgerschaft fehle, bleibe die Festlegung des Kreises der Berechtigten den Mitgliedstaaten überlassen. Es verstoße nicht gegen Gemeinschaftsrecht, wenn die Mitgliedstaaten das aktive und passive Wahlrecht Personen zuerkennen, die enge Verbindungen mit ihnen aufweisen, ohne eigene Staatsangehörige (und mithin Unionsbürger) zu sein.[1484] Nach den Lissabonner Reformen legt Art. 14 Abs. 2 EUV nunmehr fest, dass das Europäische Parlament die Unionsbürger vertritt. Die Verpflichtung aus Art. 3 ZP-EMRK zur Abhaltung von Wahlen im räumlichen Geltungsbereich der europäischen Gesetzgebung bzw. zur Einräumung der Wahlberechtigung zum Europäischen Parlament für bestimmte Nichtunionsbürger, die der Europäische Gerichtshof für Menschenrechte für die Gibraltar-Konstellation ausgesprochen hat, muss jedoch auch nach den Lissabonner Reformen gelten: Der EGMR argumentiert mit der Betroffenheit der Bürger Gibraltars von europäischer Gesetzgebung, die das Recht auf Wahlen nach Art. 3 ZP-

---

[1479] *Europäischer Gerichtshof für Menschenrechte,* 18. Februar 1999, Appl. 24833/94.

[1480] *Europäischer Gerichtshof,* 12.09.2006, Rs. C-145/04.

[1481] Akt zur Einführung allgemeiner unmittelbarer Wahlen der Mitglieder des Europäischen Parlaments vom 20. September 1976, ABl. Nr. L 278 5, ber. ABl. 1976 Nr. L 326 32, zuletzt geändert durch Art. 1 Änderungsbeschluss 2002/772/EG, Euratom vom 25. 6. 2002 (ABl. Nr. L 283 1).

[1482] *Europäischer Gerichtshof,* 12.09.2006, Rs. C-145/04, Rn. 70.

[1483] Ebd., Rn. 71.

[1484] Ebd., Rn. 78; eingehender zu dem Urteil etwa *H. Phillipp Aust,* ZEuS 11 (2008), 253.

EMRK auslöse.[1485] Steht das primärrechtliche Junktim von Wahlberechtigung und Unionsbürgerschaft der Wahlberechtigung von Drittstaatsangehörigen in der Gibraltar-Konstellation entgegen, ist dies daher wohl eine Verletzung der Gewährleistung des Art. 3 ZP-EMRK.[1486]

Die Ausdehnung der politischen Teilhabe auf Drittstaatsangehörige in der Gibraltar-Konstellation bedeutet die politische Inklusion von Individuen, denen gegenüber die hoheitliche Gewalt der Union demokratischer Rechtfertigung bedarf. In Gibraltar gilt grundsätzlich das Recht der Europäischen Union.[1487] Die Personen, die nach der *Matthews*-Entscheidung zur Wahl zu berechtigen sind, gehören damit ohnehin als Rechtssubjekte europäischer Gesetzgebung zu deren Legitimationssubjekt.[1488] Ihre politische Berechtigung verwirklicht für sie den demokratischen Anspruch der politischen Gleichheit der Rechtssubjekte. Aus der Perspektive des Demokratiebegriffs der Arbeit ist zu begrüßen, dass der EuGH darauf verzichtet, auch nur ansatzweise eine an die Unionsbürgerschaft geknüpfte vorrechtliche und vorpolitische Einheit oder Einheitsbildung des demokratischen Subjekts der Union geltend zu

---

[1485] *Europäischer Gerichtshof für Menschenrechte,* 18. Februar 1999, Appl. 24833/94, Rn. 34: „Legislation emanating from the legislative process of the European Community affects the population of Gibraltar in the same way as legislation which enters the domestic legal order exclusively via the House of Assembly. To this extent, there is no difference between European and domestic legislation, and no reason why the United Kingdom should not be required to "secure" the rights in Article 3 of Protocol No. 1 in respect of European legislation, in the same way as those rights are required to be "secured" in respect of purely domestic legislation."

[1486] Es könnte sich, wenn die Regelung des Art. 14 EUV tatsächlich die Wahlberechtigung der Bürger Gibraltars ausschlösse, tatsächlich um Primärrecht handeln, dass die Europäische Konvention zum Schutz der Menschenrechte und Grundfreiheiten verletzt. Dies könnte mit dem Beitritt der Europäische Union zu dieser (Art. 6 Abs. 2 EU) vor dem EGMR unmittelbar gegen die primärrechtliche Regelung geltend gemacht werden.

[1487] Zum Status von Gibraltar *Europäischer Gerichtshof,* 12.09.2006, Rs. C-145/04, Rn. 14 ff. Gibraltar ist im Sinne von Art. 355 Abs. 3 AEUV ein europäisches Hoheitsgebiet, dessen auswärtige Beziehungen ein Mitgliedstaat wahr nimmt. Der EG-Vertrag findet daher auf Gibraltar Anwendung, dazu *K. Schmalenbach,* Art. 299 EGV, in: Calliess/Ruffert (Hrsg.), EUV, EGV, 2007, Rn. 7.

[1488] Zum Subjekt der demokratischen Legitimation von Hoheitsgewalt Kap. 7 II. 4. b.

machen, die Drittstaatsangehörige von der Einbeziehung in das politische Subjekt der EU *per se* ausschließen würde.[1489] Der Gerichtshof bestätigt in der Sache Spanien/Vereinigtes Königreich einen Fall der Entkoppelung der Berechtigung zur politischen Teilhabe von der Rechtsangehörigkeit zum Hoheitsträger.[1490] Zwar begründet der EuGH seine Position zuallererst mit dem Fehlen eines primärrechtlichen Junktims zwischen Wahlberechtigung und Unionsbürgerschaft. Er hätte aber, wie Beobachter darlegen, durchaus die Möglichkeit gehabt, die politische Dimension des Unionsbürgerstatus zu konturieren und sie dabei – wie Spanien mit seiner Interpretation des Primärrechts forderte – als „*Grund und Grenze des Wahlrechts zum Europäischen Parlament*"[1491] zu bestimmen.[1492]

Das Europäische Parlament vertritt so grundsätzlich die Unionsbürgerinnen und -bürger, die in ihrer Gesamtheit neben den mitgliedstaatlichen Staatsvölkern eine zweite demokratische (Teil-)verfasstheit der Rechtssubjekte der Europäischen Union sind, und – in der Gibraltar-Konstellation – ausnahmsweise daneben Drittstaatsangehörige, die ebenfalls als Rechtssubjekte der Unionsgewalt zu deren Subjekt der demokratischen Legitimation gehören.

b. Dimensionen der pluralistischen Kapazität des Europäischen Parlaments

(1) *Electoral integration*: Eine europäische Wählerschaft trotz nationaler Mandatskontingente

Die Einschätzung, dass Europawahlen lediglich Positionen zur mitgliedstaatlichen Politik ausdrücken, hält neuerer politikwissenschaftlicher Forschung nicht stand.[1493] Zwar sind die Mandate in mitgliedstaat-

---

[1489] Zur funktionalen Unabhängigkeit demokratischer Willensbildung von einer vorrechtlichen, vorpolitischen Einheit des demokratischen Subjekts oben Kap. 7 II. 3. c.

[1490] Hierzu aus demokratietheoretischer Sicht Kap. 7 II. 4. c., d.

[1491] *H. P. Aust*, ZEuS 11 (2008), 253, 268.

[1492] Insbesondere habe der Antrag des Generalanwalts diese Möglichkeit eröffnet; ebd.

[1493] Eingehend und mit Nachweisen des Stands der Forschung *D. Caramani*, West European Politics 29 (2006), 1.

liche Kontingente aufgeteilt.[1494] Das schließt aber nicht aus, dass europäische Wahlen verstanden und erfasst werden können als Willensbildung einer europäischen, einer europaweiten Wählerschaft, in der sich grenzübergreifende Strukturen der richtungspolitischen Präferenzbildung zur europäischen Politik ausmachen lassen. Dass sich nationale Wählerschaften in europäischen und nationalen Wahlen weitgehend kongruent verhalten, folgt aus der Ähnlichkeit der politischen Angebote: Beide Wahlen sind von den gleichen richtungspolitischen Dimensionen geprägt.[1495] Die Kongruenz des Wählerverhaltens in nationalen und europäischen Wahlen bedeutet daher nicht, dass Europawahlen auf nationale Politik bezogen sind, nationale Positionen artikulieren und lediglich *second order national elections* darstellen.[1496] Zwar sind im Europäischen Parlament nicht originär europäische Parteien vertreten – die politischen Fraktionen im Parlament sind Gruppierungen nationaler Abgeordneter nach parteipolitischen Richtungen.

Die Fraktionen selbst entwickeln keine oder kaum politische Programmatik für Wahlen zum Europäischen Parlament, dies bleibt den nationalen Parteien überlassen.[1497] Zwischen den einzelnen mitgliedstaatlichen Wählerschaften bestehen aber Gemeinsamkeiten hinsichtlich der politischen Probleme, des Parteiensystems und der politischen Konfliktlinien. Vielfach sind vergleichbare politische Richtungen und Entwürfe präsent.[1498] Die mitgliedstaatlichen Wählerschaften weisen daher in ihrer politischen Artikulation im Rahmen europäischer Wahlen strukturelle Ähnlichkeiten auf.[1499] Dies erlaubt es, die mitgliedstaatli-

---

[1494] Hierzu bereits oben a. (1).

[1495] *D. Caramani,* West European Politics 29 (2006), 1, 20 ff., „*The 'stimuli' are the same all over Europe, the same 'response' is given in all orders of elections*" (22).

[1496] Ebd., 22.

[1497] Hierzu *D. Th. Tsatsos,* Europäische politische Parteien, 1998; *D. Th. Tsatsos,* Ist die Europäische Unionsgrundordnung für die Tätigkeit politischer Parteien ungeeignet?, in: Hufen/Schneider (Hrsg.), Verfassungen – zwischen Recht und Politik, 2008, 236; *S. Hix/C. Lord,* Political parties in the European Union, 1997.

[1498] *D. Caramani,* West European Politics 29 (2006), 1, 20 ff.

[1499] Mit empirischen Erkenntnissen *D. Caramani,* West European Politics 29 (2006), 1, 20 ff.; dahingehend auch *P. Dann,* Parlamente im Exekutivföderalismus, 2004, 393.

chen Wählerschaften in ihrer Gesamtheit als eine europaweite, eine europäische Wählerschaft zu beobachten.

Die Gemeinsamkeit der Strukturen der politischen Präferenzbildung der mitgliedstaatlichen Wählerschaften insbesondere in der Form der durchgängig vorfindlichen Rechts-/Linksdimension stellt politische Anschlussfähigkeit zwischen den Wählerschaften her.[1500] Die gemeinsamen ideologischen Traditionen und Wurzeln vermögen die europäischen Grenzen und die nationale Vielfalt der national konstituierten Wählerschaften des Europäischen Parlaments zu überbrücken.[1501] Die Anschlussfähigkeit der politischen Willensbildung der Wählerschaften wird im Parlament umgesetzt, indem sich dort aus Abgeordneten verschiedener Mitgliedstaaten politische Gruppen und aus diesen handlungsfähige politische Koalitionen bilden. Die Besetzung der nationalen Sitzkontingente nach Verhältniswahlrecht,[1502] die üblicherweise zu einer parteipolitisch pluralen Verteilung der mitgliedstaatlichen Mandate führt, bedeutet so eine Ressource für die kontingentübergreifende richtungspolitische Mehrheitsbildung.

Die Strukturkongruenz oder zumindest -ähnlichkeit, die Anschlussfähigkeit der politischen Artikulation der mitgliedstaatlichen Völker in den Wahlen zum Europäischen Parlament integriert diese zwar natürlich nicht rechtlich, wohl aber politisch zu einer europäischen Wählerschaft (*electoral integration*[1503]). Indem das Parlament seine legislative Verantwortung mit der Mehrheit politischer Koalitionen, statt mit der Mehrheit mitgliedstaatlicher Bündnisse betätigt, vertritt es seine Wählerinnen und Wähler als Mitglieder einer europäischen Wählerschaft.

(2) Das Verhältnis zwischen der richtungspolitischen und der föderalen Dimension der Willensbildung des Parlaments

Demokratische Legitimation leistet die legislative Willensbildung eines Gesetzgebungsorgans hauptsächlich, indem sie in Rückbindung an die

---

[1500] *D. Caramani,* West European Politics 29 (2006), 1.

[1501] *P. Dann,* Parlamente im Exekutivföderalismus, 2004, 393.

[1502] Art. 1 des Direktwahlakts (Fn. 1481 oben) schreibt vor, dass in jedem Mitgliedstaat die Mitglieder des Europäischen Parlaments nach dem Verhältniswahlsystem gewählt werden.

[1503] *D. Caramani,* West European Politics 29 (2006), 1, 22.

Willensbildung des demokratischen Subjekts die Artikulation einer Pluralität politischer Präferenzen ermöglicht.[1504] Die Praxis des Mitentscheidungsverfahrens zeigt, dass legislativ handlungsfähige Mehrheiten im Europäischen Parlament von Koalitionen politischer Fraktionen und nicht entlang mitgliedstaatlicher Positionen, also durch Bündnisse mitgliedstaatlicher Gruppen gebildet werden.[1505] Es wird eine europäische Wählerschaft mit ihren richtungspolitischen Präferenzen vertreten.[1506] Die Willensbildung des Parlaments weist gleichwohl eine föderale Dimension auf:[1507] Die elektorale Verfasstheit des Europäischen Parlaments ist durch die degressiv-proportionale Verteilung der Mandate auf nationale Kontingente darauf zugeschnitten, dass die parlamentarische Willensbildung die Kapazität zur Artikulation der föderalen Vielfalt der Europäischen Union bereitstellt.[1508]

Die richtungspolitische und die föderale pluralistische Funktion des Europäischen Parlaments stehen nicht zusammenhangslos nebeneinander. Die föderale Prägung der elektoralen Konstitution des Parlaments überformt die Erwägung der Gleichheit der Unionsbürger: Die richtungspolitisch formierte legislativ handelnde Mehrheit des Europäischen Parlaments vertritt nicht notwendig eine Mehrheit der Unionsbürgerinnen und -bürger.[1509] Die föderale Prägung der elektoralen Verfasstheit des Parlaments wird aber im Parlament wiederum unitarisch[1510] überformt: Das wählende Rechtssubjekt wird im Europäischen Parlament politisch nicht in seiner Eigenschaft als Bürger eines bestimmten Mitgliedstaates vertreten, sondern als Mitglied der europäischen Wählerschaft.[1511] Dass das Parlament trotz der Mandatskontin-

---

[1504] Zur parlamentarischen Form als Bedingung der legitimatorischen Funktion einer gewählten Legislative und zum pluralistischen Demokratiemodell der Arbeit oben Kap. 7 III. 2. b. (1); s. auch Kap. 7 II. 4. c.

[1505] S. dazu oben Kap. 5 III. 2. b.

[1506] Oben (1).

[1507] Hierzu bereits oben a.

[1508] Hierzu unter a.

[1509] Dazu oben a.; bei knappen Entscheidungen ist nicht gewährleistet, dass die Mehrzahl der abgegebenen Stimmen auch die Mehrzahl der Unionsbürgerinnen und -bürger vertritt. Bei den üblicherweise klaren Mehrheitsverhältnissen im Parlament ist das aber der Fall.

[1510] Zum Begriff oben Fn. 1432.

[1511] Dazu oben (1).

gentierung die Unionsbürgerinnen und -bürger vertritt, folgt rechtlich aus Art. 22 Abs. 2 AEUV, nach dem Unionsbürger mit Wohnsitz in einem anderen als dem Mitgliedstaat ihrer Staatsangehörigkeit wie die Angehörigen des Wohnsitzstaates an den Wahlen des nationalen Mandatskontingents teilnehmen.[1512] Die Mandatsträger eines nationalen Kontingents vertreten so die in einem Mitgliedstaat ansässigen Unionbürgerinnen und -bürger, nicht die Staatsangehörigen.[1513]

(3) Die pluralisierende Bedeutung des Europäischen Parlaments im politischen System der EU

Es ist charakteristisch für das Europäische Parlament, dass es als politischer Gegenspieler zur Kommission und zum Rat agiert.[1514] Dies zeigt die Untersuchung der Praxis des Mitentscheidungsverfahrens im Bereich der Biomedizin und Humanbiotechnologie: Das Europäische Parlament übt, indem es im Mitentscheidungsverfahren Änderungen am legislativen Vorschlag der Kommission und am Standpunkt des Rates einbringt, Opposition im politischen System der EU aus. Es gewährleistet als politischer Gegenspieler vor allem gegenüber dem Rat[1515] interinstitutionell die pluralistische Prägung der legislativen Willensbildung. Dass die verschiedenen Organe verschiedene politische Positionen artikulieren und in inhaltliche Auseinandersetzungen geraten, ist

---

[1512] Dies war bereits vor den Lissabonner Reformen der Fall; dazu *M. Haag*, Art. 19 EGV, in: Groeben/Schwarze (Hrsg.), Kommentar zum Vertrag über die Europäische Union und zur Gründung der Europäischen Gemeinschaft, 2003, Rn. 13 ff. (zur Funktion der Vorschrift Rn. 15 ff.); *M. Hilf*, Art. 19 EGV, in: Grabitz/Hilf/Nettesheim (Hrsg.), Das Recht der Europäischen Union, Rn. 24 ff.; *W. Kluth*, Art. 19 EGV, in: Calliess/Ruffert (Hrsg.), EUV, EGV, 2007, Rn. 19 ff.

[1513] Darauf weisen auch *D. Halberstam/C. Möllers*, German Law Journal 10 (2009), 1241, 1248 f. hin: „*It is a territorial nexus that is created by the right to free movement that defines the representative structure of the European Parliament. That might not live up to any strict ideal of democratic equality but it still has a logic that is connected to the rather profound idea of European citizenship.*“

[1514] Hierzu bereits oben Kap. 5 III. 1. b.

[1515] Zur Kontrollfunktion des EP gegenüber dem Rat *P. Dann*, Parlamente im Exekutivföderalismus, 2004, 360 ff.

gleichfalls eine Ressource der pluralistischen Kapazität des politischen Systems der Union.

(4) Die Arbeitsteilung innerhalb des Europäischen Parlaments und die Transparenz und Öffentlichkeit seiner Willensbildung

Die Ausschüsse strukturieren mit ihren Berichten die Willensbildung des Plenums.[1516] Die Untersuchung der Praxis der Mitentscheidung im Bereich der Biomedizin und Humanbiotechnologie hat jedoch gezeigt, dass ihre Position die legislative Entscheidung des Plenums nicht determiniert. Schon deswegen unterminiert die Rolle der Ausschüsse in der parlamentarischen Willensbildung die demokratische Funktion des Parlaments als legislative Versammlung mit pluralistischer Kapazität nicht. Zudem sind die Ausschüsse – aus der delegationstheoretischen Perspektive Agenten des Plenums – selbst zur Bereitstellung pluralistischer Kapazität verfasst. Sie sind nach Fraktionsstärke von Parlamentariern besetzt.[1517] Die Willensbildung der Ausschüsse ist grundsätzlich öffentlich, Art. 103 Abs. 3 GO-EP. Die innerparlamentarische Arbeitsteilung steht der politischen Verantwortlichkeit des Parlaments gegenüber den Wählern daher nicht entgegen. Problematisch ist allerdings, wenn die informelle Praxis des Verhandelns in Trilogen durch Vertreter des Parlaments zu einer Machtverschiebung zulasten der internen Willensbildung der Ausschüsse führt.[1518] Hierauf wird im Rahmen der Reflexion der Praxis des Mitentscheidungsverfahrens als demokratisches Gesetzgebungsverfahren noch einzugehen sein.[1519]

Bedingung der demokratischen Funktion des Europäischen Parlaments als gewählte Vertretung der Unionsbürgerschaft sind die Öffentlichkeit und Transparenz seiner legislativen Willensbildung.[1520] Diese sind generell gewährleistet: Die Aussprachen des Plenums und der Ausschüsse

---

[1516] Hierzu bereits oben Kap. 5 III. 1. c. (1); s. auch *R. Corbett/F. Jacobs/M. Shackleton,* The European Parliament, 2007, Ch. 7.

[1517] *P. Dann,* Parlamente im Exekutivföderalismus, 2004, 347.

[1518] Hierzu bereits oben Kap. 5 III. 1. c. (1).

[1519] Unten Kap. 9 I.

[1520] Zur Bedingtheit demokratischer Verantwortlichkeit durch die Öffentlichkeit und Transparenz der Willensbildung eines gewählten Organs oben Kap. 7 III. 2. b. (3).

sind grundsätzlich öffentlich, Art. 103 ff. GO-EP. [1521] Die Praxis informellen Verhandelns ruft allerdings die Frage nach der praktischen Transparenz und Öffentlichkeit der legislativen Willensbildung des Parlaments auf. Vor diesem Hintergrund ist als Teil der Bewertung der Praxis des Mitentscheidungsverfahrens die Informalisierung der Mitentscheidung rechtlich und demokratietheoretisch zu bewerten.

2. *Die Legitimationsleistung des Rates*

a. Der Rat als demokratisches Organ: Delegationsketten und intergouvernementale Willensbildung. Lektüre des Lissabon-Urteils, Part 3

(1) Intergouvernementale Konstitution und pluralistische Kapazität des Rates

Ein Zusammenhang zwischen dem Rat und den Staatsvölkern der Mitgliedstaaten besteht in einer Kette von Delegationsverhältnissen, die jeweils von einem einzelnen Staatsvolk ausgehen.[1522] Eine erste Delegationsbeziehung besteht zwischen der mitgliedstaatlichen Wählerschaft

---

[1521] Die Frage nach der Existenz einer europäischen Öffentlichkeit ist von der Frage der rechtlichen Gewährleistung von Öffentlichkeit und Transparenz und der Transparenz der legislativen Willensbildung in der Praxis zu unterscheiden. Aus der Perspektive der Rekonstruktion der demokratischen Leistungsfähigkeit des Parlaments nach seiner primärrechtlichen Verfasstheit und in seiner Praxis als Co-Gesetzgeber interessieren hier die rechtlichen Gewährleistungen der Transparenz und Öffentlichkeit der legislativen Willensbildung der Co-Gesetzgeber und ihre praktische Transparenz und Öffentlichkeit, insbesondere mit Blick auf die Informalisierung der Verhandlung zwischen den Verfahrensbeteiligten der Mitentscheidung in der Praxis. S. für eine kritische Aufarbeitung der Diskussion zu den Entstehungsbedingungen europäischer Öffentlichkeit, ihrer Gestalt und zur Frage der Bedingtheit europäischer Demokratie durch eine einheitliche europäische Öffentlichkeit *F. Hanschmann,* Der Begriff der Homogenität in der Verfassungslehre und Europarechtswissenschaft, 2008, 196 ff.; *D. Grimm,* European Law Journal 1 (1995), 282, 292 ff.

[1522] Hierzu bereits oben Kap. 7 III. 2. c. Grundzüge einer Theorie der Delegationsverhältnisse in parlamentarischen Systemen entwickelt *K. Strøm,* European Journal of Political Research 37 (2000), 261; vertiefende Studien zu einzelnen Aspekten von politischer Verantwortlichkeit und Delegation in parlamentarischen Systemen in *K. Strøm u. a.* (Hrsg.), Delegation and accountability in parliamentary democracies, 2006.

und dem mitgliedstaatlichen Parlament, eine zweite zwischen diesem und der mitgliedstaatlichen Regierung und die dritte besteht zwischen dem im Rat als befugter Vertreter der Regierung handelnden Minister und der Regierung. Der Regierungsvertreter verfügt damit vermittels einer bei den nationalen Wahlen beginnenden Kette von Delegationsakten organisatorisch-personell über demokratische Legitimation.[1523] Die Delegationskette bedeutet zugleich eine indirekte politische Verantwortlichkeit des im Rat handelnden Regierungsvertreters gegenüber dem mitgliedstaatlichen Staatsvolk.[1524]

Ein Verhältnis mittelbarer politischer Verantwortlichkeit besteht jeweils allein zwischen den einzelnen im Rat handelnden Ministern und der mitgliedstaatlichen Wählerschaft.[1525] Der Rat als Gesamtheit der Ratsmitglieder steht nicht in einem Verhältnis politischer Verantwortlichkeit.[1526] Das kennzeichnet ihn als intergouvernementales Organ, als Exekutivrat.[1527] Der Rat ist ein Kompositum demokratischer Vertretungen – so wie die mitgliedstaatlichen Staatsvölker demokratisches Subjekt der Union in der Form eines völkerrechtsvertraglich begründeten Kompositum demokratischer Subjekte sind. Der Rat hat daher nicht den Charakter einer demokratisch gewählten Versammlung.[1528] Zwar entfaltet er als Kollegialorgan im Ganzen grundsätzlich pluralistische Kapazität: In seiner Willensbildung können durch die Ratsmitglieder eine Mehrzahl politischer Präferenzen und politische Uneinigkeit artikuliert werden. Diese pluralistische Kapazität des Rates ist auf die föderale Gestalt der Union bezogen – die politische Willensbildung verläuft

---

[1523] Zu diesem Begriff *E.-W. Böckenförde,* § 24, Demokratie als Verfassungsprinzip, in: Isensee/Kirchhof (Hrsg.), Handbuch des Staatsrechts der Bundesrepublik Deutschland, 429, Rn. 16.

[1524] Dazu bereits oben Kap. 7 III. 2. c.

[1525] Hierzu unter dem Gesichtspunkt der demokratischen Leistung des Rates kritisch auch *K. Doehring,* Deutsches Verwaltungsblatt 112 (1997), 1133.

[1526] So auch *K. Doehring,* Deutsches Verwaltungsblatt 112 (1997), 1133, 1134, wenn er darauf hinweist, dass, selbst wenn man vom Bestand eines europäischen Volkes ausgehe, dieses nicht den Ministerrat konstituiere.

[1527] Zu Begriff und Funktion des Exekutivrates, dessen zentrale Funktion die Artikulation der politischen Interessen der Gliedstaaten eines föderalen Gebildes ist, *P. Dann,* Parlamente im Exekutivföderalismus, 2004, 51 f.

[1528] Zur demokratischen Funktion der Verfassung der Legislative als gewählte Versammlung oben Kap. 7 III. 2. b. (1).

über die Artikulation der mitgliedstaatlichen Positionen.[1529] Die pluralistische Kapazität des Ratskollegiums ist nicht auf ein unitarisch[1530] konstituiertes politisches Subjekt bezogen. Es besteht kein demokratisches Vertretungs- und Verantwortungsverhältnis zwischen dem Ratskollegium und der Gesamtheit der Staatsvölker als demokratisches Subjekt der EU.[1531] Pluralistische Kapazität stellt der Rat damit für die Artikulation der föderalen Heterogenität der EU, für die Vielfalt der Positionen der Mitgliedstaaten bereit. Hierin kommt zum Ausdruck, dass die mitgliedstaatlichen Staatsvölker ein demokratisches Subjekt der EU lediglich als Kompositum, als föderativer Zusammenhang demokratischer Subjekte konstituieren. Die pluralistische Kapazität des Rates bezieht sich dementsprechend nicht auf die politische Heterogenität eines sich als solches vermittels *eines* Willensbildungsprozesses artikulierenden, unitarischen demokratischen Subjekts. Auch die Bereitstellung pluralistischer Kapazität in Bezug auf die föderale Struktur der EU durch den Rat hat jedoch eine demokratische Bedeutung: Sie ermöglicht mit der Artikulation der föderalen Vielfalt der Mitgliedstaaten die Artikulation der demokratischen Positionen der Staatsvölker.

Die demokratische Vertretung des einzelnen Staatsvolks im politischen System der EU in der Form der Delegation eines Regierungsvertreters in den Rat stellt als monokratische, durch eine einzelne Person geleistete Vertretung eines politischen Subjekts keine pluralistische Kapazität bereit. Im Rahmen monokratischer Vertretung ist der Ausdruck der politischen Heterogenität des demokratischen Subjekts, also des mitgliedstaatlichen Staatsvolks, im Prozess der legislativen Willensbildung nicht möglich. Dies ist ein erster bestimmender Faktor für die demokratische Leistungsfähigkeit des Rates als Gesetzgebungsorgan, und er bedeutet, dass die demokratische Leistung des Rates hinter der des Europäischen Parlaments qualitativ zurückbleiben muss.

[1529] Hierzu schon die Aufarbeitung der Praxis des Mitentscheidungsverfahrens oben Kap. 5, insb. III.

[1530] Zum Begriff Fn. 1432 oben.

[1531] Dahingehend auch *K. Doehring*, Deutsches Verwaltungsblatt 112 (1997), 1133, 1134.

(2) Abgeleitete demokratische Legitimation: Probleme der vermittelten Teilhabe der nationalen Parlamente

Ein weiterer Faktor der Legitimationsleistung des Rates ist die Effektivität der politischen Verantwortlichkeitsverhältnisse, die von den mitgliedstaatlichen Staatsvölkern jeweils zu ihren im Rat handelnden Vertretern führen. Die politische Verantwortlichkeit vermittelt den politisch berechtigten Rechtssubjekten die Möglichkeit, inhaltlich auf die legislative Politik einzuwirken. Zwar verfügen die im Rat handelnden Regierungsvertreter personell über demokratische Legitimation.[1532] Davon zu unterscheiden ist aber die Frage, inwiefern ihr Handeln über ein politisches Verantwortlichkeitsverhältnis zum demokratischen Prinzipal, dem jeweiligen Staatsvolk, sachlich-inhaltlich demokratisch legitimiert ist.[1533] Entlang einer Reihe von Delegationsakten ist das Verantwortlichkeitsverhältnis zwischen dem originären politischen Prinzipal, also der Wählerschaft, und dem politischen Akteur nur so effektiv wie die Verantwortlichkeitsverhältnisse in den einzelnen Delegationsbeziehungen, die den Verantwortlichkeitszusammenhang vermitteln.[1534] Hieran muss sich der Rat in seiner Legitimationsleistung messen lassen.

Ein „schwaches Kettenglied" in den Delegations- und Verantwortlichkeitsverhältnissen, welche die Regierungsvertreter an die Willensbildung des jeweiligen mitgliedstaatlichen Staatsvolks rückbinden, bedeutet die Ineffizienz dieser Rückbindung als Instrument der demokratischen Verantwortlichkeit.[1535] Daraus folgt eine mindere sachlich-inhaltliche demokratische Legitimation des einzelnen Regierungsvertreters im Rat und damit des legislativen Handelns des Rates insgesamt. Ein zentraler Faktor in dieser Hinsicht ist, wie effizient das nationale Parlament den Regierungsvertreter im Rat kontrollieren kann. Das Problem der mangelnden politischen Verantwortlichkeit der Regierungsvertreter für ihr Handeln im Rat ist vielfach aufgearbeitet und viel beschworen.[1536] Eine effektive parlamentarische Kontrolle und Steue-

---

[1532] Zu diesem Aspekt oben Kap. 7 III. 1.

[1533] Hierzu oben Kap. 7 III. 1.

[1534] Oben Kap. 7 III. 2. c.

[1535] Ebd.

[1536] Zur parlamentarischen Rückbindung der Ratsvertreter *F. Baach*, Parlamentarische Mitwirkung in Angelegenheiten der Europäischen Union, 2008, 182 ff.; *P. Dann*, Parlamente im Exekutivföderalismus, 2004, 210 ff.

rung des Regierungsvertreters kollidiert mit der intergouvernementalen Logik der Willensbildung des Rates,[1537] die im Grundsatz auf effizientes, flexibles, kompromissorientiertes Verhandeln ausgerichtet ist.[1538] Dies ist das Kernproblem der durch den Rat vermittelten Mitwirkung der nationalen Parlamente an der europäischen Gesetzgebung. Daneben stehen strukturelle Probleme der externen Kontrolle des Verfahrens der legislativen Willensbildung des Rates, auf die die nationalen Parlamente beschränkt sind.[1539] Dass die nationalen Parlamente europäischer Gesetzgebung der EU vermittels des Rates nicht das gleiche Niveau demokratischer Legitimation vermitteln wie im Rahmen der innerstaatlichen Gesetzgebung, darf als gesichert gelten.[1540] Es besteht ein Mangel

---

[1537] Dahingehend *F. Baach,* Parlamentarische Mitwirkung in Angelegenheiten der Europäischen Union, 2008, 183 ff., wonach insbesondere eine bindende Mandatierung der Regierungsvertreter durch das jeweilige nationale Parlament den Rat zu einem Koordinierungsorgan machen würde und seine Fähigkeit zur Generierung gemeinsamen Handelns unterlaufen würde. Zur Problematik bindender parlamentarischer Mandate auch *P. Dann,* Parlamente im Exekutivföderalismus, 2004, 254 ff., der das Problem der Kollision der Willensbildungslogik des Rates mit einer effektiven parlamentarischen Mitwirkung auf der Grundlage des Modells des Exekutivföderalismus formuliert (269). Hingegen plädiert *C. Rath,* Entscheidungspotenziale des Deutschen Bundestages in EU-Angelegenheiten, 2001 für eine effektivere Ausschöpfung der Einwirkungsmöglichkeiten des Bundestages.

[1538] *P. Dann,* Parlamente im Exekutivföderalismus, 2004, 95 ff.; im Sinne struktureller Probleme der Kontrolle von internationalen Organisationen oder Institutionen durch nationale Parlamente auch *M. Krajewski,* International Organizations or Institutions, Democratic Legimacy, in: Wolfrum (Hrsg.), Max Planck Encyclopedia of Public International Law, Rn. 14.

[1539] *P. Dann,* Parlamente im Exekutivföderalismus, 2004, 211 ff. zum Problem der Kontrolle fremder Verfahren mit einer Aufarbeitung der einzelnen Problemdimensionen. Neuerdings ist im Bereich des Subsidiaritätsprinzips entsprechend dem Subsidiaritätsprotokoll zum Vertrag von Lissabon den Parlamenten die Möglichkeit des unmittelbaren Eingreifens in die Gesetzgebungstätigkeit der EU eingeräumt, dazu *F. Baach,* Parlamentarische Mitwirkung in Angelegenheiten der Europäischen Union, 2008, 257 ff.

[1540] *F. Baach,* Parlamentarische Mitwirkung in Angelegenheiten der Europäischen Union, 2008, 183 ff., 191 ff., dort auch allgemein zur Entwicklung der parlamentarischen Mitwirkungsbefugnisse an der Entwicklung des Primärrechts und bei der Gesetzgebung/Sekundärrechtssetzung.

der sachlich-inhaltlichen demokratischen Rückbindung des Handelns des Rates.

(3) Das (qualifizierte) Mehrheitsprinzip und die Legitimationsleistung des Rates

Als zusätzliches Problem der demokratischen Legitimation des legislativen Handelns des Rates wird vielfach die Geltung des Mehrheitsprinzips für Ratsentscheidungen betrachtet. Dieses gilt zunehmend nicht nur formal als Entscheidungsprinzip; der Rat handelt tatsächlich auch mit Mehrheit. Dies zeigt die Praxis des Mitentscheidungsverfahrens im Bereich der Biomedizin und Humanbiotechnologie. Gesetzgebung wird im Referenzbereich vielfach gegen die Stimmen einzelner Mitgliedstaaten beschlossen.[1541]

Das Mehrheitsprinzip bedeute, so wird vielfach befunden, eine mindere demokratische Legitimation von Mehrheitsentscheiden des Rates gegenüber dem Einstimmigkeitsprinzip: Selbst wenn die nationalen Parlamente effektiv Einfluss nehmen könnten auf das Verhalten des jeweiligen im Rat handelnden Regierungsvertreters, unterlaufe dessen Überstimmbarkeit diese Einflussmöglichkeit auf die legislative Politik des Rates.[1542] Dagegen wird vereinzelt argumentiert, allein in der Möglichkeit des Überstimmtwerdens von Mitgliedstaaten im Rat könne nach der Logik von Mehrheitsentscheidungen noch kein Demokratiedefizit liegen. Das Mehrheitsprinzip sei Funktionsprinzip demokratischer Willensbildung.[1543]

[1541] Dazu oben Kap. 5 III. 2. b.

[1542] So *K. Doehring*, Deutsches Verwaltungsblatt 112 (1997), 1133, 1134; für die geringere Legitimationsleistung des mehrheitlich beschließenden Rates etwa auch *F. Hanschmann*, Der Begriff der Homogenität in der Verfassungslehre und Europarechtswissenschaft, 2008, 30 ff.; *S. Kadelbach*, Demokratische Legitimation zwischenstaatlichen Handelns, in: Vöneky/Hagedorn/Clados u. a. (Hrsg.), Legitimation ethischer Entscheidungen im Recht, 2009, 147, 155 f.

[1543] *M. Ruffert*, Europarecht 39 (2004), 165, 184: „*Allein in der Möglichkeit des Überstimmtwerdens kann nach der Logik von Mehrheitsentscheidungen noch kein Demokratiedefizit liegen.*" Dahingehend auch *M. Mayer*, Die Europafunktion der nationalen Parlamente in der Europäischen Union, 2012, 69 f. das Majoritätsprinzip sei nicht demokratiewidrig, sondern ein Grundelement demokratischer Herrschaftsausübung; auf europäischer Ebene sei es von einem

Das Mehrheitsprinzip ist grundsätzlich keine Begrenzung der demokratischen Legitimation von Entscheidungen, sondern originär demokratischer Entscheidungsmodus.[1544] Mit Hinsicht auf den Rat ist es allerdings wegen seines Kontexts differenziert zu beurteilen. Ist das Mehrheitsprinzip für parlamentarische Beschlüsse Modus der Erzeugung einer Entscheidung, die dem demokratischen Subjekt zugerechnet werden kann, ist es dies im Rat gerade nicht. Der Rat ist nicht die demokratische Vertretung eines einzigen politischen Subjekts, sondern Kompositum demokratischer Vertretungen einer Menge politischer Subjekte. Diesen politischen Subjekten ist die Stimmabgabe des jeweiligen Regierungsvertreters im Rat formal als Willensartikulation zurechenbar.[1545] Das Mehrheitsprinzip ist damit im Rat Mittel der Negation des demokratischen Willens eines politischen Subjekts, nicht demokratischer Modus der Willensbildung eines politischen Subjekts.[1546] Bereits seine Geltung – nicht erst seine Betätigung – prägt die Willensbildung des Rates, weil in dieser unter der Bedingung des Mehrheitsprinzips demokratische Positionen in Verhandlung und Diskussion marginalisiert, negiert und formal ungleich behandelt werden können.[1547] Das Mehrheitsprinzip unterläuft die pluralistische Kapazität des Rates in Bezug auf die föderale Vielfalt der Positionen der Mitgliedstaaten. Diese erfüllt die demokratische Funktion, die Artikulation der demokratischen generierten Position der Mitgliedstaaten zu ermöglichen. Eine Mehrheitsentschei-

---

Konsens zur Hinnahme von Mehrheitsentscheidungen getragen und begründe keine „Fremdbestimmung".

[1544]Dazu oben Kap. 7 III. 2. b. (2).

[1545]Dies ist die Bedeutung der eingangs rekonstruierten demokratischen Delegationskette, die die personelle demokratische Legitimation des handelnden Regierungsvertreters leistet.

[1546]Dahingehend wohl die Formulierung von *K. Doehring*, Deutsches Verwaltungsblatt 112 (1997), 1133, 1134: *„Wenn eine Entscheidung kommt, ist sie jedenfalls nur von einem Teil der europäischen Staatsvölker demokratisch legitimiert. Man kann auch sagen, dann, wenn die Gesamtregierung – hier die Gesamtheit des Ministerrats – nicht von einem Volk legitimiert ist, gibt es auch keine Volksherrschaft."*

[1547]Dahingehend auch *I. Pernice*, Art. 23, in: Dreier/Bauer (Hrsg.), Grundgesetz, 2006, Rn. 57, wonach der Weg der Legitimation über die nationalen Parlamente gangbar bleibe, solange der Rat als Angelpunkt eines Konkordanzsystems handeln könne, d.h. jede Regierung gleichermaßen für einen Rechtsakt Verantwortung trägt.

dung des Rates ist nur von dem vermittels seiner Regierung zustimmenden Teil der Staatsvölker demokratisch legitimiert, von dem überstimmten Teil aber nicht, obschon sie auch für diesen Geltung entfaltet. Die Mehrheitsentscheidung des Rates ist auch deswegen von minderer demokratischer Qualität, weil kein Mechanismus besteht, über den die überstimmten Mitgliedsvölker den Rat (respektive die handelnde Ratsmehrheit) für seine Entscheidung politisch verantwortlich halten kann. Hierfür fehlt es an der demokratischen Verantwortlichkeit des Rates insgesamt gegenüber der Gesamtheit der Staatsvölker.

Aus dieser Rekonstruktion folgt aber nicht die Forderung, dass der Rat prinzipiell einstimmig entscheiden müsse. Die Funktion des Mehrheitsprinzips für Ratsentscheidungen ist vor allem die der Etablierung von Handlungsfähigkeit durch die Reduzierung von Vetopositionen, und hierauf ist der Rat angewiesen, wenn kollektives Handeln der Mitglieder möglich – und dabei insbesondere auch revidierbar – sein soll.

Für Mehrheitsentscheidungen des Rates wird das Prinzip der Staatengleichheit überlagert durch ein Erfordernis der Proportionalität im Hinblick auf die Bevölkerungsverhältnisse.[1548] Nach den Lissabonner Reformen kommen Entscheidungen des Rates im Regelfall mit qualifizierter Mehrheit zustande, Art. 16 Abs. 3 EUV. Entscheidet der Rat auf Vorschlag der Kommission, kommt eine Entscheidung zustande, wenn 55 % der Staaten, die gleichzeitig 65 % der EU-Bevölkerung vertreten, zustimmen, Art. 16 Abs. 4 EUV, Art. 238 Abs. 3 AEUV, Art. 3 des Protokolls Nr. 36 über die Übergangsbestimmungen.[1549] Die Zahl der zustimmenden Mitgliedstaaten muss danach bei der gegenwärtigen Zahl der Mitgliedstaaten mindestens fünfzehn betragen.[1550] Eine Sperrmino-

---

[1548] Darauf weist *S. Oeter*, Föderalismus und Demokratie, in: Bogdandy/Bast (Hrsg.), Europäisches Verfassungsrecht, 2009, 108, hin.

[1549] Beschließt der Rat nicht auf Vorschlag der Kommission oder des Hohen Vertreters für Außen- und Sicherheitspolitik, besteht die qualifizierte Mehrheit langfristig in einer „doppelten Mehrheit" von 72 % der Mitgliedstaaten und 65 % der Bevölkerung der Europäischen Union, Art. 238 Abs. 2 AEUV, Art. 3 des Protokolls Nr. 36 über die Übergangsbestimmungen. Ausnahmen davon gelten im Anwendungsbereich des sog. Ioannina-Mechanismus (Erklärung Nr. 7 zu Artikel 16 Absatz 4 des Vertrags über die Europäische Union und zu Artikel 238 Absatz 2 des Vertrags über die Arbeitsweise der Europäischen Union).

[1550] Dies ergibt sich aus den Prozentangaben der Regelung in Anwendung auf die gegenwärtige Mitgliederzahl der EU, s. *Bundesregierung*, Denkschrift zum Vertrag von Lissabon vom 13. Dezember 2007, 135.

rität über das Bevölkerungskriterium kommt nur zustande, wenn diese mindestens vier Mitgliedstaaten umfasst.[1551]

Die Qualifikation des Mehrheitsprinzips durch das Bevölkerungskriterium überformt im Vertretungsorgan der Mitgliedstaaten die Staatengleichheit durch die Gleichheit von Individuen. Dahingehend rekonstruiert auch die Denkschrift der Bundesregierung zum Vertrag von Lissabon den Beschlussmodus der doppelten Mehrheit. Es trägt danach das *„Erfordernis der doppelten Mehrheit [...] – entsprechend der Doppelnatur der Europäischen Union als Bürger- und Staatenunion – sowohl dem Grundsatz der Staatengleichheit (ein Staat eine Stimme) als auch der Bürgergleichheit (durch das Bevölkerungselement hat jeder vertretene Einwohner das gleiche Gewicht) Rechnung* [...]."[1552]

Auf Grund der demographischen Qualifikation des Mehrheitsprinzips handeln die Regierungsvertreter bei Mehrheitsentscheidungen im Rat als Vertreter von Bevölkerungen – nicht von Völkern. Dies bedeutet aber nicht, dass sie *demokratische* Vertreter ihrer jeweiligen Gesamtbevölkerung sind. Ein (vermitteltes) demokratisches Delegationsverhältnis besteht allein zwischen dem Regierungsvertreter und dem jeweiligen demokratischen Subjekt, dem Wahlvolk/Staatsvolk des Mitgliedstaates. Dahingehend deutet auch das Bundesverfassungsgericht mit dem Lissabon-Urteil die demographische Qualifikation des Mehrheitsprinzips im Rat: Sie schalte neben den Mitgliedstaaten ein weiteres Zurechnungssubjekt[1553] ein, das aus den Völkern der Mitgliedstaaten der Union bestehe, wobei aber nicht auf die Unionsbürger als Subjekte politischer Herrschaft, sondern auf die Einwohner der Mitgliedstaaten als Aus-

---

[1551] Dies ergibt sich aus den Prozentangaben der Regelung in Anwendung auf die gegenwärtige Mitgliederzahl der EU, s. *Bundesregierung,* Denkschrift zum Vertrag von Lissabon vom 13. Dezember 2007, 135. Art. 238 Abs. 3 AEUV: „Für eine Sperrminorität bedarf es mindestens der Mindestzahl von Mitgliedern des Rates, die zusammen mehr als 35 % der Bevölkerung der beteiligten Mitgliedstaaten vertreten, zuzüglich eines Mitglieds; andernfalls gilt die qualifizierte Mehrheit als erreicht."

[1552] *Bundesregierung,* Denkschrift zum Vertrag von Lissabon vom 13. Dezember 2007, 135.

[1553] Mit dem Begriff des Zurechnungssubjekts formuliert das Gericht eine Kategorie der Vertretungsmacht jenseits eines demokratischen Delegationsverhältnisses.

druck der Vertretungsmächtigkeit des Ratsvertreters des betreffenden Mitgliedstaates Bezug genommen werde.[1554]

Das Gericht beschreibt den Rat als Vertretungsorgan der *„Herren der Verträge, das […] nicht proportional repräsentativ, sondern nach dem Bild der Staatengleichheit verfasst“* [1555] ist. Dass hinter einer Entscheidung des Rates eine Mehrheit der in der Europäischen Union lebenden Menschen stehen muss, schafft aus der Perspektive des Gerichts eine Gegentendenz zur Strukturierung der EU entlang des Prinzips der Staatengleichheit.[1556] Die Einführung der Einwohner der Mitgliedstaaten als Zurechnungssubjekt des Handelns der Regierungsvertreter im Rat begründe aber an und für sich keinen demokratischen Legitimationszusammenhang. Die demokratische Legitimation politischer Herrschaft ist, so das Gericht, in der Kategorie des Wahlakts des Individuums zu denken und nicht am Maßstab der Summe Betroffener zu beurteilen.[1557] Das Gericht weist hiermit richtigerweise den Gedanken zu-

---

[1554] BVerfGE 123, 267, Rn. 292. Es fällt auf, dass in dieser Argumentation des Gerichts die Möglichkeit angelegt ist, die Völker der Mitgliedstaaten als eine politische/demokratische Verfasstheit der Unionsbürger zu verstehen: Das Gericht erwägt immerhin die Möglichkeit, den Rat auf Grund des Prinzips der demographisch qualifizierten Mehrheit als Vertretung der Unionsbürger zu deuten – um sie zu verwerfen, weil mit der Bevölkerungskautele für Mehrheitsentscheidungen nicht auf die Unionsbürger als Subjekte politischer Herrschaft, sondern auf die Einwohner der Mitgliedstaaten als Ausdruck der Vertretungsmächtigkeit des Ratsvertreters des betreffenden Mitgliedstaates Bezug genommen werde.

[1555] BVerfGE 123, 267.

[1556] Diese Struktur beschreibt das Gericht unter dem Gesichtspunkt der Verwirklichung der demokratischen Gleichheit der Unionsbürgerinnen und -bürger als *Überföderalisierung* des politischen Systems der EU im Vergleich zu föderal strukturierten repräsentativen Demokratien, BVerfGE 123, 267, Rn. 288, 290, 292.

[1557] BVerfGE 123, 267, Rn. 292. Auf den ersten Blick formuliert diese Position eine Gegenthese zu dem hier vertretenen normativen Demokratiemodell, nach dem die Teilhabe des Rechtssubjekts als in seiner Freiheit rechtlich betroffenes Individuum die demokratische Legitimation hoheitlicher Gewalt begründet. Die Position des Verfassungsgerichts und das Demokratiemodell der Arbeit stehen jedoch nicht allgemein in einem Gegensatz. Letzteres stellt, ebenso wie das Gericht, auf die politische Teilhabe des Individuums vermittels demokratischer Wahlen ab, dazu oben Kap. 7 II. und III. Die politische Teilhabe ist – und dies entspricht dem Argument des Gerichts – der Mechanismus der

rück, die bloße Zurechnung einer politischen Entscheidung (hier: der mit qualifizierter Mehrheit getroffene Beschluss des Rates) zu einer Mehrheit von Betroffenen begründe unabhängig von der Begleitung des Zurechnungsverhältnisses durch ein demokratisches Verantwortlichkeitsverhältnis die demokratische Legitimation der Entscheidung.[1558]

(4) Die Arbeitsteilung innerhalb des Rates und die Sektoralisierung seiner Willensbildung

Ein weiteres Problem der demokratischen Leistungsfähigkeit des Rates ist die vertikale Arbeitsteilung innerhalb des Rates.[1559] Über eine Vielzahl von Gesetzgebungsdossiers wird inhaltlich ohne Mitwirkung der Ministerebene auf der Ebene des Coreper entschieden.[1560] Die politische Verantwortlichkeit der Ständigen Vertreter für ihr Handeln im Coreper ist nur schwach ausgeprägt.[1561] Zudem sind die Verhandlungs-

---

demokratischen Legitimation. Die angeführte Darlegung des Gerichts formuliert keine These zur Reichweite des Anspruches auf politische Teilhabe, sondern zum Mechanismus der Vermittlung demokratischer Legitimation.

[1558] Die Argumentation, dass die demokratische Legitimation politischer Herrschaft von der demokratischen Teilhabe des Individuums, vom Wahlakt des Bürgers ausgehe (Rn. 210 ff., 292), steht in auffälligem Kontrast zu den Passagen des Urteils, die ein identitäres Konzept des demokratischen Subjekts im Sinne einer durch Traditionen und Überzeugungen verbundenen politischen Gemeinschaft und Demokratie als Betätigung eines vorpolitischen Vorverständnisses und vorrechtlicher Einheit betrachten (3. Leitsatz, Rn. 249, 260). Zur Disparität dieser zwei Argumentationslinien wird noch Stellung zu nehmen sein. Unten IV. 2.; s. auch in Ansätzen *M. Kottmann/C. Wohlfahrt,* ZaöRV 69 (2009), 443, II.

[1559] Zu der Bedeutung des bürokratischen Teils des Rates im Gesetzgebungsverfahren bereits oben Kap. 5 III. 1 c. (2). Der Rat besteht aus drei hierarchischen Ebenen, an deren Spitze die sektoral zuständige Ministerrunde steht, darunter bestehen zwei Arbeitsebenen.

[1560] Dazu bereits oben Kap. 5 III. 1. c. (2). Nach *F. M. Häge,* Journal of Legislative Studies 13 (2007), 497, 505 wird Mitentscheidungsgesetzgebung zu 66 % aller Dossiers auf Ministerebene diskutiert und zu 48 % inhaltlich auf Ministerebene entschieden. Demgegenüber werden in der Praxis des Anhörungsverfahrens 32 % der Dossiers auf Ministerebene diskutiert und 23 % dort inhaltlich entschieden.

[1561] Hierzu oben Kap. 5 III. 1. c. (2). Zwar besteht auf der Ebene des Coreper keine formale Entscheidungsbefugnis: Nach Art. 16 Abs. 7 EUV ist der Core-

prozesse auf der Arbeitsebene weitgehend intransparent, was die politische Kontrolle durch die mitgliedstaatlichen Parlamente weiter erschwert.[1562] Auf der Arbeitsebene des Rates findet die inhaltliche Willensbildung des Rates außerhalb der Reichweite der politischen Kontrolle durch die nationalen Parlamente statt. Dies begründet einen Mangel der sachlich-inhaltlichen demokratischen Legitimation des Ratshandelns.

Bereits in der verfassungstheoretischen Grundlegung ist auf der Basis eines juristischen Begriffs demokratischer Legitimation die Relevanz der Sektoralisierung des Rates für seine demokratische Funktion hingewiesen worden.[1563] Die Verfassung der Willensbildung des Rates in Fachministerräten ist ein Faktor der demokratischen Legitimationsleistung des Rates. Sie fragmentiert seine legislative Willensbildung mit der Folge, dass in ihr nirgends sachliche Allzuständigkeit gegeben ist. Die Sektoralisierung des Rates führt zu Problemen der Zuständigkeit von Ratsformationen; die unterschiedliche Zuordnung von zusammenhängenden Sachmaterien begrenzt die jeweils legislativ handelnde Ratsformation in ihrer Willensbildung.[1564] So verhindert die Sektoralisierung der legislativen Willensbildung des Rates auch deren sachlich-inhaltliche, materielle Allgemeinheit; auf Grund der fachlichen Zergliederung des Willensbildungsprozesses ist diese strukturell nicht auf die Artikulation und Einbeziehung aller relevanten Aspekte hin verfasst, dies wird eher ausgeschlossen.[1565] Zwar enthält die Willensbildung des Europäi-

---

per (lediglich) für die Vorbereitung der Arbeiten des Rates zuständig. Wird auf dieser Ebene aber eine Einigung zwischen den Mitgliedstaaten herbeigeführt, wird sie auf der Ministerebene regelmäßig ohne weiteres verabschiedet. Der Coreper wird vor diesem Hintergrund auch als „materielles Entscheidungsorgan" bezeichnet.

[1562] *I. Härtel,* Handbuch europäische Rechtsetzung, 2006, 90 ff.

[1563] Oben Kap. 1 III. 2. c.

[1564] Auf eine solche Problemkonstellation im Bereich der Justizpolitik der EU in Zivilsachen weist hin *Ratspräsidentschaft Österreich 2006,* INFORMATION DES JI-RATES ÜBER JI-RELEVANTE THEMEN IN ANDEREN RATSFORMATIONEN, 2006.

[1565] Dazu bereits oben Kap. 1 III. 2. c. und *I. Härtel,* Handbuch europäische Rechtsetzung, 2006, 97 f.; für eine Problemkonstellation aus der Praxis *Ratspräsidentschaft Österreich 2006,* INFORMATION DES JI-RATES ÜBER JI-

schen Parlaments ebenfalls Strukturen fachlicher Ausdifferenzierung, indem sie wesentlich in spezialisierten Ausschüssen abläuft; im Parlament aber besteht anders als im Rat demgegenüber das Komplement eines im Rahmen der legislativen Kompetenzen des Parlaments allgemein zuständigen Plenums.

b. Bedingungen der politischen Verantwortlichkeit der Regierungsvertreter im Rat

Ein weiterer Faktor der demokratischen Verantwortlichkeit der im Rat handelnden Regierungsvertreter ist die Transparenz der legislativen Willensbildung des Rates. Einerseits gelten die Nicht-Öffentlichkeit und Vertraulichkeit als spezifische Voraussetzung der Willensbildung des Rates, die im Grundsatz auf effizientes, flexibles, kompromissorientiertes Verhandeln ausgerichtet ist.[1566] Gleichzeitig begründen sie aber ein nicht kompensierbares Defizit in Bezug auf die politische Verantwortlichkeit der Regierungsvertreter für ihr Handeln im Rat.[1567] Mit Art. 16 Abs. 8 EUV wird es nach den Lissabonner Reformen erstmals ohne Einschränkungen zur Pflicht, dass der Rat öffentlich tagt, wenn er über Entwürfe zu Gesetzgebungsakten berät und abstimmt.[1568] Da der

---

RELEVANTE THEMEN IN ANDEREN RATSFORMATIONEN, 2006. Für die Schaffung eines Allgemeinen Legislativrates *C. Franzius/U. K. Preuß*, Die Zukunft der europäischen Demokratie, 2012, 153 ff.

[1566]Dazu schon oben, a. (2).

[1567]Zur Bedingtheit politischer Verantwortlichkeit in Delegationsverhältnissen durch die Transparenz und Öffentlichkeit der Handlung des Agenten gegenüber dem Prinzipal oben Kap. 7 III. 2. b. (3). Mit der Forderung einer Durchsetzung des Prinzips der Öffentlichkeit auch für die vorbereitenden Treffen des Coreper *C. Franzius/U. K. Preuß*, Die Zukunft der europäischen Demokratie, 2012, 153.

[1568]Dazu bereits oben Kap. 6 II. Zwar wurden bereits vor den Lissabonner Reformen die Abstimmungsergebnisse des Rates veröffentlicht, Art. 207 Abs. 3 EGV. Die Vorschrift, nach der die Abstimmungsergebnisse des Rates veröffentlicht werden mussten, wenn der Rat als Gesetzgeber tätig wurde, wurde durch Art. 7 GO-Rat konkretisiert; insbesondere legte der Rat dort fest, welches Handeln als gesetzgeberisches Handeln zu betrachten sei. Mit weiteren Nachweisen zur Veröffentlichung der Ratsabstimmungen *J. P. Jacqué*, Art. 207 EGV, in: Groeben/Schwarze (Hrsg.), Kommentar zum Vertrag über die Europäische Union und zur Gründung der Europäischen Gemeinschaft, 2003, Rn. 32 ff.; *M.*

Rat über Gesetzgebung aber üblicherweise ohne Aussprache abstimmt und seine inhaltliche Willensbildung wesentlich auf den Arbeitsebenen stattfindet,[1569] ändert dies nichts daran, dass die Willensbildung des Rates über Gesetzgebungsdossiers weiterhin praktisch in weiten Teilen nicht öffentlich stattfindet. Während die parlamentarischen Ausschüsse grundsätzlich öffentlich tagen, findet die Arbeit auf der Ebene des Coreper nicht öffentlich statt.[1570] Die Möglichkeit, die Willensbildung des Rates zu beobachten, ist daher weiterhin mangelhaft. Dies hindert die politische Verantwortlichkeit der im Rat handelnden Regierungsvertreter gegenüber den mitgliedstaatlichen Parlamenten und damit die sachlich-inhaltliche demokratische Legitimation des legislativen Handelns des Rates.

3. Synthese: Die demokratische Leistungsfähigkeit des Europäischen Parlaments und des Rates im Vergleich

Die demokratietheoretische Auseinandersetzung mit dem Europäischen Parlament und dem Rat als delegativ-demokratischer Organe hatte die Rekonstruktion ihrer jeweiligen demokratischen Leistungsfähigkeit zum Ziel.[1571] Sie sollte in dieser Hinsicht komparative Aussagen ermöglichen und vor allem klären, ob Parlament und Rat europäischer Ge-

---

Schweitzer, Art. 207 EGV, in: Grabitz/Hilf/Nettesheim (Hrsg.), Das Recht der Europäischen Union, Rn. 20 ff.; *J. Christian Wichard*, Art. 207 EGV, in: Calliess/Ruffert (Hrsg.), EUV, EGV, 2007, Rn. 7 ff. Die Willensbildung des Rates selbst fand aber weitgehend nicht-öffentlich statt: Nach Art. 8 GO-Rat waren lediglich die Abstimmung über Rechtsetzungsakte sowie die ihr vorausgehenden letzten Beratungen des Rates und die Erklärungen zur Stimmabgabe öffentlich. Zudem sind die Regierungen gem. Art. 6 Abs. 1 GO-Rat zur Geheimhaltung über die Beratungen des Rates verpflichtet. Art. 207 Abs. 3 EGV änderte daher an der grundsätzlichen Nichtöffentlichkeit der Willensbildung des Rates nichts. *P. Dann*, Parlamente im Exekutivföderalismus, 2004, 109 ff., 111. Anders als vor den Reformen ist nunmehr auch der Begriff der Gesetzgebung primärrechtlich definiert (Art. 289 Abs. 3 AEUV) und nicht mehr der Definition des Rates selbst überlassen.

[1569] Als sog. „A-Punkt" der Tagesordnung; hierzu bereits oben Fn. 587. Es wird geschätzt, dass ca. 80 % aller Entscheidungen des Rates ohne Aussprache gefällt werden, *I. Härtel*, Handbuch europäische Rechtsetzung, 2006, 92.

[1570] Zur Öffentlichkeit des Europäischen Parlaments bereits oben 1. b. (4).

[1571] Dazu oben eingangs II.

setzgebung im Mitentscheidungsverfahren das gleiche Maß demokratischer Legitimation vermitteln, oder ob sich die Co-Gesetzgeber in ihrer Legitimationsleistung voneinander unterscheiden. Hierfür entscheidend ist, ob die beiden Organe den Rechtssubjekten europäischer Gesetzgebung, die in der Gesamtheit der Unionsbürgerinnen und -bürger und in den mitgliedstaatlichen Staatsvölkern politisch verfasst sind, gleichermaßen effektiv inhaltliche Einwirkung auf die legislative Politik der EU vermitteln.

Die Untersuchung hat gezeigt, dass sich Europäisches Parlament und Rat in ihrer demokratischen Leistungsfähigkeit unterscheiden. Als gewählte Versammlung betätigt das Europäische Parlament seine legislativen Befugnisse auf der Grundlage eines Prozesses der legislativen Willensbildung, in dem die Möglichkeit der Artikulation und Behauptung einer Mehrzahl politischer Positionen und damit die Möglichkeit des politischen Ausdrucks der Heterogenität der Unionsbürgerinnen und -bürger als demokratisches Subjekt besteht. Die Verfasstheit des Europäischen Parlaments ist dabei einerseits daraufhin zugeschnitten, Kapazität zur Artikulation der föderalen Vielfalt der Europäischen Union bereitzustellen. Das Verfahren der legislativen Willensbildung des Parlaments ermöglicht aber gleichfalls die Artikulation politischer Richtungen. Zwar wird das Europäische Parlament in nationalen Wahlen mitgliedstaatlicher Abgeordnetenkontingente gewählt. Die Strukturähnlichkeit der politischen Artikulation der mitgliedstaatlichen Staatsvölker in den Wahlen zum Europäischen Parlament aber integriert diese politisch zu einer europäischen Wählerschaft. Das Parlament betätigt seine legislative Verantwortung richtungspolitisch, nicht auf der Grundlage von nationalen Bündnissen. Damit vertritt es seine Wählerinnen und Wähler mit ihren Präferenzen als Mitglieder eines auf europäischer Ebene bestehenden politischen Subjekts, nicht als Angehörige der Mitgliedstaaten, die nationale Positionen artikulieren. Daher vermittelt das Europäische Parlament auch angesichts der Defizite der Wahlgleichheit, die ein demokratisches Manko bedeuten, der Gesetzgebung der Union über seine Co-Gesetzgeberschaft demokratische Legitimation als parlamentarische Vertretung der Unionsbürgerinnen und -bürger.

Demgegenüber ist ein erster Faktor der demokratischen Minderleistung des Rates seine Struktur als Kompositum monokratischer, durch eine einzelne Person geleisteter Vertretungen demokratischer Subjekte. Die demokratische Vertretung des einzelnen Staatsvolks durch einen Regierungsvertreter im Rat stellt keine Kapazität für den politischen Ausdruck gesellschaftlicher Heterogenität bereit. Pluralistische Kapazität entfaltet der Rat als Kollegium lediglich für die politische Artikulation der föderalen Vielfalt der EU. Der Rat ist keine gesetzgebende Versammlung – die legislative Verantwortung einer gewählten Versammlung wurde in dem Demokratiemodell der Arbeit aber als zentrale Funktionsweise der demokratischen Legitimation von Gesetzgebung ausgewiesen.[1572]

Ein weiterer Faktor der Legitimationsleistung des Rates ist die begrenzte Effektivität der politischen Verantwortlichkeitsverhältnisse, die von den mitgliedstaatlichen Staatsvölkern jeweils zu ihrem im Rat handelnden Vertreter führen. Zwar verfügen die im Rat handelnden Regierungsvertreter über personelle demokratische Legitimation. Die sachlich-inhaltliche demokratische Legitimation ihres Handelns vermittels eines effektiven politischen Verantwortlichkeitsverhältnisses zum demokratischen Prinzipal, dem jeweiligen Staatsvolk, leidet aber unter einer Reihe von Schwächen. Zum einen können die nationalen Parlamente das Handeln der Regierungsvertreter kaum effektiv kontrollieren und steuern, so dass die inhaltlich-sachliche Rückbindung des Handelns der Regierungsvertreter an die demokratische Willensbildung des jeweiligen politischen Subjekts schwach ausgeprägt ist. Zum anderen unterbricht die Geltung des Mehrheitsprinzips die Bindung des legislativen Handelns des Rates an die demokratischen Positionen der Mitgliedstaaten.

Ein weiterer Faktor der demokratischen Leistungsfähigkeit des Rates ist, dass wesentliche Teile der inhaltlichen Willensbildung des Rates auf dessen Arbeitsebenen nicht-öffentlich und außerhalb der Reichweite der politischen Kontrolle der nationalen Parlamente stattfinden. Auch dies begründet einen Mangel der sachlich-inhaltlichen demokratischen Legitimation des legislativen Handelns des Rates. Zwar findet auch im Europäischen Parlament die Befassung mit Gesetzgebungsvorhaben wesentlich auf einer Arbeitsebene, den Ausschüssen statt; doch tagen diese zum einen grundsätzlich öffentlich, zum anderen existiert das parlamentarische Plenum – wie die Praxis der Mitentscheidung im Bereich der Gesetzgebung zur Biomedizin und Humanbiotechnologie zeigt – als Ort der substantiellen Auseinandersetzung mit den Inhalten von Gesetzgebung. Dies ist im Rat anders; politikwissenschaftliche Studien zeigen, dass die politisch verantwortliche Ministerebene kaum Akteur der inhaltlichen Willensbildung, sondern vielfach bloß formales Ratifikationsorgan für politische Einigungen auf der Arbeitsebene ist.

[1572] Kap. 7 III. 2.

Ein weiterer Faktor der demokratischen Leistungsfähigkeit des Rates ist dessen Sektoralisierung. Die Gliederung des Rates in jeweils legislativ verantwortliche Ratsformationen verhindert die sachlich-inhaltliche, materielle Allgemeinheit der legislativen Willensbildung des Rates. Auf Grund der fachlichen Fragmentierung des Rates ist seine legislative Willensbildung strukturell nicht zur Artikulation und Einbeziehung aller relevanten Aspekte verfasst. Zwar ist die Willensbildung des Europäischen Parlaments mit den fachlich spezialisierten Ausschüssen ebenfalls durch Strukturen sachlicher Ausdifferenzierung geprägt. Im Parlament aber besteht anders als im Rat das Komplement eines im Rahmen der legislativen Kompetenzen des Parlaments allgemein zuständigen Plenums. Im Vergleich hierzu kann – und solche Konstellationen sind für die Praxis dokumentiert[1573] – eine gesetzgeberisch handelnde Ratsformation in ihrer Zuständigkeit durch die Zuordnung zusammenhängender Sachmaterien zu verschiedenen Ratsformationen begrenzt und daher nicht umfassend zur Betätigung ihrer legislativen Willensbildung befähigt sein.

Der Vergleich ergibt, dass die demokratische Leistungsfähigkeit des Rates hinter der des Europäischen Parlaments zurückbleibt – dies vor allem auf Grund der intergouvernementalen Struktur und Logik seiner Willensbildung, die einer demokratischen Verantwortlichkeit des einzelnen Regierungsvertreters gegenüber dem mitgliedstaatlichen Parlament ebenso zuwiderläuft wie seine interne Arbeitsweise, wegen seiner Sektoralisierung und wegen allgemeiner Probleme seiner Transparenz.

Das Europäische Parlament ist der leistungsfähigere Mechanismus der demokratischen Verantwortlichkeit auf der Ebene der EU. Es ist als demokratisches Organ nicht ohne Defizite, vor allem in Hinblick auf die Gleichheit der Wahl.[1574] Daneben bestehen notorisch Probleme seiner Wahrnehmung durch die Öffentlichkeit.[1575] Das Europäische Par-

---

[1573] *Ratspräsidentschaft Österreich 2006*, INFORMATION DES JI-RATES ÜBER JI-RELEVANTE THEMEN IN ANDEREN RATSFORMATIONEN, 2006.

[1574] Dazu oben 1.

[1575] Die Frage nach der Existenz einer europäischen Öffentlichkeit ist hier nicht adressiert worden; s. für eine kritische Aufarbeitung der Diskussion zu den Entstehungsbedingungen europäischer Öffentlichkeit, ihrer Gestalt und zur Frage der Bedingtheit europäischer Demokratie durch eine einheitliche europäische Öffentlichkeit *F. Hanschmann*, Der Begriff der Homogenität in der Verfassungslehre und Europarechtswissenschaft, 2008, 196 ff.; wichtig im Dis-

lament vermag gleichwohl europäischer Gesetzgebung im Vergleich zum Rat ein höheres Maß demokratischer Legitimation zu vermitteln. Die Legitimationsleistung des Rates bleibt hinter der des Europäischen Parlaments zurück.

III. Die Bedeutung des Europäischen Parlaments und des Rates für die demokratische Legitimation europäischer Gesetzgebung

1. Die duale Legitimationsstruktur der EU vor dem Hintergrund ihrer Gestalt und Struktur. Zugleich: Kritik der Position des Bundesverfassungsgerichts, Part 4

Normative Konzeptionen des Verhältnisses der beiden Legitimationsstränge werden vielfach aus Deutungen der Gestalt und Struktur der Union heraus begründet.[1576] Das Bundesverfassungsgericht formuliert im Lissabon-Urteil, dass, solange und soweit das Prinzip der begrenzten Einzelermächtigung in einem Verbund souveräner Staaten mit ausgeprägten Zügen exekutiver und gouvernementaler Zusammenarbeit gewahrt bleibe, grundsätzlich die über nationale Parlamente und Regierungen vermittelte Legitimation der Mitgliedstaaten ausreiche, die durch das unmittelbar gewählte Europäische Parlament (lediglich) ergänzt und abgestützt werde.[1577] Die Rekonstruktion der Union als Staatenverbund ist, seit das Bundesverfassungsgericht dieses Konzept im Maastricht-Urteil geltend gemacht hat, vielfach Gegenstand von Kritik, besonders in ihrer epistemischen Fixiertheit auf die Kategorie

kurs die Position von *D. Grimm*, European Law Journal 1 (1995), 282, 292 ff. Aus der Perspektive der Rekonstruktion der demokratischen Leistungsfähigkeit des Parlaments nach seiner primärrechtlichen Verfasstheit und in seiner Praxis als Co-Gesetzgeber interessieren hier die rechtlichen Gewährleistungen der Transparenz und Öffentlichkeit der legislativen Willensbildung der Co-Gesetzgeber und ihre praktische Transparenz und Öffentlichkeit, insbesondere mit Blick auf die Informalisierung der Verhandlung zwischen den Verfahrensbeteiligten der Mitentscheidung in der Praxis.

[1576] Oben Kap. 6 I.

[1577] BVerfGE 123, 267, Rn. 262 in Anschluss an das Maastricht-Urteil; diesem gegenüber die demokratische Leistungsfähigkeit des Europäischen Parlaments aber noch geringer schätzend und verfassungspolitisch hinsichtlich des Entwicklungspotentials des Parlaments restriktiver; dazu schon oben I. 3. und II. 1.

souveräner Staatlichkeit.[1578] Im Rahmen der Argumentation des Gerichts zu den Legitimationsstrukturen der EU wirkt das Staatenverbundskonzept in seiner antithetischen Bezogenheit auf die Kategorie der (Bundes-)Staatlichkeit[1579] als Setzung der Alternativität einer von den Mitgliedstaaten abgeleiteten und einer originär europäischen parlamentarischen Legitimation europäischer Hoheitsgewalt weiter.[1580] Es führt dabei zu einer Fehleinschätzung der demokratischen Leistungsfähigkeit des Europäischen Parlaments und zu dessen Fixierung in einer angenommenen bloßen legitimatorischen Ergänzungsfunktion.[1581] Unter Verzicht auf das Alternativitätspostulat stellt sich die demokratische Bedeutung des Parlaments anders dar; auch das ist im Rahmen dieses Kapitels deutlich geworden. Die Wahlen zum Europäischen Parlament vermögen als Mechanismus der politischen Verantwortlichkeit gegenüber den Unionsbürgerinnen und -bürgern im Rahmen der legislativen Verantwortung des Parlaments grundsätzlich eine sachlich-inhaltliche demokratische Rückbindung der Gesetzgebung herzustellen. Hingegen bedeutet die mittelbare und praktisch beschränkte politische Verantwortlichkeit der den Rat konstituierenden Vertreter der mitgliedstaatlichen Regierungen keine effektive materielle Rückbindung legislativen Handelns an die politische Willensbildung des jeweiligen demokratischen Subjekts.[1582] Die sachlich-inhaltliche demokratische Rückbindung des gesetzgeberischen Handelns des Rates ist zudem vermindert, insoweit er als Kollegium mit Mehrheit entscheiden kann[1583] – die darin liegende Verselbständigung vom Willen der Mitgliedstaaten ist ein Aspekt der Supranationalität[1584] der EU.

Die Begrenzungen der demokratischen Leistungsfähigkeit des Rates folgen im Übrigen aus seiner intergouvernementalen Konstitution.[1585] Sie sind daher nicht behebbar. Die mitgliedstaatlichen Parlamente kön-

---

[1578] S. nur *C. Schönberger*, Archiv des öffentlichen Rechts 129 (2004), 81.

[1579] Ebd., 88 ff.

[1580] Hierzu bereits oben I. 3., II. 1.

[1581] Ebd.

[1582] Zu dem materiellen Zweck demokratischer Delegations-/Verantwortlichkeitsverhältnisse oben Kap. 7 III. 1.

[1583] Dazu oben II. 2. a.

[1584] Zum Begriff der Supranationalität der EU oben Kap. 1 II.

[1585] Oben II. 2.

nen im Rahmen ihrer Mediatisierung[1586] durch die jeweilige Regierung nicht das gleiche Maß demokratischer Legitimation vermitteln wie im Rahmen ihres eigenen legislativen Handelns.[1587] Die den Rat konstituierenden Regierungsvertreter verfügen zwar personell über eine von den mitgliedstaatlichen Parlamenten abgeleitete demokratische Legitimation; die intergouvernementale Struktur des Rates steht aber einer sachlich-inhaltlichen Vermittlung der demokratischen Legitimation der mitgliedstaatlichen Parlamente entgegen. Es besteht keine effektive Möglichkeit der inhaltlichen Einwirkung des jeweiligen demokratischen Subjekts auf das Handeln des Regierungsvertreters im Rat. Die Vertretung des Individuums respektive der zur politischen Teilhabe verfassten Menge von Rechtssubjekten durch eine parlamentarische Legislative, die pluralistische Kapazität zum politischen Ausdruck der Heterogenität des demokratischen Subjekts bereitstellt, ist daher angesichts des Zugriffs europäischer Gesetzgebung auf die Freiheit von Individuen[1588] normativ gebotener Mechanismus demokratischer Legitimation. Der supranationalen Struktur der EU entspricht die Einsetzung eines Parlaments in die legislative Verantwortung. Davon unberührt bleibt, dass die Einbindung der mitgliedstaatlichen Staatsvölker in das politische System der EU unter dem Gesichtspunkt der demokratischen Legitimation geboten ist, weil die föderale Gestalt der EU eine demokratische Dimension hat: Die EU ist *auch* Kompositum demokratischer Subjekte. Es bleibt allerdings ebenso dabei, dass die Mediatisierung dieser demokratischen Subjekte durch den Rat keine effektive sachlich-inhaltlichen Rückbindung europäischer Hoheitsgewalt an ihre Willens-

---

[1586] Zum Begriff der Mediatisierung der mitgliedstaatlichen Parlamente durch ihre Regierungen im Sinne ihrer fehlenden unmittelbaren Akteurseigenschaft im politischen System der EU, in welchem sie bloß vermittels der Regierung über eine Stellung verfügen, *P. Dann*, Parlamente im Exekutivföderalismus, 2004, 211 f.; kritisch zur legitimatorischen Bedeutung der mit dem Lissabonner Vertrag eingeführten Mechanismen der direkten Beteiligung der nationalen Parlamente *P. Dann*, Die politischen Organe, in: Bogdandy/Bast (Hrsg.), Europäisches Verfassungsrecht, 2009, 335, 380 ff.

[1587] Dazu oben II. 2. a.

[1588] Aus der Sicht des individualistischen Demokratiemodells steht die umsetzungsbedürftige Gesetzgebung der EU in der Form der Richtlinie unmittelbar anwendbarer europäischer Gesetzgebung unter dem Gesichtspunkt des Rechtfertigungsbedürfnisses im Verhältnis zum Individuum gleich; dazu bereits oben I. 3.

bildung herstellt.[1589] Die Willensbildung des Rates in der Verhandlung von Vertretern der Mitgliedstaaten[1590] verfügt als Verfahren, das relativ effektiv gemeinsame Entscheidungen der Mitgliedstaaten und damit gemeinsame Problembehandlung ermöglicht, vorrangig über eine andere Art der Legitimation.[1591] Mit der politikwissenschaftlichen Legitimations-/Demokratietheorie Fritz W. Scharpfs lässt sich die Ermöglichung kollektiven problemlösenden Handelns durch ein föderales, intergouvernementales Verhandlungssystem als Leistung von *output*-Legitimation beschreiben.[1592]

Die Gleichheitsstrukturen des Europäischen Parlaments und des Rates stehen als zwei Formen der Co-Artikulation der Gleichheit von Individuen und der Gleichheit von Staaten nebeneinander. Dabei sind die Erwägungen individueller Gleichheit in Rat und Parlament auf unterschiedliche Subjekte bezogen. Während der Rat mit der demographischen Qualifikation des Mehrheitsprinzips die Einwohner der Mitgliedstaaten in den Bezug der Erwägung individueller Gleichheit nimmt, sind im Parlament Bürgerinnen und Bürger, politisch berechtigte Individuen, Subjekte der Gleichheitserwägung.

In der Koinzidenz der Erwägungen der föderalen Gleichheit von (Mit-) Gliedstaaten und der politischen Gleichheit von Individuen in der Verfasstheit gesetzgebender Organe liegt kein Spezifikum der Europäischen Union. Sie prägt bundesstaatliche Systeme mit einer föderalen

---

[1589] Ansätze einer unvermittelten Akteursstellung der mitgliedstaatlichen Parlamente im politischen System der EU etabliert der Vertrag von Lissabon u.a. mit dem sog. Frühwarnmechanismus, Art. 12 EUV in Verbindung mit den Protokollen über die Rolle der nationalen Parlamente in der Europäischen Union und über die Anwendung der Grundsätze der Subsidiarität. Zu den zahlreichen Entwicklungen der Stellung der nationalen Parlamente im Primärrecht *R. Passos,* Europäische Rechtsakademie: ERA-Forum 9 (2008), 25. Auf Probleme der direkten Beteiligung der nationalen Parlamente am institutionellen System der EU weist aber *P. Dann,* Parlamente im Exekutivföderalismus, 2004, 227 ff. hin.

[1590] Dies zeigt die Rekonstruktion des Rates als exekutivföderales Organ; *P. Dann,* Parlamente im Exekutivföderalismus, 2004, 43 ff.

[1591] Zur Legitimationsleistung der kollektiven Behandlung/Lösung von Problemen und zur Legitimation von institutionellen Arrangements kollektiven Handelns *F. W. Scharpf,* Regieren in Europa, 1999, 20 ff.

[1592] Ebd., 25 f.

und einer nationalen Kammer der Legislative.[1593] Spezifisch für die EU ist aber die Ausprägung der Co-Artikulation beider Gleichheitslogiken in der elektoralen Verfasstheit des Parlaments und der Mehrheitsregel des Rates. Die Union entspricht auf Grund der föderalen Prägung ihres parlamentarischen Organs nicht dem Typus einer Zwei-Kammer-Legislative, in der eine föderale Dimension nur in der Verfasstheit der zweiten Kammer neben dem Parlament unter Abweichung vom Prinzip der demokratischen Gleichheit zum Ausdruck kommt.[1594] Auch wenn die föderale Prägung des Parlaments in der Form, wie Art. 14 Abs. 2 EUV sie prägt, ein Defizit bürgerschaftlicher Gleichheit bedingt, hindert dies nicht, dass das Parlament die Gesamtheit der Unionsbürgerinnen und -bürger als demokratisches Subjekt der Europäischen Union vertritt und darin parlamentarische demokratische Legitimation zu leisten vermag.

[1593] Zur Artikulation von föderaler und bürgerschaftlicher Gleichheit in Bundestag und Bundesrat *A. Hanebeck,* Der demokratische Bundesstaat des Grundgesetzes, 2004, 183 ff.; eine Studie der Zwei-Kammersysteme der Mitgliedstaaten der EU bei *T. Groß,* ZaöRV 63 (2003), 29.

[1594] BVerfGE 123, 267, Rn. 286. Als *überföderalisiert* beschreibt das Gericht das politische System der EU im Vergleich zu föderal strukturierten repräsentativen Demokratien (Rn. 288, 290, 292). *C. Franzius/U. K. Preuß,* Die Zukunft der europäischen Demokratie, 2012, 47, machen anschließend an diesen Befund des Gerichts geltend, die demokratische Idee der Selbstbestimmung drohe an der föderalen Struktur aufzulaufen. Die Abbildung der föderalen Dimension staatlicher Verfasstheit in einer föderalen Kammer der Legislative und ihre demokratische Funktion zeichnet für die Bundesrepublik *A. Hanebeck,* Der demokratische Bundesstaat des Grundgesetzes, 2004 nach. *T. Groß,* ZaöRV 63 (2003), 29 mit eine Bestandsaufnahme der Struktur der Parlamente der Mitgliedstaaten unter dem Gesichtpunkt der Zwei-Kammer-Struktur, die insbesondere die Zusammensetzung und die Kompetenzen der zweiten Kammern untersucht. Auf dieser Grundlage hält Groß die Umformung des Rates zu einer zweiten Parlamentskammer (Staatenkammer) für die naheliegendste Option der institutionellen Reform für eine föderative europäische Verfassung. Als Kompromiss zwischen der ursprünglich dominierenden national-exekutiven und der zunehmend wichtiger werdenden europäisch-parlamentarischen Legitimation biete sich eine weitgehende Gleichberechtigung beider Kammern an. Damit ist die legislative Gleichberechtigung des Europäischen Parlaments in der Form des Mitentscheidungsverfahrens gefordert, nicht aber die – im bundesstaatlichen System des Grundgesetzes vorgesehene – Vorrangstellung des parlamentarischen Legitimationsstrangs gegenüber dem föderalen/intergouvernementalen.

2. *Zur wechselseitigen Kompensationsfähigkeit der beiden Legitimationsstränge. Zugleich: Kritik der besonderen Gesetzgebungsverfahren der Union*

Das Primärrecht macht zwar mit der Benennung des Mitentscheidungsverfahrens als ordentliches Gesetzgebungsverfahren die Gleichgewichtung beider Legitimationsstränge im Rahmen europäischer Gesetzgebung zum Regelfall. Die daneben zur Anwendung kommenden besonderen Gesetzgebungsverfahren bedeuten jedoch, dass europäische Legislativgewalt nicht umfassend dual legitimiert ist.[1595] Angesichts der in Art. 10 EUV verankerten umfassenden Verpflichtung der Union auf eine repräsentativ-demokratische Arbeitsweise ist daher das Primärrecht von der Annahme eines Kompensationsverhältnisses zwischen parlamentarischem und intergouvernementalem Legitimationsstrang geprägt. Teile der Literatur rekonstruieren die unterschiedlichen Gewichtungen der beiden Legitimationsstränge mit der These eines Kompensationsverhältnisses, nach dem intergouvernementaler und parlamentarischer Legitimationsmechanismus grundsätzlich wechselseitig einen verminderten oder fehlenden Beitrag zur demokratischen Legitimation von Gesetzgebung ausgleichen können.

Diese Annahme eines Kompensationsverhältnisses ist demokratietheoretisch nicht haltbar. Zum einen hat sich gezeigt, dass die demokratische Legitimationsleistung des Rates hinter der des Europäischen Parlaments qualitativ zurückbleibt – und auf Grund seiner Struktur zurückbleiben muss. Die legitimatorische Leistung des Rates liegt vorrangig auf der *output*-Seite; *output*-Legitimation kann aber als qualitativ verschiedene Legitimationsform einen Ausfall der demokratischen Legitimationsleistung des Parlaments nicht ausgleichen. Das bedeutet, dass Anhörungsgesetzgebung nicht im gleichen Maß demokratisch legitimiert ist wie Mitentscheidungsgesetzgebung. Anders gesagt: Sie leidet an einem Defizit demokratischer Legitimation. Hinter dem demokratischen Legitimationsniveau von Mitentscheidungsgesetzgebung bleibt auch Gesetzgebung nach Zustimmung des Europäischen Parlaments zurück. Um die demokratische Legitimation europäischer Gesetzgebung umfassend zu gewährleisten, ist daher die umfängliche Einsetzung des Europäischen Parlaments zumindest in gesetzgeberische Mitverantwortung geboten.

[1595] Dazu oben Kap. 6 I. 3.

Gleichzeitig kann das Parlament den durch den Rat etablierten Zusammenhang der Zurechnung europäischer Hoheitsgewalt als kollektives Handeln der föderalen Glieder der EU nicht ersetzen. Aus demokratischer Sicht ist die umfassende Mitentscheidung des Europäischen Parlaments geboten – unter dem Gesichtspunkt der föderalen Gestalt der Union die Beteiligung des Rates an der Gesetzgebung. Dass dieser aber in gleichberechtigter legislativer Verantwortung mit dem Parlament handeln muss, ist demokratietheoretisch kein zwingendes Erfordernis. Gesetzgebung des Parlaments nach Zustimmung des Rates ist auch demokratisch legitimiert.[1596] Eine Entwicklung, die den Rat zur zweiten Kammer der Gesetzgebung machen würde, ist gleichwohl nicht aus einem europäischen Demokratieprinzip heraus geboten. Sie kann nur der verfassungspolitische Ausdruck eines dahingehenden geteilten demokratischen Selbstverständnisses der Staatsvölker der Mitgliedstaaten der EU sein.

Die fortwährende Anwendung des Anhörungsverfahrens als besonderes Gesetzgebungsverfahren bedeutet, dass es auch nach den Lissabonner Reformen keinen durchgehenden Vorbehalt parlamentarischer (Mit-)Gesetzgebung gibt, insbesondere auch nicht für individualrechtsrelevante Rechtsetzung.[1597] Ein solcher Vorbehalt ist unter dem Gesichtspunkt der demokratischen Legitimation europäischer Gesetzgebung jedoch geboten.

IV. Fazit

1. Demokratietheoretische Erkenntnisse zu Europäischem Parlament und Rat und ihrem Verhältnis

Zur Anleitung der Entwicklung einer Demokratietheorie der dualen Struktur demokratischer Legitimation europäischer Hoheitsgewalt und der Co-Gesetzgeberschaft von Europäischem Parlament und Rat im Mitentscheidungsverfahren wurde hier eine Reihe von Fragen formu-

---

[1596] In diese Richtung überlegen auch *C. Henke*, Europarecht 45 (2010), 118, 136, und *M. Nettesheim*, Demokratisierung der Europäischen Union und Europäisierung der Demokratietheorie – Wechselwirkungen bei der Herausbildung eines europäischen Demokratieprinzips, in: Bauer/Sommermann (Hrsg.), Demokratie in Europa, 2005, 143, 156.

[1597] Dazu bereits oben Kap. 1 III. 4. b. (3).

liert. Die erste und grundlegendste ist, ob die beiden über Rat und Parlament verlaufenden Legitimationsstränge europäischer Hoheitsgewalt von zwei strukturell unterschiedlichen Legitimationssubjekten ausgehen und in unterschiedlichen Theorietraditionen zu fassen sind oder ob die Legitimationsgrundlage letztlich eine einzige ist.[1598] Die beiden primärrechtlich eingesetzten Legitimationssubjekte europäischer Hoheitsgewalt – die mitgliedstaatlichen Staatsvölker und die Gesamtheit der Unionsbürgerinnen und -bürger – konnten hier demokratietheoretisch als zwei verschiedene rechtliche Verfasstheiten der Menge von Individuen rekonstruiert werden, die das Subjekt der demokratischen Legitimation der EU bilden, nämlich die Rechtssubjekte ihrer Hoheitsgewalt. Sowohl die Gesamtheit der Unionsbürgerinnen und -bürger wie die mitgliedstaatlichen Staatsvölker sind demokratische (Teil-)Verfasstheiten der Individuen, die als Rechtssubjekte Legitimationssubjekte europäischer Hoheitsgewalt sind. Der Unionsbürgerstatus verfasst – wenn auch nicht vollständig – die Rechtssubjekte der EU zu einem demokratischen Subjekt. In der Form der mitgliedstaatlichen Staatsvölker ist das Legitimationssubjekt der EU ein völkervertraglich begründetes Kompositum demokratischer Subjekte, es besteht nicht als *ein* demokratisches Subjekt. Dementsprechend ist der Rat ein Kompositum der demokratischen Vertretungen föderativ verbundener politischer Subjekte, die wiederum – wenn auch nicht vollständig – die Rechtssubjekte der EU politisch verfassen. Beide primärrechtlich eingesetzten politischen Subjekte der EU sind daher auf eine Legitimationsgrundlage bezogen, nämlich auf das Rechtssubjekt, das Individuum, das durch hoheitliche Gewalt in seiner Freiheit rechtlich gebunden ist und dieser Bindung durch seine Berechtigung zur gleichen politischen Teilhabe demokratische Legitimation vermittelt.

Der demokratietheoretische Ansatz, dass zwischen hoheitlicher Gewalt und dem Rechtssubjekt ein demokratischer Rechtfertigungs-/Legitimationszusammenhang besteht, entfaltet gleichermaßen gegenüber beiden primärrechtlich konstituierten demokratischen Subjekten der EU einen kritischen Maßstab. Er macht die demokratische Legitimation hoheitlicher Gewalt zu einer relativen Qualität, die nur in dem Verhältnis von rechtlicher Bindung des Individuums und seiner Berechtigung zur politischen Teilhabe besteht. Beide demokratischen Subjekte der Union inkludieren nur deren Rechtsangehörige, die Staatsbürger der Mitglied-

---

[1598] *A. von Bogdandy,* Grundprinzipien, in: Bogdandy/Bast (Hrsg.), Europäisches Verfassungsrecht, 2009, 13, 64.

staaten als Unionsbürger, zur politischen Teilhabe. Gegenüber Rechtssubjekten europäischer Gesetzgebung, die nicht zur politischen Teilhabe berechtigt sind, insbesondere gegenüber solchen, die sich dauerhaft im Geltungsbereich des EU-Rechts aufhalten, ist die Hoheitsgewalt der EU nicht demokratisch legitimiert. Ihre Einbeziehung in das politische Subjekt der EU würde im Vergleich zur geltenden politischen Verfasstheit de EU ein inklusiveres Konzept politischer Gleichheit und ein freiheitlicheres politisches System bedeuten.

Für die Entwicklung einer Demokratietheorie der dualen Legitimationsstruktur der Union war die Erarbeitung komparativer Aussagen zur demokratischen Legitimationsleistung von Rat und Europäischem Parlament zentral. Es zeigte sich, dass die demokratische Legitimationsleistung des Rates aufgrund der intergouvernementalen Logik seiner Willensbildung hinter der des Europäischen Parlaments zurückbleibt. Das Europäische Parlament vermag europäischer Gesetzgebung ein höheres Maß demokratischer Legitimation zu vermitteln als der Rat, der in seiner Willensbildung nicht effektiv sachlich-inhaltlich demokratisch rückgebunden ist. Nicht nur der zur Mehrheitsentscheidung fähige, sondern auch der einstimmig entscheidende Rat vermag europäischer Gesetzgebung kein hinreichendes Maß demokratischer Legitimation zu vermitteln. Die Legitimationsleistung des Rates ist vorrangig die des *outputs*, des gemeinsamen Handelns und Problemlösens der Mitgliedstaaten. Daher kann der Rat einen Mangel oder Ausfall der Legitimationsvermittlung durch das Europäische Parlament, wie etwa im Anhörungsverfahren, nicht ausgleichen – auch nicht, wenn er einstimmig entscheidet.

In ein Verhältnis gesetzt zur supranationalen und föderalen Gestalt der EU zeigte sich, dass die gesetzgeberische Verantwortung des Europäischen Parlaments auf Grund des rechtlichen Zugriffs europäischer Gesetzgebung auf individuelle Freiheit, der Merkmal der Supranationalität der EU ist, als Mechanismus der demokratischen Legitimation von Gesetzgebung geboten ist. Gleichzeitig kann das Parlament den durch den Rat etablierten Zusammenhang der Zurechnung europäischer Hoheitsgewalt als kollektives Handeln der föderalen Glieder der EU nicht ersetzen. Unter dem Gesichtspunkt der demokratischen Legitimation europäischer Gesetzgebung erfordert die Supranationalität der EU die durchgehende gesetzgeberische Verantwortung des Europäischen Parlaments; unter dem Gesichtspunkt der föderalen Gestalt der EU ist die Beteiligung des Rates an der Gesetzgebung geboten. Sie muss allerdings nicht die Form der Co-Gesetzgeberschaft haben. Auch eine Verfahrensposition von geringerem Gewicht des Rates im Rahmen der legislativen Willensbildung würde demokratischen wie föderalen Erwägungen genügen.

2. *Kritik der Position des Bundesverfassungsgerichts, Part 5: Die Disparität der demokratietheoretischen Argumentationslinien im Lissabon-Urteil*

Die Argumentation des Gerichts zur Funktionsweise und zu den funktionalen Bedingungen von Demokratie ist von zwei verschiedenen Perspektiven geprägt. Auf der einen Seite steht eine Argumentationslinie, die den Wahlakt des Individuums als zentralen Mechanismus der demokratischen Legitimation politischer Herrschaft konzipiert.[1599] Das Gericht rekonstruiert dabei die demokratische Teilhabe des Bürgers als wesentliche Dimension des Prinzips personaler Freiheit.[1600] Es beschreibt den Bürger als Subjekt demokratischer Herrschaft und weist für das Grundgesetz die Verankerung der demokratischen Ordnung in den Annahmen des Eigenwerts und der Würde des zu Freiheit befähigten Menschen aus.[1601] Wo in dieser Argumentationslinie das Volk als Subjekt demokratischer Selbstbestimmung auftritt, ist es eine Rechtskategorie; es bezeichnet die Menge der zur demokratischen Teilhabe berechtigten Individuen. Demokratische Selbstbestimmung ist das rechtlich verfasste, gleichheitsgerechte kollektive Handeln der Bürger: „Die Bürger sind [...] keiner politischen Gewalt unterworfen, der sie nicht ausweichen können und die sie nicht prinzipiell personell und sachlich zu gleichem Anteil in Freiheit zu bestimmen vermögen."[1602] Hier sind demokratische Verfahren und Institutionen Medium und Prozeduralisierung individueller Freiheit und Gleichheit für den Bereich des Politischen. Die demokratische Selbstbestimmung des Volkes liegt in der Praxis der Betätigung individueller Teilhaberechte. Dieser Argumentation steht gegenüber die hier bereits aufgearbeitete Konzeption des de-

[1599]BVerfGE 123, 267, Rn. 292: „Die demokratische Legitimation politischer Herrschaft wird bei der Wahlgleichheit und dem unmittelbaren parlamentarischen Repräsentationsmechanismus auch in Parteiendemokratien in der Kategorie des Wahlakts des Individuums gedacht und nicht am Maßstab der Summe Betroffener beurteilt." Daneben auch Rn. 210 ff.

[1600]BVerfGE 123, 267, Rn. 210.

[1601]BVerfGE 123, 267, Rn. 212 f.

[1602]BVerfGE 123, 267, Rn. 212.

mokratischen Subjekts als durch Traditionen und Überzeugungen verbundene politische Gemeinschaft[1603] und die Vorstellung von Demokratie als Betätigung eines vorpolitischen Vorverständnisses und vorrechtlicher Einheit.[1604] Diese Argumentationslinie fundiert die Auseinandersetzung des Gerichts mit den Möglichkeiten der Demokratie auf europäischer Ebene, insbesondere mit der demokratischen Leistungsfähigkeit des Europäischen Parlaments. Dabei erzeugt die Argumentation des Gerichts den Eindruck, die beiden Ansätze seien miteinander kompatibel, weil mit der erstgenannten, an der individuellen Teilhabe orientierten Argumentationslinie ein Modell demokratischer Verfasstheit formulier werde, mit der zweiten, substantialistischen Argumentationslinie aber die Bedingungen der praktischen Funktionalität dieses Modells.[1605] Letztlich jedoch bedeutet die zweite Argumentationslinie ein Demokratieverständnis, das sich gegen das der ersten Argumentationslinie wendet: Der zweite Ansatz konzipiert die angenommene kollektive Identität und die gemeinsame Substanz des Volkes als die demokratische Sinneinheit und den demokratischen Bedeutungsträger, nicht die individuelle politische Artikulation im Rahmen der verfassungsrechtlich eingesetzten Institutionen und Verfahren. Die politische Einheit des Volkes ist in der Konsequenz des substantialistischen Ansatzes gegen das Konzept bürgerschaftlicher demokratischer Teilhabe und vor allem gegen die Heterogenität der Bürger als Ausdruck ihrer gleichen Freiheit einwendbar. Dass das substantialistische Demokratieverständnis mit einem bürgerschaftlichen, auf der Erwägung gleicher Freiheit basierenden Demokratiekonzept unvereinbar ist, zeigt die Argumentation des Gerichts auch selbst, wenn es gegen die bürgerschaftliche Dimension des politischen Systems der Union, gegen die Unionsbürgerschaft, ihre legitimatorische Funktion und Leistungsfähigkeit sein substantialistisches Demokratiemodell negierend einwendet. Die beiden im Lissabon-Urteil vorfindlichen demokratietheoretischen Argumentationslinien sind letztlich wechselseitig Antithesen und bleiben disparat.

1603 BVerfGE 123, 267, Rn. 260.

1604 Dahingehend BVerfGE 123, 267, 3. Leitsatz, Rn. 249, 260.

1605 Darauf weisen *M. Kottmann/C. Wohlfahrt*, ZaöRV 69 (2009), 443 hin.

3. Zur demokratischen Legitimation der Kommission. Kritik der Position des Bundesverfassungsgerichts, Part 6

Die Kommission ist nicht entsprechend ihrer vermittels des Initiativmonopols ausgeübten Funktion politischer Führung[1606] sachlich-inhaltlich demokratisch rückgebunden. Sie ist in ihrem Bestand nicht an den Rückhalt der politisch handlungsfähigen Mehrheit des Europäischen Parlaments gekoppelt.[1607] Damit ist die Kommission in ihrer politischen Ausrichtung von der richtungspolitischen Ausrichtung des Parlaments entkoppelt. Dies bedeutet die mangelnde materielle demokratische Bindung der Kommission.

Aus der Sicht des Bundesverfassungsgerichts wird auch dadurch, dass die Wahl des Kommissionspräsidenten durch das Europäische Parlament erfolge, der Kommission keine hinreichende organisatorisch-personelle demokratische Legitimation vermittelt. Es fehle die Basis einer gleichheitsgerechten Wahl des Europäischen Parlaments durch den Demos.[1608] Dies bestätigt für das Bundesverfassungsgericht, dass das Handeln der Europäischen Union ohne demokratische Rückbindung in den Mitgliedstaaten einer hinreichenden Legitimationsgrundlage entbehre. Indes hält diese Position nicht stand. Das wesentliche demokratische Defizit der Kommission liegt nicht der fehlenden Existenz eines Staatsvolks auf europäischer Ebene, dessen Wahl ihre Besetzung bestimmt. Ein demokratisches Subjekt besteht auf europäischer Ebene mit der Gesamtheit der Unionsbürgerinnen und -bürger, und es wird durch das Europäische Parlament demokratisch vertreten, auch wenn Defizite bürgerschaftlicher Gleichheit bestehen. Das demokratische Defizit der Kommission liegt in den Mängeln der politischen Verantwortlichkeit der Kommission gegenüber dem Europäischen Parlament begründet, auf Grund derer die Kommission in ihrer richtungspolitischen Ausrichtung von der Willensbildung des Europäischen Parlaments entkoppelt ist.

[1606] Zu dieser Funktion der Kommission oben Kap. 1 III. 4. b. (1).

[1607] Ebd.

[1608] BVerfGE 123, 267, Rn. 297.

Kapitel 9. Das Mitentscheidungsverfahren als demokratisches Gesetzgebungsverfahren in der Praxis

I. „Trilogisierung“ und demokratische Legitimation der Gesetzgebung

1. Der primärrechtliche Maßstab der Bewertung und seine Mängel

Die primärrechtlichen Kriterien einer Bewertung der Informalisierung des Mitentscheidungsverfahrens lassen sich aus einer Analyse der Ausgestaltung des Vermittlungsausschusses zwischen Parlament und Rat gewinnen. Denn die Erwägungen, die diese leiten, lassen sich auf den Verhandlungsmechanismus der Triloge übertragen. Triloge und Vermittlungsausschuss sind in ihrer Funktion vergleichbar: Beide dienen der Konfliktlösung zwischen den zwei gesetzgeberisch verantwortlichen Organen. In beiden verhandeln die Organe durch ihre Vertreter in unmittelbarem Austausch Kompromisstexte, die anschließend der Annahme durch das Plenum des Parlaments und durch das Kollegium des Rates bedürfen. Im Rahmen beider Verhandlungsmodi nimmt die Kommission an den Verhandlungen in der Funktion teil, auf eine Annäherung der Standpunkte des Europäischen Parlaments und des Rates hinzuwirken.[1609] Vor diesem Hintergrund wird im Folgenden die Rechtsprechung des EuGH zu den Kompetenzen des Vermittlungsausschusses zwischen Rat und Parlament aufgearbeitet. Dabei wird der Argumentation des EuGH zu Funktion und Befugnissen des Vermittlungsausschusses zwischen Rat und Parlament die Argumentation des Bundesverfassungsgerichts zu Funktion und Befugnissen des Vermittlungsausschusses zwischen Bundestag und Bundesrat gegenübergestellt. Hieraus ergibt sich eine kritische Perspektive auf die Konturierung des Demokratieprinzips im Verfassungsrecht der Union – der Vergleich offenbart Mängel der Durchdringung des Primärrechts von der Erwägung der demokratischen Verantwortlichkeit und Legitimation.

[1609] S. die beinahe wortgleichen Formulierungen des Art. 294 Abs. 10 AEUV und der Gemeinsamen Erklärung zu den praktischen Modalitäten des Mitentscheidungsverfahrens (dazu oben Kap. 4 I.), nach denen die Kommission „auf eine Annäherung der Standpunkte des Europäischen Parlaments und des Rates“ hinwirkt.

Die Entscheidung des EuGH zu den inhaltlichen Befugnissen des Vermittlungsausschusses zwischen Europäischem Parlament und Rat behandelt die Frage, ob der Ausschuss in seinem gemeinsamen Entwurf auch Vorschriften eines Gesetzgebungsvorhabens abändern darf, über die in der zweiten Beratungsphase zwischen den Co-Gesetzgebern kein Dissens bestand.[1610] Der Fall betraf die Änderung einer vom Rat eingeführten Regelung durch den Vermittlungsausschuss, zu der im Parlament in zweiter Lesung keine Änderungen vorgeschlagen worden waren. Der EuGH billigt dem Vermittlungausschuss die Änderungsbefugnis zu. Hierfür führt er vor allem das Argument der praktischen Wirksamkeit des Vermittlungsverfahrens als Streitbeilegungsverfahren an.[1611] Dem Vorbringen, ein Dissens über die vom Vermittlungsausschuss geänderte Vorschrift habe nicht bestanden, hält der EuGH entgegen, es sei aber im Verfahren jedenfalls ein Dissens aufgetreten, der die Einberufung des Ausschusses gerechtfertigt habe.[1612] Mit der Aufgabe des Ausschusses, zwischen Rat und Parlament zu vermitteln, sei ein weites inhaltliches Ermessen bei der Entwicklung eines gemeinsamen Entwurfes verbunden. Dafür, dass das Primärrecht die Befugnisse des Vermittlungsausschusses nicht grundsätzlich beschränke, und dass eine solche Beschränkung auch nicht geboten sei, führt der EuGH die Freiheit der Co-Gesetzgeber an, den vom Vermittlungsausschuss gebilligten gemeinsamen Enwurf anzunehmen oder abzulehnen. In die Richtung eines weiten Ermessens des Ausschusses weise auch das Fehlen einer ausdrücklichen Beschränkung der Maßnahmen zur Ermöglichung einer Einigung in Art. 251 Abs. 4 EGV

[1610] Im Fall ging es um die Änderung einer vom Rat eingeführten Regelung durch den Vermittlungsausschuss, zu der im Parlament in zweiter Lesung keine Änderungen vorgeschlagen worden waren. Für eine Darstellung des dem Urteil des EuGH in der Rs. C-344/04 zugrunde liegenden Sachverhalts s. Rn. 50 ff., 62 des Urteils.

[1611] Die Effektivität des Vermittlungsverfahrens im Hinblick auf die Herbeiführung einer Einigung zwischen den Co-Gesetzgebern ist in den Schlussanträgen des Generalanwalts Geelhoed die wesentliche und wiederholt bekräftigte und hervorgehobene Erwägung der Auslegung der Kompetenzen des Ausschusses; der Generalanwalt fordert deshalb, dass der Ausschuss flexibel sein müsse; s. Rn. 77 ff. der Schlussanträge des Generalanwalts Geelhoed in der der Rs. C-344/04 vom 8. September 2005. Im Vergleich hierzu wird vom EuGH das Argument der Effektivität des Vermittlungsverfahrens etwas zurückhaltender eingesetzt.

[1612] Rn. 56 des Urteils.

(nunmehr Art. 294 Abs. 10-12 AEUV). Die Regelung könne nicht so ausgelegt werden, als beschränke sie grundsätzlich die Befugnisse des Ausschusses.[1613]

Das Argument, der Grundsatz der repräsentativen Demokratie sei dadurch verletzt, dass die Sitzungen des Vermittlungsausschusses unter Ausschluss der Öffentlichkeit stattfänden, weist der EuGH zurück. Zwar stelle die wirksame Beteiligung des Parlaments am Gesetzgebungsverfahren ein wesentliches Element des institutionellen Gleichgewichts dar. Dem institutionellen Gleichgewicht sei jedoch durch die Vertretung des Parlaments im Vermittlungsausschuss in Entsprechung zum relativen Gewicht der einzelnen parlamentarische Fraktionen und durch die Entscheidung des Parlaments über den gemeinsamen Entwurf genüge getan. Die Öffentlichkeit des Gesetzgebungsverfahrens wird nach dem EuGH – und dies stellt ein wesentliches Kriterium der primärrechtlichen Bewertung der Trilogpraxis dar – durch die dritte Lesung des Parlamens hinreichend wiederhergestellt. Die Prüfung des gemeinsamen Entwurfs durch das Parlament, *"für die die allgemeinen Vorschriften über die Transparenz der Arbeiten dieser Versammlung gelten, gewährleistet letztlich die wirksame Beteiligung des Parlaments am Gesetzgebungsverfahren unter Beachtung der Grundsätze der repräsentativen Demokratie.*"[1614]

Das Bundesverfassungsgericht stellt den Grundsatz auf, dass der Vermittlungsausschuss keinen Vorschlag unterbreiten darf, der außerhalb der bisherigen Auffassungsunterschiede im Parlament oder der bisherigen Gegenläufigkeit zwischen Bundestag und Bundesrat bleibt.[1615] Der Vermittlungsausschuss ist darauf beschränkt, zwischen den zuvor parlamentarisch beratenen Regelungsalternativen zu vermitteln.[1616] Die seiner Vermittlungstätigkeit innewohnende faktische Gestaltungsmacht wird vom Gericht insbesondere unter Bezug auf die demokratische Funktion der inhaltlich offenen und öffentlichen parlamentarischen Willensbildung beschränkt: Dem Vermittlungsausschuss kommt danach lediglich die Aufgabe zu, auf der Grundlage des Gesetzesbeschlusses

---

[1613] Rn. 57 ff. des Urteils; insbesondere sei primärrechtlich auch vorgesehen, dass die Kommission *alle* erforderlichen Initiativen ergreife, um auf eine Annäherung der Standpunkte des Parlaments und des Rates hinzuwirken (Rn. 58).

[1614] Rn. 61 des Urteils.

[1615] BVerfGE 101, 297, 308.

[1616] BVerfGE 125, 104, 122.

und des vorherigen Gesetzgebungsverfahrens Änderungsvorschläge zu erarbeiten, die sich ausgehend vom Anrufungsbegehren im Rahmen der parlamentarischen Zielsetzung des Gesetzgebungsvorhabens bewegen und die jedenfalls im Ansatz sichtbar gewordenen politischen Meinungsverschiedenheiten zwischen Bundestag und Bundesrat ausgleichen.[1617] Der Vermittlungsvorschlag muss dem Bundestag aufgrund der dort geführten parlamentarischen Debatte zurechenbar sein. Der Vermittlungsausschuss ist deshalb in seiner Tätigkeit inhaltlich und formal an den durch den vom Bundestag vorgegebenen Rahmen gebunden.[1618] Voraussetzung für das Aufgreifen eines Regelungsgegenstandes durch den Vermittlungsausschuss ist, dass die betreffenden Anträge und Stellungnahmen im Gesetzgebungsverfahren vor dem Gesetzesbeschluss bekannt gegeben worden sind und die Abgeordneten die Möglichkeit hatten, diese zu erörtern, Meinungen zu vertreten, Regelungsalternativen vorzustellen und hierfür eine Mehrheit im Parlament zu suchen. Diese Möglichkeit werde verschlossen, wenn Regelungsgegenstände erst nach der letzten Lesung des Bundestages in das Gesetzgebungsverfahren eingeführt wurden.[1619] Das Gericht zieht weiterhin den Ausschluss der parlamentarischen und der allgemeinen Öffentlichkeit von den Tagungen des Vermittlungsausschusses, die im Interesse der Effizienz seiner Arbeit lägen, als Begründung der Beschränkung der Befugnisse des Ausschusses heran: Könne sich der Vermittlungsausschuss von der Grundlage des Gesetzesbeschlusses und des vorherigen Gesetzgebungsverfahrens lösen, so werde der von Verfassungs wegen (nämlich vom Demokratieprinzip) gebotene Zusammenhang zwischen der öffentlichen Debatte im Parlament und der späteren Schlichtung zwischen den an der Gesetzgebung beteiligten Verfassungsorganen aufgelöst, und zwar zulasten der öffentlichen Beobachtung des Gesetzgebungsverfahrens.[1620]

[1617] BVerfGE 125, 104, 122.

[1618] BVerfGE 125, 104, 122. Dabei kommt es nicht darauf an, ob und in welcher Form der Deutsche Bundestag die Anträge und Stellungnahmen in seinem Gesetzesbeschluss berücksichtigt.

[1619] BVerfGE 125, 104, 123; s. auch BVerfGE 120, 56, 75.

[1620] BVerfGE 125, 104, 124. Angesichts des vom Gericht judizierten verfassungsrechtlichen Prinzips einer strikten Bindung des Inhalts von Gesetzgebung an die offene und öffentliche Willensbildung des parlamentarischen Gesetzgebers scheint es zunächst besonders erstaunlich, dass das Gericht in seiner Entscheidung über die Verfassungsmäßigkeit der Fünfprozenthürde bei Wahlen

Der EuGH verzichtet darauf, für die Entwicklung der Inhalte von Gesetzgebung einen strikten Vorbehalt der Rückbindung an die inhaltlich offene Willensbildung der Plenen der Gesetzgeber zu konstruieren. Die mit der Einräumung eines weiten Ermessens verbundene Freistellung des Vermittlungsausschusses von einer Bindung an den sachlichen Gehalt des vorangehenden legislativen Prozesses macht die Co-Gesetzgeber in der dritten Lesung zu Organen der formalen Ratifikation von Inhalten, über die sie nicht nicht notwendig inhaltlich offen beraten konnten. Indem der EuGH die Einführung neuer, im Verfahren zuvor nicht – jedenfalls nicht von beiden Gesetzgebern – beratener Regelungen durch den gemeinsamen Entwurf zulässt, beschränkt er insbesondere die Rechte der Parlamentarier zur Auseinandersetzung mit dem Inhalt von Gesetzgebungsvorhaben: In der dritten Lesung sind Änderungsanträge nicht mehr zulässig. Das Parlament kann nur noch die umfängliche Annahme oder Ablehnung des Gesetzgebungsvorhabens in der Fassung des gemeinsamen Entwurfs beschließen. Dies folgt unmittelbar aus Art. 294 Abs. 13 AEUV und wird von der Geschäftsordnung des Parlaments entsprechend geregelt.[1621]

Die Einräumung eines weiten Spielraums der Willensbildung des Vermittlungsausschusses eröffnet die Möglichkeit, die inhaltliche Entwicklung von Gesetzgebung in die Verhandlung von Organvertretern zu verlagern. Diese können wegen der Nichtöffentlichkeit des Verfahrens von ihrem jeweiligen Prinzipal für ihre Verhandlungsführung nicht effektiv politisch verantwortlich gehalten werden, wie auch

zum Europäischen Parlament (BVerfGE 129, 300) die von ihm im Zusammenhang mit der Prüfung einer Gefährdung der Funktionsfähigkeit des EP bei Einzug kleinerer Parteien ausführlich behandelte Praxis des informellen Verhandelns in Trilogen überhaupt nicht als problematische Entparlamentarisierung des Gesetzgebungsverfahrens thematisiert. Das Gericht nimmt ausdrücklich darauf Bezug, dass im Rahmen informeller Verhandlungen regelmäßig noch vor der ersten Lesung ein gemeinsamer Rechtsetzungsvorschlag erzielt werden soll. Da das Gericht dem Europäischen Parlament aber überhaupt keine volle parlamentarische Legitimationsfunktion zuerkennt (dazu Kap. 8 II. 1.), ist seine Unbefangenheit angesichts der Triloge in gewisser Weise nur konsequent; sie lässt sich als Ausdruck der generellen Missachtung der demokratischen Kapazität des EP durch das Gericht verstehen.

[1621] Hiernach können Europäisches Parlament und Rat in der dritten Lesung den betreffenden Rechtsakt *entsprechend dem Entwurf* des Vermittlungsausschusses erlassen, andernfalls gilt der Rechtsakt als nicht erlassen.

politikwissenschaftliche Untersuchungen belegen.[1622] Die fehlende Öffentlichkeit des Vermittlungsverfahrens schafft unter der Bedingung des weiten Ermessens des Ausschusses zugleich ein Problem der Öffentlichkeit der legislativen Willensbildung. Diese setzt nicht nur die Öffentlichkeit der Abstimmung, sondern auch die Öffentlichkeit des Prozesses der inhaltlichen Entwicklung eines Gesetzgebungsvorhabens voraus (und ist auch in den parlamentarischen Ausschüssen gewährleistet).[1623]

Die Bereitstellung eines effektiven Mechanismus' der Vermittlung zwischen den Co-Gesetzgebern ist eine legitime Erwägung der Bestimmung der Kompetenzen des Vermittlungsausschusses: Das Vermittlungsverfahren trägt zur Gewährleistung der Handlungsfähigkeit des europäischen Gesetzgebers bei. Der EuGH versäumt es aber mit seiner Position, wesentliche Bedingungen der demokratischen Funktion des Gesetzgebungsverfahrens zu gewährleisten: Es fehlt ein Erfordernis der Zurechenbarkeit der inhaltlichen Entwicklung von Gesetzgebung zur inhaltlich offenen und öffentlichen Beratungen der Co-Gesetzgeber.

Eine Argumentation, die die demokratische Funktion der inhaltlich offenen und öffentlichen Willensbildung der Gesetzgeber, insbesondere des Parlaments, stärker gegenüber den Erwägungen effizienter Streitbeilegung zur Geltung bringt, stünde dem EuGH offen. Sie ist durch den Wortlaut des Primärrechts keinesfalls ausgeschlossen und könnte mit dem Demokratieprinzip der Union als Gebot der sachlich-inhaltlichen demokratischen Bindung der Gesetzgebung und der demokratischen Verantwortlichkeit begründet werden. Der EuGH rekonstruiert und betont in ständiger Rechtsprechung mit dem Demokratieprinzip die demokratische Funktion der parlamentarischen Befugnisse im Rahmen der Gesetzgebung. Eine Fortentwicklung dieser Argumentation zu einem rechtsprinzipiell gewährleisteten Vorbehalt der Willensbildung des Parlaments (und daneben des Rates) für die inhaltliche Entwicklung von Gesetzgebungvorschlägen wäre nur konsequent.

[1622] *A. Rasmussen/M. Shackleton,* The scope for action of European Parliament negotiators in the legislative process: lessons of the past and for the future, 2005, mit weiteren Nachweisen.

[1623] Zur Öffentlichkeit als Bedingung politischer Verantwortlichkeit in Delegationsverhältnissen bereits oben Kap. 7 III. 2. b. (3).

Aus der Rechtsprechung des EuGH zum Vermittlungsausschuss ergibt sich der primärrechtliche Maßstab der Bewertung der Triloge. Da der EuGH der Erwägung der effizienten Streitbeilegung gegenüber der Verortung der inhaltlichen Entwicklung von Gesetzgebung in den inhaltlich offenen und öffenlichen Beratungen des demokratischen Gesetzgebers höheres Gewicht einräumt, scheint nach seinen Maßstäben eine Verlagerung der inhaltlichen Entwicklung von Gesetzgebungsvorhaben in informelle Verhandlungen zwischen den Verfahrensbeteiligten nicht grundsätzlich problematisch. Nach der Argumentation des EuGH genügt die formale Ratifikationsentscheidung der beiden Co-Gesetzgeber zu einer nichtöffentlich erzielten Einigung für die legitimatorisch wirksame Zurechenbarkeit von Gesetzgebung zu ihrer Willensbildung. Sie stellt nach dem EuGH auch ein hinreichendes Maß der Öffentlichkeit und Transparenz des Verfahrens der legislativen Willensbildung her.

2. *Demokratietheoretische Bewertung und Handlungsoptionen*

Nicht nur fällt im Vergleich mit der Rechtsprechung des Bundesverfassungsgerichts an der Rechtsprechung des EuGH die mangelnde konzeptuelle Ausfüllung und Gewichtung des Demokratieprinzips gegenüber der Erwägung effektiver Streitbeilegung zwischen den Co-Gesetzgebern auf. Der sich dort entfaltende primärrechtliche Maßstab der Bewertung des Verhandlungsmodus der Triloge lässt sich darüber hinaus demokratietheoretisch kritisieren. Die Praxis der Triloge führt zu innerinstitutionellen Machtverlagerungen, die das parlamentarische Plenum, und dabei insbesondere das einzelne Mitglied des Parlaments, marginalisieren.[1624] Insbesondere im Fall der informellen Verhandlung und Einigung in der ersten Beratungsphase des Mitentscheidungsverfahrens findet eine inhaltlich offene Willensbildung des parlamentarischen Plenums quasi nicht statt. Schon wegen der fehlenden Öffentlichkeit besteht im Rahmen der informellen Verhandlungen in Trilogen keine effektive Begrenzung der inhaltlichen Kompetenzen der Verhandlungsführer, die eine Zurechenbarkeit der Inhalte von Gesetzgebung zur offenen und öffentlichen Willensbildung des Europäischen Parlaments und des Rates gewährleisten würde. Auch wenn das Plenum in erster und zweiter Lesung an eingebrachten Kompromisstexten

[1624] Kap. 5 III. 1. c. (1).

Abänderungen beschließen kann, ist es an informell erzielte Einigungen faktisch gebunden. Dass ein informell verhandelter Text vom Plenum zurückgewiesen wird, ist absolute Ausnahme und wird im Sinne der Wahrung der *loyalen Zusammenarbeit* der Organe grundsätzlich vermieden.[1625]

Die Geschäftsordnung des Parlaments sieht vor, dass *der zuständige Ausschuss* ein Mandat, Leitlinien oder Prioriäten für die Verhandlung mit anderen Organen festlegen soll.[1626] Die Willensbildung des *Plenums*, die Teilhabe aller Abgeordneten an der Beratung von Gesetzgebung verliert dadurch gegenüber der Beratung im Ausschuss an Bedeutung. Die offene inhaltlichliche Beratung des gesamten Parlaments wird durch das informelle Verhandeln von Vertretern des Parlaments als Ort der inhaltlichen Entwicklung von Gesetzgebung marginalisiert. Dass das Parlament in Trilogen von einem nach den Mehrheitsverhältnissen besetzten Verhandlungsteam vertreten wird, kann den Ausfall der legitimatorischen Leistung einer offenen Willensbildung des Plenums nicht kompensieren. Die personelle Verdichtung führt in jedem Fall zu einem Verlust an pluralistischer Kapazität, die wesentlicher Faktor der demokratischen Leistung parlamentarischer Willensbildung im Plenum ist. Insbesondere bei Trilogen, in denen der Rat mit einem Vertreter der parlamentarischen Mehrheitsfraktion/-koalitition verhandelt, kann zudem der „für das Parlament" verhandelnde Verhandlungsführer nicht als dessen Vertreter betrachtet werden. Die Logik informeller Kompromissverhandlung lässt aber insgesamt erwarten, dass vielfach einzelne Abgeordnete aus dem Verhandlungsteam, die politische Mehrheiten im Parlament gewährleisten können, zum Verhandlungspartner von Rat und Kommission werden.

Eine Mandatierung, die die Verhandlungsführung eng an die parlamentarische Willensbildung insbesondere im Plenum bindet, wird die Effizienz der Triloge als Modus der Konfliktlösung- und -verhinderung zwischen den Co-Gesetzgebern erheblich verringern. Denn je mehr sich das Plenum inhaltlich bereits festgelegt hat, desto weniger Spielräume bleiben für informelle Kompromisse. Deswegen ist damit zu rechnen, dass in der Praxis dem Verhandlungsteam erhebliche Spielräume gewährt und eher inhaltlich offenere Leitlinien und Prioritäten als konkrete Mandate erteilt werden.

[1625] Hierzu oben Kap. 5 III. 1. a.

[1626] Dazu oben Kap. 4 III. 2.

Triloge führen zu einer Verlagerung der inhaltlichen Entwicklung von Gesetzgebung von der organinternen Willensbildung der Co-Gesetzgeber in ein Verhandlungssystem, das intransparent und gegenüber dem parlamentarischen Plenum und dem Kollegium des Rates personell hoch verdichtet ist. Effektive, inhaltlich konkrete Bindungen der Verhandlungsführer widersprechen der Logik eines solchen Verhandlungssystems. Dieses stellt daher die legitimatorische Funktion des Mitentscheidungsverfahrens grundlegend in Frage, vor allem weil die pluralistische Kapazität des Europäischen Parlaments im Gesetzgebungsverfahren als Faktor der legislativen Willensbildung ausgeschaltet oder marginalisiert wird – hierin liegt gerade einer der Gründe der Effizienz der Triloge als Mechanismus der Vermittlung zwischen den Co-Gesetzgebern.

Als Mechanismus der Gewährleistung der Handlungsfähigkeit des Gesetzgebers, der in der Mitentscheidung an ein komplexes, langwieriges Verfahren gebunden ist, gefährdet die Praxis des Verhandelns in Trilogen die demokratische Legitimation der Gesetzgebung. Sie bedarf der rechtlichen Einhegung zumindest dahingehend, dass Triloge nicht vor Abschluss der ersten Beratungsphase stattfinden dürfen – nicht bevor die Willensbildung des parlamentarischen Plenums und des Ratskollegiums eine substantielle Position zum Gesetzgebungsvorhaben hervorgebracht hat.

Eine Formalisierung des Trilogsystems über Verfahren der Auswahl und Mandatierung der Verhandlungsführer ist möglich. Formalisierte Verfahren der inhaltlichen Mandatierung der Verhandlungsführer und Mechanismen ihrer politischen Verantwortlichkeit gegenüber dem entsendenden Organ führen aber als Begrenzung der Verhandlungsspielräume ebenso wie die Einführung eines Grundsatzes der Öffentlichkeit trilogischen Verhandelns zu einem Verlust der Effektivität dieses Vermittlungsmodus. Es ist damit zu rechnen, dass eine stärkere Formalisierung des praktizierten Verhandelns in Trilogen wiederum durch die Etablierung informeller Kontakte zwischen den Co-Gesetzgebern unterlaufen werden würde. Schon die Verrechtlichung und Formalisierung des Verhandelns zwischen den Verfahrensbeteiligten, die im Vermittlungsverfahrens zum Tragen kommt, führt zur Verlagerung der inhaltlichen Vermittlungstätigkeit in informelle Foren. Dies zeigt die extensive Begleitung der Vermittlungsphase durch Triloge, in denen die Vermittlungstätigkeit faktisch nahezu ausschließlich stattfindet, so dass dem Vermittlungsausschuss selbst wiederum lediglich die Funktion zukommt, eine informell ausgehandelte Einigung gemäß Art. 294 Abs. 12 AEUV formal als gemeinsamen Entwurf zu beschließen.[1627] Eine Formalisierung der Trilogpraxis als eine Art verfahrensbegleitendes Vermittlungsverfahren würde entsprechend dazu führen, dass die inhaltliche Verhandlung der Co-Gesetzgeber in eine andere informelle Arena verlagert wird. Sie ist daher kaum ein erfolgversprechender Ansatz zur Wahrung der demokratischen Funktion des Mitentscheidungsverfahrens. Gleichwohl bedarf es rechtlicher Grenzsetzungen gegen eine Überformung des Mitentscheidungsverfahrens durch informelles Verhandeln.

[1627] S. European Parliament, Conciliation and Codecision, A Guide to how the Parliament co-legislates, 14 ff. „*At the first trilogue, the Presidency representative outlines the Council's position on the Parliament's secondreading amendments: usually the Council accepts some of them, proposes compromises on others and rejects the rest. The Parliament negotiating team then reacts to what it has heard. Each side explains its position and a debate develops: new compromise proposals may be suggested, subject to the approval of the respective delegations. […] Trilogues sometimes conclude by asking that detailed drafting work be carried out by a small working party at 'political' level (for example, the EP rapporteur may meet with the chair of the Council working group and a Commission representative) or at 'technical' level by civil servants from the three institutions. Due to the growing number of meetings required, and the strict time limits set by the Treaty, such trilogue meetings are becoming more common. The Commission is often invited to draw-up possible compromise texts to be discussed in the respective delegations or at the next trilogue meeting. The results of each trilogue are then presented by the respective negotiators for the approval of the Parliament and Council delegations: where necessary, further trilogues or informal meetings are arranged. Trilogue meetings take place throughout the conciliation procedure with the aim of resolving outstanding issues and preparing the way for an overall agreement in the Conciliation Committee. Normally, a short trilogue meeting is held just before the meeting of the Conciliation Committee and sometimes the Conciliation Committee meeting itself is interrupted for negotiations in trilogue to clarify the situation, to find mutually acceptable compromises, and to avoid misunderstandings between the delegations.*" Daneben auch European Council, Council of the European Union, Codecision guide, 8: „*The trialogues and technical meetings prior to the first meeting of the Conciliation Committee will often make it possible to bring the conciliation to a conclusion during this first meeting, sometimes even in the form of a simple declaration of the prearranged agreement (a kind of 'A' item, to use the terminology of Council meetings). In other cases, several meetings of the Conciliation Committee will be necessary before an agreement on a joint text can be reached. Each of these meetings may themselves be preceded by informal trialogues and technical meetings.*"

Dazu könnte das Demokratieprinzip nach Art. 10 EUV als Maßstab einer primärrechtlichen Überprüfung der Praxis der Triloge und/oder ihrer Verankerung im interinstitutionellen Recht entfaltet werden. Es lässt sich argumentieren, dass etwa die Gemeinsame Erklärung[1628] gegen das Demokratieprinzip verstößt, weil sie die funktionale Ersetzung der primärrechtlich vorgesehenen Verfahrensweisen der legislativen Willensbildung der Co-Gesetzgeber bekräftigt, die die demokratische Legitimation europäischer Gesetzgebung begründen. In jedem Fall ließe sich gegen die Trilogisierung des Mitentscheidungsverfahrens das Prinzip des institutionellen Gleichgewichts nach Art. 13 Abs. 2 EUV geltend machen, denn danach handelt jedes Organ nach Maßgabe der ihm in den Verträgen zugewiesenen Befugnissen *nach den Verfahren, die in den Verträgen festgelegt* sind.

II. Ethische Fragen und die demokratische Legitimation der Gesetzgebung zur Biomedizin und Humanbiotechnologie im Mitentscheidungsverfahren

1. Pluralismus und Politik: Demokratische Prozeduralisierung ethisch begründeter Dissense über Biomedizin und Humanbiotechnologie im Mitentscheidungsprozess

Eine wesentliche Forschungsfrage der Untersuchung der Mitentscheidungspraxis war, ob und wie das Verfahren unter der Bedingung der nachhaltigen Uneinigkeit über die ethische Beurteilung biomedizinischer und humanbiotechnologischer Wissenschaft und Praxis als demokratisches Gesetzgebungsverfahren funktioniert. Eine primärrechtliche Vorgabe hierzu lässt sich Art. 2 EUV entnehmen, nach dem die Union Pluralismus als eines der zentralen Kennzeichen einer freiheitlich-demokratischen Gesellschaft betrachtet.[1629] Die nachhaltige Umstrit-

---

[1628] Dazu oben Kap. 4 I.

[1629] Art. 2 EUV: „Die Werte, auf die sich die Union gründet, sind die Achtung der Menschenwürde, Freiheit, Demokratie, Gleichheit, Rechtsstaatlichkeit und die Wahrung der Menschenrechte einschließlich der Rechte der Personen, die Minderheiten angehören. Diese Werte sind allen Mitgliedstaaten in einer Gesellschaft gemeinsam, die sich durch Pluralismus, Nichtdiskriminierung, Toleranz, Gerechtigkeit, Solidarität und die Gleichheit von Frauen und Männern auszeichnet."

tenheit biomedizinischer und humanbiotechnologischer Wissenschaft und Praxis weist den in der Union bestehenden Pluralismus in ethischen Fragen besonders deutlich aus.[1630]

Die pluralistische Kapazität des Gesetzgebungsverfahrens, sein Vermögen, die politische Artikulation gesellschaftlicher Heterogenität zu ermöglichen und aus einer Vielzahl politischer Positionen freiheitlich und gleichheitsgerecht Entscheidungen zu generieren, ist Bedingung der demokratischen Legitimation von Gesetzgebung.[1631] Das Mitentscheidungsverfahren stellt grundsätzlich in mehrfacher Hinsicht Kapazität zur politischen Artikulation gesellschaftlicher Vielfalt und Heterogenität bereit. Die organinterne Willensbildung der Co-Gesetzgeber ermöglicht einerseits den politischen Ausdruck der föderalen Vielfalt in der EU, anderseits die Artikulation der Heterogenität der Unionsbürgerinnen und -bürger als unitarisches[1632] politisches Subjekt. Zudem bedeutet die Co-Gesetzgeberschaft selbst ein pluralisierendes Element der politischen Verfasstheit der Union: Zwischen den Co-Gesetzgebern werden politische Positionen wechselseitig kritisiert, herausgefordert und mit Alternativvorschlägen konfrontiert. Vor diesem Hintergrund gefährdet die Verlagerung der inhaltlichen Entwicklung von Gesetzgebung in Triloge die demokratische Legitimation der Gesetzgebung zur Biomedizin und Humanbiotechnologie. Insbesondere die informelle Einigung in Trilogen während der ersten Beratungsphase führt dazu, dass das Parlament keine inhaltlich offene Willensbildung in seinen Ausschüssen und in seinem Plenum vollzieht. Dass durch einen oder wenige Verhandlungsführer „für das Parlament" eine Einigung mit dem Rat verhandelt wird, bedeutet eine personell verengte (und nicht effektiv politisch kontrollierbare) Vertretung des demokratischen Subjekts bei der inhaltlichen Entwicklung von Gesetzgebung. Im Rahmen der Verhandlung von Vertretern der Co-Gesetzgeber in Trilogen besteht nicht die pluralistische Kapazität einer Willensbildung im Plenum; es fehlt an einer effektiven sachlich-inhaltlichen Rückbindung der Verhandlungsführer des Parlaments an die parlamentarische Willensbildung. Dieses Defizit kann die Entscheidung des Plenums über die Annahme oder Ablehnung einer informell erzielten Einigung nicht kom-

---

[1630] Dazu Kap. 3 II. 1.

[1631] Hierzu demokratietheoretisch oben Kap. 7 II. 4. c. und III.

[1632] S. zum Begriff Fn. 1432 oben.

pensieren, zumal eine solche eine nicht geringe faktische Bindungswirkung entfaltet.[1633]

Als demokratisches Gesetzgebungsverfahren muss das Mitentscheidungsverfahren eine gleichheitsgerechte und freiheitliche politische Prozeduralisierung des in der EU vorhandenen Pluralismus in ethischen Fragen sein. Es muss diesen in eine demokratische Auseinandersetzung widerstreitender politischer Positionen umsetzen. Dies erfordert, dass im Gesetzgebungsverfahren im Fall eines nachhaltigen Dissens' grundsätzlich formal entschieden wird: Die demokratische Funktion des Gesetzgebungsverfahrens erfordert die inhaltliche Offenheit der legislativen Willensbildung, also vor allem, dass das Verfahren diese nicht materiell prädeterminiert.[1634] Dies kann das Mitentscheidungsverfahren grundsätzlich leisten. Die Bindung der Europäischen Union an die Menschenwürde und die Grundrechte der Charta der Grundrechte der Europäischen Union, die der Willensbildung des Gesetzgebers für den Bereich der Biomedizin und Humanbiotechnologie konkrete politische Handlungsanweisungen gibt[1635], bedeutet als inhaltliche Prädeterminierung eine Beschränkung der demokratischen Bindung der gesetzgebenden Gewalt für diesen Bereich zum Zweck des Schutzes von Menschenwürde und Individualrechtsgütern. Allerdings bestehen auch hier Freiräume des Gesetzgebers. Selbst die relativ konkreten Grundsätze der Charta für „Medizin und Biologie" (Art. 3 Abs. 2) bedürfen der Konkretisierung für die Regelung konkreter Fragen biomedizinischer und humanbiotechnologischer Wissenschaft und Praxis. So sind, das hat die Untersuchung der Mitentscheidungspraxis gezeigt, zwischen den Co-Gesetzgebern die Reichweite und konkrete Bedeutung etwa des Kommerzialisierungsverbots oder des Einwilligungserfordernisses, die Art. 3 Abs. 2 der Charta vorsieht, umstritten. Auch im Rahmen der Bindung der Union an die substantiellen Vorgaben der Charta bleibt für den Gesetzgeber politischer Handlungsspielraum, im Rahmen dessen

[1633] Hierzu bereits oben I.

[1634] Hierzu demokratietheoretisch oben Kap. 7 III.

[1635] S. Art. 3 Abs. 2 der Charta: „*Im Rahmen der Medizin und der Biologie muss insbesondere Folgendes beachtet werden: die freie Einwilligung der betroffenen Person nach vorheriger Aufklärung entsprechend den gesetzlich festgelegten Modalitäten, das Verbot eugenischer Praktiken, insbesondere derjenigen, welche die Selektion von Personen zum Ziel haben, das Verbot, den menschlichen Körper und Teile davon als solche zur Erzielung von Gewinnen zu nutzen, das Verbot des reproduktiven Klonens von Menschen.*"

Entscheidungen auf Grundlage einer pluralistischen Willensbildung gefällt werden können.

2. *Die Rolle der European Group on Ethics und die demokratische Legitimation von Gesetzgebung zur Biomedizin und Humanbiotechnologie im Mitentscheidungsverfahren*

Die Einbindung von Experten in Gesetzgebungsprozesse muss im Rahmen einer demokratischen politischen Ordnung so konzipiert sein, dass sie nicht zur Aushöhlung der verfassungsrechtlich eingesetzten Mechanismen demokratischer Legitimation führt.[1636] Im Hinblick auf Gesetzgebung ist der Mechanismus der demokratischen Legitimation die Zurechenbarkeit ihrer Inhalte zur Willensbildung der demokratisch verfassten Legislative. Auch die Frage der Entscheidung über den Umgang mit Biomedizin und Humanbiotechnologie ist eine originär politische Entscheidung, die in den verfassungsrechtlich dafür vorgesehenen demokratischen Formen getroffen werden muss.[1637] Für die demokratische Legitimation von Unionsgesetzgebung zur Biomedizin und Humanbiotechnologie heißt das, dass ihre demokratische Legitimation wesentlich durch die inhaltlich offene und öffentliche legislative Willensbildung des Europäischen Parlaments geleistet wird. Die Rolle der EGE als Expertengremium für ethische Fragen kann im Rahmen der politischen Willensbildung daher legitimerweise darin bestehen, den politischen Diskurs auf ethische Argumentationen hin und diese auf Widerspruchsfreiheit und funktionale Leistungsfähigkeit aufzuarbeiten.[1638] Die Entscheidung zwischen mehreren rational begründbaren Lösungen für ein ethisches Problem ist aber keine, in der Sachverstand bestehen

---

1636 Dazu bereits oben Kap. 3 II. 2.; so im Ergebnis auch *B. Heinrichs*, Angewandte Ethik im demokratischen Rechtsstaat, in: Vöneky/Hagedorn/Clados u. a. (Hrsg.), Legitimation ethischer Entscheidungen im Recht, 2009, 53.

1637 In diesem Sinne *B. Heinrichs*, Angewandte Ethik im demokratischen Rechtsstaat, in: Vöneky/Hagedorn/Clados u. a. (Hrsg.), Legitimation ethischer Entscheidungen im Recht, 2009, 53; *S. Vöneky*, Das Verhältnis von Recht, Moral und Ethik – Fragen demokratischer Legitimation am Beispiel von Ethikgremien in der Bundesrepublik Deutschland in rechtsvergleichender, europarechtlicher, völkerrechtlicher und interdisziplinärer Perspektive, 2009, 89 ff. mit weiteren Nachweisen.

1638 Hierzu oben 1.

kann.[1639] Im Hinblick auf die demokratische Legitimation von Unionsgesetzgebung zur Biomedizin und Humanbiotechnologie ist es daher problematisch, wenn professionelle Ethiker jenseits der Systematisierung des Diskurses Empfehlungen im Hinblick auf die ethische Entscheidung abgeben, denen faktisch oder durch das Recht besondere Autorität beigemessen wird, so dass die inhaltliche Offenheit der Willensbildung der demokratischen Legislative begrenzt wird.[1640] Die EGE gibt mit vielen ihrer Stellungnahmen Voten für bestimmte Optionen im Umgang mit Biomedizin und Humanbiotechnologie ab. Für die Praxis des Mitentscheidungsverfahrens im Bereich der Biomedizin und Humanbiotechnologie konnte allerdings nicht festgestellt werden, dass der Verweis auf Stellungnahmen der EGE in Kommissionsvorschlägen in den jeweiligen Gesetzgebungsprozessen zwischen den Verfahrensbeteiligten und organintern die Entstehung von Konflikten über ethische Fragen verhindert oder Konflikte befriedet. Auch Kommissionsvorschläge, die auf Stellungnahmen der EGE verweisen, werden von Europäischem Parlament und Rat unter ethischen Gesichtspunkten politisch problematisiert und abgeändert.[1641] Eine faktische Bindungswirkung, die die Zurechenbarkeit der Inhalte von Gesetzgebung zur offenen Willensbildung des demokratischen Gesetzgebers hindern würde, entfaltet die Beratung durch die EGE gegenüber der legislativen Willensbildung der Co-Gesetzgeber im Mitentscheidungsverfahren daher nicht.

1639 Dazu *S. Vöneky*, Das Verhältnis von Recht, Moral und Ethik – Fragen demokratischer Legitimation am Beispiel von Ethikgremien in der Bundesrepublik Deutschland in rechtsvergleichender, europarechtlicher, völkerrechtlicher und interdisziplinärer Perspektive, 2009, 89 ff. im Anschluss an die überwiegende Position des philosophischen Diskurses, die die rationale Begründbarkeit ethischer Positionen bejaht, aber die Entscheidung zwischen mehreren wohlbegründeten Positionen nicht für eine hält, in der es wissenschaftliche Expertise geben kann.

1640 Hierzu *S. Vöneky*, Ethische Experten und moralischer Autoritarismus, in: Vönky/Hagedorn/Clados u. a. (Hrsg.), Legitimation ethischer Entscheidungen im Recht, 2009, 85.

1641 Siehe dazu etwa die politischen Differenzen zwischen den Co-Gesetzgebern im Fall des Gesetzgebungsprozesses zur Geweberichtlinie, oben Kap. 5 II.

Summary

This thesis analyzes the ordinary legislative procedure of the European Union, the co-decision procedure (Art. 294 TEU), as democratic legislative procedure. It addresses the procedure, in which European Parliament and Council share the legislative responsibility, as implementation of the principle that the functioning of the European Union shall be based on a dual structure of democratic representation, which Art. 10(2) TEU lays down.

By analyzing the political subjects represented by European Parliament and Council, and both institutions' representative structures, the thesis develops a normative theory of the dual structure of democratic legitimation of the Union, and in particular of the democratic capacity of the European Parliament. It is shown that even with the deficits in voting equality, the European Parliament is the principal form of democratic representation within the EU political system, and can provide for a higher quality of democratic legitimation than the Council. This is mainly due to the different representative structures of both institutions. The European Parliament is an assembly of elected representatives and generally deliberates in public. It is directly responsible to its political subject, the European citizenry, and provides for pluralistic capacity. The Council, in contrast, works as a system of cooperative decision-making by governments. Although the representation of Member States by the Council does have a democratic function, as the Member States are democratic entities, intergovernmental decision-making is limited in its democratic capacity. The Council as a whole is not democratically accountable. The monocratic form of governmental representation does not allow for pluralism within the political subject, i.e. within a Member State's people, to be expressed at the European level. Furthermore, the lack of transparency of the decision-making processes of the Council hinders that national parliaments can effectively influence the content of the Council's legislative policy. As a result of that, the Council cannot provide for sufficient democratic legitimation of European legislation, and it cannot substitute the European Parliament in its democratic function. This also means that the different legislative procedures of the Union do not result in the same level of democratic legitimacy. As compared to the co-decision procedure, the consultation procedure, in which the European Parliament is no more than an advisory body, leads to a democratic deficit. These findings also challenge the position of the German Federal Constitutional Court, which is attributing only a supplementary function to the European Parliament when it holds that the legitimation provided by national parliaments and governments via the Council is sufficient and is (only) complemented and sustained by the European Parliament.

While the thesis reconstructs the dual structure of democratic legitimation of the Union on a normative level, it does not put forward an affirmative approach with regard to the democratic credentials of the European Union. The challenges of European democracy, the deficits in voting equality of Union citizens, the low turnout, the absence of European political parties and of a strong European public sphere, are not denied. But the thesis shows that there is nevertheless a sound theoretical and empirical basis for taking seriously European Parliament as democratic representation of the Union citizenry. Primarily, the thesis relates to Hans Kelsen's theory of democracy, the normative core of which is the democratic claim of equality and freedom. On this basis, the thesis considers political citizenship and egalitarian, pluralistic procedures of collective decision-making as the source of democratic legitimation, not homogeneity or any other form of extralegal integration of a political collective. Thus, the European citizenry can be conceptualized as a democratic political subject although the European Union is not a sovereign state and lacks a strong collective identity of its citizens. The thesis also draws on empirical studies showing that despite the fact that the European Parliament is composed of contingents of nationally elected representatives, the structural likeness of party platforms and preferences between the national electorates allows perceiving the European Parliament elections as political articulation of one European electorate.

In addition to analyzing the democratic capacity of the co-decision procedure on a theoretical level, the thesis also addresses the practical functioning of the procedure. By means of case studies of co-decision processes, it investigates in particular the phenomenon of a deformalization of the decision-making process between the co-legislators. It criticizes the trends towards effective, but intransparent bargaining between the three institutions in so called trilogues as a threat to democratic accountability and the merits of parliamentarism at the European level in general.

Literaturverzeichnis

Abelson, R./Nielsen K., Ethics, History of, in: Borchert, Donald M./Edwards, Paul (Hrsg.), The encyclopedia of philosophy, London 1996.

Abraham, John, Making regulation responsive to commercial interests: streamlining drug industry watchdogs, British Medical Journal 325 (2002), S. 1164–1169.

Abraham, John/Lewis, Graham, Regulating medicines in Europe, Competition, expertise and public health, London 2000.

Abromeit, Heidrun, Ein Vorschlag zur Demokratisierung des europäischen Entscheidungssystems, Politische Vierteljahresschrift 39 (1998), S. 80 - 90.

Dies., Wozu braucht man Demokratie?, Die postnationale Herausforderung der Demokratietheorie, Opladen 2002.

Abromeit, Heidrun/Schmidt, Thomas, Grenzprobleme der Demokratie: konzeptionelle Überlegungen, in: Kohler-Koch, Beate (Hrsg.), Regieren in entgrenzten Räumen, Opladen 1998, S. 293 - 320.

Abromeit, Heidrun/Wolf, Sebastian, Will the Constitutional Treaty Contribute to the Legitimacy of the European Union?, European Integration online Papers 9 (2005).

Agamben, Giorgio, Ausnahmezustand, Frankfurt am Main 2006.

Ders., Homo sacer, Die souveräne Macht und das nackte Leben, Frankfurt am Main 2007.

Alegre, Melissa, We've come a long way baby (or have we?), Banning tobacco advertising and sponsorship in the European Union, Boston College international and comparative law review 26 (2003), S. 157 - 170.

Alemann, Florian von, Die Handlungsform der interinstitutionellen Vereinbarung, Eine Untersuchung des Interorganverhältnisses der europäischen Verfassung, Berlin, Heidelberg 2006.

Alter, Karen J., The European court's political power, Selected essays, Oxford 2009.

Ankersmit, Franklin R., Aesthetic politics, Political philosophy beyond fact and value, Stanford, Calif. 1997.

Anonymous, European drug regulation – anti-protectionism or consumer protection?, The Lancet 337 (1991), S. 1571 - 1572.

Archibugi, Daniele/Coco, Alberto, Is Europe Becoming the Most Dynamic Knowledge Economy in the World?, Journal of Common Market Studies 43 (2005), S. 433 - 459.

Archibugi, Daniele/Held, David, Cosmopolitan democracy, An agenda for a new world order, Cambridge 1995.

Arendt, Hannah, Elemente und Ursprünge totaler Herrschaft, Frankfurt am Main 1955.

Aristoteles, Politik, 4. Aufl., unveränd. Nachdr., Hamburg 1990.

Arndt, Felix, Ausrechnen statt aushandeln: Rationalitätsgewinne durch ein formalisiertes Modell für die Bestimmung der Zusammensetzung des Europäischen Parlaments, Zeitschrift für ausländisches öffentliches Recht und Völkerrecht 68 (2008), S. 247 - 279.

Aust, Helmut Phillipp, Von Unionsbürgern und anderen Wählern. Der Europäische Gerichtshof und das Wahlrecht zum Europäischen Parlament, ZEuS 11 (2008), S. 253 - 274.

Baach, Florian, Parlamentarische Mitwirkung in Angelegenheiten der Europäischen Union, Die Parlamente Deutschlands und Polens im europäischen Verfassungsverbund, Tübingen 2008.

Baeyens, A. J., Implementation of the Clinical Trials Directive: Pitfalls and Benefits, European Journal of Health Law 9 (2002), S. 31 ff.

Barton, Tanja, Der „Ordre public" als Grenze der Biopatentierung. Konkretisierung und Funktion der Vorbehalte zum „ordre public" und zum menschlichen Körper in der EG-Biopatent-Richtlinie einschließlich der Umsetzung ins deutsche Recht, Berlin 2004.

Basedow, Jürgen, Zielkonflikte und Zielhierarchien im Vertrag über die EG, in: Due, Ole/Everling, Ulrich (Hrsg.), Festschrift für Ulrich Everling, Baden-Baden 1995, S. 49 - 68.

Bast, Jürgen, Grundbegriffe der Handlungsformen der EU, Entwickelt am Beschluss als praxisgenerierter Handlungsform des Unions- und Gemeinschaftsrechts, Berlin, Heidelberg 2006.

Ders., Handlungsformen und Rechtsschutz, in: Bogdandy, Armin von/Bast, Jürgen (Hrsg.), Europäisches Verfassungsrecht, Theoretische und dogmatische Grundzüge, 2. Aufl., Berlin, Heidelberg 2009.

Ders., New categories of acts after the Lisbon reform, Common market law review, 49(2012), S. 885 – 927.

Beaud, Olivier, Die Europäische Union als Föderation, in: Claudio Franzius/Franz C. Mayer/Jürgen Neyer (Hrsg.), Strukturfragen der Europäischen Union, Baden-Baden 2010, 97-102.

Beck, Ulrich, Risikogesellschaft, Frankfurt am Main 2007.

Ders., Die Neuvermessung der Ungleichheit unter den Menschen: Soziologische Aufklärung im 21. Jahrhundert, Sonderdruck Frankfurt am Main 2008.

Ders., Macht und Gegenmacht im globalen Zeitalter, Frankfurt am Main 2009.

Benedetto, Giacomo, Rapporteurs as legislative entrepreneurs: the dynamics of the codecision procedure in Europe's Parliament, Journal of European Public Policy 12 (2005), S. 67 - 88.

Benhabib, Seyla, The rights of others, Aliens, residents and citizens, Cambridge 2004.

Bergman, Torbjörn/Müller, Wolfgang C./Strøm, Kaare/Blomgren, Magnus, Democratic Delegation and Accountability: Cross-national Patterns, in: Strøm, Kaare/Müller, Wolfgang C./Bergman, Torbjörn (Hrsg.), Delegation and accountability in parliamentary democracies, Oxford 2006, S. 109 - 221.

Birk, Dewinder, Human fertilisation and embryology, The new law, Bristol 2009.

Bleckmann, Albert, Studien zum Europäischen Gemeinschaftsrecht, Köln, Berlin, Bonn, München 1986.

Böckenförde, Ernst-Wolfgang, Gesetz und gesetzgebende Gewalt, Von den Anfängen der deutschen Staatsrechtslehre bis zur Höhe des staatsrechtlichen Positivismus, Berlin 1981.

Ders., Der Begriff des Politischen als Schlüssel zum staatsrechtlichen Werk Carl Schmitts, in: Böckenförde, Ernst-Wolfgang (Hrsg.), Recht, Staat, Freiheit, Studien zur Rechtsphilosophie, Staatstheorie und Verfassungsgeschichte, Frankfurt am Main 2006.

Boest, Reinhard, Ein langer Weg zur Demokratie in Europa, Die Beteiligungsrechte des Europäischen Parlaments bei der Rechtsetzung nach dem Vertrag über die Europäische Union, Europarecht 27 (1992), S. 182 - 199.

Bogdandy, Armin von, Das Leitbild der dualistischen Legitimation für die europäische Verfassungsentwicklung, Kritische Vierteljahresschrift für Gesetzgebung und Rechtswissenschaft 3 (2000), S. 284 - 297.

Ders., Europäische und nationale Identität: Integration durch Verfassungsrecht, in: Schulze-Fielitz, Helmuth/Herdegen, Matthias/Morlok, Martin u. a. (Hrsg.), Leistungsgrenzen des Verfassungsrechts. Öffentliche Gemeinwohlverantwortung im Wandel, Berlin 2003, S. 157 - 193.

Ders., Europäisches Verfassungsrecht, Theoretische und dogmatische Grundzüge, Berlin, Heidelberg 2003.

Ders., Europäische Verfassung und europäische Identität, in: Schuppert, Gunnar Folke/Pernice, Ingolf/Haltern, Ulrich (Hrsg.), Europawissenschaft, Baden-Baden 2005, S. 331 - 375.

Ders., Grundprinzipien, in: Bogdandy, Armin von/Bast, Jürgen (Hrsg.), Europäisches Verfassungsrecht, Theoretische und dogmatische Grundzüge, 2. Aufl., Berlin, Heidelberg 2009, S. 13 - 72.

Ders., Demokratische Legitimation jenseits des Staates, in: Lindemann, Helena/Malaviya, Nina/Hanebeck, Alexander u. a. (Hrsg.), Erzählungen vom Konstitutionalismus, Baden-Baden 2012, S. 122 - 147.

Bogdandy, Armin von/Bast, Jürgen (Hrsg.), Europäisches Verfassungsrecht, Theoretische und dogmatische Grundzüge, 2. Aufl., Berlin, Heidelberg 2009.

Bogdandy, Armin von/Bast, Jürgen/Arndt, Felix, Handlungsformen im Unionsrecht, Empirische Analysen und dogmatische Strukturen in einem vermeintlichen Dschungel, Zeitschrift für ausländisches öffentliches Recht und Völkerrecht 62 (2002), S. 78 - 161.

Bogdandy, Armin von/Cruz Villalón, Pedro/Huber, Peter (Hrsg.), Handbuch Ius Publicum Europaeum, Band I: Grundlagen und Grundzüge staatlichen Verfassungsrechts Grundlagen und Grundzüge staatlichen Verfassungsrechts, Heidelberg 2007.

Bogolepov, Aleksandr Aleksandrovic, Die Rechtsstellung der Ausländer in Sovjet-Rußland, Berlin, Breslau 1927.

Bohman, James, Democracy across borders, From Dêmos to Dêmoi, Cambridge, Mass. 2007.

Bostock, David, Coreper revisited, Journal of Common Market Studies 40 (2002), S. 215 - 234.

Boyron, Sophie, Maastricht and the Codecision Procedure: A Success Story, International and Comparative Law Quarterly 45 (1996), S. 293 - 318.

Dies., The co-decision procedure: Re-Thinking the constitutional fundamentals, in: Craig, Paul P./Harlow, Carol (Hrsg.), Lawmaking in the European Union, London 1998, S. 147 - 168.

Brandsma, Gijs Jan/Curtin, Deidre M./Meijer, Albert Jacob, How transparent are EU "comitology" committees in practice?, European Law Journal 14 (2008), S. 819 - 838.

Braun, Kathrin, Grenzen des Diskurses: Biomedizin, Bioethik und demokratischer Diskurs, in: Barben, Daniel/Abels, Gabriele (Hrsg.), Biotechnologie – Globalisierung – Demokratie, Politische Gestaltung transnationaler Technologieentwicklung , Berlin 2000, S. 409 - 431.

Britz, Gabriele/Schmidt, Marlene, Die institutionalisierte Mitwirkung der Sozialpartner an der Rechtsetzung der Europäischen Gemeinschaft, Herausforderung des gemeinschaftsrechtlichen Demokratieprinzips, Europarecht 34 (1999), S. 467 - 498.

Bröhmer, Jürgen, Das Europäische Parlament: Echtes Legislativorgan oder bloßes Hilfsorgan im legislativen Prozeß?, Zur Matthews-Entscheidung des Europäischen Gerichtshofs für Menschenrechte, Zeitschrift für europarechtliche Studien 2 (1999), S. 197 - 217.

Brosius-Gersdorf, Frauke, Die doppelte Legitimationsbasis der Europäischen Union, Zu den verfassungsrechtlichen Grundlagen der demokratischen Legitimation der Europäischen Union, Europarecht 34 (1999), S. 133 - 169.

Bryde, Brun-Otto, Die bundesrepublikanische Volksdemokratie als Irrweg der Demokratietheorie, Staatswissenschaften und Staatspraxis 5 (1994), S. 305 - 330.

Buckel, Sonja, Subjektivierung und Kohäsion, Zur Rekonstruktion einer materialistischen Theorie des Rechts, Weilerswist 2007.

Bulger, Ruth E., Society's choices, Social and ethical decision making in biomedicine, Washington, DC 1995.

Bumke, Christian, Rechtsetzung in der Europäischen Gemeinschaft, Bausteine einer gemeinschaftsrechtlichen Handlungsformenlehre, in: Schuppert, Gunnar Folke/Pernice, Ingolf/Haltern, Ulrich (Hrsg.), Europawissenschaft, Baden-Baden 2005, S. 643 - 705.

Bundesregierung, Denkschrift zum Vertrag von Lissabon vom 13. Dezember 2007, 20. Dezember 2007.

Burgess, Michael, Federalism and European Union, The building of Europe, 1950 – 2000, London 2000.

Burns, Charlotte, Codecision and the European Commission: a study of declining influence?, Journal of European Public Policy 11 (2004), S. 1 - 18.

Burns, Charlotte, Who Pays? Who Gains? How do Costs and Benefits Shape the Policy Influence of the European Parliament?, Journal of Common Market Studies 43 (2005), S. 485 - 505.

Burns, Charlotte, Co-decision and Inter-Committee Conflict in the European Parliament Post-Amsterdam, Government and Opposition 41 (2006), S. 230 - 248.

Busby, Helen/Hervey, Tamara K./Mohr, Alison, Ethical EU law?, The influence of the European Group on ethics in science and new technologies, European Law Review 33 (2008), S. 803 - 842.

Calliess, Christian, Das Demokratieprinzip im Europäischen Staaten- und Verfassungsverbund, in: Bröhmer, Jürgen/Bieber, Roland u. a. (Hrsg.), Internationale Gemeinschaft und Menschenrechte, Festschrift für Georg Ress, Köln 2005, S. 399 - 421.

Ders., Mitverantwortung der Rechtswissenschaft für die Verwendung des Verfassungstopos – Die europäische Verfassung als Opfer der symbolischen Tragweite des Begriffs, in: Pernice, Ingolf (Hrsg.), Der Vertrag von Lissabon Reform der EU ohne Verfassung?, Baden-Baden 2008, S. 54 – 80.

Calliess, Christian/Meiser, Christian, Menschenwürde und Biotechnologie, Die EG-Biopatentrichtlinie auf dem Prüfstand des europäischen Verfassungsrechts – EuGH, EuZW 2001, 691, Juristische Schulung 42 (2002), S. 426–432.

Calliess, Christian/Ruffert, Matthias (Hrsg.), EUV, EGV, Das Verfassungsrecht der Europäischen Union mit Europäischer Grundrechtecharta; Kommentar. 3. Aufl., München 2007.

Calliess, Christian/Ruffert, Matthias (Hrsg.), EUV, AEUV, Das Verfassungsrecht der Europäischen Union mit Europäischer Grundrechtecharta; Kommentar. 4. Aufl., München 2011.

Caramani, Daniele, Is there a European electorate and what does it look like?, Evidence from electoral volatility measures, 1976-2004, West European Politics 29 (2006), S. 1–27.

Classen, Claus Dieter, Demokratische Legitimation im offenen Rechtsstaat, Zur Beeinflussung des Demokratieprinzips durch Rechtsstaatlichkeit und internationale Offenheit, Tübingen 2009.

CMS Cameron McKeena/Andersen Consulting, Evaluation of the operation of Community procedures for the authorisation of medicinal products, carried out on behalf of the European Commission, 2000.

Cole, Phillip, Philosophies of exclusion, Liberal political theory and immigration, Edinburgh 2000.

Cole, Tony, The Committee of the Regions and subnational representation to the European Union, Maastricht journal of European and comparative law 12 (2005), S. 49–72.

Corbett, Richard/Jacobs, Francis/Shackleton, Michael, The European Parliament, 7. ed., London, 2007.

Cremer, Hans-Joachim, Das Demokratieprinzip auf nationaler und europäischer Ebene im Lichte des Maastricht-Urteils des Bundesverfassungsgerichts, Europarecht 30 (1995), S. 21 - 45.

Ders., Art. 46 EUV, in: Calliess, Christian/Ruffert, Matthias (Hrsg.), EUV, EGV, Das Verfassungsrecht der Europäischen Union mit Europäischer Grundrechtecharta; Kommentar, 3. Aufl., München 2007.

Cremer, Wolfgang, Art. 230 EGV, in: Calliess, Christian/Ruffert, Matthias (Hrsg.), EUV, EGV, Das Verfassungsrecht der Europäischen Union mit Europäischer Grundrechtecharta; Kommentar, 3. Aufl., München 2007a.

Ders., Art. 233 EGV, in: Calliess, Christian/Ruffert, Matthias (Hrsg.), EUV, EGV, Das Verfassungsrecht der Europäischen Union mit Europäischer Grundrechtecharta; Kommentar, 3. Aufl., München 2007b.

Crombez, Christophe, The Co-Decision Procedure in the European Union, Legislative Studies Quarterly 22 (1997), S. 97 - 119.

Crombez, Christophe, Institutional Reform and Co-Decision in the European Union, Constitutional Political Economy 11 (2000), S. 47 - 57.

Crombez, Christophe/Steunenberg, Bernard/Corbett, Richard, Understanding the EU Legislative Process: Political Scientists' and Practitioners' Perspectives, European Union Politics 1 (2000), S. 363 - 381.

Crum, Ben, Tailoring representative democracy to the European Union, Does the European Constitution reduce the democratic deficit?, European Law Journal 11 (2005), S. 452 ff.

Cruz Villalón, Pedro, Grundlagen und Grundzüge staatlichen Verfassungsrechts: Vergleich, in: Bogdandy, Armin von/Cruz Villalón, Pedro/Huber, Peter (Hrsg.), Grundlagen und Grundzüge staatlichen Verfassungsrechts, Heidelberg 2007, S. 729 - 779.

Dahl, Robert Alan, Democracy and its critics, New Haven 1989.

Dann, Philipp, Parlamente im Exekutivföderalismus, Eine Studie zum Verhältnis von föderaler Ordnung und parlamentarischer Demokratie in der Europäischen Union, Berlin, Heidelberg 2004.

Ders., Die politischen Organe, in: Bogdandy, Armin von/Bast, Jürgen (Hrsg.), Europäisches Verfassungsrecht, Theoretische und dogmatische Grundzüge, 2. Aufl., Berlin, Heidelberg 2009, S. 335 - 388.

Dann, Philipp, Parlamentarische Legitimation der Binnenmarkt- und Wettbewerbspolitik der EU, EuR Beiheft (2013), S. 93 - 109.

Davy, Ulrike, Rechtliche Instrumente der Integration: In welchem Kontext steht die Verleihung der Staatsangehörigkeit?, in: Davy, Ulrike (Hrsg.), Politische Integration der ausländischen Wohnbevölkerung, Baden-Baden 1999, S. 58 ff.

Derrida, Jacques, Politik der Freundschaft, Frankfurt am Main 2007.

Deutsch, Erwin, Klinische Prüfung von Arzneimitteln eine Europäische Richtlinie setzt Standards und vereinheitlicht Verfahren, Neue juristische Wochenschrift 54 (2001), S. 3361 - 3366.

Doehring, Karl, Demokratiedefizit in der Europäischen Union?, Deutsches Verwaltungsblatt 112 (1997), S. 1133 - 1137.

Dorbeck-Jung, Bärbel/Oude Vrielink-van Heffen, Mirjan, EU Ways of Governing the Marketing of Pharmaceuticals – a Shift towards more Integration, Better Consumer Protection and Better Regulation?, in: Gessner, Volkmar/Nelken, David (Hrsg.), European ways of law, Towards a European sociology of law, Oxford 2007, S. 279 - 304.

Dowding, Keith, The Institutionalist Research on the European Union: A Critical Review, European Union Politics 1 (2000), S. 125 - 144.

Dreher, Meinrad, Ratsprotokollerklärungen, nationale und europäische Publizität und die Umsetzung von EG-Richtlinien, Europäische Zeitschrift für Wirtschaftsrecht 4 (1994), S. 743 - 747.

Dreier, Horst (Hrsg.), Grundgesetz, Kommentar, 2. Aufl., München 2004.

Ders., Rechtslehre, Staatssoziologie und Demokratietheorie bei Hans Kelsen, 2. Auflage, Baden-Baden, 1990 (1986).

Driessen, Bart, Interinstitutional conventions and institutional balance, European Law Review 33 (2008), S. 550 - 562.

Earnshaw, David/Judge, David, Early Days: the European Parliament, co-decision and the European Union legislative policy process post-Maastricht, Journal of European Public Policy 2 (1995), S. 624 - 649.

Eckersley, Robyn, Deliberative Democracy, Ecological Representation and Risk: Towards a Democracy of the Affected, in: Saward, Michael (Hrsg.), Democratic innovation, Deliberation representation and association, London 2000, S. 117 - 132.

Ehlers, Dirk (Hrsg.), Europäische Grundrechte und Grundfreiheiten, 3. Aufl., Berlin 2009.

Ehs, Tamara (Hrsg.), Hans Kelsen und die Europäische Union, Erörterungen moderner (Nicht-) Staatlichkeit, Baden-Baden 2008.

Enders, Christoph, Die Menschenwürde in der Verfassungsordnung, Zur Dogmatik des Art. 1 GG, Tübingen 1997.

Epiney, Astrid, Europäische Verfassung und Legitimation durch die Unionsbürger, Zu den Rechten der Unionsbürger in der Verfassung für Europa, in: Kadelbach, Stefan (Hrsg.), Europäische Verfassung und direkte Demokratie, Baden-Baden 2006, S. 33 - 56.

Fach, Wolfgang, Demokratie und Mehrheitsprinzip, Archiv für Rechts- und Sozialphilosophie 61 (1975), S. 200 - 222.

Farrell, Henry/Héritier, Adrienne, The Invisible Transformation of Codecision: Problems of Democratic Legitimacy, Swedish Institute for European Political Studies 2003.

Farrell, Henry/Héritier, Adrienne, Formal and Informal Institutions Under Codecision: Continuous Constitution-Building in Europe, Governance: An International Journal of Policy, Administration, and Institutions 16 (2003), S. 577 - 600.

Farrell, Henry/Héritier, Adrienne, Interorganizational Negotiation and Intraorganizational Power in Shared Decision Making: Early Agreements Under Codecision and Their Impact on the European Parliament and Council, Comparative Political Studies 37 (2004), S. 1184 - 1212.

Farrell, Henry/Windhoff-Héritier, Adrienne, Interorganizational cooperation and intraorganizational power, Early agreements under the codecision and their impact on the Parliament and the Council, Max-Planck-Institut zur Erforschung von Gemeinschaftsgütern 2002.

Farrell, Henry/Windhoff-Héritier, Adrienne, Introduction Contested competences in the European Union, West European Politics 30 (2007), S. 227 - 243.

Ferretti, Maria Paola, Participation, democratic deficit and good regulation, A case study of participatory strategies in the European regulation of GMO products, ZERP-Diskussionspapier, 6/2006.

Frahm, Katharina/Gebauer, Jochen, Patent auf Leben? – Der Luxemburger Gerichtshof und die Biopatent-Richtlinie, Europarecht 37 (2002), S. 78 - 95.

Franzius, Claudio/Preuß, Ulrich K., Die Zukunft der europäischen Demokratie, Berlin 2012.

Fuchs, Michael, Nationale Ethikräte. Hintergründe, Funktionen und Arbeitsweisen im Vergleich, Berlin 2005.

Garattini, Silvio/Bertele, Vittorio, Adjusting Europe's drug regulation to public health needs, The Lancet 358 (2001), S. 64 - 67.

Garman, Julie/Hilditch, Louise, Behind the scenes: an examination of the importance of the informal processes at work in conciliation, Journal of European Public Policy 5 (1998), S. 271 - 284.

Garrett, Geoffrey, From the Luxembourg Compromise to Codecision: Decision Making in the European Union, Electoral Studies 14 (1995), S. 289–308.

Garrett, Geoffrey/Tsebelis, George, An institutional critique of intergovernmentalism, West European Politics 50 (1996), S. 269–299.

Giebenrath, Roland, Das Mitentscheidungsverfahren des Artikels 251 (ex-189b) EG-Vertrag zwischen Maastricht und Amsterdam, Baden-Baden 2000.

Glomb, Alexander, Sententia plurimorum, Das Mehrheitsprinzip in den Quellen des kanonischen Rechts und im Schrifttum der klassischen Kanonistik, Köln 2008.

Godt, Christine, Streit um den Biopatentschutz Stoffschutz, Patente auf Leben und Ordre Public, Nationaler Gestaltungsspielraum bei der Umsetzung der europäischen Biopatentrichtlinie, Bremen 2003.

Gold, E. Richard/Gallochat, Alain, The European Biotech Directive past as prologue, European Law Journal 7 (2001), S. 331–366.

Grabitz, Eberhard/Hilf, Meinhard/Nettesheim, Martin (Hrsg.), Das Recht der Europäischen Union, Kommentar, München.

Grimm, Dieter, Does Europe need a constitution?, European Law Journal 1 (1995), S. 282–302.

Groeben, Hans von der/Schwarze, Jürgen (Hrsg.), Kommentar zum Vertrag über die Europäische Union und zur Gründung der Europäischen Gemeinschaft, 6. Aufl., Baden-Baden 2003.

Groß, Thomas, Zwei-Kammer-Parlamente in der Europäischen Union, Zeitschrift für ausländisches öffentliches Recht und Völkerrecht 63 (2003), S. 29 - 58.

Guggenberger, Bernd (Hrsg.), An den Grenzen der Mehrheitsdemokratie: Politik und Soziologie der Mehrheitsregel, Opladen 1984.

Günther, Klaus, Welchen Personenbegriff braucht die Diskurstheorie des Rechts? Überlegungen zum internen Zusammenhang zwischen deliberativer Person, Staatsbürger und Rechtsperson, in: Brunkhorst, Hauke (Hrsg.), Das Recht der Republik, Frankfurt am Main 1999, S. 83 - 104.

Gusy, Christoph/Ziegler, Katja, Der Volksbegriff des Grundgesetzes: Ist die Position des Bundesverfassungsgerichts alternativlos?, in: Davy, Ulrike (Hrsg.), Politische Integration der ausländischen Wohnbevölkerung, 1. Aufl., Baden-Baden 1999, S. 222 - 248.

Gutmann, Mathias, Biotechnik, in: Korff, Wilhelm (Hrsg.), Lexikon der Bioethik, Gütersloh 2000, S. 390 - 400.

Habermas, Jürgen, Faktizität und Geltung, Beiträge zur Diskurstheorie des Rechts und des demokratischen Rechtsstaats, Frankfurt am Main 1998.

Ders., Braucht Europa eine Verfassung? Eine Bemerkung zu Dieter Grimm, in: Ders., Die Einbeziehung des Anderen, Studien zur politischen Theorie. Frankfurt am Main 1996, S. 185 - 192.

Ders., Die Einbeziehung des Anderen, Studien zur politischen Theorie, Frankfurt am Main 1996.

Ders., Können komplexe Gesellschaften eine vernünftige Identität ausbilden?, Rede aus Anlaß der Verleihung des Hegelpreises der Stadt Stuttgart am 19.1.1974, in: Ders., Zur Rekonstruktion des Historischen Materialismus, Frankfurt am Main 2001.

Ders., Die postnationale Konstellation, Politische Essays, Frankfurt am Main 2006.

Ders., Die Zukunft der menschlichen Natur, Auf dem Weg zu einer liberalen Eugenik?, Frankfurt am Main 2007.

Ders., Zur Verfassung Europas, Ein Essay, Berlin 2011.

Häge, Frank Michael, The Division of Labour in Legislative Decision-Making of the Council of the European Union, Journal of Legislative Studies 13 (2007), S. 497 - 516.

Ders., Who decides in the Council of the European Union?, Journal of Common Market Studies 46 (2008), S. 533 - 558.

Halberstam, Daniel, The Bride of Messina, Constitutionalism and democracy in Europe, European Law Review 30 (2005), S. 775 - 801.

Halberstam, Daniel/Möllers, Christoph, The German Constitutional Court says "Ja zu Deutschland!", German Law Journal 10 (2009), S. 1241 - 1258.

Haltern, Ulrich, Europarecht und das Politische, Tübingen 2005.

Ders., Europarecht, Dogmatik im Kontext, Tübingen 2007.

Hanebeck, Alexander, Der demokratische Bundesstaat des Grundgesetzes, Berlin 2004.

Hanschmann, Felix, Der Begriff der Homogenität in der Verfassungslehre und Europarechtswissenschaft, Zur These von der Notwendigkeit homogener Kollektive unter besonderer Berücksichtigung der Homogenitätskriterien „Geschichte“ und „Sprache“, Berlin, Heidelberg 2008.

Härtel, Ines, Handbuch europäische Rechtsetzung, Berlin, Heidelberg 2006.

Hattenhauer, Hans/Kaltefleiter, Werner (Hrsg.), Mehrheitsprinzip, Konsens und Verfassung, Heidelberg 1986.

Hayes-Renshaw, Fiona/Lequesne, Christian/Mayor Lopez, Pedro, The Permanent Representations of the Member States to the European Communities, Journal of Common Market Studies 28 (1989), S. 119 - 137.

Heinrichs, Bert, Angewandte Ethik im demokratischen Rechtsstaat, in: Vöneky, Silja/Hagedorn, Cornelia Anette/Clados, Miriam u. a. (Hrsg.), Legitimation ethischer Entscheidungen im Recht, Interdisziplinäre Untersuchungen, Berlin, Heidelberg 2009, S. 53 - 84.

Held, David, Democracy and the global order, From the modern state to cosmopolitan governance, Stanford, Calif. 1995.

Ders., Models of democracy, Cambridge UK 2006.

Henke, Christoph, Plädoyer für kürzere Legitimationsketten in der Europäischen Union, Europarecht 45 (2010), S. 118 - 136.

Héritier, Adrienne, Explaining institutional change in Europe, 1. publ., Oxford, 2007.

Hervey, Tamara K., Up in smoke? Community (anti)-tobacco law and policy, European Law Review 26 (2001), S. 101 - 125.

Hervey, Tamara K./Black, Hari, The European Union and the governance of stem cell research, Maastricht journal of European and comparative law 12 (2005), S. 11 - 48.

Hervey, Tamara K./McHale, Jean V., Health law and the European Union, Cambridge, 2004.

Heselhaus, Sebastian (Hrsg.), Handbuch der europäischen Grundrechte, München 2006.

Hestermeyer, Holger P., Human rights and the WTO, The case of patents and access to medicines, Oxford 2007.

Heun, Werner, Das Mehrheitsprinzip in der Demokratie, Grundlagen, Struktur, Begrenzungen, Berlin 1983.

Heydebrand, Wolf, Globalisation and the Rise of Procedural Informalism in Europe and America, in: Gessner, Volkmar/Nelken, David (Hrsg.), European ways of law, Towards a European sociology of law, Oxford 2007, S. 93 - 140.

Hillgruber, Christian, Die Herrschaft der Mehrheit, Grundlagen und Grenzen des demokratischen Majoritätsprinzip, Archiv des öffentlichen Rechts 127 (2002), S. 460 - 473.

Hix, Simon/Lord, Christopher, Political parties in the European Union, Basingstoke, Hampshire 1997.

Hobbes, Thomas, Lehre vom Menschen. Lehre vom Bürger, Unveränd. Wiederabdr. der 1915 erstmals ersch. Übers., Leipzig 1949.

Höffe, Otfried, Aristoteles' Politische Anthropologie, in: Ders., Aristoteles, München 1996, S. 21 - 37.

Hofmann, Hasso, Das Postulat der Allgemeinheit des Gesetzes, in: Starck, Christian (Hrsg.), Die Allgemeinheit des Gesetzes, Göttingen 1987, S. 9-48.

Ders., Die versprochene Menschenwürde, Archiv des öffentlichen Rechts 118 (1993), S. 353.

Ders., Legitimität gegen Legalität, Der Weg der politischen Philosophie Carl Schmitts, 4. Aufl., mit einer neuen Einl., Berlin 2002.

Ders., Repräsentation, Studien zur Wort- und Begriffsgeschichte von der Antike bis ins 19. Jahrhundert, 4. Aufl. mit einer neuen Einl., Berlin 2003.

Hörl, Björn/Warntjen, Andreas/Wonka, Arndt, Built on quicksand? A decade of procedural spatial models on EU legislative decision-making, Journal of European Public Policy 12 (2005), S. 592 - 606.

Horsey, Kirsty, Human fertilisation and embryology, Reproducing regulation, London 2007.

Hoyland, Bjorn, Allocation of Codecision Reports in the Fifth European Parliament, European Union Politics 7 (2006), S. 30 - 50.

Huber, Peter Mr, Die Rolle des demokratischen Prinzips im europäischen Integrationsprozeß, Staatswissenschaften und Staatspraxis 3 (1992), S. 349 - 361.

Ders., Recht der europäischen Integration, 2. Aufl., München 2002.

Isensee, Josef, Der Abschied der Demokratie vom Demos, in: Schwab, Dieter (Hrsg.), Staat, Kirche, Wissenschaft in einer pluralistischen Gesellschaft, Festschrift zum 65. Geburtstag von Paul Mikat, Berlin 1989, S. 718 - 722.

Ders., Integrationsziel Europastaat?, in: Due, Ole (Hrsg.), Festschrift für Ulrich Everling, 1. Aufl., Baden-Baden 1995, S. 567 - 592.

Isensee, Josef/Kirchhof, Paul (Hrsg.), Handbuch des Staatsrechts der Bundesrepublik Deutschland, 3. Aufl., Heidelberg.

Jachtenfuchs, Markus, Die Konstruktion Europas, Verfassungsideen und institutionelle Entwicklung, Baden-Baden, 2002.

Jestaedt, Mathias/Lepsius, Oliver, Der Rechts- und der Demokratietheoretiker Hans Kelsen – Eine Einführung, in: Jestaedt, Mathias/Lepsius, Oliver (Hrsg.), Verteidigung der Demokratie, Aufsätze zur Demokratietheorie 2006, S. VII - XXIX.

Joerges, Christian, Europe a Großraum? Shifting Legal Conceptualizations of the Integration Project, in: Ders. (Hrsg.), Darker legacies of law in Europe, The shadow of national socialism and fascism over Europe and its legal traditions, Oxford 2003.

Joffe, Steven/Miller, Franklin G., Bench to Bedside – Mapping the Moral Terrain of Clinical Terrain, Hastings Center Report 38 (2008), S. 30 - 42.

Kadelbach, Stefan, Demokratische Legitimation zwischenstaatlichen Handelns, in: Vöneky, Silja/Hagedorn, Cornelia Anette/Clados,

Miriam u. a. (Hrsg.), Legitimation ethischer Entscheidungen im Recht, Interdisziplinäre Untersuchungen, Berlin, Heidelberg 2009, S. 147 - 173.

Kahl, Wolfgang, Umweltprinzip und Gemeinschaftsrecht, Eine Untersuchung zur Rechtsidee des „bestmöglichen Umweltschutzes“ im EWG-Vertrag, Heidelberg 1993.

Kämper, Norbert, Der Sachverständigenrat zur Begutachtung der gesamtwirtschaftlichen Entwicklung, Aufgaben und Rechtsstellung, Zugl.: Bochum, Univ., Diss., 1988, Berlin, 1989.

Kasack, Christiane, The Legislative Impact of the European Parliament Under the Revised Co-Decision Procedure: Environmental, Public Health and Consumer Protection Policies, European Union Politics 5 (2004), S. 241 - 260.

Kaufmann, Marcel, Europäische Integration und Demokratieprinzip, Baden-Baden 1997.

Keil, Rainer, Kants Demokratieverständnis und Ausländerwahlrechte heute, Eine Untersuchung demokratietheoretischer Aspekte der philosophischen Rechtslehre Immanuel Kants und der Möglichkeit der Rekonstruktion von Argumenten zur Frage der verfassungsrechtlichen Zulässigkeit von Wahlrechten für Menschen ohne deutsche Staatsangehörigkeit oder Statuszugehörigkeit in ihrem Lichte, Baden-Baden 2006.

Kelsen, Hans, Hauptprobleme der Staatsrechtslehre, Entwickelt aus der Lehre vom Rechtssatze, Tübingen 1923.

Ders., Staatsform und Weltanschauung, Tübingen, 1933.

Ders., Allgemeine Staatslehre, (Unveränd. fotomechan. Nachdr. d. 1. Aufl. von 1925), Bad Homburg v. d. Höhe, Berlin, Zürich 1966.

Ders., Allgemeine Staatslehre (1925), in: Jestaedt, Mathias/Lepsius, Oliver (Hrsg.), Verteidigung der Demokratie, Aufsätze zur Demokratietheorie 2006.

Ders., Verteidigung der Demokratie, Aufsätze zur Demokratietheorie, Jestaedt, Mathias / Lepsius, Oliver (Hrsg)., Verteidigung der Demokratie, Aufsätze zur Demokratietheorie, 2006.

Ders., Vom Wesen und Wert der Demokratie (1. Auflage 1920), in: Jestaedt, Mathias/Lepsius, Oliver (Hrsg.), Verteidigung der Demokratie, Aufsätze zur Demokratietheorie 2006.

Ders., Vom Wesen und Wert der Demokratie (2. Auflage 1929), in: Jestaedt, Mathias/Lepsius, Oliver (Hrsg.), Verteidigung der Demokratie, Aufsätze zur Demokratietheorie 2006.

Kienle, Thomas, Die neue EU-Richtlinie zum Schutz biotechnologischer Erfindungen – rechtliche und ethische Probleme der Patentierung biologischer Substanzen, Europäisches Wirtschafts- & Steuerrecht 9 (1998), S. 156 - 162.

Kietz, Daniela/Slominski, Peter/Maurer, Andreas/Riekmann, Sonja, Interinstitutionelle Vereinbarungen in der Europäischen Union, Wegbereiter der Verfassungsentwicklung, Baden-Baden 2010.

Kirchhof, Paul, Deutsches Verfassungsrecht und Europäisches Gemeinschaftsrecht, EuR Beiheft 1 (1991), S. 11 - 25.

Ders., Brauchen wir ein erneuertes Grundgesetz?, Heidelberg 1992.

Kluth, Winfried, Die demokratische Legitimation der Europäischen Union, Eine Analyse der These vom Demokratiedefizit der Europäischen Union aus gemeineuropäischer Verfassungsperspektive, Berlin 1995.

Kment, Martin, Die europäische Gesundheitspolitik und ihre Funktion als Querschnittsaufgabe, Eine Untersuchung des Art. 152 Abs. 1 UAbs. 1 EGV, Europarecht 42 (2007), S. 275 - 285.

König, Thomas, Divergence or convergence? From ever-growing to ever-slowing of European legislative decision making, European Journal of Political Research 46 (2007), S. 417 - 444.

König, Thomas/Pöter, Mirja, Examining the EU Legislative Process: The Relative Importance of Agenda and Veto Power, European Union Politics 2 (2001), S. 329 - 351.

Körtner, Ulrich H. J., Embryonenschutz – Hemmschuh für die Biomedizin?, Wien 2003.

Kottmann, Matthias/Wohlfahrt, Christian, Der gespaltene Wächter?, Demokratie, Verfassungsidentität und Integrationsverantwortung im Lissabon-Urteil, Zeitschrift für ausländisches öffentliches Recht und Völkerrecht 69 (2009), S. 443 - 470.

Krajewski, Markus, International Organizations or Institutions, Democratic Legimacy, in: Wolfrum, Rüdiger (Hrsg.), Max Planck Encyclopedia of Public International Law.

Kreppel, Amie, Moving Beyond Procedure: An Empirical Analysis of European Parliament Legislative Influence, Comparative Political Studies 35 (2002), S. 784 - 813.

Krueger, Paul/Mommsen, Theodor (Hrsg.), Institutiones. Digesta, 25. Aufl., Dublin 1993.

Kühling, Jürgen, Grundrechte, in: Bogdandy, Armin von/Bast, Jürgen (Hrsg.), Europäisches Verfassungsrecht, Theoretische und dogmatische Grundzüge, 2. Aufl., Berlin, Heidelberg 2009, S. 657 - 704.

Laclau, Ernesto, Emancipation(s), London 2007.

Ledune (Hrsg.), Der Europäische Wirtschafts- und Sozialausschuss, CESE, EESC, EWSA / 50 Jahre partizipative Demokratie; 1958 - 2008, Brüssel 2008.

Lee, Robert G./Morgan, Derek, Human fertilisation & embryology, Regulating the reproductive revolution, Oxford 2006.

Lefort, Claude, Die Frage der Demokratie, in: Rödel, Ulrich/Menke, Katharina (Hrsg.), Autonome Gesellschaft und libertäre Demokratie, Frankfurt am Main 1990, S. 281 - 297.

Lehnert, Detlef, Der Beitrag von Hans Kelsen und Hugo Preuss zum modernen Demokratieverständnis, in: Gusy, Christoph (Hrsg.), Demokratisches Denken in der Weimarer Republik, 1. Aufl., Baden-Baden 2000, S. 221 - 255.

Leinen, Jo/Schönlau, Justus, Auf dem Weg zur europäischen Demokratie, Politische Parteien auf EU-Ebene neueste Entwicklungen, Integration 26 (2003), S. 218 - 227.

Lepsius, Oliver, Staatstheorie und Demokratiebegriff in der Weimarer Republik, in: Gusy, Christoph (Hrsg.), Demokratisches Denken in der Weimarer, Baden-Baden 2000, S. 366 - 414.

Ley, Isabelle, Verfassung ohne Grenzen? Zur Bedeutung von Grenzen im postnationalen Konstitutionalismus, in: Pernice, Ingolf/Engelhardt, Benjamin von/Krieg, Sarah u. a. (Hrsg.), Europa jenseits seiner Grenzen, Politologische, historische und juristische Perspektiven, Baden 2009, S. 91 - 127.

Dies., Which role for theory in international law? Kelsen, Schmitt, Arendt on Constitutionalism in (International) Law: A Workshop Report, German Law Journal (2010), S. 1306-1322.

Llanque, Marcus, Die Theorie politischer Einheitsbildung in Weimar und die Logik von Einheit und Vielfalt (Rudolf Smend, Carl Schmitt, Hermann Heller), in: Göbel, Andreas/van Laak, Dirk/Villinger, Ingeborg (Hrsg.), Metamorphosen des Politischen, Grundfragen politischer Einheitsbildung seit den 20er Jahren, Berlin 1995, S. 157 - 176.

Locke, John, Zwei Abhandlungen über die Regierung, 1. Aufl., [Nachdr.], Frankfurt am Main 2007.

Lorenz, Martin, Das gemeinschaftliche Arzneimittelzulassungsrecht, Baden-Baden 2006.

Lübbe-Wolff, Gertrude, Homogenes Volk – Über Homogenitätspostulate und Integration, Zeitschrift für Ausländerrecht und Ausländerpolitik 27 (2007), S. 121 - 127.

Luhmann, Niklas, Legitimation durch Verfahren, 2. Aufl., Frankfurt am Main 1989.

Lupia, Arthur, Delegation and its Perils, in: Strøm, Kaare/Müller, Wolfgang C./Bergman, Torbjörn (Hrsg.), Delegation and accountability in parliamentary democracies, Oxford 2006, S. 33 - 55.

Magiera, Siegfried, Das Europäische Parlament als Garant demokratischer Legitimation in der Europäischen Union, in: Due, Ole (Hrsg.), Festschrift für Ulrich, Baden-Baden 1995, S. 789 - 803.

Ders., Die Arbeit des europäischen Verfassungskonvents und der Parlamentarismus, DÖV 56 (2003), S. 578 – 583.

Magnette, Paul, Appointing and Censuring the European Commission: The Adaption of Parliamentary Institutions to the Community Context, European Law Journal 7 (2001), S. 292 - 310.

Mähring, Matthias, Der Vermittlungsausschuss nach dem EG-Vertrag, Juristische Arbeitsblätter 32 (2000), S. 368 – 390.

Mangoldt, Hermann von/Klein, Friedrich/Starck, Christian (Hrsg.), Kommentar zum Grundgesetz, München.

Manin, Bernard, The principles of representative government, Digital print., Cambridge, New York, 2002 (1997).

Manow, Philip, Im Schatten des Königs, Die politische Anatomie demokratischer Repräsentation, Frankfurt am Main 2008.

Marckmann, Georg, Menschliches Blut – altruistische Spende für kommerzielle Zwecke?, in: Taupitz, Jochen (Hrsg.), Kommerzialisierung des menschlichen Körpers, Berlin, Heidelberg 2007, S. 69 - 81.

Maunz, Theodor/Dürig, Günter (Hrsg.), Grundgesetz, Kommentar, München.

Maurer, Andreas, Parlamentarische Demokratie in der Europäischen Union, Der Beitrag des Europäischen Parlaments und der nationalen Parlamente, Baden-Baden 2002.

Ders., The Legislative Powers and Impact of the European Parliament, Journal of Common Market Studies 41 (2003), S. 227 - 247.

Maus, Ingeborg, Zur Aufklärung der Demokratietheorie, Rechts- und demokratietheoretische Überlegungen im Anschluß an Kant, Frankfurt am Main 1992.

Mayer, Franz C., Verfassungsgerichtsbarkeit, in: Bogdandy, Armin von/Bast, Jürgen (Hrsg.), Europäisches Verfassungsrecht, Theoretische und dogmatische Grundzüge, 2. Aufl., Berlin, Heidelberg 2009.

Ders., „Rashomon in Karlsruhe" – The German Constitutional Court's Lisbon decision and the changing landscape of European constitutionalism, ICON 9 (2010) 757 - 785.

Mayer, Martina, Die Europafunktion der nationalen Parlamente in der Europäischen Union, Tübingen 2012.

McCormick, John P., Carl Schmitt's Europe: Cultural, Spatial, and Imperial Proposals for European Integration, 1923-1955, in: Joerges, Christian (Hrsg.), Darker legacies of law in Europe, The shadow of national socialism and fascism over Europe and its legal traditions, Oxford 2003, S. 133 - 142.

McGrew, Anthony, Demokratie ohne Grenzen? Globalisierung und die demokratische Theorie und Politik, in: Beck, Ulrich (Hrsg.), Politik der Globalisierung, 1. Aufl., Frankfurt am Main 1998, S. 374.

Mehring, Reinhard (Hrsg.), Carl Schmitt: Der Begriff des Politischen; ein kooperativer Kommentar, Berlin 2003.

Mentler, Michael, Der Ausschuß der Ständigen Vertreter bei den Europäischen Gemeinschaften, Baden-Baden 1996.

Meyer-Ladewig, Jens (Hrsg.), Europäische Menschenrechtskonvention, Handkommentar, 2. Aufl., Baden-Baden 2006.

Möllers, Christoph, Staat als Argument, München 2000.

Ders., Durchführung des Gemeinschaftsrechts – Vertragliche Dogmatik und theoretische Implikationen, Europarecht 37 (2002), S. 483 - 616.

Ders., Gewaltengliederung, Legitimation und Dogmatik im nationalen und internationalen Rechtsvergleich, Tübingen 2005.

Ders., Demokratie – Zumutungen und Versprechen, Berlin 2008.

Ders., Expressive versus repräsentative Demokratie, in: Kreide, Regina/Niederberger, Andreas (Hrsg.), Transnationale Verrechtlichung, Nationale Demokratien im Kontext globaler Politik, Frankfurt am Main 2008, S. 160 - 182.

Möllers, Christoph/Achenbach, Jelena von, Die Mitwirkung des Europäischen Parlaments an der abgeleiteten Rechtsetzung der Europäischen Kommission nach dem Lissabonner Vertrag, Europarecht 46 (2011), S. 39 - 60.

Mossialos, Elias/McKee, Martin, EU law and the social character of health care, Bern, Berlin 2002.

Mouffe, Chantal, The challenge of Carl Schmitt, London 1999.

Dies., The democratic paradox, London, New York 2000.

Dies., Das demokratische Paradox, Wien 2008.

Dies., On the political, London 2008.

Müller-Terpitz, Ralf, Das Recht der Biomedizin, Eine Textsammlung mit Einführung, Berlin, Heidelberg 2006.

Napel, Stefan/Widgren, Mika, The Inter-Institutional Distribution of Power in EU Codecision, CESifo Working Paper No. 1347.

Nassehi, Armin, Die Praxis ethischen Entscheidens. Eine soziologische Forschungsperspektive, Zeitschrift für medizinische Ethik 52 (2006), S. 367 - 377.

Nassehi, Armin/Schroer, Markus, Integration durch Staatsbürgerschaft? Einige gesellschaftstheoretische Zweifel, in: Davy, Ulrike (Hrsg.), Politische Integration der ausländischen Wohnbevölkerung, Baden-Baden 1999, S. 82 - 105.

Nenow, Lydia, To patent or not to patent: the European Union's new Biotech Directive, Houston journal of international law 23 (2001), S. 569 - 607.

Nentwich, Michael, Opportunity Structures for Citizens' Participation: The Case of the European Union, European Integration online Papers (1996), S. 1 - 25.

Nettesheim, Martin, Von der Verhandlungsdiplomatie zur internationalen Verfassungsordnung, Überlegungen zum Entwicklungsstand des internationalen Wirtschaftsrechts, Jahrbuch für Neue Politische Ökonomie 19 (2000), S. 145 - 169.

Ders., Kompetenzen, in: Bogdandy, Armin von (Hrsg.), Europäisches Verfassungsrecht, Theoretische und dogmatische Grundzüge, Berlin, Heidelberg 2003, S. 415 - 478.

Ders., Demokratisierung der Europäischen Union und Europäisierung der Demokratietheorie – Wechselwirkungen bei der Herausbildung eines europäischen Demokratieprinzips, in: Bauer, Hartmut/Sommermann, Karl-Peter (Hrsg.), Demokratie in Europa, Tübingen 2005, S. 143 - 189.

Ders., Normenhierarchien im EU-Recht, Europarecht 41 (2006), S. 737 - 773.

Ders., Kompetenzen, in: Bogdandy, Armin von/Bast, Jürgen (Hrsg.), Europäisches Verfassungsrecht, Theoretische und dogmatische Grundzüge, 2. Aufl., Berlin, Heidelberg 2009, S. 389 - 440.

Neuhold, Christine, The "Legislative Backbone" keeping the Institution upright? The Role of European Parliament Committees in the EU Policy-Making Process, European Integration online Papers 5 (2001), S. 1 - 29.

Nicol, Dianne, Property in human tissue and the right of commercialisation, The interface between tangible and intellectual property, Monash University law review 30 (2004), S. 139 - 164.

Nida-Rümelin, Julian (Hrsg.), Angewandte Ethik, Die Bereichsethiken und ihre theoretische Fundierung, 2. Aufl., Stuttgart 2005.

Ders., Theoretische und angewandte Ethik: Paradigmen, Begründungen, Bereiche, in: Ders. (Hrsg.), Angewandte Ethik, Die Bereichsethiken und ihre theoretische Fundierung, Stuttgart 2005.

Nielsen, K., Ethics, Problems of, in: Borchert, Donald M./Edwards, Paul (Hrsg.), The encyclopedia of philosophy, London 1996.

Oberman, Michelle, When the truth is not enough, Tissue donation, altruism, and the market, DePaul law review 55 (2006), S. 903 - 941.

Oeter, Stefan, Allgemeines Wahlrecht und Ausschluß von der Wahlberechtigung: Welche Vorgaben enthält das Grundgesetz, in: Davy, Ulrike (Hrsg.), Politische Integration der ausländischen Wohnbevölkerung, 1. Aufl., Baden-Baden 1999, S. 30.

Ders., Föderalismus, in: Bogdandy, Armin von (Hrsg.), Europäisches Verfassungsrecht, Theoretische und dogmatische Grundzüge, Berlin, Heidelberg 2003, S. 59 - 120.

Ders., Föderalismus und Demokratie, in: Bogdandy, Armin von/Bast, Jürgen (Hrsg.), Europäisches Verfassungsrecht, Theoretische und dogmatische Grundzüge, 2. Aufl., Berlin, Heidelberg 2009, S. 73 - 120.

Passos, Ricardo, Recent developments concerning the role of national parliaments in the European Union, Europäische Rechtsakademie, ERA-Forum 9 (2008), S. 25 - 40.

Pernice, Ingolf, Carl Schmitt, Rudolf Smend und die europäische Integration, Archiv des öffentlichen Rechts 120 (1995), S. 100 - 120.

Ders., Multilevel Constitutionalism and the Treaty of Amsterdam: European Constitution-Making Revisited?, Common Market Law Review 36 (1999), S. 703 - 750.

Ders., Der Europäische Verfassungsverbund auf dem Wege der Konsolidierung, Verfassungsrechtliche Ausgangslage und Vorschläge für die institutionelle Reform der Europäischen Union vor der Osterweiterung, in: Häberle, Peter (Hrsg.), Jahrbuch des öffentlichen Rechts der Gegenwart, Tübingen 2000, S. 205 - 233.

Ders., Die politische Vision von Europa und die notwendigen institutionellen Reformen, (Demokratie, Rechtsstaat, Wohlfahrtsstaat), in: Pahl, Marc-Oliver (Hrsg.), Grundfragen der europäischen Verfassungsentwicklung, (Sommersemester 1998/Wintersemester 1998/99). Baden-Baden 2000, S. 79 - 91.

Ders., Europäisches und nationales Verfassungsrecht, in: Dreier, Horst/Pauly, Walter/Ipsen, Jörn u. a. (Hrsg.), Die deutsche Staatsrechtslehre in der Zeit des Nationalsozialismus, Berlin 2001, S. 148 - 193.

Ders., Multilevel constitutionalism in the European Union, European Law Review 27 (2002), S. 511 - 529.

Ders., Einigungsmängel im EU-Mitentscheidungsverfahren, Zum Umgang mit Korrekturen durch die Rechts- und Sprachendienste der Institutionen, Europäische Zeitschrift für Wirtschaftsrecht 15 (2004), S. 743 - 748.

Ders., Zur Finalität Europas, in: Schuppert, Gunnar Folke/Pernice, Ingolf/Haltern, Ulrich (Hrsg.), Europawissenschaft, 1. Aufl., Baden-Baden 2005, S. 743 - 792.

Ders. The Treaty of Lisbon, Multilevel constitutionalism in action, Columbia journal of European law 15 (2009), S. 349 - 407.

Peters, Anne, Elemente einer Theorie der Verfassung Europas, Berlin 2001.

Pitkin, Hanna Fenichel, The Concept of representation, Berkeley, Calif. 1967.

Plomer, Aurora, The European Group on Ethics: Law, Politics and the Limits of Moral Integration in Europe, European Law Journal 14 (2008), S. 839 - 859.

Plotke, David, Representation as Democracy, Constellations: An International Journal of Critical & Democratic Theory 4 (1997), S. 19 - 34.

Poier, Klaus, Minderheitenfreundliches Mehrheitswahlrecht, Rechts- und politikwissenschaftliche Überlegungen zu Fragen des Wahlrechts und der Wahlsystematik, Wien, Köln 2001.

Pollack, Mark A./Shaffer, Gregory C., Biotechnology Policy, in: Wallace, Helen (Hrsg.), Policy-making in the European Union, 5. Aufl., Oxford 2005, S. 329 - 353.

Poscher, Ralf, Vom Werterelativismus in einer pluralistischen Demokratietheorie – Gustav Radbruchs rechtsphilosophisch begründete Parteienstaatslehre, in: Gusy, Christoph (Hrsg.), Demokratisches Denken in der Weimarer Republik, Baden-Baden 2000, S. 191 - 221.

Preuß, Ulrich K., Der Zusammenhang von Gleichheit und Demokratie in der Demokratietheorie Carl Schmitts, in: Pauw, Frans de/Weyembergh, Maurice (Hrsg.), Gelijkheid en conservatisme – Gleichheit und Konservativismus, Wijsgerige bijdragen over recht(s)(staat), politiek en pluralisme, Zwolle 1985, S. 117 - 132.

Ders., Die Weimarer Republik – ein Laboratorium für neues verfassungsrechtliches Denken, in: Göbel, Andreas/van Laak, Dirk/Villinger, Ingeborg (Hrsg.), Metamorphosen des Politischen, Grundfragen politischer Einheitsbildung seit den 20er Jahren, Berlin 1995, S. 177 - 187.

Ders., Europa als politische Gemeinschaft, in: Schuppert, Gunnar Folke/Pernice, Ingolf/Haltern, Ulrich (Hrsg.), Europawissenschaft, Baden-Baden 2005, S. 489 - 540.

Pühler, Wiebke/Hübner, Marlis/Middel, Claus-Dieter, Regelungssystematische Vorschläge zur Umsetzung der Richtlinie 2004/23/EG (Geweberichtlinie), Medizinrecht 25 (2007), S. 16 - 21.

Puttler, Adelheid, Art. 6 EUV, in: Calliess, Christian/Ruffert, Matthias (Hrsg.), EUV, EGV, Das Verfassungsrecht der Europäischen Union mit Europäischer Grundrechtecharta; Kommentar, 3. Aufl., München 2007.

Radbruch, Gustav, Rechtsphilosophie, Studienausgabe, 2., überarb. Aufl., Heidelberg 2003.

Rasmussen, Anne, The Role of the European Commission in Co-decision – A strategic facilitator operating in a situation of structural disadvantage, European Integration online Papers 7 (2003).

Dies., Early conclusion in the co-decision legislative procedure, Max Weber Programme Working Paper 2007.

Rasmussen, Anne/Shackleton, Michael, The scope for action of European Parliament negotiators in the legislative process: lessons of the past and for the future, Paper prepared for the Ninth Biennal International Conference of the European Union Studies Association, Austin, Texas March 31-April 2, 2005.

Rath, Christian, Entscheidungspotenziale des Deutschen Bundestages in EU-Angelegenheiten, Mandatsgesetze und parlamentarische Stellungnahmen im Rahmen der unionswärtigen Gewalt, Baden-Baden 2001.

Rauscher, Anton, Mehrheitsprinzip und Minderheitenrecht, Köln 1988.

Rawls, John, Die Idee des politischen Liberalismus, Aufsätze 1978 - 1989, Frankfurt am Main 1992.

Ders., Der Bereich des Politischen und der Gedanke eines übergreifenden Konsenses, in: Hinsch, Wilfried (Hrsg.), Zur Idee des politischen Liberalismus, John Rawls in der Diskussion. Frankfurt am Main 1997, S. 333 - 363.

Ders., Der Gedanke eines übergreifenden Konsenses, in: Hinsch, Wilfried (Hrsg.), Zur Idee des politischen Liberalismus, John Rawls in der Diskussion. Frankfurt am Main 1997, S. 293 - 332.

Ders., Kantischer Konstruktivismus in der Moraltheorie: Rationale und vollständige Autonomie, in: Hinsch, Wilfried (Hrsg.), Zur Idee des politischen Liberalismus, John Rawls in der Diskussion. Frankfurt am Main 1997, S. 80 - 106.

Reh, Christine, The Informal Politics of Co-Decision: Towards a normative Assessment, Paper prepared for the UACES Conference on Exchanging Ideas on Europe, University of Edinburgh, 1-3 September 2008.

Reiss, Michael, Biotechnology, in: Chadwick, Ruth (Hrsg.), Encyclopedia of applied ethics, San Diego, S. 319 - 333.

Ress, Georg, Über die Notwendigkeit der parlamentarischen Legitimierung der Rechtsetzung der Europäischen Gemeinschaften, in: Fiedler, Wilfried/Geck, Wilhelm Karl (Hrsg.), Verfassungsrecht und Völkerrecht, Gedächtnisschrift für Wilhelm Karl Geck, Köln, Berlin, Bonn, München 1989, S. 625 - 684.

Ders., Das Europäische Parlament als Gesetzgeber – Der Blickpunkt der EMRK, ZEuS 2 (1999), S. 219 - 230.

Rieckhoff, Henning, Der Vorbehalt des Gesetzes im Europarecht, Tübingen, 2007.

Rödl, Florian, Begriff und Perspektiven demokratischer und sozialer Union, EuR Beiheft (2013), S. 179 - 205.

Rodrigues, Maria João, European policies for a knowledge economy, Cheltenham 2003.

Röhl, Hans Christian, Die Beteiligung der Bundesrepublik an der Rechtsetzung im Ministerrat der Europäischen Union. Die Rolle des Ausschusses der Ständigen Vertreter (COREPER) und der Ständigen Vertretung, Europarecht 29 (1994), S. 409 - 444.

Roller, Gerhard, Komitologie und Demokratieprinzip, Die Brüsseler Durchführungsausschüsse auf neuer Grundlage, Kritische Vierteljahresschrift für Gesetzgebung und Rechtswissenschaft 86 (2003), S. 249 - 278.

Roth, W. H., Möglichkeiten und Grenzen eines einheitlichen Binnenmarktes für Arzneimittel, EuR Beiheft 2007 (2), S. 9 - 47.

Rousseau, Jean-Jacques, Vom Gesellschaftsvertrag oder Grundsätze des Staatsrechts, Stuttgart 1983.

Ruffert, Matthias, Schlüsselfragen der Europäischen Verfassung der Zukunft., Grundrechte – Institutionen – Kompetenzen – Ratifizierung, Europarecht 39 (2004), S. 165 - 201.

Rumler-Korinek, Elisabeth, Kann die Europäische Union demokratisch ausgestaltet werden?, Eine Analyse und Bewertung aktueller Beiträge zur europäischen Demokratiedebatte, Europarecht 38 (2003), S. 327 - 342.

Rutschmann, Frank, Der europäische Vermittlungsausschuss, Eine organisationsrechtliche Untersuchung der interinstitutionellen Vermittlungseinheit im Rechtsetzungsverfahren nach Artikel 251 des EG-Vertrages, Berlin 2002.

Sander, Gerald G., Europäischer Gesundheitsschutz als primärrechtliche Aufgabe und grundrechtliche Gewährleistung, Zeitschrift für europarechtliche Studien 8 (2005), S. 253 - 272.

Scharpf, Fritz W., The European Social Model: Coping with the Challenges of Diversity, Journal of Common Market Studies 40 (2002), S. 645 - 670.

Ders., Legitimationskonzepte jenseits des Nationalstaats, in: Schuppert, Gunnar Folke/Pernice, Ingolf/Haltern, Ulrich (Hrsg.), Europawissenschaft, Baden-Baden 2005, S. 705 - 743.

Ders., Regieren in Europa, Effektiv und demokratisch?, Frankfurt am Main 1999.

Scheel, Benedikt, Die Neuregelungen der Komitologie und das europäische Demokratiedefizit, Zeitschrift für europarechtliche Studien 9 (2006), S. 521 - 554.

Schendelen, M. P. C. M. van, "The Council decides", Does the Council decide?, Journal of Common Market Studies 34 (1996), S. 531 - 548.

Scheuner, Ulrich, Das Mehrheitsprinzip in der Demokratie, Opladen 1973.

Schielke, Sabine, Vertrauensbildende Maßnahmen – Partizipatorische und advokatorische Beratungsformen in bioethischen Streitfragen auf der Ebene der EU, in: Vöneky, Silja/Hagedorn, Cornelia Anette/Clados, Miriam u. a. (Hrsg.), Legitimation ethischer Entscheidungen im Recht, Interdisziplinäre Untersuchungen, Berlin, Heidelberg 2009, S. 209 - 234.

Schmidt-Aßmann, Eberhard, Der Europäische Verwaltungsverbund und die Rolle des Europäischen Verwaltungsrechts, in: Schmidt-Aßmann, Eberhard (Hrsg.), Der europäische Verwaltungsverbund, Formen und Verfahren der Verwaltungszusammenarbeit in der EU, Tübingen 2005, S. 1 - 25.

Schmitt, Carl, Der Begriff des Politischen, Mit einer Rede über das Zeitalter der Neutralisierungen und Entpolitisierungen, München 1932.

Ders., Die geistesgeschichtliche Lage des heutigen Parlamentarismus, Unveränderter Nachdruck der zweiten Auflage von 1926, Berlin 1996.

Ders., Verfassungslehre, Berlin 2003.

Schmitter, Philippe C., How to democratize the European Union ... and why bother?, Lanham 2000.

Schneider, Ingrid, Menschenrechte und Biomedizin, Jahrbuch Menschenrechte 2001 (2000), S. 339 - 352.

Schneider, Manfred, Was heißt „Die Mehrheit entscheidet"?, in: Vismann, Cornelia/Weitin, Thomas (Hrsg.), Urteilen/Entscheiden, München 2006, S. 154 - 174.

Schönberger, Christoph, Elitenherrschaft für den sozialen Ausgleich: Richard Thomas „realistische" Demokratietheorie im Kontext der Weimarer Diskussion, in: Gusy, Christoph (Hrsg.), Demokratisches Denken in der Weimarer Republik, Baden-Baden 2000, S. 156 - 191.

Ders., Die Europäische Union als Bund, Zugleich ein Beitrag zur Verabschiedung des Staatenbund-Bundesstaat-Schemas, Archiv des öffentlichen Rechts 129 (2004), S. 81 - 120.

Schorkopf, Frank, The European Union as An Association of Sovereign States: Karlsruhe's Ruling on the Treaty of Lisbon, German Law Journal 10 (2009), S. 1219 - 1240.

Schusterschitz, Gregor/Kotz, Sabine, The Comitology Reform of 2006, Increasing the Powers of the European Parliament Without Changing the Treaties, European constitutional law review 3 (2007), S. 68 - 90.

Schütze, Robert, Sharpening the Separation of Powers Through a Hierarchy of Norms? EIPA Working Paper 2005.

Schweizer, Rainer J./Calame, Thierry J., Das Gentechnikrecht der Europäischen Gemeinschaft, Recht der internationalen Wirtschaft 43 (1997), S. 34 - 45.

Scully, Roger M., The European Parliament and Co-Decision: A Rejoinder to Tsebelis and Garrett, The Journal of Legislative Studies 3 (1997), S. 93 - 103.

Ders., The European Parliament and the Co-Decision Procedure: A Reassessment, The Journal of Legislative Studies 3 (1997), S. 58 - 73.

Seiler, Christian, Der souveräne Verfassungsstaat zwischen demokratischer Rückbindung und überstaatlicher Einbindung, Tübingen 2005.

Selck, Torsten J./Steunenberg, Bernard, Between Power and Luck: The European Parliament in the EU Legislative Process, European Union Politics 5 (2004), S. 25 - 46.

Shackleton, Michael, The Politics of Codecision, Journal of Common Market Studies 38 (2000), S. 325 - 342.

Shackleton, Michael/Raunio, Tapio, Co-decision since Amsterdam: a laboratory for institutional innovation and change, Journal of European Public Policy 10 (2003), S. 171 - 187.

Sieberer, Ulrich, Prinzipal Parlament, Die Bedeutung europäischer Parlamente als Wahlorgane, Politische Vierteljahresschrift 49 (2008), S. 251 - 282.

Siehr, Angelika, Die Deutschenrechte des Grundgesetzes, Bürgerrechte im Spannungsfeld von Menschenrechtsidee und Staatsmitgliedschaft, Berlin 2001.

Slominski, Peter (Hrsg.), The Fabric of Governance: Interinstitutional Agreements in the EU, European Law Journal 13 (2007), S. 2 - 3.

Slominski, Peter/Kietz, Daniela/Maurer, Andreas/Puntscher-Riekmann, Sonja (Hrsg.), Interinstitutionelle Vereinbarungen in der Europäischen Union. Wegbereiter der Verfassungsentwicklung, Berlin 2010.

Smolinski, Tomasz G., Computational intelligence in biomedicine and bioinformatics, New York 2008.

Squier, Susan Merrill, Liminal lives, Imagining the human at the frontiers of biomedicine, Durham, N.C. 2004.

Starck, Christian, Der Gesetzesbegriff des Grundgesetzes, Ein Beitrag zum juristischen Gesetzesbegriff, Würzburg 1970.

Staupe, Jürgen, Parlamentsvorbehalt und Delegationsbefugnis, Zur „Wesentlichkeitstheorie“ und zur Reichweite legislativer Regelungskompetenz, insbesondere im Schulrecht, Hamburg 1986.

Stehr, Nico, Knowledge societies, London 1994.

Ders., The fragility of modern societies, Knowledge and risk in the information age, London 2001.

Sterckx, Sigrid, Some Ethically Problematic Aspects of the Proposal for a Directive on the Legal Protection of Biotechnological Inventions, European Intellectual Property Review 20 (1998), S. 123 - 128.

Stern, Klaus, Das Staatsrecht der Bundesrepublik Deutschland; Staatsorgane, Staatsfunktionen, Finanz- und Haushaltsverfassung, Notstandsverfassung, München 1980.

Stiess, Katia/Hellert, Joos, Kein Ende der Tabakwerbung, Zeitschrift für Urheber- und Medienrecht 44 (2000), S. 1038 - 1046.

Streinz, Rudolf/Ohler, Christoph/Herrmann, Christoph/Kruis, Tobias/ Streinz-Ohler-Herrmann, Die neue Verfassung für Europa, Einführung mit Synopse, München 2005.

Strøm, Kaare, Delegation and Accountability in Parliamentary Democracies, European Journal of Political Research 37 (2000), S. 261 - 289.

Ders., Parliamentary Democracy and Delegation, in: Strøm, Kaare/Müller, Wolfgang C./Bergman, Torbjörn (Hrsg.), Delegation and accountability in parliamentary democracies, Oxford 2006, S. 55 - 109.

Strøm Kaare/Müller, Wolfgang/Bergman, Torbjörn (Hrsg.), Delegation and accountability in parliamentary democracies, Oxford 2006.

Tannert, Christof, Die Biomedizin als Gegenstand des interkulturellen Diskurses, in: Schicktanz, Silke (Hrsg.), Kulturelle Aspekte der Biomedizin, Bioethik, Religionen und Alltagsperspektiven, Frankfurt am Main 2003, S. 7 - 16.

Thaa, Winfried, Kritik und Neubewertung politischer Repräsentation: vom Hindernis zur Möglichkeitsbedingung politischer Freiheit, Politische Vierteljahresschrift 49 (2008), S. 618 - 640.

Thompson, Dennis F., Democracy in Time: Popular Sovereignty and Temporal Representation, Constellations: An International Journal of Critical & Democratic Theory 12 (2005), S. 245 - 261.

Thomson, Robert/Hosli, Madeleine, Who Has Power in the EU? The Commission, Council and Parliament in Legislative Decisionmaking, Journal of Common Market Studies 44 (2006), S. 391 - 417.

Thränhardt, Dietrich, Allgemeines Wahlrecht und Ausschluß von der Wahlberechtigung: Welche Vorgaben enthält das Demokratieprinzip?, in: Davy, Ulrike (Hrsg.), Politische Integration der ausländischen Wohnbevölkerung. Baden-Baden 1999, S. 15 - 30.

Thym, Daniel, In the name of sovereign statehood, A critical introduction to the Lisbon judgment of the German Constitutional Court, Common Market Law Review 46 (2009), S. 1795 - 1822.

Töller, Annette Elisabeth, Komitologie, Theoretische Bedeutung und praktische Funktionsweise von Durchführungsausschüssen der Europäischen Union am Beispiel der Umweltpolitik, Opladen 2002.

Tsatsos, Demetres Th., Europäische politische Parteien, Dokumentation einer Hoffnung, Baden-Baden 1998.

Ders., Ist die Europäische Unionsgrundordnung für die Tätigkeit politischer Parteien ungeeignet?, Zugleich ein Beitrag zur Auslegung des Art. 191 EGV, in: Hufen, Friedhelm/Schneider, Hans-Peter

(Hrsg.), Verfassungen – zwischen Recht und Politik, Festschrift zum 70. Geburtstag für Hans-Peter Schneider. Baden-Baden 2008, S. 236 - 251.

Tsebelis, George, Will Maastricht Reduce the "Democratic Deficit"?, American Political Studies Association Comparative Politics Newsletter 6 (1995), S. 4 - 6.

Ders., Veto players and institutional analysis, Governance: An International Journal of Policy, Administration, and Institutions 13 (2000), S. 441 - 474.

Tsebelis, George/Garrett, Geoffrey, Agenda Setting, Vetoes and the European Union's Co-decision Procedure, The Journal of Legislative Studies 3 (1997), S. 74 - 92.

Dies., Legislative Politics in the European Union, European Union Politics 1 (2000), S. 9 - 36.

Dies., The institutional foundations of intergovernmentalism and supranationalism in the European Union, International Organization 55 (2001), S. 357 - 390.

Tsebelis, George/Jensen, Christian B./Kalandrakis, Anastasios/Kreppel, Amie, Legislative Procedures in the European Union: An Empirical Analysis, British Journal of Political Science 31 (2001), S. 573 - 599.

Urbinati, Nadia, Representation as Advocacy: A Study of Democratic Deliberation, Political Theory 28 (2000), S. 758 - 786.

Dies., Representative democracy, Principles and genealogy, Chicago, Ill., 2006.

Vöneky, Silja, Das Verhältnis von Recht, Moral und Ethik – Fragen demokratischer Legitimation am Beispiel von Ethikgremien in der Bundesrepublik Deutschland in rechtsvergleichender, europarechtlicher, völkerrechtlicher und interdisziplinärer Perspektive, Ms. Heidelberg 2009.

Dies., Ethische Experten und moralischer Autoritarismus, in: Vöneky, Silja/Hagedorn, Cornelia Anette/Clados, Miriam u. a. (Hrsg.), Legitimation ethischer Entscheidungen im Recht, Interdisziplinäre Untersuchungen, Berlin, Heidelberg 2009, S. 85 - 99.

Vöneky, Silja/Achenbach, Jelena von, Erste Stellungnahme zu der „Empfehlung der Kommission für einen Verhaltenskodex für verantwortungsvolle Forschung im Bereich der Nanowissenschaften und -technologien“, Heidelberg, 6. Juni 2008.

Vöneky, Silja/Hagedorn, Cornelia Anette/Clados, Miriam/Achenbach, Jelena von, Einleitung, in: Vöneky, Silja/Hagedorn, Cornelia Anette/Clados, Miriam u. a. (Hrsg.), Legitimation ethischer Entscheidungen im Recht, Interdisziplinäre Untersuchungen, Berlin, Heidelberg 2009.

Waldron, Jeremy, Law and disagreement, Oxford 1999.

Walzer, Michael, Sphären der Gerechtigkeit, Ein Plädoyer für Pluralität und Gleichheit, Frankfurt am Main 1992.

Ward, Ian, Europe and the "principles" of Article 6, King's Law Journal 11 (2000), S. 105 - 114.

Weiler, Joseph H. H., Der Staat „über alles", Demos, Telos und die Maastricht-Entscheidung des Bundesverfassungsgerichts, Jean Monnet Working Paper 1995.

Whelan, Frederick, Prologue: Democratic Theory and the Boundary Problem, in: Pennock, James Roland/Chapman, John W. (Hrsg.), Liberal democracy, New York 1983, S. 13 - 47.

Willke, Helmut, Soziologische Aufklärung der Demokratietheorie, in: Brunkhorst, Hauke (Hrsg.), Demokratischer Experimentalismus, Politik in der komplexen Gesellschaft, Frankfurt am Main 1998, S. 13 - 33.

Winkler, Sebastian, Der Europäische Gerichtshof für Menschenrechte, das Europäische Parlament und der Schutz der Konventionsgrundrechte im Europäischen Gemeinschaftsrecht, Anmerkung zum EGMR-Urteil im Fall Matthews . /. Vereinigtes Königreich, Europäische Grundrechte-Zeitschrift 28 (2001), S. 18 - 27.

Winter, Barbara, Die Verwirklichung des Binnenmarktes für Arzneimittel, Berlin 2004.

Wuermeling, Joachim, Der Reformvertrag – das Ende der Verfassungsrevision?, in: Pernice, Ingolf (Hrsg.), Der Vertrag von Lissabon Reform der EU ohne Verfassung?, Baden-Baden 2008, S. 25 - 32.

Young, Iris Marion, Deferring Group Representation, in: Kymlicka, Will/Shapiro, Ian (Hrsg.), Group Rights, New York 1986, S. 349 - 376.

Zippelius, Reinhold, Zur Rechtfertigung des Mehrheitsprinzips in der Demokratie, Stuttgart 1987.

Zuleeg, Manfred, Die Europäische Gemeinschaft als Integrationsverband, in: Börner, Bodo/Carstens, Karl (Hrsg.), Einigkeit und

Recht und Freiheit, Festschrift für Karl Carstens zum 70. Geburtstag, Köln 1984, S. 289 - 303.

Ders., Demokratie in der Europäischen Gemeinschaft, Juristenzeitung 48 (1993), S. 1069 - 1074.

Zürn, Michael, Regieren jenseits des Nationalstaates, Globalisierung und Denationalisierung als Chance, Frankfurt am Main 1998.

Sachregister

Max-Planck-Institut für ausländisches öffentliches Recht und Völkerrecht

Beiträge zum ausländischen öffentlichen Recht und Völkerrecht

Hrsg.: A. von Bogdandy, A. Peters

Bde. 27–59 erschienen im Carl Heymanns Verlag KG Köln, Berlin (Bestellung an: Max-Planck-Institut für Völkerrecht, Im Neuenheimer Feld 535, 69120 Heidelberg); ab Band 60 im Springer Heidelberg New York Dordrecht London

---

248 Jelena *von Achenbach*: **Demokratische Gesetzgebung in der Europäischen Union.** 2014. XVI, 522 Seiten. Geb. € 94,99

247 Jürgen *Friedrich*: **International Environmental "soft law".** 2014. XXI, 503 Seiten. Geb. € 94,99

246 Anuscheh *Farahat*: **Progressive Inklusion.** 2014. XXIV, 429 Seiten. Geb. € 94,99

245 Christina *Binder*: **Die Grenzen der Vertragstreue im Völkerrecht.** 2013. XL, 770 Seiten. Geb. € 119,99

244 Cornelia *Hagedorn*: **Legitime Strategien der Dissensbewältigung in demokratischen Staaten.** 2013. XX, 551 Seiten. Geb. € 99,99

243 Marianne *Klumpp*: **Schiedsgerichtsbarkeit und Ständiges Revisionsgericht des Mercosur.** 2013. XX, 512 Seiten. Geb. € 94,99

242 Karen *Kaiser* (Hrsg.): **Der Vertrag von Lissabon vor dem Bundesverfassungsgericht.** 2013. XX, 1635 Seiten. Geb. € 199,99

241 Dominik *Steiger*: **Das völkerrechtliche Folterverbot und der „Krieg gegen den Terror".** 2013. XXX, 821 Seiten. Geb. € 139,99

240 Silja *Vöneky*, Britta *Beylage-Haarmann*, Anja *Höfelmeier*, Anna-Katharina *Hübler* (Hrsg.): **Ethik und Recht - Die Ethisierung des Rechts/Ethics and Law - The Ethicalization of Law.** 2013. XVIII, 456 Seiten. Geb. € 94,99

239 Rüdiger *Wolfrum*, Ina *Gätzschmann* (eds.): **International Dispute Settlement: Room for Innovations?** 2013. XIV, 445 Seiten. Geb. € 94,95 zzgl. landesüblicher MwSt.

238 Isabel *Röcker*: **Die Pflicht zur rahmenbeschlusskonformen Auslegung nationalen Rechts.** 2013. XXIII, 410 Seiten. Geb. € 89,95

237 Maike *Kuhn*: **Die Europäische Sicherheits- und Verteidigungspolitik im Mehrebenensystem.** 2012. XIII, 325 Seiten. Geb. € 79,95

236 Armin *von Bogdandy,* Ingo *Venzke* (eds.): **International Judicial Lawmaking.** 2012. XVII, 509 Seiten. Geb. € 94,95 zzgl. landesüblicher MwSt.

235 Susanne *Wasum-Rainer*, Ingo *Winkelmann*, Katrin *Tiroch* (eds.): **Arctic Science, International Law and Climate Change.** 2012. XIX, 374 Seiten. Geb. € 84,95 zzgl. landesüblicher MwSt.

234 Mirja A. *Trilsch*: **Die Justiziabilität wirtschaftlicher, sozialer und kultureller Rechte im innerstaatlichen Recht.** 2012. XIX, 559 Seiten. Geb. € 99,95

233 Anja *Seibert-Fohr* (ed.): **Judicial Independence in Transition.** 2012. XIII, 1378 Seiten. Geb. € 169,95 zzgl. landesüblicher MwSt.

232 Sandra *Stahl*: **Schutzpflichten im Völkerrecht - Ansatz einer Dogmatik.** 2012. XXX, 505 Seiten. Geb. € 94,95

231 Thomas *Kleinlein*: **Konstitutionalisierung im Völkerrecht.** 2012. XLII, 940 Seiten. Geb. € 149,95

230 Roland *Otto*: **Targeted Killings and International Law.** 2012. XVIII, 661 Seiten. Geb. € 109,95 zzgl. landesüblicher MwSt.

229 Nele *Matz-Lück*, Mathias *Hong* (Hrsg.): **Grundrechte und Grundfreiheiten im Mehrebenensystem - Konkurrenzen und Interferenzen.** 2012. VIII, 394 Seiten. Geb. € 89,95

228 Matthias *Ruffert,* Sebastian *Steinecke:* **The Global Administrative Law of Science,** 2011. IX, 140 Seiten. Geb. € 59,95 zzgl. landesüblicher MwSt.

227 Sebastian *Pritzkow*: **Das völkerrechtliche Verhältnis zwischen der EU und Russland im Energiesektor.** 2011. XXIV, 304 Seiten. Geb. € 79,95

226 Sarah *Wolf*: **Unterseeische Rohrleitungen und Meeresumweltschutz.** 2011. XXIII, 442 Seiten. Geb. €94,95

225 Clemens *Feinäugle*: **Hoheitsgewalt im Völkerrecht.** 2011. XXVI, 418 Seiten. Geb. € 89,95

224 David *Barthel*: **Die neue Sicherheits- und Verteidigungsarchitektur der Afrikanischen Union.** 2011. XXV, 443 Seiten. Geb. € 94,95

223 Tilmann *Altwicker*: **Menschenrechtlicher Gleichheitsschutz.** 2011. XXX, 549 Seiten. Geb. € 99,95

222 Stephan *Bitter*: **Die Sanktion im Recht der Europäischen Union.** 2011. XV, 351 Seiten. Geb. € 84,95

221 Holger *Hestermeyer*, Nele *Matz-Lück*, Anja *Seibert-Fohr*, Silja *Vöneky* (eds.): **Law of the Sea in Dialogue.** 2011. XII, 189 Seiten. Geb. € 69,95 zzgl. landesüblicher MwSt.

220 Jan *Scheffler*: **Die Europäische Union als rechtlich-institutioneller Akteur im System der Vereinten Nationen.** 2011. XXXV, 918 Seiten. Geb. € 149,95

219 Mehrdad *Payandeh*: **Internationales Gemeinschaftsrecht.** 2010. XXXV, 629 Seiten. Geb. € 99,95

218 Jakob *Pichon*: **Internationaler Strafgerichtshof und Sicherheitsrat der Vereinten Nationen.** 2011. XXVI, 399 Seiten. Geb. € 89,95

217 Michael *Duchstein*: **Das internationale Benchmarkingverfahren und seine Bedeutung für den gewerblichen Rechtsschutz.** 2010. XXVI, 528 Seiten. Geb. € 99,95

216 Tobias *Darge*: **Kriegsverbrechen im nationalen und internationalen Recht.** 2010. XXXV, 499 Seiten. Geb. € 94,95

215 Markus *Benzing*: **Das Beweisrecht vor internationalen Gerichten und Schiedsgerichten in zwischenstaatlichen Streitigkeiten.** 2010. L, 846 Seiten. Geb. € 139,95

214 Urs *Saxer*: **Die internationale Steuerung der Selbstbestimmung und der Staatsentstehung.** 2010. XLII, 1140 Seiten. Geb. € 169,95

213 Rüdiger *Wolfrum*, Chie *Kojima* (eds.): **Solidarity: A Structural Principle of International Law.** 2010. XIII, 238 Seiten. Geb. € 69,95 zzgl. landesüblicher MwSt.

212 Ramin S. *Moschtaghi*: **Die menschenrechtliche Situation sunnitischer Kurden in der Islamischen Republik Iran.** 2010. XXIII, 451 Seiten. Geb. € 94,95

211 Georg *Nolte* (ed.): **Peace through International Law. The Role of the International Law Commission.** 2009. IX, 195 Seiten. Geb. € 64,95 zzgl. landesüblicher MwSt.

210 Armin *von Bogdandy*, Rüdiger *Wolfrum*, Jochen *von Bernstorff*, Philipp *Dann*, Matthias *Goldmann* (eds.): **The Exercise of Public Authority by International Institutions.** 2010. XIII, 1005 Seiten. Geb. € 149,95 zzgl. landesüblicher MwSt.

209 Norman *Weiß*: **Kompetenzlehre internationaler Organisationen.** 2009. XVIII, 540 Seiten. Geb. € 99,95

208 Michael *Rötting*: **Das verfassungsrechtliche Beitrittsverfahren zur Europäischen Union.** 2009. XIV, 317 Seiten. Geb. € 79,95

207 Björn *Ahl*: **Die Anwendung völkerrechtlicher Verträge in China.** 2009. XIX, 419 Seiten. Geb. € 89,95

206 Mahulena *Hofmann*: **Von der Transformation zur Kooperationsoffenheit?** 2009. XIX, 585 Seiten. Geb. € 99,95

205 Rüdiger *Wolfrum*, Ulrike *Deutsch* (eds.): **The European Court of Human Rights Overwhelmed by Applications: Problems and Possible Solutions.** 2009. VIII, 128 Seiten. Geb. € 59,95 zzgl. landesüblicher MwSt.

204 Niels *Petersen*: **Demokratie als teleologisches Prinzip.** 2009. XXVII, 280 Seiten. Geb. € 79,95

203 Christiane *Kamardi*: **Die Ausformung einer Prozessordnung sui generis durch das ICTY unter Berücksichtigung des Fair-Trial-Prinzips.** 2009. XVI, 424 Seiten. Geb. € 89,95

202 Leonie F. *Guder*: **The Administration of Debt Relief by the International Financial Institutions.** 2009. XVIII, 355 Seiten. Geb. € 84,95 zzgl. landesüblicher MwSt.

201 Silja *Vöneky*, Cornelia *Hagedorn*, Miriam *Clados*, Jelena *von Achenbach*: **Legitimation ethischer Entscheidungen im Recht.** 2009. VIII, 351 Seiten. Geb. € 84,95

200 Anja Katarina *Weilert*: **Grundlagen und Grenzen des Folterverbotes in verschiedenen Rechtskreisen.** 2009. XXX, 474 Seiten. Geb. € 94,95

199 Suzette V. *Suarez*: **The Outer Limits of the Continental Shelf.** 2008. XVIII, 276 Seiten. Geb. € 79,95 zzgl. landesüblicher MwSt.

198 Felix *Hanschmann*: **Der Begriff der Homogenität in der Verfassungslehre und Europarechtswissenschaft.** 2008. XIII, 370 Seiten. Geb. € 84,95

GPSR Compliance
The European Union's (EU) General Product Safety Regulation (GPSR) is a set of rules that requires consumer products to be safe and our obligations to ensure this.

If you have any concerns about our products, you can contact us on

ProductSafety@springernature.com

In case Publisher is established outside the EU, the EU authorized representative is:

Springer Nature Customer Service Center GmbH
Europaplatz 3
69115 Heidelberg, Germany

www.ingramcontent.com/pod-product-compliance
Lightning Source LLC
LaVergne TN
LVHW052057061026
849527LV00010B/351

9783642239168